革命党精英在"联俄""联共"后的蜕变
——"西山会议派"之再研究

The Transformation of the Revolutionary Party Elite after the "Alliance with Russia" and "Alliance with the Communist Party": A Restudy of the "Xishan Conference Party"

尚红娟 著

中国社会科学出版社

图书在版编目(CIP)数据

革命党精英在"联俄""联共"后的蜕变:"西山会议派"之再研究 / 尚红娟著.—北京:中国社会科学出版社,2020.8
ISBN 978-7-5203-7018-9

Ⅰ.①革… Ⅱ.①尚… Ⅲ.中国国民党—派别—研究 Ⅳ.①D693.74

中国版本图书馆 CIP 数据核字(2020)第 152486 号

出 版 人	赵剑英
选题策划	郭 鹏
责任编辑	郭 鹏
责任校对	石春梅
责任印制	王 超

出　　版	中国社会科学出版社
社　　址	北京鼓楼西大街甲 158 号
邮　　编	100720
网　　址	http://www.csspw.cn
发 行 部	010-84083685
门 市 部	010-84029450
经　　销	新华书店及其他书店

印　　刷	北京君升印刷有限公司
装　　订	廊坊市广阳区广增装订厂
版　　次	2020 年 8 月第 1 版
印　　次	2020 年 8 月第 1 次印刷

开　　本	710×1000 1/16
印　　张	32.5
插　　页	2
字　　数	530 千字
定　　价	158.00 元

凡购买中国社会科学出版社图书,如有质量问题请与本社营销中心联系调换
电话:010-84083683
版权所有　侵权必究

国家社科基金后期资助项目
出 版 说 明

后期资助项目是国家社科基金设立的一类重要项目，旨在鼓励广大社科研究者潜心治学，支持基础研究多出优秀成果。它是经过严格评审，从接近完成的科研成果中遴选立项的。为扩大后期资助项目的影响，更好地推动学术发展，促进成果转化，全国哲学社会科学工作办公室按照"统一设计、统一标识、统一版式、形成系列"的总体要求，组织出版国家社科基金后期资助项目成果。

全国哲学社会科学工作办公室

序

  提起"西山会议派",人们并不陌生。一般在中国近现代史、中国革命史、中国共产党党史、中国国民党党史著作中,都会述及中国国民党中这一派系。这一派系的代表人物,都是中国国民党元老级人物,大多从同盟会时代便追随孙中山,先后参加推翻清王朝、反对袁世凯复辟帝制及北洋军阀统治的斗争,可是当他们在决心对中国国民党进行改组时,便多持异议;在孙中山逝世后,更直言不讳地主张中国共产党党员退出中国国民党,开除在中央执行委员会和候补中央执行委员中该党党员的中国国民党党籍,解除鲍罗廷的中国国民党中央政治委员会高等顾问职务,并在上海成立中国国民党中央党部,与在广州的中国国民党中央相对抗。他们因 1925 年 11 月 23 日至 1926 年 1 月 4 日在北京香山碧云寺孙中山灵柩前举行中国国民党第一届四中全会,而被称作"西山会议派"。1926 年 1 月中国国民党第二次全国代表大会通过弹劾"西山会议派"决议,指责他们的活动纯属违法,足以危害中国国民党之基础,阻碍中国国民革命之前途,并决定永远开除邹鲁、谢持党籍,对其他人物给予警告处分。正是基于此,"西山会议派"被定性为"反俄""反共""反对国共合作"的"国民党老右派"。这已经成为人们凝固了的历史记忆、历史结论。

  尚红娟来自新疆,是一位蒙古族的女孩,性格倔强,在选定了上述课题后,便以极大毅力加以钻研。通过她几年的努力,终于相当成功地将人们引到当年丰富而具体的活生生的历史场景,透过"西山会议派"主要成员、鲍罗廷、汪精卫、蒋介石、胡汉民和中国共产党代表人物当时的实际活动和错综复杂的相互矛盾,展现了"西山会议派"活动的原委。

  如尚红娟所述,"西山会议派"代表人物,曾经是一批革命党精英。他们对于孙中山"联俄"决策,从一开始就心存疑虑,对于采取中国共产党党员加入中国国民党这种国共合作方式也持反对态度。尚红娟经过仔细爬梳,依据确凿的史料,说明了这些原革命党精英后来因鲍罗廷、汪精卫、蒋介石矛盾的逐步激化,对于"联俄""联共"做法日益不满,不能单从他们这一个方面来寻找原因,鲍罗廷、汪精卫、蒋介石等人许多做法和他们思想深处的动机,也绝不容忽视。尚红娟的研究,使我们不能不正视这一问题。

  尚红娟的研究,没有简单地将"西山会议派"视作少数顽固不化的时代落伍者的异动。她相当系统地分析了"西山会议派"的"上海中央"与"广州中央"平行发展、从"分共"到旗帜鲜明地"反共"的演变过程,揭示了"西山会议派"同汪精卫集团、蒋介石集团从角逐、周旋进而合流的台前幕后的诸多曲折,说明了"西山会议派"代表人物如何由先前的"革命精英"一步步蜕变为只起帮凶、帮佣、帮闲作用的政客。尚红娟还非常有见识地指出,20世纪20年代的"西山会议派"基于"联俄""联共"的革命环境而出现,活跃于蒋介石、汪精卫相互争夺党和国家最高权力的历史时刻,而消亡于蒋介石中央政权的确立与巩固,作为中国国民党的一个派系,他们的存在,并没有能够根本改变孙中山的三民主义,更没有能阻止蒋介石的崛起,但却影响了这一时代众多重大政治事件:促发了"中山舰事变",为蒋介石的崛起提供了契机;对蒋介石"清党前奏"的指责,促成了"联俄""联共""扶助农工""三大政策"历史概念的诞生;"清党"后,"西山会议派"推动了"宁汉合流",但因中国国民党中央特别委员会中权力再分配而引发一系列新的反蒋运动的爆发。尚红娟的这一研究充分表明,在研究现代中国政治史、中国国民党党史时,"西山会议派"的存在是不容忽视的。

姜义华
2010年3月8日

中文摘要

　　20世纪中国政治的重要特点是派别活动普遍化。国民党派系尤为复杂,可以说,不研究派系就不可能全面了解国民党。国共正面抗争的第一个回合中,西山会议是这段历史的关键。所以,笔者通过对发起这一会议的革命党精英在联俄容共后蜕变的考察,试就现今民国史热点之一——国民党的改组问题,在微观层面上的研究能有所推进。

　　全文共分为五章,外加绪论与结语。主要创新点如下:第一章通过对鲍罗廷在"联俄容共"中扮演的角色分析,尤其是对他分化国民党右派中央委员的政治言动的梳理,得出西山会议之缘起的"反鲍"色彩远浓于"反共"。第二章就西山派之"上海中央"将中共由"友党"变为"敌党",二者由"暗斗"发生到"明争"后,中共所发起的反攻进行详述。第三章就西山派因汪、蒋集团势力的消长,导致其与国民党党统中央关系变化的原委作一探究。第四章就西山派在"中特委""扩大会议""非常会议"这三大会议中的政治表现,试图揭示其由革命党精英沦为政客的蜕变。第五章对西山派于时代、于个人的影响进行客观全面的分析。

　　通过研究,笔者得出如下结论:从1925年11月至1931年12月,作为国民党改组后出台的第一个与中央分裂的派系,西山派的存在几乎影响了20年代中后期国民党发展中的每一重大政治事件。与此同时,这六年间所突发的诸多足以影响时局的政治事件也使得西山派"一分而不可收",从而在国民党史上的四次大分裂中扮演了重要的角色。西山派的发展与主导民国政局的蒋、汪两大集团势力的消长密切相关。他们的蜕变也是一个渐进的过程:因固守三民主义,执着地反对联俄容共——因为个人恩怨,毫无原则地反蒋——因对现实的无奈,最终苟存于蒋中央异化的"党国体制"之中。从开国元勋沦为在野政客,而后被中央闲置,如果说

2　革命党精英在"联俄""联共"后的蜕变

"西山会议"是他们郁郁不得志的政治生涯的转折点,那么扩大会议的凑集煽动可谓是其"政客化"的转折点。从分裂"广州中央"到回归"南京中央"的历程中,西山派先后受困于国共与蒋、汪的"夹攻",尽管他们采取了"公开对抗"与"地下活动"的状态在困境中"突围",将其斗争持续长达六年之久,但最终还是合流于蒋中央的南京政府。或许,发起西山会议的文人派系在与军事强人蒋介石近四年的较量中深刻体会到了"蚍蜉撼树谈何易"!所以说,文人从政于蒋中央的军权时代,其所以蜕变也是情理之中。

关键词　西山会议派　革命党　蜕变
中图分类号:K25

Abstract

During the first half of 20th century, the rise of several political factions was one of the characteristic of the Chinese politics. The KMT, one of the Chinses political party, also experienced a high degree political fragmentation, this is an historical phenomenon that we can't ignore if we want to fully understand the further development of the KMT. The XiShan conference (1925) took place during the first united front of the KMT and the CCP. This conference gave name to a new faction within the KMT: the XiShan conference faction. The present work aimes to study the impact of the XiShan conference faction in the reorganization of the KMT. Through the analysis of the political thoughts of the XiShan conference faction, we will try to further explain the implications on the political structure and the function of the KMT.

This dissertation paper consists of three parts: preface, main body including five chapters and conclusion. The first chapter focus on the role palyed by Michael Borodin in the reorganization of the KMT during the "United Russia and Accept Communism" period (1924 – 1927). His role is portraited by a systematic analysis of his thoughts and political activities leading to splite the right – wing of the KMT. The second chapter's conclusion we can draw is in detail the counterattack of CCP towards the XiShan conference faction after their relationship changed from "firendly party" to "enemy party". The third chapter study on the whole story that is Wang Jingwei and Jiang Jieshi groups power's the swing of pendulum led to relationship evolution between shanghai – center committee of the XiShan conference faction and legal – center committee of KMT. The fourth chapter focus on the qualitative change occurred within the XiShan conference faction from the revolutionary party elite to politician. This chapter takes three major KMT conferences: central special committee(1927), expanding conference(1930), extraordinary conference(1931) as a historical frame to explain the severe change. The fifth chapter presents a comprehensive analysis of the overall impact at that time of the XiShan conference faction in chinses politics, society and individual.

FromNovermber 1925 to December 1931, as the first political faction splited from the KMT center committee, the XiShan conference faction effected a great influence on every major political event of the KMT in the later 1920's. At the same time, the political event development of the KMT also had a correlative impact on the XiShan conference faction performance. The fundamental change of this faction was made progressively step by step. From the revolutionary party elite to the politician, the XiShan conference and the expanding conference were the major turning point in this qualitative change. Perhaps engaged in politics center of military power monopolized, scholars' qualitative change was excusable.

Key words The XiShan conference faction Revolutionary party Politician Qualitative change

Classification code: K25

目 录

绪论 ………………………………………………………………（1）
  选题缘起 …………………………………………………………（1）
  研究现状与问题的提出 …………………………………………（7）
  研究背景 …………………………………………………………（19）

第一章 从"分化"到"分裂"
——西山会议之缘起 …………………………………（42）
第一节 从"联俄"到"师俄" ……………………………………（44）
  一 鲍罗廷来华 …………………………………………………（44）
  二 孙中山对鲍罗廷的倚重 ……………………………………（51）
第二节 "以俄为师"与"防俄防共" ……………………………（59）
  一 苏俄组织模式的输入 ………………………………………（59）
  二 "一大"潜在的冲突 ………………………………………（63）
第三节 从"分化"到"分裂" ……………………………………（72）
  一 中国国民党的内部分化 ……………………………………（72）
  二 "右派"委员对中央的分裂 ………………………………（81）
第四节 从"反共"到"反鲍" ……………………………………（91）
  一 第一届四中全会的原旨 ……………………………………（92）
  二 参会的动机 …………………………………………………（96）
  三 西山会议的酝酿 ……………………………………………（104）
  四 第一次会议上的议案 ………………………………………（108）
  五 小结 …………………………………………………………（110）

第二章 从"暗斗"到"明争"
——"西山会议派"与中国共产党之拮抗 ……(112)
第一节 "西山会议派"的力量构成……(113)
一 "孙文主义学会"……(114)
二 广东大学辞职的38位教授……(137)
第二节 "上海中央"的组织进行……(149)
一 "上海中央"的缘起……(150)
二 "上海中央"的政治结构……(151)
三 "上海中央"的"二大"……(154)
第三节 中共中央的应对……(165)
一 西山会议期间:"北京会议无效"……(166)
二 广州"二大"后:"拉拢'中派'"……(169)
三 "整理党务案"前后:"公开反攻'右派'"……(178)
第四节 舆论上的反攻……(181)
一 中国国民党的"右派"报刊……(181)
二 中国共产党要人的反应……(183)
第五节 组织上的斗争……(212)
一 黄埔军校内"两会"的对抗……(212)
二 地方执行部中的反右斗争……(216)

第三章 从"叛党"到"合流"
——"西山会议派"与党统中央关系之演变……(229)
第一节 汪精卫集团与"西山会议派"的"角逐"……(229)
一 初期的"被动"……(230)
二 广州"二大"的制裁……(232)
第二节 蒋介石集团与"西山会议派"的"周旋"……(239)
一 "西山会议派"在"清党前奏"中的"示好"……(240)
二 蒋介石在"右倾"中对"西山会议派"的排拒……(252)
三 "西山会议派"在"清党"中的"附蒋"……(258)
第三节 "西山会议派"与蒋介石、汪精卫之"合流"……(268)
一 谋求宁方的"平反"……(269)
二 对汉方"不计前嫌"……(272)
三 蒋介石、汪精卫在对垒中"让步"……(277)

第四节　苏俄对"西山会议派""生存"之影响 …………………（279）
　　　　一　西山会议后："孤立'右派'" ……………………………（280）
　　　　二　上海"二大"后："开除'右派'" …………………………（282）
　　　　三　"整理党务案"后："对'中派'让步" ……………………（284）

第四章　由"革命者"沦为"政客"
　　　　——"西山会议派"之蜕变 ………………………………（288）
　　第一节　与宁、汉合流之中央特别委员会 …………………（288）
　　　　一　背景："党务统一运动"的高涨 ……………………（289）
　　　　二　筹建：中央特别委员会的组织运作 ………………（291）
　　　　三　结束：蒋介石、汪精卫联手攻击中央特别
　　　　　　委员会 …………………………………………………（296）
　　　　四　小结 …………………………………………………（321）
　　第二节　与阎锡山、冯玉祥联盟之"扩大会议" …………………（324）
　　　　一　"扩大会议"梗概 ……………………………………（325）
　　　　二　"西山会议派"的参与 ………………………………（329）
　　　　三　"西山会议派"的角色定位 …………………………（359）
　　第三节　与反蒋势力联盟之"非常会议" …………………………（363）
　　　　一　胡汉民与"西山会议派"的关系 ……………………（365）
　　　　二　"西山会议派"反蒋的终结 …………………………（374）
　　　　三　小结 …………………………………………………（390）

第五章　"西山会议派"之历史痕迹 ………………………………（395）
　　第一节　影响于时代 ………………………………………（395）
　　　　一　"中山舰事变"的促成 ………………………………（396）
　　　　二　"三大政策"的提出 …………………………………（400）
　　　　三　"蒋中央"的崛起 ……………………………………（404）
　　　　四　国共间的首次思想交锋 ……………………………（412）
　　　　五　"联俄""容共"的结束 ………………………………（420）
　　　　六　"二五减租"的示范 …………………………………（424）
　　　　七　"制度权威"的弱化 …………………………………（428）

第二节　影响于个人 …………………………………………（440）

结语　"西山会议派"之历史反思 ………………………………（458）

附录　"西山会议派"大事记
　　（1925年11月—1931年12月）…………………………（467）

参考文献 ………………………………………………………（477）

后记 ……………………………………………………………（501）

表 格 目 录

表 1　发起西山会议的人物简介 …………………………………（102）
表 2　广州、北京、上海三地"孙文主义学会"概要 ………………（124）
表 3　上海"孙文主义学会"首届会员名单 …………………………（134）
表 4　上海"二大"规定的活动费分配率 ……………………………（160）
表 5　《政治周报》前 4 期目录 ………………………………………（188）
表 6　中央特别委员会的筹备 ………………………………………（292）
表 7　中央特别委员会推定中央党部委员人选 ……………………（295）
表 8　"扩大会议"出席委员名单 ……………………………………（355）
表 9　"扩大会议"推定中央党部组织及其人选 ……………………（355）
表 10　"非常会议"组织委员分配情况 ……………………………（381）
表 11　"非常会议"选出国民政府委员名单 ………………………（382）
表 12　"三会"概况 …………………………………………………（388）
表 13　"西山会议派"政治生涯履历 ………………………………（448）
表 14　"西山会议派"活动轨迹 ……………………………………（457）

绪 论

选题缘起

现今，中国国民党的改组问题已成为民国史一大研究热点，并且其改组的成败尤被关注。从目前已有的成果来看，学者多是从宏观角度出发，或研究"三民主义在孙中山身后的流变"[①]；或立足于"党员、党权与党争"方面的考察[②]；或对蒋介石所建立的党国体制进行剖析[③]；或以民国时期中央与地方的关系为着眼点入手[④]。此外，也有以"清党"或是"清党"后的"整理党务运动"为个案展开研究的。[⑤] 所得出的结论基本已达成共识：改组后的中国国民党在成为执政党后，发生了由革命到复辟的蜕变和异化，蒋介石"以军治国"

[①] 张军民：《对接与冲突——三民主义在孙中山身后的流变》，天津古籍出版社 2005 年版。
[②] 王奇生认为："改组后国民党仍然是一个组织涣散，没有战斗力的党，'清党'导致了国民党自身组织的分裂和党内人才的逆淘汰，全党意识形态的混乱更使得三民主义意识形态的社会魅力荡然无存，在裂变与蜕变交相作用下，执政未久的国民党即成为一个被国民厌弃的党。执政 22 年的国民党是一个独裁弱势政党，是独裁之心有余，独裁之力不足。"见王奇生《党员、党权与党争：1924—1949 中国国民党的组织形态》，上海书店出版社 2003 年版，第 361 页。
[③] 田湘波认为："蒋介石的党国体制是以党治国，带有很强的独裁性和自私性。"见田湘波《中国国民党党政体制剖析 1927—1937》一书的前言，湖南人民出版社 2006 年版。
[④] 李国忠指出："事实上，到 1928 年，军阀政治并没有结束，军阀主义在此后的长时间内仍是中国政治生活的主要特征。"见李国忠《民国时期中央与地方关系》，天津人民出版社 2004 年版，第 364 页。
[⑤] 杨奎松：《1927 年南京国民党"清党"运动之研究》，载《历史研究》2005 年第 6 期。王克文：《整理党务运动》，载《汪精卫·国民党·南京政权》，台湾"国史馆"2001 年版。

2　革命党精英在"联俄""联共"后的蜕变

"以军治党"的党国体制最终导致了国共合作失败后的中国国民党成为一个独裁的政党。

近年来，研究政治史的学者大致认同20世纪中国政治的特点是派别活动普遍化，派系纷争可堪称是中国国民党颇具特色的一大政治文化。中国国民党派系复杂，"可以说，不研究派系，就不可能全面了解国民党"。[①] 鉴于"了解国民党政府最容易的办法是，首先要决定所谓政府只是国民党掩护体，国民党的政治和派别才是决策的主要因素"[②]，所以，笔者尝试将由中国国民党第一届中央执监[③]委员所构成的"西山会议派"作为对中国国民党改组问题进行微观层面讨论的研究对象，因为"西山会议派"的出台首先就反映了中国国民党在改组后上层领导核心的政治倾向，而其兴衰历程更是革命党精英在"联俄""联共"后蜕变的缩影。

有学者论："对于一个政党而言，第一代魅力领袖逝世后的权力继替，往往是一个难以逾越的难关。由于党的创建者大都是青年人，其换代期势必拖得很长，加之创业的第一代往往能力超凡，长期在其阴影下成长起来的第二代很难脱颖而出。第一代领袖一旦逝世，继起者的能力与威望均遥不可及，党内一时难以产生一个足以慑服各方或维系和笼络各派的强势人物。在无人足以服众的情况下，党内继承权之争亦应运而生。"[④] 孙中山逝世后，中国国民党中央出现权力真空，在各方的激烈争权中，汪精卫、蒋介石脱颖而出，成为影响民国政局的两大势力集团。作为中国国民党改组后首次与中央分裂的派系，"西山会议派"在这两者夺权的关键时期扮演了重要的角色；与此同时，汪精卫、蒋介石之间的合作与斗争也支配了"西山会议派"的生存与发展。这三方势力既联手结束了"联俄""联共"时代，又势同水火地斗争于"蒋中央"的崛起，制造了中国国民党近百年史上四次

[①] 杨天石：《国民党与前中华民国》，中国人民大学出版社2007年版，第557页。
[②] 〔美〕白修德·贾安娜：《中国的惊雷》，〔英〕瑞纳译，新华出版社1988年版，第109页。
[③] 指中国国民党中央执行委员会和中央监察委员会。
[④] 王奇生：《党员、党权与党争：1924—1949 中国国民党的组织形态》，上海书店出版社2003年版，第91页。

最严重的大分裂。① 在这一党魁换代危机的权力纠葛中，与之交相杂糅的还有"西山会议派"所挑起的合法性之争、党统之争、路线之争。这既是中国国民党在改组中兼收并蓄（"三民主义为体，俄共组织为用"）所留下的后遗症，也是改组失败的根本原因所在——领袖权威认同的缺失、制度化权威的不足。所以，对"西山会议派"这一微观群体的研究，既能凸显中国国民党派系政治的特色②，又可对中国国民党改组后革命党精英的具体蜕变及其党本身的复辟有一个清晰的认识③，同时也可对中国国民党执政后的独裁走向能有一个真正的认同。

唐德刚曾说："21世纪中叶将是中国文艺复兴，更是中国政治社会文化的第二次大转型时期，在这一新的史学潮流里，'西山会议派'这个史学题目，必然也是将来博士生选择的重要对象之一。"④ 关于"西山会议派"的研究，在中国台湾已有硕士学位论文、博士学位论文各一篇。因意识形态的不同，以及近10年新资料的不断涌出，笔者对现有成果的些许观点产生了不同看法，且有辩驳添补之冲动，于是继《西山

---

① 《国民党的分合》一文中指出："西山会议""宁汉分裂""扩大会议""宁粤分裂"（"非常会议"）是中国国民党近百年来四次最严重的分裂；分中有合，合后又分，其间有理念之争，有权力之争，有利益之争，以及派系上的恩怨。载《历史月刊》1993年第67辑，《编辑语》。

② 王奇生在讨论中国国民党派系政治时指出："派系倾轧久已成为国民党组织机制中一个十分幽微而又凸显的政治现象，其凸显之处则表现在派系之间的恶性倾轧成为国民党内影响深广并为众所周知的一项政治文化现象。"见王奇生《党员、党权与党争：1924—1949 中国国民党的组织形态》，上海书店出版社2003年版，第317页。

③ 参见 Mary C. Wright, From Revolution to Restoration: The Transformation of Kuomintang Ideology, *Far Eastern Quarterly*, Vol. 14, No. 4（1955）, pp. 515 – 532。王克文也指出：一般著述对抗战前中国国民党执政时期所谓"南京十年"（1927—1937年）的描写，总使人认为1927年的"清党"是个明确的历史分水岭：自是而后，蒋介石便完全主导中国国民党，而中国国民党则完全主导中国。在这类描写中，蒋介石、中国国民党和南京政府往往被视为三位一体。固然，用这种观点来区分中国国民党和中国当时的其他政治势力有其方便之处，但就历史实际而言，它不仅并不正确，而且有误导之嫌。这种观点的最大问题在于忽视了"清党"以后中国国民党从"革命到复辟"的漫长蜕变过程。这项过程牵涉到党内复杂的领导权与意识形态之争，最终扭转了中国革命的方向；"南京十年"的简单分期将它一笔抹杀了，令人无法深刻地理解中国国民党史上的一个关键。见王克文《汪精卫·国民党·南京政权》，台湾"国史馆"2001年版，第155页。

④ 唐德刚：《〈"联俄""容共"与西山会议〉序言》，香港集成图书公司2001年版。

会议之研究》①《西山会议派之研究》②后，贸然再写《革命党精英在"联俄""联共"后的蜕变——"西山会议派"之再研究》。也许能如前辈所愿，"冷饭热炒，'西山会议派'真的会变成一个纯学术的历史研究的热门专题"。③于此，笔者首先来将有关的研究范畴、概念作一限定。

　　时间限定：1922—1931年。本书从孙中山对"联俄""联共"政策的酝酿入手，并将"西山会议派"的消亡时间定于中国国民党第四届一中全会的召开。尽管当事人邹鲁曾表示，"本党实行清党后，'西山会议派'的目的已达，'西山会议'的名称便立刻取消。所以在特别委员会成立的时候，不但'西山会议'的名称已不存在，就是'西山会议'的同志也没有任何组织"。④但根据后来的发展，只能说这是"西山会议派"的"上海中央"的结束，亦是其各地党部的解散和"孙文主义学会"等组织团体的消失。"西山会议派"的核心人物虽四散在各方，却仍常常联络，紧密地团结于声势更大的反蒋运动，在社会上也仍将他们称为"西山会议派"。而且在"扩大会议""非常会议"中，他们自己也以"沪二届"中央委员的身份标榜，并与汪精卫的"改组派"发生有激烈的"粤、沪二届"党统之争。直到"九一八事变"爆发，"西山会议派"团体行为才彻底消失。

　　"西山会议派"：为行文的方便，本书有时将其简称"西山派"。本书笔者将直接参与者（发起西山会议的中国国民党第一届中央执监委员）、暗中帮助者（孙科、吴铁城、许崇智、胡汉民等）或是间接协助者（广东大学辞职的38位教授）都称为"西山会议派"，但主要以其核心成员，即首次发起西山会议的12人为代表。分阶段来说：西山会议时，主要是指发起会议的中国国民党第一届中央执监委员。上海中国国民党中央"二大"时，主要有参会代表、各地"孙文主义学会"成

---

① 韩剑华：《西山会议之研究》，未刊稿，台湾政治大学东亚研究所硕士学位论文，1980年。
② 金永信：《西山会议派之研究（1923—1931）》，未刊稿，台湾政治大学历史研究所博士学位论文，1997年。
③ 唐德刚：《〈"联俄""容共"与西山会议〉序言》，香港集成图书公司2001年版。
④ 邹鲁：《回顾录》，岳麓书社2000年版，第173页。

员和广东大学辞职南下的38位教授。中央特别委员会（"中特委"）开会时，"上海中央"被上交给中央特别委员会，作为"西山会议派"组织力量的"民治主义同志会""孙文主义学会"（包括广州的）以及由其组成的各地党部大都解散，就只剩有先前主持"上海中央"的领袖人物。所以，"西山会议派"在反蒋运动中已经没有了组织基础，仅是核心人物的孤军奋战，其势力亦不断削弱。

革命党：书中的革命党统指孙中山时期的中国国民党，并非仅是中国国民党的前身1914—1918年的中华革命党，因为"孙中山时期，国民党是一个革命党"。① 作为民主革命的伟大先驱者，孙中山一生都在领导与实践民主革命：先是推翻清朝，倾覆君主专制，揭开民主共和国的新纪元；继之，领导"护国运动""护法运动"，谋求打倒军阀，废除不平等条约，捍卫民主共和制度，建设现代化的民主国家。这一时期，中国国民党代表了中国前进的方向，体现了中华民族的时代诉求，谱写了中国民主革命的光辉篇章。孙中山逝世后，中国国民党便开始了蜕变和异化；尤其是在它成为执政党后，其反帝反封建的民众革命性迅速流失，以致人们很难将之与当初革命的对象——清政府及北洋政府区别开来。

政客：根据政治学的定义，政客是对政治人物的蔑称。该名最早起源于古希腊，意为献身政治事业的人。后来逐渐用来描述在政治活动中为了个人私利和政治目的，大搞政治投机、玩弄政治手腕的人物。他们往往目光短浅，私而忘公，冷酷狡猾，品德败坏，为了一定的政治目的而不择手段，翻云覆雨。② "在资本主义出现以前，没有真正意义上的政客，只有官僚，官僚是整个政治舞台的主角。随着资本主义的产生，一个新的职业政客阶层作为一种独立的角色登上政治舞台，从而在根本上改变了传统的官场结构。这一变化是与生产力变革相适应的人类政治生活中的一场深刻革命。在一个没有政客的官僚

---

① 崔之清：《〈国民党政治与社会结构之演变〉序言》，社会科学文献出版社2007年版。
② 郑力：《中国监督学大辞典（上、下两册）》，中国财政经济出版社1996年版，第43页。皮纯协、徐理明、曹文光：《简明政治学辞典》，河南人民出版社1986年版，第472页。

体制中，利益集团之间的冲突不能通过和平的党派斗争的方式解决。"① 在一定意义上，政客是社会动乱的祸首，他们的活动和作用，在资本主义社会尤为突出，其表现形式也最为完备，政治被作为一种交易，充斥于整个国家机构和国家权力活动中，政客对政治决策施加着相当大的影响。② 本书所指的政客，还包括胡汉民所谓区别于革命者的"政客"。

"联俄""联共"：所谓"联俄""联共"时代即是第一次国共合作时期。一直以来，"三大政策"的说法在海峡两岸学者中存在分歧。中国大陆学者多用"联共"一词表述，中国台湾及海外学者多称之为"容共"。笔者认为"联共"一词能更客观准确地反映当时国共两党实行党内合作的具体方式，也比较符合当时孙中山所坚持的以中国国民党为中心进行国共合作的思想主张。

苏俄：主要是对苏联共产党的简称。在1917—1991年的74年中，其作为苏联唯一的执政党和社会领导力量，苏共的名称经历了多次重大变化。前身为俄国社会民主工党布尔什维克。1898年3月成立了俄国社会民主工党。1903年7月俄国社会民主工党分成以列宁为首的布尔什维克派和反对列宁的孟什维克派。1918年3月，苏共"七大"将苏联共产党的名称改为俄国共产党（布尔什维克）。1925年12月苏共"十四大"又改称苏联共产党（布尔什维克），简称联共（布）。1952年的苏共"十九大"改名为苏联共产党，简称苏共。本书时跨俄共与苏共两阶段，为行文方便姑称之为苏俄。鉴于共产国际隶属于苏俄共产党的关系，一般在文中所言苏俄的主张亦代表共产国

---

① 〔美〕乔尔·阿伯巴奇等：《两种人：官僚与政客》，陶远华等译，求实出版社1992年版，第2页。
② 国外学者的研究中指出，西方国家的政客还有着更为鲜明的特色："政客明确地表达无组织的、个人的、广泛分散的利益"，"政客是热情的、党派的、理想的甚至看重意识的"，"政客的这种比较广泛的政治联系技能，使他或她能动员较大范围的潜在的摇摆不定的政治力量"。"再者，政治上的理想和意识能够在现存的政治力量的相互关系之外，为政客提供批判性杠杆的一个支点——对社会如何可以有区分地被组织的一种理解，有关如何实现这一点的某些观念，以及有时会受到影响的一种感情上承担的义务。政客仍（至少他们中的许多人）在相当的程度上，有理想和党派的热情。"见〔美〕乔尔·阿伯巴奇等著，陶远华等译《两种人：官僚与政客》，求实出版社1992年版，第2页。

际的主张。①

研究现状与问题的提出

学术界对"西山会议派"的关注多在20世纪80年代以后。中国香港和台湾方面的研究成果较为显著，中国台湾第一个正面谈及"西山会议派"的是沈云龙，他曾发表《西山会议派反共之经过》一文，基本是叙事性的。后来他又发表了《林森、邹鲁、谢持与西山会议》《从武汉分共到广州暴动》《扩大会议之由来及经过》《广州非常会议的分裂与宁粤沪四全大会的合作》等与"西山会议派"活动有关的文章。② 他的文章一向只标注书名，没有明确注释，上述四篇文章也不例外。对于帮助我们了解西山会议的来龙去脉有一定价值。

中国国民党党史的知名学者李云汉于1967年出版了《从容共到清党》一书，专章讨论了西山会议。文中视戴季陶主义为西山会议"反共运动"的理论先导。③ 笔者不否认自孙中山逝世后，戴季陶在中国国民党内反共风潮中所扮演的重要角色，况且他也曾参与过西山会议的召

---

① 共产国际组织自创立以后，因它的总部机构设在莫斯科，它的领导人也与联共（布）领导人有着难以分割的关系，所以一直较多地受到联共（布）领导人的节制，它的政策也多是随着苏联对内、对外政策的变化而变化，从现有新的档案资料可以看出，在中国大革命时期，共产国际的对华政策、给其驻华代表和中共中央的指示，绝大多数是在联共（布）领导人参与下决策的。大革命时期，莫斯科给其驻华代表、中共中央乃至中国国民党中央和中国国民党人的电报、信函，绝大多数直接出自联共（布）中央政治局；另外有一部分是经联共（布）中央政治局决定后，再以共产国际的名义发出的，真正由共产国际执委会直接发出的指示，只有一小部分。参见姚金果《大革命时期共产国际、联共（布）与中共之间的组织关系》，载中共中央党史研究室第一研究部编《共产国际、联共（布）秘档与中国革命史新论（第1集）》，中共党史出版社2004年版，第200页；姚金果等《共产国际、联共（布）与中国大革命》，福建人民出版社2002年版，第9页。唐宝林根据新公布的档案资料做了一个统计：1923—1927年，俄共（布）和后来的联共（布）中央政治局为讨论中国革命问题共召开过122次会议，做出了738个决定。这些决定包括大的决策（如令中共党员加入中国国民党，对于国民革命的总方针等）和小的决定（如何结束"五次罢工"，何时找蒋介石谈话以及谈话时注意什么问题等）。所以他认为："足以证明指导中国革命的最高决策机关是以斯大林为首的联共（布）中央政治局。"见唐宝林《重评共产国际指导中国大革命的路线》，载《历史研究》2000年第1期。

② 沈云龙：《民国史事与人物论丛》，台北传记文学出版社1981年版。

③ 李云汉：《从"容共"到清党》，台北及人书局1987年版，第412页。

集,但在事实上还是没有发觉戴季陶主义与西山会议的发起有任何直接的关联性。① 虽然《从容共到清党》一书中有关西山会议的篇幅不多,但鉴于此书为中国台湾方面研究国共第一次合作的经典之作,影响较广;而且书中诸多的一手资料和挖掘的档案具有较高的价值,所以李云汉也算是早期对西山会议研究造诣颇深的一位学者。如果说《从容共到清党》中对西山会议的探讨是李氏研究"西山会议派"的第一步,《上海中央与北伐清党》② 一文可以说是第二步。此文详细叙述了中国国民党"上海中央"的组织与人事、地方党务中的反共活动、"上海中央"在北伐"清党"中的立场等问题,且也为我们了解国共之间在各地党部的斗争情况提供了重要的线索。

在胡佛研究所长期从事中国近代史研究的"西山会议派"健将谢持之孙谢幼田,于2001年在香港出版了专著《联俄容共与西山会议》(上、下两册)。在一定程度上,该作者大有为"西山会议派"的"叛党集团"罪名平反之意,以此"将所谓75年来一直被当权者刻意隐瞒和歪曲的这一段事实真相展示于世人之前"。因为该作者明确表示:"……在这一极端困难的情形下,在中国高举反对共产主义的大旗和反对苏俄红色帝国主义控制中国的,就是西山会议。由此有一系列批判共产主义的文件。历史学家已经指出:国民党以后的一切反共运动,都是西山会议在政治上的延续。而且,西山会议元老集团和俄国第三国际的斗争,也正是和谐中国文化和苏俄斗争文化的一场大冲突,这一冲突持续到现在。从新的研究发现,过去认为是国共两党的若干冲突,实际是中国和俄国的国家利益冲突,因为20世纪20年代的中共,从战略到政策都只是苏俄党决定的执行者,是为苏联的国家利益服务的。但是在组织上,西山会议的诸位元老却经历了失败。因为在'廖仲恺被刺案'以后,汪精卫、蒋中正联合利用这一次事件

---

① 戴季陶曾对谢持等人利用他的文章攻击中国共产党十分不满,抱怨说他本"欲为三民主义作一忠实的拥护者,其结果只为反革命提供材料、供谈助,事之伤心宁有甚于此者乎?"并进而指责他们"不顾大局,不明事理,不知时代之关系,不解革命之意义,更不听我苦心孤诣之劝告与痛苦流泪之批评,反欲藉我彻底的为国民革命而发之理论与实际政策,达其反革命之目的"。见谢幼田《"联俄""容共"与西山会议(上)》,香港集成图书公司2001年版,第190页。

② 李云汉:《上海中央与北伐清党》,载《近代中国》第66期。

夺取了权力,这三者互相依靠而兴起。虽然蒋介石不久以后走上了反共的道路,在思想上继承了西山会议的道路,但在组织方面,对西山会议始终是打击。"① 段干木在书评中也称该书为"一部勘误求是拨乱反正的力作"。②

但在笔者看来,唐德刚在该书序言中的评价更为客观:"谢君之作,终究不失为西山会议派传统的反俄、反左的一家之言。""在新史料的运用上(如最近解密的苏共档案和久被国共两党所忌视的谢持等诸元老的日记、私家文献等)所下的功夫,也是十分客观的。""当然谢君之作,也不脱当事人后裔著书,辩冤谤白,难免于隐恶而扬善。所以作为谢持的孙子,难免笔端常带有感情。"③ 的确,该书带有很强的主观色彩,对诸多事件的评述和人物思想的分析,多是出于个人的臆测,尤其是对中国共产党的认识大有"偏颇之处",从而难免使人不对其相关结论产生质疑。而且该书纪事性较强,在写作上以大量揭露事实为主,虽不乏学术性,但部分注释却很不规范,大量引文未标明出处;且多因论述"过于深刻",大段或是整篇引用史料也使得逻辑上稍嫌混乱。

谢幼田在很大程度上是想借助苏联解体后随之解密的一手俄共新史料"揭露苏俄侵华阴谋",并结合中国国民党败逃台湾的事实来证明"西山会议派"先前反对"联俄""联共"的先见之明。所以,诸多的事实与史料在弘扬"西山会议派"政治主张的同时还提出了一些"标新立异的观点"与之相印证。如,"共产国际处于苏俄的全方位控制,苏俄始终是沙俄帝国主义的继承者";"'西山派'是反左、防左运动的先知者,而不是反对国共合作的'反动派',更不是孙中山所训斥的败类";"联俄、联共只是一种暂时的策略运用,所谓《加拉罕宣言》从未兑现,算是历史上的最大骗局之一";"斯大林激化中国的内乱与外患,孙中山在危机中拒绝俄共乱华诱惑";"苏俄与吴佩孚、张作霖、陈炯明都有勾结"等。并总结出"西山会议派"的三大历史

---

① 谢幼田:《〈"联俄""容共"与西山会议〉序言》,香港集成图书公司2001年版。
② 段干木:《一部勘误求是拨乱反正的力作——〈"联俄""容共"与西山会议〉》,载《传记文学》第81卷第6期。
③ 唐德刚:《〈"联俄""容共"与西山会议〉序言》,香港集成图书公司2001年版。

价值：不遗余力地反对阶级斗争；第一个将苏俄视为帝国主义的国家；首次将共产主义作为一种文化现象来对待。①

事实上，正如章开沅所言：以国共两党的历史而言，受两党数十年政治竞逐和对立之浸染，厕身于不同政治环境之下的海峡两岸学者对两党历史的论断，即存有甚深的歧见。是故，笔者对谢著的与"西山会议派""旧结论"一脉相承的很多"新观点"基本也是难以认同。不过，谢幼田所运用的新史料，对事件更为全面的揭露当然是需要肯定的（谢幼田主要是利用"西山会议派"人物所留下的日记、年谱、文集、当事人的回忆录，尤其是独家资料《谢持日记》，对整个西山会议的发轫、兴衰过程进行了全面细微的介绍，揭露了先前大量未知的事实。最为明显的是对蒋介石的崛起、蒋介石对"联俄""联共"的态度，及其与西山会议的利益交换和妥协做出了较为公允的评述，所以此书至今仍不能在中国台湾出售），尤其是对"西山会议派"核心人物言行的记叙可算是现今水平较高的一大著作。

此外，在中国台湾早期还出现了一些当事人对西山会议记叙的文章，主要集中于《传记文学》。② 其中还刊有唐德刚的《论西山会议派》，他认为"西山会议派"的政治倾向可从"分共而不反共""一党专政与民主专权""反共和反集权"等方面进行评价，同样也指出戴季陶主义是西山会议的理论先导，"西山会议派"对"清党"发挥了首倡之功，其"分共"而不是"反共"的根本目的是为反对鲍罗廷和中央政治委员会，但并未就这些论点做出更深入的论述。

中国国民党中央委员会召开"十四大"时，为警醒台湾中国国民党内的派系纷争现象，《历史月刊》特意登载专辑"国民党的分合"，以西山会议为开端，对中国国民党百年来发生的"西山会议""宁汉分裂""扩大会议""宁粤分裂"（"非常会议"）这四次最大分裂进行了

---

① 谢幼田：《"联俄""容共"与西山会议》，香港集成图书公司2001年版。段干木：《一部勘误求是拨乱反正的力作——〈"联俄""容共"与西山会议〉》，载《传记文学》第81卷第6期。
② 桂崇基：《西山会议之形成与经过》；黄季陆口述：《访黄季陆先生谈西山会议》；蒋君章：《西山会议与戴季陶先生》，均载于《传记文学》第32卷第3期。胡耐安：《谈西山会议派与改组派》，载《传记文学》第10卷第6期。

专文介绍，其中"西山会议派"贯穿始终，主要是以叙事为主。① 李国祁也曾撰文《邹鲁与西山会议》，对邹鲁在西山会议中发挥的作用进行了分析。② 香港目前仅查找到一篇关于"西山会议派"的论文，即苏维初的《国民革命时期的西山会议派》。作者主要是围绕合法性的问题来讨论"西山会议派"，并将此视为其失败的根本缘由；此外还对"西山会议派"的权力基础、组织力量稍做了介绍。③

开始以"西山会议派"为主题进行学术研究的，要算是韩剑华在1980年撰写的硕士论文《西山会议之研究》。④ 韩剑华以政治学者D. Eston之政策分析法（Policy Analysis）及系统论为框架讨论"西山会议派"。他将"联俄""联共"政策列为"输入项"，将"西山会议派"列为"输出项"，即没有"联俄""联共"政策，便不会发生西山会议。笔者也基本同意这一关系的论证。韩剑华多是从政治学角度出发，所以很多地方的解释与历史学的观点不一样，这是韩文值得参考的特别之处。但文中过长地叙述"联俄""联共"的政策，使得"联俄联共的分析"与"西山会议的概述"在整篇文章中平分秋色，以致忽略了"西山会议派"本身的政治主张及中国国民党"上海中央"的实际运作等问题。而且很奇怪，文中竟未运用《清党实录》这一研究"西山会议派"最基本的资料。韩剑华的研究主旨为三点：首先是对孙中山的"联俄""联共"政策进行研讨以寻找其政策本意的正确性。其次探讨了中国国民党在改组后的结构，是否有未尽善之处；而西山会议的召开，是否除了"反共"之外，还希望能使中国国民党在组织体系上更臻完善。最后重点讨论了"西山会议派"的反共行动对于中国国民党在后来检讨中国共产党之问题上，是否有所作用。文中对"西山会议

---

① 杨维真的《"容共"？分共？西山会议派与国民党中央的分合》；陆祥云的《清党与夺权——宁汉分裂始末》；胡平生的《反蒋派大联合——扩大会议的成因与反思》；林能士的《约法之争与派系纠葛——宁粤的分裂与影响》均载于《历史月刊》1993年第67期。
② 李国祁：《邹鲁与西山会议》，《"中华民国""建国"八十周年学术讨论集（第1册）》，台北近代中国出版社1991年版，第208—209页。
③ 苏维初：《国民革命时期的西山会议派》，载《中国大革命与亚洲》，中国档案出版社1997年版，第139页。
④ 韩剑华：《西山会议之研究》，未刊稿，台湾政治大学东亚研究所硕士学位论文，1980年。

派"的评估落脚于合法性的问题,并强调西山会议属于"非法之举"。①

时隔17年后,台湾政治大学的金永信则以"西山会议派"为研究对象,于1997年完成了博士学位论文《西山会议派之研究(1923—1931)》。该文运用了多种的史料,尤其是民国时期的各大报纸,并结合当时海内外的研究成果,对西山会议人物的具体活动以及"西山会议派"的"上海中央"组织的运作进行了甚为细致的介绍。文中对"西山会议派"参与"扩大会议""非常会议"的叙述可算是填补空白之举。该文作者用了近一半的篇幅论述上海"二大"及其各地党部活动,大致与李云汉的《上海中央与北伐清党》一文观点相同,但也有不少的扩充,如"鉴于'上海中央'之所以能与'广州中央'并存一年多的事实,不能以单纯的正统与否来抹杀或忽略其地位"。

该论文主要内容如下。第一,"联俄""联共"引起的纷争,以及西山会议对时局的主张与态度、各方对西山会议之反应。第二,"上海中央"的组织特色与活动;其国内外党务与地方党务的活动进行以及遭遇的困难;上海"二大"召开所拟订的重要决议及其影响。第三,探讨北伐时期、"清党"时期、宁汉相争之时,"上海中央"的运作。第四,"西山会议派"之没落——以中央特别委员会、"扩大会议"及最后反中央活动为中心。作者最终的结论是:"西山会议派"在"反共""清党"上发挥了先导作用,在20世纪20年代后期的反蒋运动中更为积极,不可否认,"反共"与"反蒋"是"西山会议派"的两大政治活动。"西山会议派"的失败在很大程度上重演了"历次权力斗争中,成功的几乎都是草莽英雄,秀才造反却往往难望有成"的悲剧,并将其失败的原因归于"本身无实际力量,不懂得运用群众,只有一个响亮的'反共'口号等"。

中国大陆方面对"西山会议派"的研究,目前还尚未查找到相关的专著。最早都是以章节的形式出现在诸多的革命史、或是中国国民党党史的著作中,多是叙事性地交代事件的经过,概述中国共产党与中国国民党"左派"对"西山会议派"的反攻,且统一将其认定为中国国民

---

① 韩剑华:《西山会议之研究》,未刊稿,台湾政治大学东亚研究所硕士学位论文,1980年。

党"右派"反共的必然结果。① 其中较为突出的是高军等编纂的《中国现代政治思想评要》,不仅将"西山会议派"的活动分为北京、上海、南京三时期进行论述,而且对其政治主张、其所罗列的"中共罪行"进行了大量的阐释。② 最近出版的《中国近代通史(第七卷)》一书中肯定了"西山会议派""分共而不是反共"的观点。③ 首次将之以派系进行研究的则是郭绪印主编的《国民党派系斗争史》。④ 他以"'西山派'与蒋介石矛盾的演变"为章节名称,详细梳理了蒋介石与"西山会议派"关系的张弛,主要包括蒋介石对"西山会议派"人物的两次分化、"西山会议派"所采取的"薄汪厚蒋"策略等;并对"西山会议派"的消亡原因以及中国国民党派系斗争的正负面影响有所论述。崔之清主编的《国民党政治与社会结构之演变》第一卷,将"西山会议派"的"上海中央""二大"与"广州中央""二大"进行了详细的对比,以此来考察中国国民党改组后社会结构的变化,具有一定的深度。杨奎松的《国民党的联共与反共》⑤,是国内第一部从中国国民党史的角度研究国共关系的著作,颇具新意和开拓性,将国共关系的研究向前推进了一大步。此外,在文史资料中也出现了一些与"西山会议派"相关

---

① 刘德军:《中国革命史重点问题评析》,山东大学出版社1993年版;吴祖明:《中国大革命与亚洲》,中国档案出版社1997年版;林家有:《国共合作史》,重庆出版社1987年版;中共中央党史研究室:《1921—1949年中国共产党历史(第1卷上册)》,中共党史出版社2002年版;王宗华:《中国大革命史1924—1927》,人民出版社1990年版;萧超然、沙健孙:《中国革命史稿》,北京大学出版社1984年版;薛谋成:《国民党新军阀史略》,厦门大学出版社1991年版;张宪文:《中华民国史》,南京大学出版社2006年版;茅家琦:《百年沧桑:中国国民党史》,鹭江出版社2005年版;苗建寅:《中国国民党史:1894—1988》,西安交通大学出版社1990年版;宋春:《中国国民党史》,吉林文史出版社1990年版;肖效钦:《中国国民党史》,安徽人民出版社1989年版;李友仁、郭传玺:《中国国民党简史:1894—1949》,档案出版社1988年版。
② 高军、王桧林、杨树标:《中国现代政治思想评要》,华夏出版社1990年版。
③ 王奇生:《中国近代通史(第7卷)》,江苏人民出版社2006年版。
④ 郭绪印:《国民党派系斗争史》,上海人民出版社1992年版。
⑤ 杨奎松:《国民党的联共与反共》,社会科学文献出版社2008年版。

的回忆性文章,如周一志的《关于西山会议派的一鳞半爪》等。①

有关"西山会议派"的论文,在20世纪80年代后期陆续出现。②这些文章大都不约而同地轻描淡写主体人物与西山会议的关系,多是对这一派系进行评析,基本也是将之归为反共的中国国民党"右派"集团,并在这一前提下展开论述——与上述革命史著述中的观点类似,只是稍加具体。

2000年前后出现的相关论文,开始将"西山会议派"的具体环节或影响逐渐显现出来。诸如杨奎松的《容共还是分共——1925年国民党因"联共"而分裂之缘起与经过》一文,打破了传统的"西山会议派""反共"一说,首次指出西山会议决议中的"分共"主张。③该作者认为,简单地从"反共"的角度来考察这段历史,无论其为肯定、为否定,自然难以体察当时条件下影响分裂者情感、判断和认识的各种复杂历史因素与特定之历史环境。在今人看来,这些分裂者当年的一些看法和感受可能偏颇片面,但当年他们曾经因为那样的看法和感受而走向分裂,却是不可回避的事实。所以,杨奎松主张从深入了解中国国民党分裂者当年如何看待"联共"问题入手,以此分析说明他们逐渐走向"分共"道路的主客观因素乃至心理情感方面的种种复杂原因。该作者所展现的这一视角为考察西山会议的发起缘由打开了更广泛的理

---

① 冀贡泉:《阎锡山与扩大会议》;李俊龙:《汪精卫与扩大会议》;薛笃弼:《扩大会议始末》《我在中原大战时的一些经历》;刘骥:《蒋冯阎关系和中原大战》;邓哲熙、戈定远:《冯玉祥与扩大会议》;周玳:《阎锡山发动中原大战概述》,均载于全国政协编《文史资料选辑》,第16辑。贺贵严:《蒋介石背叛革命后下台又上台》;陈铭枢:《关于宁粤合作亲历记》;孟曦:《关于非常会议和宁粤合作》,均载于全国政协编《文史资料选辑》,第9辑。何汉文:《改组派在北平出演的"扩大会议"》;刘书模:《1931年宁粤合作时期我的内幕活动》,均载于全国政协编《文史资料选辑》,第9辑。武和轩:《改组派与扩大会议》;罗方中:《中原大战与扩大会议》;周一志:《关于西山会议的一鳞半爪》,分别载于全国政协编《文史资料选辑》第17、1、12辑。

② 高德福:《反对西山会议派的斗争》,载《河北大学学报》1986年第2期;王光远:《西山会议派概述》,载《党史研究》1986年第2期;董江爱:《西山会议派反共纪实》,载《历史教学》1999年第4期;赵德教:《西山会议派的政治思想》,载《中州学刊》1985年第6期;李正华:《西山会议派》,载《历史教学》1990年第4期;周自新:《西山会议派召开的两次反动会议》,载《党史研究资料(卷六)》,成都1985年;王光远:《国民党老右派——西山会议派》,载《文史精华》1996年第3期;王光远:《蒋介石和西山会议派》,载《民国春秋》1996年第1期;林友华:《林森在西山会议派中的地位》,载《闽江职业大学学报》2000年第2期。

③ 杨奎松:《"容共"还是"分共"?——1925年国民党因"容共"而分裂之缘起与经过》,载《近代史研究》2002年第4期。

路。杨天石的《关于孙中山"三大政策"概念的形成及提出》是现今学术界研究"三大政策"的最权威代表。[①] 该文在解决海峡两岸对"三大政策"来源分歧的同时,也将"西山会议派"与"三大政策"形成的关系真实地展现于读者面前——"三大政策"是在中国共产党反对"西山会议派"与戴季陶主义的斗争中提出、演变的。作者的另一文章《中山舰事变之谜》的问世[②]即揭开了民国史二谜之一,又再次将"西山会议派"及其"孙文主义学会"在"中山舰事变"中的影响挖掘了出来,从而肯定了"西山会议派"在"蒋中央"崛起中的作用。

因为"西山会议派"的主张多以邹鲁、谢持、居正等领导人物的意旨为代表,故他们的言论与行动在很大程度上代表着整个派系。所以罗敏的博士论文《邹鲁与蒋介石的关系(1923—1931)》认为,邹鲁在很大程度上便是西山会议的代言者。[③] 该文指出,1923年至1931年的邹鲁、蒋介石关系随着"西山会议派"活动发生演变,主要围绕两条线索展开:一为"联共""限共"与"清党"的争论,二为"民主"与"独裁"的争论。邹鲁、蒋介石围绕"联共""限共"与"清党"问题的争论不是要不要"反共"的政策性分歧,而是到不到时机和采取何种方式的策略性分歧。正因为如此,邹鲁在反共伊始时,采取"薄汪厚蒋"的策略,直至"整理党务案"后,邹鲁方因对蒋介石的"限共"策略表示失望,转而公开攻击蒋介石,邹鲁、蒋介石矛盾由此表面化,由于双方的分歧仅是方式和方法上的,而非本质上的,因此双方在"清共"问题上达成共识,一度和解。这对我们探讨"西山会议派"与蒋介石的关系问题提供了很大的帮助。此外,陈均在《试论西山会议派与新右派对"联俄容共"的态度演变》一文中,就"西山会议派"对"联俄""联共"的态度则分别分阶段进行了考察。陈均将"西山会议派"对苏俄的态度演变大致划分为"联俄""疑俄""反俄";对中国共产党的态度则分为"一般反对""友谊解决""彻底清共",并由此态

---

① 杨天石:《关于孙中山"三大政策"概念的形成及提出》,载《近代史研究》2000年第1期。
② 杨天石:《中山舰事变之谜》,载《国民党与前中华民国》,中国人民大学出版社2007年版。
③ 罗敏:《邹鲁与蒋介石的关系(1923—1931)》,未刊稿,中国社会科学院博士学位论文,1999年。

度的演变分析了"西山会议派"对国共第一次合作的影响。[①]

或许,因"西山会议派"的核心人物个个都有几十年的革命历史,海峡两岸先后出版了"西山会议派"诸人的传记:大陆有林友华《林森评传》(华文出版社2001年版)、刘晓宁《"无为而治的国家元首":林森传》(中国文史出版社2002年版)、林济《居正传》(湖北人民出版社1992年版)、张小林《覃振传》(中华书局2005年版)等。中国香港和台湾主要有陈哲三《邹鲁研究初集》(台北华世出版社1980年版)、许继峰《邹鲁与中国革命(1885—1925)》(台北正中书局1981年版)、朱西宁《表率群伦的林子超先生:林森传》(台北近代中国杂志社1982年版)、谢幼田《谢慧生先生事迹纪传》(台北近代中国出版社1991年版)。还有海外研究者萧邦齐的《血路——革命中国中的沈定一(玄庐)传奇》(江苏人民出版社1999年版)等。这些传记对我们研究"西山会议派"人物提供了一定的线索,有很大的参考价值。而且差不多"西山会议派"的每个人也都有其自述、年谱、日记等一类的著作,亦是本书重要的资料来源,具体可参见本书书末的参考文献部分。

基于前人的研究和相关史料的挖掘,笔者试图从"西山会议派"分裂中国国民党中央到反蒋的活动轨迹中,来考察革命党精英在孙中山逝世后蜕变的量化过程,以便对中国国民党改组后的裂变与异化能有更深刻的探究。本书主要从以下几点着手。

第一,从"分化"到"分裂"——西山会议之缘起。"联俄"与"联共"虽是在20世纪20年代先后发生的两件事,但却实为一体。"联俄""联共"政策的确立是为孙中山与苏俄追求不同目的的一种利益结合,两者之间有着剪不断的因果关系,"联共"因"联俄"而起,"联俄"因"联共"而实施。在"联俄""联共"的时代背景下,"西山会议派"的"反共"必然会触及苏俄的神经,斯大林派往广州协助孙中山进行国民革命的政治顾问鲍罗廷也不可能允许"联俄""联共"的中断。那么,在西山会议召开之前,面对发起人的反共行为,苏俄到底做了怎样的回应,尤其是鲍罗廷又扮演了怎样的角色,他们与西山会议的召开

---

① 陈均:《试论西山会议派与新右派对"联俄容共"的态度演变》,未刊稿,东北师范大学硕士学位论文,2006年。

又有着怎样的关系。这些疑问在我们重新考察西山会议的发端时，似乎都是值得关注的环节。

第二，从"暗斗"到"明争"——"西山会议派"与中国共产党之拮抗。西山会议召开的同时，"西山会议派"于1925年12月14日正式在上海另立中央①，中国国民党有史以来出现了一个政府两个中央的局面。在"上海中央"的筹建与运作中，各地的"孙文主义学会"成员和广东大学辞职的38位教授扮演了一定的角色，成为"西山会议派"的重要组织力量。作为"西山会议派"的领导核心，"上海中央"的筹建虽是为对峙于汪精卫的"广州中央"，但其组织进行，尤其是党务活动却是拮抗于中国共产党。在20世纪20年代动荡的局势中，中国国民党的"上海中央"与"广州中央"得以平行发展，且各自召开了欲立党统的中国国民党第二次全国代表大会。在"上海中央""二大"上，被"广州中央"开除党籍的"西山会议派"彻底推翻了"联俄""联共"政策，郑重发出了"清党宣言"。曾被视为"友党"的中国共产党随之被划入"敌党"，西山会议时的"文字分共"决议也被"上海中央"在国内外党务及其地方党务中旗帜鲜明的反共行径所代替。随着从"友"到"敌"的关系转变，先前与中国国民党"右派"进行"暗斗"的中共中央开始从正面对其首领——"西山会议派"势力发起了猛烈的回击。

第三，从"叛党"到"合流"——"上海中央"与蒋介石"党统中央"关系之演变。作为"叛党集团"，"西山会议派"自"分裂"时便与汪精卫执政的"广州中央"对抗，且一直呈水火不容之势。"中山舰事变"后，军事强人蒋介石开始崛起，并逐渐替代了汪精卫在中国国民党内的政治地位。于是，"上海中央"开始在"清党"前奏中对蒋介石"党统中央""频频示好"，但日益"右倾"的蒋介石对"西山会议派""厚蒋薄汪"的策略反应却出人意料，并在"四一二政变"当天查封了"上海中央"。大革命失败后，中国国民党内两个政府三个中央的局面随之结束，宁汉沪三方在相互的坚持与妥协中，合流于中央特别委员会这一

---

① 鉴于"上海中央"在"党统""法理"上一直遭到质疑，故其多被称为中国国民党的"伪中央"。详见荣孟源《中国国民党历次代表大会及中央全会资料（上）》，光明日报出版社1985年版，第362页。李云汉：《从"容共"到清党》，台北及人书局1987年版，第434页。

过渡机构。鉴于大革命时期苏俄，尤其是中国国民党政治顾问鲍罗廷在中国的特殊地位，他们对"西山会议派"的反应在一定程度上也影响着"上海中央"与蒋介石"党统中央"的关系演变。

第四，由"革命者"沦为"政客"——"西山会议派"在"联俄""联共"后的蜕变。中央特别委员会昙花一现，"把持"中央特别委员会的"西山会议派"在遭受"一一二二惨案"致命打击后，开始了近4年的反蒋历程，其间先后参与了中国国民党党内的另两次另立中央的大分裂活动，即20世纪30年代初的"扩大会议"和广州"非常会议"。从西山会议到反蒋的6年时间，"西山会议派"这一革命党精英在历经三次分裂中央的活动中发生了蜕变：由革命者沦为政客。其中，由"清党"过渡到"反蒋"的"西山会议派"到底与"南京惨案"有何纠葛，"南京中央"对"西山会议派"参与"扩大会议"的角色如何定位，"胡汉民汤山之禁"是否构成"西山会议派"参与"非常会议"的理由；而"西山会议派"蜕化的量变过程能否在这些疑问的探究中得以显现？在汪精卫、蒋介石的联手攻击后，"西山会议派"竟还能继续积极反蒋，在长达6年的斗争中，他们又处于怎样的生存状态？这些似乎都是前人未曾涉及的。

第五，历史痕迹——"西山会议派"之影响。除了与派系斗争共有的正负面影响外，"西山会议派"对其时代与个人的具体影响，似乎不能简单地归结于"破坏国共合作、阻碍革命进程"等，这需要更为仔细的探究。作为横跨大革命时代、以路线之争起家的"西山会议派"，挑起或是促发了诸多的政治事端，在无形中也助长了不良现象的恶化，它的存在似乎已与动荡的时局形成了一种互动。在"西山会议派"群体所存在的6年中，其自身力量亦因政局的发展及政治利益的取舍出现了消长，而这些人物"附蒋"后的命运同样与"反蒋"历史密切相关。

第六，结语——对"西山会议派"政客化的思考。孙中山逝世后，因"制度权威的缺失"，"西山会议派"以及其他派系或是集团势力先后出现；伴随革命党精英的权力纠葛、诸多足以影响时局的政治事件的发生，使得"西山会议派""一分而不可收"，由此其在中国国民党百年史上的四次大分裂中扮演了重要的角色。但是，"西山会议派"可算是革命党精英蜕变后的一个特殊群体，其派系构成、政治抱负及反蒋终结后的个人政治倾向都有着鲜明的特色，与"九一八事变"之前中国国民党的其他派系极为不同。

　　本书以中国第二历史档案馆、上海档案馆、"台湾中国国民党党史馆"、台湾"国史馆"、华东师范大学冷战史研究中心已刊和未刊档案，当事人的日记、回忆录、文集、自述，民国时期各大报刊以及海峡两岸新刊布的文献史料等为依托，综合运用历史学和政治学的理论与方法，除了对前人持有异议的观点进行论证外，还试图以"西山会议派"的活动轨迹为经，以其与动荡政局的相互作用为纬，以此对"西山会议派"长达6年的生存状态及其存在原因做一客观的评价和阐释，尤其是对这一派系群体自身的演变、与中国共产党的斗争、与汪精卫、蒋介石这两大集团间的分合及其于时代、于个人的影响等相关问题做一全面深入的学术探讨。当然，这既不是对以往研究成果的否认，也绝非标新立异，而仅是从个人视角提出浅薄之见，就教于学者前辈。笔者还试图梳理"西山会议派"主要人物的个人档案，就每个人对中共、苏俄、"联俄""联共"的态度，以及后来反蒋的转变，分裂中央的信念支持，对"权势"的真实看法等问题进行彻底的挖掘，从而在这一派系人物的共性、派系特性的分析中能够对"西山会议派"的产生、兴衰，与中国国民党其他各派的关系往来有一个更深刻的认识。但因资料不足与学力不逮，不完善之处只能留待以后继续探索了。

研究背景

　　"联俄""联共"政策不仅为国共合作提供了历史契机，也给国共两党自身带来了翻天覆地的变化，"西山会议派"便是中国国民党"联俄""联共"的"输出产物"。"西山会议派"多以孙中山的纯粹三民主义信徒自我标榜，为维护孙中山的党国大业，打出了"分共""联俄"的旗帜——试图在以"分化共产分子"的方式中断鲍罗廷"横恣妄行"的同时，使得"联俄"的中国国民党既不会被"赤化"，又能在继续得到"俄援"的情况下，独掌国民革命的领导权。他们的这一"理想抱负"是否与孙中山"联俄""联共"的良苦用心相一致，是否又符合"联俄""联共"双方在背后所进行的利益交换原则，从这一主张又如何评判"西山会议派"这一群体人物的价值趋向，这需要我们对"联俄""联共"政策的形成做一深刻探讨，对大革命前中国政局的发展有一交代。

"联俄"与"联共"虽是孙中山在20世纪20年代先后完成的两件事，但却实为一体，两者互为条件，相辅相成。孙中山的"联俄""联共"政策将大革命前的中国共产党、中国国民党、苏俄、共产国际四者紧密联系在一起，构成了一张复杂的关系网，而中国国民党内部也因此纠纷不断，呈现出派系分裂的局面。

"联俄"的初期，孙中山、苏俄、共产国际和中国共产党围绕国共合作问题，特别是在合作的具体形式上，存在着严重的分歧。但最终由共产国际推出的国共合作却是由苏俄与孙中山支配。这样，国共发生冲突时，被中国国民党"容纳的共产分子"多处于第三者的地位，正面交锋的双方主要是对"联共"表示反对或不满的中国国民党元老与孙中山、鲍罗廷之间。"联共"初期，中国国民党内的反对"联共"案多被孙中山以个人的威信抚平，而鲍罗廷又得宠于孙中山，所以他在中国国民党内"加强孙中山的'左派'立场，分化'右派'"的工作进展非常顺利；但在孙中山逝世后，中国国民党中央出现权力真空，为了将汪精卫扶持为孙中山的合法继承人，确保"联俄""联共"政策的继续，鲍罗廷制定了"加速国民党分裂，彻底清除'右派'的活动计划"。可以看出，围绕着"联俄""联共"的发生，大革命前后的中国政治舞台出现了纷繁复杂的景象，"联俄"与"联共"之间的微妙关系则在很大程度上左右着这一政局的发展。

对于"联俄"与"联共"二者之间的关系，前人多有研究。有人将"联共"列为是"联俄"的条件[①]，有说"联共"是"联俄"的苦果[②]，或说是一种自食其果[③]。也有人认为"世人将联俄联共一词混为一谈，以为两个政策同时成立，或竟以为联共为联俄的条件，不尽符合

---

① 李云汉：《从"容共"到清党》，台北及人书局1978年版，第191页；陈天锡：《戴季陶先生的生平》，台北商务印书馆1968年版，第289页；李剑农：《中山出世后中国六十年大事记》，转引自司马璐《中共党史暨文献选萃（第一次国共合作）》，上海太平洋书店1928年版，第27页。
② 刘绍唐：《〈陈炯明叛变与"联俄""容共"的由来〉主题说明》，《传记文学》第32卷第2期，1978年3月。
③ 转引自李云汉《从"容共"到清党》，台北及人书局1987年版，第212页。

事实"。① 本书笔者在对"联俄""联共"政策的缘起、酝酿及最终实现的历史过程,尤其是对联盟的双方——孙中山与苏俄方面的态度变化、利益抉择进行全面考察后,认为上面的结论似乎稍过于片面化。本书拟就以"联俄""联共"政策的制定者——孙中山及苏俄各自利益的取舍为着眼点,试图对"联俄"与"联共"之间的微妙关系做一再探讨,以便对中国大革命的背景有一个更清楚的认识。

一 "联俄""联共"的落定

1924年1月中国国民党"一大"的召开,标志着国共两党党内合作的正式形成和孙中山的"联俄""联共"政策正式确立。"联俄""联共"由中国国民党、苏俄、共产国际与中国共产党四大组织构成,作为共产国际的支部与苏俄在华"东方路线"实施者的中国共产党尽管在联盟形成中一再争取自己的权益,最终还是无条件地服从了共产国际,但共产国际又完全依附于苏俄。② 这样一来,"联俄""联共"事实上交由孙中山与苏俄两方主宰。从孙中山"联共"与苏俄"联孙"的起始过程来看,"联俄""联共"确为孙中山与苏俄一种利益的结合,是不同目的的追求和暂时对付敌人的结合。③

1. "联俄"的开始

作为革命领袖的孙中山自始认为外交是革命成功的因素之一,因为他需要款项来支援革命,同时也希望外国能承认他所成立的反对清王朝以及北京政府的政权。但从总体说,一直到苏俄的援助到来之时,孙中

---

① 桂崇基:《中山先生为什么"联俄""容共"》,《传记文学》第32卷第2期,1978年2月。
② 1921年1月共产国际执委会远东书记处成立。其任务是调查远东各国情况,与中国、日本、朝鲜等地革命者取得联系,在这些国家中开展革命运动。共产国际执委会领导下的对华工作,主要由东方部负责。在大革命失败前,东方部所属机构有如下变动:1922年春远东部取代了远东书记处;1926年春远东部又被改组为远东书记处;1926年6月在上海成立远东书记处的下属机构——共产国际执委会远东局;1927年春远东局停止工作。在这些机构中,维经斯基一直是最高领导人。远东局停止工作后,共产国际随之指派罗易、多里奥与维经斯基共同组成代表团,负责对华工作,其中的罗易为主要负责人。见姚金果《共产国际、联共(布)与中国大革命》,福建人民出版社2002年版,第14页。
③ 谢幼田:《"联俄""容共"与西山会议(上)》,香港集成图书公司2001年版,第7页。文中指出是苏联、中国共产党与孙中山国民党三者之间的利益结合。本书笔者认为应该舍去中国共产党。

山所进行的谋取外国援助的努力事实是失败的。①

"十月革命"发生后，孙中山致电列宁，对其革命成功表示祝贺，标志着孙中山开始主动与信仰共产主义的苏俄联络。② 而在孙中山对西方国家彻底绝望时，苏俄外交大使加拉罕于1919年7月、1920年9月两度发表对华宣言，自动提议放弃沙俄从清政府取得的各项在华利权。这一举动更引起了孙中山对俄国的注意，由此拉开了"联俄""联共"的序幕。③ 1921年11月7日，列宁对契切林的指示则是苏俄正式与孙中山进行联络的信号。④ 次年4月，苏俄委派上海青年共产国际东方部成员达林（A. S. Dalin）作为北京外交使团与孙中山联络的全权代表（即苏俄与孙中山的联络代表）前往广州与孙中山建立直接联系。

1922年6月，陈炯明叛变，孙中山陷入了内外交困的窘境，此事对他的"联俄"政策起了轻微的催生作用。在当时的孙中山看来，中国的革命有许多地方需借镜苏俄，苏俄之新经济政策早已变更其共产主义特征，其实已无可惧之处。孙中山发表了声明："赞成有一个倾向中俄德三国接近的政策……"⑤ 这一声明成为孙中山意欲联俄的

---

① C. Martin. Wilbur, *Sun Yat-sen: Frusted Patriot*, Columbia University Press, 1967, p. 174.
② C. Martin Wilbur & Julie Lien-Ying How, *Document on Communism, Nationalism and soviet Advisers in china*, 1918–1927, N. Y, Columbia University press, 1956, pp. 138–143. Xenia J. Eudin and Robert C. North, *Soviet Russia and the East*, 1920—1927, California, Stanford University press, 1957, p. 218.
③ 韦慕庭：《孙中山的苏俄顾问（1920—1925）》，载《中央研究院近代史研究所集刊》第16期，1987年6月，第277—295页。谢幼田：《"联俄""容共"与西山会议（上）》，香港集成图书公司2001年版，第11页。
④ 姚金果：《共产国际、联共（布）与中国大革命》，福建人民出版社2002年版，第29页。1921年6月14日孙中山才接到苏俄外交委员齐采林于1920年10月31日的信函，此为孙中山正式首次接获俄官方之来函。见 Xenia J. Eudin and Robert C. North, *Soviet Russia and the East*, 1920—1927, California, Stanford University press, p. 219。
⑤ 陈炯明叛变时，曾获得孙中山与廖仲恺、朱和中商谈中德关系的密函三件，并擅自公布。9月22日英国人主办的《香港电讯社》将此中文原件及其英译文合印成一小册传布，首页引言中说到：中俄德将以布尔什维克理论作为基础结成三角同盟。对此，孙中山严词反驳其故意歪曲事实，并在上海《大陆报》发表声明，其中并不否认与德俄有所接触，但强调说，他从来没有想及有将中国改为共产主义国家的可能性。他相信：在现在情形下，俄德是能以平等条件待遇中国的。所以他赞成有一个倾向中俄德三国亲近的政策，这是他经过熟虑过的意见。见吴湘相《孙逸仙先生传（下册）》，远东图书公司1982年版，第1426—1430页。

起点。① 接着，1923年1月26日《孙文越飞联合宣言》发表，孙中山正式"联俄"。

我们看到，从1919年孙中山开始注意苏俄至1923年"联俄"方针的正式确立，经过4年左右的磋商与考验，直到双方都看出合作对自身所能带来的重大利益时，联合协议才最终达成。而这一联盟关系的确立又与孙中山接受共产国际代表马林的"联共"建议有着极大的关联。

2."联共"的开始

苏俄、共产国际联合推出的"联共"政策即是"斯内夫利特战略"。② 目前的研究基本认定李大钊、陈独秀等加入中国国民党为"联共"之开始。1921年，共产国际代表马林（Marling，原名J. F. M. Sneevliet）提出的国共党内合作计划被共产国际采纳后，1922年6月，中国共产党中央委员会便发表宣言主张国共同盟。同年8月，在说服中共中央之后，马林与张继、孙中山等再度进行党内合作的讨论，当时，孙中山很爽快地表示愿意亲自接纳陈独秀、李大钊、张太雷等人入党。9月初，经张继的介绍和孙中山"亲自主盟"，陈独秀、李大钊等正式以个人身份加入中国国民党，此为"联共"之开始。③ 接着，1923年6月，中共"三大"通过国共党内合作的决议，要求中共党员全部以个人身份加入中国国民党；1924年中国国民党"一大"召开后，国共合作的局面真正形成。

很明显，共产国际的"联共"既不是简单的"容纳共产分子"的

---

① 林玲玲：《廖仲恺同"联俄""容共"政策之探讨》，载《近代中国》，第90辑，1992年8月1日；《汪精卫在二大会上的政治报告》，载罗家伦主编《革命文献（第20辑）》，台湾"中央"文物供应社1978年版，第1595—1614页；还有一种观点认为马林到桂林会晤孙中山，使其有了"师俄"的论断，为"联俄"的起点，见《政治周报》第5期，1926年3月7日。

② 因共产国际"二大"确定了在远东各国从事支持民族主义运动的精神，马林建议，让不能公开活动的中国共产党人在不放弃独立性的原则下加入中国国民党，以此来加强中国反帝反封建的国民革命运动。他认为这是在中国实践共产国际"二大"精神的最佳途径。这一设想被后人命名为"斯内夫利特战略"。参见姚金果等著《共产国际、联共（布）与中国大革命》，福建人民出版社2002年版，第57页。

③ 罗家伦主编：《国父年谱（增订本下册）》，台北中国国民党党史编撰委员会1994年版，第1238页；李大钊：《狱中自述》，《李大钊文集（下）》，人民出版社1984年版，第890页；李云汉认为孙中山"容共"的标志是中国国民党"一大"召开期间，1924年1月28日大会对中国国民党章程审查委员会报告案的讨论，因为有关"容共"问题即包括在这一案中。参见李云汉《从"容共"到清党》，台北及人书局1987年版，第176页。

举措，也不是中国共产党所说"三大政策"中的"联共"状态，而是一个循序渐进、不断深入的动态发展过程。孙中山生前并未对国共关系做过任何具体的定性，在他的文字中也未出现过"联共"一词，"联共""容共"都是后人对其当时思想的概括。① 所以，孙中山个人容纳"共产分子"的举措只能算是中国国民党"联共"的一个起点；"联共"的开始并非早于"联俄"半年②，最后的形成同样是晚于"联俄"。

3.《孙文越飞联合宣言》的发表

1922年7月26日，苏俄驻华特使全权代表越飞（Adolph A. Joffe）在促使孙中山与吴佩孚联合失败后，经过对孙中山、吴佩孚政治态度的甄别，决定联孙弃吴。③ 1923年1月26日，《孙文越飞联合宣言》发表，联合协议达成。至此，"联俄"与"联共"正式结合，二者之间的因果关系也得以公开化。

从《孙文越飞联合宣言》④ 本身来看，这是一个双方妥协的产物，因为孙中山要完成统一革命的关键是解决军事经费问题，苏俄的越飞则要努力造成一个反对帝国主义的亲苏俄政权。从孙中山和越飞的角度来看，《孙文越飞联合宣言》是一个双赢的成果：孙中山从此有机会获得苏俄在政治、道义、资金、物资等方面的援助，使行将衰颓的中国国民党焕发新的生机；而苏俄通过与孙中山的结盟，以及得到孙中山在中东铁路和外蒙古问题上对其立场的认可，不仅给北京政府施加了强大的压力，减少了以后在谈判上的阻力，更重要的是使苏俄有可能插足中国南方，培养亲俄、反帝的革命力量，推动东方革命运动的开展。⑤

不管是妥协的产物，还是双赢的成果，联盟的双方在该宣言的背后

---

① 杨奎松：《孙中山与共产党——基于俄国因素的历史考察》，载《近代史研究》2001年第3期；杨天石：《关于孙中山"三大政策"概念的形成及提出》，载《近代史研究》2000年第1期。
② 桂崇基认为"容共是早于联俄的"，详见桂崇基《中山先生为什么"联俄""容共"》，载《传记文学》第32卷第2期，1978年2月。
③ 姚金果：《共产国际、联共（布）与中国大革命》，福建人民出版社2002年版，第37页。
④ 《孙文越飞联合宣言》全文详见《孙中山全集（第7册）》，中华书局1985年版，第51—52页；王聿均：《中苏外交的序幕：从优林到越飞》，台湾"中央"研究院近代史研究所1963年版，第453—454页。
⑤ 姚金果：《共产国际、联共（布）与中国大革命》，福建人民出版社2002年版，第50页。

都怀有不同的终极目的。苏俄为了实现中国的苏维埃革命,将"共产分子"作为了"联孙"的筹码,在允诺"共产主义不能在中国"推行的同时,推出了"斯内夫利特战略";孙中山为了得到苏俄的军事、财政援助,做出了"联俄"亦"联共"的抉择。于是,"联共"就成为双方相互考量、目标实现与否的关键所在。而《孙文越飞联合宣言》也成为"联俄"与"联共"的黏合剂:孙中山以"联共"为妥协,实现了与苏俄联盟关系的确立,而"联孙"的苏俄则开始将其对华输出共产主义以及巩固新生的苏维埃政权的双重战略,以国共合作的形式巧妙地结合起来。这样,孙中山与"容纳的共产分子"的合作好坏便成为了苏俄衡量"援孙"的标准。直到中国国民党以鲍罗廷为顾问进行改组并胜利召开中国国民党"一大"后,莫斯科方面才真正下决心对其进行援助。1924年10月8日,装载苏俄第一批援助的"沃罗夫斯基号"从海参崴驶抵广州。

二 "联俄""联共"的背后

"联俄"与"联共"既是孙中山与苏俄的权宜抉择,那么从政策的缘起到酝酿阶段,双方到底抱有怎样的态度?为了实现自己的终极目标,双方又做出了怎样的取舍?通过对其背后情形的仔细考察,两者之间互为条件、相互影响的关系可更为清晰地呈现出来。

1. 孙中山的两难——"联俄"亦"联共"

"联俄""联共"政策出于孙中山的干纲独断[①],面对众多老党员的一再质疑,孙中山却依然坚持己见,这其中必有他的一个价值判断,有他主观愿望的需求和预设目标的追求。

孙中山一开始对"联俄"顾虑重重:1921年12月,在广西桂林与马林首次会晤时,孙中山就指出:"共产之在苏俄行之,而在中国则断不可能。况吾师次桂林,志在北伐,今吴佩孚屯军洞庭以逆我,吾夺洞庭……实侵英国势力范围,英(若)知我'联俄',必力图遏我。吾北伐之师,从此殆矣!为安全计,今仅能与苏俄作道义上之联络。"[②]

[①] 邓泽如:《民国十二年十一月二十九日弹劾案》,转引自罗家伦主编《革命文献(第9辑)》,台湾"中央"文物供应社1978年版,第1278—1286页。

[②] 邓家彦:《马林谒见总理纪实》,转引自《革命文献(第9辑)》,台湾"中央"文物供应社1978年版,第204—205页。

1922年4月与达林会谈时，他再次坦率地表示"怀疑苏联的政治制度，推崇美国的民主制度"，表示要把美国的资产阶级民主原则应用于中国。①

1922年6月陈炯明叛变，"联俄"一事随之出现了转机。孙中山因陈炯明的背叛受到了前所未有的重创，他在《致党员书》中说道："文率同志为民国而奋斗垂年，中间出生入死，失败之数，不可偻指，顾失败之惨酷，未有甚于此役者。"② 此时的孙中山陷入了一生中最严重的一场危机：处于北洋军阀时期的孙中山始终面对着军人当道、军人势力支配的政治局面，此时他身边仅有的几位军人中，忠诚的邓铿被暗杀，有势力的最为倚重的陈炯明已叛变，熊克武则向北洋军阀靠拢，留下的许崇智常常打败仗，地位稍次的蒋介石也老是意气用事，动辄离岗；所剩的得力助手大都是文人，但其中的蔡元培、吴稚晖、李石曾等老同志却也在陈炯明反叛的初期开始疏远孙中山，甚至还发电反对孙中山③；英国这时也暗地里站在陈炯明一边，乘机对孙中山施加压力。

为了摆脱绝境，孙中山下决心要抓住苏联伸出的援助之手。1922年6月23日，他托陈友仁转告来广州访问的达林："在这些日子里，我对中国革命的命运想了很多，我对从前所信仰的一切几乎都失望了。而现在我深信，中国革命的唯一实际真诚的朋友是苏俄。"④ "我确信，苏俄甚至在危难之中也是我唯一的朋友。我决定赴上海继续斗争。倘若失

---

① 〔俄〕达林：《中国回忆录》，中国社会科学出版社1981年版，第104页。1922年4月26日，达林在与孙中山会谈时，再次提及中国国民党同苏俄联盟的问题。孙中山表示希望同苏俄联盟，希望在将来的革命事业中，能够得到苏俄的帮助，但目前却不能建立与苏俄的联盟。他说："请不要忘记，香港就在旁边，如果我现在承认苏俄，英国人将采取行动反对我。"而且还指出，不能联盟部分是因为目前中国国民党内有一批亲英美而反对苏俄的人。事实上，他本人同样对共产主义与苏俄制度抱有很大的怀疑。在同达林的交流中，孙中山多次问及，苏俄能否帮助他在中国进行大规模的铺设铁路的计划以及各种实业计划和专家人才的援助问题。见〔俄〕达林《中国回忆录》，中国社会科学出版社1981年版，第99—113页。
② 《孙中山全集》第5册，中华书局1985年版，第458页；秦孝仪主编《国父全集（第2册）》，台北近代中国出版社1989年版，第108页。
③ 谢幼田：《"联俄""容共"与西山会议（上）》，香港集成图书公司2001年版，第21页。
④ 〔俄〕达林：《中国回忆录（1921—1927）》，中国社会科学出版社1981年版，第126页。

败，我则去苏俄。"① 1935 年，马林在与伊罗生的谈话中，也曾提及："孙中山在 1922 年被陈炯明逐出广州后，我与他在上海多次会谈。他请我在国民党中央委员会阐述关于群众运动的观点，他变得更易于接受意见了。""由于孙中山在广州的失败，迫使他不得不按照发展现代群众运动的路线来考虑问题，其次，考虑从俄国取得援助。"他还强调说，"1923 年时，孙对发动群众运动是冷淡的，只关心军事"。② 显然，在马林认为，孙中山此时的"主动"更多为现实情景的"迫使"，他所关注的只是苏俄的军事财政援助。

1923 年 3 月，孙中山还对美国友人布罗克曼说道："对于来自美国、法国、或者其他强国的援助，我们已经绝望了……以某些迹象表示了帮助我们南方政府的唯一国家，就是俄国的苏维埃政府。"布罗克曼问曰："您认为苏维埃是民主的吗？"孙中山毫不犹豫地答曰："苏维埃是什么，我并不介意，只要他能够帮助我反对北京，也就行了。"③ 在同一年，孙中山还对美国记者舒尔曼谈到他"联俄"的不得已："中华民国就像是我的孩子，他现在有淹死的危险，我要设法使他沉不下去。当我们在河中被激流冲走时，我向英国和美国求救，他们站在河岸上嘲笑我们。这时候飘来苏俄这根稻草，因为要淹死了，我只好抓住他。英国和美国在岸上对我们大喊：千万不要抓那根稻草，但是他们不帮助我。我知道那是一根稻草，但是总比什么都没有好。"④

那么孙中山所抓住的"这一根稻草"又能带给他多少希望呢？从著名的《孙文越飞联合宣言》看，孙中山与苏俄的联合似乎真的是实现了"联合世界上以平等待我之民族"远大政治理想之一环。⑤ 或许为了避开西方国家的眼目，《孙文越飞联合宣言》仅是表明了双方联盟的基点，指出了"共产主义不能行之于中国""放弃在华特权""对外蒙无

---

① 陈锡祺：《孙中山年谱长编（下）》，中华书局 1991 年版，第 1472 页。
② 中国社会科学院近代史研究所：《马林在中国的有关资料》，人民出版社 1980 年版，第 28—29 页。
③ C. Martin. Wilbur, *Sun Yat-sen: Frusted Patriot*, Columbia University Press, 1967, p. 156. 《孙中山集外集》，上海人民出版社 1990 年版，第 289 页。
④ 《孙中山集外集》，上海人民出版社 1990 年版，第 299 页。
⑤ 刘绍唐：《〈陈炯明叛变与"联俄""容共"的由来〉主题说明》，载《传记文学》第 32 卷第 2 期，1978 年 2 月。

领土野心"等达成协议的原则问题,并未提及双方有任何实质性的互助行为。但事实上并非如此,因为更多的核心问题是在该宣言发表前后,双方进行的私下切磋与商定。正如徐万民所言:"孙中山的联俄政策形成与展开的真实情景,是在互有所求、多项选择、艰难谈判的过程中曲折地行进的。"①

蒋永敬先生在《孙中山先生与越飞联合声明前的谈判》一文中详细考察了孙中山越飞之间的往来信函、商讨内容,尤其是双方对孙中山提出的依赖于俄援的军事计划的具体斟酌过程,指出"苏俄提供援助,以及孙中山获取援助的必要条件'联共',这两件事是他们讨论的焦点、重中之重"。②李云汉先生也认为:"孙中山之'联俄'自始着眼于军事上的需要,此一希求在《孙文越飞联合宣言》中亦曾明白表示出来。宣言中的'俄国援助'并未明白确定其援助的性质,苏俄的领袖将援助一词解释为俄国革命经验的传授。孙中山的'联俄'有防患(防俄亦即防共)与求援两种目的,那么对苏俄的'援助'自然寄希望于军事、财政的支持了。"③据韦慕庭引英国情报部门所保存的报告原件称:"在孙越会谈中,双方也都同意苏俄对孙中山给予道义上和财政上的支持,以此作为将来国民党取得全国政权后承认苏俄政府的条件。"④

在宣言刚公布后一个月,孙中山借越飞赴日本会见俄日协会会长后藤新平的机会,派廖仲恺随行继续商讨合作的具体事宜。作为会长联络官的内藤民治曾参与后藤新平与越飞的会谈,在他的回忆录中同样指出"廖仲恺与越飞会谈最重要的问题是关于军事资金的问题"。⑤汪精卫在中国国民党第二次全国代表大会对此曾有介绍:"越飞往日本时,仲恺偕行,二人在热海同住一月,对各种问题互相辩论。对俄国之现状及俄

---

① 徐万民:《孙中山在联俄与防俄之间》,载林家有、李明主编《看清世界与正视中国:"孙中山与世界"国际学术研讨会论文集》,天津古籍出版社2005年版,第426页。
② 蒋永敬:《孙中山先生与越飞联合声明前的谈判》,载《近代中国》第103期。
③ 李云汉:《从"容共"到清党》,台北及人书局1987年版,第4、204、205页。
④ C. Martin. Wilbur, *Sun Yat-sen: Frusted Patriot*, Columbia University Press, 1967, pp. 136 – 137.
⑤ 《内藤民治回忆录——日苏关系秘史》,"论争",第4卷11号,第5卷2号,转引自林玲玲《廖仲恺同"联俄""容共"政策之探讨》,《近代中国(第90辑)》,1992年8月1日。

国何以思与中国携手之原因,廖皆知之甚详。"① 直至 1923 年 10 月 6 日,受命斯大林派遣往广州的顾问鲍罗廷在向莫斯科报告中,仍然说道:"渠与先生(孙中山)会谈所获之深刻印象,认为先生'联俄'最大动机,即在获致苏俄之物质援助。"②

从上可以看出,孙中山"联俄"的目的虽不排除前人研究结果所揭示的③,但更为主要的还是在苏俄军事财政援助上。为此,他做出的价值判断是舍"国民党的纯粹组织"以获取苏俄允诺的援助——为了"联共"深入发展,在鲍罗廷的全面参与指导下,对中国国民党进行"以俄为师"的改组。

对孙中山"联共"政策的缘由一直是众说纷纭:有说孙中山既已决定"联俄",同时又决定"联共","'联共'意在'溶共',旨在削弱或

---

① 王聿均:《关于蔡元培访问越飞日期及廖仲恺、越飞会谈的时间问题释疑》,载《传记文学》第 46 卷第 6 期,1985 年 6 月;罗家伦主编:《国父年谱(增订本下册)》,台北中国国民党党史编撰委员会 1994 年版,第 1293 页。

② C. Martin Wilbur and Julie Lien-ying How, *Document on Communism, Nationalism and Soviet Advisers in China, 1918–1927*, p. 114.

③ 姜义华指出:因孙中山服膺于资产阶级共和制度,故常常引西方一些资产阶级的国家、政党、社会势力为同盟,希冀从他们那里得到支持和帮助。同盟会时期,他寄希望于日本;武昌起义后,他渴望得到美、法、英、日的同情与援助;反袁时,他要求日本内阁"宜助中国革新,以救东亚危局";护法战争时期,他曾以为"请美(国)总统出面主持公道,人民终可达到护法之目的"(孙中山:《复广州国会坚持护法必得美国赞助书》,载秦孝仪主编《国父全集(第 3 册)》,台北近代中国出版社,第 573 页)。结果,所有这一切努力都付诸东流,从而也使得孙中山有所醒悟:"我国革命,向为各国所不乐闻,故尝助反对我者以扑灭吾党。各资本国家,断无表同情于吾党。"(孙中山:《批邓泽如等十一人弹劾中共文》,载秦孝仪主编《国父全集(第 4 册)》,台北近代中国出版社 1989 年版,第 916 页)正是在这一情况下,他开始考虑实行"联俄"政策,并越来越坚定。见姜义华《大道之行——孙中山思想发微》,广东人民出版社 1996 年版,第 185 页。陈三井认为孙中山晚年积极拓展的联美外交,在威尔逊、哈定到柯立芝这三位前后主政的美国总统前备受冷遇,都是不理不睬,甚至鄙视。因始终未能叩开美国的外交大门,对美国从希望到失望乃至绝望之后,孙中山的革命不得不采取"以俄为师"的"联俄"政策。见陈三井《孙中山晚年与美国关系》,载林家有、李明主编《看清世界与正视中国:"孙中山与世界"国际学术研讨会论文集》,天津古籍出版社 2005 年版,第 425 页。郭世佑则表示,在国内政治力量的合纵连横中,孙中山已失去最后的依靠,唯一的力量是外联苏俄。在他看来,要想在国内政治角逐中胜出,就只有倾向苏俄。见郭世佑、邓文初《民族主义的裂变——以孙中山与苏俄关系为中心的分析》,载林家有、李明主编《看清与世界正视中国:"孙中山与世界"国际学术研讨会论文集》,天津古籍出版社 2005 年版,第 478 页。姚金果则提出,孙中山"联俄"主要是出于两个方面的动机,一是政治需要,二是经济需要。见姚金果《孙中山与莫斯科》,载徐万平等主编《现代化视野下的孙中山研究》,崇文书局 2005 年版,第 435 页。台湾学者李云汉认为孙中山"联俄"有防患(防俄亦即防共)与求援两种目的,见李云汉《从"容共"到清党》,台北及人书局 1987 年版,第 4 页。刘绍唐认为孙中山自始就把外交和武力看作革命成功的两大要素,见刘绍唐《〈陈炯明叛变与"联俄""容共"的由来〉主题说明》,载《传记文学》第 32 卷第 2 期。张玉法认为革命事业受阻挫,需要结合外力,俄国革命成功提供了壮大社会基础的例证,"与其驱之为敌,不如暂拉为友",见张玉法《中国现代史》,台湾东华书局股份有限公司 1977 年版,第 389 页。曹伯一认为"联俄"旨在对抗帝国主义,见曹伯一《"中华民国"政治发展史(第 2 册)》,台湾"中央"文物供应社 1985 年版,第 692 页。

瓦解共产党组织，是要同化和消灭共党思想；是要规范、约束共党行为，而非养共"。① 有说所以"联共"，固基于马林之建议，亦感于本身之创痛。② 有说"联共"亦所以"联俄"，期其财政武器，能"为我用、为我助"。③ 还有说"联共"之目的在于受陈炯明叛变之挫折后，孙中山招兵买马，以图再起，想容纳中国共产党党员以团结中国国民党的力量。④

在笔者看来，若将这些分析作为孙中山"联共"后对中国国民党发展前景的一种乐观展望来理解，似乎更为合理。因为，孙中山很早就同达林谈起过"从联俄政策产生了他的联共政策"。⑤ 在孙中山看来，中国国民党是传播主义的工具，多一些人入党，就多一些主义的传播者和同情者；尤其在它身处逆境的受挫时期，更需外援和外力相助。中国共产党人作为"五四"之后成长起来的一支新生政治力量，其蓬勃向上的活力正是老大的中国国民党所缺乏的，而中国共产党又是共产国际的下属支部，吸纳中国共产党员加入中国国民党，亦可间接汲取俄国布尔什维克的革命经验和治党办法。⑥ 他为了顺应苏俄的意图，还是接受了国共党内合作的形式，容纳以个人身份加入中国国民党的中国共产党党员。杨奎松在研究中曾明确提出，孙中山与中国共产党之间的关系多少有着无可奈何的味道，他之所以会吸收中国共产党加入中国国民党，虽

---

① 李云汉：《从"容共"到清党》，台北及人书局1987年版，第6页；沈云龙：《陈炯明叛变与"联俄""容共"的由来》，载《传记文学》第32卷第2期，1978年2月；史振鼎：《国父外交政策》，台北幼狮书局1965年版，第75—78页。

② 桂崇基：《中山先生为什么"联俄""容共"》，载《传记文学》第32卷第2期，1978年2月。

③ 陈天锡：《戴季陶先生的生平》，台北商务印书馆1968年版，第289页。曹伯一：《中华民国政治发展史（第2册）》，台湾"中央"文物供应社1985年版，第696页。

④ 李云汉：《从"容共"到清党》，台北及人书局1987年版，第212页。

⑤ 〔德〕C. 布兰德、B. 施瓦茨、J. K. 费尔班克编：《共产主义在中国》，慕尼黑1955年版，第48页。转引自〔德〕郭恒钰《共产国际与中国革命》，东大图书公司1989年版，第65页。

⑥ 需要强调一点的是，本书笔者提出孙中山是因"联俄"而"容共"一说并非否认姜义华、徐万民等学者所言"虽然孙中山知道中国共产党是共产国际的一个支部，希望通过'容共'密切与苏俄的关系。但是我们并不能完全由此就得出孙中山被动'容共'的结论"。见姜义华、吴根梁《孙中山与中国共产党的合作》，载《人民日报》，1984年1月20日。徐万民《孙中山在联俄与防俄之间》，载林家有、李明主编《看清世界与正视中国："孙中山与世界"国际学术研讨会论文集》，天津古籍出版社2005年版，第442页。文中旨在强调孙中山面对苏俄在将"援助"与"容共"结合后的态度反应。

然有欣赏中国共产党能力的因素，但在很大程度上还是由于"所望为同情只有俄国"。① 李云汉也指称"孙中山之'联俄'立场乃纯粹基于普通友谊的立场，希望得到俄国的援助，并借重于俄国革命某些有效的组织与宣传方法"。②

很长时间之后，陈独秀在叙述中国国民党的"国际代表"倡导改组进行的情况时，同样认为孙中山是为了苏俄援助才遵从鲍罗廷的意见改组中国国民党的。他曾经在信中说道："……国际代表马林垂头丧气而回莫斯科，继他而来的鲍罗廷，他的皮包中夹有苏俄对国民党巨量物质的援助，于是国民党始有1924年（民国十三年）的改组及其'联俄'政策。"③ 作为一个有卓见的政治家，孙中山懂得按他的条件所缔结的"不相称的婚姻"的全部利益。只有如此，孙中山才可能获得苏俄大量的军事援助。④

所以，孙中山力排众议，"容纳共产分子"，并且要在"联俄"中一以贯之地深入下去，其最根本的也是因为苏俄的援助尚未真正启动。如王奇生所述，孙中山愿意"联共"与其"联俄"策略密切相关。孙中山知道让中国共产党员加入中国国民党是苏俄和共产国际的旨意。如想要得到苏俄的帮助，自有必要理顺与中国共产党的关系。苏俄方面亦暗示，他们对中国国民党的支持在很大程度上将取决于中国国民党同中国共产党的关系。⑤ 杨奎松亦表示，孙中山的"联共"政策是基于"联俄"政策之需要而形成的，换言之，其实更多的还是其"联俄"政策本身的一种需要。⑥

2. 苏俄的抉择——"联孙"与"援孙"

20世纪20年代初期，苏俄政府为了打破帝国主义封锁和包围，迫切

---

① 杨奎松：《国民党的"联共"与"反共"》，社会科学文献出版社2008年版，第29页。
② 李云汉：《从"容共"到清党》，台北及人书局1987年版，第211页。
③ 陈独秀：《告全党同志书》，载李玉贞译《鲍罗廷在中国的有关资料》，中国社会科学出版社1983年版，第216页。
④ 〔俄〕杰柳辛·科斯佳耶娃：《大革命时期的中国共产党和国民党》，载《国外中国近代史研究》第16期，第201页。
⑤ 王奇生：《"革命"与"反革命"：1920年代中国三大政党的党际互动》，载《历史研究》2004年第5期。
⑥ 杨奎松：《孙中山"容共"政策之研究》，载徐万民主编《孙中山与辛亥革命》，北京图书馆出版社2002年版，第300页。

需要在东方特别是在与苏俄毗邻的中国寻找支持力量。在列宁有关民族和殖民地问题理论的指导下①，关注中国政局、在中国寻找可以联合的政治盟友，成为这一时期共产国际对华工作的重点。

随着对中国革命形势的深入了解，加之对中国各方政治代表人物的全面考察、比较和权衡，苏俄领袖最后选择了与孙中山领导下的中国国民党联合，并从1920年起先后派出了维经斯基、马林、达林、越飞4位代表与孙中山接触。②其中的马林是国共两党合作的始作俑者，越飞则是苏俄"联孙"政策的确立人。两者比较起来，前者更具革命理想性，扬孙中山而抑吴佩孚；后者较重实利，以苏俄利益为优先，近吴佩孚亲孙中山。③

在与北京政府建交的谈判失望后，越飞开始将目标转向了"联孙"。1922年8—12月，他四度致书孙中山，商谈合作。经过将近3个月的探索，孙中山对越飞实利主义的作为自谓"已得要领"。他在1922年11月21日给蒋介石的信中说道："兄（蒋）前有志西图，我今日在沪，已代兄行之矣，现已大得其领。然其中情形之复杂，事体之麻烦，恐较之福州情形，当过百十倍，此无怪吾国之志士乘兴而往彼都（莫斯科）者，悉皆败兴而返。吾幸而得彼津梁，从此可日为接近。然根本之办法……此可知非先得凭藉不可，欲得凭藉，则非恢复广东不可。"④

事实上，正是因为孙中山感悟的这一"凭藉"，越飞最终决定放弃吴佩孚联合孙中山。在给苏俄当局的报告中，他说道："……孙不是今

---

① 1920年7月19日到8月7日，共产国际在莫斯科召开第二次大会，列宁提出《民族与殖民地问题提纲》初稿，主张在封建关系或宗法关系占优势而工业比较落后的国家，共产党要帮助资产阶级民主解放运动，与民主派结成临时联盟，但仍需保持共产主义之独立性。详见列宁《民族与殖民地问题初稿》，载《列宁文选》第3卷，莫斯科1949年版，第793—794页。

② 担任苏俄裴克斯使团顾问的威连斯基携带齐采林致孙中山的信函，同时指示在此之前已到达中国的共产国际代表达林到北京接受莫斯科的新指示。裴克斯交给达林的任务是：同孙中山建立直接联系；弄清楚孙中山的国内外政策、对苏俄的态度、近期内的计划以及作为积极因素的中国国民党在广州政府的政策中所起的作用。达林被授以苏俄政府正式全权代表的身份同孙中山谈判。见〔俄〕达林《中国回忆录（1921 1927）》，中国社会科学出版社1981年版，第64—65页。

③ 蒋永敬：《孙中山先生与越飞联合声明前的谈判》，载《近代中国》第103期，1994年4月31日。

④ 《孙中山全集》第5册，中华书局1985年版，第337页。毛思诚：《民国十五年以前之蒋介石先生》，香港龙门出版社1965年版，第56—60页。

天就是明天,迟早会恢复在南方的全部影响。""如果张与孙联合,孙可能会在近期内成为北京政府之外的整个中国的统治者。我们面临的一个实际问题则是,谁是中国事实上的政府,我们就应该跟谁打交道。"① 越飞在报告中还说明了选择孙中山的另一原因:"必须指出一个情况——孙中山的国民党和孙中山本人一样,近几个月来因受我们的思想影响,在很大程度上改变了其性质,国民党真正变为一个群众性的中国政党;这个党从其成立以来于近几天首次公布了自己的党纲。"② 即孙中山接受了"联共"建议,中国国民党"最近"(中国国民党"一大")发表了改进宣言。

其实,越飞的看法与莫斯科当局也是基本一致的。早在越飞建议之前,1923年1月4日,莫斯科当局就做出了同意的决议:"采纳越飞同志的政策建议,该政策旨在全力支持国民党,并建议外交人民委员部和我们共产国际的代表加强这方面的工作……"③ 同年3月8日,莫斯科已认为可以给孙中山大约200万墨西哥元的资助,并征得孙中山的同意派去政治和军事顾问小组。④ 5月,俄共(布)中央正式通知越飞转告孙中山:"我们准备向您的组织提供200万金卢布的拨款作为筹备统一中国和争取民族独立的工作之用……"⑤ 值得注意的是,1925年春,俄共(布)中央政治局为研究对中国国民党和国民军援助问题,还专门成立了直属其领导的中国委员会。3月19日,俄共(布)中央政治局会议决定成立一个由苏联革命军事委员会主席伏龙芝、苏联外交人民委员契切林、俄共(布)中央书记莫洛托夫和共产国际执委会东方部部长拉斯科尔尼科夫组成的委员会,"监督日常援助国民党和同情它的团体的措施的执行情况"。⑥ 在越飞的帮助下,苏俄政府终于走完了从在中国寻求盟友到联合

---

① 中共中央党史研究室第一研究部编:《联共(布)、共产国际和中国国民革命运动(1920—1925)》,北京图书馆出版社1997年版,第196页。
② 同上书,第197页。
③ 同上书,第187页。
④ 中共中央党史研究室第一研究部编:《共产国际、联共(布)与中国革命文献资料选辑(1917—1925)》,北京图书馆出版社1997年版,第226页。
⑤ 同上书,第414页。
⑥ 中共中央党史研究室第一研究部编:《联共(布)、共产国际和中国国民革命运动(1920—1925)》,北京图书馆出版社1997年版,第589页。

孙中山再到确定给予其援助的历程。①

尽管苏俄援助孙中山起初缘于北京政府的拒绝，但最终的确立则不只限于对现实政治的考虑。苏俄还有一个更长远的目标，就是希望通过援助孙中山及其领导的中国国民党，将中国的国民革命运动引上苏维埃的道路，最大可能让中国共产党掌握革命的领导权，从而实现其"东方路线"的战略构想。② 于是，"联共"便成为苏俄向孙中山提供援助的条件之一。1923年4月30日，马林说："援助孙要根据他全面改组国民党的愿望而定。"③ 6月，马林对孙中山只关注军事问题而拖延改组中国国民党十分不满，他又说："我比以前更加坚定地认为，如果不进行党的改组，就不能给予援助，无论如何不能支持在广东的战争。"④ 改组中国国民党的中心议题也是"联共"。共产国际让中国共产党党员加入中国国民党，是希望中国共产党从内部改造中国国民党，推动中国国民党执行反帝、反军阀、与苏俄友好的政策，并利用中国国民党的历史和影响扩大中国共产党的队伍和影响。⑤ 所以说，苏俄的对华策略有着明显的双重性，即在推动中国国民革命的同时，力图改善中俄关系，打破外交困境和缓解国家安全压力，以巩固新生的苏维埃政权。近年来大量苏联解密档案以及相关研究成果也表明，20世纪20年代苏俄在中国的所作所为，包括援助中国革命，均有其自身利益的优先考量。⑥

---

① 杨建英指出：在中国民主革命初期，是共产国际、苏俄首倡联合孙中山建立了第一次国共合作。但是联合孙中山并非共产国际、苏俄的初衷，而是在他们北联吴佩孚、南联陈炯明的计划未能实现，同时孙中山、吴佩孚联盟的设想又破产后，才不得不倾向于孙中山。1922年6月陈炯明炮轰总统府，彻底背叛孙中山，与苏俄、共产国际对立；特别是1923年"二七惨案"发生后，吴佩孚也同苏俄关系恶化才使共产国际、苏俄加速了联合孙中山的步伐。见杨建英《试析共产国际、苏俄联孙策略的确立》，载黄修荣《共产国际、联共（布）秘档与中国革命史新论》，中共党史出版社2004年版，第77页。
② 中共中央党史研究室第一研究部编：《联共（布）、共产国际和中国国民革命运动（1920—1925）》，北京图书馆出版社1997年版，第49页。
③ 《廖（仲恺）转越（飞）》，载李玉贞《马林与第一次国共合作》，光明日报出版社1989年版，第151页。
④ 《与孙中山的两次谈话》，载李玉贞《马林与第一次国共合作》，光明日报出版社1989年版，第262页。
⑤ 参见《马林关于国共合作的笔记（1922年11月底—12月初）》、《在共产国际第四次代表大会上刘仁静〈关于中国形势的报告〉》《共产国际执行委员会关于中国共产党与国民党的关系问题的决议（1923年1月12日）》。
⑥ 胡云霞：《共产国际、苏俄在华政治盟友的选择与第一次国共合作的建立》，未刊稿，西南师大硕士学位论文，2004年5月。

因此，苏俄及共产国际总是有意识地去影响孙中山，极力想把中国国民党变为中国"激进革命的""工农的""雅各宾式"的政党。① 孙中山对苏俄的这种用意自然有一定的认识，但在他看来，中国革命要想取得成功就必须要学习俄国的革命经验、俄共的组织模式，更重要的是获取俄国的军事援助；为此，他只能按照苏俄的建议容纳"共产分子"，展开"以俄为师"的中国国民党改组工作。② 出于对苏式共产主义的怀疑和对三民主义的绝对自信，孙中山并没有向中国共产党那样"全盘俄化"，他一再向苏俄声明"反对对华宣传和移植共产主义"的主张。对此，苏俄似乎做出了让步，《孙文越飞联合宣言》中出现了同意孙中山关于共产主义不适合于中国的文字。其实，这一妥协并不意味着苏俄改变了对华输出共产主义的策略，因为它有了另外的打算——在物色到孙中山这一合适的在华政治伙伴时，苏俄已经将国家的利益与中国革命的利益，以共产国际、苏俄援助下的国共合作的形式巧妙地结合了起来。

所以，苏俄固然支持孙中山的民族民主革命，并强令中国共产党与之合作，但其最终目的却是要在东方推行苏维埃革命③，帮助中国共产党建立一个共产主义国家，以成为世界苏维埃社会主义共和国联盟的一部分。也就是说，苏俄能够对孙中山就共产主义在华地位问题上做出让步，关键在于苏俄虽可以不强求孙中山接受其主义和制度，但是中国共产党却可以向苏俄承诺从孙中山那里所得不到的东西，这就是苏俄与孙中山能够迅速达成妥协的根本原因。④ 所以，作为共产国际支部的中国共产党成为了苏俄"东方战略"在华的推行者，"联共"后的孙中山国民党无形中也开始为其服务。由此也就明白，共产国际在"联孙"过程中强烈建议并最终促成国共党内合作的目的所在了。

马林是第一个奉共产国际之命派遣到中国执行民族与殖民地问题政策的人。马林会晤孙中山后，在给共产国际执委会的报告中，就国共两党的发展情况做了对比。他指出，"只有孙中山国民党所控制的南方可以开展

---

① 《孙中山全集（第8册）》，中华书局1985年版，第458—459页。
② 欧阳军喜：《苏俄及共产国际对孙中山革命思想的影响》，载《清华大学学报》2002年第5期。
③ 李玉贞主编：《孙中山与共产国际》，台湾"中央"研究院近代史研究所1996年版，第37、261页。
④ 欧阳军喜：《苏俄及共产国际对孙中山革命思想的影响》，载《清华大学学报》2002年第5期。

共产主义运动，国民党和工人之间的联系是多么密切，整个罢工都由这个政治组织的领袖们所领导，全部财政资助都来自国民党"。[①] 并且认为"中国共产党作为一个宣传团体更好一些"，"只要这些小团体不愿意与国民党联合，他们开展宣传工作的前景就颇为黯淡"。[②] 此后，他还经常提到中国共产党的不成熟："它（中国共产党）太早产（1921年），或者说得好听一些，是硬行组建的，仍然是强加的。而且因为这个党太早产，国外给予的支持也过于强大。"[③] 总之，在马林看来，中国国民党就是《民族和殖民地问题提纲》中讲到的那种"民族革命运动"的力量，是个"多阶级的联盟，而不是一个资产阶级的政党……在民族运动中推行我们的思想和开展革命的反帝群众运动的可能性是存在的"。[④] 在与孙中山的商议中，马林提出了"斯内夫利特战略"——即国共两党党内合作的建议，并得到了共产国际的同意。

华盛顿会议以后，中国已不是一般所说的远东国家，它成了帝国主义政策的最重要的枢纽，因而帝国主义列强争夺权益的斗争在这里日益剧烈。由于中国共产党在数量上还相当弱小，广州是工人运动的中心，更由于孙中山政府在南方是唯一的反帝革命政权，中国共产党在保持思想、政治和组织上独立的情况下，以个人身份到中国国民党内部去工作，是一种有效的手段，这可使中国共产党广泛地接近群众，在极短期间内变成强大的群众性政党，从而可由这个政党，而不是由资产阶级来领导组织完善的强大的工农运动。最终，通过中国共产党人加入中国国民党这一"内部集团合作"的形式来实现统一战线的口号。[⑤] 因此，共产国际在对孙中山的革命地位做出判断后，自然不愿错过在中国建立统

[①] 中国社会科学院近代史研究所：《马林在中国的有关资料》，人民出版社1980年版，第21页。

[②] 《共产国际关于民族和殖民地革命的战略与策略（在中国的运用）》，莫斯科1934年版，转引自〔荷〕安冬尼·塞奇《斯内夫利特和第一次国共统一战线的由来（1921—1923）》，载《国外中国近代史研究》第14期。

[③] 中共中央党史研究室第一研究部编：《共产国际、联共（布）与中国革命文献资料选辑（1917—1925）》，北京图书馆出版社1997年版，第477页。李玉贞主编：《马林与第一次国共合作》，光明日报出版社1989年版，第243—250页。

[④] 中国社会科学院近代史研究所：《马林在中国的有关资料》，人民出版社1980年版，第38页。

[⑤] 〔俄〕B.格卢宁：《共产国际对华政策（1921年—1927年）》，载《国外中国近代史研究》第4期，第338页。

一战线的有利时机，于是接受了孙中山的党内合作条件。①

1922年8月，共产国际执委会做出指令，"国民党是一个革命组织，现阶段中国共产党人应该支持国民党，特别是国民党内代表无产阶级和手工业的那一翼"。② 这是共产国际第一次以文件的形式指出中国国民党的性质，表明它对中国国民党的支持和重视态度。这一指示虽然遭到了部分党员的极端反对，但在马林组织召开的"中共西湖会议"上，透过共产国际的纪律，还是通过了中国共产党员以个人身份加入中国国民党的决议。

紧接着，1923年1月12日，共产国际做出了《共产国际执行委员会关于中国共产党与国民党的关系问题》的决议，指出"中国唯一重大的民族革命集团是国民党"，中国工人阶级"尚未完全形成为独立的社会力量，所以国共合作是必要的"。③ 1923年6月12—20日，中共"三大"召开，出于对该决议的尊重和国际纪律的约束，会议做出了与共产国际的"一一二决议"有着相同精神的《关于国民运动及国民党问题的议决案》，正式决定中国共产党全体党员以个人身份加入中国国民党。④ 至此我们可以看出，中国共产党接受"党内合作"方式是勉强的，是迫于共产国际的压力。中国共产党加入中国国民党是以俄国的集中策动政策为最主要的因素，共产国际希望中国共产党人能推动中国国民党"向左转"，变成一个"民族性、群众性政党"，以期将它与苏维埃俄国的力量联合起来，进行反对欧洲、美国、日本帝国主义的斗争。

从以上苏俄、共产国际与孙中山相互接近的过程来看，双方都有着很明显的现实政治动机。孙中山主要是想获得苏俄方面的物质援助，以摆脱政治上的不利局面，实现统一中国的理想；同时，也是为了从苏俄那里借鉴革命的经验。从这个意义上说，"联俄"也算是孙中山深谋远虑后确定的一项基本政策而非一时的策略和手段。苏俄则主要考虑到在

---

① 〔德〕郭恒钰：《共产国际与中国革命》，东大图书公司1989年版，第74页。
② 中共中央党史研究室第一研究部编：《共产国际、联共（布）与中国革命文献资料选辑（1917—1925）》，北京图书馆出版社1997年版，第324页。
③ 《共产国际有关中国革命的文献资料（1919—1928）》，中国社会科学出版社1981年版，第79页。中共中央党史研究室第一研究部编：《共产国际、联共（布）与中国革命文献资料选辑（1917—1925）》，北京图书馆出版社1997年版，第436页。
④ 中央档案馆编：《中共中央文件选集（第1册）》，中共中央党校出版社1989年版，第146页。

中国蒙古和"满洲"的利益以及远东地区的安全,特别寄希望于通过援助孙中山来扩大中国共产党组织,在中国实现其东方路线的苏维埃革命。在这个双向选择的过程中,单从孙中山的角度或单从苏俄的角度来考察"联俄"政策都是不全面的。因为面对"联俄"与"联共",两者有着迥然不同的利益追求,而中国共产党则是其实现各自终极目的的一个结合点,即关键所在。

三 "联俄""联共"的利益表达

孙中山与苏俄之间的联盟,从酝酿、商榷到形成的整个过程中,可以说双方都是各有所图,既有妥协也有坚持。在合作的进展中,双方更是用心良苦,经历了一场相互考验、等待的较量。

孙中山为"俄援"的"联共":孙中山力排众议、干纲独断地决定"联俄""联共",按照苏俄及共产国际的建议,在中国共产党和苏俄顾问的参与指导下先后进行了中国国民党的改进和改组工作。1922年9月至12月,他先后三次于上海召集有陈独秀等中国共产党人参加的中国国民党改进党务会议,制订改组计划,成立了包括陈独秀、李大钊在内的党务改进案起草委员会,负责审查改组方案和党纲党章。同年8月,孙中山派遣以蒋介石为首的"孙逸仙博士代表团"赴苏联考察军事政治;10月召开中国国民党改组特别会议,任命鲍罗廷为中国国民党组织教练员,负责中国国民党的改组。在广东局势非常复杂艰难的情况下,孙中山以他的威望,用说服教育的方法来克服阻力。随着中国国民党改组的全面展开,召开中国国民党第一次全国代表大会的筹备工作也在孙中山亲自主持下加紧进行。中国国民党临时中央委员会自1923年10月成立起,50天内开会28次,认真地讨论和筹划改组中国国民党及召开中国国民党"一大"的各项具体问题。至1924年1月中旬,《中国国民党第一次全国代表大会宣言》草案的起草和修改工作基本完成。中国国民党"一大"上通过的宣言几乎是照搬了共产国际执委于1923年11月28日做出的《关于中国民族解放运动和国民党问题》的决议。① 在苏俄、中国共产党的全面参与下,改组后的中国国民党由一

---

① 欧阳军喜:《苏俄及共产国际对孙中山革命思想的影响》,载《清华大学学报》2002年第5期。

个单纯的资产阶级政党转变成为工人、农民、小资产阶级和民族资产阶级多种成分组成的民主革命联盟。经由孙中山重新解释的三民主义也成为了中国共产党和孙中山领导的中国国民党开展国共合作的共同纲领和政治基础。在此过程中，苏俄试图从组织上来彻底改组中国国民党，使其在国内同劳动群众打成一片、在国际上同苏俄和共产国际亲密无间，并力促中国国民党政治方针的全面革命化和疾进化，以便国共双方的革命目标得以接近。直至中国国民党"一大"胜利召开，苏俄以俄共组织模式改造容有中国共产党组织的中国国民党的目标基本实现，国共合作的局面也正式形成。

对于一直关注中国国民党发展的俄共（布）和共产国际领导人来说，其意义远不止于此。加拉罕向莫斯科报告大会的情况时，欣喜之情洋溢于表："……'一大'后的国民党正在变成一个真正的生气勃勃的、积极的、组织良好的国民革命党，这是我们在任何其他国家都没有的……我现在要强调的是，正是国民党处于我们的影响之下，正是国民党对我们的威望充满尊敬和崇拜，正是这个党，它如此驯服地接受我们的指示和共产国际的决议。"① 可见，孙中山的"联共"举措已经很大地满足了苏俄对国共合作的初期目标，而且国共合作的局面也在继续发展。对于孙中山逝世后，鲍罗廷在中国国民党内的权势运作以及中国共产党组织的发展壮大，王奇生的《从"容共"到"容国"》一文做了详细探讨。② 而从中国共产党力量急剧增长的角度来说，也可考察出为何孙中山逝世后的苏俄援助大大超过他生前所提供的。从现有资料统计，直到1925年3月孙中山逝世前，苏联和共产国际给孙中山的援助未超过100万卢布。③ 孙中山逝世之后，这种援助迅速增加。1925年6—8月，从苏俄国库寄给上海的经费是20万卢布，从1925年4—10月，提供武器的经费是460万卢布，在1925—1926年财政年度中安排的军事供应拨款达1100万卢布。④ 这一前后反差的根本原因，是汪精卫在

---

① 中共中央党史研究室第一研究部编：《联共（布）、共产国际和中国国民革命运动（1920—1925）》，北京图书馆出版社1997年版，第414页。
② 王奇生：《从"容共"到"容国"》，《近代史研究》2001年第4期。
③ 中共中央党史研究室第一研究部编：《联共（布）、共产国际和中国国民革命运动（1920—1925）》，北京图书馆出版社1997年版，第546页。
④ 同上。

"左派"立场上比孙中山更坚定,更忠实于鲍罗廷的领导。所以说,"联共"政策进展的好坏——即中国国民党与中国共产党合作的程度,成为了苏俄衡量其援助早晚与多少的标准。

苏俄为"联共"的投资:直到1924年10月8日,苏俄的"沃罗夫斯基号"军舰才首次启动了对孙中山的财政援助,这离《孙文越飞联合宣言》发表已有1年8个月的时间了。当然军事政治顾问的援助早已派出,但这毕竟不是孙中山最为关切的。

"联俄"期间,中国国民党究竟从苏俄获得多少援助?韦慕庭对此进行了研究统计,他将"俄援"分顾问、金钱、武器三个方面。

顾问方面:除鲍罗廷外,在黄埔军校开学时(1924年5月),有俄国军事教官4人,其后陆续增加至30人。1925年2—3月,当黄埔军校的学生参加第一次东征时,有加伦率领的20个俄国军官参加。是年10—11月第二次东征时,各师参谋部多有俄国军官参加。据统计,在1926年1月,广州地区有140多个俄国军官。

金钱方面:1923年3月间,苏俄政府表示要援助广州政府100万元。在1924—1925年间,苏俄曾援助建立黄埔军校270万元(300万卢布),援助建立中央银行1000万元。

武器方面:1924年10月7日第一批运抵黄埔军校的武器有大炮、机枪和8000多支步枪(或云12000支);12月运到的又有飞机9架、步枪弹药500万夹、机枪20架、大炮58门,另有机枪弹及炮弹等。[①]

俄国的这些政治投资,在中国国民党来方面看来,虽增强了势力,但似乎也冒着"党权旁落"的危险。所以张继、林森等在发动西山会议以前,曾致书汪精卫:"指为此区区俄援使党务受人控制,殊为不值。"[②]

从上述我们看出,国共党内合作的这种政治安排之所以能够实现,主要在于它是适合苏俄和孙中山的双方面需求的。对于苏俄来说,"联孙"的终极目的是如何使"联共"的中国国民党朝着苏维埃的方向发展;对于孙中山来说,则是"联俄"后如何使苏俄援助早日抵粤;而"联共"事件的发生及其深入发展,则成为双方目标实现与否的关键

---

① 张玉法:《中国现代史》,台湾东华书局股份有限公司1977年版,第60页。
② 同上书,第61页。

所在。

　　急于"联俄"的孙中山，尽管一再标榜"共产主义不能在中国"之看法，但却要冒着"党权旁落"的风险做出"联共"的妥协，足可见"联共"这一筹码的至关重要性。"联共"开始了，孙中山与苏俄之间的联姻也实现了，但是苏俄的援助却仍是遥遥无期。孙中山从与马林之间的矛盾摩擦中，当然会明白问题的关键还是在"联共"，"联共"不是一个简单的容纳"共产分子"到中国国民党组织的举措，而孙中山只是完成了第一步。在孙中山基本按照共产国际决议精神将三民主义重新解释后，新三民主义成了国共合作的共同纲领。其后中国国民党"一大"召开，"联共"政策也随之公开化，国共两党党内合作的民族统一战线在苏俄领导下正式拉开了序幕。至此，苏俄才真正兑现了先前的许诺，军事援助分批抵达了广州。尽管远远少于之前答应给孙中山的数字，但孙中山争取外援的目标毕竟最终实现了。然而，中国国民党内部却因"联俄""联共"展开了激烈的权力斗争，以致孙中山逝世后出现了派系分裂的局面。

　　实为一体的"联俄""联共"几乎决定性地影响了20世纪20年代大革命前中国政局的发展，"联俄"与"联共"则是构成这一主题的两个方面。孙中山接受"联共"主要是为了"联俄"，"联俄"的确立又推动了"联共"的深入发展——如此国共第一次合作得以正式形成。而直到国共合作发展到一定程度时，苏俄方面才开始兑现两年前就做出的物资援助的允诺，孙中山则在"联俄"中得到了期盼已久的军事物资。此外，从"联俄""联共"的起点说，"联俄"事实上也是早于"联共"的，因为孙中山欲"联俄"才有了中国国民党的"联共"局面；其后的"联俄"与"联共"却是同时进行的，而且在发展中相互影响。所以，从"联俄"与"联共"的酝酿到"联俄""联共"政策的最终形成来看，两者之间确是有着互为因果、相辅相成的关系。

第一章　从"分化"到"分裂"
——西山会议之缘起

所谓西山会议①，是中国国民党党内有着资深经历的一批老同志，以中国国民党中央执行委员会第一届四中全会的名义，在北京西山碧云寺召开的会议。发起西山会议的"右派"中央委员，公开打出了清除"联俄""联共"的旗号，以自认合乎"党统"的议会形式另立"上海中央"，与"广州中央"分庭抗礼。但时为中国国民党正统力量的"广州中央"否认其"合法性"，将之视为与中国国民党中央分裂的"非法会议"。所以"西山会议派"常被冠以中国国民党中以"反共"为号召而分裂出的第一个派系的称呼，他们自始至终被中国国民党中的当权派说成是"反动集团"。②

"西山会议"组织中的领袖人物，可说是集早期中国国民党人才之大成；他们所用以号召的理论体系，说是"孙文主义"的正宗，也不算过誉。③他们究竟为何要与中国国民党中央分裂，召开"非法"的第一届四中全会，关于这一问题，前人已多有论及。中国香港和台湾学者大多认为是中国国民党老同志挽救国民命运，"反共"（中国共产党）"护党"（中国国民党），反对"联俄""联共"，以和平方式谋求中国国民党的生存

---

① 1925年11月23日，以林森、邹鲁、谢持为首的一部分中国国民党中央委员在北京西山碧云寺孙中山灵前召开会议，反对孙中山的"三大政策"，冒称中国国民党中央执行委员会第一届四中全会。因会议在西山举行，史称西山会议，参加会议者被称为"西山会议派"。见荣孟源主编《中国国民党历次代表大会及中央全会资料（上）》，光明日报出版社1985年版，第340页。

② 唐德刚：《论西山会议派》，载《传记文学》第32卷第3期，1978年3月。

③ 同上。

的举措。① 在中国内地学者中，较早的研究者多认为是中国国民党老"右派"长期活动的必然结果，是他们"反共""反俄"、反对国共合作和国民革命的公开表现。② 杨奎松在最近的研究中指出，西山会议的出现并不是简单的"反共"，确切说应该是"分共"。③

前人之分析固有一定的道理，但需要提出的是：在探究西山会议之缘起时，我们是否也应关注，在会议召开前夕，面对发起人的反共行为，苏俄到底做了怎样的回应，尤其是苏俄顾问鲍罗廷起了什么作用，他们与西山会议的召开又有着怎样的关系？我们知道："联俄"与"联共"虽为20世纪20年代孙中山先后完成的两件事，但却实为一体——"联共"因"联俄"而起，"联俄"因"联共"而实施，两者之间有着剪不断的因果关系。如此一来，"西山会议派"的"反共"必然会触及苏俄的神经，作为斯大林派往广州协助孙中山进行国民革命的政治顾问鲍罗廷更不可能允许"联俄""联共"的中断。正如杨天石所述："'西山派'的议案虽多，但核心只有两项，即改变孙中山生前所定、而为当时广州国民党中央所执行的'联俄'与'联共'两项政策。"④ 蒋君章在论及西山会议与戴季陶的关系时，也指称"西山会议是国民党老同志为了排斥混入国民党中而意图篡夺党的领导权与国民革命运动的指挥权而进行的"。⑤ 下文试从鲍罗廷对中国国民党"左派"的争取至中国国民党"右派"委员对中国国民党中央的"分裂"这一主线出发，就西山会议的发端做一再探讨。

---

① 谢幼田：《"联俄""容共"与西山会议》，香港集成图书公司2001年版。金永信：《西山会议派之研究（1923—1931）》，未刊稿，台湾政治大学历史研究所博士学位论文，1997年；崔书琴：《三十年动乱中国》，香港亚洲出版社有限公司1955年版；桂崇基：《西山会议之形成与经过》，载《传记文学》第32卷第3期，1978年3月；沈云龙：《林森、邹鲁、谢持与西山会议》《西山会议派反共之经过》，载《民国史事与人物论丛》，台北传记文学出版社1981年版；韩剑华：《西山会议之研究》，未刊稿，台湾政治大学东亚研究所硕士学位论文，1980年。

② 郭绪印：《国民党派系斗争史》，上海人民出版社1992年版；高德福：《反对西山会议派的斗争》，载《河北大学学报》1986年第2期；王光远：《西山会议派概述》，载《党史研究》1986年第2期；《国民党老右派——西山会议派》，载《文史精华》1996年第3期；董江爱：《西山会议派反共纪实》，载《历史教学》1999年第4期；赵德教：《西山会议派的政治思想》，载《中州学刊》1985年第6期；李正华：《西山会议派》，载《历史教学》1990年第4期。

③ 杨奎松：《"容共"还是分共?》，载《近代史研究》2002年第2期。

④ 杨天石：《关于孙中山"三大政策"概念的形成及提出》，载《近代史研究》2000年第1期。

⑤ 蒋君章：《西山会议与戴季陶先生》，载《传记文学》第32卷第2期，1978年2月。

第一节 从"联俄"到"师俄"

一 鲍罗廷来华

1922年，共产国际召回马林之后，苏联副外交人民委员加拉罕、政治顾问鲍罗廷和共产国际远东书记处书记维经斯基先后被派到了中国。这一举动标志着共产国际关于民族和殖民地问题的革命理论已经在中国发展成了共产国际关于苏联援助下的国共合作战略。[①] 孙中山与苏俄所达成的联合协议，虽确立于1923年《孙文越飞联合宣言》的发表，但进一步的着手进行，即是这年8月"孙逸仙博士代表团"赴俄考察[②]，以及10月间苏俄代表鲍罗廷到达广州以后的事。在后者所推行的联合计划的逐步实施中，中国国民党改组的幅度和力度被大大提升，孙中山的"联俄"重心也开始由"军事物质层面"转向"党的组织建设"。

1. 孙中山的转变

众所周知，孙中山格外重视国际援助对于中国革命的意义，终其革命一生，无时不在争取国际援助。在他晚年将寻求的对象由先前的西方资产阶级国家、政党及团体转向发生了"十月革命"的苏俄后，中国国民党的改组意外地发生了迥异于以往的"革命性"变革。

出于对中国国民党现状的强烈不满，孙中山早就致力于中国国民党改组，但中国国民党并没有因此而出现生气。列宁领导下的俄国十月社会主义革命则给了孙中山以新的启示，"俄国革命在中国之后，而成功在中国之前，其奇功伟绩，真是世界革命史上前所未有"。[③] "十月革

[①] 向青：《苏联与中国革命：1917—1949年》，中央编译出版社1994年版，第99页。
[②] 蒋介石在七月中旬自粤返沪后，旋受孙中山之命筹组"孙逸仙博士代表团"，赴俄考察党务政治。除蒋介石外，团员还有沈定一、张太雷、王登云，他们于1923年8月26日自上海启程，为期三个月。见毛思诚《民国十五年以前之蒋介石先生》，香港龙门书局1965年版，第191页。同年9月17日，孙中山致电加拉罕，转告已派蒋介石率团访问俄国，蒋介石代表孙中山之全权。见 C. Martin. Wilbur, *Sun Yat-sen：Frusted Patriot*, Columbia University Press, 1967, p.151。
[③] 《孙中山选集》，人民出版社1981年版，第607页。

命"胜利之后,孙中山所领导的中国革命一次又一次地遭到失败①,尤其是陈炯明的背叛,给了孙中山以致命的打击。他曾痛心地写道:"从前本党不能巩固的地方,不是有甚么敌人用大力量来打破我们,完全是由于我们自己破坏自己……所以全党的团结力便非常涣散,革命党因此失败。"② 就在对两国革命进行比较中,孙中山的认识产生了一个很大的飞跃:"俄国革命之发动迟我国 6 年,而俄国经一度之革命,即能贯彻他等之主义,且自革命以后,革命政府日趋巩固。同是革命,何以俄国能成功,而中国不能成功?盖俄国革命之能成功,全由于党员之奋斗。一方面党员奋斗,一方面又有兵力帮助,故能成功。吾等欲革命成功,要学俄国的方法、组织及训练,方有成功的希望。"③ 加之对"十月革命"后的俄国进行了长达数年之久的观察和分析,孙中山毅然做出了"以俄为师"的抉择④,并下决心对中国国民党进行全面的革新与改组⑤。"今日革命非学俄国不可""我党今后之革命,非以俄为师,断无成就"⑥ 的感悟随之也成为他"联俄""联共"思想的坚实基础。

1923 年 1 月 26 日,《孙文越飞联合宣言》发表,联盟正式确立。只是在孙中山与苏俄的这一联姻中,双方都有着明显的政治动机。从 1919 年孙中山开始注意苏俄起⑦,他"联俄"的主要兴趣点就在如何得

---

① "满清鼎革,继有袁氏;洪宪随废,乃生无数专制一方之小朝廷",致使"中国今日政治不修,经济破产,瓦解土崩之势已兆,贫困剥削之病已深"(孙中山:《中国国民党改组宣言》,载胡汉民编《总理全集(第 2 册)》,民智书店 1930 年版,第 25 页)。孙中山一直在苦苦探寻失败的原因——辛亥革命失败后,他以为"所以失败者,非袁氏兵力之强,实同党人心之涣"(孙中山:《致黄兴书》,载《孙中山选集》,人民出版社 1981 年版,第 109 页);护国运动、护法战争夭折之后,他以为"革命破坏之后,而不能建设也;所以不能也,以不知其道也"(孙中山:《〈建设〉杂志发刊词》,载《建设》第 1 卷第 1 号)。
② 胡汉民编:《总理全集(第 2 册)》,民智书店 1930 年版,第 372 页。
③ 孙中山:《人民心力为革命成功的基础》,载《孙中山选集》,人民出版社 1981 年版,第 546 页。
④ 姜义华、吴根梁:《孙中山与中国共产党的合作》,载《人民日报》1984 年 1 月 20 日。
⑤ 同上。
⑥ 孙中山:《致蒋介石函五件(之二)》,载《孙中山选集》,人民出版社 1981 年版,第 948 页。
⑦ C. Martin Wilbur & Julie Lien‐Ying How, *Document on Communism*, *Nationalism and soviet Advisers in china*, *1918 – 1927*, N. Y, Columbia University press, 1956, pp. 138 – 143. Xenia J. Eudin and Robert C. North, *Soviet Russia and the East*, *1920 – 1927*, California: Stanford University Press, 1957, p. 218.

到苏俄的军事和物质援助，而非引进苏维埃的政治制度或借鉴俄共的组织形式。① 苏俄则寄希望于通过援助资产阶级性质的中国国民党来扩大中国共产党组织，实现中国的苏维埃革命，以保证其在华的利益和远东地区的安全。所以，苏俄在1923年初做出"全力支持国民党"的战略决策后，在决定向孙中山提供物质援助的同时，便一再提醒他不要着意于单纯准备武装革命，而应该注意健全中国国民党的组织和思想政治宣传工作，注意依靠群众。如1923年3月8日俄共中央政治局会议在决定资助孙中山200万墨西哥元时，就提醒孙中山不要过于注重纯军事行动而损害组织准备工作。② 维经斯基甚至建议俄共当局"不要无条件地支持国民党，而要向孙中山提出条件：不要把主要精力放在与地方军阀建立军事联盟上，而要放在建立全国性的政党上"。③ 中国共产党领导人陈独秀在对共产国际的报告中也提出了要"扩大和改组国民党"的主张。④

在争取"俄援"和与越飞签订宣言时，孙中山就对涉及某些国家利益的问题做出了一定的妥协；为早日得到援助，他自然不会完全漠视苏俄要求其注意党的组织建设的建议。⑤ 在《孙文越飞联合宣言》发表后不久，他便以秘密的方式向越飞通报了关于近期在广州对军队和中国国民党进行改组以及向北京政府发起新的北伐以便统一国家的打算，孙中

---

① 王奇生：《党员、党权与党争：1924—1949 中国国民党的组织形态》，上海书店出版社2003年版，第7页。
② 中共中央党史研究室第一研究部编：《联共（布）、共产国际和中国国民革命运动（1920—1925）》，北京图书馆出版社1997年版，第226页。
③ 同上书，第238页。
④ 同上书，第262页。
⑤ 学术界曾就孙中山"联俄"之举，对其"民族主义"产生过几次的争论，正如郭世佑所言："在20世纪末的民族主义大讨论中，姜义华的言说可以作为'民族主义'多重面相的代表性文本，他高度赞扬了孙中山提出的'造成独立自由之国家、以拥护国家及民众之利益''要求重新审定一切不平等之条约，以消灭帝国主义在中国之势力'这样的民族主义口号。""关于孙中山三民主义体系中民族主义与民主主义的内在冲突、国家自由与个人自由的矛盾等等，在在离不开姜义华的敏锐法眼。"详见郭世佑、邓文初《民族主义的裂变——以孙中山与苏俄关系为中心的分析》，载林家有、李明主编《看清世界与正视中国："孙中山与世界"国际学术研讨会论文集》，天津古籍出版社2005年版，第470页。

山还请求给予财政援助并派顾问以实现上述措施。① 在接到"苏联政府同意 200 万金卢布的资助，并要求尽可能的建立在孙中山监督下的集中制机构"的指示信后，孙中山在 1923 年 5 月 12 日给苏联外交人民委员的复电中明确表示："接受您的一切建议，我们将用大部分精力来予以完成。"② 在得到孙中山做出对中国国民党进行改组的这一允诺后，俄共（布）政治局即在 1923 年 8 月 2 日通过了斯大林任命鲍罗廷同志为孙中山的政治顾问的建议③，正式启动了往中国派遣军事顾问和政治顾问的援助。

只是，在 1923 年 8 月马林离开中国前，他曾一再表示，孙中山等一些中国国民党的领袖们不可能"很快采取主动""把国民党变为一个现代的政党"，"与离穗前和回穗后初期相比，孙中山更不愿意改组国民党了"。④ 正是在此情形下，苏俄顾问鲍罗廷于 1923 年 10 月 6 日在两位年轻军官陪同下抵达广州，还带有一封加拉罕大使的介绍信。随着鲍罗廷的到来，孙中山的政治生涯开始了新的一页。

2. 鲍罗廷的角色

鲍罗廷（Michael M. Borodin 原名 Gruenberg，1884—1951 年）为一富有经验的俄国共产党人，曾先后在瑞士、英国、美国、墨西哥等国家从事革命活动十余年，深受列宁的重视与赞许，且与俄国的其他重要革命党人如斯大林、托洛斯基、布哈林、加拉罕、契切林等多有认识与交往，尤其与加拉罕的关系更为密切。⑤ 自 1923 年 10 月随同加拉罕来华，担任中国国民党之政治顾问，至 1927 年 7 月离开中国返回苏俄，前后留华将近 4 年的时间里，其主要任务是代表苏俄政府援助中国国民革命，协助孙中山改组中国国民党及改组之后的工作。

---

① 〔俄〕P. A. 米罗维茨卡娅：《国民党战略中的苏联（20—30 年代）》，莫斯科 1990 年版，第 29 页，转引自中共中央党史研究室第一研究部编《联共（布）、共产国际和中国国民革命运动（1920—1925）》，北京图书馆出版社 1997 年版，第 172 页。

② 中共中央党史研究室第一研究部编：《联共（布）、共产国际和中国国民革命运动（1920—1925）》，北京图书馆出版社 1997 年版，第 174 页。

③ 同上书，第 265 页。

④ 李玉贞：《马林与第一次国共合作》，光明日报出版社 1989 年版，第 288 页。

⑤ Lydia Holubnychy, *Michael Borodin and the Chinese Revolution*, 1923 – 1925, East Asian Institute：Columbia University, 1979, 转引自蒋永敬《〈鲍罗廷与中国大革命〉评介》，《近代中国》第 12 期，1979 年 8 月 31 日。

苏俄顾问鲍罗廷抵达广州后，几乎在很短的时间里，孙中山"联俄"的重心就开始由军事物质层面转向了政党组织的建设。不论是孙中山内心对苏俄"民族主义"的真正认同，还是他惯用的"政治技术"妥协，中国国民党的改组却是随着鲍罗廷的到来很快进入了"三民主义为体，俄共组织为用"的"师俄"阶段。

至于加拉罕和鲍罗廷两人来华前是否得到过俄共中央和共产国际有关改组中国国民党的较为具体的指示，目前还没有直接的证据。从1923年7月31日斯大林对鲍罗廷的任命——"责成鲍罗廷同志在与孙中山的工作中遵循中国民族解放运动的利益，决不要迷恋于在中国培植共产主义的目的"这一原则性的指示中[1]，也看不出莫斯科有改组中国国民党的明确意图。

据鲍罗廷本人回忆，他有关改组中国国民党的思想动议形成于他由莫斯科经北京、上海至广州的旅途中。早在来广州途经北京停留时，鲍罗廷就曾经约集李大钊、包惠僧、何孟雄等中国共产党员在苏俄大使馆讨论中国国民党与中国共产党的关系问题。抵达广州后，他发现"……如果不算在孙的宣传委员会中的9名共产党员的工作，在共产党和国民党两个组织之间不存在任何实际联系"，"共产党代表大会的上述决议还是一纸空文"。[2]中国国民党的现状更让他失望，"既没有纲领，也没有章程，没有任何组织机构。它偶尔发布由孙签署的诸如民族主义、民权主义、民生主义等一般性题目的宣言，根本不涉及当前的事件，不对它们作出解释，也不利用这些事件来发展和巩固国民党。这些宣言作为趣闻被刊登在几家报纸上，然后国民党又沉睡了一年又一年"。[3]所以，鲍罗廷在致苏俄政府报告时明确指出："还在北京和上海时，就从同共产党人和国民党人的交谈中弄清楚，如果国民党不领导中国国民革命运动，这个运动就不会是什么现实的东西，但是现在这个样子的国民党又不能担起这个运动的领导工作，为了起到这个作用，它必须进行改组。"[4]随后，他精心制订了自己在中国国民党中的工作计划，即针对

---

[1] 中共中央党史研究室第一研究部编：《联共（布）、共产国际和中国国民革命运动（1920—1925）》，北京图书馆出版社1997年版，第266页。
[2] 同上书，第369页。
[3] 同上书，第379页。
[4] 同上书，第369—370页。

孙中山的三项任务：

一、继续在全国范围内进行业已在广州开始的中国国民党的改组工作。

二、坚持把广东作为向全中国发展和推进国民革命运动的根据地。为此要颁布土地法令和社会劳工法令，以便为中国国民党政府建立牢固的社会基础。

三、改组军队并使它完全服从中国国民党的领导。苏联可以从海参崴向孙中山提供各种援助，帮助孙中山加强对军队的控制。①

中国国民党改组的总体计划就是如此，鲍罗廷同加拉罕商议后便以他所特有的充沛精力开始实施。该计划中关键性的和首要的工作就是筹备和召开中国国民党的第一次全国代表大会。

事实上，鲍罗廷改组中国国民党的这一想法不仅与"同他前往广州途中经过上海与（中国）国民党和中共活动家（其中包括张继和陈独秀）一起制订的某个计划相吻合（但是这一计划的内容目前尚不清楚）"②，而且和1923年初以来莫斯科多次要求孙中山注意组织建设的思路也是基本一致的。为此，莫斯科已拨给他必要的经费，他从1923年12月25日开始收到这笔经费③，这从鲍罗廷给维经斯基的信中可以证实。鲍罗廷在信中说："本月25日（1923年12月25日）以前，我是在没有经费的情况下工作的，（中国）国民党支付自己的费用，现在我们已经开始拨给一些经费。"④ 他本人亦曾指出，从一开始就似乎是本着共产国际执委会主席团1923年11月28日决议精神工作的（他直到1923年12月30日才在上海收到该决议），"我的全部工作都符合这些提纲的精神。也许，我并没有立即掌握这个调子，但我会逐渐领会他（它）"⑤。由此可见，在1923年10月到12月的这段时间里，鲍罗廷工

---

① 中共中央党史研究室第一研究部编：《联共（布）、共产国际和中国国民革命运动（1920—1925）》，北京图书馆出版社1997年版，第356页。
② 同上书，第294页。
③ 同上书，第357页。
④ 同上书，第397页。
⑤ 同上书，第353页。

作的重点就是促使中国国民党接受新的观念,加速推进改组。

我们知道,加拉罕、鲍罗廷和维经斯基来华使命的共同点是如何协调中国各地不同政治集团之间的错综复杂的关系,将其纳入莫斯科对于中国革命的整体设计和总策略的轨道里。但由于他们3人工作的具体对象、策略和环境等都有区别,各有工作的侧重点,所以具体的使命还是有着很大的不同。莫斯科当局并未给予鲍罗廷公开的任务,他是由苏俄共产党中央政治局所指派①,其在华活动要服从于苏俄副外交委员、驻北京大使加拉罕指导。关于他的职权,在加拉罕1923年9月23日致孙中山的信中曾有说明:"请视鲍同志不仅是(苏俄)政府的代表,而且是我个人(加拉罕)的代表。您(孙中山)对他,恰似对我一样,可以坦白的说话。他所说的任何事,您可以信任,犹如我个人对您说的。"② 而据另一资料显示,鲍罗廷的实际职权既可以代表苏俄政府,又可代表共产国际。③ 故其职权至为广泛,不仅可与孙中山谈判"俄援"问题,也可以指导中国共产党。瞿秋白就曾指出:"鲍罗廷是共产党在国民党中央及政府里的党团之实际领导者。"④ 布哈林在谈到鲍罗廷的使华作用时明确表示:"鲍罗廷的话是有实际作用的,因为在他身后站着苏维埃社会主义共和国。"⑤

显然,鲍罗廷的身份和使命尤为特殊和微妙,他既有加拉罕那样的公开身份,又有像维经斯基这样的秘密使命。⑥ 他没有马林那么多的显赫职务,但恰恰又成为马林的"斯内夫利特战略"的忠实执行者,并做了多方面的新发展。蔡和森认为:"老鲍初来中国时,是继续越飞、马林的路线的。"⑦ 听过鲍罗廷来华第一次演讲的包惠僧也认为,鲍罗廷和马林"两人的见解是差不多的"。⑧ 鉴于使命和地位的特殊性和重要性,随着国共合作的深入发展,鲍罗廷似乎成了中国国民党、中国共

---

① 蒋永敬:《鲍罗廷与武汉政权》,中国学术著作奖助委员会出版1963年版,第418页。
② 郑学稼:《中共兴亡史(第2卷)》,台湾中华杂志社1979年版,第559页。
③ 同上书,第562页。
④ 《鲍罗廷在中国的有关资料》,中国社会科学出版社1983年版,第236页。
⑤ 向青:《苏联与中国革命:1917—1949年》,中央编译出版社1994年版,第100页。
⑥ 丁言模:《鲍罗廷与中国大革命》,宁夏人民出版社1993年版,第15页。
⑦ 蔡和森:《在"八七"中央紧急会议上的发言》,载《蔡和森的十二篇文章》,人民出版社1980年版。
⑧ 《包惠僧回忆录》,人民出版社1983年版,第435页。

产党和莫斯科三方"汇合"的政治枢纽。①

然而,在苏俄赋予鲍罗廷这些特权的同时,艰巨性和复杂性也更多的蕴含于"协助中国国民革命运动"这一任务中。身兼"数职"的鲍罗廷在引导孙中山对中国国民党进行"以俄为师"的改组时,到底扮演了怎样的角色,曾与其一起工作过的中共领导人张国焘做出了评价:

> 他有点四不像:他虽不是苏俄驻广州的大使或专使,但却是苏俄政府非正式的代表,而且真能代表政府发言;他在中国国民党中,既非党员,又是外国人,职位也不过是政府顾问,但其发言却具有决定性力量;他是一个重要的共产党员,但又不受共产国际在中国代表的指挥。他的地位,左右逢源,发挥他个人的手腕。他对中共广东区委会的关系仍是老样子,不仅遇事不与他们事先商量,事后甚至也不完全告诉他们。即使他有时与陈延年等举行会议,也不过是对于他的见解作必要的解释而已。②

二 孙中山对鲍罗廷的倚重

"强调俄国革命成功的经验不在于金钱和武器的优势,而在于政治工作,即群众工作的优势,尤其在于其党组织的效能和党员的效命这一点,这是从俄共中央到马林、鲍罗廷等国际代表当时告诫孙中山和国民党(党)人的最重要之点。"③而孙中山自"联俄""联共"之始就计划重新改组中国国民党全体的决心,也清楚地显示出他接受苏俄劝告的情况。为改组中国国民党,学习俄国革命的经验,振奋党员的奋斗精神,发挥组织的力量,孙中山不仅将中国共产党这一新鲜血液作为首选力量引进党内,且对斯大林派来的顾问鲍罗廷也表现出了极度的信任和倚重。

1. 改组工作的启动

改组中国国民党是孙中山晚年继续革命的重大举措。1920—1923

---

① 丁言模:《鲍罗廷与中国大革命》,宁夏人民出版社1993年版,第18页。
② 张国焘:《我的回忆(第2册)》,东方出版社1998年版,第57页。
③ 杨奎松:《孙中山"容共"政策之研究》,载徐万民主编《孙中山与辛亥革命》,北京图书馆出版社2002年版,第301页。

年，他不止一次地企图改组自己的党①，但这些努力无论对于中国国民党自身的状况，还是对他的政策及实际活动都未能发生任何实质性的变化。然而，苏俄、共产国际的援助不仅促成了孙中山"以俄为师"改组中国国民党的决心，还具体指导了改组工作的进行。

苏俄顾问鲍罗廷抵粤时，尽管中国国民党的改组工作在启动后处于停滞阶段，但是他在中国的活动平台却早已被搭建。在鲍罗廷来华之前，共产国际代表马林曾力促中国国民党改组。1921年底，马林在桂林与孙中山进行了三次长谈，并向孙中山提出改组中国国民党的建议，得到了孙中山的赞同。② 在接受共产国际代表马林、达林和李大钊等中国共产党人的劝告后，1922年9月至1923年9月，孙中山亲自揭开了中国国民党改组的序幕，他于1923年元旦在上海发表的《中国国民党宣言》标志着中国国民党政策的重大转变和中国国民党改组的先声。③ 所以，我们不难设想鲍罗廷来华后会受到孙中山的欢迎。在鲍罗廷抵达广州后不久，1923年10月18日，孙中山即委任他为中国国民党组织教练员；25日又聘他为中国国民党临时中央执行委员会顾问。1924年7月11日，中国国民党设立决定政治和政务问题的中央政治委员会，鲍罗廷为顾问。10月11日，在平定"商团叛乱"的紧急时刻，孙中山成立临时指挥机构革命委员会，鲍罗廷又为顾问，并被赋予会长缺席时享有表决权。当然，鲍罗廷如此受孙中山之垂青，很大程度上离不开他非凡才能的发挥。④

---

① 一般的看法为，1924年中国国民党的改组有一个演变过程，起自1919年，完成于1924年。李剑农把这一过程分为三个阶段：第一阶段是1919年由中华革命党改为中国国民党，确定党的名称；第二阶段是1923年预备"联俄""容共"；第三个阶段是1924年实现"容共""联俄"，改组完成。见李剑农《最近三十年中国政治史》，上海太平洋书店1932年版，第541页。王奇生还指出："国民党在这五年的改组中，三次颁发新党章，一次修正党章，如此进行党务革新，在国民党历史上可谓是绝无仅有。"见王奇生《党员、党权与党争：1924—1949中国国民党的组织形态》，上海书店出版社2003年版，第2页。
② 陈旭麓、郝盛潮：《孙中山集外集》，上海人民出版社1990年版，第260页。
③ 黄修荣：《第一次国共合作》，上海人民出版社1986年版，第103页。肖效钦：《中国国民党史》，安徽人民出版社1989年版，第118—119页。
④ 杨奎松认为，鲍罗廷来华之时，孙中山的"财政困难达到极点"，广州的危急形势增加了他争取苏俄援助的紧迫感，使其对"联俄""容共"的态度更为坚定；鲍罗廷作为苏俄驻华外交使团的正式成员，孙中山给予其高度礼遇的做法将有利于对苏联的对华政策施加影响。见杨奎松《国民党的"联共"与"反共"》，社会科学文献出版社2008年版，第24—25页。

鲍罗廷在到广州后的一个星期中，就无数次地与孙中山和中国国民党其他领导人商讨或谈话，他始终不懈地阐述中国国民党改组的必要性。"孙中山需要俄援，内外交困的局面也促使他再度对苏俄的组织宣传方式发生兴趣，鲍罗廷的现身说法尤其具有说服力，他用亲身的经历介绍俄国的革命经验显然触动了孙中山……马林在孙中山身边数月不能实现的目标，鲍罗廷到后几天便顺利推动了。"① 鲍罗廷抵广州5天后，孙中山便电令中国国民党上海本部进行改组②，1923年10月16日，他在党务会议上训示关于党务之缺失及改进之方法③。10月18日，孙中山即聘鲍罗廷为"国民党组织教练员"，还亲自向参加中国国民党恳亲大会和党务讨论会的中国国民党代表和中国共产党代表发表演说，赞扬俄国革命，号召全体党员进行中国国民党改组。紧接着，孙中山便于次日委派廖仲恺、汪精卫、张继、戴季陶、李大钊5人为中国国民党改组委员，负责中国国民党改组事宜。④ 10月25日在广州召开中国国民党改组特别会议，讨论改组计划；同日孙中山任命胡汉民等9人组织中国国民党临时中央执行委员会，负责全面的改组筹备工作。⑤ 这标志着中国国民党改组工作的正式启动。此后，孙中山再聘鲍罗廷为中国国民党临时中央执行委员会顾问，并请他以苏俄共产党为榜样，起草中国国民党党章和党纲。1923年10月28日至1924年1月19日，中国国民党临时中央执行委员会在孙中山与鲍罗廷的直接指导下，就"联俄""联共"和中国国民党改组问题召开了28次会议，议决要案400余件，起草和通过了《中国国民党宣言》《中国国民党党纲草案》和《中国国民党党章草案》，并决定召开中国国民党第一次全国代表大会。⑥

---

① 杨奎松：《国民党的"联共"与"反共"》，社会科学文献出版社2008年版，第25页。
② 秦孝仪主编：《国父全集（第5册）》，台北近代中国出版社1989年版，第481页。
③ 孙中山在相关的党务讨论会上指出，中华民国成立后，"本党势力未见增进，推思其故，殆有三端：一是党中缺乏组织……二是革命精神消失……三是本党之基础未固……无庞大之党军"。见秦孝仪主编《国父全集（第2册）》，台北近代中国出版社1989年版，第582—584页。
④ 秦孝仪主编：《国父全集（第5册）》，台北近代中国出版社1989年版，第482页。
⑤ 邹鲁：《中国国民党史稿（第1册）》，中华书局1960年版，第316页。
⑥ 参见罗家伦主编《国父年谱（下册）》，台北中国国民党党史撰委员会1969年版；《革命文献（第9辑）》，台湾"中央"文物供应社1978年版；向青《苏联与中国革命：1917—1949年》，中央编译出版社1994年版，第106页。

尽管鲍罗廷的这一改组计划遭到中国国民党党内部分人士的怀疑和反对，但孙中山却给予了坚决的支持。以至鲍罗廷在札记中自豪记叙道："1923年12月1日，与廖仲恺一起去上海进行改组工作时，廖还带有孙中山给上海国民党人的信，孙在信中谈到苏联对中国国民革命运动的帮助，并要求国民党人服从我的指示和领导……"①

这样看来，此次中国国民党改组的全面启动与鲍罗廷的到来似有着直接的关联。据一名当时在广州担任军事顾问的俄人亚·伊·切列潘诺夫（Alexander L. Cherepanov）的记述：在鲍罗廷未到达中国之前，中国共产党已不止一次直接向孙中山和中国国民党其他领导人士提出中国国民党改组的必要。孙中山在原则上表示同意，但都没有采取实际措施。只有鲍罗廷到达广州之后，改组中国国民党的建议方付诸实施。②

为了将俄共的组织模式成功地输入中国国民党的旧体制内，鲍罗廷在广州的一切"都是谨慎行事的，是力所能及地、有分寸地进行改组"③。"两个月来的全部工作就在于使孙中山相信，迄今为止他们所采取的斗争方式是无益的，必须加以根本改变"④，"他开导孙，迎合孙，利用孙"，因为"孙中山的国民党是中国国民运动的唯一代表"，"要改组国民党，没有孙中山不行。应当利用他的'左倾'、他的声望和他的建党愿望来激励国内真正的革命分子"⑤。在与孙中山的交谈中，鲍罗廷更明白：鉴于当时要向北方发展革命势力的计划，忙于前线的孙中山所急需的是"俄国通过海参崴向他提供的援助……他在焦急的等待这个答复"⑥。于是，几乎刚开始在广州逗留时，鲍罗廷就竭力要给孙中山造成印象："我们将不仅限于提供文化帮助，即表现为提出应该怎样组织中国的国民革命运动的建议的帮助。同时，我们将不限于为这项工作

---

① 中共中央党史研究室第一研究部编：《联共（布）、共产国际和中国国民革命运动（1920—1925）》，北京图书馆出版社1997年版，第371页。

② 〔俄〕亚·伊·切列潘诺夫著，王启中译：《中国国民党初期战史回忆（1924—1927年）》，台湾"中华民国""国防部情报局"1975年版，第30页。

③ 中共中央党史研究室第一研究部编：《联共（布）、共产国际和中国国民革命运动（1920—1925）》，北京图书馆出版社1997年版，第371页。

④ 同上书，第371页。

⑤ 〔俄〕卡尔图诺娃：《加伦在中国，1924—1927》，中国社会科学出版社1983年版，第29页。

⑥ 中共中央党史研究室第一研究部编：《联共（布）、共产国际和中国国民革命运动（1920—1925）》，北京图书馆出版社1997年版，第366—367页。

提供资金帮助。"① 与此同时，他也极力地说服苏俄："能否向孙中山建议的那样解决，必须立即加以研究和决定……经过海参崴提供援助的问题。"② 在鲍罗廷与加拉罕的共同努力下，1923 年 12 月 27 日前，莫斯科已决定准备给孙中山提供援助，并询问他们"孙能坚持多久，怎么提供物资等问题"。③

就这样，凭借"个人的非凡才能与苏联援助的许诺"，鲍罗廷很快博得了孙中山的好感，而且对他的信任超过了一般的布尔什维克，将他视为"好朋友"，尊重他的意见。孙中山由"共产主义不能在中国""醉心于军事冒险、排拒苏俄政治制度"到决然采纳鲍罗廷的建议——以俄共组织模式改组中国国民党的这一重大转变中，鲍罗廷更是充分发挥了组织教练员的作用，而且颇受孙中山的信赖。孙中山一有机会就试图宣传鲍罗廷。在政治集会和群众大会上，孙中山一再介绍鲍罗廷是他的朋友和辩护人，以此抬高鲍罗廷的形象。他使鲍罗廷卷入了中国国民党事务的各个方面——无论是组织问题还是政策问题、是国内问题还是国外问题。所以，鲍罗廷几乎出席了国民政府和中国国民党的所有重要会议，参与制定了中国国民党最基本的决策，并在最根本的问题上拥有决定性的发言权。④

在鲍罗廷的参与下，孙中山对中国国民党改组工作的全面推进甚为满意，在致函契切林对苏俄党和政府派代表鲍罗廷到粤援助的热心与诚意表示感激时，他对鲍罗廷的所为给予了高度的评价："对在国民党改组过程中为我们做出贡献的鲍罗廷表示深深感谢。他是一个无与伦比的人，他的中国之行显然是一件意义深远的事情"⑤，并告诫其他中国国民党人："谁是我们的良友，谁是我们的敌人，我们胸中都有十二分的明了。"⑥ 就在鲍罗廷日渐"得宠"的同时，孙中山先前对苏俄的怀疑

---

① 中共中央党史研究室第一研究部编：《联共（布）、共产国际和中国国民革命运动（1920—1925）》，北京图书馆出版社 1997 年版，第 375 页。
② 同上书，第 371、374 页。
③ 同上书，第 391 页。
④ Dan N. Jacobs, *Borodin, Stalin's Man in China*, Harvard University Press, 1981, pp. 138–139.
⑤ 《鲍罗廷在中国的有关资料》，中国社会科学出版社 1983 年版，第 29 页。
⑥ 毛思诚：《民国十五年以前之蒋介石先生》，香港龙门书局 1965 年版，第 210—211 页。《孙中山全集（第 8 卷）》，中华书局 1985 年版，第 335—336 页。

也随之减少,中国国民党内反对"联共""师俄"的呼声几乎都被他否决。

2. 对反共暗潮的压制

从孙中山开始确定"联俄""联共"起,中国国民党内颇具影响力的保守分子与华侨老党员就对该政策表示出怀疑或反对,他们担心"联共"会危害中国国民党的生存,也曾向孙中山表示了他们的疑虑,但是孙中山都没有接纳。在鲍罗廷到广州后,这些先前对"联俄"政策持异议的排拒者则掀起了反对改组的潮流。

就在广州方面紧锣密鼓地筹备改组事宜时,上海方面诸多孙中山的长期追随者谢持、张继、彭素民、张秋白、吕志伊等纷纷表示了对"改组"及"联共"的反感。他们认为"党中不可有党","社会党有社会党之精神,未必可以完全服从于我党",或"若改组后随处选举,恐于党之原有精神大相妨害",等等。① 为此,孙中山专门派廖仲恺和鲍罗廷带着指示信前往劝服,上海诸人多少对"联共"及"改组"的意义有了进一步的认识,不敢对孙中山既定之决定再表示意见,对"联共"政策也暂时不复异议。

鲍罗廷和廖仲恺去上海时,中国国民党广东支部的邓泽如、林直勉等11位领导人,联名上书指控鲍罗廷、陈独秀、谭平山等的"不法行为",此为以华侨老党员为中心的中国国民党保守派在"联共"初期"反共"的第一声。孙中山在表示"若陈独秀不服从吾党,我亦必弃之"的同时,仍然谴责了邓泽如:"国民党组织法及党章党纲等草案为我请鲍罗廷所起,我加审定,原为英文,廖仲恺译之为汉文……切不可疑神疑鬼。"② 最终,这次以个人行为掀起的反共浪潮很快被孙中山以个人威望暂时压制了下来,没有造成进一步的政治影响。

但党内的反共暗潮并未被消弭,最严重的是在1924年6月,谢持、张继、邓泽如三人联名以中央监察委员身份提出"弹劾共产党案",此为中国国民党内最高领导层反共的开端。当孙中山接到检举报告后,首先就指出必须延至鲍罗廷回广州后解决。而鲍罗廷在与广州中国共产党党员会商后,明确向孙中山表示,中国共产党党员加入中国国民党之目

---

① 李云汉:《从"容共"到清党》,台北及人书局1987年版,第227页。
② 邓泽如:《中国国民党二十年史迹》,上海正中书局1948年版,第301—308页。

的在于建立中苏间的友好关系，为此目标，中国国民党应拿出诚意，如果中国国民党阻扰中国共产党的发展，苏俄只好为中国共产党的前途计，另想办法。鲍罗廷的这番谈话让孙中山左右为难，他便安排鲍罗廷与提出弹劾的监察委员会面，命孙科担任翻译①，但会谈无果而终，只能以召开第一届二次中央执行委员会全体会议来讨论。② 孙中山亲自主持会议，再次宣布继续进行"联共"政策，并开除反对"联共"的冯自由的党籍。③ 对此，提案弹劾中国共产党的中央监察委员反应剧烈：张继愤而离粤后致电孙中山："自八月大会以来，'共产派'背行无忌，继耻与为伍，请解除党籍"④；谢持因"厌恶'共产派'之横恣"提书辞中央监察委员职⑤；居正退居养蜂，不再过问党务；邓泽如亦不复闻党事；反共国民党员如冯自由等竟至不惜独树一帜。很明显，这些中央监察委员对弹劾案的结果非常失望，但基于对孙中山的忠诚，尤其在孙中山对谢持做出"你们再反，我就把国民党交给你们，我……去蒙古再干"⑥的表示后，反共的老中国国民党党员们在孙中山生前不再有反对"联共"政策的言行了。

据居正在《清党实录》中记载，"联共"政策一开始就遭到了中国国民党内的挑战，从筹备改组到弹劾案的提出，中国国民党老"右派"发起了"第一次清党运动"。

> 从改组以来，谭平山掌中央组织部，对于我纯粹同志愿赴各省区办党者，虽经总理允许，亦必多方吹求延搁，靳而不与其权；

---

① 谢持到广州后，糖尿病发作，抱病参加谈话会。见谢幼田《谢慧生先生事迹纪传》，台北近代中国出版社1991年版，第191—193页。吴文津指出邓泽如因孙中山的约束没有参加鲍罗廷的谈话会，此时也不太积极参与反共活动了。Eugene W. Wu, Coping with Dissent: Early Anti-Communism in the organized Kuomintang, in *Centennial Symposium on Sun Yat-sen's founding on the Kuomintang for Revolution*, Taibei, November, 1994, p. 13. 张继、谢持与鲍罗廷谈话记录，详见罗家伦主编《革命文献（第9辑）》，台湾"中央"文物供应社1978年版，第80—85页。
② 罗家伦主编：《国父年谱（增订本下册）》，台北中国国民党党史编撰委员会1994年版，第1496页。
③ 《陆海军大元帅大本营公报》，第19号。
④ 《张溥泉先生全集》，台湾"中央"文物供应社1951年版，第116页。
⑤ 谢幼田：《谢慧生先生事迹纪传》，台北近代中国出版社1991年版，第199页。
⑥ 同上书，第216页。

《向导》周报肆意挑拨离间之伎俩。既而上海、北京同志先后发觉《社会主义青年团团刊》及第三次全国代表大会决议案,共产党破坏本党之阴谋昭然若揭。于是各地党部群起要求开除"共产派"党籍,计上海、北京、武汉、广州、香港、澳门等处所弹劾案有百余件;中央监察委员张继、谢持于十三年六月由粤赴沪,会同邓泽如等,以中央监察委员名义提案弹劾;各地弹劾代表及同志复编发《护党特刊》,同时广州《民国日报》《民权旬刊》、北京《民生》周刊亦摘奸发覆,此第一次之"清党"运动也。①

可以看出:先前反对"联共"的中国国民党元老此时不仅仅是在"反共",还将矛头转向了鲍罗廷与苏俄,尤其对鲍罗廷的行为表示了强烈的不满和控诉。但"仅从孙中山对邓泽如的联名控告与张继、谢持弹劾案的处理结果,就使我们对于他的战略以及他对国民党、苏维埃俄国和中国共产党人之间关系的理解,给了一线可瞥之光"。② 尤其是在"联共"进行近一年时间后,因中国共产党员在中国国民党各部门的出色表现,孙中山更加坚定了"联俄""联共"的信念。他曾严词斥责这一政策的反对者说:"尔等不奋斗而妒他人之奋斗,殊属可耻,彼等破坏纪律我自有办法,与尔等何干?""十三年来,民国绝无起色,党务并不进步,皆由尔等不肯奋斗之过……"③ 由此使得其下属对这一政策基本是无权置喙。

我们知道,无论是苏俄还是孙中山,都没有因一时摩擦而终止合作的主观意向。"商团叛乱"和"英国武力干涉"的危险给孙中山结束这场反共浪潮提供了契机。鉴于对苏俄援助的渴望及对鲍罗廷的倚重,孙中山的"联俄""联共""师俄"的决心已十分坚定,对于这些"反共""反俄"的呼声,他大都以个人的威信尽可能的去抹平,或是淡化。所以,国共冲突暗潮一直潜伏到他逝世,再没有大的爆发。但矛盾只是被掩盖,并没有被消除,鲍罗廷与中国国民党"右派"中央委员

---

① 居正:《清党实录·编辑大意》,台北文海出版社 1985 年版。
② 罗家伦主编:《革命文献(第 9 辑)》,台湾"中央"文物供应社 1978 版,第 1271—1273 页。
③ 孙中山:《与石克士等的谈话(1924 年 11 月 21 日)》,载《孙中山全集(第 11 卷)》,中华书局 1985 年版,第 357 页。

之间的"分化"与"分裂"斗争便是由此埋下了祸根。

第二节 "以俄为师"与"防俄防共"

中国国民党"一大"的召开,其宣言、党章的通过,标志着鲍罗廷已成功地将苏俄组织模式照搬于中国国民党的旧体制内。与此同时,他在中国国民党与中国共产党、国外的共产国际与苏俄中的领导地位也得以确立。而孙中山在中国国民党"一大"中对苏俄"民族主义"思想的接受,"其实只是他与苏俄政治博弈的结果(政治技术的妥协),思想层面的接纳还是拒斥,最终反映的是实际政治力量的互动与消长"。[①]所以,孙中山"以俄为师"的改组并非是"全盘俄化",而是有所取舍;中国国民党改组中所遵循的"三民主义为体,俄共组织为用"的原则亦是其"师俄"又"防俄"的态度表明。孙中山在遵照鲍罗廷的决议来制定中国国民党"一大"宣言时,又将宣言的执行任务交给了那些长期追随他革命,但对"联俄""联共"持异议的老党员。于是,矛盾与冲突不久便在鲍罗廷与这些反共的中国国民党中央委员之间产生了。

一 苏俄组织模式的输入

1. 中国国民党"一大"的召开

1924年1月20—30日,中国国民党"一大"在广州召开,大会通过了《中国国民党章程》《组织国民政府之必要案》和著名的《中国国民党第一次全国代表大会宣言》[②]等文件,标志着孙中山改组中国国民党的完成。

关系到中国命运的中国国民党"一大"虽是在孙中山的直接领导下进行的,但确有着鲍罗廷及苏俄的绝对影响。鲍罗廷强有力地影响了大会宣言,他用一切方法将第三国际的决议精神体现于宣言之中,并按照

[①] 郭世佑、邓文初:《民族主义的裂变——以孙中山与苏俄关系为中心的分析》,载林家有、李明主编《看清世界与正视中国:"孙中山与世界"国际学术研讨会论文集》,天津古籍出版社2005年版,第483页。

[②] 宣言内容详见《中国国民党第一次全国代表大会宣言》,中国第二历史档案馆藏,档号七一一(五)—141。

苏俄的"东方战线"理论重新解释了三民主义。这在相关文件中就有所反映:"他在中国的全部工作,都是按照第三国际1923年11月28日决议精神进行的;《宣言》(《中国国民党第一次全国代表大会宣言》)中的一些非重要的部分,是在苏俄政府驻北京代表加拉罕的直接指导下,与孙先生等经过激烈争论,强行把苏共的意图加入的。"① 鲍罗廷的目的基本达成了。据他本人评价:"在制定代表大会宣言(《中国国民党第一次全国代表大会宣言》)的过程中,经过激烈的争论和相互妥协,终于取得了一个相当好的,我甚至可以说,是一个地道的国民革命的政党文件。"②

因此,苏俄驻北京全权代表加拉罕向莫斯科报告大会的情况时,欣喜之情洋溢于表,虽有夸大之嫌,但在一定程度上也反应了苏俄精神在中国国民党"一大"中的贯彻:

> 宣言、党纲、党章……由三部分组成:第一部分是对以前工作的批评和对中国相互斗争的军阀集团的批评;第二部分是最重要的,这是以最概括的形式提出的中国国民党的原则即民族主义、民权主义和民生主义。"民族主义"那一条很新奇,是按照共产国际宣言的精神措辞的,其中阐述了民族主义斗争的两个方面:一方面是反对压迫中国不让中国民族独立的帝国主义,另一方面是通过给中国境内少数民族以自决权,让他们获得解放,而且这一条把上年共产国际执行委员会11月8日的相应段落加以发展。"民权主义"也来源于前述决议,也以共产国际的同一项决议为自己的根据。至于"民生主义",它也是以共产国际决议为依据的,但是根据本地情况加以改头换面……至于(第三部分)党章,它像我们党的、共产主义政党的章程。③

中国国民党"一大"的胜利召开,《中国国民党第一次全国代表大会宣言》的顺利通过,标志着国共第一次合作的正式形成,即孙中山

---

① 中共中央党史研究室第一研究部编:《联共(布)、共产国际和中国国民革命运动(1920—1925)》,北京图书馆出版社1997年版,第394—395页。
② 同上书,第357页。
③ 同上书,第412页。

"联俄""联共"政策的最终确立。这对于孙中山与鲍罗廷、中国国民党与苏俄来说的确是一个双赢的产物。对中国国民党来说,"这次代表大会的召开是一件历史性的事件,它在国内引起了极大的反响,引起了各界的关注,把它看作是孙中山斗争中的某种新的东西、某种新的方法、某种新的方式。报界现在也以短评和广州来电的方式关注,至于各种团体和知识界、民族团体和学生界,代表大会引起了他们巨大的兴趣、希望和期待,这次代表大会不仅对南方孙直接领导的广州国民革命运动,而且对中国其他所有地方的国民革命运动都会产生巨大的影响……"① 就孙中山个人来说,他不仅完成了党内变革性的改组,而且更深一步地推动了与苏俄的联盟;他改组了中国国民党,使中国共产党正式进入了中国国民党;他使中国共产党领导人占据了中国国民党内的关键职位,他承认了中国国民党同苏俄的联系。与此同时,"代表大会也成功地在法律上批准了鲍罗廷于广州寻求的变革;从而使他在中国南部的整个计划有了合法地位,成为鲍罗廷在广州4个月来活动的顶点"。② 初到广州时,鲍罗廷忧虑重重,而他的忧虑不无道理。他几乎每天都给在北京的加拉罕写信,描述孙中山的地位如何危险,似乎是想借此为自己开脱。但到了1924年中国国民党"一大"召开后,鲍罗廷的报告就不那么频繁了;他不再像过去那样关心加拉罕对他每一举动的反应。有时候,他完全绕过北京直接同莫斯科联系。在那里,同他联系的是1905年的一位老相识,此人不是别人,正是在列宁去世后的权力斗争中节节获胜的斯大林。虽然世界大多数地方不大注意鲍罗廷在广州的作用,但莫斯科和斯大林却不是这样。③ 因为,鲍罗廷已经一步一步地组织起他的革命。尽管这革命是脆弱的、随时可能瓦解,但他还是用尽浑身解数软磨硬泡、好言相劝、息事宁人、苦心经营,想方设法把他的联盟中互不相容的各派硬拉在一起。中国国民党"一大"的召开是这一联盟的正式形成。从加拉罕给契切林的信看,更能发现莫斯科对中国国民党"一大"的满意。

---

① 中共中央党史研究室第一研究部编:《联共(布)、共产国际和中国国民革命运动(1920—1925)》,北京图书馆出版社1997年版,第410页。
② Dan N. Jacobs, *Borodin*, *Stalin's man in china*, Harvard University Press, 1981, p. 130.
③ Ibid., p. 149.

……"一大"后的国民党正在变成一个真正的生气勃勃的、积极的、组织良好的国民革命党，这是我们在任何其他国家都没有的……我现在要强调的是，正是国民党处于我们的影响之下，正是国民党对我们的威望充满尊敬和崇拜，正是这个党，它如此驯服地接受我们的指示和共产国际的决议……应该最坚决地放弃对国民党的一切批评，因为这种批评会妨碍我们早已决定向他提供的援助。[①]

2．体制的变革

如果说中国国民党"一大"的宣言是苏俄对中国国民革命目标的确定，那么《中国国民党党章》就是俄共组织模式的输入了。中国国民党"一大"通过的《中国国民党党章》在中国国民党历史上具有奠基性和创制性的意义，其最初的蓝本是1919年12月俄共（布）第八次全国代表会议颁发的《俄国共产党（布尔什维克）章程》。[②] 两者的内容均为"党员""党的组织机构""中央党部""地方党部""基层组织""党的纪律""经费""党团"等几个主要部分组成，其基本结构非常相似，大部分条文几乎雷同。

按照《中国国民党党章》的条文，中国国民党在组织系统上也仿照俄共建立了一套从中央至地方与国家行政区划相并行的层级机构。中国国民党改组后的权力机关自上而下依次为：全国代表大会—省代表大会—县代表大会—区代表大会（区党员大会）—区分部党员大会；相应的这些机关依次为中央执行委员会—省执行委员会—县执行委员会—区执行委员会—区分部执行委员会。除了各级权力机关外，俄共组织体制中还设立了从中央到地方的（乡级为止）的各级检查委员会，中国国民党也借鉴了这一体制，在各级执行委员会之外设立了从中央至县一级的监察委员会。此外，还学习俄共体制在一切党外机关和组织中成立党团（凡党员三人以上）这一独具特色的组织机制。

---

① 《加拉罕给契切林的信（1924年2月9日于北京）》，载中共中央党史研究室第一研究部编《联共（布）、共产国际和中国国民革命运动（1920—1925）》，北京图书馆出版社1997年版，第414页。

② 王奇生：《党员、党权与党争：1924—1949中国国民党的组织形态》，上海书店出版社2003年版，第14页。

不过，该党章中也与俄共党章稍有不同——主要表现在《中国国民党党章》中的"引言"和第四章"总理"。引言称："中国国民党第一次全国代表大会为促进三民主义之实现、五权宪法之创立，特制定中国国民党总章如左"，意在彰显其三民主义意识形态，体现其以"三民主义为体，俄共组织为用"的特色。① 鉴于孙中山在党内的当然地位，审查委员会在该党章中增列了"总理"一章，使中国国民党由党首制改为委员制后兼顾总理制。《中国国民党党章》规定：以孙中山为总理，总理为全国代表大会主席，并对全国代表大会的决议有复议之权。表明当时全党都自愿听从孙中山的独裁。正是这一修正引发了后来西山会议的"党统"之争。

在鲍罗廷的精心参与下，中国国民党"以俄为师"的改组取得了极大的成就：不仅以苏俄精神阐释的新三民主义为革命目标，而且还吸收了苏俄自上而下的权力机关、民主集中制的组织原则、以三民主义治国的方针，为中国国民党转变为一个具有群众基础的现代动员性政党打下了基础，同时还建立了一支由党控制和领导的新型军队。中国国民党的这一变革性改组开启了中国的党治时代，对20世纪中国政治的发展产生了深远的影响。李剑农曾评价说：中国国民党改组是中国政治新局面的开始。"因为此后政治中所争的将由'法'的问题变为'党'的问题了，从前是'约法'无上，此后将为党权无上；从前谈'法理'，此后将谈'党纪'；从前谈'护法'，此后将谈'护党'；从前争'法统'，此后将争'党统'了"。②

二 "一大"潜在的冲突

孙中山和鲍罗廷之间、中国国民党和第三国际之间的彼此利用和斗争，互有进退，是中国国民党"一大"矛盾的所在。③

在鲍罗廷的努力下，与共产国际决议有着相同精神的《中国国民党

---

① 王奇生：《党员、党权与党争：1924—1949 中国国民党的组织形态》，上海书店出版社2003年版，第15页。
② 李剑农：《最近三十年中国政治史》，上海太平洋书店1932年版，第531页。
③ 谢幼田：《"联俄""容共"与西山会议（上册）》，香港集成图书公司2001年版，第104页。

宣言》和以俄共党章为蓝本起草的《中国国民党党章》在中国国民党"一大"中顺利通过。但是,鲍罗廷并不十分乐观,因为在他看来"孙还不明白,通过一部好的纲领是一回事,委任中国国民党的腐败分子去执行这个纲领是另一回事。在最关键的问题上——中央和地方党的领导班子的组成,即由谁来主宰全党命运和对党进行实际的改组""孙中山支持的是'中派'和'右派'"。① 而且,由孙中山亲自指定的中央执行委员和中央监察委员,绝大部分都是资产阶级和小资产阶级的中国国民党员(鲍罗廷所谓的"右派");尤其是中央监察委员,个个反共;尽管也有几个'左派'和中国共产党人参加中央委员会,却屈指可数。这样的中央执监委员会自然不会去实行第三国际的主张,部分体现俄国精神的宣言即便是通过了,也只能是一纸空文。所以对广州计划的进行,鲍罗廷依旧忧心忡忡。"到现在为止,能够在多大程度上把民族主义革命者孙从小资产阶级的空谈家中拯救出来还很难说。有时我觉得,无论给这头老狼喂多少东西,他还是盯着'自由民族',他始终期待着以此来拯救中国。"②

的确,孙中山在酝酿与实行"联俄"政策的整个过程中,从来没停止争取与西方大国改善关系甚至结盟的外交活动。③ 事实上,在苏俄与共产国际为避免中国革命重蹈"凯末尔式"的覆辙,确保苏俄援助的收益而对孙中山采取了种种防范措施的同时④,孙中山在"联俄"与"防俄"的钢丝上也将政治平衡术发挥到了极致。⑤ 孙中山是有丰富阅历与高超政治智慧的革命领袖,他在中国国民党改组中表现的的确是"忽左忽右":有时完全倾斜于鲍罗廷,执意通过部分体现苏俄精神的

---

① 中共中央党史研究室第一研究部编:《联共(布)、共产国际和中国国民革命运动(1920—1925)》,北京图书馆出版社1997年版,第358页。
② 同上书,第435页。
③ 徐万民:《孙中山在联俄与防俄之间》,载林家有、李明主编《看清世界与正视中国:"孙中山与世界"国际学术研讨会论文集》,天津古籍出版社2005年版,第428页。
④ 当时,苏俄领导人打算与孙中山签定一项政治协议,加拉罕激烈反对,他讽刺说:"看来,我们被土耳其的牛奶烫过以后,在中国见到凉水也要吹一吹。"见《加拉罕给契切林的信(1924年2月9日于北京)》,中共中央党史研究院第一研究部编《联共(布)、共产国际与中国国民国民运动(1920—1925)》,北京图书馆出版社1997年版,第415页。
⑤ 徐万民:《孙中山在联俄与防俄之间》,载林家有、李明主编《看清世界与正视中国:"孙中山与世界"国际学术研讨会论文集》,天津古籍出版社2005年版,第426页。

中国国民党"一大"宣言；有时又一再声明"共产主义不能在中国"，批评马克思最多是个"社会病理学家"，中国国民党是在"三不变"①原则下进行的改组。

如果说中国国民党"一大"上设置有两项隐含"限共"的措施：一是孙中山提出，通过邓泽如、吴稚晖、李石曾、张继、谢持5人为中央监察委员；二是大会通过的《中国国民党总章》规定："本党以例行三民主义、五权宪法之孙先生为总理""总理对于中央执行委员会之决议，有最后决定之权"②，那么中央执监委员的选派与中央政治委员会的设置可谓是中国国民党"一大"国共潜在冲突的根源。

1. 中央执监委员的选派

前文曾提及加拉罕描述中国国民党的新气象为"……如此驯服地接受我们的指示和共产国际的决议"，此一说似与事实相距甚远。因为孙中山对鲍罗廷并不是言听计从，最明显的是关于土地政策的巨大分歧，而在对马克思主义系统的批判与中央执监委员的选派上两人同样发生过激烈的争执。③

在中国国民党"一大"会议上，借鉴苏联和中国共产党组织原则——民主集中制，中国国民党确立了的民主集权制的组织原则，在其历史上第一次有了代表大会这样的组织形式。中国国民党的最高权力机关随之转移到全国代表大会，而在休会期间则有中央执行委员会全权替代。也就是说，在非代表大会时期，中央执行委员会是为中国国民党内的最高机关。《中国国民党党章》对其权限做了明确的规定，其中第三十一条规定：第一，代表本党对外关系；第二，组织各地方党部并指挥之；第三，委任本党中央

---

① 1924年2月间，香港报纸称，中国国民党已经"赤化"。对此，中国国民党中央宣传部发表辟谣通告，郑重申言："国民党之本体不变、主义不变、政纲之原则不变。此次改组乃改党之组织，采用俄国委员制。"见《中国国民党周刊》第14期，1924年3月30日，广州。

② 徐万民：《孙中山在联俄与防俄之间》，载林家有、李明主编《看清世界与正视中国："孙中山与世界"国际学术研讨会论文集》，天津古籍出版社2005年版，第446页。

③ 可以说与鲍罗廷的分歧基本体现了孙中山的一贯思想，"以俄为师"，学什么，不学什么，他心里有着一个明晰的底线。1924年2月9日，孙中山与即将赴美留学的清华大学学生谈话，盛赞俄国布尔什维克党。学生施君问："国民党施行的，是否俄国的主义？"孙中山说："否！俄国是俄国，中国是中国。俄国有俄国的主义，中国有中国的主义。我方才一篇话，处处论到俄国，是说他革命党的组织，不是说他的革命的主义。"见《在广州与清华大学学生的谈话》，载陈旭麓主编《孙中山集外集》，上海人民出版社1990年版，第305页。

机关报人员；第四，组织本党之中央机关各部；第五，支配本党党费及财政。第十条规定："中央执行委员会得设各部，执行本党之通常或非常党务。各部受中央执行委员会之管理，各部之职务及组织法，由中央执行委员会决定之。"第三十二条规定："中央执行委员会得指挥内部组织之国民党党团。"第三十七条规定："中央执行委员会遣派中央执行委员于指定地点，组织执行部。其组织及职权，由中央执行委员会另定之。"①

除孙中山总理和中央执行委员会外，中央监察委员会是中国国民党中央党部的另一基本构成单位，与其紧密配合。1924 年 1 月 31 日，第一届中央执行委员会第一次全体会议通过决议："监察委员专监察各地党部及党人行动调查事，开列报告于中央执行委员会或各地执行部。有地方执行部不能解决者，必须提交于中央执行委员会"②；并将其职权限定为："决定各级党部或党员违背纪律之处分；稽核中央执行委员会财政之收支；审察全国党务进行之情形；稽校中央政府之施政方针、政绩，以及政府内党员的活动是否符合党的纲领、政策。"最后一项工作内容尤其值得加以注意，它是中国国民党对国民政府进行监督，使之不能脱离中国国民党政纲、政策的根本组织保证。③ 这项制度是中国国民党改组以前所没有的。它的产生虽然使得中国国民党朝着民主的、执政党的方向渐趋完善，但对于中国共产党的党团活动却起到了极大的限制作用。

1924 年 1 月，第一届中央执行委员会第一次全国会议通过了中央执行委员和中央监察委员的名单。④ 其中有表决权的中央执行委员 24 人，

---

① 《国民党全国代表大会会议录》，中国第二历史档案馆藏，档号七一一（五）—140。另见中国第二历史档案馆编《中国国民党第一、二次全国代表大会会议史料》，江苏古籍出版社 1986 年版，第 94 页。

② 《国民党全国代表大会会议录》，中国第二历史档案馆藏，档号七一一（五）—140。另见荣孟源《中国国民党历次代表大会及中央全会资料（上）》，光明日报出版社 1985 年版，第 65 页。

③ 《国民党全国代表大会会议录》，中国第二历史档案馆藏，档号七一一（五）—140。另见徐矛《中华民国政治制度史》，上海人民出版社 1992 年版，第 176 页。

④ 有表决权的中央执行委员分别为：胡汉民、汪精卫、张静江、廖仲恺、李烈钧、居正、戴季陶、林森、柏文蔚、丁惟汾、石瑛、邹鲁、谭延闿、覃振、谭平山、石青阳、熊克武、李守常、恩克巴图、王法勤、于右任、杨希闵、叶楚伧、于树德；中央监察委员为：邓泽如、吴稚晖、李石曾、张继、谢持。《国民党全国代表大会会议录》，中国第二历史档案馆藏，档号七一一（五）—140。另见荣孟源《中国国民党历次代表大会及中央全会资料（上册）》，光明日报出版社 1985 年版，第 63 页；毛思诚《民国十五年以前之蒋介石先生》，香港龙门书局 1965 年版，第 230 页。

中共党员 3 人；候补中央执行委员 17 人中，中国共产党人占 7 人。中央监察委员与候补监察委员共计 10 人，均为孙中山的长期追随者、中国国民党的老党员。故就整个中央执行委员会组成看（依当时的情形，中央候补执监委员负有同样的责任），参与中央执行委员会的中国共产党党员有 10 人，大致占到总人数四分之一，可以说是对会议的进行有了一定的牵制力量。但中央监察委员则完全控制在中国国民党元老手中，没有一个中国共产党党员或者中国国民党"左派"。① 而且，在有表决权的 24 名中央执行委员中，除去中国共产党党员，其余的中国国民党员仅有廖仲恺是"联俄""联共"的支持者，剩下的几乎都是对孙中山"联俄""联共"政策与鲍罗廷改组工作的排拒者。尤其是林森、邹鲁、居正、胡汉民、汪精卫、戴季陶、石瑛、石青阳等人，在孙中山与苏俄开始联络时，就表示疑虑或反对；在政策确立过程中，慑于孙对他们反共举动的压制，他们便转向严密监视"被容"的中国共产党员的言行，对其活动极尽可能的破坏，使得国共之间纠纷不断；到了鲍罗廷推行改组时，要么以退出党务活动的形式消极抵抗，要么就是拒不接受改组指令，以不合作的形式坚决反对。在中央监察委员的 5 人中，有直接上书控诉鲍罗廷和中共党团活动的，有反对撤销"上海中央"执行部的，个个都是坚定的反共人士。直至中国国民党"一大"召开前，这些中央执监委员或多或少的都与鲍罗廷发生过冲突，且对参与改组的中国共产党党员表示出强烈的不满。可以看出，中央执监委员会在很大程度上是被操控在鲍罗廷后来圈定为"右派"的反共人士手中。在孙中山主持下通过的，这些有着反共倾向的中央监察委员是不可能去执行宣言中的苏俄色彩条文，更不可能去执行第三国际的路线方针，或许这正是孙中山"师俄又防俄"的深切用意。

所以说，以中国国民党元老为主的中央执监委员的安排与以第三国际决议精神为指导的《中国国民党宣言》相比，充分体现了中国国民党"一大"的内在冲突——"以三民主义为体，俄共组织为用"还是"全盘俄化"；而这也正是站在"中派"的孙中山与鲍罗廷在中国国民党改组问题上的根本分歧所在。

此外，在中央委员和中央执行委员会各部人士的安排上，又体现了这

---

① 罗家伦主编：《革命文献（第 8 辑）》，台湾"中央"文物供应社 1978 年版，第 71—72 页。

一冲突的另外一面。1924年1月31日，中国国民党第一届一中全会通过决议，中央执行委员会下设7个部以组成中央党部。① 其中，掌握中央党务整体运作的青年部、宣传部、军事部是由中国国民党党员邹鲁、戴季陶、林森、许崇智来担任部长；而负责基层组织建设的组织部、工人部、农民部则由中国共产党党员谭平山、杨匏安、林祖涵、彭湃、冯菊坡等主持，形成了一种中国国民党在上层、中国共产党居于下层的合作状态。很明显，在中央各部人员的分配中，中国共产党掌握了中国国民党基层组织建设的实权——这是孙中山试图借鉴苏俄经验，欲以将中国国民党组织重心下移的良苦用心。

中国国民党"一大"后，孙中山在给全体中国国民党党员的一篇训词中，对改组后的中国国民党党组织形态作过这样一番期许：

> 此次新章所订之组织方法，其意义即在从下层构造而上，使一党之功用自横面言，党员时时得有团结之机会，人人得以分担责任而奋斗；自纵面言，各级机关完全建筑于全体党员之上，而不似往时之空洞无物，全体党员亦得依各级机关之指挥而集中势力，不似往时之一盘散沙。此种办法，在能自由办党之地，固易获效，即在不能自由办党之地，亦殊有活动之可能，本党之决心改组以此。②

显然，就孙中山改组中国国民党的初衷而言，党务组织无疑是此次改组的重心所在；然而正是在这一方面，中国国民党的改组实际上是不成功的。

在派往中国国民党地方执行部的人员中，国共党员之间形成了严重的对抗之势，如：北京的谢持、邹鲁、石瑛与李大钊之间，汉口的覃振、张知本与林祖涵之间，上海的戴季陶与毛泽东等人之间。这不仅阻碍了国共合作的发展，而且改组后的中国国民党除了党员数量的急剧扩充外，组织内聚力并未得以增强，组织形态依然散漫如故，但中国共产党的壮大趋势

---

① 《国民党全国代表大会会议录》，中国第二历史档案馆藏，档号七一一（五）—140。另见荣孟源《中国国民党历次代表大会及中央全会资料（上）》，光明日报出版社1985年版，第67页。
② 《孙中山全集（第9卷）》，中华书局1985年版，第540页。

则是由中国国民党的"联共"发展到中国共产党的"容国"。① 据谭平山称："在1926年1月（中国）国民党"二大"召开前后，已有大约90%的国民党地方组织处于共产党（党）员和国民党'左派'的领导之下。"② 两种组织运作的巨大反差虽不能完全归咎于孙中山的人事安排，但却有着必然的联系。而中国国民党元老则因中国共产党组织的严密及其壮大感到忧虑和恐惧，遂衍化为"反共""分共"的主张和行动，"西山会议派"内主张"分共"者亦部分是出于对中国共产党严密组织的恐惧。③

2. 中央政治委员会（"中政会"）的设立

目前关于中国国民党中央政治委员会成立的缘由有两种说法。一种说法在"弹劾共产党案"时已经提出，各地反共声浪渐高之时，中国国民党党内纷争的白热化和反对派的风起云涌使得孙中山有了进一步加强中央集权的想法。因此，在鲍罗廷的建议下，孙中山于7月11日宣告设立中国国民党中央政治委员会，以扶助他来筹划大政方针和重要人事之任免。④ 另一种说法是因为"（中国）国民党中央执行委员会，虽有海外部、工人部、农民部、妇女部等设立，然乏政治指导机关，究未完备，先生遂提出成立（中央）政治委员会，以辅助先生计划政治之方针，并指派胡汉民、汪精卫、廖仲恺、谭平山、伍朝枢、邵元冲为委员，先生任主席，共计七人，聘鲍罗廷任该会之高等顾问"。⑤

笔者赞同第一种说法。中国国民党"一大"会后，广州政府的形势依然严峻，且很不稳定：在东面和北面有陈炯明和吴佩孚的军事威胁，香港方面也在不断地向广州政府施加军事政治压力；广州"商团叛变"后，同孙中山"结盟"的军阀为所欲为，而各阶层居民对该省严重的经济状

---

① 王奇生：《党员、党权与党争：1924—1949中国国民党的组织形态》，上海书店出版社2003年版，第82页。
② 谭平山：《中国国民党宣言草案》，转引自〔俄〕杰柳辛·科斯佳耶娃《大革命时期的中国共产党与国民党》，载《国外中国近代史研究（第16期）》，中国社会科学出版社1990年版，第214页。
③ 王奇生：《党员、党权与党争：1924—1949中国国民党的组织形态》，上海书店出版社2003年版，第82页。
④ 杨奎松：《国民党的"联共"和"反共"》，社会科学文献出版社2008年版，第47页。
丁言模：《鲍罗廷与中国大革命》，宁夏人民出版社1993年版，第167页。
⑤ 罗家伦主编：《国父年谱（增订本下册）》，台北中国国民党党史编撰委员会1994年版，第1499页。

况亦表示不满。孙中山不得不随机应变,以维持自己的政权,他并没有放弃以前傲慢自负的北伐计划,且中国国民党自身的状况及中国共产党同它的关系也是严重的(有时甚至带有危机的性质①)。鉴于此一情势,鲍罗廷不得不参与到这场复杂的政治斗争中。所以,他决定在中国国民党中央成立中央政治委员会和中央军事委员会,试图以此影响孙中山"向左转",在缓解中国国民党"一大"内在冲突的同时,更能加强其在中国国民党的权势运作,从而将改组中国国民党的计划进行到底。

1924年7月11日,中国国民党中央政治委员会成立,其为中央执行委员会的下属机构,平日主要辅佐孙中山筹划政治方针。这个机构有成员7人:胡汉民、汪精卫、廖仲恺、谭平山(数日后由瞿秋白取代)、伍朝枢、邵元冲、鲍罗廷(高等顾问)。其中的廖、谭自不必说,胡、汪此时还是紧密配合孙的"联俄""联共"政策,伍、邵这时尚未表示反对之态。如此看来,中央政治委员会中没有一个所谓的中国国民党"右派"。

中央政治委员会属于孙中山的临时咨询单位,最初,它不是党的正式机关,权力也并未完全界定,只是笼统地规定它对中央执行委员会负责党务,对孙中山负责政治和对外事务。② 可以说,中央政治委员会的权力完全属于孙中山。因为孙中山既是中央政治委员会的主席,又是全国代表大会及中央执行委员会的主席,而且他具有中国国民党总理的地位。孙中山对中央执行委员会的决议有最后决定之权,也只有他对中国国民党一切内政外交有最后决定权。孙中山在世之日,中央政治委员会通过的决议基本就等于得到了中央执行委员会的通过。由此,以鲍罗廷为顾问的7人中央政治委员会似乎与24人的中央执行委员会在孙中山面前有了同等的影响力,在一定程度上,也可以算为是领导中国国民党改组的中央机关了。

孙中山越来越"向左转",中央军事委员会也"顺利"成为鲍罗廷在中国国民党内可操作的机关之一。在平息"商团叛乱"时,鲍罗廷强烈建议孙中山成立中央军事委员会并被采纳。在此危难时刻,孙

---

① 详见《孙中山选集》,人民出版社1981年版,第628—698页。C. Martin. Wilbur, *Sun Yat-sen: Frosted Patriot*, Columbia University Press, 1967, pp. 194 – 264.
② 《大本营公报》,第20号。《大元帅训令》,第347号。

第一章 从"分化"到"分裂" 71

中山表现出了明显的亲俄立场。所以，在中央军事委员会人员的选定上，他连重调和的胡汉民也不感兴趣了。在他给蒋介石的信中，他明确表示：

> 革命委员会要马上成立，以对付种种非常之事，汉民、精卫不加入，未尝不可。盖今日革命非学俄国不可，而汉民已失此信，当然不能加入，于事乃能有济，若必加入，反多妨碍，而两失其用。此固不容客气也。精卫本亦非俄派之革命，不加入亦可，我党今后之革命，非以俄为师断无成效，而汉民、精卫恐皆不能降心相从，且二人性质俱长于调和现状，不长于彻底解决。现在之不生不死的局面，有此二人，当易于维持，若另开新局，非彼之长，故只好各用所长，则两有裨益；若混合做之，必两无成。所以现在局面由汉民、精卫维持调护之，若至维持不住，一旦至于崩溃，当出快刀斩乱麻，成败有所不计。今之革命委员会则为筹备，以出此种手段。固非汉民、精卫之所宜也，故当分途以做事，不宜拖泥带水以敷衍也。①

所以，在1924年10月11日所确定的中央军事委员会名单中，胡汉民没有进入，其他的"右派"也没有进入，而是由许崇智、廖仲恺、汪精卫、蒋介石、陈友仁等人——都是鲍罗廷眼中的中国国民党"中派"和"左派"组成。②

这样看来，改组后的中国国民党中央机关实际上又增设了由鲍罗廷全权筹划的、中国国民党"左派"和"中派"组成的中央政治委员会和中央军事委员会，并且与中国国民党"右派"所主导的中央执监委员会居于并列的领导地位，而其权势的发挥则更多地决定于孙中山在"师俄"问题的倾斜。孙中山逝世后，不复再有总理一职，中央政治委员会便由鲍罗廷领导。于是打着"革命路线之争"的旗帜，中央政治委员会与中央执行委员会之间开展了激烈的权力斗争。

---

① 毛思诚：《民国十五年以前之蒋介石先生》，香港龙门书局1965年版，第313页。
② 同上书，第317页。

第三节　从"分化"到"分裂"

在中国国民党"一大"会上通过的中央执监委员中，反共的中国国民党元老占了很大的比例。在鲍罗廷看来，"每一个作为中央委员和监察委员的国民党'右派'在被责成执行党的路线时都会使党的路线化为乌有"。所以，他得出"虽然不能在组织上和纲领上划分党员的立场。但在国民党内却是可能的……"结论。①鉴于"右派"中央委员在中国国民党内的地位，他采取了加强中国国民党"左派"的策略，即通过使孙中山左倾，成立中央政治委员会；或扶持汪精卫，成立国民政府，扩大其在中央执监委员会的权力。被排斥的林森、邹鲁等发起西山会议的关键人物最终也是借助于中央执行委员会来与鲍罗廷相抗衡。也就是说，鲍罗廷与"右派"中央委员之间的斗争，似乎都在走一种合法的渠道，而且他们各自都有所凭藉：鲍罗廷有中央政治委员会和国民政府，"西山会议派"有中央执行委员会。在这一过程中，鲍罗廷争取左派力量的同时必然会与参加西山会议的中央委员产生芥蒂。但是，本书并没有详述"西山会议派"各人物与鲍罗廷之间的具体斗争，而是仅限于在其行为代表中央执行委员会时所发生的冲突事件。

一　中国国民党的内部分化

中国国民党内所谓"左派""右派""新右派"的名词是在20世纪20年代中国国民党"改组""联共"后才产生的，以前虽有新旧思想或个人势力的角逐，但从来未有这类分化作用的名词。②苏维初认为，在中国大革命期间，中国共产党和苏联顾问们最热衷于，可能也是最先使用"左派"和"右派"这些术语来形容中国国民党内的派系关系。③鲍罗廷在广州"协助中国革命"时，一直坚持这一旨在"分裂国民党，

---

① 中共中央党史研究室第一研究部编：《联共（布）、共产国际和中国国民革命运动（1920—1925）》，北京图书馆出版社1997年版，第446页。
② 雷啸岑：《三十年动乱中国》，香港亚洲出版社有限公司1955年版，第23页。
③ 苏维初：《国民党左派历史之研究》，载《华东理工大学学报》1994年第2—3期。

清除他的右翼腐败分子"策略,并试图通过它去领导整个国民运动。①

在筹备中国国民党"一大"的过程中,鲍罗廷发现,中国国民党在政治上的软弱是源于"思想和组织上一片混乱"。从这一观点出发,在鲍罗廷看来,"孙中山的所有理论都是有害的'乌托邦',而他的实践活动是与中国国民革命运动的真正的(即共产国际的)目标相抵触的"。但是,他明白,"我不能设想国民党的改组可以没有孙"。由此,鲍罗廷调整了对孙中山的工作计划:"需要利用他的'左倾',利用他的威信,利用他建党的愿望,为了国民革命运动而'拯救'孙中山,为了'加强国民党内的"左派"成分'而'加强他自身的"左派"倾向'。"而且,他还认为"'左派'是未来'党的核心',需要把它集合起来,搞清楚它,帮助它","'左派'与'右派'长期共处是不可能的",因此"分裂是必然的和不可避免的"。②

1924年1月1日,鲍罗廷在上海召开的中国共产党和中国共产主义青年团联席会议上确立了这一争取中国国民党"左派"的策略。他在报告中说道:"应该争取把国民党造就成为一个真正革命的政党,成为国民运动的代表。必须警惕'右派',必须同他们进行……最终我们能够取得胜利的斗争……使之最后不致发生女人把婴儿和洗澡水一起泼出去的那种事情。同这个派别的斗争之所以有意义,是因为你们能够加强'左派',是因为你们在加强'左派'的同时能够巩固国民革命并使之具有战斗力,能够领导国民运动并达到目的。我们所走的每一步都应该是旨在巩固'左派'……至于孙,眼下他还没有感觉到在强大的'左派'中有基础,迄今还不能指望他同'右派'进行坚决的斗争。"③ 所以,此一阶段,鲍罗廷要中国共产党党员在争取国民党左派的工作中发挥"警惕""右派"的作用,不断地同右翼分子做斗争,并努力削弱"右派"在国民党中的力量,从而"加强'左派'",巩固中国共产党在中国国民党中的地位,以便最终"在国民党内处处都有自己的同志"。

中国国民党"一大"后,1924年2月中国共产党第二次中央执行委员会通过《同志们在国民党工作及态度决议案》:"国民党此次大会

---

① 中共中央党史研究室第一研究部编:《联共(布)、共产国际和中国国民革命运动(1920—1925)》,北京图书馆出版社1997年版,第357页。
② 同上书,第356页。
③ 同上书,第445页。

的圆满结果，我们同志不可过于乐观。对于国民党此次比较不接近我们的份（分）子，应多加以联络，亦逐渐改变他们的态度。我们切不可把那样份（分）子统认为是所谓'右派'……因为这样必致惹起他们的反感，促成他们的实际联合团结。不但使我们与国民党的合作发生困难，且徒然使革命势力内部发生不必要的分歧，以妨害中国革命的发展……我们应采种种策略，化右为左，不可取狭隘态度，驱左为右。"[1]

在1924年6月张继、谢持、邓泽如三位中央监察委员提出"弹劾共产党案"后，陈独秀便认为，"分化国民党，在国民党中尽量争取同情，化右为左，万不可驱左为右"这一决议案精神是"非革命的'右倾'政策"，并在给维经斯基的信中，改变了"五月会议"中"国民党的'左派'是孙中山及其一派和我们的同志"的观点。信中指出：如果说中国国民党党内"有一定数量的'左派'，那是我们自己的同志。孙中山和另外几个领导人是'中派'，而不是'左派'（即便戴季陶也不过是左翼理论家），所以现在支持国民党，就只会是支持国民党'右派'，因为他们掌握着党的所有机构"。[2] 接着，1924年7月21日，陈独秀与毛泽东等人签署了《中央通告第十五号——对国民党右派的斗争》决议，号召中国共产党党员向中国国民党"右派"发出反击："……对于非革命的'右倾'政策，都不可隐忍，不加以纠正，应由我们所指导的各团体或国民党党部，对子（于）国民党中央执行委员会表示不满于'右派'的意见……巩固我们在国民党左翼之力量，尽力排除'右派'势力侵入这些团体……各地急宜组织'国民对外协会'，一方面是建筑反帝国主义的联合战线之中坚，一方面是形成国民党左翼或未来的新国民党之结合"。[3] 简单归纳之即是"联左、拉中、打右"。

1925年10月，在中国国民党中央执行委员会"扩大会议"上，陈独秀根据共产国际精神起草了《中国共产党与中国国民党关系决议案》，该议案接受了鲍罗廷的"国民党内没有'中派'的"观点，再次

---

[1] 中央档案馆编：《中共中央文件选集（第1册）》，中共中央党校出版社1989年版，第223页。

[2] 中共中央党史研究室第一研究部编：《联共（布）、共产国际和中国国民革命运动（1920—1925）》，北京图书馆出版社1997年版，第507页。

[3] 中央档案馆编：《中共中央文件选集（第1册）》，中共中央党校出版社1989年版，第282—283页。

重申了中国共产党对中国国民党的政策是"反对'右派'而与'左派'结合密切的联盟,竭力赞助'左派'和'右派'斗争"。①

在上述过程中,中国共产党先后从中国国民党党内区分出"右派""反动派""中派""新右派""左派"。总的趋势是"右派"的范围不断扩大,先前的"右派"成为"反动派","中派"成为"新右派";中国国民党"左派"成员由先前的中国共产党与廖仲恺等中国国民党进步人士转变为廖仲恺、汪精卫等纯粹中国国民党党员。② 在对各派的界定上,陈独秀虽然与鲍罗廷就"有无'中派'"问题上产生分歧,但总的划分原则却是基本一致。根据革命发展的情势,中国共产党对"左、右派"的界定也在适时做调整。

西山会议后,陈独秀在《向导》周报上发表了《什么是国民党的左右派?》,对中国国民党的分化历史及"左、右派"的划分做出了权威的阐释。③ 文中说道:

> 在共产党(党)人看来,中国国民党"左、右派"之分化,及历来"右派"另自形成组织都非常明显;最初是孙(中山)、黄(兴)分裂,"右派"由欧事研究会变为"政学会";其次便是孙(中山)、陈(炯明)分裂,"右派"变为"联治派";再其次便是去年中国国民党第一次大会后,"右派"变为"国民党同志俱乐部";最近从孙中山死后到现在,又渐渐形成"戴季陶一派"。每逢分化一次,党内之阶级的背景都更明显一次,在思想上"左、右派"的旗帜都更鲜明一次,戴季陶或者可以说是中国国民党"右派"在思想上的最后完成了。

而关于"左、右派"的区别,不同时期,划分的标准也有所变化:

> 在第一次全国党部大会时,可以说反对帝国主义与军阀政府的

---

① 中共中央党史研究室第一研究部编:《联共(布)、共产国际和中国国民革命运动(1920—1925)》,北京图书馆出版社1997年版,第489页。
② 杨乃良:《大革命时期我党如何区分对待国民党中的左中右派别》,载《广西社会科学》1996年第6期。
③ 《向导》周报,第137期,1925年12月3日。

是"左派",不反对帝国主义与军阀政治的是"右派",信仰三民主义的是"左派",不信仰三民主义的是"右派"。现在的"左、右派",却不是这样简单的分了……国民党中现在(西山会议召开后1925年11月23日——引者注)的"左、右派"之分别,已经不是在口头上主张反对帝国主义及军阀与否或信仰三民主义与否之问题,乃是在实际行动的政策上是否真能反对帝国主义及军阀,是否真正能实行三民主义之问题。"左派"是实行反对帝国主义及军阀,实行三民主义的"革命派"。"右派"是口头主张反对帝国主义及军阀,口头上信仰三民主义,而不想实行的"非革命派"。①

可以看出,中国共产党区别中国国民党"左、右派"根本的标准,是信奉孙中山的"联俄""联共"政策与否。坚持三民主义,遵守"联俄""联共"政策的便是"左派",反之则是"右派"(包括"反动派""新右派")。所以发起西山会议的第一届中央执监委员:邹鲁、谢持、张继、居正、石青阳、邵元冲、覃振、林森、沈定一、邓泽如、胡汉民等都是中国共产党与鲍罗廷眼中的中国国民党"右派"。②

鲍罗廷在他的札记中也明确指出,他所要区分出的"右派"主要就是参加西山会议的反共中央委员。札记中说道:"在组织问题上,即在关于由谁来主宰全党的命运和对他进行实际的改组的问题上,孙虽然吸收几个'左派'进入中央,但他支持'中派'和'右派'。无论是孙还是其他领袖,甚至是'左派'的领袖,都没有认识到,每一个作为中央委员还是(中央)监察委员会委员的国民党'右派'在被责成执行党的路线时都会使党的路线化为乌有。孙还没有认识到,

---

① 《向导》周报,第137期,1925年12月3日。
② 周恩来以"伍豪"为名在《向导》周报上发表《中山北上后之广东》(《向导》周报第98期,1925年1月7日),首次将胡汉民、邹鲁称为"右派";《中共中央、青年团中央关于民校工作合作办法(1924年9月)》认定胡汉民等为"中派",孙科以至叶楚伧等为"右派";《中共中央、共青团中央通告第三十号——关于加强对国民党工作(1925年5月)》认为李烈钧、石青阳、谢持、居正等为"右派";《中国共产党与中国国民党关系议决案(1925年10月)》中认为"中派"戴季陶、邹鲁、邵元冲已经是真正的"右派";1925年12月9日,在《中央通告第六十七号——发动各地中国国民党党部通电痛驳西山会议派》中指出"戴季陶、邹鲁、邵元冲、沈定一、张继等为'新右派',谢持、居正、覃政〔振〕、石青阳、石瑛、茅祖权等为以前的'右派',即'反动派'"。见中央档案馆编《中共中央文件选集(第1册)》,中共中央党校出版社1989年版,第297、412、487、533页。

一派通过一个不错的行动纲领，而另一派授权国民党老朽去实施这个纲领，好在党内有足够的'左派'"，"他们能够把这个行动纲领当作一个基础，并根据它来建设未来的国民党，但是这些'左派'不能长期与'右派'共事，分裂是必然和不可避免的。斗争已经开始，由'右派'挑起的"。①

不言而喻，通过宣言的一派肯定是"孙中山国民党'左派'和中共"，另一派老朽的中国国民党自然是"后来参与西山会议的中央执监委员中，除去国民党'左派'和中共的国民党元老了"。所谓"斗争已经开始，由'右派'发起的"，大概就是指邓泽如上书孙中山控告鲍罗廷和陈独秀的党团行动；上海国民党本部参议居正、谢持、张继、张秋白等人对改组的消极抵制，他们顽固地坚持"党中不可有党"——反对接纳中国共产党党员，坚持中国国民党本部"仍设上海，不可移粤"；以及在中国国民党"一大"宣言的修订中，胡汉民、戴季陶、邹鲁等委员在反帝和土地政策问题上与鲍罗廷的争执。

1924年4月，中国共产党总书记陈独秀在《向导》周报发表《国民党左右派之真意义》一文公开宣称，中国国民党将逐步分化成"左派"和"右派"。② 此后不久，这两个术语便经常出现在中国共产党的宣传媒介中，"'左派'革命，'右派'不革命"的言论也已得到了社会的认同。③ 而鲍罗廷还一再督促瞿秋白在上海尽快出版"我们的报纸，以便有可能给他们以迎头痛击"，以及让它成为打入"左派"和"右派"之间的一个楔子。④

孙中山在世时，鲍罗廷的重心是"影响孙中山，并使其向国民党'右派'中央委员施加压力"。鉴于"苏俄援助和鲍罗廷个人的非凡才

---

① 中共中央党史研究室第一研究部编：《联共（布）、共产国际和中国国民革命运动（1920—1925）》，北京图书馆出版社1997年版，第446、447页。
② 《向导》周报第62期，1924年4月23日。
③ 陈独秀：《什么是国民党左右派》，载《向导》周报，第137期，1925年12月3日。陈独秀：《国民党左派之过去现在及将来》，载《向导》周报，第148期，1926年4月3日。述之：《国民党右派反革命的经济背景》，载《向导》周报，第82期，1924年9月10日。蔡和森：《何谓国民党左派》，载《向导》周报，第113期，1925年5月3日。
④ 中共中央党史研究室第一研究部编：《联共（布）、共产国际和中国国民革命运动（1920—1925）》，北京图书馆出版社1997年版，第511页。

能"，处于危机中的孙中山通常都遵从他的意见——尽管是勉强的。但在事实上，鲍罗廷反击"右派"的策略又常常受制于孙中山对"右派"态度的变化。

中国国民党"一大"前后，在鲍罗廷看来："孙现在倾向'左派'，因为他很清楚，党内老的右翼分子未必能给国民党这具僵尸带来新生，但同时他又不能断绝同'右派'已有20年之久的联系。到现在为止，这些人从来没有反对过他；相反，在任何情况下，他们都把他视为自己的领袖……没有任何理由会使'右派'和孙之间产生什么分歧或误会……孙知道没有'左派'，国民党的改组是不可能的，但他还不打算同'右派'断绝关系。"①

1924年3月，鲍罗廷在对刘成禺等4人的反共控告失败后②，他得出"斗争已经开始，是由'右派'挑起的……'右派'在国外正在同国民党的布尔什维克化作斗争"的结论。所以，他强调"从国民党清除老朽的角度看，组织一个新党会带来很大的好处。它不仅将在国民党内部推行更加明确的路线，而且将推动孙'向左转'，并迫使他更加果断地去致力于党的改组工作。"③

1924年6月中旬，张继等人提出"弹劾共产党案"，当孙中山指示"事情要等鲍罗廷回来处理"，并委派鲍罗廷与张继等三人私下商讨后，鲍罗廷已对自己在孙中山面前的份量有十二分自信了。于是，他在与中央监察委员的谈话中，公然承认："党团作用，即在划分'左''中''右派'。""党中分派，是不能免。党（中国国民党）之中央执行委员会，实际上不能作党之中心，当然党内发生小团体（党团），有'左派''右派'分子，如方瑞麟对中俄协定之宣言（按：为反对中俄协定），可认为'右派'，共产党则为'左派'。"而且还向谢持、张继二

---

① 中共中央党史研究室第一研究部编：《联共（布）、共产国际和中国国民革命运动（1920—1925）》，北京图书馆出版社1997年版，第446页。

② 1924年3月1日，鲍罗廷、李大钊等向孙中山指名控告刘成禺、谢英伯、徐清和、冯自由4人"不守党员纪律及挑拨国共恶感"，要求严惩刘、谢、徐、冯4人。而在刘成禺做了详细答辩后，孙中山表示满意，并指出"此事当作了息。但望同志以后，不得再起暗潮，如有怀疑，当来直接问总理为是"。见孙中山《致国民党中央执行委员会函》，《孙中山全集（第9卷）》，中华书局1985年版，第538页。

③ 中共中央党史研究室第一研究部编：《联共（布）、共产国际和中国国民革命运动（1920—1925）》，北京图书馆出版社1997年版，第447、448页

人明确表示"希望'右派''左派'相争,发生一'中央派'作党之中心。"①

但是,"弹劾共产党案"终究还是给鲍罗廷带来了极大的不愉快。② 因为"与'右派'斗争的波折如此激烈,而国民党内的局势又如此不容乐观",致使鲍罗廷有时得出最"悲观的结论",对中国国民党内形势做出了"灾难性预测",并预言"经过几个月"它会"不可避免的灭亡"。由此,鲍罗廷坚信:中国国民党"右派"在指挥岗位上大大加强"无疑是危险的",在一定时期内,要逐步将"右派"驱逐出中国国民党。③

鉴于此,鲍罗廷很快向孙中山提出了成立中央政治委员会的建议。随后,完全由"左派"和"中派"组成的中央政治委员会、中央军事委员会开始牵制"右派"主导的中央执监委员会。在鲍罗廷谨慎小心地与中国国民党"右派"斗争过程中,孙中山的确越来越"向左转",最明显的就是中央政治委员会地位的提升。

1924 年 7 月中央政治委员会成立后,孙中山就不再出席中央执行委员会,而只参加中央政治委员会了。④ 在那个强势领袖政治时代,党中央的政治核心便因此慢慢从中央执行委员会转移到中央政治委员会了。直至冯玉祥发动政变,鲍罗廷又以顾问的身份协同孙中山北上,并主持紧急中央政治委员会会议,全权负责孙中山的善后事宜。可以说,在孙中山逝世之前,中央政治委员会已变成襄助总理的最高政治机关了。无疑,这为鲍罗廷日后在中国国民党党内的权势运作赋予了合法性,也为他与中国国民党"右派"之间的较量增加了砝码。

所以说,这一时期鲍罗廷争取中国国民党"左转"的工作基本成功

---

① 罗家伦主编:《革命文献(第9辑)》,台湾"中央"文物供应社1978年版,第81—82页。
② 李云汉:《从"容共"到清党》,台北及人书局1987年版,第324—332页。
③ 中共中央党史研究室第一研究部编:《联共(布)、共产国际和中国国民革命运动(1920—1925)》,北京图书馆出版社1997年版,第360页。
④ 1924年7月11日,中央政治委员会第一次会议在大本营开会,同年11月孙中山北上之前,中央政治委员会共开会12次,孙中山出席8次,最后出席的是第12次会议。而中央执行委员会会议,自孙中山出席第25次会议后,到北上之前再也不出席了。引自金永信《西山会议派之研究(1923—1931)》,未刊稿,台湾政治大学历史研究所博士学位论文,1997年。

了，与此同时，他坚定了"国民党必然分裂"的结论："1924年1月（中国）国民党'一大'是'左派'取胜，孙中山自己反而越来越'左倾'，（中国）国民党'右派'除了离去，别无出路"，所以"应当欢迎（中国）国民党'右派'的离去，因为党只会从这种分裂中得到好处"，而且还"需要加速（中国）国民党不可避免的分裂"。①

鲍罗廷的预测很快得到了某种印证。1925年3月8日，中国国民党"右派"在北京成立了"国民党同志俱乐部"，旨在掀起把中国共产党党员"清除"出中国国民党的运动。但3月10日，在鲍罗廷的争取下，中国国民党召开了中央执行委员会"扩大会议"，最终是将"右派"开除了国民党党籍。两天后，孙中山病逝，中国国民党出现了一种群龙无首的局面，鲍罗廷成为了左右广州政局的关键人物。

鲍罗廷先看准了一心想依靠苏俄力量的汪精卫，在扶助其取得最高政治领袖的地位后，则借"廖仲恺被刺案"进行了一次巧妙的"政变"，又使得地位不高但与之过往甚密的蒋介石轻松地得到了军事大权，从而一举改造了中国国民党的上层结构。短短几个月，形势发生了奇迹般的变化，几乎所有的人都相信："广州这次政变后上台执政的完全是国民党左翼，他们都实实在在在那里代表中国民族的利益和英帝国主义奋斗，代表中国人民的利益和反动的军阀奋斗"②，以至斯大林干脆主张"（中国）共产党人不应再以建立反对帝国主义的民族统一战线为目的了"，而"应当从民族统一战线的政策转变为工人与小资产阶级革命联盟的政策"，把中国国民党变成"工农政党的形式"。③ 中共中央领导人则进而宣布："'殖民地半殖民地的资产阶级不革命'这一公例"已经被"证实了"。④

然而，中国国民党的"右派"中央委员却在广州国民政府中被完全排挤了。于是，在孙中山逝世后，国民党领导层的权力斗争中，他们走上了与中国国民党中央分裂的道路。

---

① 中共中央党史研究室第一研究部编：《联共（布）、共产国际和中国国民革命运动（1920—1925）》，北京图书出版社1997年版，第560—598、609页。
② 陈独秀：《今年"双十节"中之广州政府》，载《向导》周报，第133期，1925年10月12日。
③ 《列宁斯大林论中国》，人民出版社1954年版，第120页。
④ 陈独秀：《中国民族运动中之资产阶级》，载《向导》周报，第136期，1925年11月21日。

二 "右派"委员对中央的分裂

1925年3月孙中山病逝，这对中国国民党不啻是一大打击。孙中山不但是中国国民党党内唯一共同服膺的领袖，更是主要的精神支柱，加上其生前未曾指定（亦为培养）正式的接班人选，他的去世必然会引发中国国民党中央领导层的变动。

当时的广州政局异常复杂，在军事、政治、党务各方面已呈现出角头并立、派系倾轧的形势。尤其在政治与党务上，孙中山在世时凭其个人声威名望使广州能勉强维持着表面上的和谐。他去世后，中国国民党中央出现权力真空，各种势力便起而争权。中国国民党内部早前分化出的"左、右派"展开了赤裸裸的权力斗争，最终"右派"选择了与"广州中央"分裂的道路。

所谓中国国民党的分裂，是指身为第一届中央执监委员的中国国民党"右派"和以汪精卫为最高领导的广州国民政府之间的分裂。先前，孙中山是中国国民党内唯一被公认的领袖，同时也是"左、右派"的最高领导。党的大政方针大都由他做主，"左、右派"的区别也多在对"联共"政策的态度、革命路线的争执上，具体的表现为对改组工作的接受程度。也就是说，所谓的"左、右派"之间，几乎没有大的原则分歧，更没有利益的冲突。但是，孙中山留下的权力真空，打破了这一平和状态，引发了空前的争夺。

1925年3月8日，孙中山逝世的前几天，中国国民党"右派"冯自由等人在北京组成了"国民党同志俱乐部"。鲍罗廷视之为中国国民党"右派"分裂党的第一步，并抱以乐观的态度。他指出：当分裂真的发生时，"（中国）国民党内的力量将对我们有利"，因为"国民革命运动或整个战线的实际工作无论是现在还是将来都会掌握在'左派'手中"，所以"有必要加速（中国）国民党不可避免的分裂"。① 根据鲍罗廷的这一指示，中共中央很快就将"扩充'左派'党员之数量"确定为孙中山去世后在中国国民党中工作最紧要的政策，即"在（中国）国民党各级党部主张即下全体党员动员令，公开地征求党员……乘此将'左

---

① 中共中央党史研究室第一研究部编：《联共（布）、共产国际和中国国民革命运动（1920—1925）》，北京图书馆出版社1997年版，第601、609页。

派'数量扩充了,我们在第二次(中国)国民党全国代表大会中才有和'右派'竞争选举的可能"。①

当"西山会议"召开,在讨论中国国民党第二次全国代表大会的选举法问题时,"左、右派"发生了激烈的争执,使得会议无果而终。此次会议的召开是中国国民党党内所谓的"左、右派"国民党党人之间首次发生的正面冲突。实际上,这也是国共两党分道扬镳和中国国民党因为这个问题而大分裂的序幕。

关于西山会议的文件,笔者目前尚未发现相关资料,只能从参加西山会议的当事人居正、邹鲁、谢持和戴季陶留下的记录做一大致了解。

居正在《清党实录·编辑大意》中说:"至中央执行委员会第三次全体会议开会于北京,委员间意见已不一致,遂未毕会。迨继续开会于广州,决议第二次全国代表大会选举法,竟为(中国)共产党操纵,而选举法偏利于'共产派'。"在《清党实录·序言》中,居正又说:"十四年闻丧北上,参加第三次全体会议,议未终而中断。"②

邹鲁在《回顾录》中记载:"在北京举行的第三次中央执行委员会全体会议,议决将遗嘱原件由我带回广州,交中央执行委员会保存……我到了广州,续开第三次中央执行委员会。"③

《谢持日记》载:"本党中央执行委员会开全体会议于府园六号,扶病赴之。议第二次代表大会开会地点。甫经开议,我即提出代表选举问题,指出中央执行委员会不规定选举法之失职,及现在应体察党情,以定选举。说毕已十时矣。"④

《邵元冲日记》中曾写道:"近来'共产派'益肆为无忌,故余等不得不相结而有以抗之,彼辈刻意欲减少党员及群众间对孙公之信仰,故对于文字中崇敬孙公之处皆欲削除以为快,此吾人所不能忍者也。"⑤邵元冲甚至不愿再等到第二天1925年5月25日会议的延期闭幕,便与古应芬等人登船离粤了。

---

① 《中央通告第十九号——宣传孙中山遗言,发展国民党左派力量》,载中央档案馆编《中共中央文件选集(第1册)》,中共中央党校出版社1989年版,第404页。
② 居正:《清党实录·编辑大意》,台北文海出版社1985年版。
③ 邹鲁:《回顾录》,岳麓书社2000年版,第199页。
④ 《谢持日记》,转引自谢幼田《"联俄""容共"与西山会议》,香港集成图书公司2001年版,第183页。
⑤ 王仰清等标注:《邵元冲日记》,上海人民出版社1990年版,第155—156页。

戴季陶在1925年12月给蒋介石的信中写道：

>……今欲救吾党，唯有解决一根本方针，合全体同志之力以赴之，唯此乃可谋党政之巩固。此方针为何？欲以总理之思想与主张之全部，为本党不用之信仰是也。在第三次中央执行委员会全体会议中，弟之固执不易者即此。而所谓"右派"之同志，其愚诚不可及，以树立此政策为帮助（中国）共产党之举，群起而反对之，会议以此破裂。然而（中国）共产党方面，则有远大之见识者，认为树立二思想为中心，则今后国民党将以一独立之思想为基础，则不能为共产主义之思想所同化，欲将此一主张消灭之。全体会重召集于广东之日，（中国）共产党之计划，遂完全发露，经数日之争论，而后乃得一不左不右之决议。①

综合这些史料来看，可以肯定的事实是：在北京召开的中国国民党第一届三中全会，因为中国国民党第二次全国代表大会的选举法问题，引起了激烈的争论，会议没有任何结果，参会人员不欢而散。由此，1925年5月24日，会议在广州续开，部分中央执监委员未出席，但仍然发生了争执。据黄季陆记载："在广州续开的会议中，戴季陶成为了主角，他预先草定了一项《接受总理遗嘱》的宣言提请大会讨论，他费了九牛二虎之力，经过了激烈的争辩与修正之后，继勉强获得通过。当时不仅（中国）共产党份（分）子及所谓'左派'以全力来反对他，就是（中国）国民党的老同志中对他不十分谅解的也大有其人，使他事后不胜其浩叹！"② 最终，在广州的会议上达成了妥协：除一致接受总理遗嘱外，还重申继续"联共"；通过了开除冯自由党籍的决议，以此警告中国国民党党内的反共党员；还通过了被居正视为"有利于共产党的"选举法。③

---

① 《戴季陶先生文存（第3册）》，台湾"中央"文物供应社出版1959年版，第985页。
② 黄季陆：《戴季陶先生与早期反共运动》，见1959年7月19日《台湾新生报》，转引自"中华民国"史事纪要编辑委员会《"中华民国"史事纪要（1925年1—6月）》，台湾"中央"文物供应社1975年版，第810—815页。
③ 中国第二历史档案馆编：《中国国民党第一、二次全国代表大会会议史料（上册）》，江苏古籍出版社1986年版，第122页。

广州会议上通过的这些决议案是各派政治主张的激烈争论和当面较量所产生的。尽管是勉强通过的，但对于戴季陶与邵元冲来说仍然是一大胜利，他们欲树立孙中山及其三民主义地位的目标实现了。与此同时，鲍罗廷也对第一届三中全会的结果表示了满意。因为"鲍罗廷虽未参加（第）一届三中全会，但会议通过的各种决议案和宣言宗旨仍然与鲍罗廷原先指导思想有关"，而且，"这次会议对鲍罗廷'七点计划'的完成有着重大意义，对于他今后在广州的工作建立了良好的开端和基础，也为即将正式成立的广州革命政府奠定了总的方针基调"。①

中国国民党第一届三中会议在广州续开时，中国国民党的"右派"中央委员们大都没有出席。他们之所以没有参加会议有着更深的缘由：冯自由在上海成立了反对"联俄""联共"的"辛亥同志俱乐部"，居正、田桐、茅祖权、刘成禺都是其中成员，居正还亲自签署了《护党救国公函》。与此同时，谢持等人也在上海组织了"护党同志会"，《护党月刊》的矛头直指苏俄和中国共产党。而早在1922年秋天邹鲁与谢持北上参加国会时，为发展大学生入党，创办了"民治主义同志会"，傅汝霖、邹德高都是这一组织的优秀分子。待国共冲突加剧的时候，其中部分成员则创建"国民党护党同志驻北京办事处"，成为"上海护党同志会"的分支机关。1925年3月8日那天，上海"辛亥同志俱乐部"与北京"国民党同志俱乐部"又同时成立。②很明显，这并不是一个简单的巧合，两组织暗中必然有一定的联系。这一问题在谢持1925年1月12日的日记中有所反映，记载如下："无量约夜九时在沧白处谈话，所议者党事及俱乐部也。十二时始散，还卧已夜午一时矣。"③杨庶堪、谢无量、谢持3个四川人经过3个小时的商量，还是没加入俱乐部，但是从中可以看出这个问题已经在高层进行商讨了。

如此看来，中国国民党的部分"右派"执监委员之前以"上书控告、提出弹劾案、隐居消极抵抗"等方式的反共，在孙中山逝世前夕已演变为反共、反苏、反对鲍罗廷"的秘密派系组织。因对"联俄""联共"政策的强烈反对，他们不可能同意戴季陶、邵元冲这些"中派"

---

① 丁言模：《鲍罗廷与中国大革命》，宁夏人民出版社1993年版，第261—262页。
② 《申报》，1925年3月8日。
③ 《谢持日记》，转引自谢幼田《"联俄""容共"与西山会议》，香港集成图书公司2001年版，第178页。

对中国共产党、中国国民党"左派"妥协,更不愿开除"右派"冯自由,因为自己也涉嫌于党派活动,他们若参加会议,在争执中必然处于劣势,而且还会受到攻击,所以"缺席"成为了他们的最佳选择。这即是中国国民党"右派"委员与"广州中央"分裂的前兆。

接下来,在汪精卫争得中国国民党最高领袖宝座过程中,鲍罗廷发挥了关键的助推作用。首先是成立国民政府,确立汪精卫作为中国国民党党内最高领导人的合法地位;其次是削弱中国国民党"右派"中央委员,巩固汪精卫对广州政府的核心领导。

早在孙中山抱病北京时,中国国民党背后的支持者——苏俄顾问团便已开始物色孙中山的接班人。据时任中国国民党代理大元帅兼广东省长的胡汉民述称:"(苏俄)共产党来中国,其利用(中国)国民党与消灭(中国)国民党,是有严密的计划的;计划的第一步便是要在(中国)国民党中,找到具有相当资望而又夙无主张、夸夫死权的人,作为他们唯一的工具。民国十三年时,鲍罗廷和加拉罕等辈便已开始物色了。当时,鲍、加两人所拟议的共有三人,便是兄弟与汪精卫和戴季陶三人。他们相加考虑之后,便各下一个考语,以定取舍。对兄弟的考语是'难相与',对戴季陶的考语是'拿不定',对汪精卫的考语是'有野心可利用'。经此一番评定之后,汪精卫便中选了。"[①]

事实上,汪精卫"在孙中山病危期间已成为重心人物,再加以起草遗嘱的关系,心态上遂以孙中山的继承人自居,争权之心油然而生"[②]。当他暴露出"以继承人自居"的心态时,鲍罗廷便明确向汪精卫透露了苏俄对他的器重。据胡汉民的说法:"总理将死时,加拉罕和鲍罗廷便招汪精卫到苏俄大使馆谈话,当时本院(指立法院)委员马超俊同志也和汪同志同去。加、鲍两人同声对汪精卫说:'孙先生的病已经绝望了,今后中国国民党的领袖,除了你更有谁敢继承呢?'汪精卫闻之,便欣然色喜。"[③] 于是,汪精卫很快就以中国国民党"左派"的面目倒向鲍罗廷一边,以致李宗仁说:"日后汪精卫一意'左倾',甚至走路

---

① 《中央周报》,第117期,1930年9月1日,中国第二历史档案馆藏,档号七一一(五)—26。
② 李国祁:《民国史论集》,台北南天书局1990年版,第423页。
③ 《中央周报》,第117期,1930年9月1日,中国第二历史档案馆藏,档号七一一(五)—26。

也要向左边走。"① 所以，汪精卫能雀屏中选，成为苏俄顾问团的支持人选，在当时的"右派"中央委员看来也是很自然的事了。邹鲁就鲍罗廷、汪精卫的结合说到："共产党……利用汪以除异己，来扩展势力；而汪则藉（苏俄）共产党以满足自己的野心，毋怪汪、鲍胶漆相投了。"②

鲍罗廷很清楚，没有了孙中山这样一位"有权威的""利（厉）害的领袖"的信任和支持，他"犹如一个小孩失去了一个教育的母亲一样"③，虽然被继续聘为中华民国国民政府高等顾问和中国国民党中央政治局的顾问，但他在中国国民党中的地位和权威却会被动摇。所以鲍罗廷亟须将"获选"的汪精卫拥上领导人位置，以继续孙中山的"联俄""联共"政策；而汪精卫"向左转"的目的也是为获取孙中山继承人的合法地位。于是，汪精卫与鲍罗廷在这一"夺权"的前提下开始了政治上的合作。这也是在孙中山逝世后，鲍罗廷与中国国民党"右派"中央委员矛盾加剧的原因。

1925年6月，在鲍罗廷指挥下，国民革命军成功地镇压了军阀杨希闵、刘震寰的叛乱。这在汪精卫与鲍罗廷合作的夺权策略上是一个关键性的转折，"征讨的轻易成功及胡汉民态度的不够主动，业已注定胡氏将来在国民政府中无法维持其权力地位"。④ 因为自孙中山北上后，胡汉民受命代理大元帅一职，他早年就追随孙中山从事反清革命，在中国国民党党内的地位崇高，加上其历任中国国民党和广州政府的重要职务，又是现任的最高领导者——大元帅，似乎理所当然地应该继承孙中山的领导权。所以，胡汉民成为了汪精卫最大竞争障碍。

1925年7月1日，广州政府正式进行改制，由大元帅的总理制改为国民政府，实行委员合议制。汪精卫借助苏俄顾问团支持，顺利挤下胡汉民，出任国民政府主席，"中国国民党'左派'与中国共产党党员也纷纷出任要津"。⑤ 胡汉民竞选国府主席失败，但仍保有中央政治委员

---

① 李宗仁口述，唐德刚撰写：《李宗仁回忆录（上册）》，华东师范大学出版社1995年版，第272页。
② 邹鲁：《回顾录》，岳麓书社2000年版，第173页。
③ 中共中央党史研究室第一研究部编：《联共（布）、共产国际和中国国民革命运动（1926—1927）（上册）》，北京图书馆出版社1997年版，第23—24页。
④ 李国祁：《民国史论集》，台北南天书局1990年版，第429页。
⑤ 详见邹鲁《回顾录》，岳麓书社2000年版，第167—168页。

会主席一职,与汪精卫呈对抗之势。

胡汉民于1930年在立法院的报告中,曾经两次说到"汪精卫是被苏俄的加拉罕和鲍罗廷所选中的。选举的过程不是最高的权力机关中央执行委员会决定的,而是由下属机关(中央)政治委员会决定,然后由中央执行委员会形式上加以追认而已"。① 也有学者述及:"此次国民政府的成立,从组织原则的制订到国府委员人选的产生,完全是先由(中央)政治委员会决定,然后送请最高机关的中央执行委员会追认。鲍罗廷以(中央)政治委员顾问身份出席会议,试图操纵(中央)政治委员会的决议,汪之所以能跃居首席,即是鲍罗廷谋略运用上的杰作。在鲍的支持下,汪之当选国府主席本是定局,而汪本人却缺乏信心,竟于11位国府委员票举主席时,投了自己一票。"②

这样说来,在汪精卫利用鲍罗廷成立国民政府、排挤胡汉民一事中,也夹杂着中国国民党中央政治委员会与中央执行委员会的较量了。

首先:从国民政府的组成成员③来看,汪精卫在将实权人物胡汉民挫败的同时,对"右派"的中央委员也采取了排斥的态度。时为中国国民党中央常务委员的邹鲁仅任惩吏委员一职,邓泽如也被任为惩吏委员,但徒有虚名;居正则没有被分配任何政府职务;谢持被任为国民政府监察委员,同时还有林祖涵、黄昌谷、甘乃光、陈丘霖4人。原来的中国国民党第一届监察委员,因为全部"反共"才会有1924年夏天的"弹劾共产党案"。现在谢持后面被安排了中国共产党的重要人物林祖涵,即便他成为监察长也不能有多大作为(按照监察院组织法,5人之中将推举1人为监察院长),所以谢持在1925年8月15日提出了辞呈。广州国民政府虽然没有中国共产党参加,但是几乎为中国国民党"左派"和"中派"主持,这又成为"右派"中央委员的一大斗争目标。

邹鲁在《共产党破坏国民党及国家真相》的一文中,对中央政治委员会撇开中央执行委员会,擅自决议成立国民政府的行为,表达了自己的

---

① 李云汉:《从"容共"到清党》,台北及人书局1987年版,第209页。
② 同上书,第374—375页。
③ 国民政府委员为汪精卫、胡汉民、张静江、谭延闿、许崇智、于右任、张继、林森、徐谦、廖仲恺、戴季陶、伍朝枢、古应芬、朱培德、孙科、程潜16人,其中汪精卫、胡汉民、谭延闿、许崇智、林森5人为常务委员。详见徐矛《中华民国政治制度史》,上海人民出版社1992年版,第182页。

强烈不满：

> ……党权不在最高党部的中央执行委员会而集到（中央）政治委员会。（中央）政治委员会蔑视中央执行委员会如此，干涉（中央）监察委员会行使权利如彼，国民政府的成立完全由（中央）政治委员会决议，（中央）执行委员会完全不知；嗣（中央）监察委员邓泽如提出弹劾案，（中央）政治委员会竟列名叫其将弹劾案撤回。彼（中央）政治委员会尚且目无中央执行委员会，其余平常普通之事，更任由（中央）政治委员会议决发表，交中央执行委员会存案挂号，（中央）执行委员会简直是中央政治委员会的收发罢了。①

尽管如此，汪精卫在获得国民政府主席与中央军事委员会主席最高领导权后，中国国民党中央的最高领导机关中央执行委员会却仍然是他难以逾越的夺权障碍，同时也是他现有权力的最大威胁者。不久，"廖仲恺被刺案"②的发生使他的这一难题出现了转机。

1925年8月20日，廖仲恺被刺。"廖仲恺被刺案"的发生，改变了孙中山去世前留下的整个权力格局，也改变了中国国民革命的发展方向，汪精卫、蒋介石开始联合掌控国民革命的领导权。汪精卫不可逾越的中央执行委员会，已被鲍罗廷选定的三人特别委员会所代替，军事强人蒋介石在鲍罗廷和汪精卫的扶持下，迅速扑灭了军队内部可能的一切反抗势力而崛起。因此，汪精卫的权力由政府、军事扩大到最高权力的中国国民党中央。

在对"廖仲恺被刺案"的处理上，汪精卫、蒋介石对中央执行委员会的右翼势力做了彻底地清除。首先是由汪精卫、蒋介石、许崇智三人成立特别委员会，聘鲍罗廷为政治顾问，将当时的党部、政治会议、国

---

① 谢幼田：《"联俄""容共"与西山会议（上册）》，香港集成图书公司2001年版，第221页。

② 谢幼田认为：廖仲恺被刺引发的政变造成了整个国民革命的大转变，盖因当局在政变中得利的忌讳，从来不用"政变"一词。最早把这称为"政变"者，是《邵元冲日记》（1925年10月1日）。居正在《梅川谱偈》中则将"乙丑，中华民国十四年"称为"广州政变"。见《"联俄""容共"与西山会议（上册）》，香港集成图书公司2001年版，第217页。

民政府各机关职权，一律交由特别委员会统制。① 特别委员会在拥有党政军一切大权的同时，中央执行委员会的全部职权即被解除。接着是肃清以胡汉民为首的"右派"分子，将"反共"的"右派"中央执监委员排除出"广州中央"。"廖仲恺被刺案"发生第二天，鲍罗廷要求特别委员会逮捕胡汉民、邓泽如、谢持、邹鲁等十余人。"当许崇智诘问鲍罗廷：事无佐证，何能擅捕？鲍答以：政治上只问政见同不同，不问证据有没有，有人被杀，即为证据。"② 特别委员会未从其意，鲍罗廷便借口胡汉民之堂弟胡毅生涉嫌，坚持派兵逮捕胡汉民，而后特别委员会做出决议派遣胡汉民赴莫斯科。同时，汪精卫获取了代理中国国民党中央政治委员会主席一职。

接着，在1925年9月3日举行的中央政治委员会第五十三次会议上，议定林森、孙科、邹鲁等5人为北上外交代表团政府代表。其实，"廖仲恺被刺案"发生以前，国民政府已有组成北上外交代表团并与北方政府建立联合战线的决议，期间似乎并没有太多的政治权术掺杂。但是"廖仲恺被刺案"发生后，此决议则变为汪精卫对"右派"中央委员调虎离山、遣送出境之计。事实上，中央政治委员会最初决议任命胡汉民为北上外交代表团主席，胡汉民因"廖仲恺被刺案"遭嫌疑被派赴苏俄后，汪精卫则拟定孙科担任，孙科却以赴南京经营孙中山墓地为理由，辞不应就；之后，才决定改派林森、邹鲁为政府代表参加北上外交代表团，并以林森为主席，邹鲁为秘书，限期率领北上外交代表团北上。

而依据中央政治委员会的决议原案：代表团主席在正式会议及采取政策之前，有与北京政府及其负责人负讨论一切问题之责。可是，汪精卫于1925年9月15日向中央执行委员会报告派遣林森、邹鲁北上经过时，却只授予林森、邹鲁"率领各团体代表北上之责，根本不谈有权与北京政府讨论一切问题之事，且又令林、邹抵京后，即可将代表团交诸徐谦同志之手，两月内便须回粤"。即林森、邹鲁所扮演者名为"主席"实为"领队"，名为"被派"实为"被排"。③ 而对于"充北上外交代表团负责人，赴京为'五卅惨案'做外交宣传"这一安排，林森、

---

① 蒋永敬：《胡汉民先生年谱》，中国国民党党史委员会1978年版，第340页。
② 邹鲁：《回顾录》，岳麓书社2000年版，第199页。
③ 李云汉：《从"容共"到清党》，台北及人书局1987年版，第413—417页。

邹鲁二人明知是"借刀杀人之计，将欲曹锟为黄祖，但却无法推辞"。①其他如谢持、张继、戴季陶、邵元冲等亦被迫先后离粤。林森、邹鲁离粤后，其中央常务委员之职由汪精卫提名中国共产党党员林祖涵、谭平山继任，林森的海外部长交于詹菊代理，邹鲁的青年部长由许崇清代理。这样使得林森、邹鲁更为不满，于是更加坚定了"另起炉灶"的决心。北上外交代表团在9月20日抵达上海后，两人便展开了行动，即与戴季陶、谢持、叶楚伧、邵元冲等人会商，交换意见，决定根据1925年8月10日第一百零三次中央执行委员会决议②，召集第一届中央执行委员会第四次全体会议于北京。于是，先有谢持由津浦路径行入京准备，林森、邹鲁则依照原定计划，溯江西上，经九江、武汉，联络同志，于1925年10月14日到达北京。③

在西山会议的酝酿筹备时，遭到了北京执行部中国共产党党员于树德等人的阻止，"右派"委员便意欲转到张家口开会，但是又遭到冯玉祥的拒绝。最终叶楚伧等人坚持，"西山碧云寺为孙中山灵柩暂厝之地，任何一方都不致骚扰"。④ 接着，林森、覃振、居正、石青阳、邹鲁、戴季陶、邵元冲、叶楚伧、沈定一、张继、谢持、茅祖权、吴稚晖、傅汝霖等人便于10月16日联名发出"铣电"，通告"决定本月梗日在北京香山碧云寺总理灵前正式召开中央执行委员会"。⑤

中国国民党第一届四中全会于1925年11月23日正式在北京西山碧云寺举行，由领衔召集人林森任主席，共计举行会议22次，到1926

---

① 邹鲁：《回顾录》，岳麓书社2000年版，第148页。
② "孙中山逝世后，鉴于鲍罗廷对汪精卫的扶持，尤其是国民政府的成立、(中央)政治委员地位的提升以及中共党团组织在中国国民党内的壮大之势，中央执监委员胡汉民、邓泽如、伍朝枢、孙科、邹鲁等人对自身的权力地位产生了危机感，故多次秘密会商，企图以会议之方式，多数之决议（中国国民党党籍者占绝对之多数），以对抗与汪精卫、鲍罗廷。于是在（1925年）8月10日，由胡汉民提议，决定于是年9月15日在广州举行第四次中央执行委员会全体委员会议。（1925年）8月11日，鲍罗廷便以'昨日中央执行委员会重要议案，未得预闻，实为抱歉'，试图打消原议。（1925年）9月15日，因'廖仲恺被刺案'发生，情势变化，第一百零八次常会决议延期，最迟应于第二次全国代表大会三星期以前开会。"参见"中华民国"史事纪要编辑委员会《"中华民国"史事纪要（1925年7—12月）》，台湾"中央"文物供应社1975年版，第196、338页。
③ 谢幼田：《谢慧生先生事迹纪传》，台北近代中国出版社1991年版，第216页。
④ 蒋君章：《西山会议与戴季陶先生》，《传记文学》第32卷第2期，1978年2月。
⑤ 谢幼田：《谢慧生先生事迹纪传》，台北近代中国出版社1991年版，第224页。

年的1月4日结束，一共制定和通过了14个议案以及若干附件，制定和发表了几个通电、宣言、告同志书和驳斥汪精卫等函电。出席会议的中央执行委员有林森、邹鲁、覃振、石瑛、居正、叶楚伧、石青阳、沈定一，候补中央执行委员有茅祖权、傅汝霖；中央监察委员有张继、谢持等，共计12名。[1] 因为其违背"党统"，属于"非法"召开，所以多被称为西山会议。[2]

中国国民党首次出现的这一分裂局面是"右派"中央委员自己选择了与中国国民党中央的分离。尽管鲍罗廷一直在等待着分裂的出现，但是以议会的形式分裂却是他始未料及的，也是他不希望的。因为他们的分裂既已标志着对孙中山遗志的违背，那么"联俄""联共"政策，以及为孙中山所聘的政治顾问又能继续多久？而且"右派"中央委员显示的力量并非如他所估计："右派不可能搞任何有组织的活动。他们之间的矛盾很大，以致任何创举都会陷入无休止的争论中，最后以争吵和对骂告终，不用担心他们退党后会联合起来进行什么工作……"[3] 鲍罗廷已经意识到："右派"中央委员以议会的形式，一种自认"合法"的渠道开始对抗"联共"的广州国民政府。这是对他自身权力的一大挑战，也是对他在中国国民党内权势运作的严厉警告。此时的鲍罗廷感到了自身的危机：中国国民党的分裂预示着他在广州的工作有可能被中断。

第四节 从"反共"到"反鲍"

西山会议派认为，中国共产党的"猖獗渗透行为"和中国国民党内

---

[1] 对参加西山会议的中央委员人数，"西山会议派"成员说法也不一，邹鲁在《回顾录》中说是12人。居正在《梅川谱偈》虽没有直述参加西山会议的中央委员人数，却说他到北京之前戴季陶、叶楚伧、邵元冲已离北京。照这样说法，参加西山会议的比邹鲁所说的差1人；而居正在《清党实录》一书中，说到出席西山会议第一次会议共14人。目前的研究基本认定参加西山会议的中央委员为12人。

[2] 《中央通告第六十七号——发动各地国民党党部通电痛斥西山会议派》，是中国共产党首次提出"西山会议派"的概念。此后"新右派"与"西山会议派"的概念逐渐盛行。见中央档案馆编《中共中央文件选集（第1册）》，中共中央党校出版社1989年版，第533页。

[3] 中共中央党史研究室第一研究部编：《联共（布）、共产国际和中国国民革命运动（1920—1925）》，北京图书馆出版社1997年版，第601页。

的权力之争多是源于苏俄顾问鲍罗廷在幕后的操纵和运作，所以，夺权的合法性在于"反共"，"反共"的首要问题就是如何将由苏俄派来的、孙中山所聘的政治顾问——鲍罗廷的权力架空，取消他在中国国民党党内的这一特殊地位。而他们所能依靠是仅有的第一届中央执监委员的职务，中国国民党的最高权力机关——中央执行委员会自然成为了他们的唯一选择。于是，在与汪精卫夺权斗争完全失利的情势下，这些以"反共健将"著称的国民党右派发起了与国名党中央分裂的第一届四中全会，正式公开宣称反对"联俄""联共"，对抗汪精卫所领导的广州国民政府。

关于西山会议的主旨如何从反共，进而演变为反对汪精卫，反对鲍罗廷、反对苏俄，我们需要对以下问题做一展开分析。

一 第一届四中全会的原旨

根据《中华民国史事纪要》一书的记载，在1925年8月10日的中央执行委员会第一百零三次会议上，由胡汉民提议决定：

> 中国国民党于本年（1925年）9月15日在广州举行（第）一届四中全会，团结国民党内部，以解决危机日益加深之共产分子之猖獗问题……在此时期，中国国民党第一届中央执行委员为24人，候补5人，中央监察委员为5人，候补5人，其属于国民党党籍者固占绝对之多数，其时留粤之中央执监委员胡汉民、邓泽如、伍朝枢、孙科、邹鲁等经多次之秘密会商，企图以会议之方式，多数之决议，以解决共产份（分）子篡窃国民革命领导权之阴谋。[①]

孙中山去世后，"……'右派'委员以为，代理大元帅胡汉民及其所领导的国民党最高权力机关——中央执行委员会是当然权力的继承者了"。[②] 其实，早在孙中山北上时，中央执行委员会内部的所谓"中派"与"右派"就已经开始联合了，而且"中派"大多变成"右派"。鲍罗

[①] "中华民国"史事纪要编辑委员会：《"中华民国"史事纪要（1925年7—12月）》，台湾"中央"文物供应社1975年版，第196页。

[②] 谢幼田：《"联俄""容共"与西山会议（上册）》，香港集成图书公司2001年版，第182页。

廷和中国共产党都曾寄予厚望的戴季陶转而成为鲍罗廷眼中的"五鬼之一"①,而且他先后发表了3篇影响巨大的反共理论文章:1924年5月起草了中国国民党第一届三中全会的《接受总理遗嘱宣言》;6月完成了《孙文主义哲学之基础》;7月发表了《国民革命与中国国民党》。这三篇重要文章发表后,中国国民党内外的反共视线开始集中,反共势力逐渐形成,由组织的排拒进而为主义思想的斗争也开始了。②

胡汉民则开始集合广州的若干中央执监委员,就结束中国共产党党员和鲍罗廷占据中国国民党的要害部门的问题进行磋商。表现较明显的是,在平定杨希闵、刘震寰的重要军事行动上,胡汉民对鲍罗廷的意见根本无视,因此,他被中国共产党由"中派"圈入到"右派"。而邹鲁任校长的广东大学(后改名为中山大学)成为了反革命的大本营,中国共产党的势力很难渗透进去。邹鲁在中央执行委员会上就教育经费与鲍罗廷争辩时,逼得鲍罗廷以辞职相威胁。邹鲁在这一时期的活动主要为:在中国国民党"一大"闭幕后,他欲对孙中山确立的"三大政策"持反对态度,认为"联俄、联共实为一个大问题",并着手进行破坏。当时在广东的学生中,中国共产党组织了一个"新学生社",团结革命青年,工作非常活跃。邹鲁密令各校员生组织"女权运动会""民权社""民社"等团体与"新学生社"对抗,并派人打入中国共产党,侦察其活动。③ 许崇智则在粤军中一再拒绝苏俄军事顾问在军中实行政治工作的建议,并发表公开谈话,称共产主义不适合中国。而原来就一直反对苏俄的张继、居正、谢持等,这时也与在广州的当权者进行磋商,试图将"右派"的力量聚集起来。"国民党内的迅速整合,使得他们一致地决心驱除鲍罗廷——共产党对于国民党的权力把持。他们毫不怀疑,

---

① 鲍罗廷认为当时中国共产党的敌人有5个:第一个是帝国主义,第二个是军阀,第三个是买办资本家,第四个是中国国民党"右派",第五个是戴季陶鬼。什么是戴季陶鬼呢?鲍罗廷说:"自杀是怀疑的结果,而戴季陶这个人连自杀都怀疑。所以他是一个最大的魔鬼,也是共产党最大的敌人之一。"见"中华民国"史事纪要编辑委员会《"中华民国"史事纪要(1925年1—6月)》,台湾"中央"文物供应社1975年版,第810—815页。
② 黄季陆:《戴季陶先生与早期反共运动》,见1959年7月19日《台湾新生报》,转引自"中华民国"史事纪要编辑委员会《"中华民国"史事纪要(1925年1—6月)》,台湾"中央"文物供应社1975年版,第810—815页。
③ 朱信泉主编:《民国人物传(第1卷)》,中国青年出版社1997年版,第430页。

只要召开中央执行委员会第四次全体会议，修改'有利于中共'的选举法，再召开第二次全国代表大会，很轻易的就会把中国共产党党员清除出中国国民党，一切也就会在中央执行委员会的领导下，争取国民革命的胜利。"①

关于第一届四中全会的来龙去脉，在居正的《清党实录·编辑大意》中有提纲挈领的叙述：

> 1925年5月在广州召开的中央执监委员会第三次全体会议通过了有利于中共的选举法以后，沪宁同志特电中央，主张修改选举法。北京同志所见相同，然为共产党以及麻醉于共产党之有力同志（汪精卫）所扼。于是在沪之中央监察委员谢持、中央执行委员覃振、戴传贤、邵元冲、与在粤中央执行委员胡汉民、林森、邹鲁辗转商筹，第一步将原定10月15日开会之第二次全国代表大会延期，第二步在粤开中央执行（委员）会第四次会议，以解决共产党在本党之关系，修正第二次全国代表选举法，此第二次"清党"运动也。第二次"清党"之运动，其精神完全系于中央执行委员会第四次全体会议，业由中央决定召集于15日开会矣。决定之次日（8月11日），鲍罗廷在政治会议上惶然诘问胡委员汉民曰：昨日中央党部决定开中央执行委员会第四次会议一案，关系重大，鄙人未曾与闻，深为抱歉。越数日，"廖案"作，鲍罗廷兴大狱，中央执行委员胡汉民失去自由，中央监察委员谢持，执行委员林森、邹鲁，候补中央执行委员许崇智等均被迫离粤至沪。而诸同志在粤开第四次全体会议之计划至是被根本破坏矣。②

居正的这一记载似可以说明一事实，即在广州续开的三中全会通过了有利于中国共产党的选举法以后，分布在上海与广州两地的中国国民党中央执监委员于1925年8月10日决定将中国国民党"二大"延期，并且召开第一届四中全会，确立新的组织和政治路线。对此，邹鲁也有

---

① 谢幼田：《"联俄""容共"与西山会议（上册）》，香港集成图书公司2001年版，第202页。

② 居正：《清党实录·编辑大意》，台北文海出版社1985年版。

记述：

> 早在十四年3月总理逝世以后，共产党利用党团作用，欲消灭本党，其时党中同志多知之。而取譬最妙者，则莫如汪精卫同志"孙行者如牛魔王腹中打筋斗"之说。中央执行各委员，多谋开第四次全体会议执行委员会以解决之。在粤中委及同志，如胡汉民、邓泽如、伍朝枢、孙科、邹鲁、林直勉等，曾叠在胡汉民、伍朝枢宅密商办法。适在沪执监派刘芦隐为代表来粤，陈述办法，所见与粤同。8月10日中央委员会遂决定与10月15日开中央执行委员会第四次会议。其次日（8月11日）鲍罗廷在政治会议突然问曰："昨日中央党部决议重要案件，未曾与闻，实为抱歉"，盖思推翻之而未能也。①

恰逢"廖仲恺被刺案"发生，鲍罗廷理所当然地在1925年9月15日的中央执行委员会上，决议将第四次全体中央执行委员会议展期举行，只是最迟应于中国国民党"二大"三星期以前开会。接着，在"廖仲恺被刺案"的处理中，胡汉民、邹鲁、林森被派北上，"其他准备参加（第）一届四中全会人员，或因'廖仲恺被刺案'之扩大株连而离粤，或踯躅观望而未来，致原定9月15日召开之全会未开，部分中央执监委员在北京西山碧云寺国父灵前召开排除共产分子之护党会议，举世所称之西山会议即源于此"。②

很显然，反对"联俄""联共"，反对国共合作，尤其是反对苏俄顾问鲍罗廷指导下的国民党的改组，一直是发起西山会议的这些国民党"右派"中央委员的一向的主张。之所以召开一届四中全会，是他们在与汪精卫国民政府完全决裂的情况下，试图继续与之进行权力斗争的权益之计。他们反共的首先问题是要夺回对国民党中央的领导权，夺权的关键是要将汪精卫利用的苏俄顾问排除到国民党核心权力之外。

---

① 邹鲁：《邹鲁文存·党统问题》，北华印刷局1930年版，第96—97页。
② 谢幼田：《"联俄""容共"与西山会议（上册）》，香港集成图书公司2001年版，第196页。

二 参会的动机

西山会议素以"反共"著称，多与其人物的构成有关。出席会议的12位中央委员与戴季陶、叶楚伧、邵元冲以及暗中出钱帮忙的孙科、邓泽如等都是反对"联共"政策或对"联俄""联共"表示强烈不满的中国国民党"右派""新右派"，他们聚合在一起自然代表着反共力量的团结。事实上，"'左派'与'右派'之分，最初只是激进与稳健，或激进与保守之分，但在中共意识形态宣导下，'左'比'右'好，宁'左'勿'右'，逐渐演变成这个时期一种强势的社会认知"。① 在一段时间里，汪精卫甚至用马克思主义的观点来讨论问题，并喊出"革命的反帝国主义的向'左'去，不革命的不反帝国主义的向'右'去"② 的口号。所以，20世纪20年代，在激进主义思潮的冲击下，与"革命"相对峙的已不再被称为"改良"，而是"反革命"。"革命"具有无可置疑的绝对正当性和合法性，所以"反革命"的头衔被随意加诸于不同政见和政治敌对势力之上，即意味着剥夺其存在的合法性。③

同样，因为广州与西山会议诸人，对于开会地点和法定人数两个问题的解释不同，遂相互指责对方为非法，为"反革命"。但戴季陶认为，西山会议的重要意义，"并不在开会地点之当否，以列名人数之多少，而其在公开揭橥之'反共'的号召，实已获得极大部分纯粹国民党人的拥护，至于合法与否尚是次要"，"况西山会议之召集，本身就代表着反共势力的集合，其列席人数是否够法定人数的关系尚小，而其所代表的群众意向与对国民党内外所发生之影响关系则大"。④ 所以，西山会议特别突出了鲍罗廷"横恣妄行"，汪精卫"与俄人的朋比为奸，以致客卿专政"等要害问题。

但是，如果按照"右派是反革命的，反革命是不反帝国主义的，不

---

① 王奇生：《党员、党权与党争：1924—1949 中国国民党的组织形态》，上海书店出版社2003年版，第71页。
② 蒋介石《忠告海内外各同志书（1925年12月25日）》，载毛思诚著《民国十五年以前之蒋介石先生》，香港龙门书局1965年版，第566页。
③ 王奇生：《党员、党权与党争：1924—1949 中国国民党的组织形态》，上海书店出版社2003年版，第71页。
④ "中华民国"史事纪要编辑委员会：《"中华民国"史事纪要（1925年7—12月）》，台湾"中央"文物供应出版社1975年版，第709页。

反帝国主义就是不信仰三民主义,不信仰三民主义即是反对孙中山的'联俄''联共',是对孙中山遗志的违背"这一逻辑来推,"反共"则是典型的"反革命"。这样一来,西山会议这一反共势力的聚集必然是"反革命"的行为,是违背"党统"的非法会议。所以,"反共"一说在广州政府否认西山会议合法性斗争中被广泛宣传;而西山会议诸人则为证明其合乎法定人数,更是强调"即对中央执行委员来说,亦不宜以参加西山会议或未参加西山会议而作为思想划分标准,而应从每位中央执行委员之思想本质上是否'反共'或'联共',来论定西山会议系代表少数或多数问题"。① 由此,在西山会议与广州政府互争"党统"与"合法性"的过程中,西山会议"权利斗争"的色彩被弱化。

出席西山会议的 12 位中央委员都是孙中山革命中的长期追随者,更是有着资深经历的中国国民党元老。本书笔者在此简单叙述每个人的革命背景及参加会议的经过,以对其参会的缘由有所发现(见表1)。

林森,1905 年开始加入同盟会,在中国国民党第一次全国代表大会上当选为中央执行委员;国民政府成立后被选为国民政府委员,也是五位国民政府常务委员之一。因其被划为"右派",不得伸展其权能,所以在广州期间虽没有介入党内派系之争,但到北京后却积极参与实际政治活动,促成西山会议的召开。

表1　　　　　　　　发起西山会议的人物简介

人名	年龄(岁)	籍贯	教育程度	政治背景	备注
居正	49	湖北	留日	同盟会	中央执行委员
沈定一	33	浙江	留日	同盟会	候补中央执行委员
石青阳	46	四川	留日	同盟会	中央执行委员
覃振	40	湖南	留日	同盟会	中央执行委员
石瑛	47	湖北	留欧	同盟会	中央执行委员
吴敬恒	60	江苏	留日	同盟会	中央监察委员
邵元冲	35	浙江	中国学堂	同盟会	候补中央执行委员

---

① "中华民国"史事纪要编辑委员会:《"中华民国"史事纪要(1925年7—12月)》,台湾"中央"文物供应出版社1975年版,第709页。

续表

人名	年龄（岁）	籍贯	教育程度	政治背景	备注
林森	57	福建	中国美式学堂	同盟会	中央执行委员
张继	43	山东	留日	同盟会	中央监察委员
叶楚伧	38	江苏	中国学堂	同盟会	中央执行委员
邹鲁	40	广东	中国学堂	同盟会	中央执行委员
戴季陶	35	四川	留日	同盟会	中央执行委员
谢持	49	四川	中国秀才	同盟会	中央监察委员
傅汝霖	30	黑龙江	北大毕业	同盟会	候补中央执行委员
茅祖权	42	江苏	留日	同盟会	候补中央执行委员

资料来源：刘绍唐：《民国人物小传（第一、二册）》，台北传记文学杂志社1979年版。黄季陆：《革命人物志》，台湾"中央"文物供应社1971年版。吴湘湘：《民国百人传》，传记文学出版社1982年版。朱信泉主编：《民国人物传》，中国青年出版社1997年版。

邹鲁，1906年加入尤烈主持的中和堂后，开始其革命生涯。中国国民党"一大"被选为中央执行委员兼青年部长、广东大学校长。以"反共"著称，中国共产党视邹鲁为"眼中钉"。①邹鲁生性刚直，与俄籍顾问鲍罗廷及国民政府主席汪精卫不睦，且因广东大学经费问题，对"左倾"的国民政府有些不满，时常批评国民政府，进而被国民政府认为是"不稳分子"。②后在北京及上海活动的会议诸人中，邹鲁成为对"广州中央"态度强硬之核心人物。他在《告汪精卫书》中指出："此次会议召集之主要任务，在于取消共产党（党）员在中国国民党内之党籍，亦即纯粹的中国国民党领导中心，为反对共产党徒在国民党内进行破坏活动，而采取的护党措施。"③并自认为发起会议是为"救党而努力奋斗"。他在《共产党破坏国民党之真相》的文末说道：

> 我是国民党（党）员，我是多年跟着总理革命的人，安敢不本着屡仆屡起、一向无前的精神，想出办法，向前奋斗、努力，以免

---

① 邹鲁：《回顾录》，岳麓书社2000年版，第190页。
② 汪瑞炯等编注：《苦笑录：陈公博回忆（1925—1936）》，香港大学亚洲研究中心1979年版，第48页。
③ 居正：《清党实录》，台北文海出版社1985年版，第120—121页。

孚木所引龟兔赛跑的毛病。否则广东有现成的局面，我何妨学着人家"仰共产党的鼻息"甚或提倡"宁以国民党瞻共产党"，即不像那些不过一年或数月的人可以身兼数要职。最低的程度，我何尝不可得过且过，何苦来直接开罪于共产党，间接开罪于历史上最残酷之阶级斗争学说的国家？不过我有难昧的良心，我有宝贵人格，为着救党，不能不努力奋斗罢了。①

居正，1905年赴日留学时加入同盟会，其后开始追随孙中山革命。中国国民党改组时被推任为20名参议之一，中国国民党"一大"时当选为中央执行委员及常务委员。"以鲍罗廷言行嚣张，坚辞不就，自愿往哈尔滨创办国民党执行部，因受共产党之中伤，不得其行，从此淡出党务，独居上海，日以养蜂为事。"② 1925年，因孙中山去世到北京参加第一届三中全会，后在上海与章太炎等发起"辛亥俱乐部"，未几因吊祭湖南督军胡景翼之死而与国民军一些将领开始密切来往。同年秋天，忽接林森等邀至北京开会的电报，居正不应各同志邀请，去上海与许崇智晤商一切。最初，居正不愿过问"反共派"在北京的一些举动，但因许崇智派人督催再三，且送旅费购船票，乃至北京参加西山会议。③

石青阳，1906年在东京加入同盟会。辛亥革命时期曾与杨庶堪、谢持等人谋起义于重庆，1923年任孙中山大元帅府大本营参议。他多年在四川带兵，实际参与党内事务的机会并不多。"自信随从孙中山20年，唯孙中山命是从，从不介入党内纠纷，且与政府当局私交颇深融洽，却被共产分子指为反革命、不革命，愤而参加西山会议"。④

石瑛，辛亥年秋曾帮助孙中山在英国号召留欧学生参加革命，之前在武昌文普学堂学习时，曾与田桐、居正等结拜为兄弟。1923年归国

---

① 居正：《清党实录》，台北文海出版社1985年版，第103—109页。
② 《梅川谱偈》，载罗福惠《居正文集（下）》，华中师范大学出版社1989年版，第540—542页。
③ 同上。
④ 《石青阳陈述为反共而参加西山会议及欲率部北伐致张静江函》，中国第二历史档案编：《中华民国史档案资料汇编（第四辑一）》，江苏古籍出版社1994年版，第369—370页。

后任北京大学教授。中国国民党"一大"时,以北京特别市指派代表参加,当选为中央执行委员;第一次中央执行委员会被分配为北京执行部委员。他曾提请多延请北京大学教授入党,并于北京执行部下多留部长职位以安置入党之北京大学教授,遭到李大钊的强烈反对,最后决定已邀请诸教授不参加执行部工作①,石瑛也被排除在党务工作之外。中国国民党"一大"闭会,石瑛仍在北京大学任教,北京执行部的一般事务不曾参与。他致力于倡导私人兴办实业,对现实政治不感兴趣,对党内问题甚少过问,虽然参加西山会议,但对"西山会议派"的活动很少问津。

傅汝霖,黑龙江人,"五四"时期就已参加革命行列,从事反帝国主义、反军阀的秘密工作。自始即与中国共产党"有道不同不相为谋"的距离,并且常有不断的激烈冲突。"据说这和他自幼所见帝俄对华侵略,俄军入境骚扰,以及'赤化'后白俄流亡到东北的惨状有关,近乎先天积累,由反俄而反共根深蒂固"。② 中国国民党"联俄""联共"之初,傅汝霖在北京以学生为中心组织"民治主义同志会",准备参加中国国民党。中国国民党"一大"时被选为中央执行委员,而后以"民治主义同志会"成员资格当选为北京执行部执行委员。1925年春,北京特别市党部的"左派"为巩固中国国民党"左派"阵地,进行了北京特别市党部执行委员会的改组,傅汝霖等反共党员受到排挤。③ 此后,傅汝霖领导的北京中国国民党"反共派"与"左派"的斗争日渐激烈。是年秋,他参加党内"反共派"所召开的西山会议,继续其反共活动。

覃振,1905年参加同盟会,后任总统府参议和法制委员,中国国民党改组时被指为起草人之一,并当选为中央执行委员。中国国民党第一届二中全会讨论监察委员"弹劾共产党案"中,覃振完全赞同张继的与中国共产党分离的立场,要求在纪律和组织上限制中国共产党的活动,以此确保中国国民党对革命的领导权,他的这一主张在中国国民党

---

① 李云汉:《从"容共"到清党》,台北及人书局1987年版,第277—279页。
② 田雨时:《最后逝世的国民党一届中委傅汝霖》,载《传记文学》第46卷6期,1985年6月。
③ 罗方中:《国共合作后国民党在北京的活动》,载《文史资料选辑(全国第60辑)》,中国文史出版社2002年版,第124—129页。

中得到了较多的呼应。1925年3月孙中山逝世，覃振北上祭奠，后与冯自由等反共党员组织"国民党同志俱乐部"，积极筹划反共。覃振之所以参加西山会议，"除了因国共之间争夺领导权之外，与湖南农民运动有很大的关系。覃振是湖南人，乡土观念很重，且当过中华革命党湖南支部长，领导过湖南驱逐汤芗铭等革命活动，是资深资产阶级革命家。可以想象，随着革命的深入发展，两湖地区的群众运动出现一些过激举动，他难以忍受，也无法容忍，并因此对领导湖南农民运动的共产党人产生恶感……"①

沈定一，1920年时曾与陈独秀、邵力子等在上海组织"马克思主义研究会"。1923年8月，奉命与蒋介石、张太雷等组织"孙逸仙博士代表团"，赴俄考察政治、党务。中国国民党"一大"时，以指派浙江省代表身份出席，当选为候补中央执行委员，后分配为上海执行部候补执行委员；从此以后，渐渐疏远中国共产党。到了1925年，"经过戴季陶的百般说服，脱离了共党分子的阵营，皈依到三民主义的旗帜下"。②

叶楚伧，1908年加入同盟会，1923年任中国国民党宣传部长。中国国民党"一大"召开时，当选为中央执行委员，旋被派为上海执行部执行委员兼青年妇女部长。原上海执行部常务委员为胡汉民、汪精卫、叶楚伧三人，其中汪精卫对执行部事务消极，胡汉民应召返粤，由叶楚伧一个人独撑上海执行部，遂与上海执行部内的"共党分子"毛泽东、恽代英等时起冲突。③"1925年9月，广东外交代表团的林森、邹鲁来沪，协议与共产党好意分离之计，（他）赞成其解决两派纠纷方法"④，遂参加西山会议。

谢持，1907年加入同盟会。1920年孙中山就任非常大总统时，被推为总统府参议，旋被任为总统府秘书长。1922年，孙中山在上海亲自主持中国国民党改组事宜，谢持因反对改组，请求解除党务部部长职。次年

---

① 张小林：《覃振传》，中华书局2005年版，第102页。
② 黄季陆：《戴季陶先生与早期反共运动》，载陈天锡《戴季陶先生文存（三续编）》，台北中国国民党党史编撰委员会1971年版，第320页。
③ 李云汉：《从"容共"到清党》，台北及人书局1987年版，第280—281页。
④ 《叶楚伧申述为反共而参加西山会议及欲率部北伐致张静江函》，载中国第二历史档案馆编《中华民国史档案资料汇编（第四辑一）》，江苏古籍出版社1994年版，第361页。

1月，被任命为参议，参加中央干部会议，中国国民党"一大"当选为中央监察委员。6月，与邓泽如、张继以中央监察委员身份向中央执行委员会提出"弹劾共产党案"；是年冬，与孙中山同行北上。1925年8月，南下广州讨论党内一些问题，适"廖仲恺被刺案"发生，被指为涉嫌，"幸得多方维护，安全离粤，旋林森、邹鲁来沪，乃相约北上，联名发出通电召集西山会议"，在反共问题上坚持强硬态度。谢持本人就西山会议的召开概述如下：

> 及十四年中山先生逝世，党人因共党关系，又来商品陈列所集议者，余计（中国）共产党易治，而党人意见分歧为最难也，遂赴丧所为哲生、海滨、精卫三人言之，精卫以组织党人干部可相调剂答，余所注意者各省之同志也，初不虞胡、汪、邹、廖之如彼，更不虞区区不肖，亦见于同志竟如是也，嗟夫。秋九月赴粤，为商共产党事，而各异主张，"廖案"突作，大波已起。不肖方悲伤，乃已涉嫌，在必除之列，设非许汝为、蒋介石两同志之爱护，恐已不可言矣。被迫还沪，"清党"之计，如同大梦。四川军队之入粤也，总理在时已属望之，今实现也，故虽被迫，犹以为言，乃不幸而有后来之变也。林直勉忠实无他，而横遭凶捕，以病困之人，忽而唯此，何痛如之，一再为言于精卫，不能自已也。广东意外之变日亟，林子超、邹海滨既出，许汝为复行，清党之计，不能再缓。于是有11月碧云寺总理灵前开第四次全体委员会之举，而上海乃设中央党部，余身与其役焉。①

张继，1905年加入同盟会；1921年中国国民党本部特设办事处，任干事长；中国国民党改组时任参议；"联俄""联共"酝酿期间代孙中山与越飞等商议合作办法。② 1924年1月当选为中央监察委员，6月与邓泽如、谢持等提出"弹劾共产党案"，旋往北方，联络国民军。林森等筹议召开第一届四中全会时，张继恰好在北京，但因病不能亲自参

---

① 《中国现代史专题研究报告（第13辑）》，《近代中国》双月刊，第71期，1989年6月30日。
② 井泓莹：《张继早年革命事业之研究（1882—1927）》，未刊稿，台湾政治大学历史研究所硕士学位论文，1981年。

加，故诸事请林森、邹鲁代为签名。

茅祖权，早年留学日本，加入同盟会。中国国民党改组时被分配为上海执行部候补执行委员。在1924年上海执行部首次会议上被指定为调查部长，并引起不少争议。1925年参加第一届四中全会，并始终参与西山会议的活动。

从以上可以看出：参加西山会议的人员中仅有的几个主要发起人，如邹鲁、林森、谢持等是因为孙中山逝世后，广州政局发生变动，被排挤出广州政府，而后才不得已北上召开第一届四中全会。其余的参会人员大都是因先前持反共主张，在鲍罗廷、汪精卫主政时便郁郁不得志，而应邀参加此一会议，石瑛、居正是为代表。此外，还有鉴于朋友情谊而参加，诸如傅汝霖与居正、戴季陶与沈定一等。戴季陶对其参加西山会议的原因，明确表示："除完全为朋友之情谊所动外，不能发现一必要。"①

此外，从鲍罗廷借"廖仲恺被刺案"排除胡汉民、许崇智的原因还可发现一些相关线索。据鲍罗廷给莫斯科的报告中称，"排除许崇智的理由有三：一、（中央）政治委员会曾做出三次反对陈炯明的决定，许崇智都拒绝执行。二、当廖仲恺被害，需要对梁鸿楷这个参与反廖仲恺阴谋的（那个）部队采取行动时，许崇智却拒绝执行。三、在……试图将许崇智拉拢的企图都失败后，无论如何要清除他"。② 并且还表示因为驱逐了许崇智，所以要同时摆脱胡汉民。为什么要摆脱胡汉民，理由也有三：第一，因为胡汉民始终要实现这样一种政策，在这种政策下，即使一个集团垮台了，他也总能同另一个集团一起执政。他知道，在玩弄权术时，他必须依靠某种力量。他想在"反共"口号上找到这个支柱。第二，胡汉民派的报纸《国民新闻》从反对中国国民党中的中国共产党人谈起，一直谈到要设法同苏俄分手，说得不是很明确。但是在这些事情上，有一点经验的人，都明白这些话是什么目的。第三，胡汉民、孙科等人站出来反对廖仲恺，这就有意无意地同粤军中明显反对革命的那部分人结成了同盟。

---

① 《戴季陶先生文存（第3册）》，中国国民党中央党史委员会1965年版，第985页。
② 中共中央党史研究室第一研究部编：《联共（布）、共产国际和中国国民革命运动（1926—1927）（上册）》，北京图书馆出版社1997年版，第111—112页。

鲍罗廷直言,"你们可以看到胡汉民处于什么状态和为什么鉴于我所说的内外威胁需要,通过排除胡汉民来巩固自己在广东的地位"。① 所以,在西山会议做出的诸决议中,对鲍罗廷的惩罚是最为严厉的——解雇其职位。谢幼田曾论及:

> 中国国民党第一届第四次中央执行委员全体会议是党的会议,其一切宗旨就是为了恢复国民党自身以孙文主义为基础的生命力,恢复最高权力机构中央委员会的职能,恢复中国国民党对于国民革命的当然领导。为此,就必须清除以"联俄""联共"为名而夺取国民革命领导权力的中国共产党出中国国民党,就必须解雇苏俄顾问鲍罗廷的职务,就必须开除与鲍罗廷—中共狼狈为奸的汪精卫出党,就必须重建真正以三民主义为指导思想的中国国民党。② 原本就反共的西山会议派,假借"合法"会议的形式,试图排挤汪精卫、鲍罗廷在国民党的核心地位。

三 西山会议的酝酿

西山会议原定并不在北京西山举行,会议地点一变再变,由广州至上海、至北京、再至张家口,最后还是定于北京召开。就在这一波折中,中国国民党"右派"委员与中国共产党、鲍罗廷及广州政府间的矛盾进一步激化,加之他们内部之间的分歧,使得西山会议的决议内容有了很大的变化。

根据邹鲁和居正的记述,会议最初是要在广州召开的。邹鲁在《党统问题》一文中对会议前后的情势有所介绍,说:

> "廖仲恺被刺案"发生,由汪精卫、许崇智、蒋介石三同志处理一切,鲍罗廷以为有机可乘,遂要求汪、许、蒋拿办胡汉民、邓泽如、谢持、邹鲁等……数次胁迫,最后以去就争,卒因许同志不

---

① 中共中央党史研究室第一研究部编:《联共(布)、共产国际和中国国民革命运动(1926—1927)(上册)》,北京图书馆出版社1997年版,第114—115页。
② 谢幼田:《"联俄""容共"与西山会议(上)》,香港集成图书公司2001年版,第288页。

允捕拿（中央）执监委员，只捕拿其余同志及军帅旅长十余人，或杀或禁。又终恐胡、邓、谢、邹安然进行第四次全体会议也，遂驱逐胡汉民于莫斯科，用政府名义派林森、邹鲁赴北京为北上外交代表，迫令谢持离粤，电阻各地赴粤开第四次全体会议之（中央）执监委员。如是，中央执监（委员）拟在广州开第四次全体会议以解决共产党者……于是，十四年11月22日遂开会于北京西山总理灵前，所以表示爱党精诚，及心中之悲痛于总理在天之灵。①

邵元冲于1925年9月24日的日记中记载：当日，他与从广州来上海的邹鲁"共谈粤事暨此后对于党务补救办法"，又约谢持至孙科处商谈，在功德林饭店与邹鲁、谢持共进晚餐（邹鲁、林森于前一日到达上海）；26日"午前子超、慧生、海滨讨论党务补救办法，决有三人分别北上邀各（中央）执行委员及（中央）监察委员来沪筹商办法。午间会餐于功德林"。这则日记证明邹鲁、林森、谢持北上，不是通常的史家所说的是北上去筹备第四次全体会议，而是北上去邀请各个中央执监委员南下商讨办法。邵元冲的这一天日记还透露出张静江的意见不同，这一并不引人注目的分歧，在后来却关系到西山会议组织方面的成败。邵元冲记载道："又偕汝为、果夫，访静江，谈粤局内部纠纷之情况。静江极抱不安，谓欲亲至粤，共谋消泯意见及切实联合之办法。汝为谓稍缓再商。汝为来余寓所一行，并邀楚伧来一谈。"② 张静江与新的军权人物蒋介石的关系众所周知，与戴季陶、叶楚伧、邵元冲的关系也非比一般，他的意见一定程度地造成了后来"西山会议派"的分裂。

而黄季陆在论述胡汉民与西山会议的关系时，也有所反映：

胡为制汪，欲以中央执行委员会约束之。盖中央执行委员中，反共者仍居多数，其中如邹鲁等，是视汪精卫、鲍罗廷为死敌的。所以，黄面谒胡汉民，认为广州已成为"左派"的大本营，广州局面已不可为，劝胡离开广州，另树反共大旗。胡则认定他个人不可离开，以为中央执行委员会中反共者尚居多数，因此嘱黄赴上海联

---

① 邹鲁：《邹鲁文存·党统问题》，北华印刷局1930年版，第96—97页。
② 王仰清等标注：《邵元冲日记》，上海人民出版社1990年版，第197、198—199页。

络戴季陶、于右任、谢持、林森、李烈钧①等开（第）一届四中全会，俾以四中全会的力量制汪及鲍罗廷与中共。于是，黄便就携了胡汉民的十几封信，离开广州，动身前往上海、北京、张家口、开封等地，约请中央委员们到广州开会。②

从上述记录可以看出，此时的"广州中央"完全被以汪精卫为首的中国国民党"左派"力量占据着，"右派"中央委员已无立足之地，对于中国共产党势力的发展"束手无策"；对鲍罗廷的"横恣妄行""投诉无门"。他们与其继续斗争的唯一的选择便是召开第一届四中全会，所以，在后来会议中的诸多决议中，有《取消共产党党籍案》和《解除鲍罗廷顾问案》两项。

谢幼田根据谢持与居正的日记（1925年9月28日—11月31日），以及北京执行部负责人于树德给中国国民党中央的材料，就北京、上海分别筹备第一届四中全会的情况做了详细的梳理。③ 从中我们也可得出一点重要的结论：被排斥的"右派"中央委员最初并没有在北京开第四届四中全会的打算，甚至上海的中央要人还建议在北京的中央执监委员到上海开会；之后举行北京执行部中央委员的会议，在会上可能只是提出当前急迫的问题，而并未打算国共完全分家。由于中国共产党党员于树德阻扰，在北京执行部引起了激烈的冲突，不得不另有打算。在谢持26日的日记中，首次记载："赴子超处商议，分电沪部宣布党事经过。是日也，吾等与共产党分离开始之日也。"④ 由此说明，当日才有林森、邹鲁等人给"广州中央"发出公开信，决定抛开中国共产党单独开会。也就是说，"右派"中央委员先前还是承认中国共产党党员在中央执行委员会中的地位，而且允许他们参与会议的，并非一开始就主张"反共""分共"。

---

① 据李烈钧本人回忆说："余是时因治丧伤感劳顿，往香山雨香馆者，冯幼宇之私弟也，一住多日，适林森、张继、邹鲁诸贤，联袂惠临，告以本党之危机，旋即在西山召开会议。"见《李烈钧先生文集》，台湾"中央"文物供应社1981年版，第72页。
② 桂崇基：《西山会议之形成与经过》，载《传记文学》第32卷第3期，1978年3月。
③ 谢幼田：《"联俄""容共"与西山会议（上册）》，香港集成图书公司2001年版，第267页。
④ 《谢持日记》，转引自谢幼田《"联俄""容共"与西山会议（上册）》，香港集成图书公司2001年版，第276页。

日记中提到给"广州中央"的信函，在《林公子超遗集》和《邹鲁文存》中都可查阅。信件是在1925年10月底发出的，这是持有不同意见的中央执行委员们①第一次集体向广州汪精卫的陈词。对其内容仔细分析后，发现实为对鲍罗廷与苏俄的讨伐书。开篇仅是简单几句叙述"共产同志"加入以来，造成了"党中机陧，无日或宁"的局面。接着便花了大量的笔墨列举鲍罗廷在"廖仲恺被刺案"后的"罪行"，其主旨有二。

一方面列举了鲍罗廷的大量罪行，将"廖仲恺被刺案"后广州政局的变动、汪精卫的夺权、中国共产党在中国国民党党内的活动等一系列事件的发生都归罪于他的"横恣妄行"，要以"分共"来阻止他对中国国民党党、政、军的干预。文中指出：

> 彼辈（鲍罗廷）之用心，非仅欲破坏吾党团体已也，直欲毁灭吾党之历史，破坏同志之感情。以展堂与精卫、介石与汝为，皆数十年生死患难交，而竟使之陷入破裂不可收拾……彼辈乃敢于如此之横恣妄行，复利用吾党"联俄"政策，挟俄以肆乱……以压迫中央执行委员会及政治机关……党权、军权悉集中于（中央）政治委员会，而鲍尔丁以（中央）政治委员会顾问之资格，操纵其间……（为）谋根本之救济，（应）速与共产同志化然分开，不使彼辈再行干预吾党之事……②

另一方面，质疑了苏俄援华的目的，认为其"助吾党者，计不过万余支枪尔，然盘踞吾党最高之党权、政权、军权，所得代价，实太过巨。盖鲍尔丁、加仑二氏，名为顾问，实则军政最高之命令者……若卖党卖国以'联俄'，则反对白色帝国主义，今何独厚于赤色帝国主义之苏俄？"但却一再重申"联共"与"联俄"为两件事，即"联俄为一

---

① 在反共的中国国民党人中，意见并不一致。有着冯自由、邓家彦等不顾策略、不顾后果的绝对"反共派"；也有着吴稚晖、戴季陶等温和"反共派"（这些人是越来越反共，后来超过任何一派，主张开杀戒，是蒋介石上海"清党"的谋士）；也有着坚决主张从中国国民党中"清除"中国共产党党员，解雇苏俄顾问，微惩汪精卫，但却仍将苏俄—中共视为北伐盟友的中国国民党人。
② 中国国民党党史史料编撰委员会编：《前国民政府主席林公子超遗集》，兴台印刷厂1966年版，第99—101页。

事，与共产同志分开又是一事，当不致与共产同志分开，即影响联俄"，"况乎为党为国。与共产划分，未必即为'联俄'之障"。① 可以看出，他们希望在与中国共产党划分的同时，"联俄"的政策不会受到"分共"的影响。

可以看出，西山会议派虽然都是反共健将，但是在会议召开中则提出了"分共"一说，只是随着会议的筹备酝酿发展，与汪精卫广州国民政府在对峙中逐渐激化后，公然也提出了"反俄"的宣言。西山会议召开前，固守的"反共"思想的"右派"中央委员与汪精卫夺权失利，但是对汪精卫还持观望态度；西山会议召开时，完全与广州国民政府决裂，公开表达了汪精卫利用苏俄顾问鲍罗廷取得领导权的不满，因此更加坚定了驱逐鲍罗廷、反对苏俄、"反共""分共"的决心。

四 第一次会议上的议案

西山会议自1925年11月23日正式开幕，到1926年的1月4日结束（中间因曾北京战局的影响休会），一共开会22次，通过了14个议案和若干附件。本书所论西山会议之出现，即是第一届四中全会在北京召开的缘起，所以西山会议于1925年11月23日第一次会议上通过的决议案更能反映当时所亟待解决的问题。杨天石在研究中指出，"'西山派'的议案虽多，但核心只有两项，即改变孙中山生前所定，而为当时广州国民党中央所执行的'联俄'与'联共'两项政策"。② 而西山会议主要发起人邹鲁也表明："西山会议所做的事就是它所决议的重要议案：《取消共产派在本党之党籍案》《顾问鲍罗廷解雇案》《惩戒汪精卫案》《取消政治委员会案》《变更联俄政策案》《中央执行委员暂移上海案》《修改第二届全国代表大会选举法案》。"③ 这其中有4项也都是在第一次会议上决议的。

第一次会议（1928年11月23日）通过的主要议案有：《取消共产

---

① 中国国民党党史史料编撰委员会编：《前国民政府主席林公子超遗集》，兴台印刷厂1966年版，第99—101页。
② 杨天石：《关于孙中山"三大政策"概念的形成及提出》，载《近代史研究》2000年第1期。
③ 荣孟源：《中国国民党历次代表大会及中央全会史料（上）》，光明日报出版社1985年版，第343页。

派在本党之党籍案》《顾问鲍罗廷解雇案》《取消政治委员会案》《有关党务的决议》。其中《取消共产派在本党之党籍案》主张"（中国）共产党员加入本党者一律使其退出本党，庶两党党员之旗垒划然分明，各为其党之主义努力奋斗……此种决议完全出于善意，非仅图巩固本党已也，实为免除两革命团体因内部问题相消其革命力，而求国民革命之得速成功"。① 但之后几天，并没有采取更具体的行动，一直到1925年12月4日第四次会议上才决议开除中央执行委员之"共产派"谭平山、李大钊、林祖涵以及候补执行委员毛泽东等人党籍，并发表《取消共产派在本党党籍宣言》，阐明了取消"共产派"党籍的原因。最后还强调："取消加入本党中之中国共产党党籍，实理势不得不分，而情谊未始不可合也。纵使取消国民党内'共产派'之党籍，仍将共产党视为友党。"② 显然，西山会议所谓的"反共"仅是要求在国民革命中与中国共产党分开，作为革命的同志，各为自己的主义而奋斗。至于《顾问鲍罗廷解雇案》与《取消政治委员会案》两大决议明显是针对鲍罗廷的。从"在国民党内共产党党籍已决议取消，（中央）政治委员会亦被取消之情况，客卿鲍罗廷已无在国民党内继续服务之必要"③ 这一决议内容看，《取消共产派在本党之党籍案》的通过有为解除鲍罗廷职务做铺垫的嫌疑。剩下的有关党务的决议以及《中央执行委员暂移上海案》，即是在重造中央执行委员会的权力机构及其组织人员，并筹议组成"上海中央"执行委员会，另立中国国民党中央。

由此看来，第一次会议的焦点是在恢复中央委员们原有的权力，并驱除鲍罗廷，这是对汪精卫以中央政治委员会排挤他们离粤的反击。双方采取同样的方式进行着权力的争夺，西山会议的召开标志着斗争的继续。所以，从一届四中全会发起的缘起、参会人员的背景、会议的酝酿筹备、至会议发出的诸多议案，我们可以发现：西山会议是从最初的"反共""分共"逐步演变为反对汪精卫、反对"联俄"、反对鲍罗廷。西山会议成为他们与汪精卫主导的国民党中央权力斗争的继续。汪精卫假借"左倾"取得了斗争的胜利，西山会议派将之归咎于苏俄顾问鲍

---

① 荣孟源：《中国国民党历次代表大会及中央全会史料（上）》，光明日报出版社1985年版，第358页。
② 同上书，第356页。
③ 同上书，第358页。

罗廷，因此在会议发出的议案中，明确提出要解雇并驱逐鲍罗廷。

五 小结

在中国国民党于1923年冬季改组前夕，孙中山制定了"联俄""联共"的政策，表示中国革命应"以俄为师"并希望运用中国共产党的办法和革命热情来实行中国国民党的主义。受斯大林派遣，鲍罗廷来到广州协助中国革命。为了获取苏俄的援助及俄国革命取得成功的经验，孙中山接受了鲍罗廷改组中国国民党的建议，并聘他为中国国民党组织教练员（即政治顾问）。鲍罗廷凭借个人非凡的能力及苏俄的支持，成功地将共产国际的决议精神塞进中国国民党"一大"宣言，并以俄共（布）1919年的党章为蓝本，修订了中国国民党的总章。

对鲍罗廷和孙中山来说，中国国民党"一大"的胜利召开是一个相互利用与妥协的过程。鲍罗廷获取了在广州活动的法律地位，孙中山对他的工作给予了高度的评价，他开始绕过加拉罕与莫斯科直接对话，他在广州的活动达到了顶峰，几乎所有人都知道是由鲍罗廷指导中国国民党改组的。孙中山也在中国国民党"一大"前后得到了期盼已久的俄援（尽管是很少量的），俄国军事顾问团的相继来华，在平定"陈炯明叛变""商团叛乱"事件上都起到关键性的作用。孙中山的三民主义还首次以宣言形式被确立为中国国民党的指导精神，成为国民革命的旗帜。当然，这期间也有着相互的妥协，因为在组织原则问题上，鲍罗廷是不成功的。孙中山将党政机关的大权交给了"老朽昏庸"的"右派"中央执监委员会，他们有可能会将中国国民党"一大"的宣言"化为乌有"。鲍罗廷也并没有将民族主义革命者孙中山完全从小资产阶级的空谈中拯救出来。中国国民党的改组尽管是"以俄为师"，但孙中山采取的却是"三民主义为体，俄共组织为用"的方针，并非"全盘俄化"；而且孙中山还是在盯着"自由民族"，期待着以此来拯救中国。但为了支持鲍罗廷，孙中山又干纲独断、排除众议，将长期追随其革命的老国民党人的反对意见都予以否决，并以其领袖的威信压制了改组时期的"反共"暗潮。在其"师俄"的过程中，虽抱有"防俄、防共"的疑心，却还是吸收了中国共产党人员协助鲍罗廷的改组工作，且在各组织机构都分配有一定的职务。

中国国民党"一大"闭幕后，作为一个经验丰富的革命家，鲍罗廷意识到了今后工作的最大障碍所在。于是，在与孙中山的继续合作中，他制定了"……清除右翼腐败分子"之策略。但是，鉴于这些党员在中国国民党党内的地位，他并没有也不可能将各个"右派"中央委员列为消灭对象，而是采取了加强中国国民党"左派"的战略，即通过驾驭孙中山，成立中央政治委员会；或扶植汪精卫，成立国民政府的方式，将中央执监委员会置于其控制之下。所以，从广州国民政府的成立（成员中没有一个中共党员）开始，中国国民党内"左、右派"的斗争主要在汪精卫、鲍罗廷与以胡汉民为首的"右派"中央执监委员之间展开，而且是围绕中国国民党中央最高权力的争夺。直至"廖仲恺被刺案"发生，鲍罗廷在斗争中处于明显的优势：特别委员会的成立将党政军三权集于一身，汪精卫面前最难逾越的障碍——中央执行委员会职权被解除；接着强行捕拿胡汉民、林森、邹鲁、邓泽如等"右派"委员；计划不成后，遂以国民政府的名义放逐胡汉民，派邹鲁、林森北上。鉴于这一情势，广州的其他反共党人纷纷离粤，仅留下了公安局长吴铁城。如此说来，邹鲁、林森率代表团北上是为此次会议的兆端，他们的被排斥源于汪精卫国民政府的决议和鲍罗廷的行为，而并非是国共之间的纠纷。林森、邹鲁等发起西山会议，关键是要借助于中央执行委员会这一权力机构来与汪精卫相抗衡的。与汪精卫夺权失利的这些右翼分子很快聚合在北京，试图借中央执行委员会这一最高权力机关恢复其原有的地位，并以解决国共关系问题为借口，召开了旨在反击汪精卫、鲍罗廷的西山会议。

第二章 从"暗斗"到"明争"
——"西山会议派"与中国共产党之拮抗

在西山会议召开的同时,"西山会议派"于1925年12月14日正式在上海另立中央①,中国国民党有史以来出现了一个政府两个中央的局面。在"上海中央"的筹建与运作中,各地的"孙文主义学会"和广东大学辞职的38位教授扮演了一定的角色,成为"西山会议派"的重要组织力量。作为"西山会议派"的领导核心,"上海中央"的筹建虽是为对峙于汪精卫的"广州中央",但其组织进行,尤其是党务活动却是拮抗于中国共产党。在20世纪20年代动荡的局势中,中国国民党的"上海中央"与"广州中央"竟得以平行发展,且各自召开了欲立党统的中国国民党第二次全国代表大会。"上海中央"的"二大"上,被"广州中央"开除党籍的"西山会议派"彻底推翻了"联俄""联共"政策,郑重发出了"清党宣言"。曾视为"友党"的中国共产党随之被划入"敌党",西山会议时的"文字分共"决议也被"上海中央"在国内外党务中旗帜鲜明的"反共"行径所代替。随着从"友"到"敌"的关系转变,先前与中国国民党"右派"进行"暗斗"的中共中央开始从正面对其首领"西山会议派"势力发起了猛烈的回击。

---

① 鉴于"上海中央"在"党统""法理"上一直遭到质疑,故多被称为"西山会议派"的"伪中央"。详见荣孟源《中国国民党历次代表大会及中央全会资料(上)》,光明日报出版社1985年版,第362页;李云汉《从"容共"到清党》,台北及人书局1987年版,第434页。

第一节 "西山会议派"的力量构成

"西山会议派"一词最早出现于中国共产党的"中央通告第六十七号"中,其标题为《发动各地国民党党部通电痛驳西山会议派》。[①] 中国国民党广州政府起初多以"林森、邹鲁等北京非法会议"称之,1926年1月在广州"二大"上出现了《弹劾西山会议决议案》的说法,随后"西山会议"和"西山会议派"两词便开始流行。而发起西山会议的诸人也乐于接受"西山会议派"这一称呼。邹鲁曾表示:"'西山会议'只有主张,没有派别。(中央)特别委员会成立主张已达,'西山会议'即不存在。当时曾叠次声明,现在仍把'西山会议'来做标题,且不过因为那时闹得人人皆知,竟成为一个专门名词,袭用起来,反觉明了而已。"[②]

"上海中央"成立后,"西山会议派"先后在国内10个以上省区及海外各地建立组织。其阵容也逐渐扩大,除参加西山会议的老同盟会诸人外,广东大学来上海的反共教授以及各地"孙文主义学会"的青年成员也都在"上海中央"的号召下展开反共工作。所以,通常谓此一时期的"西山会议派"人物主要有三大组成部分:一是发起西山会议的林森、戴季陶、邹鲁、邵元冲、沈定一、张继等"新右派",以及先前的"右派",即"反动派"谢持、居正、覃振、石青阳、石瑛、茅祖权等"老同盟会人物"。[③] 二是被迫离粤赴沪的广东大学教授团黄季陆、周佛海等38人。三是代表青年反共势力的北京及上海"孙文主义学会"分子。[④] 关于后两者究竟何以被冠名为"西山会议派",目前尚未见到

---

① 中央档案馆编:《中共中央文件选集》第1册,中共中央党校出版社1989年版,第533页。
② 邹鲁:《回顾录》,岳麓书社2000年版,第163页。
③ 《发动各地国民党党部通电痛驳西山派,1925年12月9日》,载中央档案馆编《中共中央文件选集》第1册,中共中央党校出版社1989年版,第533页。
④ 李云汉《从"容共"到清党》,台北及人书局1978年版;金永信《西山会议派之研究》,未刊稿,台湾政治大学历史研究所博士学位论文,1997年;韩剑华《西山会议之研究》,未刊稿,台湾政治大学东亚研究所硕士论文以及荣孟源编《中国国民党历次代表大会及其宣言》一书中都持此一说法。郭绪印则认为"西山会议派"主要是参加一届四中全会,即西山会议的中央执监委员以及候补委员,见《国民党的派系斗争史》,上海人民出版社1992年版,第1页。

学者的专门讨论。① 以下就"孙文主义学会"以及广东大学38位离职教授的组织形成及与"西山会议派"的关系往来，试做一具体的阐释。

一 "孙文主义学会"

1. 学会的渊源

"孙文主义学会"是一个遍布全国十几个省市，只见分支、不见总部的一个反共青年团体。它们反对孙中山的"联俄""联共"，经常打着研究三民主义的旗帜，进行着反共的言论宣传与活动。对该问题颇有研究的学者将之归为大革命时期国共之间的路线与思想之争的产物。

> 1925年春间在广州出现的"孙文主义学会"，以及由"孙文主义学会"的影响而发动的全国性的"孙文主义运动"为中国国民党（党）人早期反共奋斗过程中极为重要的一幕。这是一种思想与路线的斗争，也是一种组织与行动的对抗，活动的范围扩及到国内的粤、闽、沪、苏、浙、皖、鄂、湘、川及京等省区及国外的日、美、欧各地，参与的成员有中国国民党的最高级领导干部、理论家、老党员、教授、学生、军人、工人及新闻从业人员；有理论、有组织、有群众、有行动，因之它代表的意义极其重大，发生的影响亦至为深。②

黄季陆也回忆说："国民党改组之后，由于对抗共产党，于是在国

---

① 尽管"孙文主义学会"在大革命时期的反共运动产生有一定的影响，但鉴于史料的缺乏或是政治因素，这个组织的研究成果不是很多。大陆目前尚未见到相关学术论文和专著，主要是个别当事人的回忆，多汇集于《黄埔军校史料》，《文史资料选辑补编》中有周一志的《关于孙文主义学会》一文。台湾学者李云汉对"孙文主义学会"的研究颇深，先后发表有《介绍孙文主义学会及其有关文件》，载《中央研究院近代史研究所集刊（庆祝郭廷以先生七十岁论文集下册）》1973年第4期。《孙文主义学会与早期反共运动（1925—1926）》，《中华学报》第1卷第1期，1974年。尤其在前一篇文章中还刊出了作者所收藏的与"孙文主义学会"相关的20份文件，诸如《上海孙文主义学会警告汪精卫书》《上海孙文主义学会紧要声明》《孙科、杨杏佛在上海孙文主义学会成立大会上之演说》等，这些成果和资料对该问题的研究有很大价值。此外还有王章陵《孙文主义学会成立经过及其影响》，载"中华民国"史料研究中心编印《中国现代史专题研究报告（第3辑）》，1985年版，第318—353页。
② 李云汉：《介绍孙文主义学会及其有关文件》，载《中央研究院近代史研究所集刊（庆祝郭廷以先生七十岁论文集下册）》1973年第4期，第497—498页。

民革命的阵营中就产生了'孙文主义学会'这个组织……其后,'孙文主义学会'由武到文,组合起来,形成民国十六年'清党''反共'的声势,因此,'孙文主义学会'对后期革命运动的发展关系很大。"①

关于这一组织成员的政治倾向,在北京"孙文主义学会"发起人周一志的回忆中有所反映:

> 1919年五四运动以后,北京的青年开始参加政治活动,右的方面的青年,大多是地主、官僚以及资产阶级家庭出身,他们也知道反对帝国主义和封建主义,但大多醉心于欧美资本主义式的民主政治。这类人根本不懂马克思主义,也听不进去阶级斗争和剩余价值这类名词。这类学生具有爱国心,他们反对帝国主义侵略,反对军阀统治。具有资产阶级民主思想,也不可否认。其中有一部分青年,被国民党所吸引,信仰三民主义,这些人就是本文所叙述的"孙文主义学会"的骨干。尤其是"民治主义同志会"(注:北京"孙文主义学会"前身)对孙中山的"三大政策"是怀疑的,实际是反对的,最可笑的是这些人加入国民党的时间并不长,反而以为他们的主张才是国民党的正统。②

根据上述,我们可以看出,"孙文主义学会"成员的主要特点是信仰三民主义,但是却"根本不懂马克思主义,也听不进去阶级斗争和剩余价值这类名词",所以他们基本是怀疑或反对孙中山的"三大政策"的。这点与"西山会议派"的政治主张似乎是"不谋而合",这也是他们能在北京的中国国民党第一届四中全会期间"一拍即合"的根本原因了。而且对"孙文主义学会"来说,能够依附身为中国国民党"右派"领袖的"西山会议派",似乎是让他们找到了反共的组织后盾和"前进的方向"。事实上,"民治主义同志会"的诸多活动就是在邹鲁、谢持的指挥下进行的。所以在中国国民党反共势力中,无形地形成了以"西山会议派"为中央领导、以"孙文主义学会"为地方组织力量的

---

① 王章陵:《孙文主义学会成立经过及其影响》,载"中华民国"史料研究中心《中国现代史专题研究报告(第3辑)》,1985年版,第318—353页。
② 周一志:《关于孙文主义学会》,载全国政协文史资料委员会编《文史资料存稿选编·政府·政党》,中国文史出版社2002年版,第17—22页。

模式。

关于"孙文主义学会"的成立原因,可谓是众说纷纭。李云汉认为戴季陶是启动并推动孙文主义运动的前驱。在他看来:"戴季陶的理论鼓励了反共党员的勇气,也武装了他们的思想,于是在十四年的春夏之交,三民主义的纯正信徒遂在广州革命基地及上海、北京、武汉等重要城市,建立了以信仰、研究、宣传、实行三民主义为宗旨的组织——'孙文主义学会',以与共产分子在理论上与行动上对抗"。① 而且还指出"戴季陶所著的《孙文主义哲学之基础》是孙中山主义一词首次对外的应用。所以,'中山主义学会'改为'孙文主义学会'也与戴季陶的《孙文主义哲学之基础》有关"。② 周恩来也曾指出:"在戴季陶的分裂阴谋下,成立了'孙文主义学会',以相牵制。"③

王章陵则表示:"'孙文主义学会'主要是诞生于1920年代,(是)中国出现的本土运动(即所谓对孙中山三民主义的阐释和宣扬)。在这一运动中,先后出现了'国家主义派''戴季陶派',使得国内的反共势力亦崛起于基层。最具代表性者为邹鲁领导下广东大学的'右派'教授及国民党广州市党部,其言论机关为黄季陆主办的《社会评论》。"④ 引发这一运动的导火线是"1924年9月,陈独秀在《向导》周报发表的《北伐呢?帝国主义及反革命呢?》一文,他公开反对北伐,并损及孙中山先生个人威望。因此,在拥护国民党及孙中山之青年阶级中,更有强烈反共运动之酝酿。于是,1925年,当中共势力高涨之际,国民党(党)内之青年反共组织——'孙文主义学会'亦及时成立"。⑤ 黄季陆在点评王章陵的这篇论文时,提出了自己不同的意见。他认为:

"孙文主义学会"成立在"沙基惨案"之前,周佛海在1925

---

① 李云汉:《孙文主义学会与早期反共运动(1925—1926)》,载《中华学报》第1卷第1期,1974年。
② 李云汉:《介绍孙文主义学会及其有关文件》,载《中央研究院近代史研究所集刊》1973年第4期,第499页。
③ 《周恩来选集(上卷)》,人民出版社1984年版,第116页。
④ 王章陵:《孙文主义学会成立经过及其影响》,载"中华民国"史料研究中心《中国现代史专题研究报告(第3辑)》,1985年版。
⑤ 同上。

年 9 月退出（中国）共产党后办起了《社会评论》。而当时影响青年思想的有两个重要的杂志，即为"北大"的《现代评论》与"广大"的《社会评论》。黄埔军校的同学尤其受影响，他们为了对抗（中国）共产党，于是有了组织的要求，"孙文主义学会"就在这一背景下产生的。①

广州"孙文主义学会"的发起人王柏龄在回忆录中提出："'孙文主义学会'的成立是为了既不反对共产党，又可以研究我们的孙文主义，而马克思主义自然不会加入进来；同时又能对抗'中国青年军人联合会'这一组织，学会的成立得到了廖仲恺的大力支持。"②

从以上学者的研究和当事人的回忆来看，大都没有提及"西山会议派"诸人（或与之相关的）如谢持、邹鲁、张继、孙科、黄季陆等在"孙文主义学会"成立中的具体言行。只是谢幼田在分析西山会议的缘起时指出："西山会议的出现不是孤立的，有一个反对苏俄帝国主义和第三国际支部中国共产党的思潮作为其社会基础。这就是'中国青年党'的成立及其国家主义学说和'孙文主义学会'反对中共的针锋相对活动。"③ 事实上，"孙文主义学会"的成立与这些"西山会议派"领袖人物关系极为密切。首先，"孙科、马超俊、黄季陆的赞助就是上海'孙文主义学会'成立的关键因素之一"。④ 孙科是西山会议的主要财政支柱，黄季陆是奉胡汉民之令，北上与被排的邹鲁、谢持、林森等委员联络召开第一届四中全会的人，同时也是后期"上海中央"的骨干。北京"孙文主义学会"的前身"民治主义同志会"也是谢持、张继、邹鲁奉孙中山之命在北京发展扩大中国国民党党务时一手筹建出来的。而黄埔"孙文主义学会"的成立同样是受到了谢持等人的煽动。据曾扩情所述：

---

① 王章陵：《孙文主义学会成立经过及其影响》，载"中华民国"史料研究中心《中国现代史专题研究报告（第3辑）》，1985年版。
② 王柏龄：《孙文主义学会的成立》，载广东革命历史博物馆《黄埔军校史料（1924—1927）》，广东人民出版社1982年版，第336—338页。
③ 谢幼田：《"联俄""容共"与西山会议（上册）》，香港集成图书公司2001年版，第241页。
④ 李云汉：《孙文主义学会与早期反共运动（1925—1926）》，载《中华学报》第1卷第1期，1984年。

黄埔军校开学时，国民党的老顽固分子谢持由上海来广州，说是参加军校开学典礼。他住广州大沙头医院，饰词养病，极力拉拢军校教职员中的右翼分子，如教授部主任王柏龄等，以及学生贺衷寒、潘佑强、冷欣等。极尽造谣煽动的能事，说："共产党名虽与国民党合作，其实是想乘机篡夺国民党的党权；一朝得逞，所有国民党员，尤其是黄埔同学中的国民党员，将受到无情的迫害，而无立足的余地。"等等，危言耸听，激起了上述诸人对（中国）共产党党员同学的仇视。后来又赶到蒋先云、周逸群等在学校内公开散发《向导》周报和其他宣传共产主义的刊物，而他们又都是"（中国）青年军人联合会"的核心分子。就断定"（中国）青年军人联合会"这个组织不是一般青年军人的联合，而是作为发展共产党组织的据点，从而决定采取以组织对付组织的行动。"孙文主义学会"就是在这样情势之下发动起来的。①

此一情形在《黄埔军校秘史》一书中有同样的记载，并明确强调说："孙文主义学会"是个反共团体，它的成立是"西山会议派"活动的结果。② 黄雍也指出，在孙中山逝世后不久，"'西山派'分子乘机造谣煽动右翼分子合谋反共，宣扬戴季陶的《孙文主义哲学之基础》的反动理论；他们以小宗派为中心，以第二期学生作为发展组织的重点。如以谢廷献、谢纯庵、杨引之为首的川籍同学约二十余人，均与'西山会议派'有关系，反共最激烈，后来都成为孙文主义的骨干分子"。③

此外值得注意的是，戴季陶理论之所以能成为"孙文主义学会"的精神支柱，这其中当有"西山会议派"邵元冲的渲染吹捧之功。因为在阐扬孙文主义理论上，与戴季陶作桴鼓之应的为邵元冲。戴季陶在广州发表《民生哲学系统表》后，邵元冲便在广州《民生日报》发表论文，希望"研究孙文主义、三民主义的人，大家能以季陶同志的这个表

---

① 曾扩情：《谢持来校煽动反共》，载《黄埔军校史料》，广东人民出版社1982年版，第340—341页。
② 王辉强主编：《黄埔军校秘史》，青海人民出版社1995年版，第187页。
③ 黄庸：《黄埔学生内部斗争的起因与发展》，载《黄埔军校史料》，广东人民出版社1982年版，第341—343页。

解作为指路牌"。戴季陶出版了《孙文主义哲学之基础》后,邵元冲的评价是"这一本著作,虽不过二万言,却是他的价值,可以比得上考茨基之与马克思"。及戴季陶发表《国民革命与中国国民党》呼吁孙文主义信徒团结起来时,邵元冲亦撰《读国民革命与中国国民党书后》,说"一面读,心里不觉得一阵一阵得痛","这一部书里面所叙述的,十之八九是事实问题","句句都是我想说的话"。邵元冲还曾发表过以"孙文主义理论"为题的长篇演说,结论是"孙文主义确是一个唯一伟大的主义,不仅是能够解决中国的问题,而且能够解决世界的问题"。①

由此说来,"孙文主义学会"的发展不仅在理论上有戴季陶、邵元冲的指导,而且在组织运作中也获得了孙科等人的大力支持。正如学者言:"'孙文主义学会'在成立渊源与'西山派'的领导与煽动有着很大的关系,而且是深受其反对国共合作的影响"②。周一志也表示:

> 在西山会议开会以前两个月光景,北京、上海、南京各地的"右派"青年,看到广州黄埔有"孙文主义学会"的组织,加上邹鲁、谢持等人也策动各地成立此会,以便同共产党及国民党(党)内"左派"青年做斗争,因此各地"孙文主义学会"纷纷成立。它的产生及经济来源和政治方向是同西山会议分不开的。先是各地"孙文主义学会"的成立,发表宣言、叫口号、办刊物,作为西山会议"反共"的前奏。这样在西山会议开前,也显得有青年、有群众的拥护。③

尽管"孙文主义学会"的存在不过一年,只是一个昙花一现的中国国民党青年文武组织;但却在一定程度上反映出了中国国民党(党)内青年党员的"反共"倾向。各地学会在组织运作中不仅助长了"西山会议派""分共"的声威,而且还活跃于蒋介石的"清党"行动,加

---

① 李云汉:《介绍孙文主义学会及其有关文件》,载《中央研究院近代史研究所集刊》1973年第4期,第500—501页。
② 李云汉认为"孙文主义学会"的弱点之一则是对苏俄态度的不明确,换言之,他们未将苏俄也作为斗争对象。(见《孙文主义学会与早期反共运动(1925—1926)》一文)如此说来,该会的主旨多是出于"反共",反对国共合作。
③ 周一志:《关于西山会议的一鳞半爪》,载文史资料委员会编《文史资料选辑(全国第12辑)》,中国文史出版社2002年版,第103页。

速了国共合作的破裂。①

2. 各地"孙文主义学会"的发展

从 1925 年春到 1926 年 4 月,不及一年的时间,"孙文主义学会"便从其发源地黄埔军校扩散到了国内各地,如上海、南京、北京、芜湖、武汉、湖南、湖北、常德等省市及海外的欧洲各国、美国、日本等地。但是,这些组织之间并不存在隶属关系。"据上海的邓公玄讲,广东、上海各地的'孙文主义学会'没有纵的组织领导机关,至于横的也是私人感情的联系以及意见的交流。"② 其中,黄埔军校"孙文主义学会"可算是全国性孙文主义运动中的主导团体,居于核心地位(广州地区还存在着其他"孙文主义学会"及其外围团体)。以下就声势较大的广州、北京、上海三地"孙文主义学会"的发展情势做一详细的介绍(见表 2)。

表 2　　广州、北京、上海三地"孙文主义学会"概要

地区	成立时间	会址	发起人	主要组成	备注
广州	1925 年 12 月 29 日	黄埔军校	王柏龄、冷欣、贺衷寒、甘乃光	黄埔的"中山主义学会"、厦门"孙文主义研究社""广大""中山主义研究部"及其广州地区以"孙中山主义""孙文主义"为号召的各研究团体	曾通电反对"西山会议派""上海中央"召开"二大"
北京	1925 年 12 月 12 日	南长街南花园一号	周一志、邹德高、傅汝霖、傅启学	"中社""民治主义同志会"	筹备并参与西山会议

---

① 据周一志回忆说:"就在蒋介石酝酿清党这一时期。这个时候'孙文主义学会'分子就走运了。因为当时陈立夫还是总司令部一个机要科长,尚无 CC 系,蒋介石、胡汉民等为了反共,只能利用'孙文主义学会'的这批反共青年,我记得那时沪宁路火车上,只看见一些'孙文主义学会'的人,多半穿着军衣(因在各军政治部工作)十分活跃。胡汉民对王昆仑、钟天心等人,颇加拉拢,我们也就成为拥护分子,各省省党部清党委员会,由'孙文主义学会'分子担任的很多。"见周一志《关于西山会议的一鳞半爪》,载文史资料委员会编《文史资料选辑(全国第 12 辑)》,中国文史出版社 2002 年版,第 105 页。

② 王章陵:《孙文主义学会成立经过及其影响》,载"中华民国"史料研究中心编印《中国现代史专题研究报告(第 3 辑)》,1985 年版。

续表

地区	成立时间	会址	发起人	主要组成	备注
上海	1925年11月29日	上海白来尼蒙马路的普庆里	刘庐隐、郎醒石、何世桢、黄季陆、马超俊	南京、芜湖、武汉、常德等地的"孙文主义学会"	参与并负责"上海中央"

资料来源：李云汉：《介绍孙文主义学会及其有关文件》，《中央研究院近代史研究所集刊》1973年第4期。广东革命历史博物馆：《黄埔军校史料》，广东人民出版社1982年版。周一志：《关于孙文主义学会》，《文史资料丛稿补编》，文史出版社2002年版。

第一，黄埔军校"孙文主义会学会"。

关于黄埔军校"孙文主义学会"的情形，本书主要依据冷欣、王柏龄、曾扩情、黄庸等几位当事人的回忆来加以了解。黄埔军校的"孙文主义学会"发轫于1925年春，"孙文主义学会"这一组织名称则是经过多次演变而来：最初取名"中山主义研究社"，公开发起时定名为"中山主义学会"，最后正名为"孙文主义学会"。

黄埔军校"孙文主义学会"多是因"中国青年军人联合会"的壮大而成立。1925年1月25日，黄埔军校内的中国共产党党员成立了"中国青年军人联合会"，主要是吸收军校及其他军事机关、部队中的跨党分子。由于其声势浩大，使军校中那些强烈反共的学生感到不安，遂发起了"孙文主义学会"与之对抗。李云汉对此表示说：

> 黄埔军校是共党亟欲争取的主要目标，因之"奉党命入黄埔军校"的共党学生及经由俄国顾问和跨党分子介绍而进入军校做政治工作的共党干部为数不少。彼等于1924年冬组成"中国青年军人联合会"作为共党的外围团体，大肆活动。于是一部分笃信三民主义的纯正中国国民党籍学生，遂亦酝酿结合成一个团体，以与共产分子对抗。[1]

---

[1] 李云汉：《介绍孙文主义学会及其有关文件》，载《中央研究院近代史研究所集刊》1973年第4期，第500页。

据"中山主义学会"创始人之一的冷欣回忆,"孙文主义学会"在1924年底就开始在黄埔军校中酝酿了。

> 当时因为"中国青年军人联合会"宣扬共产主义。陈独秀在共党刊物《向导》周报发表过一篇反对国父北上的文章,说国父北上是要与军阀分赃,因此激起中国国民党忠实同志的反感,大家要组织一个团体来对抗。最初取名为"中山主义研究社",但当时广州已经有"孙文主义研究社(学会)"的组织,是甘乃光发起的。我曾经与贺衷寒兄去看过甘乃光,很想和他们共同组织,未能成功,因此,便决定自己单独组织。1925年2月东征,在行军作战途中,部分担任党代表及军官的同学就相互交换意见,大概4月间,在梅县开筹备会议,参加的三十余人,地点就在王章陵的连部(第一军第四连党代表)。①

王柏龄则回忆说:"……因为中共势力的扩大,已经深入到各个阶层,把握了党部,紧握新闻与舆论机关,在(中国)国民党组织中发生党团作用,鱼目混珠。我在这种大难危怵之下想到了组织这个'孙文主义学会',与潘佑强、贺衷寒二人去找廖仲恺说,在得到了支持后,俱喜之不尽,就按手续成立,就征求会员。武的呢,以黄埔军校为目标;文的呢,以中山大学为目标。尤其对广州、香港的工人,远而至于上海、北京的青年均征求他们入会。我呢,躲在学校里,做他们的后台。②

黄庸对该会亦曾有介绍:"在1925年第一次东征前数日,蒋介石集合一、二期学生在校本部举行聚餐,说明东征的意义。席间发现了油印文件,内容大意是为了'研究三民主义,团结革命力量……要发起组织"孙文主义学会",来反对马克思主义(这个文件是由贺衷寒起草的)'。他们在校内由贺衷寒、曾扩情、潘佑强、伍翔、杨引之等负责,在校外由甘乃光等出面,上海戴季陶直接领导,分头进行活动。""廖仲恺被刺案"

---

① 《冷欣将军访问录》,转引自王章陵《孙文主义学会成立经过及其影响》,载"中华民国"史料研究中心编印《中国现代史专题研究报告(第3辑)》。
② 王柏龄:《孙文主义学会的成立》,载《黄埔军校史料(1924—1927)》,广东人民出版社1982年版,第336—338页。

后,"二期川籍同学多与谢持、石青阳等'西山会议派'保持密切联系,成为极端反动的集团"。此外,"……史宏熹、杨耀唐、谢振邦等以江西同乡为活动目标,李士珍、周兆棠专联络浙江的同学。他们彼此串连,互相声援,使一些中间分子慑于反共势力,不敢有所表示"。①

关于广州"孙文主义学会"与"西山会议派"之间的关系,在杨天石对"中山舰事变"的研究中得以反映。"广州'孙文主义学会'发端于1925年6月的'中山主义学会',其核心人物为王柏龄、贺衷寒、潘佑强。这一组织成立后,即与'西山派'相勾结,阴谋反对国共合作,其间的联络人就是时任国府委员、兼任广州市市政委员会委员长的伍朝枢。"②

黄埔军校"孙文主义学会"的组织略仿中国国民党的组织系统,最高机构为会员大会,会务分评议、执行部门。其领导干部大概为:执行委员冷欣、杨引之、陈诚、缪斌、潘佑强、谢瀛洲、邵锡生、倪弼、葛武棨。候补执行委员杜新树、魏廷鹤、曹润群、贺衷寒、杨耀唐。③ 当然,"孙文主义学会"的赞助人与负责人并不限于所公开的名单中,蒋介石、孙科、何应钦、戴季陶都是实际的支持者。④

根据前述,"孙文主义学会"的组织在1925年春天已经建立,亦迅速发展。"当时参加的人数不多,当第二次东征结束,部队回到广州以后,人数有了较大的增加。12月27日,'孙文主义学会'在魏芳廷家开了一次会,到会就有200多人。"⑤ 但一直到同年12月29日,该会才正式召开了成立大会。学会的主要任务就是与"中国青年军人联合会"斗争,监视和破坏中国共产党在黄埔军校的各种革命活动,并且大肆展开反共宣传。"廖仲恺被刺案"爆发后,"孙文主义学

---

① 黄庸:《黄埔学生内部斗争的起因与发展》,载《黄埔军校史料》,广东人民出版社1982年版,第341—343页。
② 杨天石:《中山舰之谜》,载《蒋氏秘档与蒋介石真相》,社会科学文献出版社2002年版,第124—125页。
③ 广州《民国日报》,1926年3月3日。
④ 李云汉指出:"'孙文主义学会'成立在行动上主要是得到黄埔军校高级负责人的支持。该会成立之初,即获得党代表廖仲恺的同意。除蒋校长是个'武装的戴季陶'外,何应钦也与该会有相当的关系。甚至汪精卫起初也是表示支持,到'廖仲恺被刺案'发生后,汪才急转'左倾',而阻扰孙文主义的发展。"见《介绍孙文主义学会及其有关文件》,《中央研究院近代史研究所集刊》1973年第4期,第501页。
⑤ 王辉强主编:《黄埔军校秘史》,青海人民出版社1995年版,第187页。

会"发出的《告同志书》可以算是"孙文主义学会"对中国共产党党员宣战的公开宣言。除了引用戴季陶主义号召"孙文主义的信徒团结起来"之外,还"危言耸听地宣扬:我们要辨明谁是真正孙文主义的革命者,谁是孙文主义的信徒。在不需要共产主义的中国,即宣传共产主义,我们相信亦必定得不到好的结果"。①

中国共产党党员李之龙也曾谈及:"这种组织在广州的主要工作,最初是对抗'中国青年军人联合会',其后经伍朝枢、吴铁城之介绍,与'西山会议派'结合,受其利用而扩大为'排共仇俄'反对国民党'左派'之阴谋组织。他们在广州发难,领过了上海伪国民党第二次全国代表大会数万元之运动费,陈肇英领了15000元,欧阳格领了5000元。3月22日欧阳格发给中山舰副舰长章臣桐(当时代理舰长)1000元之补助损失费(被捕时的损失),以结其欢心,留为己用。不用说,这时候的'孙文主义学会'是'中山舰案'在广东方面的主要执行者了。广州'孙文主义学会'的领袖人物是第一军中的几个不肖军官,其中黄埔学生也有一些。这些军官是第二师师长王柏龄、第三师师长刘盼、第二师第八团团长惠东升与第三师党代表缪斌等。"②

事实上,促发"中山舰事变",的确为黄埔军校"孙文主义学会"与"西山会议派"合作最为密切的一事。"蒋介石之所以在那样一个特定时刻对中山舰采取镇压措施,应该说,'西山派'和伍朝枢的诺言起了重要作用;其中还有柳亚子、陈独秀所指出的广州'孙文主义学会'的作用。"③多年以后,王柏龄还得意地自供说:"中山舰云者,烟幕也,非真历史也,而其收功之总枢,我敢说,是'孙文主义学会'。"④

"中山舰事变"后,广州的革命情势为之陡变。在蒋介石于1926年4月7日发出取消校内所有小组织令后,"中国青年军人联合会"便于4月16日发表《解散宣言》,而黄埔军校"孙文主义学会"也不得不相

---

① 转引自李云汉《介绍孙文主义学会及其有关文件》,载《中央研究院近代史研究所集刊》1973年第4期,第501页。
② 李之龙:《回忆三二〇事件的原因》,载《黄埔军校史料(1924—1927)》,广东人民出版社1982年版,第211—212页。
③ 杨天石:《中山舰之谜》,载《蒋氏秘档与蒋介石真相》,社会科学文献出版社2002年版,第124—125页。
④ 王柏龄:《孙文主义学会的成立》,载《黄埔军校史料(1924—1927)》,广东人民出版社1982年版,第336—338页。

继于 4 月 20 日宣告解散。①

第二，北京"孙文主义学会"。

1925 年 12 月 12 日，北京"孙文主义学会"成立于北京大学第三医院，会址在南长街的南花园一号。西山会议系统的北京市党部也在此，并同东城翠花胡同 8 号的中国国民党"左派"市党部分庭抗礼。学会的前身是"中社"和"民治主义同志会"。这两个青年团体都崇奉三民主义，也都接受上海中国国民党本部的指导；对于当时在北京活动的社会主义青年团分子，亦均采取排拒的态度。西山会议的召开首先获得这两个团体的拥护。

"中社"系 1922 年底由北京各大学倾向中国国民党的青年，在邹鲁的指挥下所组织，设址于西城帝王庙内的"中华教育改进会"。"民治主义同志会"由中国国民党人傅汝霖、许清和等策动，会员多为北京各大中学之学生，发行《民潮周刊》，宣扬民治主义；并曾派遣代表王昆仑、傅汝霖等先后赴上海向孙中山及中国国民党本部报告。据周一志回忆说："五四"运动之后，北大学生邹德高、王昆仑、陈兆彬等组成一个 9 人小组，口号是"读书自由""政治自由"。1922 年北京大学发生"讲义风潮"，这 9 人站在护校的立场，坚决拥护蔡元培。风潮过后，他们又陆续联合北京大学、政法大学、北京师范大学等高校的几十人组成了"民治主义同志会"，接着傅汝霖以东北同乡的关系拉上了中国国民党的旧国会议员许清和，邹德高以四川同乡的关系拉上了中国国民党的谢持，陈兆彬又是中国国民党人陈少白的侄子。因这种关系，"民治主义同志会"就同中国国民党建立了政治及经济上的关系。他们办了一个《民生》周刊，宣传三民主义及资产阶级的民主政治。又办了一所大中公学，作为培养青年的机构。北京大学教授马叙伦创办了一所外国语学校，"民治主义同志会"的发起人之一姜绍谟，因为与马叙伦是同乡便作了校长，这个学校就等于是"民治主义同志会"的外围机

---

① 李云汉指出："广州'孙文主义学会'的组织，名义上虽于 1926 年 4 月 20 日解散，精神上却仍然坚守反共的壁垒，形成国民革命军反共力量的核心。'黄埔军校同学会'的成立无疑的乃是'孙文主义学会'的生命的延续。"见李云汉《介绍孙文主义学会及其有关文件》，载《中央研究院近代史研究所集刊》1973 年第 4 期，第 505 页。

构了。①

所以"民治主义同志会"的活动与中国国民党的联系极为紧密,它几乎充当了北京市国民党支部的角色,而且对中国国民党组织在北京的扩展给予了积极的配合。据载,在北京进行"挽蔡驱彭"和反北洋军阀的运动中,作为中坚力量的"民治主义同志会"便派王昆仑为代表去上海谒见孙中山。孙中山对王昆仑说了一些鼓舞的话,赞许了北京学生的反北洋军阀运动,王昆仑还加入了中国国民党,返回北京时带回了一批党证及宣传品,为发展青年国民党党员之用。而后,孙中山就派出张继到北京组设中国国民党支部,接着,"民治主义同志会"成员陆续加入中国国民党,分布于北京各大专院校。1924 年孙中山北上,北京各民众团体派国民代表到天津欢迎,"民治主义同志会"的邹德高是代表之一。中国国民党那时在北京办了一个《国民日报》,邹德高被任命为编辑。邹德高、傅汝霖等人还经常到铁狮子胡同孙中山的临时住宅帮助老一辈的中国国民党人工作。"廖仲恺被刺案"以后,邹鲁、谢持等策动各地青年中国国民党人组织秘密的"国民委员会",作为反共的活动核心。"国民委员会"所用的钱是孙科以上海拿出来的,他站在后边,由邹鲁、谢持等人出面。北京的"国民委员会"成员是傅汝霖、姜绍谟、王昆仑、邹德高、钟天心、袁世彬、陈兆彬等人。而"民治主义同志会"除了与邹鲁、谢持、张继以及安徽帮的王亚樵等有关系以外,同中国国民党的"右派"冯自由、马素等人也有接触。"民治主义同志会"对孙中山的"三大政策"持怀疑态度,实际是反对的,此点与中国国民党元老邓泽如、谢持、林森、张继等人的主张相同。②

正是对孙中山的"联俄""联共"抱有同样的怀疑和反对,继上海"孙文主义学会"成立后,"中社"和"民治主义同志会"在谢持、邹鲁等人的组织下改组为北京"孙文主义学会",并在"上海中央"的指导下从事反共活动。学会的筹备完全是由"民治主义同志会"操纵,原"民治主义同志会"的领导人员周一志和王昆仑共同起草大会宣言;在组织方面,由王昆仑任常务委员,黄英与王昆仑等人商讨"孙文主义

---

① 周一志:《关于孙文主义学会》,载《文史资料存稿选编·政府·政党》,中国文史出版社 2002 年版。

② 同上。

学会"及后来西山会议的许多工作；而且北京"孙文主义学会"的成员大多为"民治主义同志会"成员，"'民治主义同志会'分子十之八九都曾加入'孙文主义学会'，又吸收了一些像我（周一志）这样的新分子"。① 北京"孙文主义学会"的主要成员有袁世彬、傅汝霖、傅启学、陈兆彬、钟汝中、程元斟、王昆仑、巫启圣、邹德高、张平江、廖文英、曾扩情、何玉书、王星舟、周德润、张志韩、金克超、尹述贤、马克强、张六师等。"这一批右翼青年把戴季陶的《孙文主义哲学之基础》及《国民革命与中国国民党》两本小册子作为指导的理论基础，认为戴季陶是中山主义的正统权威。"② 但是，北京"孙文主义学会"也并非完全隶属于"西山会议派"。周一志曾表示，"那时候我们同'西山派'老头子们的关系颇为微妙，虽然政治上立场一致，可我们并不完全听他们的话"。③

"上海中央"党部建立后，首先着手整顿北京党务，由林森负责指导，而实际从事工作的是北京"孙文主义学会"分子。在"上海中央"所任命的北京特别市党部的9位执行委员中，4位都是学会的主要成员，且负有实际的责任。他们分别是组织部长程元斟、青年部长钟汝中、妇女部长张平江、实业部长廖文英。监察委员中也有2位是"孙文主义学员"，即张六师、马克强。④ 1926年3月29日，"上海中央"召集中国国民党"二大"，北京"孙文主义学会"的傅启学、陈兆彬辈被推为北京代表。傅启学曾颇为得意地对大会报告北京党务的情形说，"学生运动，自五卅后组织各校沪案后援会，此会召集群众多在十万以上，而共产分子召集则人数甚少。'共产派'乃乘全国学生总会在京开会时图双方合并，同志拒之，彼辈亦取消北京学生联合会，现在北京学生总会双方势力平均"⑤。

北京"孙文主义学会"分子的积极活动形成了一股强大的反共浪潮，其会员则在西山会议发动中担负了重要的任务，使得原北京市党部

---

① 周一志：《关于孙文主义学会》，载《文史资料存稿选编·政府·政党》，中国文史出版社2002年版。
② 同上。
③ 同上。
④ 李云汉：《孙文主义学会与早期反共运动（1925—1926）》，载《中华学报》第1卷第1期，1984年。
⑤ 同上。

一再强调"其势力甚为雄大"。时在北京执行部任事之中央执行委员丁惟汾,即曾向"广州中央"执行委员会报告:

> 本来西山会议,在北京的同志是没人理会的,独有"民治主义同志会"非常给他捧场……他们的总部仍然留在北京,使我们感觉十分痛苦。现在北京许多青年已经明白他们的真相,都不愿加入他们,他们又改头换面用"孙文主义学会"来做号召,一般青年们不察,以为"孙文主义学会"这个名义是好的,便有许多人加入,不过他们仍旧在做破坏我们党务的运动。①

而且,北京"孙文主义学会"还公然发出拥护"西山会议派""上海中央"的通电,声言"自西山会议议决开除'共产派'党籍,并取消共产党派所把持之各级党部后,即通令全体党员重新登记。北京'孙文主义学会'执行委员会为拥护真正中国国民党及'清党'运动,特于最近发表宣言等"。②

关于北京"孙文主义学会"的解体,有说是"1927年4月12日,蒋介石'清党','孙文主义学会'这样的组织已无继续存在的意义,便无形消失了"。③ 也有说是"北京'孙文主义学会'受到谭平山和鲍罗廷的攻击,加之'三一八惨案'发生后,党事蒙受极大影响,北京'孙文主义学会'的活动亦随之渐趋消沉"④。总之,在"上海中央"合流南京政府"清党"时,北京的"孙文主义学会"就基本解散了。

第三,上海"孙文主义学会"。

在各地"孙文主义学会"团体中,以上海"孙文主义学会"的地

---

① 《政治周报(第3期)》,载第二历史档案馆编《中国国民党第一、二次全国代表大会会议史料》,江苏古籍出版社1986年版,第217—218页。
② 《京报》,1926年2月12日。
③ 周一志:《关于孙文主义学会》,《文史资料存稿选编·政府·政党》,中国文史出版社2002年版。
④ 李云汉:《孙文主义学会与早期反共运动(1925—1926)》,载《中华学报》第1卷第1期,1984年。

位最为重要。① 1925年3月，中国国民党南京市党部分裂，出现"左、右派"两党部。东南大学的学生领袖邓公玄、宋述樵等中国国民党党员慑于中国共产党组织的发展以及党务的壮大之势，特意到上海分别访问孙科等，陈述所谓"共党阴谋"，得到了孙科的支持。他们遂即组织了"国民委员会"，由孙科、马超俊、黄季陆等指导；并创办《国民导报》，由邓公玄主持发行及编辑之责。"国民委员会"成立后就开始与上海CP、CY分子展开斗争，各大学青年受到煽动，颇多响应。是年10月，邓公玄、蒋希曾等赴粤，邓公玄经岳云中学同学潘佑强之介绍，与黄埔军校的"孙文主义学会"取得了联系。返沪，在获得孙科、马超俊、林焕庭等人的赞同后，他们很快就决定将"国民委员会"改组为上海"孙文主义学会"。据马超俊回忆，"为防止共产邪说，应注重于青年思想，与时在上海的孙科会商，决定联络各大学学生，创立'孙文主义学会'。当时参加者有东南大学学生邓光如、任西萍、高狱生，上海商科大学的王漱方以及国民大学、南洋大学、复旦大学、中华工专等学校学生"。② 这样看来，戴季陶反共理论的鼓励、广州"孙文主义学会"的影响以及孙科、马超俊、黄季陆诸人的赞助实为促成上海"孙文主义学会"成立的三要素。③

1925年11月29日，上海"孙文主义学会"成立仪式于山东会馆

---

① 李云汉认为以上海"孙文主义学会"的地位最为重要的原因有三。第一，上海"孙文主义学会"的赞助人如孙科、马超俊、黄季陆、杨杏佛、林焕庭等都是有历史、有地位的中坚中国国民党员，他们对青年的号召力极大。学会成立大会，孙科与杨杏佛莅临发表演说，对该会的发展帮助极大。第二，上海"孙文主义学会"为南京、芜湖、武汉、常德等地"孙文主义学会"的母体，亦即是长江中下游孙文主义运动的指挥中心，且与广州"孙文主义学会"有秘密联络，使全国性的孙文主义运动联成一气。第三，上海"孙文主义学会"的"反共"旗帜最鲜明，对联省自治、无政府主义、马克思主义与国家主义派的主张均提出公开的批评，表示强烈反对；而通电警告汪精卫，发表申明拒绝共产分子加入等行动则获得"反共"的中国国民党员与社会人士的喝彩。其机关报《革命导报》的口号是"假革命的向左去，不革命的向右去，孙文主义的革命同志前进"。见李云汉《介绍孙文主义学会及其有关文件》，载《中央研究院近代史研究所集刊》1973年第4期，第503页。
② 马超俊口述，郭廷以、王聿均访问：《马超俊先生访问记录》，台湾"中央"研究院近代史研究所1992年版，第93页。
③ 李云汉：《孙文主义学会与早期反共运动（1925—1926）》，载《中华学报》第1卷第1期，1984年。

举行，孙科、马超俊、杨杏佛等均应邀发表演说①；大会推孙科为会长，马超俊为总干事，刘庐隐、郎醒石、何世桢、黄季陆、马超俊为筹备委员。②上海"孙文主义学会"的组织略似政党组织的形式，其成员以知识青年为主，但却不限于知识青年，一些反共工运干部也被吸收入会。所以，多数的上海工会拥护"孙文主义学会"，成立了"上海总工会"，与中国共产党主导的"上海总工会"对抗。上海"孙文主义学会"还曾郑重声明"敝会为纯粹三民主义之信徒所组织，对内团结同志，对外吸收党员，故对于以国民党为敲门砖，意在升官发财之'右派'，及信仰马克思主义，意在篡党之'共产派'，均不得不拒绝其加入"。③此外，上海"孙文主义学会"的参加者中还有不少中学生，其中有极为活跃的黎东方。他入会时还就读于中学，后来上海"孙文主义学会"办了一所建国中学，黎东方则以中学生身份当了建国中学的董事。④

上海"孙文主义学会"的会址，设于上海市白来尼蒙马路的普庆里，领导干部称为委员。其首届委员的类别及姓名列表如下（见表3）。

表3　　　　　　　　上海"孙文主义学会"首届会员名单

类别	姓名
区域委员	一区：彭震寰、二区：陈白、三区：王潄芳、四区：萧淑宇、五区：杨剑虹、六区：周修齐、七区：陈保元、八区：林仲川、九区：葛建时
工人委员	何天凤、张子余
妇女委员	张近芬、马瑞芳（候补）

---

① 据黎东方回忆，学会成立时间是1925年八月下旬的某一个礼拜天。参见黎东方《平凡的我》，台北文星书店1963年版，第158页。而上海"孙文主义学会"于1925年11月8日发表紧要声明，称上海"孙文主义学会"于11月29日开成立大会。见上海《民国日报》。李云汉的研究也认为成立大会是11月29日，见《孙文主义学会与早期反共运动（1925—1926）》，载《中华学报》第1卷第1期。结合各种资料来看，金永信的"应以民国十四年11月29日为准"这一主张较为准确。
② 马超俊口述，郭廷以、王聿均访问：《马超俊先生访问记录》，台湾"中央"研究院近代史研究所1992年版，第94页。
③ 声明为"敝会为纯粹三民主义信徒所组织，对内团结同志，对外吸收党员，故对于以国民党为敲门砖，意在升官发财之'右派'，及信仰马克思主义，意在篡党之'共产派'，均不得不拒绝其加入"。见上海《民国日报》，1925年12月9日。
④ 黎东方：《平凡的我》，台北文星书店1963年版，第160页。

续表

类别	姓名
学生委员	梁栋（国民大学）、周怿（崇德医学）、李致和（同济医工）
平教委员	沈舒安、袁晓凤（候补，明新大夏大学）、李宣誉（南洋大学）、刘慎修（复旦大学）、周咏章（第一师范）、愈忠元（中华中专）、姜到张（候补，浦东）、陈承阴（东吴法科）
监察委员	蒋之英、黄咏台、黄俊、邵华、陈德征
其 他	刘真如、萧明新、萧异、谢恒龙、任电军、张一寒、张君谷、邓公玄、蒋希曾、王光辉、黄炎、张近征、倪文亚、杨幼炯、范争波、杨兴勤、何范五、张国金、周湘、费哲民、赵澍、黎智廉、陈一郎、骆美奂、刘慰凌、吕素蟾、谢仁剑、徐柏园

资料来源：李云汉：《孙文主义学会与早期反共运动（1925—1926）》，《中华学报》第1卷第1期，1984年。

在全国各地学会中，上海"孙文主义学会"则是参与"西山会议派""上海中央"活动最为积极的。① 该学会成立前夕，"西山会议派"的"上海中央"党部于1925年12月24日在上海执行部原址环龙路44号，正式以中央执行委员会名义办公。由于反共目标相同，学会的大多数会员，参加了"上海中央"的组织，并构成其反共行动的主力。② 参加"上海中央"党务工作的学会会员，如邓光禹、王漱方等大多担任实际掌理工作的各部干事。"上海中央"为扩展地方党务派往各地的筹备委员，也大多以该学会的年青会员为主。不但如此，该学会的干部大部分都还出席了"上海中央"召开的中国国民党"二大"。同样"西山会议派"对上海"孙文主义学会"的支持也很大。为在上海召开"孙文主义学会"的第一次全国代表大会，谢持特地为周一志、王星舟两人筹了300块钱，叫他们到南京、芜湖、安庆、九江、武汉几个地方，同那里的"西山会议派"及"孙文主义学会"的分子接洽。③

而且，上海"孙文主义学会"成立后，即将原来的《国民导报》改组成《革命导报》，作为该学会的机关报。主要执笔者有邓公玄、梁

---

① 黎东方：《平凡的我》，台北文星书店1963年版，第160页。
② 李云汉：《从"容共"到清党》，台北及人书局1987年版，第439页。
③ 周一志：《关于孙文主义学会》，载《文史资料存稿选编·政府·政党》，中国文史出版社2002年版。

栋、刘真如、萧明新等，黎东方也经常撰稿。他们在《革命导报》连篇累牍地发表文章，大肆宣扬"西山会议派""分共、清党"的主张，并高唱"合则互损，分则两便"的分裂理论。① 在其《发刊词》中，他们还公然指名道姓地攻击瞿秋白、陈独秀、谭平山、周恩来等中国共产党人说："在三民主义的立场上面而论，共产党完全是国民党的叛徒。"② 据黎东方所记，《革命导报》当时常常印出的口号是："假革命的向左去，不革命的向右去，孙文主义的同志前进！"

此外，南京"孙文主义学会"系以东南大学为发展中心，赞助者为南京之总理丧事筹备处，曾出版《国民周刊》以为反共宣传。芜湖"孙文主义学会"系李宗邺等所组织，武汉"孙文主义学会"则为张知本、郭聘伯等发起，常德"孙文主义学会"乃以第二师范学校之反共青年张中宁等为中坚，此三处学会均以"上海中央"党部为指导机关，与上海"孙文主义学会"可视为一体。而且，南京、芜湖、常德、武汉、永嘉等这些地区的学会组织活动几乎都与"上海中央"党部有密切的关系。"上海中央"在各地区的党部几乎也多是由"孙文主义学会"所把持。所以，在"孙文主义学会"活跃的地方，"上海中央"的影响力也随之显得特别强大。

上海与广州两地的"孙文主义学会"之间，虽在组织上无主丛关系，但实际工作上却有彼此"桴鼓之应"的事实。首先，上海"孙文主义学会"的成立就是在邓公玄与黄埔军校"孙文主义学会"的蒋希曾等接洽之后，才联络各校学生组织的。黎东方亦指出："粤会的同志们派了代表J君来，和我们沪会联络。"③ 至上海"孙文主义学会"召开成立大会时，黄埔军校"孙文主义学会"的冷欣、贺衷寒、潘右强、杜心如等皆来沪响应。④ 当发生"中山舰事变"时，上海方面也致函广州以表祝贺，谓"诸君学养有素，大义凛然，爱党爱国，不遗余力，兹竟能助介石先生，于短时间蹴平叛党祸国之分子"。⑤

---

① 凌梦痕：《国民党与共产党》，载《革命导报》第3期。
② 《〈革命导报〉发刊词》，载《革命导报》第1期。
③ 黎东方：《平凡的我》，台北文星书店1963年版，第165页。
④ 马超俊口述，郭廷以、王聿均访问：《马超俊先生访问记录》，台湾"中央"研究院近代史研究所1992年版，第93—94页。
⑤ 《广州事变之研究》，《向导》周报，第148期，1926年4月3日。

总而言之，除了广州尚未直接与"上海中央"发生联系外，其余各地，包括上海"孙文主义学会"所辖的南京、常德、芜湖等地基本都处于"西山会议派"的领导下，是"上海中央"的组织力量所在。尽管如此，鉴于两大组织成员背景的差异，"西山会议派"和"孙文主义学会"之间在言论和行动上，难免还是会发生一些冲突。例如：西山会议曾决议开除汪精卫党籍6个月，并不得在地方党部服务，上海"孙文主义学会"则认为处分过重，电请暂缓执行，而对汪精卫仅是发电警告而已。

> 广州精卫同志鉴，自廖仲恺同志被刺，汉民同志遭放，公以一身兼中央执行委员会及国民政府政治委员会、军事委员会主席、党代表等要职，一言一动，足以左右全党，偶一失当，即足以危害吾党、危害中国。党员等望公至深，爱党至切，不能不进一言，为公忠告。"联俄"为我党政策，任用一二俄人为顾问、为客卿，在政策上本无不可；若举一切政权、军权悉拱手交与俄人，生杀予夺，唯其所欲，丧失民族独立之精神，为策之失，无以过此。……最近一年中该党党员增加至数十人，均我党之努力分子，人则日益、我则日损。又复包办选举，窃据党部，罪迹昭彰，言之心痛，公为我党前辈，应如何整饬党律、巩固党基、冀无负总理之遗训，即全国党员关望之热诚，乃公为该党包围，甘为该党张目，甚且造出向左向右之谬论，欲驱我党尽入彼党，失之毫厘，谬以千里。亡党祸国，谁尸其咎。关于共产党应请注意者二也。此次中央执行委员会已议决开除公党籍六个月，并不得在地方党部服务，党员等为党国前途计，不忍绝公自新之路，已电请暂缓执行，望公立即悔悟，有以自赎。否则是公自绝于我党，党员等不能为公谅矣。希公善自图之。
>
> 　　　　　　　　　　　　　上海"孙文主义学会"执行委员会叩。①

自孙科受广州拉拢离沪赴粤后，上海"孙文主义学会"部分会员还曾一度对西山会议与"上海中央"产生怀疑。该学会的干事处也曾提

---

① 《上海孙文主义学会警告汪精卫书》，载上海《民国日报》，1925年12月11日。

请中央执行委员会派中央执行委员出席该学会，解释西山会议的真相。最终，桂崇基受命中央执行委员会向上海"孙文主义学会"解释西山会议"反共"主张，并决议由居正、谢持负责向孙科、马超俊忠告。①

最大的分歧表现为广州黄埔军校"孙文主义学会"通电反对"西山会议派""上海中央"。广州黄埔军校"孙文主义学会"原本是支持"西山会议派"的，他们曾打算于1925年12月29日在成立大会上举行"分共"的示威运动，并散发西山会议传单，但是被蒋介石于28日晚"漏夜严电制止"。②之后，在蒋介石的痛骂和威逼下，他们开始逐渐转变了立场。因为蒋介石已经公开发表《为西山会议告同志》一文，表明了反对"西山会议派"的立场，况且广州"二大"又是蒋介石、汪精卫的共同政治活动。所以，蒋介石是不会容许"孙文主义学会"站到"西山会议派"一边的。1926年1月1日，从汕头返抵广州的蒋介石，即于是日下午"为孙文主义会事，痛诫惠东升等"。③接着由蒋介石、汪精卫、何香凝及苏联顾问等轮番向"孙文主义学会"做工作。

在当时共青团各地委向上级所作的报告中，就蒋介石痛斥西山分子的情形进行了绘声绘色的描述。④时为国民革命军第一军第二师师长的王懋功虽未参加"孙文主义学会"的活动，但却是蒋介石骂"孙文主义学会"的知情人之一。他给张静江的信中有所提及（从中也可窥到广州黄博军校"孙文主义学会"与"西山会议派"的合作行为）：

> 及贺衷寒等到省开该会成立大会，谋以"孙文主义学会"作全国之运动，将学会与党并立，其种种不轨行为，如联合西山会议，联络各处"反革命派"之"孙文主义学会"，鼓动第二师全体武装加入巡游，反对第二次代表大会共产分子当选，为彰明卓著之反共产行为，诸如汪先生、鲍罗廷同志等，莫不亲见亲闻。当时广州市人心惶惶，发现西山会议及赞成西山会议传单，二三两军亦为震动

---

① 《上海中央第一届中央执行委员会第十二次会议记录（民国十五、三、二十年）》，台湾中国国民党党史馆藏。
② 毛思诚：《民国十五年以前之蒋介石先生》，香港龙门书局1965年版，第573页。
③ 同上书，第588页。
④ 详见《团广州地委12月份政治报告（1926年3月7日）》，载《广东革命历史文件汇集（甲4）》，中央档案馆1982年版，第27页。

（汪先生言之）……及校长回省，汪先生及鲍罗廷同志等将该会经过情形尽情吐露，共谋挽救之法。功因其问题重大，从未敢妄置一辞。校长之大骂该会卖党并卖本军，不应与邹鲁等勾结，及痛责王茂如、惠东升、贺衷寒等不应操纵学会，藉图个人名利，乃事势使然。①

蒋介石的痛骂，广州"二大"紧锣密鼓的筹备，加之苏俄顾问也向缪斌、贺衷寒做说服工作，使得广州"孙文主义学会""反共、分裂的行为"大大收敛，且先前的"激烈反共"主张也开始动摇。1926年1月11日，广州"二大"开会期间，缪斌、贺衷寒在广州《民国日报》上公开致信汪精卫、奥尔坚。② 这显然是"二人做出自我批评、承认错误、表明态度之作，实际也是他们的检讨书。不过，他们心有未甘，在信中闪烁其词"。③ 之后不久，他们便发出了反对"西山会议派""上海中央""二大"的通电。

> 上海国民党第二次全国代表大会阴谋破坏革命，动摇本党，不惜效忠于帝国主义，罪状昭然。民众已深恶而痛绝之，决不受其煽惑。近该伪代表大会通电，对于本会诸多诬蔑，殊堪痛恨。本会一切行动，向均听命于党，而唯革命领袖之马首是瞻，对于总理手订之两大革命策略，尤不敢有丝毫怀疑。今该伪代表大会无端引本会为反赤同盟，显系有意侮辱。此等鬼域伎俩，本不足道，诚恐外间不明真相，特电，唯希监察。④

虽然广州"孙文主义学会"站到了"西山会议派"的对立面，但上海、北京等地的"孙文主义学会"却始终热烈拥护"西山会议派"，在"上海中央"出现后，"各地'孙文主义学会'便分野为广州与上海

---

① 《王懋功致张静江信（1926年3月7日）》，载中国第二历史档案馆编《中华民国史档案资料汇编（第4辑）》，江苏古籍出版社1991年版，第359页。
② 《关于党内重要问题函》，载广州《民国日报》，1926年1月11日。分别为《贺衷寒致汪精卫》《贺衷寒致奥尔坚》《缪斌致汪精卫》。
③ 曾庆榴：《共产党人与黄埔军校》，广州出版社2004年版，第257页。
④ 荣孟源：《中国国民党历次代表大会及中央全会资料（上）》，光明日报出版社1985年版，第452页。《申报》，1926年4月20日。

两个中心。以上海为中心的中部及北部各地'孙文主义学会',则多参加"上海中央"在各地树立的党务组织,在地方上与共产分子把持的党务机构对抗"。① 这种迹象,直到1927年4月,蒋介石"清党"后才有了转变,各地"孙文主义学会"会员大都南下广州,共同投身蒋介石所领导的党务整理和北伐大业。② 鉴于"上海中央"各地党部在蒋介石北伐中已被摧毁无几,"孙文主义学会"势力也大为削弱,迨至"上海中央"上交中央特别委员会后,其组织基本上消失。

广州"孙文主义学会"是全国各"孙文主义学会"的发动中心,但与各地"孙文主义学会"间的关系,却是暧昧又分歧的。我们目前可以肯定的一点是,各地的学会多是在广州"孙文主义学会"的带动下应运而生的,进而形成了一个规模浩大的全国孙文主义运动。③ 而且据周一志等人回忆,在"中山舰事变"前,"西山会议派"的谢持等人已经在筹划召开以广州的"孙文主义学会"为中心的全国"孙文主义学会"代表大会。④ 所以,若干文献及当时人的记载都视广州"孙文主义学会"为总会,各地"孙文主义学会"为分会。只是,各地学会间因多是以戴季陶主义为精神上的贯通,彼此在组织系统上没有隶属关系,在政治主张及活动策略上也就没有一致性。所以广州"孙文主义学会"对各地学会仅有影响力,而无拘束力。

国民党学者曾评价说:

> 广州"孙文主义学会"的影响广泛而深远。第一,它的成立和存在导发了全国性的孙文主义运动,10个以上的"孙文主义学会"

---

① 李云汉:《介绍孙文主义学会及其有关文件》,载《中央研究院近代史研究所集刊》1973年第4期,第505页。
② 李云汉:《孙文主义学会与早期反共运动(1925—1926)》,载《中华学报》第1卷第1期,1984年。
③ 戴季陶反共理论的启示与黄埔军校"孙文主义学会"反共行动的影响,顿使全国各地青年反共中国国民党党员获鼓励,他们反共的态度开始明朗,反共的行动开始集中。在1925年11月间,上海首先有"孙文主义学会"的出现,北京同时有"孙文主义学会"的组织。在上海的"孙文主义学会"的影响下,南京、芜湖、武汉、常德等地"孙文主义学会"次第组成,海外日本、美洲各国、法国等处反共中国国民党党员亦分别组成以孙文主义为中心的团体——"孙文主义宣传同志会",与国内各地"孙文主义学会"相呼应。见李云汉《介绍孙文主义学会及其有关文件》,载《中央研究院近代史研究所集刊》1973年第4期,第503页。
④ 周一志:《关于孙文主义学会》,载《文史资料存稿选编·政府·政党》,中国文史出版社2002年版。

在各大都市及海外建立起来,宣传孙文主义的报纸和期刊也竞相出刊,这一浪潮对共产主义者实为空前的撞击——是自民国建立以来首次遭到的全面性的围攻——对当时整个政治情势的转变确是功不可没。第二,它不仅在革命势力的中心广州高竖起孙文主义的鲜明旗帜,而且在中国国民党、革命军和广大学生、工人群众中厚植了反共的势力,以实力及其影响力支持了反共的行动……"①

其中,我们可将第二点看为是各地孙文主义的影响所在。不仅是广州"孙文主义学会",其他各地的学会都对中国共产党的革命活动造成了极大的破坏和阻碍。尽管时长不到一年,但是所造成的反共声势及其与中国共产党各地党部的斗争都对国共合作的局面造成了极坏的影响。关键是,"孙文主义学会"对"西山会议派"的支持与参与,更加大了中国共产党、中国国民党"左派"反攻"西山会议派"的难度,使之得以与"广州中央"平行发展。

二 广东大学辞职的 38 位教授

首先要说明的是,广东大学赴上海的 38 位辞职教授不能完全被归于"西山会议派"。因为在陈公博代校长的主持下,自广东大学在校教授发表《"广大"教授取消辞职宣言》后,陆续有二十多位教授返回了广州。而且,根据辞职教授之一的冯友兰自述,他的辞职南下仅是离开广州的一个借口而已,与"反共"、西山会议完全没有关系。

……本来只打算在广东大学待一个学期的,正苦于没有一个借口可以离开广州,学校一乱,我就乘机也离开广州回到上海。陈公博派人留我,劝我念北大同学之情,不要离开。我说,我与燕京大学有约,本来就要离开的。并不是反对新校长。我从广州到上海,在船上碰见了那些广东大学反对陈公博的教授,到了上海,同他们住在一个旅馆中。他们拿出了一个反对陈公博的宣言,让我签名。其实,我之所以离开,跟他们之所以离开广州,完全没有关系。可

---

① 李云汉:《介绍孙文主义学会及其有关文件》,《中央研究院近代史研究所集刊》1973年第 4 期,第 505 页。

是碍于情面也在上边签名了。①

如此看来，冯友兰肯定不是"西山会议派"了。我们虽不能一一考证每位教授赴沪的真实原因，但从冯友兰举动也可看出，其中难免会有类似"投机"之人。所以，广东大学辞职的38位教授不可能全部都是"西山会议派"。

但我们似乎可将他们说成是"西山会议派"的一支重要力量，是其"分裂'广州中央'的"精神支柱。就事实来说，广东大学辞职教授离粤赴沪的行动与西山会议的筹备组织时间大致相同：前者是1925年11月20日，后者从1925年10月份就开始筹划并在11月23日正式召开。更为关键的是，邹鲁同为两者的最高领导。对于广东大学辞职教授来说，邹鲁是他们的一校之长，对于"西山会议派"来说，邹鲁又是主要的发起人，两件事的发生都与邹鲁有关。这两者的先后发生是纯属偶然还是存在必然的关联，这也是需要我们关注的。若从事件发生的影响看，离粤赴沪的广东大学辞职教授们因不满鲍罗廷、汪精卫"专权"的"辞职行动"，不仅在精神上给予"西山会议派"极大的鼓舞和支持，而且大大渲染了"西山会议派"的反中央政治氛围。广东大学时为中国国民党级别最高的文学校，由孙中山一手创办，与黄埔军校可谓旗鼓相当；而辞职的38人又都是有着一定分量的教授，所以"'广大'的辞职风波"带给汪精卫国民政府的只能是负面影响。尤其是在38位辞职教授发表的辞职宣言中，对于当时中国国民党高层政坛内幕的揭露，更为西山会议召开赢得了社会舆论的支持。所以，笔者试图就广东大学教授辞职事件的来龙去脉做一梳理，以揭示其与西山会议之间的微妙关系。

1. "查办"风波

1925年3月12日，孙中山不幸病逝。3月23日，中国国民党党员黄行函致中国国民党中央党部，认为全国各地均有以"中山"命名之事物，广东大学本由孙中山首创，"似宜将广东大学改为中山大学，查以党建国，为先生之特见，以党建校，实宜传之要图"。② 3月30日，

---

① 冯友兰：《冯友兰自传》，中国人民大学出版社2004年版，第55页。
② 《改"广大"为中山大学之建议》，载广州《民国日报》，1925年3月24日。

廖仲恺在中国国民党第一届中央执行委员会第七十一次会议上，正式提议将广东大学改名为中山大学。之后，广东大学在第三十八次校务会议上决议了《大学改为中山大学案》，谓"由本校申述改为中山大学理由，提出国民会议及广东人民代表大会会议决定，以示郑重"。①

于是，作为广东大学校长的邹鲁便根据校务会议决定，向国民政府呈请，并提出拟将1925年11月11日，也就是学校成立一周年纪念日这一天作为广东大学改名的日子。但是邹鲁的呈请遭到了否决，理由是"该校既经中央执行委员会议决改名为中山大学，自应积极筹备，俾名副其实。所请拟于本年十一月十一日成立，为期过促，应从缓议"。②与此同时，中央政治委员会第六十九次会议专门对此事进行讨论，决定成立调查广东大学委员会，就此调查办学情况，并"派甘乃光、马洪焕、陈公博为调查委员，以甘乃光为主席"。③

我们知道，调查"广东大学"的名义虽是为制定好的改名改制的方案以促使学校能更好地发展，但实际上与邹鲁却有很大的关系。邹鲁曾表示，政府对广东大学的调查实为鲍罗廷一步步将他这个"眼中钉"铲除的手段而已。

> 最初利用造谣中伤的阴谋，想加我以"不革命""反革命"的罪名，使我自动离开"广大"；继则想利用间接使我为难的诡计，取消"广大"独立的经费，迫我无法继续维持；三则采用正面攻击的办法，想撤换我的"广大"校长，使我不得不离开广州；最后他恼羞成怒，一不做二不休，想出了斩草除根的毒计，利用"廖案"加我以"莫须有"的罪名，使我根本无法活动……④

前章已谈及，邹鲁与鲍罗廷、汪精卫之间因国民政府成立、广东大学教育经费以及中央执行委员会与中央政治委员会的权限等问题产生很大的矛盾。事实上，发生摩擦的根本还是因邹鲁的"反共"立场。邹

---

① 《广东大学十四年度校务会议纪事录》，第2页，转引自吴定宇主编《中山大学校史（1924—2004）》，中山大学出版社2004年版，第40页。
② 《"广大"实行改为中山大学》，载广州《民国日报》，1925年9月17日。
③ 广州《民国日报》，1925年1月22日。
④ 邹鲁：《回顾录》，岳麓书社2000年版，第146页。

鲁在中国国民党党内的反共集团中影响力很大。他不仅在北京成立"民治主义同志会",扩展中国国民党业务;而且在国共斗争最激烈时,还把整个广东大学变成了反革命的大本营,极大阻碍了鲍罗廷、汪精卫二人的政治合作。孙中山逝世前,中国国民党内反共的风潮再次高涨,邹鲁曾问过孙中山:"对于共产党应持什么态度?"孙中山回答他说,"你办党和办教育,应该坚决保持本党的立场,如若共产党有法外的活动,当加以严防"。① 于是,他便以此为"明训"展开了与中国国民党"左派"和中国共产党的斗争。据邹鲁回忆说,

> 至于青年方面,因为青年部部长是我,最高学府的"广大"校长是我,工业专门学校的校长是以前和我在一起办事的萧冠英同志,省立第一中学的校长是我的族弟邹卓然,而所谓广州中等以上七校的校长,除女子师范外,都和我有直接或间接的关系。我极力防范共产党诱惑青年,他们都同样小心注意,广州如此,各地亦如此。当时广州方面,三日一游行、二日一开会,都要学生参加,想来摇动学生,但终无效。听说共产党分子向该党的秘密报告中,曾有"组织完全成功,工农大半成功。学生成绩甚少"的话,可以证明。因为以上种种,共产党便视我为眼中钉了。②

鉴于邹鲁校长的如此支持,中国国民党"右派"在广东大学的反动气焰异常高涨,各院都有党团组织。邹鲁及教职员和各单位学生的代表混合组织了一个执行委员会抵抗中国共产党。当时青年界里,中国共产党组织了一个"新学生社",非常活跃,邹鲁就叫各校员生秘密组织"民社""民权社"及专门的女生组织等来对付。而且"民社"的组织不纯粹是学生,他们经常到农工中去工作,同时还不断地派人加入中国共产党去侦察情形。最终,中国共产党的诸多情况都在邹鲁的掌握之中,学生运动也就很难有所作为了。在这一情形下,广东的报纸上出现了"'广大'是反革命的大本营"以及"广东大学不革命"等标语。邹鲁之所以说"鲍罗廷最初利用造谣中伤的阴谋,想加我以'不革命'

---

① 邹鲁:《回顾录》,岳麓书社2000年版,第132页。
② 同上书,第139—140页。

'反革命'的罪名，使我自动离开广大"便是此一来源。

时为"广州中央"的宣传机关广州《民国日报》曾报道调查原因如下：

> 广东大学是为国民党所设立学校，各教员对于党义平日须研究有素，方能指导学生、为国民奋斗，唯近查该校所用教员，多不明白党义，且对于开支各种款项，亦不甚适宜，而各教员上课钟点，所定之薪水，尤不公允，党及政府故拟定调查该校内容，以求改良整顿之法。查办委员会之组织，拟由中央党部青年监察教育厅三机关组织之，昨日经（中央）政治委员会第六十九次会议议决，乃派甘乃光（监察院）、马洪焕（教育厅）、陈公博（青年部）等为调查广东大学委员，而以甘乃光为主席。①

从上述内容中，我们似乎已很难看出此调查与"为纪念孙中山改名"之间有任何的联系，因为国民政府的"调查"完全是出于对广东大学整顿和治乱的需要。而该报主编陈孚木，特意又刊发《调查广东大学之重要意义》以做补充和宣扬。②

一石激起千层浪。广东大学的师生立时对此做出了回应。他们纷纷以张贴标语、召开集会等方式来抗议该报纸的"歪曲报道"，最后经磋商形成了四条意见："第一，发表宣言说明中山先生创办广东大学之真意义。第二，选代表询问政府究竟查办亦调查，如系调查，则《民国日报》实张大其词，呈请党部惩办。第三，《民国日报》编辑陈孚木16日的《调查广东大学之重要意义》有挑拨性质，呈请党部开除其党籍。第四，更正15日学务栏内广大校长问题之新闻，并查究其访员。"③ 广东大学的师生并打算派代表前往报社编辑部进行严厉质问。

但是，《民国日报》显得沉着而冷静。该报先是在1925年10月20日发表《值得调查的广东大学》，支持当局的查办行动。④ 而后于1925年10月21日第三版发表《"广大"学生蠢动之原原本本》，认为"广东大学师

---

① 《派员查办广东大学》，载广州《民国日报》，1925年10月16日。
② 吴定宇主编：《中山大学校史（1924—2004）》，中山大学出版社2004年版，第40页。
③ 《广东大学近日之骚动》，载广州《民国日报》，1925年10月20日。
④ 《值得调查的广东大学》，载广州《民国日报》，1925年10月20日。

生们行动的导火线虽是该报的报道，但其实质却是为保校长邹鲁：怕因调查广东大学邹鲁失去校长职位而殃及自己。他们于（1925年）10月19日召集的学生联合会是胡闹"。① 接着，还发表社论《我们对于"广大"的态度》回应"广大"的师生言动。② 之后，又于1925年10月22日刊出《"广大"学生纠纷内幕》，表示广东大学师生的所为乃"民社分子在内鼓动"。③

政府与学校的对峙愈加激烈，广东大学特别区党部为此组织召开了党员大会，派出马洪焕代表汪精卫解释了调查的事由，这一举动暂时稳定了广东大学师生的情绪。④ 但不久，当这些教师们获悉调查委员会在1925年10月31日给本校公函里署名仍为"查办委员会"后，情绪又波动起来。教授联席会议于11月22日发表宣言，要求免去甘乃光等人的查办委员职务，并表明不惜辞职以示抗议。

1925年11月24日，国民政府任命北京大学教授顾孟余为主任，成立由汪精卫、谭延闿、伍朝枢、陈公博等人组成的"广东大学管理委员会"，并明示顾孟余未到任前由陈公博代理主任职务。于是，全校"教授联席会"成员在1925年11月27日决定全体辞职。1925年11月30日上午9时，又有2000余学生在广东大学大礼堂召开大会，讨论"本校各院院长及各教授辞职问题"。当日下午，100多名广东大学的师生前往国民政府请愿，希望政府惩办甘乃光，维持广东大学经费独立。汪精卫解释了调查该校的原因，并说明组织调查委员会是其中的一道程序，调查委员甘乃光将"调查"写成"查办"，已经由他本人刊登声明更正并道歉，他自己主动请求国民政府给予处分。至于维持经费则要等到战事结束，有了预算，政府才能实行保障。会谈过程中，学生们再三强调要惩办甘乃光，汪精卫则面带怒色地说："'广大'为国民政府直接管理的机关，当然受国民政府改组，你们教职员向来不与政府合作，昨日'广大'教职员会议又复议，不出席今日之管理委员会为抵制，此等举动显然有意与政府为

---

① 《"广大"学生蠢动之原原本本》，载广州《民国日报》，1925年10月21日。
② 《我们对于"广大"的态度》，载广州《民国日报》，1925年10月22日。
③ 《"广大"学生纠纷内幕》，载广州《民国日报》，1925年10月22日。
④ 《"广大"学生拥护调查广大议决案》，载广州《民国日报》，1925年10月26日。

难。"① 请愿最后不欢而散。1925 年 11 月 30 日，陈公博正式代顾孟余任广东大学校长职。1925 年 12 月 1 日，广东大学师生召开了联席会议，其主旨为请教授们忍辱负重，继续上课。②

鉴于学校濒于瘫痪的状况，广东大学的中国国民党特别区党部于1925 年 12 月 2 日又召开了党员大会，请汪精卫就"调查""教育经费"及"校长撤换"等问题做具体说明。汪精卫则就"组设广大调查委员会之经过""学校教授辞职事项""校长问题"等方面的事情一一做了详细报告。③ 汪精卫的讲话给了广东大学学生一个基本满意的说法，调查风波告一段落。

2. 辞职缘由及其《宣言》

广东大学的查办风波停息了，鲍罗廷、汪精卫政府方面与邹鲁之间的笔战却由此拉开了序幕。作为广州国民党中央的喉舌，广州《民国日报》上与邹鲁相关的文章可谓是连篇累牍。

1925 年 11 月 30 日，《正告广东大学此后求学之态度》一文对"挽回邹鲁校长一职"的要求进行驳斥，认为邹鲁管理的广东大学竟将三民主义除外。④

1925 年 12 月 1 日，《"广大"校长问题》提出免去邹鲁的校长职务，由顾孟余接替，在未到任前为陈公博代替。⑤

1925 年 12 月 2 日，《免邹鲁校长职——宣布邹鲁阴谋及罪状》谓"邹鲁与无聊政客，失意军人相勾结，对中央执委会及其所实施之政策，藉端阻扰，邹鲁函中（11 月 27 日致广大学生的函电）莫如政府破坏广大经费之独立。""一切收支从不报政府，不特用途不明，即对于收入之种类数目，政府亦无从知悉，遂得已广捕私人之势力。""政府依据中央执行委员会统一财政之议决，将从前骄兵悍将分割财政之恶习，悉予扫除，特颁明令一切文武官员，皆不得截留财政，违者以军法从事，令出推行。""政府对于教育经费，将度其力所能及，日谋增加，以视邹鲁之斥

---

① 《"广大"员生赴国民政府请愿——汪主席大加训诫》，载广州《民国日报》，1925 年 12 月 1 日。
② 《"广大"教员学生联席会议》，载广州《民国日报》，1925 年 12 月 2 日。
③ 《"广大"特别党部全体大会》，载广州《民国日报》，1925 年 12 月 3 日。
④ 广州《民国日报》，1925 年 11 月 30 日。
⑤ 《"广大"校长问题》，载广州《民国日报》，1925 年 12 月 2 日。

斤把持一部分之收入，既不能充中上四校之用，又不能使全省学校平均分配，而图割裂财政，贻害无穷者。""……财政统一之后，收支公开，不复能如以前把持垄断，遂剽窃党纲以文饰其私，且藉以厚诬政府之具，其用心实可为鄙。固政府调查委员会成立之后，更疑隐私揭发，言论行动乖谬如此……免去校长一职。"①

1925年12月3日，汪精卫的讲话中指出，"'广大'教授何以辞职，人言人殊，然有谓经费问题"。②

1925年12月5日，《给邹鲁辟谣》谓"言《告孚木》（邹鲁对广州《民国日报》主编的回应）一文不过是因为国民政府查办广东大学，要撤换你的校长，你就不顾一切做这种反革命的宣传。"③

1925年12月8日，《改革"广大"告一段落，反革命派教授不安其位》一文说："'广大'风潮，自前日该校学会请汪精卫先生到校演讲……一般学生已完全了解而且希望该校最近改变教育方针以养成能做革命救国运动之人材。唯是该校从前在邹鲁手上之时，不满人意者，因其本人认识不清，方以类聚，当然吸引一流反革命分子而做教授。故对于邹鲁唯恐其校长地位动摇，在查办命令颁布后，而鼓动一部分学生骚动，其事实俱见前日本报，不过今日学生已经了解政府之意思是着意改革。此等教授见著风头不佳，知难而退，于是卷起背包，出'广大'之门。陈代校长虽然对于广大辞职之教员一律挽留，但一般人猜度其与邹鲁色彩关系深者，决为革命精神所吓退，而不敢回头，一场广大风波，于是告一段落"。④

1925年12月9日，《"广大"邹鲁余孽之反动》谓"'广大'附小，本学期全为邹鲁走狗'民社'所包办，现陈代校长接任，聘汪某为主任，'民社'附小职员，因起饭碗恐慌，竟鼓动一部分无知小学生，掀起风潮，冀保职位，汪氏决以革命手段处理"。⑤

1925年12月10日，汪精卫在出席第八次总理纪念周以及各级党部

---

① 《免邹鲁校长职——宣布邹鲁阴谋及罪状》，载广州《民国日报》，1925年12月2日。
② 广州《民国日报》，1925年12月3日。
③ 《给邹鲁辟谣》，载广州《民国日报》，1925年12月5日。
④ 《改革"广大"告一段落，反革命派教授不安其位》，载广州《民国日报》，1925年12月8日。
⑤ 《"广大"邹鲁余孽之反动》，载广州《民国日报》，1925年12月9日。

代表大会的政治报告云:"邹鲁这种行动(注:在北京召开西山会议)和今年五六月间的杨、刘军阀一样……"①

1925年12月14日,《邹鲁的供状》称:"今日出现《'广大'学潮之真相》一本小册,对于广州《民国日报》登载政府查办'广大'的新闻和社论极端攻击,其中有谓'自从孙中山死后,不及二月,便打倒刘、杨,刘、杨去矣,便倒胡汉民;胡汉民去矣,又倒许崇智;许崇智去矣,所谓反革命的军队肃清矣,还有一个他们所谓的反革命大本营'。"②

与之比较而言,邹鲁的反应极为冷谈,仅是发表了《告孚木》《再告孚木》两文③,并于1925年11月27日给广大学生发了一份致电。但出乎意料的是,广东大学辞职的38位教授在上海《民国日报》刊出了震惊一时的《"广大"辞职教授宣言》,④ 其主旨则为汪精卫最为敏感的"反对'共产派'破坏广东大学,宣布鲍罗廷摧残教育阴谋"。这不啻为对邹鲁,也是对"西山会议派"最及时、最强有力的支持。

首先,该宣言说明的是广东大学不幸受到了俄人蹂躏:"'广大'实可为中国一个最完备的大学,对于学术可谓相当的贡献,然而现在竟不幸为俄人所蹂躏,把一个最有希望的最高学术机构,变成一个单纯的共产主义宣传讲演所了。"而在介绍所谓"'广大'所处的环境"时,一再表明"……大学是一个研究学术的机关,而不是一个宣传主义的场所……""然而他们最初还不敢利用政权,只不过应用'反共产即反革命'的奇妙理论,诬蔑'广大'为反革命大本营"。"本年五月刘、杨等军阀打倒以后,汪果得利,便攘得国民政府首席,对于俄人鲍罗廷,事事唯命是听。于是他们实力破坏并进占'广大'的机会找到了,于是此次的风潮便发生了。"

其次,具体阐述了"风潮的经过",认为鲍罗廷、汪精卫逼迫他们的

---

① 广州《民国日报》,1925年12月10日。
② 《邹鲁的供状》,载广州《民国日报》,1925年12月14日。
③ 《告孚木》《再告孚木》,全文见《邹鲁文存(第3册)》,北华印刷局1930年版,第1—6、7—22页。
④ 《广东大学离校教授周佛海、冯友兰等三十八人宣言》,原文由《国闻社》发稿,上海《民国日报》刊出,1925年12月11日。

主要手段除了"断绝广大的经费来源"外，还以"查办""反革命""饭桶""委人所愚、妄呈意气"等形式一步步侮辱其人格。"乘邹校长北上之便，一面唆使其机关攻击广大教员不明党义，应该查办；一面有汪某令设广大调查委员会，而以极无聊赖，毫无学识之甘某为主席……不想，甘某于10月31日在致'广大'公缄中将'调查''广大'委员会改为'查办''广大'委员会，同时，又由其机关报鼓吹广大教授为'反革命'，为'饭桶'，应该查办。之后，在29日的'广大'员生联席会议上又接到政府的批词，内云甘某'调查'为'查办'，已有缄更正。该校教授等不知有更正之事，则是委人所愚，若知之而犹斤斤以为词，则妄呈意气，应即静候调查，所请著毋庸议等语。我们接到这种声色俱厉的批词，认为侮辱我们的人格已达极点，当时全体一致通过，不承认管理'广大'委员会。政府得报，即于次日明令免邹校长的职，而任万不肯到粤的顾孟余先生为校长，并命'共产派'陈公博在顾未到任前为代理校长。鲍罗廷破坏'广大'的阴谋遂实现，'共产派'占据'广大'的野心遂成功，而我们遂不能忍心拒绝学生的挽留而离校了，这便是此次风潮的大略了。"

最后，对广州《民国日报》以及汪精卫对他们的指责进行了回应，声明辞职的真相仅在"反对'赤化'教育，维持教授人格"。"我们此次离职，原本'合则留，不合则去'的精神。当我们辞职离粤时，大部分学生，要和我们同行，我们还尽力劝慰。日前，《新闻报》载工会发九日专电，云广东大学学生离校六百余人。如果此电确实，前途无量的广东大学，就被主犯俄国人鲍罗廷、从犯本国人汪精卫摧残殆尽了。"并且"反对者因为要污蔑我们，不说我们是邹鲁的死党，便说我们为国民党'右派'所利用。我们就不得不附带申明一下：第一，我们和邹海滨同事，多的只有一年，少的只有两月，既没有深切的关系，怎成他的死党？况且我们辞职是在邹鲁免职之前，而辞职同人，大多数是外省人，反对关于这一造谣的明眼人是能鉴别的。第二，我们大多数不是国民党员，既不替'左派'偏袒，更不为'右派'利用。我们本学者的良心，以教授的资格，发表言论，进行工作，决不会为那一系捧台，他们的造谣，也是枉然"。"总而言之，此次'广大'风潮，原都为俄人鲍罗廷，为虎作伥的就是汪精卫。我们特诚恳的把内情宣布出来，以求社会公判——广东大学离校教授周佛海、曾济宽、萧鸣籁、杨宙康、程辙、冯友兰、刘光花、任中敏、郭冠杰、费鸿年等38人同叩。"①

很显然，这篇宣言将教授辞职的矛头同样对准了鲍罗廷和汪精卫，表明辞职教授与"西山会议派"一致的立场。《中华民国史事纪要》中将宣言的发表解释为："教授周佛海、冯友兰等38人由粤抵沪发表宣言，指责鲍罗廷、汪精卫等破坏教育独立之阴谋。他们于本月初抵沪上，至本日因见上海《新闻报》② 刊出九日专电报道，广东大学有学生六百余人集体退学离校，群情愤慨，特发表宣言。"③ 但这似乎只是一个表象，因为取消"广大"教育经费独立问题并不是一个单纯的财政问题，更多是借此打击邹鲁。诚如陈公博所说："教育经费独立及撤换邹鲁'广大'校长职是广东罢教风波的原因，却并不是所有的原因。事实上，汪精卫一派不当地处理广东学潮……才是教授集体离职的真正导因。"④

宣言的起草人周佛海也公然表示，发表宣言是他攻击中国共产党工作的一个必然步骤（此举自然会受到时与鲍罗廷紧密战斗在一起的汪精卫的反对）。"广东大学教授集体离粤事件，广州方面斥之为'邹鲁请来的教授们不便说是要挽留邹鲁，故而以教育经费无着的藉口，开始罢教引起的'。而此时，我刚刚退出（中国）共产党一个多月，本着'攻击共产党'的目的邀请了黄季陆、谢瀛洲等几位教授，第一步是约同这几位同志创办《社会评论》。"后来，黄埔军校的中国共产党组织"中国青年军人联合会"，则呈请中央党部，要求制止他们的反动言论，党部令校长邹鲁辞退他们，但在"邹的极力维持下，相安无事了。《社会评论》的教授之后在'广大'差不多不易立足"。⑤ 由此看来，广东大学发生的"查办案"和教授辞职风波似乎给正苦于"反共无门"的周佛海提供了契机。据周佛海自称：

---

① 《广东大学离校教授周佛海、冯友兰等三十八人宣言》，原文由《国闻社》发稿，载上海《民国日报》刊出，1925年12月11日。
② 《"广大"学生挽留教授宣言》，上海《新闻报》，1925年12月10日。
③ "中华民国"史事纪要编辑委员会：《中华民国史事纪要（1925年7—12月）》，台湾"中央"文物供应社1975年版，第730页。
④ 汪瑞炯等注：《苦笑录：陈公博回忆（1925—1936）》，香港大学亚洲研究中心1979年版，第49页。
⑤ 陈公博、周佛海：《陈公博、周佛海回忆录》，跃生文化事业公司1988年版，第145页。

十一月回粤，广州正在开"查办案"，汪精卫听鲍罗廷的指使，想以"广大"为"赤化"的教育机关。我正在此时返校，于是联络教授三十余人，联名辞退赴沪。此次到粤，只两周便离开了。抵沪后，我亲自起草宣言，并由我领衔发表，痛击汪精卫和鲍罗廷的狼狈为奸。这个宣言，上海各报都经登载，汪精卫后来骂我们"拆烂污"，就是因为这篇宣言。宣言发后，便在上海持志、大夏、同济各大学校讲演……于是《中国青年》上便大呼周佛海死了。瞿秋白在《向导》周报上，以列宁主义来攻击周佛海主义，时国民党的一部分同志，在北京西山召开中央执行委员会，拟于"上海中央"组织中推我为宣传部长。当时因种种关系，没有正式就职（但是的确常出没环龙路44号）即赴日本。以后他们便把我当"西山会议派"了，第二次代表大会也向我警告了……以国民党的党纪，压迫国民党的党员，而遂他们的阴谋。此时又有人把我当"西山会议派"，连去广州的自由都没有了。当时粤中同志，尚设法要我赴粤，但是在共产党的压迫之下，我竟终生不能入粤境了。①

而汪精卫当然也深知这篇宣言是周佛海之杰作，曾愤愤斥责说："周佛海真是'拆烂诬'，他以前是共产党员，现在却欲又攻击起共产党了，他退出共产党就算了，还要来反诬，真不是东西，你们以后且不要与这种人在一起。"②

所以说，广东大学教授辞职赴沪的关键人物要属周佛海了，而且基本上可以肯定他就是整个事件的倡导者和主要发起人，同时也是辞职宣言的炮制人。他的这一举动多是出于创办《社会评论》、宣扬反共理论被制裁后，无法在广州立足的"投机之举"。因为之后他虽有过问"上海中央"之事，但很快就东渡日本，归国后便投靠了汪精卫。所以说，"'广大'更名"一事所引发的调查风波实为汪精卫与邹鲁之间矛盾的激化，而因"查办"引发的广东大学教授辞职北上则为周佛海乘机离

----

① 陈公博、周佛海：《陈公博、周佛海回忆录》，跃生文化事业公司1988年版，第147页。
② 同上。

粤反共之举动。两件事的发生都对西山会议产生了直接的影响。邹鲁由此更为激烈地反对汪精卫，坚决主张对汪精卫开除党籍6个月的惩罚；周佛海开始经常出没于"上海中央"，以此为他反共的组织基地。此外，尽管辞职的教授继续留沪并积极参与"上海中央"党务的为数不多，但却对"西山会议派"的"上海中央"产生了很大的影响，其中最突出、最活跃的则是黄季陆。

黄季陆担任过中国国民党广州特别市党部执行委员兼青年部部长，素来反共立场坚定。1924年6月1日和孙科提出"请制裁共产党专案"后，就被中国共产党视为"右派""反动派"。黄季陆后任广东大学教授兼法政系主任。1925年初，黄季陆应周佛海之邀，参与《社会评论》的创办，宣传反共思想；"廖仲恺被刺案"后奉胡汉民之令北上联络林森、张继等被排的中央执监委员来粤召开第一届四中全会。1925年底，"广大"掀起罢教风潮，黄季陆"愤而辞职"，抵沪后发起反共运动，深受"西山会议派"影响。他与叶楚伧、邵元冲、马超俊等强行接收法租界环龙路44号中国国民党上海执行部，建立了"上海中央"党部。黄季陆曾以加拿大总支部代表身份出席中国国民党第一次全国代表大会，向来与海外华侨关系密切，以此为背景任"上海中央"海外部长，在加强海外的反共活动中起了"领导中坚"的作用。所以，广州方面也不得不承认"上海中央"在海外党部的影响力。[①] 尽管他参与"上海中央"党务的行为受到了广州"二大"的纪律处分，限两个月内声明与"上海中央"脱离关系，否则开除党籍，但黄季陆却截然不顾，继续奔走于"上海中央"。

第二节　"上海中央"的组织进行

1925年11月23日，西山会议第一次会议决议中央执行委员会暂移上海。据此，还在北京开会期间，"西山会议派"就派出叶楚伧、邵元冲等先返上海筹备移设中央执行委员会事宜。同年12月14日，"西山会议派"的中央执行委员会正式于上海环龙路44号原上海执行部开始

[①] 汪瑞炯等编注：《苦笑录：陈公博回忆（1925—1936）》，香港大学亚洲研究中心1979年版，第49页。

办公。① 至此，中国国民党因"联共与反共"的路线之争，有了上海和广州两个中央党部。② 作为"西山会议派"的领导核心，"上海中央"的筹建虽是为对峙于汪精卫的"广州中央"，而其组织进行，尤其是党务活动却是拮抗于中国共产党。且就"反共"而言，由"西山会议派"衍生的"上海中央"不啻为国民党"反共""清党"的前驱。③

一 "上海中央"的缘起

西山会议共开会22次，至1926年1月4日收场，会期长达43天。会议的主席由林森担任（邹鲁仅任一次），中心议题以变更孙中山的"联俄""联共"政策为目的，通过各种决议、宣言、通电、文告等不下百余种。谢幼田对之进行了归类，按照内容划分为四个方面。

第一方面，是以《取消共产派在本党之党籍案》为中心，包括《开除中央执行委员会委员之共产派谭平山案》《总理逝世后关于反对共产派被开除者应分别恢复党籍案》《中国国民党宣言——取消共产派在本党党籍》《为取消共产派在本党的党籍告同志书》等文件。

第二方面，欲"清除俄国人对最高权力机构中央执行委员会的霸占"，决议有：《顾问鲍罗廷解雇案》《决定本党此后对于俄国之态度案》《取消政治委员会案》。

第三方面，强烈要求"开除与鲍罗廷—中共沆瀣一气的汪精卫"。包括文件有：《开除汪精卫党籍案》《附开除汪精卫党籍案之判决书》《通电否认广州中央执行委员会第一百一十六次会议之三项决议案》。

第四方面，呼吁"恢复中国国民党中央执行委员会的职能，并召开第二次全国代表大会"。主要文件为：《修正第二次全国代表大会选举法》《第二次全国代表大会日期及地点案》《发等级证条例》《发给海外各级党部党证手续案》《中央执行委员会暂移上海案》《中央执行委员

---

① 《中国国民党中央执行委员会通告第一号》，载居正《清党实录》，台北文海出版社1985年版，第75页。

② 此一对峙状况延续至1927年9月，即上海、南京、武汉三个中央党部合并为止。研究中国国民党史的学者习惯将原设广州的中央执行委员会通称为中央执行委员会，对"西山会议派"所设"上海中央"执行委员会称为"上海中央"执行委员会，或简称"上海中央"，见李云汉《从"容共"到清党》，台北及人书局1987年版，第434页。本书亦沿用此一称法。

③ 李云汉：《上海中央与北伐清党》，载《近代中国》第66期，1988年8月31日。

会与各级执行部议案紧要事件相互关系之规定案》《规定预算原则》《规定指导员职权案》《补助各级党部经费条例》。[1]

依照上述决议,"西山会议派"展开了一系列活动:取消中国共产党党员的中国国民党党籍;解除在中国国民党中央担任执委、候补执委的中国共产党党员谭平山、于树德、林伯渠、李大钊、毛泽东、于方舟、瞿秋白、韩麟符、张国焘等人的职务;解散孙中山于1924年7月筹建的中央政治委员会;遣送帮助中国革命的苏俄友人鲍罗廷回国;开除时任中国国民党政治中心的广州国民政府主席汪精卫党籍6个月,并解除其所任职务。与此同时,他们还认为,国共合作的广州国民党中央已经不复存在,所以于1925年12月14日在上海另建中央。

二 "上海中央"的政治结构

关于"上海中央"的组织与人事,在金永信的博士论文《西山会议派之研究(1923—1931)》以及李云汉所著的《上海中央与北伐清党》等文中已有详细的论述,本书在此仅做一概括介绍。

仔细观察发起西山会议的第一届中央委员十余人之行动后可以发现,会后积极参与"上海中央"党务者不多。查看"上海中央"第一届中央执行委员会记录,时常出席会议者有居正、邹鲁、沈定一、谢持4人,覃振、傅汝霖等因在北京等地从事党务工作,无法时常出席会议,只出席"上海中央""二大"前的几次会议,其他委员如石瑛等已不太问津"上海中央"的事务。[2] "上海中央"的组织系统主要有以下三大机构。

1. "上海中央"执行委员会

如同"广州中央","上海中央"也将"上海中央"执行委员会作为中国国民党全国代表大会闭会期间的最高权力机关,中央党务的基本组织分为2处8部。办公初期,其主要党务多由"上海中央"执行委员及各部部长联席会议讨论处理,"上海中央"执行委员会对各部部长联席会议的决议拥有最后决定权。事实上,除了决定经常请辞的各部部长

---

[1] 谢幼田:《"联俄""容共"与西山会议(下册)》,香港集成图书公司2001年版,第288页。

[2] 金永信:《西山会议派之研究(1923—1931)》,未刊稿,台湾政治大学历史研究所博士学位论文,1997年。

人事案之外，鉴于处理财政的困难，各地所请津贴经费案以及派出筹备员到各地组织党部也都是其重点讨论的事项。

至于各部部长人选问题，因西山会议尚未结束，而且上海与北京联络不便，所以两地分别推定各部部长人选。[①] 上海方面推选在先，大致为：组织部长刘庐隐、宣传部长周佛海、工人部长马超俊、商人部长刘启明、妇女部长沈仪彬、海外部长黄季陆、青年部长郎醒石、秘书长桂崇基、农民部长暂待得到相当人才即行委任。北京方面虽然也于1925年12月17日的第十六次会议上选出各部负责人，但是因邹鲁、谢持、居正等在会议闭幕后都已赴沪主持"上海中央"党务，且考量实际，决定以上海方面已推出的人选为主，包含离职广东大学的反共教授及"孙文主义学会"领导干部。事实上，上海选任的新生力量，虽在党内的资望远不如北京的人选，但在反共的态度与立场上，绝对是不逊于发起西山会议的元老们。

2. 各部部长联席会议

各部部长联席会议在"上海中央"的组织系统上直属"上海中央"执行委员会。但在一段时间内，各部部长联席会议无疑是"上海中央"的最高决策机构，每星期召开两次会议，对重大问题广泛讨论，做出适当的决议，以供相关各部着实执行。[②] 此外，结合西山会议各决议案、上海《民国日报》言论与移沪后"上海中央"执行委员会的诸多训令，各部部长联席会议还制定了"上海中央"的党务宣传纲要，用以宣传一年来所谓"共产分子在国民党内之党团作用及摇动党之基础，对于孙中山之诋毁情形"，并试图让海内外中国国民党党员同情"上海中央"执行委员会在西山开会之不得已。

"上海中央"经营党务困难重重，除了时常因经费问题伤脑筋之外，从事地方党务人才的不足也是重大问题。"上海中央"党部的事务

---

① 上海方面的人选见居正《清党实录》，台北文海出版社1985年版，第120—121页；北京方面的人选见居正《清党实录》，台北文海出版社1985年版，第63页。
② 各部部长联席会议第一次开会时，北京的西山会议尚在开会，所以参加各部部长联席会议的中央执行委员只有叶楚伧、邵元冲两人，其他与会的人士，如马超俊、黄季陆、居正等中央执行委员返回上海参加各部部长联席会议时，已经是1926年1月了。所以"上海中央"从建立至此一时期的主要政策都由各部部长联席会议决定。见金永信《西山会议派之研究（1923—1931）》，未刊稿，台湾政治大学历史研究所博士学位论文，1997年。

因为广东大学辞职教授及"孙文主义学会"干部的参与才得以勉强维持。而地方党务因"广州中央"在各地所存势力尚未完全瓦解，加之"共产党派"与反共势力斗争，扩展极为不易。为此，各部部长联席会议通过专门拟定计划，派出"上海中央"党部人员到地方解释"上海中央"的政策，以便让从事地方党务的人员更明了"上海中央"的政策及主张；训练地方党务人员，以增进办事能力。各部部长联席会议还曾多次决议人选到各省市党部，指示遵循决议"清党"，筹备各省市党部，指导办理选举等事宜。

3. 干事处、党务讨论委员会

干事处的设置为"上海中央"组织系统之一项特色，"广州中央"并无此项组织，在"上海中央"执行委员会通过《中央党部细则》时，干事处已被裁撤。① 干事处由组织、宣传、工人、商人、青年等部干事组成，他们都实际掌握各该部务，集会时提出的问题范围深广，并就一些重要问题向"上海中央"提出建议。"上海中央"执行委员会处理干事处所提议案，固定由秘书长或秘书处派人向干事处报告。原则上，干事处对"上海中央"部务会议负责。②

干事处原定袁世斌为干事长，但他从不出席干事处会议，因此干事处会议便指定值日干事，当干事长不在时由当天的值日干事轮流当主席。干事处的各干事都参与宣传组织等实际工作，但最初并无固定的工作范围。为让干事们充分了解各部实际业务，经各部部长联席会议第一次会议决议，确定各干事分派工作的部会，同时规定各干事将工作情况制成书面报告，每周一次交到秘书处，开会时则由各干事轮流主持。③ 后来，因干事业已分配工作，无另设干事长之必要，因此，各部部长联席会议决议取消干事长④，另组织有总干事 1 人、副总干事 4 人的干

---

① 依中国国民党党史馆所藏《部中央干事处会议记录》，第一次开会日期为 1925 年 12 月 17 日，最后一次开会则在 1926 年 2 月 6 日，而"上海中央"执行委员会决定的《中央党部组织细则》，于 1926 年 2 月底才完成公布。

② 李云汉：《上海中央与北伐清党》，载《近代中国》第 66 期，1988 年 8 月 31 日。李云汉：《从"容共"到清党》，台北及人书局 1987 年版，第 439 页。

③ 《中央干事处第一次会议记录（民国十四、十二、十七年）》，台湾中国国民党党史馆藏。

④ 《中央执行委员及各部长联席会议第五次会议记录（民国十五、一、四年）》，台湾中国国民党党史馆藏。

事团。

党务讨论委员会也是"上海中央"组织系统之外特设的机构，最初由海外部长黄季陆提议。黄季陆起草并经各部部长联席会议第二次会议通过的《党务讨论委员会组织简章》规定该会职务为：……讨论党务之进行计划及发展改组筹备各省区及特别市党部之方法，建议于"上海中央"执行委员会，由"上海中央"执行委员会抉择实施。而该会的委员则由"上海中央"执行委员会推定学识优良、富有党务经验之人充任，其人数规定每省至多不得过3人，但至少必须每省1人为原则。①事实上，党务讨论委员会委员人选并不经由中央委员会，而是自行推定后由各部部长联席会议聘任。

三 "上海中央"的"二大"

自"西山会议"后，中国国民党已成粤沪两中央对立之势。双方为求党组织的合法，都将召开中国国民党第二次全国代表大会视为根本解决之途径。西山会议曾决议"第二次全国代表大会定于十五年3月29日举行，地点尚未确定，大概在上海、广州或是北京"。②而在"广州中央"方面，因中央委员分散各地，担心开会法定人数不足，乃于1925年12月11日创例召集联席会议，决议于1926年元旦在广州举行"二大"，并通过了召集中国国民党"二大"的宣言。在汪精卫与鲍罗廷的领导酝酿下，广州国民政府抢先于1926年1月正式召开"二大"。

所以，西山会议还在决议上海"二大"的时间和地点时，广州政府早已开始了代表大会的筹备工作。对于广州方面的此一举动，西山会议除通电国内外各级党部，明令不得参与广州召集的"二大"外，别无他法。因其本身组织存在的"合法性"一直遭受攻击，况且中国国民党党内的大多数党员仍是坚持广州为革命的根据地。"上海中央"明知无法取代其地位，但还是不甘示弱，完全不顾广州"二大"对他们的处分，于1926年3月29日再次召集了中国国民党第二次全国代表大会。此后"西山会议派"便以"沪二届"的党统地位自居。

---

① 《中央执行委员会各部长联席会议第二次会议记录（民国十四、十一、二十一日）》，台湾中国国民党党史馆藏。
② 《第一届四中全会第四次会议记录（民国十四、十二、二日）》，台湾中国国民党党史馆藏。

1. 经费的筹备

"上海中央"在筹开"二大"时，遇到的最大问题是代表人数不足和经费短缺。为解除代表人数不足的困难，"上海中央"依据"修正选举法，总理指派出席第一次全国代表大会之代表，除身故及开除党籍者外，一律出席第二次全国代表大会，其不足三人之省份，由"上海中央"执行委员会指派"之规定，增补指派代表中之缺额，以凑足第二次全国代表大会代表人数。① 尽管一再增补指派代表，又增加海外华侨代表名额，但因地方党部按选举法选出来的代表人数还是很有限，代表人数仍无法在预期内凑足。所以"上海中央"只能补派许公武为广东代表，翁吉云为福建代表，王光辉、张秉臣为湖南代表，孙镜亚为江西代表，蒋希曾为江苏代表，吕子仁为山东代表，张建经为湖北代表，温楚衡为山西代表，梁楚三为美洲代表，王振民为南洋代表。② "上海中央"这种违反代表大会选举法的勉强做法，虽解决了大会代表问题，但同时也暴露出自身的弱点，即"上海中央"根本无法掌握各省地方党部。经过1926年2月25日、3月16日、3月24日先后三次修订，最后确定出海内外各地代表名单。③

西山会议的活动经费来源主要有三：有孙科通过吴铁城等人从香港英帝国主义分子手中弄来的贷款；还有邹鲁在海外华侨中以"国民党将亡于共产党"的危言耸听之词而募捐得到的钱；此外，中国国民党"右派"邓泽如也在背后支出了一部分经费，其中以孙科提供的最多。④ 但是，等到"上海中央"的"二大"召开时，主要的财政支持人孙科、邓泽如都已经被广州方面拉拢了过去，这对"西山会议派"而言"实为拆台"。黄季陆曾回忆说："吴铁城当时给西山会议运动的打击和影

---

① 《修正第二次代表大会选举法》，载居正《清党实录》，台北文海出版社1985年版，第10页。
② 《上海中央第一届中央执行委员会第十四次会议记录（民国十五、三、二十七年）》，台湾中国国民党党史馆藏。
③ 具体人员名单详见金永信《西山会议派之研究（1923—1931）》，未刊稿，台湾政治大学历史研究所博士学位论文，1997年。
④ 王光远：《国民党老右派——西山派活动纪实》，《文史精华》，1996年第3期。周一志也指出孙科对邹鲁、谢持等人有暗中的经济支持，详见周一志《关于西山会议的一鳞半爪》，载文史资料委员会编《文史资料选辑（全国第12辑）》，中国文史出版社2002年版，第104页。

响很大。西山会议的主要倡导人实际是孙哲生先生,因为他是总理的哲嗣,他不但富有号召的力量,而且也是主要的经济支援者。"① 所以,上海"二大"召开时经费问题严重困扰着党务的展开。

事实上,"上海中央"成立以来就一直困于经费问题,在无法得到外援的情况下,他们便试图依靠党员的党费来维持党部的生存。为此,在上海"二大"中特意提出了一个办法,规定将所收党费按比率分配于各级党部,用于各该党部的活动经费。最终,大会讨论决议通过了"党费案",即"所有党员于第二次全国代表大会两个月内,必须将个人每月之收入,报告所在地区之党部。各党员须纳所得税于党,其每月收入二十元至五十元者,纳百分之一;百元以内,纳百分之三;二百元以内,纳百分之四……以此类推"。② 各级党部按大会所定分配率,将所征收之党费的一部分用于活动费,其分配率如下(见表4)。③

表4　　　　　　上海"二大"规定的活动费分配率

党部	分配率
区分部	10%
区党部	10%
县市党部	30%
特别市党部	30%
中央党部	20%

预算编订的原则是:一、各级党部职员之生活费,视其本身之经济能力及相当的需要支配;二、各级党部之补助,视其工作之程度决定;三、各级党部之经费,不得超过实际的活动费。④ 遗憾的是,上海"二大"这一"党费案"及各级党部的预算原则在实际执行中效果很不理想,并未能解决"上海中央"的经费短绌问题。所以,不但"上海中央"党部仍感经费困难,各地各级党部的经济状况亦无好转。在"上

---

① 黄季陆:《访黄季陆谈西山会议》,载《传记文学》第32卷第3期,1978年3月。
② 居正:《清党实录》,台北文海出版社1985年版,第138页。
③ 同上。
④ 《第二届上海中央执行委员会通告》,第1号;转引自永信《西山会议派之研究(1923—1931)》,未刊稿,台湾政治大学历史研究所博士学位论文,1997年。

海中央"召开的第二届中央执行委员会上,查看各次会议记录,几乎每次会议都有各地各级党部"请求援助案"。"上海中央"经济困难,各处请求补助者有很多,只能决议经费应由当事者就地筹办。①

在《第一次国共合作在四川》一书中所登载的一封信函亦可反映:1926年2月20日,"上海中央"委员会复函重庆市党部,略谓"三呈具悉,贵部诸同志认真进行党务……本会为保全本党生命,毅然与'共产派'分离……中央经费支绌,望就地筹措"。②

沈定一所主持的浙江省党部也因经费的短缺几乎使党务停滞。萧邦齐曾介绍如下:

> 但对沈派浙江省党部而言,令人沮丧的主要问题还是持续的资金匮乏。资金库存空虚使得人们不得不担心将来的活动能否开展,这一切竟成了日常关注的问题,而革命活动反倒退居次要位置了。这似乎已经成为一个毫无结果的问题。年初"清党"开支继续攀升,尽管从中央党部获得了200元资金资助,但到2月中旬农历新年到来时,省党部已积欠300元债务。1926年3月底形势继续恶化,以至连唯一的一个秘书兼办事员都给辞退了。这种情况下除了党的领导人自掏腰包提供赞助外别无他法。5月和6月,沈定一和其他领导人每人每月捐出了20元。但是党员们捐出的钱加起来也不及预计的一半,更遑论偿还已累积起来的债务。由于实在没有其他资金渠道,省党部只好向"西山会议派"党部中央寻求帮助。这种财务状况使得党部一筹莫展。③

曾为"上海中央"领导人的桂崇基,在多年后的回忆中也提及此点:

> ……"西山会议派"勾结军阀与资本家,经费充足,实际情形适

---

① 《上海中央第二届中央执行委员会第八次会议记录(民国十五、四、二十九年)》,台湾中国国民党党史馆藏。
② 中共四川省委党史研究室:《第一次国共合作在四川》,四川大学出版社1996年版,第574页。
③ 〔美〕萧邦齐著,周武彪译:《血路——革命中的沈定一(玄庐)传奇》,江苏人民出版社1999年版,第83—84页。

得其反。上列诸人，多靠大学任教，以其结余，辅助党部经费。以我而言，当初在复旦大学担任教授，记得来台后，尚遇一事足以说明当年经费穷困之状。一日，我陪内人往某处就医，既至候诊室，已先有一人在座，此人见我来，乃起立问我："您是不是桂先生？"我回答："是"。他又说："先生恐已不认识我啦！在民国十五年，上海的一部分青年同志拟办一杂志，为经费问题所困扰，乃推我向'上海中央'请求辅助，此时先生任秘书长，亦认为有此必要，乃从衣袋中取出200元付我，我嫌其太少。先生说：'此系我刚从复旦大学领来的薪俸，请看我身上所穿之西装，已破烂数处，尚无他钱修补，请先暂时拿去应用，将来有钱时再商量。'因此，我对先生印象极深，至今不忘。"当年经费是如此短绌……盖我们全系自动结合，不需津贴，故能有此成绩。①

鉴于经费拮据问题，"上海中央"在第二届一中全会决议成立财务委员会，推定林森、谢英伯、陈个民、何世桢、许公武5人为财务委员，负责筹募经费，但仍不能解决财政的困窘，党务进展已受到极大影响。② 所以，在二中全会第二次会议再次决议：增加邹鲁、许崇智、居正、张继、田桐、覃振、陈个民、何世桢、李仲三、谢英伯、郑毓秀为财务委员。③ 然而财务委员会在筹款方面，依旧没有显著贡献，因为责成财务委员每月筹款最低限度5000元以维持中央党部经费的任务根本无法完成。④ 这大概也是"上海中央"无力支持，最后轻易上交中央特别委员会的原因之一。

尽管大会出席代表人数与经费问题极为棘手，但在开会地点决议为上海后，"上海中央"为如期召开大会，还是加紧了筹备工作。经过努力，"上海中央"执行委员会在开会前两天通过了《大会秘书厅组织法》及《会议规则》，委黄季陆为代表大会秘书长，第二次全国代表大会相关筹

---

① 李云汉：《淡泊明志宁静志远的学人——桂崇基先生访问录》，载《近代中国》第95期，1993年6月1日。
② 《上海中央第二届中央执行委员会第一次会议记录（民国十五、四、十三年）》，台湾中国国民党党史馆藏。
③ 《上海中央第二届中央执行委员会第二次会议记录（民国十五、七、十年）》，台湾中国国民党党史馆藏。
④ 金永信：《西山会议派之研究（1923—1931）》，未刊稿，台湾政治大学历史研究所博士学位论文，1997年。

备工作大体上完成。①

2. 大会的召开

经过几个月的准备和筹划，"上海中央"召集的中国国民党第二次全国代表大会终于1926年3月29日——即黄花岗七十二烈士殉难纪念日——在上海吕班路建国中学礼堂正式揭幕。会期13天，4月10日闭幕。出席会议的除反共的第一届中央执监委员外，还有江苏、安徽、江西、浙江、湖北、湖南、四川、广东、广西、福建、河南、山东、山西、直隶、云南、贵州、黑龙江、上海、汉口、港澳、广州、北京等地及日本、南洋各国、加拿大、欧洲各国、美洲各国各总支部等国内外27个地区的109名代表。这一实际出席的代表人数比原先预定的海内外33个地区代表160人减少了三分之一。对此，金永信在研究中进行了分析："原定各省区代表名单与实际出席大会之代表名单比较，没有派出代表出席会议的省份大多集中在边远地区，且这些地区之代表没有选派代表。此外，被选为大会代表却不出席大会的部分人选，因碍于环境，不愿冒险出席上海第二次全国代表大会，以免冠上'反动'或'叛党'的帽子。出席大会的海内外各地代表100余人，其中除了发起西山会议的一届中委之外，出席或列席过第一次全国代表大会的代表，只有谢英伯、黄季陆等14人，其他都是'上海中央'想尽办法，凑足青年代表。"②尽管出席代表有点份量不足的感觉，但与会代表却都很认真地讨论了议题。上海第二次全国代表大会各日全部议程在诸多研究中都有总结，此处不再详列。③

在1926年3月29日的上海"二大"的开幕式上，对第二届中央执监委员的名额进行了调整，大致为：中央执行委员25人④，候补中央执

---

① 《上海中央第一届中央执行委员会第十四次会议记录（民国十五、三、二十七年）》，台湾中国国民党党史馆藏。

② 金永信：《西山会议派之研究（1923—1931）》，未刊稿，台湾政治大学历史研究所博士学位论文，1997年。

③ 崔之清：《国民党政治与社会结构之演变（1905—1945）（上编）》，社会科学文献出版社2007年版，第451—456页。

④ 会议选出的委员有中央执行委员林森、邹鲁、覃振、谢持、居正、胡汉民、邵元冲、李烈钧、沈定一、傅汝霖、许崇智、黄复生、石瑛、张知本、桂崇基、田桐、何世桢、张星舟、刘积学、茅祖权、管鹏、黄季陆、焦易堂、孙镜亚，中央监察委员李敬齐、石青阳、马叙伦、陈去病、于洪起、谢英伯、樊钟秀等。见荣孟源《中国国民党历次代表大会及中央全会资料（上）》，光明日报出版社1985年版，第434页。

行委员39人，中央监察委员9人，候补中央监察委员7人。①

1926年4月13日，新当选之第二届中央执监委员举行第一次全体会议，选举常务委员，决定了中央及各处执行部的组织以及推定各部部长人选，其结果如下：常务委员为谢持、邹鲁、沈定一3人。中央执行委员会设在上海，执行部仍照原议设北京、上海、广州、汉口、四川、哈尔滨6处，唯中央执行委员既在上海，上海执行部应暂缓组织。② 就此项人事看，第二届"上海中央"党部基本延续了第一届的人事安排，发起西山会议的第一届中央执监委员及年青党员各占一半。③

就上海大会选举中央执监委员及决定各部人事之情形来看，可以发现有两个特殊的现象：其一是候补委员名额超过正式委员名额二分之一以上；其二是各部部长人选变动不居。造成第一种现象的原因主要是由于当选之中央执行委员，有半数以上不在上海或根本不愿与闻上海之事，实际负责党务者端赖新进之士，因而不能不扩充候补执行委员名额安置之。造成第二种现象则是因为"上海中央"基本上处于一种战斗状态中，各部部长需请往各地指导党部，发展组织，以是部长人选去留之间，颇多变异。而就组织观点而言，"上海中央"的组织确实未臻严密，自将影响其形象、行动及效果。④

3. "决议案"的通过

"上海中央"召开的中国国民党第二次全国代表大会不像第一次全国代表大会一样在中国国民党史上或中华民国政治史上留下重大意义；除了"西山会议派"及少数同路人之外，无人视"上海中央"召开的"二大"为中国国民党历史上的正统。但是，出席会议的代表却都以认

---

① 《上海第二次全国代表大会记》，载《张溥泉先生全集》，台湾"中央"文物供应社1951年版，第161—162页。

② 中央执行委员及候补执行委员分配情形于下：留沪的中央执行委员有林森、许崇智、居正、黄复生、桂崇基、何世桢、张星舟、管鹏、孙镜亚、黄季陆。派在北京执行部的中央执行委员有刘积学、石瑛、李烈钧、覃振、茅祖权、焦易堂。此外，还推定出中央各部部长人选：组织部长居正、宣传部长桂崇基、青年部长张星舟、工人部长黄季陆、商人部长陈个民、农民部长管鹏、妇女部长黄复生、海外部长林森。见居正《清党实录》，台北文海出版社1985年版，第267页。

③ 上项人事决定后不久，就出现了若干变动。宣传部长桂崇基因病请假，以黄英代理；青年部长张星舟不久辞职，中央调工人部长黄季陆任其职，代理宣传部长黄英为工人部长；妇女部长黄复生奉命他往，以秘书张近芬代行部务；海外部长林森因病未就职，亦由秘书孙甄陶代行部务；商人部部长陈个民奉命他往，中央则决以由常务委员邹鲁暂行代理。

④ 李云汉：《上海中央与北伐清党》，载《近代中国》第66期，1988年8月31日。

真的态度详尽地研讨了各大议案。在 13 天的会期中，上海"二大"除通过《大会宣言》，听取各地党务报告，选出中央执监委员外，还通过了《接受总理遗嘱宣言》《党费案》《关于组织之决议案》《宣传案》等决议。在此，仅选取一二对其内容和意义做一简单分析：

《大会宣言》——大会主席团之一的沈定一负责起草的"大会宣言案"于 1926 年 3 月 30 日第一次提交大会讨论，经过审查委员会之审查及出席代表的文字改正，4 月 8 日表决通过。《大会宣言》涵盖的范围极广，有国民革命之历史、中国之现状、中国国民党之政纲、关于"联俄"之主张及共产党问题等。其中，明确提出对于"联俄"之主张为"继续决议案的精神，决不贸然将苏俄列于其他帝国主义之林，亦非盲目的以苏俄为师"。对于中国共产党，《大会宣言》仍期望"共产党之痛改前非，努力从事反帝国主义、反军阀之工作"，仍预留"分则相求之余地"。此外还对解决农村问题提出了几项办法，并在对外政策上呼吁"侵害中国主权的，有碍中国发展的一切不平等条约，皆当废除"，至于对内政策则以继承孙中山遗愿，开国民会议为第一要务，其召集方法完全以孙中山生前的主张为准。

《接受总理遗嘱案》——中国国民党第一届三中全会曾于 1925 年 5 月在广州开会，全体一致通过接受孙中山遗嘱。其遗嘱原件由邹鲁带回广州，交中央执行委员会保存。① 依规定中的全会的决议须经全国代表大会之认可，所以在 1926 年 3 月 30 日上海"二大"大会主席依据议事日程宣告提议"接受总理遗嘱案"后，开会当天第一个通过的决议即是《接受总理遗嘱案》。而广州抢先开过的"二大"也于 1926 年 1 月 4 日下午举行第二次会议时一致通过《第二次全国代表大会谨之至诚接受总理遗嘱并努力以履行之》一案。② 显然，为互争党统，上海、广州两地的大会都首先决议出《接受总理遗嘱案》，此举无非为争先表明他们是遵循孙中山遗志从事革命的，他们是真正的孙中山信徒。

《关于国际组织之决议案》——在"上海中央"的"西山会议派"认为，帝国主义国家所控制的国际联盟与俄共领导的第三国际，这两个在

---

① 邹鲁：《回顾录》，岳麓书社 2000 年版，第 138 页。
② 《国民党第二次全国代表大会宣言》，中国第二历史档案藏，档号七一一（五）—142。另见《中国国民党第二次全国代表大会宣言记录（广州）（民国十五、一、四年）》，台湾中国国民党党史馆藏。

表面上看起来似乎是互相对抗的组织，实为压制全世界一切被压迫之弱小民族的两大组织。他们在上海"二大"通过的《关于国际组织的决议案》，其意旨在联合各弱小民族之国家，打破帝国主义的国际联盟及抵制第三国际的伸展。[1] 关于组织方法，上海"二大"决定派代表到土耳其、阿富汗、印度、安南、缅甸、朝鲜等世界各国，与各驻在国的革命团体切实联合，共同协商未来国际之组织。[2] 上海"二大"后，隶属"上海中央"的各地党部屡次提议中央，尽快决定世界革命的态度。"上海中央"则根据"二大"决议案，重申联合世界被压迫民族，组织民族国际的主张。[3] 但碍于环境，仍无法确实进行决议案。上海"二大"的这一主张与先前胡汉民、戴季陶所倡导的组织民族国际有很大相似之处：胡汉民主张组织民族国际的目的在于防止第三国际对于中国的干涉；戴季陶则以对抗国际联盟为第一目标；上海"二大"的决议旨在一举消除所有压迫被压迫民族的障碍。

《宣传案》——1926年4月10日，即上海"二大"的最后一天，大会决议在津、京、沪、粤等地开办通讯社以广宣传；党内另外组织一种宣传机关，专门负责为党宣传主义。"上海中央"早先是以上海《民国日报》为机关报，但因为其主编叶楚伧后来投身广州，上海《民国日报》的言论便与从前不同，不再为"西山会议派"充当喉舌。所以，上海"二大"期间一些代表主张在党内另办机关报，经宣传部的通过，决定出版《江南晚报》，以此为"上海中央"的机关刊物。[4]

此外，"上海中央"还仿照广州的《中国国民党周刊》，以"上海中央"执行委员会名义出版《中国国民党周刊》作为"上海中央"机关刊物。[5] 后来宣传部计划改周刊为半月刊之公报，另出《建设》周刊为机关刊

---

[1] 《关于国际组织的决议案》，见居正的《清党实录》，台北文海出版社1985年版，第142页。

[2] 同上。

[3] 《上海中央第二届中央执行委员会第九次会议记录（民国十五、五、三年）》，台湾中国国民党党史馆藏。

[4] 《上海中央二届中央执行委员会第十二次会议记录（民国十五、五、十三年）》，台湾中国国民党党史馆藏。

[5] 《上海中央出版委员会第一次会议记录》，转引自金永信《西山会议派之研究（1923—1931）》，未刊稿，台湾政治大学历史研究所博士学位论文，1997年。

物。① 在上海"二大"之前，出刊公报的计划尚未兑现；《建设》周刊则已出版3期，并在上海"二大"期间出特刊8号。② 上海"二大"闭幕后，《建设》停刊，依《确定本党宣传出版物之计划和系统案》，"上海中央"拟出版《生路周刊》为党中央机关刊物，委沈定一、李敬斋、黄季陆、刘大白为编委。③ 后来，"上海中央"执行委员会修正此项决议，取消《生路周刊》，由秘书处负责出版定名《中国国民党周刊》的刊物，另组出版委员会。④《中国国民党周刊》的出版委员会设在环龙路44号"上海中央"党部，其内容包括论文、训令、宣言、通告等党务专载、杂件、时评等，因其内容已包含公报性质，出版公报的计划就此取消。《中国国民党周刊》在上海、广州、北京、开封、成都等国内各重要城市及美国旧金山、纽约等海外地区都有出售该刊的据点。

因北京市党部向"上海中央"提案将《民生》周刊扩充为《北京民国日报》，之后有了"上海中央"执行委员会制订的《确定本党宣传出版物之计划和系统案》。《民生》周刊曾经是北京的"右派"团体"民治主义同志会"的机关刊物⑤，由中国国民党资助发行，此时已停刊多年。依"上海中央"执行委员会的决议，市党部没有设日报的必要，应设周刊。但北京的地位特殊，"上海中央"执行委员会特地议决《民生》周刊继续出版，另行筹办《北京民国日报》。⑥ 因受北京"三一八惨案"之影响，北京市党部活动转入地下，这一计划没能如期实行。至于在全国各重要城市设通讯社的计划，宣传部及青年部都有所准备，却因"上海中央"党部及各地方党部的党务进展并不如意，"上海中

---

① 《上海中央二届中央执行委员会第十四次会议记录（民国十五、二、四年）》，台湾中国国民党党史馆藏。
② 《建设》周刊，原是中华革命党及中国国民党时期（1919年8月至1920年12月）革命党人主持的代表性刊物；"上海中央"出版的《建设》，虽然其名称一样，两者内容完全不同。
③ 《上海中央二届中央执行委员会第十三次会议记录（民国十五、五、十七年）》，台湾中国国民党党史馆藏。
④ 《上海中央二届中央执行委员会第二十一次会议记录（民国十五、六、二十四年）》，台湾中国国民党党史馆藏。
⑤ 《民生》周刊以"宣传民生主义、研究社会实际问题、发挥民治之精神"为宗旨。参见《民生周刊社组织大纲》，台湾中国国民党党史馆藏，上海环龙路档案，档号9152。
⑥ 《上海中央二届中央执行委员会第二十一次会议记录（民国十五、六、二十四年）》，台湾中国国民党党史馆藏。

央"只能决议暂时搁置，俟将来党务发达时再议。①

从上述"上海中央"在宣传方面的计划与其实际成果看，除"上海中央"党部出版了一种公报性质的周刊，地方党部几乎没有出版宣传刊物的成绩。与"广州中央"比较，一则因经费困难，二则因人才的不足，"上海中央"在宣传方面极为薄弱，特别是上海《民国日报》转向后致使"上海中央"加速失去了其在各地辛苦经营的立脚点。

总而言之，从西山会议的召开至上海"二大"，"西山会议派"召开过无数次会议，通过诸多议案，但他们以"上海中央"执行委员会名义通过的这些议案和下达的训令却都很难兑现，所以世人讥笑西山会议的决议案"只能算是儿戏"。②的确，尽管上海"二大"出席代表都是以孙中山的忠实信徒为自豪，通过的议案都标榜据孙中山的遗训而定，但是鉴于"上海中央"的基础不稳，并无确实执行大会决议案的本钱。如此说来，上海"二大"所通过的决议案可谓是空有理论意义，对现实的影响寥寥无几。③

但"上海中央"以"清除"党内"共产分子"为号召，在国内外曾引起广泛的影响。出席上海"二大"者有国内18个省区和中国港澳

---

① 《上海中央二届中央执行委员会第二十一次会议记录（民国十五、六、二十四年）》，台湾中国国民党党史馆藏。
② 毛泽东：《帝国主义最后工具》，《政治周报》第3期，1925年12月20日。
③ 学者将上海"二大"与广州"二大"从不同角度进行了比较，在崔之清《国民党政治与社会结构之演变（1905—1949）（上编）》（社会科学文献出版社2007年版，第451—477页）一书中专门列出了《广州与上海两次国民党"二大"代表情况比较表》《广州与上海两次国民党"二大"分别产生的中央权力结构表》，对两次大会的中央执委、中央机构、政治主张、组成人员等对两个中央的"二大"结构进行了对比分析，得出结论："西山会议派"实际上已构筑了一个在国内外有广泛影响的政党，成为中国国民党内重要一翼，标志着中国国民党政治与结构的严重裂变。中国国民党成为两个系统，一个是主张"容共"的，另一个是主张"清党"的，这种分裂局面在经过广州与上海两个"二大"后，得到了进一步维持。两大派系在近于平行的道路上的继续向前发展，实际上决定了中国国民党内"两个系统"的进一步确立。而谢幼田则比较两地"二大"的"根本不同"：第一，早在北京西山召开的第四次全体会议上，就正式通过了《修正第二次全国代表大会选举法》的议案。这一选举法使得上海"二大"成为了纯粹的中国国民党人的会议，广州"二大"则是由中国共产党控制主导的会议。第二，广州"二大"与上海开除的党员情形：广州惩戒的是孙中山原来的左右助手和中国国民党的核心领导干部（按：即参加西山会议的中国国民党元老）；上海惩戒的中国国民党党员只有汪精卫一人，其余都是中国共产党党员，所谓"钻入中国国民党内夺取权力和搞阶级斗争的异党分子"。第三，两个"二大"的中央执行、监察委员的组成情况：在广州的中央执监委员以及候补执监委员中，中国共产党员占到了三分之一，而且最重要的组织部和农民部也是由中国共产党掌管的。上海的执监委员以及各部部长则全部是纯粹的中国国民党党员；并据此总结了"上海中央"所谓的极大特色。详见《"联俄""容共"与西山会议（下册）》，香港集成图书公司2001年版，第363—365、371页。

及海外日本、加拿大、南洋各国、欧洲各国等地代表，声势亦不可谓不壮。① 正如李云汉所言："就反共奋斗的历史而言，"上海中央"自有其地位与贡献。"上海中央"在其1年又10个月（1925年12月至1927年9月）之间的活动，自不应予以忽视"：

> "上海中央"先后派人至各省建立省市党部组织，并计划建立四川执行部，因而十五年一年之内，各地均发生党部人员"反共"与"联共"之争，四川、江苏、浙江等省之对抗情形，尤为显著。海外各党部都曾与"上海中央"通声气，尤以日本总支部的反共行动最为激烈。在国内外同时迸发的高涨的反共浪潮的激荡下，甚至国际共产党的头目们也感到震惊，斯大林与托洛斯基并以此为籍口，在对付中国局势的策略上，互相攻击。
>
> ……"上海中央"的反共行动，可以分为两个层面，一是各省党务组织的反共行动——被认为是反共党部与联共党部间的对抗；二是"上海中央"在国民革命军北伐期间所作的配合与因应。中国国民党决定全面"清党"后，"上海中央"诸人均先后参与工作，至十六年9月，上海、南京、武汉三个中央党部始合并改组为中央特别委员会，党的领导机关乃告复合为一。②

至于"上海中央"的国外与各地党务中所进行的反共活动，前人已有专门研究，兹不赘述。本书笔者重在论述针对"西山会议派"这一从"分共"到"反共"的态度演变，以及中共中央所进行的反攻。

第三节　中共中央的应对

因中国共产党原本就是国共合作的"主动方"，且在中国国民党改组召开"一大"后，国民革命取得的显著成效也证实了"国共合作"这一战略的正确性，由此使得苏俄更坚定了"国共合作下的中国国民革命道路"，任何分裂合作的行为都是他们所不能容许的。所以，"西山

---

① 居正：《清党实录》，台北文海出版社1985年版，第135—136页。
② 李云汉：《上海中央与北伐清党》，载《近代中国》第66期，1988年8月31日。

会议派"的出现对中共中央及共产国际方面造成的震动远大于已往中国国民党党内"反共浪潮"中的任何一次。面对西山会议派的猖狂反共行径，根据中央的全面部署，中国共产党立即投入了大量的人力、物力，在宣传和组织上展开了与"西山会议派"的激烈斗争。

西山会议召开后，中国共产党首先站在了反攻"西山会议派"的最前列，连续发表通告声明"北京会议无效"，并号召全国各地的中国共产党党员痛斥"西山会议派"。而时任中国国民党代理宣传部长的毛泽东则专门创办《政治周报》向"西山会议派"反击，公开宣称："同西山会议派的斗争实乃继续革命与放弃革命之争"①，"'西山派'事实上做了帝国主义的工具"②。直至蒋介石发动"中山舰事变"和"五二〇"的"整理党务案"后，中国共产党才开始把反攻中国国民党"右派"的矛头转向"新右派"，也就是所谓的"蒋介石'中派'集团"。

一 西山会议期间："北京会议无效"

在西山会议召开期间，中国共产党就前后三次发出通电，先是认为"西山会议无效"，接着是要"加强对'右派'的斗争"，而后则"发动各地党部通电痛驳'西山派'"，充分表明了中国共产党方面对"西山会议派"强烈的反对立场。

西山会议正式召开的第3天，即1925年的11月25日，中共中央发出了第六十五号通告，表明"否认西山会议的有效"。他们认为，中国国民党"右派"领袖们在北京举行中央执行委员会议的用意是"不但要推翻北京之执行部的（中央）政治委员会，及江苏省党部，而且要进而攻击国民政府"，所以"民校各级党部要立即通电全国党部声明此次北京会议无效"。并且指明反对的理由有三："一、开会未经中央执行委员会秘书处之通知召集，手续不合；二、开会地点不在革命根据地，而在区（段）政府之势力之下；三、发启通知开会者有覃根（振）、石瑛、居正、石青阳、茅祖权等，未与北京'国民党同志俱乐

---

① 毛泽东：《革命派党员群起反对北京右派会议》，载《政治周报》第2期，1925年12月13日。

② 毛泽东：《帝国主义最后的工具》，载《政治周报》第3期，1925年12月20日。

部'脱离关系。"①

与此同时，中共中央也随之调整了先前在宣传上和组织上与中国国民党"右派"斗争的方式。在宣传上"变消极的不谈三民主义为积极的解释三民主义"，具体的措施为"各地在国民党党员中组织三民主义学会，解释三民主义"，"不可多涉理论，最重要的是用如何方法、如何力量，才能使三民主义实现，要多举事实"，而且要求"各地民校的出版品，各地委的宣传部在可能的范围内应切实管理之"。在组织上则要求"各地应迅速在学生中、在自由职业者中、在农民中、在手工业工人中，发展民校的区分部，但必须是'左派'的"。②

此外，中共中央还专门要求各级党部在通电中指责西山会议："此时革命工作南北俱在发展中，全国同志均应同心协力，努力工作，即有不同之意见，亦可在（中国国民党）第二次全国大会中发表，以图解决，倘舍此不图，正当革命工作吃紧之时，竟站在"广州中央"最高党部以外，站在国民政府以外，标榜异议，迹近阻挠革命工作，而为全国同志所不取"，以此唤起社会民众对西山会议的不满，并进而"催促'广州中央'迅速召集（中国国民党）第二次全国代表大会"③。

没过几天，在1925年12月2日，借开展"倒段政府"的示威运动，中共中央又发出了"加强反对国民党'右派'斗争"的"第六十六号通告"，即"助左反右，发起三民主义学会与'孙文主义学会'对抗，并开除'右倾'分子"。④ 通告中将发起西山会议的"西山会议派"称之为"新右派"，并认为他们的反动已类同于从前的"右派"（冯自由、马叙等人）；再次重申"他们在北京开会，表面上虽然是"反共派"，实际上是要推翻广州的国民政府"，并且对浙江省党部拥护北京开会电文中"'广州中央'陷入'左倾'，趋媚客卿，迫走干部同志"一说表示了强烈的愤怒。结合"北京民众正在奋起示威驱段时，邹鲁等'右派'领袖居然包围冯玉祥、鹿钟麟，乞其镇压民众运动"的看法，

---

① 中央档案馆编：《中共中央文件选集（第1册）》，中共中央党校出版社1989年版，第527页。
② 同上书，第526—527页。
③ 同上书，第527页。
④ 同上书，第533页。

他们认为"急需助'左'反'右',各地急需发起'三民主义学会',此项学会不但是'左派'的宣传机关,同时就是'左派'的组织。在'左、右派'势力并存的地方,我们即据'三民主义学会'和'右派'的'孙文主义学会'对抗;在'左派'势力盛大的地方,即应极力阻止'右派'的'孙文主义学会'之浸入,并亟须不犹豫的开除在言论上在行动上发现'右倾'的分子"。①

而在"西山会议派"开除中国共产党党员的中国国民党中央及候补委员党籍、惩戒汪精卫的决议案公布后,中国共产党将之视为"'西山派'最为荒谬"的举动,于1925年12月9日发出了中共中央"第六十七号通告",动员"民校各地党部一致发电痛驳"。② 在通告中列举了反驳理由如下:第一,根据"广州中央""感电",西山会议当然根本无效;第二,除公然叛党外,中央委员会不能开除中央委员,因为中央委员是全国大会所举;第三,中国共产党党员跨党是第一次全国代表大会所许,"孙总理"所许,"反动派"冯自由当时在大会会场曾有"奉旨跨党"之讥,此时开除中国共产党党员的中国国民党党籍,是明白违背大会及孙总理;第四,开除汪精卫党籍6个月,并未声明理由,停止汪精卫在政府机关服务,更是显然破坏国民政府,为被惩办的反动军阀杨希闵、刘震寰、梁鸿楷、熊克武等复仇。同时中共中央发出紧急通知,要求"各地民校党部所有拥护'广州中央'及反对北京西山会议之文电均望设法寄一份至本校中局,寄一份至上海沈雁冰同学转交《中国国民周刊》发表"。③ 笔者所能发现的仅有上海市第一区党部第五十三区分部所刊印的《反对西山会议》的小册子,全文近19000字,由上海大学孟超撰写。该刊旗帜鲜明地表示,"这一次的西山会议可以从两个方面来反对,一是形式上的,一是实质上的,形式上是破坏纪律,实质上是破坏革命,其罪不可恕","从形式上、从实质上、从理论上、从事实上、从法律上都足以证明西山会议是'少数叛徒破坏纪律、破坏革命的反革命'行动","西山会议不是偶然的,是本党'右派'长期活动

---

① 中央档案馆编:《中共中央文件选集(第1册)》,中共中央党校出版社1989年版,第527页。
② 同上书,第533页。
③ 同上。

的结果"。①

二 广州"二大"后:"拉拢'中派'"

广州"二大"召开后,中国共产党继续了从前与中国国民党合作的策略,即"赞助'左派'对'右派'的斗争,减轻'右派'反动力量,拉住一些较好'右派'首领,争取'右派'下面的群众"。较之先前的"第六十五、六十六、六十七号通电",中国共产党对"右派"的态度有了明显的缓和,将斗争"右派"的重心放在了对部分"左倾"的"右派"首领的挽救、分化上。

广州"二大"最终得以如期召开且圆满结束,由此使中国共产党对国共合作局面一时产生了较为乐观的看法。他们认为"这是证明中国的民族运动不因中山之死,不因帝国主义者军阀买办阶级勾结党中'右派''反动派'捣乱而消灭",同时"证明少数'反动派''右派'捣乱之无能,证明他们的行为不是什么党的分裂,只是这般(班)人背叛了国民革命被淘汰出去","'右派''反动派'并无力捣乱"。② 所以在对中国国民党的工作策略上,中国共产党加强了以下几点:

(1) 仍继续从前与国民党的合作政策(对于"右派"采用联合战线的政策,去取得他下面"左倾"的分子,去分散"右派"下面的群众,去暴露"右派"首领的罪恶)。竭力赞助"左派"对"右派"的斗争。要竭力扩大"左派"的组织,因为"左派"的发展是要以 CP 为核心的,否则就决不会形成一个有力的国民党"左派"。

(2) 在"左派"与"右派"的联合战线策略中,减轻"右派"的反动力量,去拉住一部分较好"右派"首领,去取得"右派"下面的群众。实行这个策略须注意下列几点:

A. 在现时中国大革命的高潮当中,没有确定的"右派",因为确定的"右派"一定要成为"反动派"。现时"右派"的首领,多是很动摇的,常常徘徊于革命政策与反革命政策之间,尤其是

---

① 上海青云路上海大学孟超:《反对西山会议》,中国国民党上海市第一区党部第五十三区分部出版。
② 中央档案馆编:《中共中央文件选集(第2册)》,中共中央党校出版社1989年版,第43页。

"右派"下面的群众,性质更不固定。所以我们对于"右派"的政策决不能笼统的把他看成与"左派"敌对的固定的组织,更不能逼他团成一气,把他看成整个的对象来攻击;我们要努力使他们逐渐分化,好的走到这方面来,坏的驱逐出国民革命战线之外。联合战线的政策便是由此产生。

B. 我们一方面要努力反对"右派"的口号策略,努力宣传"左派",另一方面又要讲联合战线,这本是很冲突的事。但是"联合战线是注重增进行动的势力,不放过一切行动的机会可以取得的一切势力",而且在思想政策的宣传上绝对不能让步,应努力痛斥"右派"的错误,在行动上则力求取得其合作。

C. 应设法抓住"右派"中比较"左倾"的首领,应深入各级组织之内,使他在"左派"势力包围之下,不要让他站在组织以外;因为使他站在组织以外的结果:可以影响一部分群众离开党,激起他们的另自结合;或成为"反动派"利用号召的工具。

D. 在联合上部首领的工作当中,切不要忘记是借此以打入下部的群众中去,是要借此以引起一切的行动,从行动中证明我们政策的正确,去取得"右派"下面的群众,倘若仅注意上部的形式的联合,则这种联合是无用的。

(3) 在宣传工作上,"对于西山会议分子,大会虽已决定分别处罚,各地代表回后,仍可宣传他们的罪恶错误,并可做成决议或宣言,请求中央依照大会决议严格执行,令这般(班)人在两月内有明白悔过的表示,否则请中央开除"。[1]

实际上,和共产国际的反应一样,中国共产党方面在斗争"西山会议派"的策略上同样也不十分成熟。经过蒋介石、汪精卫的相互协商妥协,广州"二大"做出了《弹劾西山会议决议案》,对"西山会议派"的首要人物分别进行了惩处。中国共产党虽然表示"对'西山派'的惩罚过宽",但在这之前,鉴于事态的严重,却已按照"加速'右派'首领"分裂的方针,对叶楚伧、孙科、邵元冲等人进行了争取。中国共

---

[1] 中央档案馆编:《中共中央文件选集(第2册)》,中共中央党校出版社1989年版,第43—46页。

产党方面认为,"西山会议派"的活动,将造成中国国民党的全面分裂,广州现在的局面可能因而垮台。"西山会议派"中也有一些"中派"人物,他们不愿广州革命局面的摧毁。因而我们决定采取具体步骤争取他们,来分化西山会议派。①

由于陈独秀的主动,并获得维经斯基的协助,中国共产党顺利邀约了孙科、叶楚伧、邵元冲这三位或多或少与"西山会议派"有关且被中国共产党视为当时中国国民党"中派"的代表人物(即一部分较好的"左倾""右派"首领),前往外白渡桥苏俄领事馆内,商谈国共关系问题。中共中央方面由陈独秀、蔡和森和张国焘三人作为代表。

据张国焘回忆说:

> 那天上午9时,我们6人都如约到达……见面时,仍和平常一样,互相寒暄,气氛却有些严肃。没有人谈到广东、上海、西山最近发生的事情,大家都很谨慎,避免说惹起是非的话。会谈开始,先由陈独秀发言,他表示中共并没有包办国民党事务的企图。中共中央已通知各地党部,多推选国民党人士出席国民党第二次全国代表大会;中共亦不希望在大会的中央委员改选中,增加中共方面的国民党中央委员人数。中共主张国民党的事应由国民党来负责。至于广东方面的情形,事实上并不如外间所谣传的,要排斥某些人士参加;广东负责当局希望各位先生能步调一致,担负起国民党中央和国民政府的各项责任。陈表示了上述态度之后,进而征询他们的意见。②

孙科、叶楚伧、邵元冲也相继发表简单声明:"他们爱护广东的一切,只要情况许可,他们都愿去广东参加大会"。③ 于是,双方在恳谈解释之下很快达成了七点协议。④ 至于若干具体问题,双方都认为可以

---

① 张国焘:《我的回忆(第2册)》,东方出版社1998年版,第67页。
② 同上书,第66—67页。
③ 同上书,第67页。
④ 内容大致为:号召团结,在孙先生的三民主义和中国国民党改组以来的既定政策之下,大家都应支持"广州中央"及其所领导的国民政府。中国共产党以国民革命为中心任务,继续与中国国民党共同努力,但不包办中国国民党事务,不排斥中国国民党忠实党员等。见张国焘《我的回忆(第2册)》,东方出版社1998年版,第67页。

放在广州"二大"上解决,没有详加计议,以免节外生枝。

对此过程,陈延年也曾有所谈及:在中国国民党"二大"前夕,为了瓦解"上海中央"那里对广州和中国共产党人进攻的中国国民党"右派",中共中央同部分"右派"的代表孙科等人举行了一次会议,建议他们在谴责"右派"行为、开除少数"右派"和公开斥责其他"右派"的基础上同中国国民党中央言归于好。孙科派接受了这个建议,在报纸上向中国国民党中央发表声明,表示愿意参加代表大会。同时,他还指出:"这一行动当时在'右派'人士当中产生了强烈影响,对'右派'队伍起了一定的瓦解作用。一部分'右派'同孙科一起参加了大表大会,大会通过了关于谴责'右派'行为并惩处他们首领的专门决议。孙科本人被选进中国国民党中央委员会(正如中共中央所建议的那样),现在中央和国民政府中工作……"①

张国焘同样认为此次会议有良好的效果:"虽然有一部分'西山会议派'的顽固分子斥之为'对中共的妥协',但多数中国国民党人确因此而改变态度,不再强调'广州政府实行共产统治、为中共所包办'等等论调。大家要求团结一致,共维广州的革命局面。'西山会议派'的分裂企图,似因此而阻滞了。"②

接着,中共中央便努力实施与中国国民党"中派"达成的协议,并曾将协议方针再三向党员训示。随后,还决定派张国焘前往广州,代表中共中央在广州"二大"中指导中国共产党的活动,以纠正已往过左的偏差。"这一亟谋中共独立发展不多干涉国民党内部事物的新政策,始终获得魏金(维经)斯基的支持。他声言在中共仍留在国民党内的不便政策之下,为了避免国民党的分裂,共产国际是赞成联络'中派',分化'右派'这些措施的。"③但是,中共上海方面这一争取"中派"的做法并未获得鲍罗廷的谅解,而且之后在共产国际内部、中共中央以及广州区委之间引发了一场不小的风波。

鉴于之前与广州之间的矛盾分歧,中共中央方面在与孙科等"中派"达成协议后,即刻派张国焘在 1925 年 12 月中旬由上海乘轮船过香

---

① 中共中央党史研究室第一研究部编:《共产国际、联共(布)与中国革命档案资料丛书(第3册)》,北京图书馆出版社 1997 年版,第 451—452 页。
② 张国焘:《我的回忆(第 2 册)》,东方出版社 1998 年版,第 67 页。
③ 同上书,第 68 页。

港，直达广州。为了获得鲍罗廷的谅解，张国焘首先找到鲍罗廷与之进行恳谈。这时鲍罗廷已经知道了一些上海的消息，颇为不满。但是张国焘还是极为耐心地向他汇报了中共中央的整个决策过程。张国焘回忆说："……如果他赞成这些决定，据以对广州的现行政策有所修正，也应由他采取主动，我自己则不拟直接向外有所表示，以免予人以我们之间有意见分歧之感。"①

但是，鲍罗廷对中共中央的政策表示出极大的反感，他不明白中共中央的"巩固民族统一战线和联络'中派'的做法"，指责"为什么广东方面将那些阴谋破坏革命的国民党'右派'分子驱逐出去了，现在却又将他们请回来？"② 不过，他似乎意识到这是维经斯基、甚至是共产国际所支持的政策，不能等闲视之，所以出于谨慎，鲍罗廷没有直接向张国焘表示反对，而是说要先问莫斯科和加拉罕的意向，才能做具体决定。

在接到莫斯科方面的复电后，鲍罗廷便向张国焘和陈延年明确表示："国民党'左派'与中共仍应向'右派'势力进攻，以期广东局面获得进一步的巩固；此时决不应退让，因为退让政策会助长'右派'的气焰"，并指斥中共中央"团结'左派'、联络'中派'、打击'右派'"的政策是一死板的公式。"③ 他虽承认摇摆不定的中国国民党"中派"占多数，但反对以向中国国民党"右派"让步的方式，去联络中国国民党"中派"。他主张强迫中国国民党"中派"追随中国国民党"左派"，要他们无条件拥护国民政府与"广州中央"。他讥讽中共中央与孙科、叶楚伧、邵元冲等所达成的协议是要不得的安抚政策。④ 同时，鲍罗廷还号召广州的中国共产党党员去反抗上级的决定，"不应当无疑问的遵守中共中央的决定。（中共）广东区委会负责人根据他们对广东情况的真实了解，是可以对这种决定提出修改意见的"。⑤

为此，张国焘与鲍罗廷展开了争论，他反驳说，"中共中央与孙科等'中派'所取得的协议是合理与必要的。因为联络'中派'以搅垮

---

① 张国焘：《我的回忆（第2册）》，东方出版社1998年版，第70页。
② 同上。
③ 同上书，第77页。
④ 同上。
⑤ 同上书，第77—78页。

'西山会议派'的组织，就是向'右派'势力进攻的一个主要办法"。并反问鲍罗廷："除了这一分化的办法外，所谓国民党'左派'与中共合为一体的说法，是否含有中共与国民党'左派'应在国民党第二次全国代表大会中包办国民党中央委员席位的意义在内？所谓强迫'中派'追随'左派'和进攻'右派'的说法，又应如何实行？"同时，张国焘要求在广州的同志不要将中共中央的政策视为退让的政策，应认识到"中共自谋独立发展和巩固国民革命阵线是必要的措施；不应要求修改，而应切实执行"。而且在广州"二大"中，中国共产党党员应一致主张"建立一种国民政府的制度，不要老是以革命的非常手段处理问题。最低限度要将汪、蒋合作的领导重心，在制度的基础上巩固起来，而不受外间挑拨的影响"①。

但鲍罗廷并未与张国焘（可算是中共中央方面的代表）继续争执。中共广东区委同志们似乎更不愿卷入中共中央和鲍罗廷之间的这场辩论。事实是，中共广东区委的多数负责同志在实际上是站在鲍罗廷一边的；他们尤其反对中共中央与孙科、叶楚伧、邵元冲等人所达成的协议，认为这是对"右派"退让的明证。②

广州方面的张太雷在与张国焘谈话时，一再表明"……只有鲍才能平息国民党内部可能发生的矛盾，稳定现有的领导。不过近来鲍罗廷精神上颇感不安，在处理广东各项问题上，往往遭遇困难，又被'右派'所反对；而莫斯科方面和这里的一些俄国军事顾问，似也不完全同意其做法；现在中共中央的决定更使其大伤脑筋……如果莫斯科要另找个人来接替这个顾问的职务，是很难有适当人选的"。③ 并且强调："西山会议公然开除鲍罗廷、汪精卫和中共党员；因此，（中国）国民党第二次全国代表大会应首先来一个示威性的反击；其中一项是应造成热烈拥护鲍顾问和汪、蒋领导的气氛。"④ 他认为只空洞要求中国国民党"中派"遵守孙中山的既定政策，而不具体地要求他们拥护广州现有的领导，是十分不够的。

在"孙文主义学会"的解决问题上，中共广东区委也与中共中央持

---

① 张国焘：《我的回忆（第2册）》，东方出版社1998年版，第78—79页。
② 同上书，第79—80页。
③ 同上书，第80页。
④ 同上。

不同意见。中共中央认为，"孙文主义学会"的问题可以从速解决。但陈延年等总觉得"中国青年军人联合会"是黄埔中合法而又成立较早的组织，"孙文主义学会"却是未经正式许可的"新右派"的产物；如果这两个团体同时取消或合并，不免是让步太大。但是，他并没有直接反对中共中央的主张，而是采取拖延的办法，借口要等在黄埔军校负责的周恩来回来后，才能处理（那时，周恩来正在汕头兼任东江行政公署的主任，忙得不能来广州）。陈延年表示，"他深得蒋介石将军的信任，两个团体的负责人对他都是敬重的；由他向蒋提出处理办法是较妥当的"。①

此外，中共广东区委对中共中央和共产国际执委会代表关于广州"二大"方针的联合指示也极为不满，他们认为当时的情形是："戴季陶辞职和承认自己无能，胡汉民虽被驱逐出广州但仍公开宣扬'左'的方针，北京会议失败（西山会议），'左派'在代表大会占据大多数，广东反革命分子被粉碎，北方国民革命必然高涨……"。② 据此，他们所确定的策略为"同一部分国民党'左派'即同汪精卫一派结成联盟。坚定不移反对'中派'"，"在这种联盟情况下我们谁也不怕，既不怕帝国主义者，不怕国民党'右派'，也不怕反革命"，且表示"谁不同意这个政策，谁就是反革命，并采用军事手段将其解除武装（将其逮捕或是撤职）"。③ 在广州同志看来，他们的全部任务在于"使国民党和政府的整个机构无论如何要掌握在共产党人和'左派'联盟的手里，不能根据目前力量对比做出任何灵活处理和妥协"。④

于是，直到广州"二大"开幕前夕，在对待"中派"的态度上，中共中央与鲍罗廷及中共广东区委之间仍未达成统一。各方坚持己见：鲍罗廷一再反对，中共广东区委附和，中共中央方面却已经造成了与"中派"达成协议的事实。中共中央方面认为，既已与中国国民党"中派"有所协议，自不能中途变更。鲍罗廷方面则认为，这是退让，须予修正。

---

① 张国焘：《我的回忆（第2册）》，东方出版社1998年版，第81页。
② 中共中央党史研究室第一研究部编：《共产国际、联共（布）与中国革命档案资料丛书（第3册）》，北京图书馆出版社1997年版，第451页。
③ 同上书，第498页。
④ 同上书，第498页。

在广州"二大"召开前，张国焘还曾将中共中央与孙科、叶楚伧、邵元冲等商谈经过以及采取这种行动的意向，正式向汪精卫说明过，但并未得到任何具体的答复。① 汪精卫那时一切多与鲍罗廷商谈，即对国共关系问题也不例外。直到广州"二大"选举中央委员以前，汪精卫约张国焘在鲍罗廷那里会谈，提出了一张他所预拟的名单，"'左派'与汪有关系的人占多数，'中派'的人除孙科、叶楚伧、邵元冲等均未列入"。② 这表明汪精卫也不支持中共中央争取中国国民党'中派'的策略。据鲍罗廷对张国焘的解释："汪精卫实际上对于中共中央颇表不满，一则因为中共中央与孙、叶、邵等的会谈，无异对反对广州的人物讨好；再则中共在这次大会中采取消极态度，不愿卷入国民党的斗争，有不支持'左派'的倾向。"③ 而在张国焘专门提醒鲍罗廷要注意"西山会议派"以"尊蒋抑汪"策略来破坏广东局势时，鲍罗廷只是含糊其词地表示汪精卫、蒋介石两人性格确有不同，汪精卫善解人意、触类旁通，但要他负起责任的时候，常表谦逊和退缩。蒋介石虽所知不广，但却勇于负责。目前两人还没有什么芥蒂。④ 很明显，鲍罗廷并不赞同张国焘的看法，所以并未与之深入讨论。

由上可知，中共中央对中国国民党"中派"的争取策略，遭到了以鲍罗廷为核心的中共广东区委和以汪精卫为代表的中国国民党"左派"的反对，各方在对待"西山会议派"的问题上产生了很大矛盾。最终的事实则表明，中国共产党不得不服从于鲍罗廷的指示，而最终只是因汪精卫、蒋介石之间的利益妥协，使得孙科成为了"广州中央"之二届委员。⑤ 但中国共产党内部的这一风波并未因广州"二大"的闭幕而平息，至"中山舰事变"发生后，引发了更大的波澜。

---

① 张国焘：《我的回忆（第2册）》，东方出版社1998年版，第81页。
② 同上书，第85页。
③ 同上书，第86页。
④ 同上书，第84页。
⑤ 1926年1月9日，汪精卫、蒋介石同意了孙科、吴铁城二人由沪返粤的请求：第一，拨还孙科垫付之西山会议各项经费；第二，孙科得二届中央执行委员一席；第三，取消"查办吴铁成案"，恢复吴铁成广州市公安局局长职务。见中国社会科学院近代史研究所编《中华民国史料丛稿译稿（1926年）》，中华书局1978年版，第3页。只是孙科在9日返粤后发表声明说回广州的任务是调解中国国民党党内左、右派的纷争。见《申报》，1926年1月15日。

就发生"中山舰事变"的原因，在 1926 年 9 月共产国际执行委员会远东局委员与中共中央执行委员会委员举行的联席会议上，各方又展开了一次大的争执。

以维经斯基为代表的共产国际执行委员会和中共中央认为："中央对广州的领导是薄弱的。广州的同志认为中央应对'中山舰事件'负责的看法是错误的，而且并不认为'中派'会反对……。"① 维经斯基说："广州人说，我们（中央和共产国际执委会代表）因同叶楚伧和孙科谈判（共产国际执行委员会代表同这两个人进行的关于谴责'西山会议派'活动的条件的谈判）促进了'中山舰事件'的发生。但这是不正确的。我们进行谈判的目的是为了使某些人脱离'右派'和保护整个广州不受'反对派'的侵犯。我们通过谈判取得了很大的成绩，但问题在于，中国国民党还没有发展到搞如此复杂阴谋的地步，而共产党人实际上没有利用对'左派'的巨大影响，来消除他们对这次谈判的怀疑。"②

陈延年代表广州的同志（以及个别中央委员）指出："与其说是让孙科进入国民党中央，不如说是同'右派'进行谈判这一事实本身，对于国民党的力量组合具有极大的负面影响，在一定程度上促成了'中山舰事件'。这表现在：一、对于汪精卫'左派'来说，这次谈判是出乎意料和完全不可理解的，是同他们的'直来直去'不灵活的行为方针相背离的。他们怀疑，共产党人同'右派'在搞阴谋……反对他们；二、国民党党内和广州的'右派'胆子变大了，变成了对'中派'有吸引力的中心；三、蒋介石本人也从共产党人同'右派'的这次谈判中看到了共产党人试图达成协议来反对他和他的那个派别。他更加感到自己被'左派'和'右派'孤立起来了，于是就采取了 3 月 20 日的行动。"③

中共中央代表陈独秀则强调"中央采取的让步策略是正确的"。他认为，"'中山舰事件'是实行'左'的方针的结果。要知道，我们已通过同国民党'右派'在 12 月份的谈判使他们同意继续与苏俄结盟，

---

① 中共中央党史研究室第一研究部编：《共产国际、联共（布）与中国革命档案资料丛书（第 3 册）》，北京图书馆出版社 1997 年版，第 498 页。
② 同上书，第 499 页。
③ 同上书，第 452 页。

不禁止国民党员加入共产党,而我们同意只在领导机构中发挥三分之一的作用",但在"(1926年)5月15日之后,我们连一点作用都没有了。因为中共中央在5月15日作了更大的让步"。只是"广州人根本否认有必要对国民党做出让步。他们希望有一个'左'的国民党。他们希望恢复3月20日以前的局面。但这是全国共同的问题,而不仅仅是广东的问题"①。所以,陈独秀认为广州人的错误有三:"一、他们孤立地看待广东。二、他们看不到资产阶级的作用。三、他们只从共产党人对国民党的需要角度来看待国民党。这些错误源于他们没有考虑全国的形势,否认戴季陶主义思想的社会基础,并认为'左派'什么都能做到;他们只建立'左派'政权,试图把蒋介石推开。"因此,"在国民党'二大'以前,广州的整个策略是完全'左'的,而中央则试图与在西山开过会的'右派'发生分裂"。②

以上是中国共产党在中国国民党广州"二大"后,至"中山舰事变"发生前夕,在对待"西山会议派"问题上的态度及矛盾分歧。维经斯基代表着共产国际执委支持中共中央"争取'中派'"的做法,而在苏俄代表鲍罗廷领导下的中共广东区委以及汪精卫等中国国民党"左派"则主张坚决打击"右派"。前者较为缓和,后者较为强烈,始终未能达成统一。事实上,汪精卫在中国国民党广州"二大"上对"西山会议派"的处置也并未完全按照鲍罗廷的意图完全将"右派"开除,孙科、叶楚伧、邵元冲等"右派"最终还是被纳入广州政府。这其中有着汪精卫与蒋介石之间的利益权衡问题,该问题将在第三小节详述。

三 "整理党务案"前后:"公开反攻'右派'"

中国国民党广州"二大"闭幕后不久,中国共产党便于1926年5月1日发出了《国民党工作问题》的指示,要求"在努力宣传广州二次大会的成功,宣传广东政府,极力发展'左派'群众的同时,对于'右派'仍然要采用联合战线的政策,去取得他下面'左倾'的分子,

---

① 中共中央党史研究室第一研究部编:《共产国际、联共(布)与中国革命档案资料丛书(第3册)》,北京图书馆出版社1997年版,第501页。
② 同上书,第500页。

去分散'右派'下面的群众，去暴露'右派'首领的罪恶"。① 1926年5月7日，中国共产党已从中国国民党"'二大'到处洋溢着使人乐观的'左倾'气氛"的错觉中发现了危机，在其第一百零一号通告——《最近政局观察及我们今后工作原则》中指出："……第二次全国代表大会在粤开会表示'左派'在全国的胜利，然而其严重的危机也有为我们所必须知道的：从3月20日的事变可见'左派'内部尚有许多误会，几乎动摇国民党'联俄''联共'的根本政策，几乎演出火并的悲剧！而'右派''反动派'在粤仍潜伏着很大势力，3月20日事变及最近广州学生会内部的风潮，京沪'右派'分子之纷纷赴汕头，马超俊公然出面在广州市上煽动兵工厂对政府罢工等事，均证明'右派''反动派'活动之可怕。"②

1926年7月，在蒋介石"整理党务案"后，随着对中国国民党分化势力的再认识，中共中央召开了扩大执行委员会。经大会讨论认为，"国民党内部已经分化成四派、四种势力的结合：反动的'右派'（李福林、冯自由、马素、古应芬等）代表第一种；'共产派'代表第二种；'左派'（汪精卫、甘乃光等）代表第三种；'新右派'③（即'中派'如戴季陶蒋介石等）代表第四种"。并据此决议通过了对待中国国民党的态度案，即"联合'左派'并'中派'向反动的'右派'进攻；只能扶助'左派'而不能代替'左派'；只能联合'左派'控制'中派'使之'左倾'，而不能希图消灭'中派'，不能敌视资产阶级，有时还需要扶助'中派'"。④ 在这次"扩大会议"上，中共中央还针对中国国民党"右派"近期的反革命行为进行了讨论，做出以下指示：

---

① 中央档案馆编：《中共中央文件选集（第2册）》，中共中央党校出版社1989年版，第60页。
② 同上书，第121页。
③ 共产国际方面则将戴季陶、蒋介石称为中国国民党"中派"。在《共产国际执行委员会远东局使团关于广州政治关系和党派关于调查结果的报告》中，首次指出"中国国民党分化出三种势力，以蒋介石为首的'中派'势力"，见《共产国际、联共（布）与中国革命档案资料丛书（第3册）》，北京图书馆出版社1997年版，第443页。陈延年则在1926年9月广东区委会上阐述"中山舰事变"时，说"蒋介石是穿着军装的戴季陶"，同上书，第447页。
④ 中央档案馆编：《中共中央文件选集（第2册）》，中共中央党校出版社1989年版，第170页。

第一点，指出"广州3月20日事变、中国国民党中央5月15日会议、黄埔军校6月7日提出的处置'共产派'问题，全国的'右派'反赤运动，都是在向共产党进攻，其实质确为反革命行动"，所以，"我们一方面从中央到支部，应当宣传解释此次'右派'及一部分'中派'国民党对我们的进攻，是和帝国主义军阀的反赤运动相呼应的，实质上确是反革命的行动；但是另一方面，我们还要研究'右派''中派'之所以容易利用最近政治形势向我们进攻的原因，并要设法消灭这些原因"。①

第二点，是对"国民党'右派'，以至于'中派'之所以易于向共产党进攻，要求中共退出国民党"这一问题的自我检讨。主要缘由是"前次指导国民党的方式错误，实际上简直使'左派'自己不参与党务及反'右派'的斗争。我们自己造成了国民党与共产党斗争的形势，而使实质上是'左、右派'之争的性质隐蔽起来"。没有充分发动"民众革命化的势力，反对'右派'及武装的'中派'之进攻。"②

第三点，指出现时中国共产党在中国国民党党内的政策，应当是"扩大'左派'并与'左派'密切的联合，和他们共同应付'中派'，且公开地反攻'右派'"，坚决反对"退出国民党"的建议。这是目前最紧迫的任务，"尤其以实行反'右派'斗争为最重要"。在各地的党务运作中，"应当和'左派'共同进行更实际的反对'右派'的经常斗争，暴露他们的妥协及卖国卖民的罪恶，只有这样才能使'中派'与'右派'隔离"。③

1926年8月23日，针对上海出现各报转载《孙传芳致蒋介石书》的现象④，中国共产党确认"此信亦为'右派'分子手笔"这一消息后，即刻发动了各地的党务机关报，要求"当用很犀利尖刻的文字来反

---

① 中央档案馆编：《中共中央文件选集（第2册）》，中共中央党校出版社1989年版，第174页。
② 同上书，第174—175页。
③ 同上书，第178页。
④ 其主要意旨是劝蒋介石排除俄国人与过激派，"如以外国人指挥过激党，则举国所疾，虽欲避舍而不能，如去外国人削除过激党，则不待用兵，无不可商之国事"。又谓："如易帜而来，必尽东道之谊，否则将以讨赤御外相周旋。"见《孙传芳致蒋介石书》，载《申报》，1926年8月23日。

对'右派、及孙传芳,藉此给'右派'一很大打击"。宣传的主旨内容包含以下两点:"一、'右派'平日高唱'反共''反俄'反对中山之'联俄''联共'政策,现在孙传芳可与他们做同志。二、孙传芳劝蒋介石勿用外人,但广东政府所用之外人,决不会效法上海外人之指挥孙者(来)指挥蒋,决不会叫蒋效孙奉外人之命而杀刘华。"[①]

然而,随着北伐势力的进展及汪精卫与蒋介石在迁都等问题上的争执,尤其是蒋介石成为"新右派"之后,汪精卫作为"左派"首领政治立场动摇,中国国民党内的"左、右派"斗争随之转变为国共冲突问题。共产国际与中国共产党则围绕着中国共产党是否要退出中国国民党这一焦点,开始重新探索国民革命的道路。所以中国共产党对"西山会议派"这一中国国民党"右派"首领的斗争基本在1926年9月前后便告一段落。

第四节　舆论上的反攻

"西山会议派"以在北京召开会议的形式,公然反对孙中山的"联俄""联共"政策,这一分裂行为在社会上引发了很大的震动。不论是身为广州国民政府主席的汪精卫,还是黄埔军校校长的蒋介石,或是张静江等辈中国国民党政府要人,都先后对"西山会议派"的行为表示极度的不满和谴责。作为国共合作的"主动方"中国共产党及其背后的指导者苏俄以及共产国际的反应则更为强烈,反攻的声势也更为有力。尤其在舆论上,中国共产党号召中共中央和中共地方各级党部在宣传中要对"西山会议派"所提出的主张、宣言、发出的通电进行反驳和痛批,对其在国民革命中,或是"五卅惨案"以及"反段运动"中的"不革命""破坏革命""勾结军阀"的反革命行为进行揭露和指责。

一　中国国民党的"右派"报刊

中国国民党改组后,"左、右派"的斗争从未间断。随之,中国国民党的报刊等宣传媒介也逐渐分属于不同的阵营。中国国民党"右派"

[①] 中央档案馆编:《中共中央文件选集(第2册)》,中共中央党校出版社1989年版,第298页。

的刊物中，有一贯反对国共合作的中国国民党老"右派"较早就创办的一批，如广州的《护党旬刊》《民权旬刊》，香港的《大光报》，北京的《民生周报》等，数量不多，影响很有限。"五卅惨案"后，面对中国共产党力量的迅速增长，工农运动的猛烈开展，"新老右派"极不甘心，为抵制革命宣传，"孙文主义学会"在蒋介石的指使下，先后在广州、上海创办了《国民革命》《青白花》《革命导报》《独立旬刊》《革命青年》等。这些报刊以戴季陶主义为旗帜，公开进行反对中国共产党、反对工农运动、反对国共合作的宣传。

而阴谋篡夺报纸的领导权、改变报纸的宣传方向，是中国国民党"右派"拼凑反动舆论阵地的一个重要手段。上海《民国日报》最先就是被"西山会议派"所篡夺的。该报原系叶楚伧等人办的私营报纸，中国国民党"一大"后它被改组为中国国民党机关报，但始终没有真正成为中国国民党的言论机关。在叶楚伧的主持下，该报对国民政府的方针政策不做积极宣传，拒绝刊登或任意删改"反帝""反军阀"的文章；对工农运动也持反对态度，在"五卅惨案"后的反帝爱国运动中也表现了媚外妥协的态度。① 叶楚伧主编的上海《民国日报》从1925年11月20日起连篇累牍地刊载"西山会议派"通电及决议案。于11月27日—12月22日，发表《告国民党全体同志书》等12篇文章，公然支持"西山会议派"，反对中国国民党"广州中央"执行委员会，并背叛中国国民党第一次全国代表大会宣言，污蔑、诽谤中国共产党为"叛徒"，"反革命"。至此，该报充当了中国国民党"右派"的喉舌。胡汉民在莫斯科与拉菲斯交谈时也坦言，"国民党在上海的报纸掌握在国民党'右派'手中。编辑部在兜售的观点为：他们拥护俄国共产党人。现在他们更缓和了；他们不反对中国共产党人，但反对他们参加国民党。"② 不过，胡汉民对此并不以为然，在他看来："'右派'的宣传可以不理睬他们，他们既没有统一的观点，也没有领袖。他们的口号是

---

① 中共江苏省委党史研究室：《第一次国共合作在江苏：1923—1927》，中共江苏省委党史研究室1995年版，第326页。
② 中共中央党史研究室第一研究部编：《共产国际、联共（布）与中国革命档案资料丛书（第3册）》，北京图书馆出版社1997年版，第32页。

混乱的。他们提出了'同苏联结盟但反对共产党人'的口号。"① 此外，"西山会议派"还以居正为主编，创办了《江南晚报》，作为中国国民党"上海中央"的喉舌。

在中国国民党的"反共"浪潮中，长期在中国共产党影响下的《觉悟》不久也被中国国民党"右派"所篡夺。主编邵力子被排挤出去，由陈德征接编，拒绝刊载中国共产党的文章，连续发表戴季陶的《孙文主义哲学之基础》《忠告我们的好朋友——共产党》等反动文章。汕头的岭东《民国日报》在周恩来离开东江后，中国国民党"右派"便多方刁难，压缩经费，抽调人员，使出版遇到很大困难，不久还借故免去中国共产党党员李春涛的社长及中国共产党党员赖俊的总编辑之职，之后，成立所谓"岭东民国日报管理委员会"，这一报纸从此为"右派"所控制。"孙文主义学会"解除后，由其直接控制的"黄埔同学会"又另外出版了《黄埔月刊》，成为"右派"的重要舆论工具，之后还创办了《黄埔周刊》《黄埔军人》《黄埔武力》《黄埔生活》等报刊。这些报刊阵地全被"右派"所控制。

在中国国民党的"左、右派"斗争中，这些刊物充当了"右派"的宣传机器，大肆宣扬其理论和主张，为反动的"右派"呐喊助威，对国共合作局面造成了极大的负面影响。为此，中国共产党与中国国民党"左派"首先在舆论上对"西山会议派"发起了反攻。

二 中国共产党要人的反应

如金永信所言："如果说中央通告代表中共中央的立场，《向导》周报上发表的文章，就多少代表中共成员个人对时事的看法。"② 当时，中国共产党方面反攻"西山会议派"的刊物，在中国国民党中央主要是以《政治周报》和《向导》周报为主，前者专门为反对"西山会议派"而创办，在痛驳"西山会议派"，揭露其反动言动以及宣传中国国民党"广州中央"方面发挥了无可替代的作用。在地方则以西山会议的发生地——北京地区（也是中共北方党务的重心）的《政治生活》

---

① 中共中央党史研究室第一研究部编：《共产国际、联共（布）与中国革命档案资料丛书（第3册）》，北京图书馆出版社1997年版，第31页。
② 金永信：《西山会议派之研究（1923—1931）》，未刊稿，台湾政治大学历史研究所博士学位论文，1997年。

为主。这三大刊物对"西山会议派"的抨击主要从两点着手：一是严驳"西山会议派"违反党纪的叛党行为，大规模攻击其不合法性。事实上，中共中央及地方党部和中国国民党"广州中央"几乎统一了"北京会议违法"的理由：会议在北京召开、中央执行委员人数不足、与军阀勾结。二是将中国国民党"右派"行为等同于帝国主义和军阀，尽可能地揭露其在"反段政府""五卅运动"等国民革命运动中的"不革命、破坏革命，与军阀帝国主义勾结"的行为。而且，这三种刊物几乎都有着固定的撰稿群体——多为中共中央或是地方上的核心领导人物，《政治周报》由毛泽东主笔，《向导》周报为陈独秀、蔡和森等主持，《政治生活》主要是北京地区的赵世炎、李大钊、高君宇等人主持。他们的言论大都是配合中共中央决议，或说是在中共中央的大政方针指导下个人态度的一种表达。

1. 毛泽东在《政治周报》上的"反攻"

毛泽东对"西山会议派"的"反攻"，从他对《政治周报》的创办和经营上（前4期）便可略知一二。"西山会议派"的出现，加上"全世界帝国主义、全国大小军阀、各地买办阶级土豪劣绅、安福系、研究系、联治派、国家主义派等一切反动政派"由于憎恨革命而对大革命的"咒诅'诬蔑'中伤"，使"全国国民尤其是北方及长江各地各界人民，多被其迷惑，对于广东真相，完全隔绝。乃至同志之间，亦不免发生疑虑……'内哄''共产'等等名词到处流传，好像广东真变成了地狱"①的情势，使中国国民党中央决定创办《政治周报》②，并委托时任中国国民党中央宣传部代理部长的毛泽东为主编，以此"向'反革命派'宣传反攻，以打破反革命宣传"。③ 为此，《政治周报》刊载了中国国民

---

① 《〈政治周报〉发刊词》，载《政治周报》第 1 期，1925 年 12 月 5 日。
② 《政治周报》是中国国民党中央宣传部主办的报纸，于 1925 年 12 月 5 日在广州创刊，正值"西山会议派"的西山会议召开之际。初由当时担任中国国民党中央宣传部代理部长的毛泽东主编。宣传部秘书沈雁冰、干事邓仲夏、张秋人等参加编辑。刘少奇为该书刊撰写过稿件。至 1926 年 6 月 5 日，共出了 14 期，每期发行约 4 万份。毛泽东主编了前 4 期，因工作需要离开编辑部，由沈雁冰接任，不久，沈雁冰奉命去上海，又由张秋人主持。1926 年 3 月，蒋介石制造了"中山舰事变"，5 月又抛出了"整理党务案"，大肆排挤共产党人，《政治周报》随即停刊。参见方汉奇《中国新闻事业通史（第 2 卷）》，中国人民大学出版社 2004 年版，第 115 页。
③ 《〈政治周报〉发刊词》，载《政治周报》第 1 期，1925 年 12 月 5 日。

党中央及各级党部的决议、通电，发表了大量文章；毛泽东还开辟"反攻"专栏，并用"子任""润"等笔名，亲自撰写论文、短评，用大量事实揭露"西山会议派"用"窠里反"的方法替帝国主义做了适合其需要的种种工作，回击"西山会议派"的逆流。毛泽东对"西山会议派"的批判主要集中于由他亲自主持的前4期上（见表5）。

表5　　　　　　　　　　《政治周报》前4期目录

期别	文章名	反攻专栏
第1期 1925年 12月5日	《〈政治周报〉发刊的理由》 《两星期中之政治报告》 《中国国民党对时局宣言》 《国民政府致吴佩孚萧耀南孙传芳电》 《国民政府致奉军将领电》 《中国国民党对关税会议宣言》 《中国国民党中央执行委员会严驳北京党员之违法会议》	《杨坤如的布告与刘志陆的电报》 《三三三一制》 《颂声来于万国》 《邹鲁与革命》 《共产章程与实非共产》 《中国国民党对全国及海外全体同志解释革命策略之通告》 《胡汉民与汪精卫之通信》
第2期 1925年 12月13日	《中国国民党为北京革命运动爆发号召全国民众一致参加革命运动》 《汪精卫政治报告》 《谭平山党务报告》 《革命派党员群起反对北京右派会议》 《胡汉民对第二次全国代表大会及目前革命运动之意见》	《向右还是向左》 《赤化原来如此》 《杀尽知识阶级的是谁》 《中国国民党派遣学生赴莫斯科孙文大学》
第3期 1925年 12月20日	《中国国民党召集第二次全国代表大会宣言》 《广东政府内政上的两大政策》 《中国国民党全国党务概况》 《汪精卫在廖仲恺百日纪念之演说》 《上海〈民国日报〉反动的原因及国民党中央对该报的处置》	《北京右派会议与帝国主义》 《帝国主义最后的工具》 《右派的最大本领》 《东征纪略》 《右派的三民主义》
第4期 1926年 2月10日	《蒋介石对于联俄问题的意见》 《为西山会议告同志书》 《三民主义与共产主义信徒非联合一致不能完成国民革命》 《12月20日广州的反段大示威》 《国民党右派分离的原因及其对革命前途的影响》 《反对右派会议者遍布全国》 《我们应该怎样努力》	

可以看出，这些文章旗帜鲜明地表示了国共两方对时局尤其是对"西山会议派"及西山会议的反对态度。毛泽东亲自撰写了17篇政论文章及其"反攻"专栏的小短文，既是对中共方针政策的宣扬也是其个人思想主张的反映。其态度详述如下。

（1）对中国国民党"右派"由来已久的不满和谴责

在《政治周报》的发刊词中，毛泽东说明了《政治周报》的责任是"向'反革命派'宣传反攻，以打破反革命宣传"。① 他所指的"反革命派"主要是"香港英国帝国主义，陈炯明、邓本殷等一般（班）反革命余孽，无数土豪劣绅贪官污吏……"等最早破坏国共合作的"右倾"反革命分子。因他们在"怨恨之余，凡所以咒诅诬蔑中伤我们者无所不用其极。京津沪汉各地'反革命派'宣传机关，惶然起哄，肆其恶嘴毒舌，凡所以咒诅诬蔑中伤我们者无所不用其极"。② 所以，在毛泽东看来，"杨希闵、刘震寰、梁鸿楷、郑润琦、莫雄、魏邦平、陈炯明、林虎、洪兆麟、邓本殷、熊克武等人，仅是帝国主义的种种有用的工具"。③ "尽管他们的所为都是为适应帝国主义的需要，但工作却是无效的。"④ 因为孙中山的中国国民党改组首先得罪了代表买办资产阶级的领袖们，"冯自由、马素等便先与帝国主义军阀勾结脱离了国民党，另外组织'国民党同志俱乐部'"。⑤ 但"冯自由、马素一班人在国民党时是国民党员，及被段祺瑞买了去，虽然嘴里说是国民党，招牌也是挂的'国民党同志俱乐部'，然而只算是段祺瑞的人了"。⑥ 而"辛亥年参加革命的人，大多数都因畏惧现在的革命把革命事业放弃了，或者跑向反革命队伍里，同着现在的国民党作对"。⑦ 当邹鲁力举"国民党旧同志历史功绩"以证明中国国民党"'右派'的革命性"时，毛泽东以轻蔑的口吻严辞反驳，"邹先生，就请你革命罢，实在没有一个人有

---

① 《〈政治周报〉发刊词》，载《政治周报》第1期，1925年12月5日。
② 同上。
③ 《北京会议与帝国主义》，载《政治周报》第3期，1925年12月20日。
④ 《帝国主义最后的工具》，载《政治周报》第3期，1925年12月20日。
⑤ 《国民党右派分离的原因及其对于革命前途的影响》，载《政治周报》第4期，1926年2月10日。
⑥ 《反攻》，载《政治周报》第1期，1925年12月5日。
⑦ 《国民党右派分离的原因及其对于革命前途的影响》，载《政治周报》第4期，1926年2月10日。

本领敢于抹煞革命的老同志！须知单是有民国、有历史不能算数的，须得现在还是革命。若那老同志杨、刘，老同志许、梁。我看还是少举例为好"。①

（2）对"西山会议派"分裂的原因、影响及其阶级性做出精辟的阐释

毛泽东认为，中国国民党"右派"分离的原因有其历史渊源，并非部分人所说的是"党里'左派'分子操切的结果"，也不是"中国国民党与中国国民革命的不幸"，而是"中国国民党历史发展的必然，是其多阶级属性组成，在革命时代到来后的必然的分化结果"。他指出，要知道这个理由，"只要一看近代的时局，只要一看从兴中会到现在的中国国民党的历史，就可以完全明白"。"我们虽不必以此为喜，却断不是什么不幸的事"。毛泽东还对从18世纪到辛亥时期世界各国的革命性质进行了分析，并就中国国民党的分裂历史做了回顾，得出结论为："现在的局面与辛亥完全两样，革命的目标已经换到国际资本帝国主义；党的组织逐渐严密完备起来，因为加入了工农阶级的分子，同时工农阶级又形成了一社会的势力，已经有了共产党，在国际又突现了一个无产阶级国家的苏俄和一个被压迫阶级革命联合的第三国际，做了中国革命有力的后援。"鉴于"'老右派''新右派'依着革命的发展和国民党的进行，如笋脱壳，纷纷分裂"的事实，毛泽东将西山会议的召开视为中国国民党"右派""由革命地位退入不革命地位，由不革命地位退入反革命地位"的必然结果，而且"在半殖民地中国的国民革命政党，在今日应有这个分裂。这是一种必然的现象"。②

毛泽东还分析说，"西山会议派"的分裂与其阶级性有关。"要完全明白这分裂的原因，还要看本党从兴中会以来本党党员的社会阶级的属性，尤其是'西山派'的买办阶级性。"③"中华革命党改成中国国民党时，又加入一批中产阶级的非革命派，而且有一部分代表买办资产阶级的分子混了进来，他们站在党的支配地位，孙先生及少数'革命派'领袖拿了仍不能革命……""孙的改组……于是又激动了一班'新右

---

① 《邹鲁与革命》，《政治周报》第1期，1925年12月5日。
② 《国民党右派分离的原因及其对于革命前途的影响》，载《政治周报》第4期，1926年2月10日。
③ 同上。

派',他们已在北京开会,图谋脱离'左派、领袖的国民党另外组织'右派'的国民党。"所以"他们的分裂是基于他们的阶级性,是基于现在特殊的时局,使他们不得不分裂,并不是为了什么'左派'的操切。所谓'左派'是国民党的'左派'(并非指共产党,共产党党员在国民党内乃'共产派',不是国民党'左派')的操切"。①

通过上述分析,毛泽东断定:"西山会议派"的分裂只会造成"革命派"空前的团结,对革命无重大影响,"代表中产阶级的国民党'右派'之分裂并不足以妨碍国民党的发展,并不足以阻扰中国的国民革命"。②因为"现在的中国,除了革命,决无路走,凡属革命性强固的党员,决不愿附和'右派'抛弃光荣的革命地位,以助帝国主义军阀张目。我们料到全国党员不但不附和,而且将因此引起一个更大的团结"。③而且,在不远的将来,"四百万的'中间派',或者向'右'跑入'反革命派',或者向'左'跑入'革命派'(其左翼有此可能),万万没有第三条路。他们留在国民党内,实在是'假革命派'。不但无益而且有害",所以在努力将他们分出去,制止对于'革命派'('左派')的反动和攻击时,"'革命派'将因此成功一个更大的团结"。④中国国民党第四次全体中央会议地点之争"实乃继续革命与放弃革命之争"⑤,所以我们现在到处可以听得见口号,几乎都是这样的一句:"全国'革命派'团结起来。"⑥

(3)将"西山会议派"与帝国主义相提并论

毛泽东斥责"'西山派'为帝国主义最后的工具"。⑦因为"此西山会议完全是与帝国主义取一致态度,对于'左派'国民党及广州国民政府取了攻击的形势"。⑧他们在替帝国主义工作时,"将枪炮轰击的方

---

① 《国民党右派分离的原因及其对于革命前途的影响》,载《政治周报》第4期,1926年2月10日。
② 同上。
③ 《反右派会议遍布全国》,载《政治周报》第4期,1926年2月10日。
④ 《国民党右派分离的原因及其对于革命前途的影响》,载《政治周报》第4期,1926年2月10日。
⑤ 《反右派会议遍布全国》,载《政治周报》第4期,1926年2月10日。
⑥ 《革命派党员群起反对北京右派会议》,载《政治周报》第2期,1925年12月13日。
⑦ 《帝国主义最后的工具》,载《政治周报》第3期,1925年12月20日。
⑧ 《反右派会议遍布全国》,载《政治周报》第4期,1926年2月10日。

法改用了议决案的方法",所以种种议决案都是为帝国主义的"痛恶"而做。①

帝国主义痛恶"左派"国民党的"广州中央"执行委员会做了全国反帝国主义运动的总指挥,北京"右派"会议议决停止"广州中央"执行委员会的职权;帝国主义痛恶国民党中央政治委员会能集中权力指挥"省港罢工"和扫除其种种有用的工具——杨希闵、刘震寰、梁鸿楷、郑润琦、莫雄、魏邦平、陈炯明、林虎、洪兆麟、邓本殷、熊克武,北京"右派"会议议决取消(中央)政治委员会;帝国主义痛恶国民党"左派"领袖汪精卫能领导国民革命与帝国主义做殊死战,北京"右派"会议议决开除汪精卫的党籍;帝国主义痛恶苏俄帮助国民党和国民政府雇佣俄顾问鲍罗廷,痛恶国民党容纳共产党分子增加一支反帝国主义的生力军,北京"右派"会议议决开除李大钊、谭平山等的党籍。②

所以,在毛泽东眼中,"'右派'会议的种种议决,只能算是儿戏的议决"。③而且叶楚伧等主持的上海《民国日报》,从1925年11月20日起,即从登载"西山会议派"的通电之日起,也"已经宣告做了'反动派'的机关,宣告脱离了革命的国民党,宣告与帝国主义军阀从此妥协,宣告做了帝国主义的军阀宣传机关之一种"。④

鉴于此,当上海《民国日报》于1925年12月3日刊登社论反对汪精卫"感电"时⑤,毛泽东义正词严地指出,"'右派'的长处就是一张嘴,'打倒帝国主义''打倒军阀'几个口号,他们也不能不看党的决

---

① 《帝国主义最后的工具》,载《政治周报》第3期,1925年12月20日。
② 《北京右派会议与帝国主义》,载《政治周报》第3期,1925年12月20日。
③ 《帝国主义最后的工具》,载《政治周报》第3期,1925年12月20日。
④ 《上海民国日报反动的原因及国民党中央对该报的处置》,载《政治周报》第3期,1925年12月20日。
⑤ 上海《民国日报》社论说:"只有怕革命党的军阀,哪有怕军阀的国民党,他拿这个理由去反对下面汪精卫'感电'的话:中央执行委员会议属于公开性质,若在北京开会,外则有军阀的压迫,内则有反动分子利用军阀以从中作梗。因此《民国日报》以为中央全体会议在北京开会,可以表示勇敢,可以表示不怕军阀。"见上海《民国日报》,1925年12月3日。

议案背得出；至于实际的作法、实际的行动，他们一听见就吓落了胆。'右派'只有一张嘴，没有手与脚。他们只有胆子在段祺瑞面前开会，没有胆子到广州开会，因为广州的革命空气把他们吓傻了"。① 同时，毛泽东还讥讽说，"上海《民国日报》的反动我们觉得十分有理由"，因为"该报自从11月20日表明了'正式反动'以后，连日做了许多攻击'左派'的宣传，这自然是该报的本分，因为该报如果不做攻击'左派'的宣传，便不能取得'右派'机关报的资格，便不能向上海工部局和北京段祺瑞邀功使他们承认该报的反革命地位，便不能达到该报反动的目的"。②

此外，毛泽东还进一步说道："即使'右派'中还有一部分并无诚心为帝国主义利用，即使他们怎样不承认自己作了帝国主义的工具，然而在事实上是大大帮了帝国主义的忙，事实上是做了帝国主义的工具，因为他们的工作适合了帝国主义的需要。"③ 所以，他预言，"西山会议派"的"上海中央""二大""如真能召集的成（不管人数多少），未必敢在北京开会，因为段执政的龙庭已是坐得不大稳了。他们大概会在上海开会。在帝国主义的老巢里，在各国领事、工部局洋大人、巡捕房红头阿三面前开着国民党的全国会议。这很可以表示勇敢，能在军阀面前开会，这是'右派'最大的本领，'左派'分子望尘莫及！"④

（4）呼吁"革命派"群起反对"'右派'会议"（即西山会议）

毛泽东在大力揭露和批判"西山会议派"的同时，还一再呼吁"'革命派'群起反对'右派'会议"。他希望发动更广泛的革命群众的力量，在"反攻"运动中造成一个更大的团结；并使得"'革命派'团结起来"，"革命的同志向'左'边去"等口号遍布全国各地革命同志及革命民众之间。⑤ 为此他先后撰文《革命派群起反对右派会议》与《反对右派会议者遍布全国》，将各地发来的反对西山会议通电摘录登出，从而将全国反对"西山会议派"的运动推向了高潮。

---

① 《右派最大的本领》，载《政治周报》第3期，1925年12月20日。
② 《上海民国日报反动的原因及国民党中央对该报的处置》，载《政治周报》第3期，1925年12月20日。
③ 《帝国主义最后的工具》，载《政治周报》第3期，1925年12月20日。
④ 《右派最大的本领》，载《政治周报》第3期，1925年12月20日。
⑤ 《革命派党员群起反对北京右派会议》，载《政治周报》第2期，1925年12月13日。

当时，各地驳斥"西山会议派"，拥护中国国民党"广州中央"的通电远不止40份，毛泽东则匠心独具地在《政治周报》上先后选登了40份。①

先前登出的20份多是表明态度，即拥护中国国民党"广州中央"，斥责西山会议非法的。排在最前的是中国国民党北京执行部的反对通电，代表着国共两党中央的立场。该电文将指责矛头对准了谢持、邹鲁与林森，先是列举了他们每人的反动言行，其次从三个人的政治身份入手对其行为表示不满和谴责，然后还预测了邹鲁、林森、谢持接下来的举动；同时指出"西山会议派"的最得力组织"民治会"与"国民党同志俱乐部"出现了分裂。这一电文也可算是全国各地反对"西山会议派"的总基调。

剩余的几乎都是附和，或是稍加具体的做一补充而发。比如，中国国民党广东省党部指出"北京为军阀包围，少数党员违背党纪，无论如何，（中央）执行委员会全体会议开于北京，万无良果。法理事实，都不可行，其结果唯有使党纪破坏，受人利用"。中国国民党"广州特别市党部、海外各总支部、湖北省党部、汉口特别市党部、福建省党部对于北京开会不胜诧异，一致拥护汪精卫'感电'"。② 中国国民党广东各级党部代表会议认为，"苟任少数党员各逞私见，置纪律于不顾，其危险甚于反革命敌人"。中国国民党东江各县代表大会"反对任何党员之分裂主张分裂行为"。中国国民党香港总支部"希望海内外同志尊重孙总理遗嘱"。中国国民党番禺县党部谓"北京会议近叛逆"。以上通电旨在表明"拥护汪精卫中央，斥责'西山派'分裂行为"的态度。

还有要求对"西山会议派"严加惩办的。比如，中国国民党上海市第一区第十三分部、第十六分部、第二十一分部、第五十四分部"请中央严行制止，勿使非革命分子假名累党；勿使我总理灵前庄严之地有违反党律之非法会议"。中国国民党第五十三分部则指出，"会议是个人擅自行为，属于违法"。第十二分部谓，"北京擅自集会蓄有阴谋与本党前途革命事业大有不利"。中国国民党上海市第二区二十二个分部集

---

① 《政治周报》第3期，1925年12月13日。
② "感电"决议："决定于12月11日在广州开第四次中央执行委员会全体会议，于十五年元旦召开第二次全国代表大会"。见《政治周报》第2期，1925年12月13日。

体通电,"北京会议不合之点有三:一、筹备处名义为总章上所无。二、该同志故在假政府反动势力之下集会。三、发起会议列名中,有未与'国民党同志俱乐部'脱离关系之石瑛、居正、石青阳等反革命分子",表明"该会既无根据,通电何生效力,区分部等一致否认"。国民革命军第二军特别党部谓,"谬然以三数人之隐私,欲召集全体会议,非请从严惩办,将本党之纪律为彼等破坏而无余"。

此外,还有就"西山会议派"涉嫌"国民党同志俱乐部"表示谴责的。比如,中国国民党江苏省党部谓,"发起会议之覃、石、石、居、茅等与北京'国民党同志俱乐部'有关系",通电一反平常所谓"北京会议有林森、邹鲁、谢持等三人"的说法,虽没有提及这三人,但以居正、石青阳为主帅。"此次居正、石青阳等所召集之开会日期及地点,显系违背中央执行委员会之决议","此次中央执行委员居正、石青阳等……贸然在北京召集第四次全体中央执行委员会议"。在列举出一贯的三点反对理由后,该通电的矛头明显地对准了居正、覃振等人,"具名通知开会者,竟有与北京'国民党同志俱乐部'有关系之覃振、石瑛、石青阳、居正、茅祖权等在内,尤属难解索人"。而后还刊有中国国民党南京市第三区党部的通电,"居正、石青阳等均列'(国民党)同志俱乐部'而未声明脱离关系"。中国国民党南京市第一区党部"誓不承认插足北京'国民党同志俱乐部'之石青阳等所开会议"。中国国民党宁波市党部谓,"戴季陶、沈定一、叶楚伧等与北京(国民党)同志俱乐部,反革命分子互相勾结。司马昭之心不问可知"。①

《政治周报》刊出的20份电文基本是从以上三点对"西山会议派"的违法性进行攻击和驳斥的。这不仅将"西山会议派"的组织活动更多地暴露于众,使读者印象深刻,而且还突出了革命同志一致声讨"西山会议派"的政治立场,由此获取了更多的舆论支持。

此外,还有一地域性的特点体现于其中。拥护中国国民党"广州中央"的通电主要来自中国国民党广东省党部、广州特别市党部、海外各总支部、湖北省党部、汉口特别市党部、福建省党部、东江各县党部、番禺县党部、香港总支部等,大致是分布在"广州中央"所在地广东一带及其周边的闽港地区;要求惩办"西山会议派"的则是以中国国

---

① 《革命派党员群起反对北京右派会议》,载《政治周报》第3期,1925年12月13日。

民党上海第一区为主的部分区分部；谴责"西山会议派"涉嫌"国民党同志俱乐部"的主要为中国国民党江苏省党部及其南京市的区党部。我们知道，这些地区的中国国民党"左、右派"斗争都较为激烈。所以，毛泽东刊载这些地区的通电既支援了中国国民党地方党部与中国国民党"右派"的斗争，同时也表明中国共产党充分利用了所占据的资源（广东、江苏、上海为中国共产党与中国国民党"左派"势力较强之地），发动了一切可能的力量来壮大反攻声势，把反对"西山会议派"的斗争普及全国各地，从数量、地域、发文言词等方面与各地拥护"西山会议派"的通电相抗衡。

时隔一周，《政治周报》再次登出了20份反对西山会议的通电。因为二期刊登的通电要为"反右空气遍布全国"[①] 这一主题服务，所以在地域上大大超出之前的广东、江苏、上海及东南沿海，更是扩展到了浙江、四川、江西等地区；发出电文的不仅是中国国民党地区党部，还包括学校、联合会等各部门。

此外，二期电文的内容也显示了一定的深度，已开始具体揭露"西山会议派"及其地方组织的反动行为，或是力求中国国民党中央对其进行制裁。它们大致可分为三类：

第一，要求对"右派"反动行为制裁的。比如，中国国民党东莞第二区党部谓，"凡属本党同志，均须一致起来拥护中央决议案，并要求中央党部查明为首及冒签之人，开除党籍，以维纪律，而警效尤"。中国国民党浙江省党部在宣布了沈定一具体反动罪状后谓，"浙江全省仅萧山一县及绍兴少数人被其诱惑，其他各县大部分同志均洞烛其奸"。中国国民党苏州第二区第一分部谓，"上海《民国日报》为反对派盘踞，对于各种主持正义之文电，一概拒绝不登，为反对派宣传张目"。中国国民党上海市第一区第十三分部谓，"叶楚伧擅离职，守查该报于中央此次反奉宣言，竟密不宣布，各地党务消息亦任意扣留，实属有离职守。平日言论记载，亦极混乱，请中央迅加整顿"。中国国民党上海市第九区党部谓，"林森等不惜结纳反动势力，此次召集会议，理应在国民政府所在地举行，乃不出于此，而求卵翼于日本帝国主义工具安福政府之下，其将与帝国主义者妥协，而向军阀官僚勾结之迹已露"。中

[①]《反右派会议遍布全国》，载《政治周报》第4期，1926年2月10日。

国国民党丹阳县党部谓,"覃振、石瑛等别生枝节,未经中央执行委员会秘书处通知,在京擅自召集所谓中央执行委员会第四次大会,显启中央执行委员会分裂之兆,阻扰党务进行之效率,莫此为甚"。中国国民党新会海员特别分部"要求中央查明为首者开除党籍"。中国国民党佛山市党部宣言,"所有邹鲁等在北京或其他地方一切叛党行为,积极反对,唯力是视。愿各地同志对此辈败类严阵以待"。中国国民党石龙市党部谓"林、邹等贸然召集非法会议,以中央委员而举动若此,可耻孰甚"。中国国民党军事委员会特别党部党员大会"通电历述'右派'会议不合法者六端"。此外,中山县十八农民协会还表示,"为全力拥护'广州中央',对擅自开会之'反革命派',如有破坏举动,当以实力扑灭之"。

第二,中国国民党部分党部继续重申"北京会议无效,拥护汪精卫'感电'"的主张。诸如:上海市第一区第五十一分部、海外同志社、军事委员会特别党部第四分部、四川省党部、广东第一中学全体党员、广东大学特别市党部全体党员、"中国青年军人联合会"、海员联义社交通部等。

第三,对"西山会议派"分裂目的进行揭露的。比如,中国国民党广州市第六区第五及第十一分部谓,"北京会议不过运用一种破坏手段,博敌党欢心,为攫取权力地步"。广东妇女解放协会谓,"邹鲁等这种破坏国民党的行为,不啻为帝国主义军阀延长压迫人民的时期"。中国国民党高要县第一区党部谓,"任意推翻中央议决案,显希立心破坏本党"。中国国民党江西省党部谓,"居正等悍然不顾,必欲在北京开会,显系别有作用。'(国民党)同志俱乐部'人亦在具名开会之列,更属可怪。居等站在广州最高党部以外标榜异议,迹近阻扰革命工作"。国民革命第三军特别党部谓,"反共产为帝国主义破坏中国国民革命联合战线之口号,西山会议亦反共产,其为帝国主义之走狗,毫无疑义"。①

为了显示国共一致反对"西山会议派"的主张,毛泽东在每一期《政治周报》上还专门就双方合作革命的情形进行了及时的报道。比如,《中国国民党对时局宣言》《国民政府致吴佩孚萧耀南孙传芳电》《国民政府致奉军将领电》《中国国民党对关税会议宣言》《胡汉民与汪

---

① 《反右派会议遍布全国》,载《政治周报》第 4 期,1926 年 2 月 10 日。

精卫之通信》《胡汉民对第二次全国代表大会及目前革命运动之意见》《中国国民党为北京革命运动爆发号召全国民众一致参加革命运动》《中国国民党派遣学生赴莫斯科孙文大学》《中国国民党召集第二次全国代表大会宣言》《中国国民党全国党务概况》《蒋介石对于联俄问题的意见》等通电、宣言或政治报告。其目的多是要表明中国国民党"广州中央"继承孙中山遗嘱，拥护国共合作，反对帝国主义军阀这一坚定的政治立场。

与此同时，毛泽东还将中国国民党中央与国府要人对"西山会议派"的反对态度和意见也尽其可能地展现于读者面前。诸如，《两星期中之政治报告》《中国国民党中央执行委员会严驳北京党员之违法会议》《胡汉民对第二次全国代表大会及目前革命运动之意见》《汪精卫政治报告》《谭平山党务报告》《汪精卫在廖仲恺百日纪念之演说》《广东政府内政上的两大政策》《为西山会议告同志书》《三民主义与共产主义信徒非联合一致不能完成国民革命》等中国国民党中央要文，及吴稚晖、蒋介石、李哲夫、何应钦、吴铁城等人"反对西山会议"的来函与启事。这是毛泽东借助《政治周报》这一国共合作的产物，向"西山会议派"发起攻击的一大特色——以中国共产党的攻击为主，以中国国民党的支持为辅，二者紧密结合。

2. 陈独秀等要人在《向导》周报上"反攻"

陈独秀可谓是中国共产党党内"反国民党'右派'"的第一人。他主要是在《向导》周报上对中国国民党"右派"及"西山会议派"进行口诛笔伐。① 早在中国国民党"一大"召开后不久，当鲍罗廷指出中国国民党内有"左、右派"倾向的分化时，身为中共中央总书记的陈独秀，以其特殊的政治地位，于1924年4月在《向导》周报发表了《国民党左右派之真意义》一文，首次公开宣称"国民党内出现了'左

---

① 《向导》周报于1922年9月13日在上海创刊，以"继续民主革命（第二期改为国民革命）""打倒帝国主义""打倒军阀"为号召，由主持中央宣传工作的蔡和森主编。参加编辑和撰稿的主要有陈独秀、李大钊、瞿秋白、罗章龙、张国焘、赵世炎、彭述之等。1927年春，《向导》周报随中共中央迁武汉，由负责中央宣传工作的瞿秋白主编，羊牧之协助编辑。1927年7月，汪精卫叛变，《向导》周报出了201期后停刊。参见方汉奇《中国新闻事业通史（第2卷）》，中国人民大学出版社2004年版，第118页。

派'和'右派'的分化"。① 之后不久，与"中国国民党'右派'"有关的政论性文章便频频出现于中国共产党影响力最强的《向导》周报上，中国共产党在舆论上掀起了反对中国国民党"右派"的高潮②，"'左派'革命，'右派'不革命"的空气开始弥漫于全国。

  至"西山会议派"召开会议时，陈独秀首先撰文《什么是国民党的左右派》，对"左、右派"概念做出了权威性的界定。③ 他认为，"明白国民党的'左、右派'不仅是（中国）国民党之重要问题，而且是中国国民革命运动之重要问题"。因为"'左派'是革命的，'右派'是不革命的"。④ 紧接着，中共中央在1925年12月9日发出的"第六十七号通告"中，将"戴季陶、邹鲁、邵元冲、沈定一、张继等"正式划定为"新右派"，而"谢持、居正、覃政〔振〕、石青阳、石瑛、茅祖权"等以前的"右派"则称之为"反动派"。⑤ 在文中，陈独秀特别强调："国民党中现有的'左、右派'的区别乃是在实际行动上是否真能反对帝国主义及军阀、是否真能实行三民主义之问题。'左派'是实行反对帝国主义及军阀，实现三民主义的'革命派'。'右派'是口头主张反对帝国主义及军阀，口头信仰三民主义，而不想实行的非革命派。"鉴于此，他还公开表示了中国共产党"赞助'左派'而反对'右派'"的态度。⑥

  陈独秀对"西山会议派"的言论攻击，不仅将之笼统称为"国民党'右派'"或是"新右派"，如《国民党新右派之反动倾向》《国民党右派之过去现在及将来》《国民党右派之光荣》《国民党右派的大会》等，而且是站在更宏观的立场、更高的角度对"西山会议派"所代表的一般"右派"的反革命行为进行揭露和指责。

  陈独秀认为中国国民党内"左、右派"的分化是一个动态发展的过

---

① 《向导》周报，第62期，1924年4月23日。
② 陈独秀：《什么是国民党左右派》《国民党左派之过去现在及将来》；述之：《国民党右派反革命的经济背景》；蔡和森：《何谓国民党左派》，分别载《向导》周报，第137、148、82、113期。
③ 《向导》周报，第137期，1925年12月3日。
④ 《向导》周报，第137期，1925年12月3日。
⑤ 中央档案馆编：《中共中央文件选集（第1册）》，中共中央党校出版社1989年版，第533页。
⑥ 《向导》周报，第137期，1925年12月3日。

程，"左、右乃比较之词，并不是绝对的"。① 所以，"西山会议派"的出现仅是"一般代表买办阶级的'右派'脱离国民党后，新生国民党'右派'中的一部分"。② 他们的反动倾向主要表现为："一部分小资产阶级分子的国民党员勾结以前的'右派'即'反动派'，假借三民主义的招牌，提出阶级妥协的口号，来反对阶级斗争，反对共产党，并反对国民党'左派'，甚至于反对国民政府。"而且"这一'新右派'在理论上并且在组织上（'孙文主义学会'）形成起来，一天比一天明显；他们虽然竭力自别于代表官僚买办阶级的'反动派'即以前的'右派'，其实他们当中仍然包含着不少以前的'右派'分子。并且在事实上，他们既反对阶级斗争、反对苏俄、反对共产党、反对国民党'左派'，又反对国民政府，客观上便实实在在的帮助了反革命者和帝国主义者（如谢持、居正、周颂西、孙镜亚）等"。鉴于"现在国民革命的'新右派'一开始即带有的反动倾向"，陈独秀表示"凡是忠于中国革命的人都不得不向他们加以不客气的警告"。③

陈独秀针对"西山会议派"提出的议案、发出的通电、列举的"共产党罪行"等逐一进行了深入分析和具体的批驳。此点在其《国民党新右派反动之倾向》一文表现得淋漓尽致。这既显示了陈独秀深邃的政治眼光和敏锐的洞察力，同时也凸显了他在反对中国国民党"右派"方面所具有的理论高度和深度。先摘录其精彩段落如下：

> 季陶先生对我说：他们并不反对阶级斗争，只是在国民党立场不便鼓吹阶级斗争，然而事实上近几天的《民国日报》上反对阶级斗争之论调都非常之高。
>
> 他们暂为顾全中山先生的遗嘱计，尚未公然反对苏俄，然而他们在取消"共产派"党籍宣言上，说共产党加入国民党是"藉以维持苏俄"；又说"扫除任何属性的帝国主义"，所谓任何属性，不用说，所谓赤色帝国主义也包含在内。

---

① 陈独秀：《国民党新右派之反动倾向》，载《向导》周报，第139期，1925年12月20日。
② 同上。
③ 陈独秀：《国民党新右派之反动倾向》，载《向导》周报，第139期，1925年12月20日。

> 他们反对共产党更不用说了。他们说共产党只要民族主义，对于民权主义和民生主义，都唾弃而且加以攻击；其实共产党不但努力民权运动（集会、结社、出版、言论、自由等之要求），并且他的民生运动（工农解放）比任何党派的政纲都彻底。他们说共产党是反对国民革命的反革命，其实不幸此时各处国民革命的工作几乎是"共产派"包办的。他们说共产党借国民党机关宣传共产党的主义，其实共产党有他自己的各种机关报印刷品，宣传他们的主义与政策，从来不曾借国民党的机关宣传共产主义！中山先生、季陶先生都曾经说过民生主义，就是共产主义，而共产党人都不曾做此惊人之谈！他们口里虽说不信口雌黄地诬蔑共产党，其实他们公然通电著书（例如最近广东"孙文主义学会"的通电及孙镜亚"告国民党同志书"等），捏造共产党阴谋破坏国民党的种种无稽之谈，弄得共产党人简直阴贼险狠不成人境。最近广大问题，不但说共产党早已开除的陈公博是共产党人，并且硬指顾孟余先生也是共产党人，藉以证明共产党夺取广大的阴谋。他们口中虽说承认共产党和他们政见略有不同的党（孙镜亚都说是："貌为同舟，实类敌国"）可以联合起来，共同作战。其实，在北京、在上海、在广州，无论民族运动、民权运动、民生运动，他们都表示不和共产党合作，并且他们自己也不独做；他们虽然宣言反段，然而在上海的反段市民大会，他们竟不肯参加；在北京的反段革命大会，他们虽然参加了，而他们的首领邹鲁都硬逼鹿钟麟下令压迫国民大会，说这次国民大会是"赤化"运动……①

在文中，陈独秀还一针见血地指出："'西山派'这一'右派'，不顾汪精卫等'功多于过'的事实，对于他的攻击，竟无所不用其极，不惜罗织许多罪名，假造许多谣言，仿佛汪精卫等真是罪大恶极之徒（见他们致各级党部电，1925年12月8日上海《民国日报》文章、孙镜亚《致汪精卫书》等）。他们不但这样攻击江精卫，并且在西山开会决议开除汪精卫党籍，不许他任国民政府职务。这简直是有意动摇国民

---

① 陈独秀：《国民党新右派之反动倾向》，载《向导》周报，第139期，1925年12月20日。

政府，为陈炯明、杨希闵等之流复仇；邹鲁等在西山开会，表面为反对'共产派'，实为破坏国民政府的阴谋。"①

并且，他还将"西山会议派"的反动倾向归咎于"误认中国国民革命乃整个一个国家的孤独运动。"因此"他们遂至对外反对苏俄，对内反对阶级斗争，反对共产党；因为'左派'联合苏俄及共产党，他们遂至反对'左派'；因为国民政府中最主要的分子是'左派'，他们遂至反对国民政府；他们的反对倾向就是这样相因而至的"。② 所以，陈独秀警告"西山会议派"谓，"'新右派'之反动倾向，也非常严重，这倾向若继续发展下去，便和以前的'右派'即'反动派'毕竟是一家眷属，而所谓'新右派'这一名词便应该取消了"。③

1926年3月20日"中山舰事变"发生，陈独秀视其为"'右派'分裂阴谋的应用"。④ 因中国国民党"右派"宣传此次事变是由于"共产党阴谋推倒蒋介石，改为工农政府"的原因，陈独秀予以坚决回击："我们的政策是统一，共产党不是一个疯子党、不是帝国主义的工具……""汪精卫、谭延闿、朱培德、李济深、程潜都不是疯子，共产党如果忽然发疯想建设工农政府，单单推倒蒋介石是不够的。"他认为，结合"'右派'一贯分裂的政策，尤其是两星期前上海的'右派'最高党部某领袖预言广州将有大的政变，及他们在广东想分裂革命势力，同时在北京、在上海想分裂学生会"的事实，"广州事变"之根本原因"仍旧是这个政策之应用"，即"一向号召'反俄''反赤''反共'，这是实现帝国主义者分离中国革命势力的根本政策"。⑤

在上海，中共中央制定出"争取分化'右派'中部分'左倾'的、较好的'右派'首领"的策略后，陈独秀对"西山会议派"的攻击明显有所缓和退让，称其所为是"反动"而不是"反革命"。他将"西山会议派"划入了"第二次全国代表大会前后，以戴季陶为首的，代表大资产阶级的'新右派'，"并强调这一"新右派"与以冯自由为首的、

---

① 陈独秀：《国民党新右派之反动倾向》，载《向导》周报，第139期，1925年12月20日。
② 同上。
③ 同上。
④ 陈独秀：《中国革命势力统一政策与广州事变》，载《向导》周报，第148期，1926年4月3日。
⑤ 同上。

与军阀帝国主义勾结的国民党'右派'的不同,因为"他们不但要反对军阀,并且要反对帝国主义,可是他们以为'左派''联俄''联共'政策之要求加以修正,并不主张根本上'反俄''反共'"。① 同时,陈独秀也表示了一定的担忧:"他们这种中间的态度,有时是革命的,有时是帮助了反革命,有意的或无意的背叛了革命。他们这种态度与思想,如果在一切实际行动上果然坚守的住,也还有一半令人可敬;可是在事实上,这一'新右派'只算是少数人一种理想,还未能形成独立的一派,因为他们大部分人在组织上在行动上,并未能坚守住他们的态度与思想和前一个'右派'即'反革命派'分开,虽然他们的领袖屡次表示不赞成'左派',同时也不赞成'反革命派'"。②

陈独秀还认为,导致"西山会议派"这一"新右派"动摇的根本症结在于"未能与反革命分开"。③ 他列举了以下几大事实。

> 在组织上,他们的领袖戴季陶、孙科、伍朝枢虽然都加入了广州的中央执行委员会,山东、江西、广州、徐州的"右派"党员及北京的一部分"右派"虽然和"左派"在一个组织上;而西山会议及由此会议产生的"上海中央"党部,以至现在他们所召集的第二次大会,都是和"反革命派"合作的。在重庆、安庆、芜湖、南京、上海及江苏、浙江两省,他们都是联合"革命派",另立和"左派"分离的组织。在行动上,这一"新右派"之发端,谁也知道是利用戴季陶的理论来号召的,照常情应该奉戴季陶为指导者,然而一开幕他们即勾结"反革命派",毒打戴季陶……充分说明戴季陶等少数人所理想的"新右派"并未形成事实,大部分还是"反革命派",因利乘便在党中冒名作祟。所以,现在这一"新右派"的领袖,不但戴季陶睡在湖州叹气,即叶楚伧、邵元冲也不得不取了消极态度;有全国组织的"孙文主义学会",也是他们"右派"戴季陶的理论的暗示而发生,实际上他们并不研究孙文主义,各地的"孙文主义学会",都被"反革命派"占据了当做反对苏

---

① 陈独秀:《中国革命势力统一政策与广州事变》,载《向导》周报,第148期,1926年4月3日。
② 同上。
③ 同上。

俄、反对共产党、反对"左派"之工具。居正参加上海的反赤大联合，覃振派人联络赵恒惕谋倒长沙的"左派"党部，南京及武汉的"右派"党员们都在中山周年纪念会上狂呼打倒共产党，并指令警察捕拿共产党；像这些行动，更是出乎"右派"领袖们屡次所宣布的态度与思想之外，完全是反革命。①

所以，他对这一"新右派"未来之政治倾向作了分析："将来或者竟能自成一派，或者一部分成'左派'，一部分老实回到'反革命派'，此时虽不可知，而和'反革命派'混和的现状，大概是不能持久的。如果他们自成一派，而且很有力量，无论和'左派'在同一个组织与否，都是中国民族革命的障碍。"②

1926年3月29日，"西山会议派"的上海"二大"召开，陈独秀指责其"仍以变更'联俄''联共'政策为目的"。③"宣言上关于'联俄'之主张——吾人与此，决不贸然将苏俄列于其他帝国主义之林——一反'联俄'政策以及对共产党的态度，即吾人当认为友军两不相忤，或有分则相求之可能，这一表述不过藉此掩饰他们显然违反孙总理的政策之痕迹罢了。"④ 因为这与他们大会的内容及其在党务运作中的"反俄""反共"行为大相径庭，况且"此次'右派'大会的宣言的内容显然和第一次大会宣言相抵触"。⑤ 所以，陈独秀对此次"右派"大会极为不满，仅对其大会代表的身份就持很大怀疑态度，"凡是一个称为代表的，必以有他所代表的人为条件，不然便是冒充代表，或是自称代表，国民党'右派'在各地还没有什么党部之组织，现在居然在上海召集所谓全国代表大会，东指一个姓张的代表江苏，西指一个代表直隶，这班未曾经过党员选举的代表，请问是代表谁？"⑥ 同时，鉴于中国国民党"右派"召开上海"二大"的举动，陈独秀已经不奢望"'右派'向'左'回到'广州中央'"，而是以"友军的资格"希望他们能

---

① 陈独秀：《国民党右派之过去现在及将来》，载《向导》周报，第148期，1926年4月3日。
② 同上。
③ 陈独秀：《国民党右派的大会》，载《向导》周报，第150期，1926年4月23日。
④ 同上。
⑤ 同上。
⑥ 寸铁：《请问你们代表谁？》，载《向导》周报，第148期，1926年4月3日。

在"反抗帝国主义、打倒军阀"这一相同的口号上合作,并"竭诚奉劝他们不要再向'右'跑到'反革命派'那边!"①

至中国国民党召开中央执行委员会时,反动的中国国民党"右派"在上海及其他各处宣传"此次国民党全体中央委员会议,共同的是要重新讨论'联俄''联共'政策的问题"。陈独秀特为此辟谣,表示"修正中山先生'联俄''联共'政策,是"右派"自西山会议到上海大会一贯的主张",而"广州中央"的中央委员最大多数是革命"左倾"的分子,不可能和西山会议以来被国民政府命令称为"叛徒"的"右派"走到一条路上去!②并责问"西山会议派""在与吴佩孚势力进攻决斗之生死关头,凡是一个中山主义的革命党员,岂有反而对中山先生'联俄''联共'的革命政策怀疑而要重新讨论之理!"③

从对以上言论的梳理看,陈独秀似乎对"西山会议派"这一"新右派"的反动倾向,抱着一种"和为贵"的心态,既有劝服,又有驳斥,还有揭露。

言词比毛泽东较为温和。这在很大程度上可能是源于陈独秀的特殊政治身份,其言论与中共中央斗争"西山会议派"的总路线保持着高度一致,并进行了一定的解释和补充。当然,陈独秀对"西山会议派"也有较为严厉的谴责,痛斥"'西山派'连资产阶级还不如!"而且还一再提醒中国国民党"'西山派'打倒了吗?"他曾愤慨地表示:"从前有人说国民党是资产阶级政党,谢持气得了不得,以为这是侮辱国民党。可是现在'西山会议派'的张继,竟在此次上海总罢工中去访问虞和德,商量合作,而以杀工人、杀共产党为合作条件,虞和德大不赞成,张继算是白撞了一头包,可见这班'右派',连资产阶级还不如!"对中国国民党《党务宣传要点》上出现的"我们要用打倒'西山会议派'的精神,对待一切党内的昏庸老朽的反动分子"的指示,陈独秀颇不赞同:"其实'西山会议派'何尝打倒,他们不但在国民党外伙同日本人在上海办一个《江南晚报》大写党皇帝;在国民党内,从前号称'左派'分子,现在居然接受了西山会议的理论,'反俄''反共'

---

① 陈独秀:《国民党右派的大会》,载《向导》周报,第150期,1926年4月23日。
② 《南方形势与国民党》,载《向导》周报,第153期,1926年5月15日。
③ 同上。

'反工农运动'的人要有多少？"① 为此，他呼吁人们要继续对"西山会议派"反攻。

此外，中共中央的其他要人如蔡和森、彭述之、赵世炎、张国焘等也纷纷在《向导》周报上对"西山会议派"发起了攻击。张国焘在《一封公开的信致国民党全体党员》一文中，完全否认西山会议的合法性。在张国焘看来，西山会议就有三点不合法的地方：第一，这次西山会议不是由中央召集的，乃是由林森等以中国国民党中央委员的个人资格召集的。第二，退一步说，中国国民党中央全体会议，至少得有13个正式委员出席，现在林森等的会议，除中央监察委员张继、谢持和候补委员沈定一、茅祖权、傅汝霖5人以及并未参加会议的吴敬恒先生外，实际只有9个正式委员出席，根本不能谓之中央全体会议，更不得有所议决。第三，再退一步说，就算他们的决议有效，古今中外，也没有中央委员开除中央委员的道理。② 既然会议的召开根本无法理的依据，所做出的各项决议当然无效，无论西山会议的动机如何，都是"与党国有损无益"，如若继续下去则"相当于自杀，并且糟蹋了孙先生"。③

张国焘进而指出，"西山会议派"不断制造出的"共产党是营寄生生活的""共产党是没有党德的""一个跨党党员要忠于国民党，便背叛了共产党，要忠于共产党，便背叛了国民党""团体是有排拒性的"等等挑动感情的议论，以及"一些反国民党报纸，也用冷嘲热笑的口吻、幸灾乐祸的心理，大肆其破坏的阴谋"都是"妨碍国民革命发展的，令孙中山痛心的"。④ 所以，他诚恳地希望"国民党同志们不要自视为圣明天子，以归化的夷狄视共产党"，"林森、邹鲁等不应再发表挟嫌反对国民政府的言论，而应兄弟般地奋斗于国民革命"。⑤ 从中可以看出，起初张国焘对"西山会议派"还抱有一线希望，固一再呈述其反动行为的后果，并试图以孙中山的余威来使他们"回头"，重新投

---

① 任建树、张统模、吴信中：《陈独秀著作选读（第2卷）》，上海人民出版社1993年版，第1217—1218页。
② 张国焘：《一封公开的信致国民党全体党员》，载《向导》周报，第139期，1925年12月20日。
③ 同上。
④ 同上。
⑤ 同上。

入革命。但鉴于"西山会议派""上海中央"活动的继续,张国焘则改变了其缓和的态度,表示"广州'二大'对'西山派'几个反动分子的惩罚,已经是宽大得无以复加"。①

彭述之的攻击更多是"用事实说话",主要就"西山会议派"勾结军阀、破坏革命、投机革命的不良动机进行揭露和批判。在他看来,中国国民党"右派"的根本动机是"升官发财,攘位肥己"。"西山会议派""应'上海中央'之函请",参加反对日本帝国主义出兵而举行的市民大会"这一进步"的举动,仍不排除"想要出脱其不革命和反革命的恶名"的投机目的。所以,他严词警告"右派","中共是愿意与之在民众运动中合作的",但是"若有任何反动行为和阴谋",则会"毫不客气的指给群众看"。②

彭述之坚决否认中国国民党"右派"所谓"'左、右派'斗争乃'共产派'与'非共产派'之争"的说法,指明其目的实为"恐惧代表国民革命的国民党真正革命化、真能代表革命民众的利益而奋斗后,'右派'便无容身之地"。③他还明确指出,西山会议为中国国民党"左、右派"斗争的结果,"在'左派'方面的是'广州中央'执行委员会,以汪精卫、蒋中正、于右任等为其领袖,以广州革命政府为根据。在'右派'方面的是什么北京中央执行委员会,为其领袖的是公然反对国民革命政府之邹鲁、林森;屡被中山谴责之谢持、张继、覃振和专门坐在屋子里写文章或专为叹气的戴季陶等"。④彭述之还在同一篇文章中以"不是革命便是反革命"等极严厉的语气,批评为"西山会议派"宣传"反共"运动的上海《民国日报》,谓"近日上海《民国日报》上的几篇长篇大作专门提起国民党中的共产党问题(如《国民党为什么取消共产派的党籍》和《谁是反革命》),其意亦不过是借反'共产派'的题目来排斥革命的'左派',以掩饰自己之非革命的事

---

① 张国焘:《中国国民党第二次代表大会的教训》,载《向导》周报,第 145 期,1926 年 2 月 10 日。
② 述之:《上海国民党右派算是第一次出来反对日本帝国主义了》,载《向导》周报,第 140 期,1925 年 12 月 30 日。
③ 述之:《国民党中之左右派的争斗与共产党——国民党右派的上海民国日报》,载《向导》周报,第 138 期,1925 年 12 月 10 日。
④ 述之:《国民党中之左右派的斗争与共产党》,载《向导》周报,第 138 期,1925 年 12 月 10 日。

实，达到向来升官发财的目的"。①

北伐时期，上海的《申报》《商报》等几大报纸登载了《孙传芳致蒋介石》②的"讨赤宣言书"。彭述之则揭露说"非'右派'所不能办"，借此将"西山会议派""勾结军阀逆党势力破坏革命"的反动罪行揭露无疑，并怒斥"帝国主义、北洋军阀、国民党'右派'（皆是代表买办阶级和地主官僚）已成了三位一体"的事实。并讽刺道，"好一篇绝妙佳音：用笔婉转而尖辣，命意周到而刻毒……实为张继、胡汉民之大手笔"。而就其内容看，"其露骨表示实为他们自西山会议以来，在他们一切刊物上、宣言上、传单上至于口头演说上所常常挑拨煽动的"，更是"这班'右派'先生们几个月来所奔走呼号以冀达到之唯一希望了"。③进而，他还将"西山会议派"与孙传芳军阀勾结的原因与经过进行剖析，认为"'右派'居然能勾结上孙传芳，这样替孙传芳卖力气"是其发家以来倍受挫折的必然结果。"'廖仲恺被刺案'发生后，'右派'在广东便受了一个大大的打击，许崇智、胡汉民、伍朝枢、邹鲁、林森等一班人也站不住脚，熊克武、吴铁城且被监禁"。"自从西山会议演了一出滑稽戏后，'右派'大失信用，对于攫取各地党部不唯没有达到目的，反而吃了许多黄连"。"3月20日的事变，国民党本身上起了一大变化，但对于'右派'仍然没有什么好处，反而吴铁城要尝点铁窗风味，伍朝枢要受点忙里虚惊。"所以，"一班'右派'先生们便不得不转变方向，除了在广东仍然利用土匪，贪官污吏，土豪劣绅和陈、林余孽以外，便决定拼命地运动有实力的军阀"。④同时，他还认为"右派"所勾结的军阀远不止孙传芳一人，"他们曾经想拉拢冯玉祥勾结刘允臣，但皆被拒绝（那是邹鲁自讨没趣）；不久以前上海的'右派'已派人往四川勾结刘湘，往河南拉拢樊钟秀，并且派人与吴佩

---

① 述之：《国民党中之左右派的争斗与共产党——国民党右派的上海民国日报》，载《向导》周报，第138期，1925年12月10日。

② 原文大致为："贵党虽以国民党为名，内部已为过激派所据"，"公之军实，纯假于外人，乃至兵之指挥而亦委之于外人"，"公已为外国人所监视，已为过激派所包围，公之举动已不能自由"，"公能表示军中、府中尽去外人，贵党、贵部不留过激……"详见1927年8月23日《申报》所载。

③ 述之：《读了孙传芳致蒋介石书以后——国民党右派的好手笔》，载《向导》周报，第160期，1926年6月30日。

④ 同上。

孚接洽，表示合作"。而与孙传芳的合作则是"两相情愿，互为利用"的产物，因为孙传芳本来就是一个"老奸巨猾的东西，惯于御用官僚政客来形成他的势力，来供他的驱使"。所以"才会极力拉拢、收买张继、谢持、许崇智等人"，"尤其在北伐讨赤的时候，更用得着这班'右派'了"。①

此外，仅就彭述之在《向导》周报上发表的《读了孙传芳致蒋介石书以后——国民党右派的好手笔》《国民党中之左右派的争斗与共产党——国民党右派的上海〈民国日报〉》《上海国民党右派算是第一次出来反对日本帝国主义了》《国民党中之左右派的斗争与共产党》这几篇反攻西山会议的文章看，一个鲜明的特色便是他对"西山会议派"的诸多言行可谓是了如指掌。前面，本书笔者已对"西山会议派"与军阀勾结的过程详细举出，且还有关于中国国民党"右派"不参加民众运动的情况的反映。

> 如10月12日的反对沪案重查市民大会、19日的反对奉系军阀大会、11月29的"五卅"周年纪念会，以及12月6日的反段市民大会，国民党"右派"都没有参加，并说："不要上共产党人的当。这是共产党人所作的，你们都不要上他们的当……"共产党说要打倒帝国主义，他们便出来反对，说这是共产党的口号（"醒狮派"），这是共产党"破坏国民党在国际上之好感"的阴谋（去年4月谢持的演说和8月9日《商报》）。在前月28日的北京市民反段运动中，北京的国民党"右派"竟不惜用种种卑污手段去破坏，如林森、邹鲁等怂恿鹿钟麟和打《晨报》馆等。②

他对"西山会议派"人物"才疏智浅"的刻画更是入木三分，"但是那一位'右派'先生的大手笔呢？让我们来猜猜。是不是沈玄庐？不是，玄庐虽好做几句文笔，学得几个马克斯、马斯克的新名词（《独立报》所称道），可是其文章与思路都太浮乏，是乱七八糟胡说一起的；那么，是

---

① 述之：《读了孙传芳致蒋介石书以后——国民党右派的好手笔》，载《向导》周报，第160期，1926年6月30日。

② 同上。

邹鲁或林森了？也不是，林森只会几句官样式的通电，邹鲁只会几句童生式的考卷，都不行；那在上海的'右派'只有这么几个人，难道是谢持？不，绝对不，谢持不会动笔的；那么，究竟是谁呢？张继、胡汉民？差不多了。再也没有别人。"① 足可见他对"西山会议派"人物不以为然的蔑视态度。

赵世炎则指斥"'西山派'完全是孙先生三民主义的叛徒"，因为他们"尽管在总理灵前开一百次会，尽管他们把三民主义天天写在脸上、挂在嘴上，但对革命运动却'置若罔闻'，完全不服从孙先生的三民主义，完全不照三民主义去工作"。② 他还曾与共产国际代表维经斯基先后在《向导》周报上对"右派"破坏"北京民众反段大会"的"把戏"③进行了强烈的谴责，说"不应只是口头革命，实则与'反动派'联合一气"，"与'反动派'一鼻孔出气，替'反动派'张目"。④此外，赵世炎对"西山会议派"邵元冲等人参加中国国民党第二届二中全会，以及"整理党务案""部分实现'西山派'二大决议精神"的事实也极为不满，但对反攻"西山会议派"的全局则持乐观态度。在他看来，广州"二大"后，"西山会议派"已经"无地自容"，而且"全中国的国民都知道这个'右派'。'右派'的行动和消息，京沪各地的报纸，都大书'右派'，加以分别，这并不是别人可以捏造的"。⑤

在上海，恽代英和张廷灏等于1925年12月18日联名在上海《申报》刊登启事，严正指斥"西山会议派"在上海设立伪中央委员是非法的，并写信给中国国民党元老柳亚子，希望他能发表"公正之谠论，

---

① 述之：《读了孙传芳致蒋介石书以后——国民党右派的好手笔》，载《向导》周报，第160期，1926年6月30日。
② 庸生：《右派的三民主义》，载《政治周报》第3期，1925年12月20日。"庸生"是赵世炎笔名。
③ "林森、邹鲁等向鹿钟麟造谣告密、雇佣流氓撕破北京总工会的旗帜、焚烧《晨报》馆、惹起国民军和群众的冲突，而后于当晚送登的新闻时，反诬是共产党所为。"见罗敬《北京民众反段运动与国民党右派破坏阴谋》，载《向导》周报，第140期，1925年12月30日。
④〔俄〕魏琴：《北京11月29、30两日示威运动的意义》，载《向导》周报，第140期，1925年12月30日。"魏琴"是维经斯基的笔名。
⑤ 乐生：《最近国民党中央全体会议之意义》，载《向导》周报，第140期，1925年12月30日。

以壮我声势"。① 柳亚子立即仗义执笔，撰文痛斥"西山会议派"的反革命行径。同年底，恽代英、沈雁冰奉中国国民党中央命令，重新组建中国国民党"左派"的上海特别市党部，同"西山会议派"进行针锋相对的斗争。

3. 中共北方区委的"反攻"

作为西山会议的召集地，中共北方区委自然也投入到了这场轰轰烈烈的反"西山会议派"斗争中，而且表现得更为突出。事实上，在"西山会议派"于北京召开会议期间，中国国民党北方中反动的空气已经非常浓厚，"反共产"与"反苏俄"的宣传极为普遍、邹鲁与林森之北上及其反对广东政府的态度、谢持等强占北京执行部的举动，加之戴季陶等之北进、"西山会议派"中央执行委员会的召集等充分证明"国民革命的'右派'一天一天的'右倾'，而且'右派'势力日渐集中于北京"。对于此一严重情形，中共北方区委在1925年11月25日即西山会议召开的第三天，迅速制定了与中国国民党"右派"斗争的办法，发出了《我们最近在北方国民党工作中应取的态度》这一最高指示。②

指令先对"右派"在北京继续反动的趋向、目的及其活动进展做出了分析。在北方区委领导人看来：第一，"'右派'势力的集中不是发展而是缩小，是被革命势力包围的结果"；第二，戴季陶主义的核心是在国民党中形成"右派"，"举起左手驱逐'共产派'，举起右手打倒'反动派'"。所以自从季陶主义出现后，"'右派'便愈往'右倾'，甚至于联合'反动派'，来破坏'左派'与'共产派'的联合"；第三，北方仅有的'左派'党员对'右派'持观望态度，游移不定，不取"一刀见血"的手段去反对，由此使斗争陷入困境。

根据上述认识，中共北方区委制定了在中国国民党工作的最高原则，即"在国民党中形成广大群众性的'左派'和'左派'与'共产派'的联合战线，从下层群众到上部机关一致地反对'右派'勾结'反动派'"。针对北方"'右派'反动，普通群众游移不定，少数'左派'首领观望"这一动荡局势，区委领导还指示同志们应紧急动员，

---

① 恽代英：《致柳亚子（二）》，载《来鸿去燕录》，北京出版社1981年版，第257页。
② 中共北京市委党史研究室：《第一次国共合作在北京》，北京出版社1989年版，第211页。

努力造成"'左派'与'共产派'的联合战线",以稳固国民革命的政治基础。因此,加强宣传工作成为了首要任务。如何使"群众中具备反'右派'的空气",在指示中也进行了具体部署。

第一,应该首先要使普遍的游移的群众明白,戴季陶主义不是真正的中山主义,要攻击"右派"所号召的"左手打倒共产党,右手打倒'反动派'"的反革命口号。第二,应该揭穿最近"右派"勾结"反动派",实行破坏国民党的组织和纪律的行动。第三,应该向群众解释,国民党党员对于共产党的误会,并表明共产党党员对于国民党的态度,要使群众了解共产党与国民党在国民革命运动中互相的关系及合作的必要。①

就这三点的具体宣传内容及方式,中共北方区委又都做出了详细的规定。诸如对第二点,揭穿最近"右派"勾结"反动派"破坏国民党组织与纪律的行动,区委要求对以下几点广为宣传:

第一,广东革命政府是全国革命的民众所公认的,现时中国唯一革命的政府。这个革命的政府是受全国革命民众所拥戴的,谁也不能否认。而邹鲁与林森身为国民党中央执行委员与广东革命政府之代表,居然公开在民众大会上讲话,甚至发表宣言攻击和污辱广东革命政府。

第二,北京执行部乃为国民党合法之组织,即或有非法的行动违背党义,应按照党的章程解散之,而决不能允许由某一派强占。而邹鲁、林森、谢持等居然带领私人强占执行部,企图以北京执行部名义召集违反党纪的中央执行委员会,此种举动岂是爱护国民党的党员行动?

第三,现时中国在国际外交上采取"联俄"的政策,这是国民必走之路。而这一班"右派",却随着"反动派"造谣攻击苏俄,攻击广东政府,替帝国主义效力。

---

① 中共北京市委党史研究室:《第一次国共合作在北京》,北京出版社1989年版,第215页。

第四，戴季陶发表了个人对于中山主义之定义及其说明，并随便攻击友党共产党之言论并不经过党中之审查，已经是违背党义，破坏纪律。并且自己的理论在事实上又成为"反动派"破坏党的武器，仍还不自觉悟，反来在党内私结派别，不得党中同意，不听党中决议，私自在北京西山召集非法的中央执行委员会，这是破坏党的组织还是爱护党的组织呢？

第五，国民党之（中央）政治委员会为党中实际指导工作重要之组织。此种组织不但任何党员、任何组织，即中央执行委员会亦不能随意取消此种组织。而"右派"等显然要在非法中央执行委员会决议，取消（中央）政治委员会，究竟破坏国民党的是谁？

第六，共产党员加入国民党中工作，与纯粹国民党员享有同样的义务与权力。共产党员虽然不能一定做国民党的中央执行委员，而国民党不一定要共产党员当选为中央执行委员。而"右派"等硬要高级委员不准跨党，这究竟谁在国民党中把持一切，排斥异己？

第七，第二次全国代表大会之选举为第三次全体中央执行委员会议所决定，绝非任何非法会议所能改变。而"右派"等在非法的中央执行委员会中提出改变全国代表大会选举法，究竟谁是国民党的叛徒？[1]

很明显，中共北方区委在反对西山会议的斗争中投入了很大的精力，而且做出了极其严密的规划和部署。足可见，西山会议在北京所造成的影响之大及中共北方区委对反"西山会议派"斗争的重视与审慎。

与此同时，中共北方区委的机关报《政治生活》[2]、"反动派"研究系的《晨报》、"游移派"的《京报》等也都大量刊载出西山会议相关

---

[1] 中共北京市委党史研究室：《第一次国共合作在北京》，北京出版社1989年版，第215—216页。

[2] 北京地区委员会的机关报《政治生活》是中国共产党最先创办的地方报，创刊于1924年4月27日，由赵世炎主编（他曾用"士言""乐生""识因""列甫""罗敬"等笔名撰发文章80余篇），主要撰稿人有李大钊、蔡和森、罗亦农、陈为人等。1925年秋，以李大钊为首的中共北方区委成立后，《政治生活》便成了中共北方区委的机关报，同时也成为中共北方区委对以"西山会议派"为领袖的中国国民党"右派"进行反攻的阵地。现存最后一期是1926年7月22日出版的第79期。见方汉奇《中国新闻事业通史（第2卷）》，中国人民大学出版社2004年版，第115页。

言论社评。诸如《政治生活》上有东黎的《记北京民众革命运动》、刚夫的《北京国民讨张反日运动的教训》等文章，对"西山会议派"在北京的民众运动，尤其是在"反段运动""讨张反日运动"中破坏革命工作的毒辣阴谋，与军阀帝国主义暗中的勾结、告密，借助于帝国主义的报纸及通信拼命为自己宣传的反革命行为进行了痛斥和谴责。文中不仅称"国民党'右派'的邹某、林某带了西山会议中'右派'诸将领及右翼中有法西斯性的"民治主义同志会"之使命，往某军司令部告密的举动，实为一贯伎俩！"① 而且还努力于将"西山会议派"与帝国主义结合，在运动中只有"空架子的、只出风头、说大话的无耻面目完全揭露于众"。②

《商报》于 12 月 9 日刊出《国民党与共产党》一文，提出请中国共产党退出中国国民党，"因为'右派'是已经腐化了的，'左派'几乎全部是共产党，一左一右都不是国民党的好分子"。之后，《政治生活》上立刻出现《共产党员果不应该加入国民党么?》一文进行回应。文中明确指出，"努力国民革命的向前干！不愿革命的尽管脱离国民党，用不着支支吾吾的瞎扯一气！"作者并一再责问："我们只看所谓'西山会议'以后，全国各级党部响应他们的有几处？拥护中央执行委员会的有几处？各地党部到底是听谁的指挥？事实告诉我们，只有各地党部否认'西山会议'，向中央执行委员会弹劾他们，各地党部仍然听从中央执行委员会的指挥，这次全国代表大会各地有代表列席，国民党的基础还不是稳固的么？说'北京集会之中央执行委员超过 13 人，已足法定人数，其议决案当然有效'，更是笑谈。国民党中央执行委员会共 24 人，西山会议只 10 人，何从超过 13 人？何从足法定人数？决议案何能有效？"③ 这表示出中共北方区委对西山会议持完全否定的态度。

《京报》在反对"西山会议派"的斗争中，也先后刊出了广州国民党中央反对"西山会议派"的诸多通电、启事，比如，《国民党中央执行委员会致北京执行部电（1925 年 11 月 27 日）》《中国国民党中央执

---

① 东黎：《记北京民众革命运动》，载《政治生活》第 59 期，1925 年 12 月 1 日。
② 刚夫：《北京国民讨张反日运动的教训》，载《政治生活》第 67 期，1926 年 2 月 3 日。
③ 东黎：《共产党员果不应该加入国民党么?》，载《政治生活》第 62 期，1925 年 12 月 30 日。

行委员会北京执行部紧要启事（1925年12月27日）》《中国国民党北京特别市全体党员大会紧急启事（1925年12月27日）》《中国国民党北京特别市执行委员会及各区执行委员会联席会议启事（1925年12月27日）》《中国国民党北京执行部特别市党部启事（1926年1月11日）》《中国国民党北京特别市执行委员通告（1926年1月11日）》等，无形之中壮大了中国共产党反"右派"的宣传阵营。

第五节　组织上的斗争

孙中山"联共"政策的实施，确实使中国国民党的组织规模与效能显示出前所未有的朝气蓬勃的气象，国民革命呈现出了迅猛发展的局面。但随之而来的国共两党的摩擦亦愈演愈烈。在与中国国民党"右派""西山会议派"的拮抗中，中国共产党依旧除了在舆论上的大力反攻，组织上也与以"西山会议派"为领袖的中国国民党"右派"地方执行部势力，尤其是"孙文主义学会"势力进行了坚决的斗争。

一　黄埔军校内"两会"的对抗

在广州，中国共产党在组织上的反攻主要表现为黄埔军校内"两会"的对抗。广州"孙文主义学会"的出现原本就与黄埔军校的左翼团体"中国青年军人联合会"的日益壮大有着密切的关系。自成立以后，黄埔军校内"两会"的斗争就从未间断。至西山会议召集时，"孙文主义学会"的反共气焰更为嚣张，大肆为"西山会议派"的分裂行为摇旗呐喊（直到蒋介石解散"两会"时，王柏龄、贺衷寒、缪斌等人才迫于无奈致函汪精卫，表示反对"西山会议派"）；而"中国青年军人联合会"为配合中国共产党对"西山会议派"的反攻也加强了与"孙文主义学会"的斗争。正如裴京汉所言，"'青军会'与'孙会'是以黄埔军校学生为核心而成立的两个学生团体，二者对立与矛盾关系极为充分地体现了黄埔军校内部的国共对立情况"。[①]

[①] 裴京汉：《黄埔军校内部的国共对立与蒋介石的思想倾向——青年军人联合会和孙文主义学会的独立及蒋介石的反应》，载吴祖明《中国大革命与亚洲》，中国档案出版社1997年版。

"中国青年军人联合会"是中国共产党在黄埔军校内成立的一个"公开的、跨校、跨军、跨地区的组织"。[①] 从其初衷及初期的活动来看，这个团体在开始时并不是"党派"色彩明朗的团体。据夏曦之、曾扩情、李奇中等人回忆："'青军会'开始成立时，为了表示拥护国共合作，规定凡是黄埔军校的同学，都是'青军会'的当然成员"。[②] 但在后来发展中，中国共产党党员在"中国青年军人联合会"的比重日益加重，并成为了骨干分子；而且在该会创办的期刊上，写文章的也多是中国共产党党员，"有的言论激进，文章带刺"，并逐渐凸显"左倾"色彩。这点从《中国军人》的内容中便可发现。[③] 加之"非跨党分子的贺衷寒、曾扩情等不久又退出'青军会'"，使此时的"中国青年军人联合会"成为了黄埔军人"左""右"两翼分野的焦点。[④] 尤其是"孙文主义学会"出现后，参加"中国青年军人联合会"的"亲蒋"分子就有意识地退出去。这样，"中国青年军人联合会"的组织便成为纯粹的、完全为中国共产党党员领导的革命军人团体。于是，围绕着坚持还是破坏统一战线，拥护还是反对"三大政策"等问题，"两会"展开了激烈的斗争。原"孙文主义学会"负责人曾扩情曾谈及："'青军会'以共产党员为核心，积极巩固统一战线，执行'三大政策'，从事各种革命活动。而'孙会'则以国民党的反共分子为骨干，打着研究、宣

---

① "中国青年军人联合会"发轫于1924年"商团叛乱"之时，筹备会产生于1925年1月25日，成立大会召开于2月1日。其创立宗旨为"当兵的一日不觉悟，军阀及帝国主义一日不倒；军人自救，即所以救国，团结即是力量，联合即是幸福。"见《中国青年军人联合会成立宣言》，《中国军人》创刊号，1925年2月20日。"中国青年军人联合会"在中国共产党黄埔军校特别支部和周恩来的领导下，根据上述宗旨，先后出版了《中国军人》《青年军人》《中国青年军人联合会周刊》《三月刊》以及专门向士兵群众宣传的《兵友必读》等刊物和小册子，在全国各地军队中发行。其中"《中国青年军人联合会周刊》由于读者索阅日多，每期3万份，尚觉不敷。"见《革命史资料》编辑部《革命史资料》第15期，中国文史出版社1986年版，第216—217页。
② 《革命史资料》编辑部：载《革命史资料》第15期，中国文史出版社1986年版，第215页。
③ 从3月12日发行的《中国军人》第3期以后，"左倾"色彩便日益明显地体现出来。第3期的扉页上登载了马克思的照片，并在文中指出，在国民革命中占大数的工人阶级应成为革命的中坚力量。在第4期中刊载了强调唯物论立场的文章。在第7期中论述了帝国主义者伺机分化中国国民党、捏造反共口号的事实，并发表了积极拥护中国共产党领导的文章。见《中国军人》第3、4、7期。
④ 曾庆榴：《共产党人与黄埔军校》，广东人民出版社2004年版，第98页。

传、实行孙文主义的旗号,反对孙中山的新三民主义,破坏革命统一战线,专门与'中国青年军人联合会'相对抗。"①

黄埔校内的分歧,第三期后日趋表面化;孙中山逝世后,潜在的矛盾浮现出来,潮涌出水面。②周恩来生前在谈到1924—1926年中国共产党与中国国民党的关系时说:"蒋介石开办黄埔军校时,表面上赞成革命,但他的思想实际上是反共、反苏的,并不是真心诚意地与共产党合作","特别是当时在黄埔军校内部,'青军会'的发展大大超过'孙会'",他更千方百计地"加以限制"。③

至"廖仲恺被刺案"发生时,"两会"已公然开始了你死我活的斗争。1925年夏秋,戴季陶搬出了所谓纯粹三民主义的"戴季陶主义",鼓吹排除中国共产党,分裂联合战线。"孙文主义学会"视其为精神领袖,衷心拥护;"中国青年军人联合会"则发表了许多批戴季陶的文章,校内的气氛十分紧张。当时,校内曾出现一幅漫画,画的是戴季陶将孙中山背进孔庙,让孙中山接受世人的拜祭,分食桌上的冷猪头。因为戴季陶谓孙中山是孔孟数千年以来"道统"的继承人,漫画意在批判和讽刺戴季陶对三民主义歪曲。但是"孙文主义学会"故意曲解,将之视为对孙中山形象的"攻击"和"丑化",由此掀起了轩然大波。④双方斗争不断升级。

西山会议召开后,"两会"的对立已经发展为"相遇即吵,骂开即打"的水火不容之势。"孙文主义学会"闻知"西山会议派"在北京召集会议后,更是"得意忘形"。他们以广东大学为阵地,猖獗地进行反共活动,并与"西山会议"遥相呼应,紧密战斗在一起。对此,"中国青年军人联合会"曾专门发电声讨,指出"西山会议乃反革命之充分表现"。当得到"孙文主义学会"在成立前要提出20条口号的情报后,

---

① 《革命史资料》编辑部:《革命史资料》第15期,中国文史出版社1986年版,第214页。
② 1925年4月,李侠公在《中国军人》上发表了《从唯物史观所见之中山先生死的问题》一文,惹发了很大的风波,"孙文主义学会"分子认为其"别有用心"而"大肆咆哮"。见李侠公《从黄埔军校所看到的两派的斗争》,载《广东文史资料》第37辑,广东人民出版社1982年版,第23页。
③ 《1924—1926共产党与国民党的关系》,载《周恩来选集(上卷)》,人民出版社1984年版,第112—124页。
④ 曾庆榴:《共产党人与黄埔军校》,广东人民出版社2004年版,第250页。

"中国青年军人联合会"便努力试图在口号中增添上批判西山会议、拥护"广州中央"及中国国民党广州"二大"的内容，旨在于事前断绝"孙文主义学会"方面提出"反共"口号的意图。同时，他们也不忘寻找汪精卫的合作与支持。"中国青年军人联合会"在《中国军人》杂志中曾经强烈抨击"孙文主义学会"，认为其不过是只会研究空洞理论的"反革命派"。周逸群、王一飞等同志公开在《中国军人》《青年军人》等刊物上发表文章，揭露西山会议及其支持者的反动阴谋，一针见血地披露其实质是"反共""反人民"，妄图从根本上达到破坏"三大政策"、破坏统一战线和搞垮中国共产党的最终目的。1925年11月，"中国青年军人联合会"热烈响应中国共产党发动的、全国性的"反段运动"，并积极倡议和组织广东各界群众团体十万余人，举行了反对军阀张作霖、段祺瑞的游行示威，与"右派"的"不革命""暗中告密""破坏革命运动"的行为进行了坚决的抵制（具体见前文《向导》周报的记载）。同时他们还与各群众团体联合制定、通过了《对北方倒段运动议决案》《拥护罢工工人与香港交涉议决案》和《对林森邹鲁议决案》等6项决议，积极配合了中国共产党反中国国民党"右派"的斗争。①

1926年3月，蒋介石和"孙文主义学会"骨干分子倪弼、陈肇英等一手策划了反共大阴谋——"中山舰事变"。"中国青年军人联合会"遵照周恩来的指示，在军校内张贴标语，上街示威游行，抗议蒋介石一手炮制的"中山舰事变"。② 因此，蒋介石便以"两会""有违亲爱精诚的校训，破坏整个同学的团结"为借口，于1926年4月7日发布《取消党内小组织校令》。③ 在这种形势下，"中国青年军人联合会"在1926年4月15日被迫通电自行解散，"孙文主义学会"也于4月21日通电取消。但在宣布解散一个多月后，蒋介石还因为"中国青年军人联合会"与"孙文主义学会"仍继续活动，仍彼此诽谤而大为发火。④ 由此看来，这两个团体所说的自行解散不过是一个名目。周恩来也曾提

---

① 《革命史资料》编辑部：《革命史资料》第15期，中国文史出版社1986年版，第223页。
② 同上书，第225页。
③ 《取消党内小组织校令》，载广东革命历史博物馆《黄埔军校史料（1924—1927）》，广东人民出版社1982年版，第336—338页。
④ 参见中央军事政治学校政治部所编《蒋校长演讲集（第1卷）》，广州光东书局1927年版，第164页。

及:"由于陈独秀'右倾'机会主义第二次对蒋介石的大退让,使得'中国青军会'于一九二六年四月十五日被迫自行解散。但是,双方的斗争并无息止,相反更加日益扩大化。革命和反革命的斗争采取了新的形式,继续激烈地进行着"。①

"中国青年军人联合会"只存在了一年又两个多月,但却成为广州地区反对以"西山会议派"为首的中国国民党"右派"的先锋。其与"孙文主义学会"的对抗,极大地支援了中国共产党反对"西山会议派"的斗争,为黄埔军校国共合作的继续发展做出了重大贡献。

二 地方执行部中的反右斗争

据李云汉研究,"西山会议派"之"上海中央"在国内的势力渗透了10大省市,即上海、北京、江苏、浙江、安徽、四川、河南、湖南、湖北、汉口等,他们在这些地区分别派有代表,相继建立了中国国民党"右派"执行部。② 在"上海中央"建立至上海"二大"召开时期,"其党务在地方上的进行则长江流域最有成就,特别是江苏、浙江、南京等地,因当地党部与'孙文主义学会'密切合作,声势颇为壮大"。③ 以下拟选取国共斗争最为突出的江苏、北京两地,对其"左、右派"的斗争状况做一历史反映。

需要说明一点,前文已经指出,中国共产党在反攻"西山会议派"时,采取的方式多为发动"左派",团结"左派",且以中国国民党"左派"的势力和身份去斗争,以免造成时人将中国国民党"左、右派"之争误认为是"共产派"与"非共产派"之争。而且在其时,中国共产党亦属中国国民党"左派"之列。针对"上海中央"筹备重建各地党务的原则——"虽然不一定按照联席会议规定的原则进行,大致上拥护西山会议及"上海中央"的党部予以承认;原无成立党部的地方则设法积极筹备成立反共的党部;原已成立党部却为共产党把持者,

---

① 《1924—1926共产党与国民党的关系》,载《周恩来选集(上卷)》,人民出版社1984年版,第112—124页。
② 李云汉:《上海中央与北伐清党》,载《近代中国》第66期,1988年8月31日。
③ 金永信:《西山会议派之研究(1923—1931)》,未刊稿,台湾政治大学历史研究所博士学位论文,1997年。

开除其共产分子，另委反共党员接受党部的方法进行"[1]，中国共产党在各地区与中国国民党"右派"势力的斗争多集中表现为中国国民党"左、右派"执行部之较量。

1. 江苏

中国共产党在江苏的活动，尤其是反右斗争，同样是以"党团"的形式秘密组织，但却以中国国民党"左派"的面目公开活动。严绍彭在回忆中曾提及："在各项活动中党如何实现领导的？当时各群众团体均有'党团'相当于现在的党组，每一斗争党团都先研究提出意见，然后在群众团体中进行贯彻。当时国民党市党部的党团负责人是宛希俨，负责学生运动的是王觉新，他经常召集我们搞学生运动的党、团员研究工作。当时我们的党、团员都加入了国民党，我们面目均不公开，'右派'对我们很头痛，指责共产党是在国民党内搞秘密活动的，但摸不清谁是共产党，有些'左派'也被认为是'跨党分子'。我们一般做群众工作都是先吸收参加国民党后，再吸收参加青年团，入党的是极少数"[2]。所以，中国共产党在江苏的势力主要是以江苏省党部中国国民党"左派"执行部所辖区域内的吴江、松江、崇明为基础的。

中国国民党江苏省党部原由时任中国国民党中央执行委员的中国共产党党员朱季恂主持，成立于1925年8月23日，党部初设于上海望志路永吉里34号。[3] 柳亚子、朱季恂、侯绍裘、张应春、董亦湘、刘重民、黄竞西、戴盆天、宛希俨9人为执行委员；张曙时、姜长

---

[1] 中国国民党"上海中央"重建和发展各地党务的策略，依联席会议决定的指导原则，因各省区情况的不同而互异。如安徽原无成立党部，派遣筹备员设反共的属于"上海中央"的党部；浙江原已成立临时执行委员会并拥护西山会议，联席会议决议尽快成立正式执行委员会，在中国国民党第二次全国代表大会开会以前予以承认；江西省党部分子复杂，"上海中央"派员去调查后再定党务的进行方法；湖北、湖南等省区，先了解情况，再委人筹备。见《中央执行委员会及各部长联席会议第一次会议记录（民国十四、十二、十七年）》，台湾中国国民党党史馆藏。

[2] 严绍彭：《大革命时期在南京从事革命活动的回忆》，载中共江苏省委党史研究室《第一次国共合作在江苏：1923—1927》，中共江苏省委党史研究室1995年版，第326页。

[3] 青年部长宛希俨、副部长姚尔觉；宣传部长柳亚子、副部长侯绍裘；组织部长朱季恂、副部长姜长林；调查部长刘重民、副部长张曙时；妇女部长张应春；工人部长刘重民；农民部长戴盆天；商人部长黄竞西，副部长黄麟书。中共江苏省委党史研究室：《第一次国共合作在江苏：1923—1927》，中共江苏省委党史研究室1995年版，第479页。

林、黄麟书、姚尔觉、杨明喧5人为候补执行委员。1926年1月10日，为对抗中国国民党"右派"在南京的势力，中国国民党"左派"也成立了南京市党部，执行委员为曹壮父、瞿凤阳、岳亚坤、陈君起、祈介祯、周兆祺、陈兴霖、严绍彭①，其中朱季恂、候绍裘、董亦湘、刘重民、姜长麟、张曙时、宛希俨、王觉新、高尔松等都是中国共产党党员。

"西山会议派"在江苏的党务机关主要为中国国民党江苏省党部筹备处、南京市党部以及总理丧事筹备处。中国国民党"上海中央"成立后，于1925年12月17日中央联席会议第一次会议中决议，将中国国民党江苏省党部解散，重行选举。② 截至1926年1月10日，"西山会议派"公开称将南京原有8区改为7区党部，共计37区分部，党员370余人，尚未完成入党手续。所有入党党员，其中90%为学生，其余10%为自由职业分子。③ 1926年1月14日，中国国民党"上海中央"派沈乃庚、姚希明、茅祖槃等筹备中国国民党江苏省党部。④ 因部分筹备员服务他处，则议定先组织江苏省党部筹备处，设于南京成贤街井巷20号，并推举高岳生为临时常务委员，茅祖槃为秘书处主任。⑤ 总理丧事筹备处由孙科主其事，筹备处主任干事杨杏佛、委员林焕廷等均为支持"西山会议派"的中国国民党"右派"。西山会议召开前夕，1925年11月15日，在林焕庭等人的协助下，以南京"孙文主义学会"会员为骨干成立了"西山会议派"的南京市党部。

在中国国民党"二大"期间，据中国国民党江苏省党部向大会报告组织情况："省党部直辖有宣传委员会、妇女委员会、松江教育界同志党团、旅沪松江同志会、《松江评论》社等组织；全省成立市党部的有南京、苏州两市；成立县党部的有松江、吴江、青浦、铜山、崇明、瞧

---

① 中共江苏省委党史研究室：《第一次国共合作在江苏：1923—1927》，中共江苏省委党史研究室1995年版，第483页。
② 《中央执行委员会及各部长联席会议第一次会议记录（民国十四、十二、十七年）》，台湾中国国民党党史馆藏。
③ 上海《民国日报》，1926年1月12日。
④ 《致江苏省党部筹备员函》，载居正《清党实录》，台北文海出版社1985年版，第83页。
⑤ 《江苏省党部筹备处报告成立呈文》，载居正《清党实录》，台北文海出版社1985年版，第84页。

宁、丹阳、宜兴、金山9县；设临时县党部有南通、江阴两县；设区党部或区分部的有南汇、川沙、太仓、常熟、无锡、武进、丹徒、宿迁、萧县等14处。全省国民党党员人数共计3500人。在上述党部中，江苏省党部和南京市党部的骨干则是共产党员和共青团员"。①

很明显，在北伐之前，"西山会议派"在江苏的势力明显逊色于中国国民党"左派"。尽管如此，他们仍以南京的东南大学为中心，以"孙文主义学会"会员为骨干，对中国国民党"左派"，尤其是中国共产党的党务工作千方百计地进行破坏。中国共产党自然也不甘示弱，不遗余力地抵制反攻。这样，在"反右"与"反共"的较量中，双方的对抗呈水火之势，殴斗不断，纠纷不止。

事实上，早在西山会议筹备时期，中国共产党主导的中国国民党省党部就开始了积极的反右斗争。1925年11月15日，以宋镇仓、高岳生为首的中国国民党"右派"分子建立了中国国民党南京市党部。"右派"党部的成立立即遭到南京第一、第二、第三、第四区党部的反对。11月下旬，4个区党部联名呈请广州国民党中央查办取缔。② 11月29日，中国国民党江苏省党部执行委员会、监察委员会联席会议发表《为解决南京党部纠纷事启事》，表示不承认南京市党部，并决议"南京所有党部，今日起一律解散重组，并将宋镇仓、高岳生、邓光寓、朱丹父等11人永远开除党籍"。③

接着，为了反对中国国民党"右派"召开的西山会议，中共丹阳独支在夏霖家召开会议，决议"以国民党县党部的名义致电'广州中央'执行委员会、北京执行部政治委员会、上海执行部、《民国日报》馆，并转全国各级党部，要求在北京召集中央执行委员会，反对国民党'西山会议派'"。④ 1925年11月28日，在南京学生联合会改组中，国（"左派"）共两党党员密切合作，选出了严绍彭、岳亚坤等中国共产党党员为学联各部领导，特意将"国家主义派"分子和"右派"的"孙

---

① 中共江苏省委党史研究室：《第一次国共合作在江苏：1923—1927》，中共江苏省委党史研究室1995年版，第484页。
② 同上书，第480页。
③ 同上书，第481页。
④ 同上。

文主义学会"会员选掉。而从"右派"一再载出的启事①，也充分显示了中国国民党"左派"对"西山会议派"的舆论攻势。而且，为了抵制"西山会议派"的反动言论，南京各区党部联席会议还决定专门发行《五卅青年》旬刊，以宣传中国国民党"左派"的革命主张。②

针对中国国民党"右派"开除江苏省党部"共产派"党籍的启事③，中国国民党南京市各区党部联席会、丹阳县党部、睢宁县党部、丹徒第一区第一分部、无锡市第一区党部、吴江县党部、川沙临时县党部、江阴县党部、金山县党部等于1925年12月24日联合通电省党部，郑重声明：

一、反对在京召集之所谓中央执行委员会及一切议案。

二、否认附和非法中央执行委员会之上海执行部及其一切行动。

三、否认上海《民国日报》为党机关报。

四、始终拥护民国十四年8月23日经中央批准之正式江苏省党部。

五、否认潜窃非法之江苏临时省党部及其他一切附和非法中央执行委员会之一切党部。④

---

① 启事一："顷见11月30日《商报》载有中国国民党南京市第一、三区党部启事二则，阅之不胜惊异。敝部前曾通电北京西山，拥护第四次中央执行委员会第四次会议。今此两启事与前电内容截然相反，显然系叛党之共产分子假冒本部名义，希图鱼目混珠，淆乱听闻所发……"见《中国国民党（右派）南京市第一、三区党部联合启事》，《申报》，1925年12月5日。启事二："顷上中央执行委员会一文曰：向为'共产派'朱季恂等所盘踞之江苏省党部，经本党一再严重否认其非法（启事曾刊于11月28、28、30日上海《申报》《商报》《民国日报》），并呈报中央查办在案。此项组织早无存在之余地。今若辈复假藉名义，妄登启事，侮辱本党部，并借越职开除本党纯粹同志……"见《中国国民党南京市党部为开除江苏省党部共产派党籍启事》，载《申报》，1925年12月9日。

② 中共江苏省委党史研究室：《第一次国共合作在江苏：1923—1927》，中共江苏省委党史研究室1995年版，第481页。

③ "兹为彻底澄清计，特根据尊会第四次全体会议开除'共产派'党纪之议决案，呈请钧会明令将盘踞江苏省党部之共产分子朱季恂、候绍裘、董亦湘、柳亚子、刘重民、姜长麟、张曙时、宛希俨、王觉新、高尔松10人，永远开除其党籍。余则分别处办，并祈明令解散若辈所盘踞之省党部……"详见《中国国民党南京市党部为开除江苏省党部共产派党籍启事》，《申报》，1925年12月9日。

④ 中共江苏省委党史研究室：《第一次国共合作在江苏：1923—1927》，中共江苏省委党史研究室1995年版，第481页。

在中国国民党江苏省市党部所进行的诸多反右斗争中，影响最大的是1926年3月12日的"中山陵墓奠基典礼事件"。① 参与斗争的秦元邦、严绍彭、张曙时、高尔伯、姜长林等人都对此有所回忆。尽管中国国民党中央党部对"右派"的破坏行动已有所意料，并策划了周密的应对措施，但在"铁杆、木棍乱打……石子乱掷"的情形下，赤手空拳的中国国民党"左派"在生命受到威胁的情形下，还是采取了撤退办法，但很多人已身受重伤。朱季恂向"广州中央"详细报告了斗争过程：

> 3月12日为先总理陵墓在南京紫金山举行奠基典礼之期。全国各级党部代表及同志均于前一日由专车赴宁，乃甫抵宁下车，即有著名"反动派"已经属部开除党籍现在自称伪市党部及南京"孙文主义学会"委员之宋镇仑、朱丹父、高岳生等在车站啸聚多人，高呼打倒"左派"口号，手执司提克及铁杆、木棒向各代表及党员迎头痛击，当有属部执行委员侯绍裘、陈君起均被殴伤。并有上海"孙文主义学会"会员在场助打，声势汹汹，不可响尔，嗣经群众劝解始散。属部各代表睹此凶状，逆料明日行奠基典礼时恐有意外，但依恃总理英爽，以为在遗像、遗嘱之前且中外具瞻之地，该"反动派"苟有人心或能稍戢其暴行，亦未可知，故翌日仍毫无戒备而往。不料奠基礼甫毕，该反对派等数十人忽吹警笛，高呼"孙文主义学会"万岁为号，立向本党同志开始攻击，初用铁杆、木棍乱打，继用石子乱掷，致同志侯绍裘、严绍彭、朱汉尔、丁晓锋、赵薪传、女同志陈君起等均身受重伤，或者血洗被面，或者骨骼脱落，现尚在医院诊治，其余轻伤者不计其数。同时并将属部旗帜及

---

① "（1926年）3月12日上午，南京市隆重纪念孙中山逝世一周年。下午，（中国）国民党在紫金山举行中山陵墓奠基典礼。（中国）国民党中央党部、孙中山夫人及其家属和各界人士3000余人出席。操纵丧事的（中国）国民党'右派'雇佣流氓打手伪装学生，占据会场。典礼刚结束，'右派'分子突然鸣笛高呼'打倒跨党分子''孙文主义学会万岁'等口号，挑起事端，并围打（中国）共产党员和（中国）国民党'左派'分子。侯绍裘等人遭到毒打，伤势严重。是为'中山陵墓奠基礼事件'。次日，国民党江苏省党部、南京市党部开会，敦请中央党部改组孙中山丧事筹备处，开除'孙文主义学会'分子。"见中共江苏省委党史研究室《第一次国共合作在江苏：1923—1927》，中国江苏省委党史研究室1995年版，第485页。

党旗、国旗撕破践踏，一时会场秩序大乱，群众观礼者咸惊骇失措，狼狈奔避……①

在此次的反右事件中，中国共产党表现的尤为突出，牺牲也很大。他们冒着生命危险保护了柳亚子、侯绍裘等中国国民党老同志，坚决执行了中国共产党在反右中"团结'左派'，巩固与'左派'的联合战线"斗争原则。据姜长林回忆，当时他奉命出差南京，行前，中国共产党上海区委负责人罗亦农就特别叮嘱他们，注意防备中国国民党"右派"捣乱，要重点保护柳亚子。到南京后，他立即与中共南京地委书记吴芳具体商讨了"若发生不测，如'右派'打我们怎么办"的问题。果不然，"奠基典礼刚结束，'右派'就打人了。我布置张应春保护柳亚子下山，张应春便率领吴江等六、七位女同志，保护着柳亚子下山……"② 高尔柏也有回忆："我们那时与国民党'左派'的关系也很好，把'左派'都团结起来了。尤其对柳亚子、朱季恂等人。他们是国民党中的元老，我们对他们的工作做的很好。比如1926年中山陵奠基礼时，柳亚子去了。区委书记罗亦农对侯绍裘说'柳亚子去了，你的责任很大，你一定要保护好他'。其实他不讲，我们大家也会这样做的。那天与'右派'发生了冲突，他们人较多，把持了典礼的筹备工作。侯绍裘忙叫大家护送柳亚子及女代表下山，他自己在那里与'右派'辩论，结果给打伤了。再如对张曙时，他被温建刚指使的劳工总会的流氓抓走了。当时形势已经很紧张了，可是侯绍裘却说'张曙的年纪大了。我无论如何要把他救出来'。其实那时危险最大的还是他自己，可是他却不顾个人安危，用最大的力量团结'左派'，很好的执行了党的政策"。③

正是中国国民党"左、右派"在中山陵墓奠基典礼上的这一斗争，使得南京市"右派"执行部中部分"拥护孙中山国共合作"者，因不

---

① 中国国民党江苏省党部：《关于南京总理陵园奠基典礼纠纷报告书》，转引自李云汉《上海中央与北伐清党》，载《近代中国》第66期，1988年8月31日。
② 姜长林：《牢记历史的教训》，载中共江苏省委党史研究室《第一次国共合作在江苏：1923—1927》，中共江苏省委党史研究室1995年版，第296—297页。
③ 高尔柏：《南京十日》，载中共江苏省委党史研究室《第一次国共合作在江苏：1923—1927》，中共江苏省委党史研究室1995年版，第307页。

明"孙文主义"真相而充当了"西山会议派"组织力量的成员开始与"右派"决裂,且投身到了中国共产党的革命事业中。像较为杰出的"左派"学生领袖秦元邦、汤仁溥、熊士杰等人就是"因为这件事给他们的震动很大,促成了同'"右派"的决裂'"。① 他们在1925年参加中国国民党时,"当时并不知道什么是国民党'左派',什么是国民党'右派',后来才知道,参加的是谢持、邹鲁等人搞的国民党'右派'组织"。② 但直至他们参与此次斗争,并"糊里糊涂的动手"打伤中国国民党省党部常务委员侯绍裘等人后,才认识到"反对共产党、殴打共产党人和'左派'同志,不论在道理上和做法上都是不对的。这样子岂不是走到'反革命'的一边去了吗?"所以事后他们去鼓楼医院探望受了伤的侯绍裘,并当即决心与"西山会议派"断绝关系,同中国共产党合作。③ 此后,这三人便时常向金陵大学同学宣传:"今后不要再反对共产党,更不能与共产党和'左派'同志闹事",并且领导着金陵大学的'左派'学生与'右派'斗争。宋镇仑等'右派'多次对其进行谩骂,威胁拉拢,不是吵得"面红耳赤",就是谈得"不欢而散"。最终在1926年9月,秦元邦、汤仁溥、熊士杰三人先后加入了中国共产党。④

因"孙中山丧事筹备处"大力赞助,"缘该处委员分子本极复杂,多由思想'右倾'之徒滥竽其间,如非党员之陈去病,参与西山会议之邵元冲、叶楚伧等,均与宁、沪两地'反动派'之'孙文主义学会'素有勾结,故对于若辈纵容偏袒无所不用其极……"⑤ 在"中山陵墓奠基典礼事件"后,中国国民党"右派"便开始逐渐控制江苏党务运动,中国共产党人被迫转移,'左派'几乎陷于孤立。至次年北伐军进驻,

---

① 秦元邦:《我从这里起步——在南京的日子里》,载中共江苏省委党史研究室《第一次国共合作在江苏:1923—1927》,中共江苏省委党史研究室1995年版,第333页。
② 同上。
③ 同上。
④ 秦元邦:《我从这里起步——在南京的日子里》,载中共江苏省委党史研究室《第一次国共合作在江苏:1923—1927》,中共江苏省委党史研究室1995年版,第334—336页。
⑤ 江苏省党部:《关于南京总理陵园奠基典礼纠纷报告书》,转引自李云汉《上海中央与北伐清党》,《近代中国》第66期,1988年8月31日。

南京的中国国民党'右派'党部被封后①,朱季恂、张曙时等人才得以返回南京市区,重新开展党务。

2. 北京

在中国共产党北方区委和中国国民党北京执行部的领导下,1924年,中国国民党北京市党部成立,党部设在东城翠花胡同8号。李大钊以中国国民党中央委员的身份和丁惟汾共同领导,于树德为丁惟芬的助手。"国民党北京市特别市党部的委员共9人,其中共产党员3人,其他6人分别由国民党的三个派——'大同盟''新学会'和'实践社'分任;大同盟派4人,其他两派各1人。"②

作为"西山会议派"西山会议的召集地,北京地区的国共合作并不是一帆风顺,而是在与中国国民党"右派"的斗争中建立、巩固和发展起来的。"当时北京的国民党分两派,一是进步力量,主要有丁惟汾、顾孟余、路友于、徐谦、于右任、王宠惠等;二是'西山会议派'代表,有林森、邹鲁等。'西山会议派'反对'联俄''联共''扶助农工'的'三大政策',反对召开国民会议。所以,当时与'西山会议派'的斗争也很激烈,常常在大会发言中出现尖锐辩论。"③北京地委和全体人员基本是在李大钊的领导下,按照中共中央"团结'左派',争取'中派',打击'右派'"的反攻原则,从上层到基层进行了激烈的斗争。④

早在筹备中国国民党北京执行部时,中国北方的中国国民党党员中以石瑛为代表的"右派"以多延请有声望的教授入党为名,要执行部多留些部长的位置,以安置他们的亲信。李大钊等中国共产党党员和大多数中国国民党党员对此坚决反对。最后,在北京的中国国民党中央执

---

① 详见《申报》1927年3月31日所刊《南京国民党市党部(右派)被封》一文:"国民革命军入城,南京城内发现两个国民党市党部,一个设在警察厅,一个设在青年会内。其标语口号,皆系打倒帝国主义、打倒军阀,努力进行革命。部内党员皆甚众,乃'青年会'之南京市党部,因右军总指挥部政治部以其未经合法手续,令行封闭,并将印信文件缴销。"
② 刘清扬:《回忆建党初期党领导北方人民进行的革命斗争》,载中共北京市委党史研究室《第一次国共合作在北京》,北京出版社1989年版,第452页。
③ 同上书,第452页。
④ 彭健华:《我所了解的北京和北方区党组织的一些情况》,载中共北京市委党史研究室《第一次国共合作在北京》,北京出版社1989年版,第427页。

行委员召集会议，决议："一、催促部长就职；二、设副部长与否，取决于中央；三、执行委员会议有最后决定权，部长在执行委员会会议无表决权。部长必须服从（中央）执行委员会议的决定，（中央）执行委员会议可任免部长。"[1] 由于在北京的中国国民党中央委员多为中国共产党党员和中国国民党"左派"，上述三项决议使中国共产党党员和中国国民党"左派"在执行部中获得了绝大多数部长职务。

据当时与于树德工作在一起的刘清扬回忆："国民党北京市特别市党部建立后，'西山会议派'反对，声言要来砸党部的牌子。我们叫丁惟汾去请示'大同盟'的头子汪精卫，'西山会议派'要打我们时，是斗争呢，还是让步？汪精卫说，'他们要来打，你们就把他打回去'。于是我们就准备了力量，结果'西山会议派'不敢妄动。"[2]

1925年初，中国国民党"右派"在北京成立了"国民党海内外同志卫党同盟会""国民党护党同志驻京办事处"，以后又组成了"国民党同志俱乐部"，用以破坏国共合作。在各次群众运动中，中国国民党"右派"总是另立番号，分裂破坏，使得一次群众大会不得不在几处开、在不同的时间里开，严重地削弱了革命的力量。为了粉碎中国国民党"右派"的分裂阴谋，1925年3月10日，中国国民党中央执行委员会在北京召开，于树德、李大钊在会上力陈"国民党同志俱乐部"等中国国民党"右派"团体的危害，并议决"登报否认该俱乐部为本党同志所组织"，声明"与本党毫无关系"。1925年5月，会议正式通过对冯自由、马素、江伟藩等予以除名处分。

1925年10月，中国国民党"右派"林森、邹鲁、谢持等人纠集暴徒，企图用武力强占中国国民党北京执行部和北京市党部的办公地点，北京地区的中国共产党党员与之进行了坚决的斗争。11月23日，邹鲁、谢持等人召开了西山会议，做出了《取消共产派在本党之党籍》等议案。针对中国国民党"右派"的一系列反动言论，11月25日，中共北方区委首先发出《我们最近在北方国民党工作中应取的态度》的指示，接着与共青团北方区委联合发表了《致中国国民党党员书》，指

---

[1] 中共北京市委党史研究室：《第一次国共合作在北京》，北京出版社1989年版，第3页。

[2] 刘清扬：《回忆建党初期党领导北方人民进行的革命斗争》，载中共北京市委党史研究室《第一次国共合作在北京》，北京出版社1989年版，第454页。

出"破坏共产党员与国民党员的联盟,这必然是中国国民革命运动的危险"。11月27日,中国国民党"左派"在北京的各机关,同时在《京报》上再次刊登《紧要启事》,痛斥"西山会议派"的反革命活动。启事谓:"查近日谢持、邹鲁等复在各报冒用本党中央执行委员会名义大登广告,声称取消'共产派'党籍,并将全部党员重行登记,分别取消云云,纯系冒用名义,违背党纪,本执行部除将彼等行动报告中央提交第二次全国代表大会处外,特此声明,俾党内外咸知真相。"① 1925年11月29日,中国国民党北京执行部发布通告:"按中央'哿(20日)电',嘱本执行部查明召集西山会议之主动者以凭核办等因",出席会议者"如系被人冒签,可在5日内登报声明,或具函本执行部,以凭转电中央为要"。②

而后,中国国民党北京执行部详细向"广州中央"报告了"西山会议派"的分裂活动,丁惟汾并严正申明了他们的反对态度:

> 北京执行部执行委员,原为李大钊、于树德、恩克巴图、王法勤、丁惟汾5人,这5人都是和西山会议绝对没有关系的。主持西山会议的人,虽然用过许多方法要拉我们进去,但我们到底以为这事破坏党纪,没有商量之余地。于树德、李大钊两同志更绝对的反对。他们初时原本想用北京执行部去召集会议的,后来见运动我们无效,才有西山会议。至王法勤同志现在虽没有到会,但我可以代表他说,他也是绝对的认为西山会议是不合法的。③

"西山会议"原在第一次会议时指派林森、邹鲁、傅汝霖等6人接收北京执行部,鉴于李大钊、于树德拒绝移交北京执行部,第五次会议决议另觅南长街南花园1号为办公地点。新北京执行部以邹鲁、林森、覃振3人为常务委员,不久后,大部分参加西山会议的中央执行委员前往上海。这样,"西山会议派"之北京执行部的日常事务大多由覃振及

---

① 《京报》,1925年11月27日。
② 中共北京市委党史研究室:《第一次国共合作在北京》,北京出版社1989年版,第605页。
③ 中国第二历史档案馆编:《中国国民党第一、二次全国代表大会会议史料(上册)》,江苏古籍出版社1986年版,第273页。

北京"孙文主义学会"领导干部处理。① 所以，在北京的"左、右派"斗争也多发生于青年学生之间。

有诸多资料反映了当时的斗争情形，《清党实录》记载："北京的共产分子在学界利用'北京学生联合会'，操纵学生运动，纯正国民党员不容易打进学界。自'五卅惨案'发生后，反共党员组织各校沪案后援会，以抗'北京学生联合会'。"② 傅启学给"上海中央"的报告中也说："自'五卅'后组织各校沪案后援会，此会召集群众在10万人以上，而共产分子召集则人数甚少。'共产派'乃乘全国学生总会在北京开会时图双方合并，同时据之，彼辈亦取消'北京学生联合会'。现在北京学生总会势力平均"。③ 金永信在博士论文中亦提及，"后来北京学生总会成立，'共产派'试图合并'沪案后援会'，反共党员拒之，经过北京市党部的不懈努力，在北京学界反共势力可与'共产派'平分秋色"。④ 他们的这些言论虽表示了对中国共产党领导之学生运动势力的扩大及抵制"反共学生活动"的不满，但从中也可发现北京学生中的"左、右派"势力已经旗鼓相当了。而且需要强调一点，北京是"西山会议派"地方组织力量——"民治主义同志会"与"孙文主义学会"势力最强的地区，"左派"学生竟与之势力不相上下，可想中国共产党对"西山会议派"的反攻力度之大。

1926年1月12日，《京报》载北京"孙文主义学会"最近概况两则，刊登了北京"孙文主义学会"发表的宣言，谓"各地'孙文主义学会'均有定期出版刊物，因此也决定刊发同样之刊物"。⑤ 消息登出之后，毛泽东立刻向中国国民党中央执行委员会抗议，"要求视'孙文主义学会'为反对派之团体，并限令广州、潮汕等地'孙文主义学会'声明与北京

---

① 《北京执行部通告》，载居正《清党实录》，台北文海出版社1985年版，第92页。
② 《北京特别市代表在第二次全国代表大会之报告》，载居正《清党实录》，台北文海出版社1985年版，第229页。
③ 《上海中央执行委员会第三次会议记录（民国十五、四、十六年）》，台湾中国国民党党史馆藏。
④ 金永信：《西山会议派之研究（1923—1931）》，未刊稿，台湾政治大学历史研究所博士学位论文，1997年。
⑤ 《京报》，1926年1月12日。

'孙文主义学会'绝无关系"。① 谭平山还特意随同鲍罗廷前来北京，指挥中共党员对中国国民党"右派"进行反攻。"三一八惨案"之后，鉴于中国共产党对其"破坏革命、不革命，与军阀勾结"等事实的揭露及其阻止②，"右派"北京执行部的活动最终不得不转入地下。

同样在中国国民党"左、右派"的斗争中，北京"孙文主义学会"成员也有了"向左转"的倾向。据周一志回忆：

> 1926年底，北京"孙文主义学会"的云南人纪人庆因朋友的介绍，同李大钊谈了几次话，被李大钊的理论说服。又由纪人庆影响了傅启学、金嘉斐，他们不征求南下"孙会"分子的同意，由纪人庆等几个发表了一个声明，开头第一句就是，"我们有感于世界革命的大势"，否定已往的主张，接受当时"左派"的论点。此声明刊登在武汉的报上，我们看到纪人庆等人的声明后，认为纪人庆发了疯，纷纷写信给留在北京的人，责备不应如此。③

至蒋介石"四一二政变"，大革命彻底失败时，中国国民党党内轰轰烈烈的"左、右派"斗争告一段落，中国共产党与"西山会议派"的斗争也随之而终结。从中国国民党改组至此，中国共产党对中国国民党"右派"中央执监委员的斗争，不仅与中国国民党党统中央对"西山会议派"的"制裁"形成夹攻之势，且对其"上海中央"的组织运作也形成了极大的阻力，从而保证了中国国民革命运动的方向，维持了第一次国共合作的发展，并促进了中国共产党自身力量的壮大。

---

① 《上海中央常务委员会第十二次会议记录（民国十五、三、十二年）》，台湾中国国民党党史馆藏。
② 见上文中国共产党对"西山会议派"的舆论反攻中发表的通电、启事和言论，如《国民党北京特别市执行委员会对于"三一八惨案"之经过呈报中央执行委员会书》，见中共北京市委党史研究室《第一次国共合作在北京》，北京出版社1989年版，第334页。
③ 周一志：《关于孙文主义学会》，载全国政协文史资料委员会编《文史资料存稿选编·政府·政党》，中国文史出版社2002年版，第21页。

第三章 从"叛党"到"合流"
——"西山会议派"与党统中央关系之演变

从 1925 年 11 月 25 日西山会议召开至 1927 年 9 月 16 日"宁汉沪合流","西山会议派"之"上海中央"与中国国民党党统中央的关系因汪清卫、蒋介石集团势力的消长而发生变化。作为"叛党集团","西山会议派"自"分裂"时便与汪精卫执政的"广州中央"对抗,且一直呈水火不容之势。"中山舰事变"后,军事强人蒋介石开始崛起,并逐渐替代了汪精卫在中国国民党内的政治地位。于是,"上海中央"开始在"清党"前奏中对党统中央"频频示好",但日益"右倾"的蒋介石对"西山会议派""厚蒋薄汪"策略的反应却出人意料,并在"四一二政变"当天查封了"上海中央"。大革命失败后,中国国民党内两个政府三个中央的局面随之结束,宁汉沪三方在相互的坚持与妥协中,合流于中央特别委员会这一过渡机构。鉴于大革命时期,苏俄尤其是中国国民党组织教练员鲍罗廷在中国的特殊地位,他们对"西山会议派"的反应在一定程度上也影响着"上海中央"与党统中央的关系演变。

第一节 汪精卫集团与"西山会议派"的"角逐"

作为中国国民党内的一个分裂派系,"西山会议派"因与中国国民党党统中央的革命路线不同,在"联俄""联共"时代被中国国民党视为"右派"。所以,自西山会议至"上海中央""二大"召开,中国国民党党内所谓的"'左、右派'斗争"便是指"广州中央"以最高领袖汪精卫为代表的中国国民党"左派"与另立"上海中央"的"西山会议派"即中国国民党"右派"之间所进行的角逐。前文已经详述"西山会议派"此一时期的政治活动,本节主要阐述汪精卫的对应举措。

一 初期的"被动"

汪精卫作为中国国民党"左派"的首领人物，因标榜坚决拥护孙中山的"联俄""联共"遗愿而被苏俄"相中"，坐上了中国国民党最高领袖的宝座。只是在汪精卫还尚未坐稳时，第一届"右派"中央委员就先行与"广州中央"分裂了，这完全出乎他们二人意料，且使之有点措手不及。① 西山会议的酝酿过程，汪精卫没有一点预感，所以至西山会议真正召开时，汪精卫只能是"静观其变""被动地应对"；在西山会议结束后，他才开始发起猛烈的回击。金永信指出，"广州中央"初期对西山会议的反应主要有三点：一是通电驳斥会议的非法，二是查办邹鲁、上海《民国日报》，三是促开广州"二大"。笔者试图将汪精卫与"西山会议派"的激烈对抗之势具体呈现如下。

1925 年 11 月 23 日，汪精卫出席中央党部总理纪念周，在报告中言及中央执行委员会电北京执行部查办"西山会议派"邹鲁等人情况。②

1925 年 11 月 27 日，汪精卫携中央执行委员及候补执行委员谭延闿等指斥西山会议非法，并通告"广州中央"决定于 1925 年 12 月 11 日在广州召开中国国民党第一届四中全会，元旦召开中国国民党第二次全国代表大会。③

1925 年 12 月 2 日，汪精卫出席中国国民党广东大学特别党部召开的全校党员大会，并说明撤换校长邹鲁的原委。④

---

① "广州中央"最初并没有察觉到"北上外交代表团"林森、邹鲁的异状。就在林森等于 1925 年 10 月 26 日发出的"主张在张家口开会通电"寄至广州后，中国国民党中央政治委员会讨论林森等的通电，仍无感觉出西山会议正在筹备，只议决覆电林森等，中国国民党中央执行委员会须在广州开会。尽管"广州中央"坚持中央执行委员会不能在广州以外开会，对林森等通电主张在张家口开全体会议，"广州中央"最初并不注意防范。西山会议正式开会之前，林森、邹鲁等屡次要求汇款接济，中国国民党"广州中央"仍遵照以往，令财政部筹汇，并将林森指定为中国国民党第二次全国代表大会资格审查委员会委员。见《国民党中央执行委员会历次会议宣言及重要决策汇编》，中国第二历史档案馆藏，档号七一一（五）—50；《中央执行委员会第 119 次会议记录（民国十四、十一、三十年）》，中国国民党台湾党史馆藏。在林森、覃振、石瑛、居正等连署发出《决定在西山总理灵前开会通电》寄至广州后，中国国民党"广州中央"才感到事态的严重性。
② 《政治周报（第 1 期）》，1925 年 12 月 5 日。
③ 上海《民国日报》，1925 年 12 月 2 日。
④ 广州《民国日报》，1925 年 12 月 3 日。

第三章 从"叛党"到"合流"　231

　　1925年12月4日，西山会议决定开除汪精卫中国国民党党籍6个月，并通过中央执行委员会委员不得在中国国民党执政之政府机关服务案。汪精卫以中央执行委员会名义发出通告，反对西山会议。①

　　1925年12月7日，汪精卫出席总理纪念周及各级党部代表大会，再次对西山会议表示谴责。②

　　1925年12月8日，上海《民国日报》发表了西山会议的《为惩戒汪精卫告同志书》，宣布了汪精卫三大"罪状"。③

　　1925年12月9日，广州《民国日报》发表《关于中央执行委员人数的重要谈话》，概述中国国民党中央执行委员会第二、三次全体会议之经过。指出"北京林森、邹鲁等发起的西山会议，实不足法定人数，且有依附北京军阀之黑幕在内，是以此种会议在法理在事实当然无效"。④

　　1925年12月15日，汪精卫主持召开中国国民党第一届四中全会，讨论决定处理"西山会议派"及召开第二次全国代表大会等事项，并发表谈话，力辟将要撤换广州市公安局长吴铁城的谣言。⑤

　　1925年12月16日，广州《民国日报》上登载汪精卫与该报记者的谈话，汪精卫重申，"反抗帝国主义是革命的第一要义，应以反抗帝国主义与否来区分革命与否"。⑥

　　1925年12月17日，汪精卫致电孙科谓："接兄辞职电，中山陵墓大致已经决定，粤中军事统一，初告就绪，建设诸端，急待进行，且第二次全国代表大会为期已近，务请回省商榷一切。"⑦目的为拉拢其转向广州。

　　1925年12月21日，汪精卫发表《我们应该怎样的努力》，指出"只能实实在在做唤起民众反抗帝国主义的工作。我们如果同在国民革命的战线上，而安生共产与非共产的分别，以分散国民革命的势力者，

---

① 上海《民国日报》，1925年12月4日。
② 广州《民国日报》，1925年12月7日。
③ 上海《民国日报》，1925年12月8日。
④ 广州《民国日报》，1925年12月9日。
⑤ 广州《民国日报》，1925年12月16日。
⑥ 广州《民国日报》，1925年12月17日。
⑦ 广州《民国日报》，1925年12月18日。

决非总理的信徒"①，意在指责"西山会议派"。

1925年12月27日，汪精卫与谭延闿联名致电林森，指出"西山会议于党于法皆不合，于国尤不利"。②

1925年12月31日，汪精卫出席中国国民党中央执行委员会会议，讨论召开中国国民党第二次全国代表大会事宜。汪精卫被推为中国国民党"二大"主席团主席，提议以中国国民党"二大"名义，赠送鲍罗廷银鼎一个，上刻"共同奋斗"四字，获通过。③ 此举与"西山会议派"的《解除鲍罗廷顾问职》成明显对比。

截至广州"二大"召开之前，汪精卫对"西山会议派"的反攻虽很猛烈，但多表现在言论上的驳斥与谴责。尽管申明西山会议无效，但除取消邹鲁、林森等人的职务外，他尚未采取任何能够中止西山会议及阻止"上海中央"建立的举措；仅是把解决问题的关键置于抢先于"上海中央"之前召开广州"二大"。在很大程度上，汪精卫的反攻表现得"力不从心"，缺乏"理直气壮"的气魄，他更多的是将"西山会议派"对他的指责引向广州国民政府，并以"国民政府""党纪"为攻击"西山会议派"的最有力武器。所以，他一再强调说"现在西山会议攻击鲍罗廷先生，说鲍先生操纵（中央）政治委员会。但（中央）政治委员会是各机关都有人在内的，有什么事情大家都在（中央）政治委员会内充分讨论，讨论之后，或交中央执行委员会去执行，或交国民政府执行。（中央）政治委员会只是一建议机关，还不是执行机关，如果责备，实不必责备（中央）政治委员会，不如责备政府全体。鲍罗廷先生完全处于顾问地位，更无理由攻击他。他们攻击鲍先生，不是侮蔑鲍先生，是在侮蔑（中央）政治委员会全体……"④ 鉴于此，汪精卫的党内对手（吴稚晖）戏称汪精卫为"党纪先生"，汪精卫则甘之如饴。⑤

二 广州"二大"的制裁

1926年1月，中国国民党在很短的时间内在广州筹备召开了"二

---

① 广州《民国日报》，1925年12月21日。
② 广州《民国日报》，1925年12月28日。
③ 广州《民国日报》，1925年12月31日。
④ 《国民党全国代表大会会议录》，中国第二历史档案馆藏，档号七一一（五）—140。
⑤ 汪精卫：《覆林柏生书》，载文化研究社编《中国五大伟人手札》，上海文化研究社1939年版，第320页。

大"。广州"二大"的仓促召开在很大程度上是为了抵制西山会议，会议的组织过程的确也遇到很多的困难，中国共产党与以汪精卫为首的中国国民党"左派"都曾表示了担忧。据广州"二大"秘书处处长吴玉章的报告说：

> ……最困难的就是我们将秘书处成立以后，知道是负了很重大的责任。我们第一件事就是怎样使大会准在十五年1月1日正式开幕。当去年11月末的时候，到广州的代表只有三四十人，就是只有海外华侨和湖北、四川、福建及汉口特别市等处的代表才到了广州。当时西山非法会议刚开过会，造出种种谣言，想使大会不能成立。我们知道他们的用心，并且知道必有许多摇动分子心存观望，于是我们于12月7号通电各地党部，催促他们从速选举代表前来。一方面又电汇路费到上海及北京执行部，使代表能即日就到，但是仍然是莫有把握。并且得各处报告，说军阀及"反动派"扣留代表或阻滞代表来的就有数处。如江西代表赵干、刘承休、越灼华等三人之被方本仁扣留，吉林代表、四川代表之被"上海中央"伪执行委员会阻止，种种困厄情形层见叠出。同志中也很忧虑恐怕不能如期开会。但是我们筹备总是向前猛进，并且多方鼓吹。所以到了12月20日以后，各处代表才陆续到广州，但还是很少。且至12月28日以后，各代表来报到者始多。因为广州的代表和各特别党部的代表都已陆续选举出来，到30日，计报到者已有180余人，昨日又从上海方面来了20余人，统计起来已达210人、220人，各地党部代表均已齐备。我们今天能济济一堂，开与本党员有关系的一个大会，实在是各代表不避艰险，不为谣言所惑，能够继承总理的遗训。①

尽管如此，经中国国民党"左派"和中国共产党的努力，大会最终得以如期召开并圆满结束。鉴于汪精卫、蒋介石之间的利益妥协，汪精卫遵循了蒋介石"从宽处理"的要求，对"开除其党籍6个月"的"西山会议派"进行了分别惩罚。

---

① 《国民党第二次全国代表大会宣言，附一、二次全国代表大会宣言、经过、概略》，中国第二历史档案馆藏，档号七一一（五）—145。

1926年1月13日下午,在广州"二大"会议讨论"西山会议案"时,认为"谢持、邹鲁等发起西山会议,纯属违法并足以危害本党之基础,阻碍国民革命之前途,非加严重之处分,不足以伸党纪而固吾党之团结……但西山会议诸人,有主动最力而蓄意谋危本党之自身者、有故意捣乱而属于盲目附和者、有因一时之误解且为人所愚而致引入歧途者、有因个人主张之不同而致为人利用者,情结既有主从之分,则处分不能不轻重之别"①,对"西山会议派"做了如下处分:

甲、谢持、邹鲁拟处以永远开除党籍处分。

乙、居正、石青阳、石瑛、茅祖权、覃振、傅汝霖、沈定一拟处以暂时开除党籍之一年处分。

丙、张继、林森、邵元冲、叶楚伧、张知本拟处以用书面警告处分。

丁、戴季陶拟由大会训令促其猛省不可再误。

大会还一一呈述了处分的理由:

一、谢持、邹鲁二人,自民国十二年即在京组织"民治主义同志会",其意即欲于本党之外,自成私人团体,以谋一己之利益。此次在京发布种种反对国民政府言论,诬蔑同志,破坏党、政府之信用,纵无西山会议,亦当处以严重处分。此次西山会议,谢、邹二人事前奔走联络,利用"同志会"之分子,捣乱北京执行部,更进而发起西山会议,事后又遣派党徒分赴各地运动联络,攘夺党部,所以,谢、邹二人,纯为主动之人,其违反党纪,亦当以二人为首。故审查之结果,对于谢、邹二人,拟处以永远开除党籍之处分。

二、居正、石青阳、石瑛、覃振、傅汝霖、沈定一、茅祖权,根据各地报告,此次均拥护谢、邹最力而捣乱亦最力,其蓄谋故意,殊与盲从者有别,唯与谢、邹比较,终有首从之分。故审查结

---

① 《国民党第二次全国代表大会宣言,附一、二次全国代表大会宣言、经过、概略》,中国第二历史档案馆藏,档号七一一(五)—145。

果，拟处以暂时开除党籍处分。

三、林森，平日本无他，此次纯然受人包围，叶楚伧、邵元冲虽曾与会，究与居正等蓄谋故意者不同，张继则到会一次即大哭而退，至于张知本则始终并未到会。以上诸人，略迹原情，应予自新。故审查结果，拟处以用书面警告处分。

四、戴季陶，于去岁 5 月曾在第三次中央执行委员会全体会议起草关于容纳中国共产党分子加入本党之训令，乃曾未一月，即以个人名义发行《国民革命与中国国民党》一书，惹起党内纠纷，但于此次西山会议，始终并未与会，离京之日曾函吴稚晖同志表示悔悟。总核其个人言动，虽或出于整顿本党之热情，然因此致为反动分子利用，唯念戴同志始终为党奋斗，诩赞总理改组本党，殊有勋劳。审查结果拟由大会训令促其猛省，不可再误。①

但是，在汪精卫与蒋介石达成妥协后，他对上述案件提出了修正。所以，在审查提案委员会报告完毕并即将开始讨论时，汪精卫首先发言。他表明自己赞同蒋介石对待"西山会议派"的"以总理之心为心"的原则，并对参与"西山会议派"主要人物的态度逐一分析，指出"……这都是一两个人可恶，不能把全体西山会议的人一样看待的。他们十几个人之中也不是一致的。"所以"那一两个人主动的，自然应该开除党籍，但其余有一时受惑或受人利用的，应该从宽处分"。并表示，他代表国民革命军第一军及黄埔军校各代表的意见，即赞同与蒋介石昨日开会议决的方案"应把第二项暂时开除党籍的都并入第三项办理，给大家知道西山会议都是一、二人主动的事，其余概予以自新之路"。②尽管广州"二大"耗费了很长时间进行了激烈的讨论，但因汪精卫的大会主席身份，其修正案仍以多数通过。1926 年 1 月 16 日，《弹劾西山会议决议案》正式通过。

关于本党少数中央委员及（中央）监察委员发起西山会议，大

---

① 《查办西山会议派》，中国第二历史档案馆藏，档号十九（二）—110。
② 《国民党第一、二、三次全国代表大会宣言议决案》，中国第二历史档案馆藏，档号七一一（五）—143。

会接受各地报告之后，认定此等举动纯属违法，并足以危害本党之基础，阻碍国民革命之前途，非加以严重之处分不足以伸党纪而固吾党之团结。大会聆悉关于本案之审查报告以后，认此事为吾党成立以来，违背党纪之重大事实。但西山会议诸人，有主动最力而蓄意谋危本党者；有属于盲从附和，因一时之误解，为人所愚，而致引入歧途者；有因个人之主张不同，而致为人利用者。情节既有主从之分，则处分自不能不有轻重之别。兹特按照各人之行为，判定其应得之处分如左：

一、谢持、邹鲁二人，自民国十二年即在北京组织"民治主义同志会"，其意即隔于本党之外，自成私人团体，以谋一己之利益。此次在京发布种种反对国民政府言论，诬蔑同志，破坏党、政府之信用，纵无西山会议亦当处以严重处分。况此次西山会议，谢、邹二人事前奔走联络，利用"同志会"之分子，捣乱北京执行部，更进而发起西山会议。事后又派遣党徒分赴各地运动联络，攘夺党部，故谢持、邹鲁二人，纯为主动之人，其违反党纪以此二人为最。谢持、邹鲁应永远开除党籍。

二、居正、石青阳、石瑛、覃振、傅汝霖、沈定一、茅祖权、叶楚伧、邵元冲、林森、张继、张知本12人附和谢持、邹鲁，除张知本外，均参与西山会议，实属违背纪律。张知本虽未到会，然未声明与西山会议脱离关系，亦不能无附和之嫌。唯此12人并非西山会议之主谋，略迹原情，应予以自新之路。由大会用书面向上列12人提出警告，指出其错误，责其改正，并限期两个月内具复于中央执行委员会。若此12人中有不接受大会警告者，是甘心背叛本党，而与谢持、邹鲁同趋，中央执行委员会应即执行纪律，开除此不接受大会警告者之党籍。

三、戴季陶于去年5月，曾在第三次中央执行委员会全体会议起草关于容纳中国共产党分子加入本党之训令，乃未曾一月，未得中央执行委员会许可，即以个人名义发布《国民革命与中国国民党》一书，以致发生不良影响，惹起党内纠纷。但于此次西山会议，始终并未与会。离京之日，曾函吴稚晖同志表示悔悟。总核其个人言动，虽或出于爱护本党之热情，然因此致为反动分子利用，成为破坏本党之工具，与戴同志原意适得其反。惟念戴同志为党奋斗有年，诩赞总理改组本党,颇有勋劳,应由大会予以恳切之训令,促其猛省,不可再误。

大会对于西山会议一案判决如此,其有与别案关涉者当另案办理。①

结果,吴稚晖、戴季陶、邵元冲三人都被从轻发落。吴稚晖虽参加了预备会议,但由于及时转向,仍被视为革命同志。戴季陶则因向吴稚晖表示过忏悔,仅被训令"促其猛醒"。邵元冲处分略重,但也不过"警告"而已。由于对戴季陶的处分"太轻太轻",遭致与会代表反对,指出"设使戴没有发表《国民革命与中国国民党》这一本书,可以说就没有今天的纠纷"。②被广州"二大"点名的西山会议的"主动者"只有邹鲁一人。③ 就修正的决议案与审查委员会的原案比较:对谢持、邹鲁、戴季陶的处分维持了原案;对其他等人的处分比原案减轻,不开除党籍,只用书面警告。显然,在汪精卫与蒋介石的"利益妥协"中,大会并未对"西山会议派"做出过苛的处分,此举为日后蒋介石分化"西山会议派"留下了余地。尽管如此,《弹劾西山会议议决案》还是对"西山会议派"造成了很大的压力。

此外,"广州中央"在广州"二大"处分"西山会议派"后,又据《总章》的规定,通过党员违反纪律处分决议如下:

一、居正除西山会议外,尚列名"(国民党)同志俱乐部",经警告不理,且现在尚在湖北捣乱,其怙恶不悛已可概见,应予以除名处分。

二、石青阳列名"(国民党)同志俱乐部",且曾勾结军阀,陷害同志,罪名较重,亦应与以除名处分。

三、覃振、石青阳、茅祖权列名"(国民党)同志俱乐部",可以从宽,唯既未声明脱离,则随时仍可以"(国民党)同志俱乐部"捣乱,故应再与以一次悔过之机会,训令限于一个月内登报声明脱离关系,否则是表示自绝于本党,亦应除名。

---

① 《国民党第一、二、三次全国代表大会宣言议决案》,中国第二历史档案馆藏,档号七一一(五)—143。

② 同上。

③ 同上。

四、邵元冲、叶楚伧尚在上海主持伪中央执行委员会，叶楚伧尚在主持反动之《民国日报》，应令其立时停止进行，并令叶将《民国日报》交出改组或完全改变态度，否则亦应除名。

五、沈定一在浙江不服从中央命令，并仍在主持其反动之浙江省党部，亦应令其停止进行，否则除名。

六、凡加入北京"（国民党）同志俱乐部"者，统限于两个月内，向中央党部声明脱离该俱乐部，否则开除党籍。

七、桂崇基、周佛海、刘启明、沈仪彬、刘庐隐、马超俊、郎醒石、袁世斌、黄季陆等九人，皆参与上海伪中央执委会，应予警告；统限两个月内，向中央党部声明脱离伪中央执委会关系，否则开除党籍。①

事实上，广州"二大"处分"西山会议派"及参加"上海中央"党务的反共党员之后，在"上海中央"召开上海"二大"前，除偶尔由地方党部报告"上海中央"派人去当地活动的情形外，汪精卫也并未对"上海中央"采取任何具体制裁。直到1926年3月中旬，"广州中央"秘书处向常务委员会提出，"上海中央"登报召集第二次全国代表大会应如何应付时，常务委员会才即决议：第一，推汪精卫起草训令。第二，授权国民政府以制止其会议，并下令通缉参会分子归案严办。②之后，以国民政府之名义发布的命令，其言词非常激烈，指责发起西山会议的人是"托庇军阀及帝国主义势力之下的少数叛徒"，并要严厉惩治出席上海"二大"的代表们。"凡有敢在上海、北京等处假冒本党最高机关名义，以遂其叛党营私之目的者，不分首从，一概拿交法庭照叛逆罪论……凡列名伪会者，务于3月29日以前声明背签，否则届时定按名通缉，决不宽待，其各凛之。"③

---

① 中国第二历史档案馆编：《中国国民党第一、二次全国代表大会会议史料（上册）》，江苏古籍出版社1986年版，第412—415页。另见《民主潮》第7卷第6期，第17页。
② 《二届中央执行委员会常务委员会（广州）第十二次会议记录（民国十五、三、十六年）》，台湾中国国民党党史馆藏。
③ 《国民政府制止西山会议派在北京上海等处召集代表会议令》，载中国第二历史档案馆编《中华民国史档案资料汇编（第四辑一）》，江苏古籍出版社1991年版，第362—363页。《申报》，1926年4月1日。

"广州中央"发出的此一动武命令立即产生了效应。吴铁城首先登报启事,郑重否认代表广东出席上海"二大"。接着,苏武涯、李元著、周仲良、王度、刘崛,刘况等先后函报"广州中央",否认列名"上海中央"所召集的上海"二大"代表。曾公开支持西山会议和"上海中央"、时在南京的孙科也发电,否认列名上海"二大"。此外,谢晋、乌勒吉、覃超、王恒、刘通等人也争先恐后地向"广州中央"表示,未参与"上海中央"的事情。①

就在处分"西山会议派"的广州"二大"上,汪精卫顺势将蒋介石的大批人马与自己的亲信纳入第二届中央委员,"广州中央"势力大增。然而,好景不长,汪精卫的党政军大权便因"中山舰事变"落入了蒋介石的手中,由此,他便开始忙着与蒋介石争权,与"西山会议派"的斗争暂时搁置。

第二节 蒋介石集团与"西山会议派"的"周旋"

早在"上海中央"筹备召开中国国民党第二次全国代表大会时期,"广州中央"的反应就非常激烈,指责与会代表是无耻叛徒。广州国民政府布告,"凡列名伪会者,务于3月29以前声明背签,否则届时定按名通缉"。② 但"上海中央"仍如期召开大会,并于1926年4月15日发出通告,宣布"上海中央"党部正式办公,组织"上海中央"执行委员会。事实上,鉴于汪精卫、蒋介石集团势力的消长,此前"西山会议派"已开始向崛起中的蒋介石靠拢。"中山舰事变"发生,"西山会议派"试图将上海"二大"迁往广州,但被日益"右倾"的蒋介石拒之门外。尽管如此,"西山会议派"在"清党"前奏中,仍频频向由蒋介石执政的党统中央"示好"。至正式"清党","上海中央"的大本营环龙路44号被查封后,其中央执监委员们却仍应邀前往南京参加蒋介石中央的第二届四中全会,此举可被视为"西山会议派""附蒋"之信号。之后不久,"上海中央"便借酝酿"合流"之

---

① 荣孟源:《中国国民党历次代表大会及中央全会资料(上)》,光明日报出版社1985年版,第440—441页。
② 广州《民国日报》,1926年3月18日。

机参与了南京党统中央的"清党"运动。

一 "西山会议派"在"清党前奏"中的"示好"

"上海中央"自发家,即酝酿西山会议时期就表明了反对"联俄""联共""分共"的主张;至"上海中央"的成立运作时,他们已公然将苏俄列入新帝国主义国家,并坚决彻底地要求与中国共产党分家,而且还将"清党"视为其奋斗的根本目标。鉴于自身组织能力的软弱,"西山会议派"在其间所做的诸多决议几乎都无法实现,其效几乎为零。所以,这一没有军事力量支持的"上海中央",对于"清党"多是理论的宣传和造势,在实际中很难有大的作为。于是,他们便将希望寄于"广州中央"的"醒悟"。在蒋介石酝酿"清党"时,"上海中央"竭尽可能地表达了自己的"清党"愿望,但因双方在利益追求上有着根本的分歧,不仅没有达成一致的"清党"行动,反而加剧了"西山会议派"与广州诸要人,尤其是与蒋介石的矛盾,使之关系更为复杂化,也为之后的政治斗争埋下了伏笔。事实上,西山会议的一系列行为,原本是向蒋介石表示拥护、由蒋介石协助或暗中促成的,但最终却因蒋介石的反复无常而陷于尴尬的局面。这也是"上海中央"的自身弱点所致。

伴随着汪精卫、蒋介石夺权,中国共产党与中国国民党的合作局面一步步被摧毁,蒋介石与中国共产党的第一次正面冲突发生于1926年3月20日的"中山舰事变";1926年5月,蒋介石集团又筹划召开中国国民党第二届二中全会,抛出排斥、打击中国共产党人的"整理党务案"。而"中山舰事变"的发动和"整理党务案"的通过,实乃以蒋介石为代表的中国国民党"新右派"实现全面"清党"的前奏。[1] 1927年春,以蒋介石为代表的"部分负责同志以非常手段,清除在东南地区党军队中及机关团体中的共党分子(跨党分子),并在南京成立国民政

---

[1] 张瑛:《蒋介石清党内幕》,国防大学出版社1992年版,第6页。蒋永敬则认为西山会议和"中山舰事变"是中国国民党"清党"运动的前奏曲,见《胡汉民与清党运动》,载《北伐时期的政治史料——1927年的中国》,台北正中书局1981年版,第384页。杨奎松与李云汉持同一说法,即张继等"弹劾共产党案"、各地"孙文主义学会"的组织以及西山会议的召开、"中山舰事变",都可以被看作1927年"清党"运动之酝酿与发源。见李云汉《清党运动的再评价》,载《中国国民党党史论文选集(第4册)》,台北近代中国出版社1994年版,第702页。杨奎松:《一九二七年南京国民党"清党"运动研究》,载《历史研究》2005年第6期。

府及中央党务机构,形成宁汉对峙之局。不久,武汉亦在内外的反共压力下,实现'分共'。这一历程一般称之为清党运动"。① 其展开则以"四一二政变"为标志,前后两期持续到 1927 年 9 月,历时不到半年左右。② 仍然与"广州中央"对峙的"西山会议派"面对蒋介石、汪精卫的这一"清党"酝酿,其反应先后有所不同:"中山舰事变"——决议上海"二大"大会移粤;"整理党务案"——对蒋介石强烈谴责;"四一二政变"——党部被封,与蒋介石矛盾激化;"七一五清党"——谋求党务的统一。

1. "中山舰事变"后决议上海"二大"大会移粤

1926 年 3 月 20 日,"中山舰事变"发生后,蒋介石的行为使得"上海中央"诸人感到鼓舞,并抱有希望。依谢持在上海"二大"报告"中山舰事变"时的说法,他们最初确认"中山舰事变"的发生是从黄埔军校某位"同志"的口中得知,时在 3 月 27 日。不过那位同志所见闻的仅仅是事发当日的情形,而对于 3 月 21 日以后广州的局势进展,"上海中央"多半是靠报纸上的报道。③

"西山会议派"第一次正式讨论"中山舰事变"是在 1926 年 3 月 28 日,也就是上海"二大"召开的前一天。"上海中央"在还不太了解事变的底蕴,认定此事件系"李之龙和一部分共产党捣乱"④,其目的是"取

---

① 蒋永敬:《胡汉民与清党运动》,载《北伐时期的政治史料——1927 年的中国》,台北正中书局 1981 年版,第 38 页。黄金麟根据《清党实录》(中国国民党中央执行委员会印行 1928 年版)的介绍,认为"清党"运动发生过三次,第一次为 1924 年 6 月,即中央监察委员张继、谢持、邓泽如等力主弹劾中国共产党,引发中国国民党第一届二中全会通过相关训令了事;第二次为"西山会议派"于 1925 年 11 月所发动,结果与"广州中央"形成分裂与对抗;第三次则为南京国民党人发起的全国性运动。见黄金麟《革命与反革命——"清党"再思考》,载《新史学》第 11 卷第 1 期,2000 年 3 月。
② 蒋介石的"清党"计划大致如下:"一期清党为紧急处分,其时共产党徒谋叛正急,非各地同时采用极严峻之手段,无以遏抑乱萌。二期则为根本整理肃清共产徒之根株,勿使复活。第一清党自打倒共产党领袖及著名活动分子入手,此等人罪状皆甚明显;第二期则须遍及一般跨党分子,其证据比较得模糊……"详见蒋中正《对于第二期清党之意见》,载《中央半月刊》,第 1 期,中国第二历史档案馆藏,档号七一一(五)—272。
③ 上海的《申报》直到 1926 年 3 月 30 日才详细报导了"中山舰事变"的整个经过。之前在 3 月 20 日也有所报道,但其内容极不详细,如"李之龙被学生枪伤,在医院毙命",载《申报》,1926 年 3 月 20 日。"20 日'广州事变',系政府扑灭共党急进分子,并解散其势力下机关"等,见《申报》,1926 年 3 月 27 日。
④ 居正:《清党实录》,台北文海出版社 1985 年版,第 175 页。

消国民政府，代以劳农政府"，而蒋介石的断然措施"是忠于党而为彻底清党运动"。① 所以他们大为兴奋，决议通电训勉在广州的同志，拟定的电稿将在上海"二大"提出公决，并期望蒋介石能够代为贯彻"清党"的主张。②

1926年3月29日，上海"二大"开幕，谢持对广州情势做简要报告，并建议发电"训勉"在粤同志。谢持说："据军校同志的报告，中山舰的确已被缴械，李之龙等确已被捕。我们对于此事底蕴，虽无从得知，但蒋介石同志之忠于党，而为彻底清党则是实。此次清党运动，在广东的大多数同志确是忠实诚恳，对于本党的主义确能遵守不渝，应当由本会去电训勉，故本席建议由大会发电训勉在广州的同志，今拟有电稿并请公决。"③谢持的此一建议获得通过，电文于当日发出。

> 广州国民政府黄埔军校蒋介石同志并转各级党部，"孙文主义学会"诸同志钧鉴：自总理逝世，蓄谋劫党者，潜伏昼夜，酝酿祸变。此闻诸同志以迅速手段戡定叛乱、忠勇明敏、功在党国。然谋变非出偶然，祛恶必须彻底，与其图变，莫如徙薪，盖共党分子合则相拒，清理党籍，即所以统一军心，唯我忠勇之同志努力为之。④

公开发表的这一电文与中央执行委员会先前所拟定的电文有所改动，"前衔并无国民政府的字样，大概是谢持、覃振、居正等（中央）执行委员不满于国民政府主席汪精卫的一种表态吧。另外，电文不提其他的广州要人，只是提及蒋介石，试图以此来推崇他"。⑤ 这表明，虽然蒋介石曾强烈地批评西山会议的"叛党"（该党指中国国民党）行为，但上海方面仍期望蒋介石能释怀前嫌，"藉此机会肃清党内'左派'和共产分子"，在实现其"分共"主张的同时向蒋介石靠拢。

"中山舰事变"发生后，"上海中央"就有了与"广州中央"复合

---

① 《谢持在代表大会报告广州事变的经过》，载居正《清党实录》，台北文海出版社1985年版，第145页。
② 《上海中央第一届中央执行委员会第十五次会议录（民国十五、三、二十八年）》，台湾中国国民党党史馆藏。
③ 居正：《清党实录》，台北文海出版社1985年版，第145页。
④ 同上书，第209页。
⑤ 金永信：《西山会议派之研究（1923—1931）》，未刊稿，台湾政治大学历史研究所博士学位论文，1997年。

的想法，所以开始着手"大会移粤"问题的讨论。在 1926 年 3 月 31 日的预备会上，讨论应对"中山舰事变"的方法，在沈定一提出"应将大会马上移到广州继续开会"的主张后，代表们产生了激烈的争执。大致分为两派：第一派，李次宋、孙镜亚等不赞成"大会移粤"的主张，认为先派代表，看其结果如何，再决定处理的方针；第二派，覃振、谢持则同意沈定一的主张。不过，覃振认为不能太急，应在"5月5日孙中山就南方总统之日那天移粤开临时代表大会"。但是，当谢持激动地要求"将本会移到广州去开会和他们拼一个你死我活"后，上海"二大"主席立即宣告讨论终结，"大会移粤"的决议通过。① 作为上海"二大"主席团代表之一的邹鲁，尽管革命历史经验极其丰富，也天真地以为"中山舰事变"是广州的同志回应"西山会议派"反共的主张，肃清"共产派"的忠党行为，所以主张"先由大会电讯蒋介石及国民政府，一律听从大会命令。此训令发出后，然后再由各团体派代表去。我以为经过此中手续再派代表去，则代表所生的力量一定比较的要大一些"。②

而在"是否移粤"以及"大会移粤办法"这一关系"上海中央"前途的问题讨论中，多少呈现出了老少代表意见分歧的现象。"曾在广州参与过革命活动的或发起西山会议的老一辈，虽然不满意"广州中央"所为，但以为上海并无多大的发展空间，还是希望回到革命的策源地广州；但以'孙文主义学会'会员为中心的青年代表们大体上主张先弄清情况，不愿急着将'大会移粤'。"③ 只是大会的主席团是由老一辈主导，所以在 1926 年 4 月 1 日的正式会上，在听取了广州代表胡文灿在对整个事件的来龙去脉不很了解的情况下所做出的报告之后（其谓："此次'广东政变'，就是俄国那班宣传者预备发动，想在广东方面做示威运动。然我方已窥测他们情形不佳，于是'孙文主义学会'与蒋介石联络起来为应付。"④），上海"二大"更为坚定地通过了"大

---

① 《上海中央中国国民党第二次全国代表大会（民国十五、三、三十一年）》，台湾中国国民党党史馆藏。
② 同上。
③ 金永信：《西山会议派之研究（1923—1931）》，未刊稿，台湾政治大学历史研究所博士学位论文，1997 年。
④ 荣孟源：《中国国民党历次代表大会及中央全会资料（上册）》，光明日报出版社 1985 年版，第 427 页。

会移粤"。接着，通过并对外发布了事先由沈定一拟定的《中国国民党第二次全国代表大会移粤宣言》。① 文中将原先沈定一起草的"赖我在蒋中正同志指挥下之忠勇同志"变更为"赖我在粤同志之平镇乱萌"。这是"上海中央"对蒋介石态度的一点明显变化，很可能是因为"上海中央"已经感觉到拿不定蒋介石，所以不再像前两天发出的"训勉广州同志电"那样，将平乱之功全部归于蒋介石一人。

而后大会推选出 8 名先遣特派员②，上海"二大"主席团还专门起草了秘密训令，安排了他们的工作任务和接洽办法，大致分为三个阶段：第一，清理党籍，除铲除中国国民党党内的"共产分子"外，其在中国国民党党内"不革命""反革命"与一切官僚、政客、军阀式之国民党党徒，皆属清理之列。第二，要使广东的中国国民党党员明白，中国共产党不是一定要在中国国民党党内做国民革命的工作，假使他们真正的能做国民革命的工作，那么请他们去中国共产党党内去做，免得中国国民党内部纠纷。第三，此次所派出之特派员工作，不必限于训令范围之内，其外普通之工作，可临时自己决定。③

到了 1926 年 4 月 4 日，尽管从广州前来的代表周海帆指责了"上海中央"，认为上海"二大"根本不了解"中山舰事变"的真相，并提醒说"特派员诸同志很困难，应有准备"。④ 但"西山会议派"却置之不理，仍将决议的"大会移粤"，以谢持等人名义致电给广州的张静江、谭延闿等，并告知广州"上海中央"拟来粤继续召开中国国民党第二次全国代表大会。⑤

我们知道，"中山舰事变"后，广州局势的变更并不像"上海中央"预期的那么乐观。所以，蒋介石在事变后对待"西山会议派"的反复无常，使得"上海中央"极为困惑。蒋介石起初是很少谈及"中

---

① 居正：《清党实录》，台北文海出版社 1985 年版，第 162 页。
② 他们分别是：张厉生、黄英、黄复生、管鹏、李敬齐、钟汝中、黎东方、宋镇仑。由十代表提出异议，要求主席团诸人应参加一、二人，最后决议派谢持、沈定一为特派员，以此澄清主席团不负责任的议论。见荣孟源《中国国民党历次代表大会及中央全会资料（上册）》，光明日报出版社 1985 年版，第 416 页。
③ 荣孟源：《中国国民党历次代表大会及中央全会资料（上册）》，光明日报出版社 1985 年版，第 416 页。
④ 同上。
⑤ 毛思诚：《民国十五年以前之蒋介石先生》，香港龙门书局 1965 年版，第 642 页。

山舰事变",慢慢的开始发电反对,然后是"为进行革命不得不暂牺牲个人交谊"的严厉斥责,公开宣称"西山会议派"是"破坏本党之败类分子",并表示"……欲令公安局长吴铁城制止'右派'的广州市党部大会"。①

鉴于夺权的需要,蒋介石与鲍罗廷达成了妥协,他此时比其他任何时候都反对"上海中央"的人,甚至比中国共产党还要强烈地批评"西山会议派"。② 1926年4月8日,在黄埔军校的演讲中,他再一次指出,"西山会议派"是"立意捣乱,使党分裂的分子",上海"二大"是"一种非法行为",对中国国民党的前途是非常有害的;为党国计"不得不群起而攻之,铲除障碍"③,并且声言"彻底解决,断此亡党之毒腕(指中国共产党),以慰总理之灵"。④

蒋介石的这一"反常"表现,完全出乎"西山会议派"意料,这使"上海中央"诸人深受打击,裹足不前。而"被愚"的他们为意气所激,草拟《警告蒋介石书》一文,但因顾全大局终究未公开发布。⑤而且,广州国民政府已在1926年4月6日发出通令,"著广东省内各军警一体严缉,遇有上海伪代表大会派人来粤煽乱,即予拿解交法庭叛逆治罪,以肃法纪"。⑥ 1926年4月10日,在谢持的提议下,上海"二大"遂议定取消"大会移粤",并由"上海中央"执行委员会发表《告在粤同志书》。⑦ 4月13日发出的《告在粤同志书》语气比"广州中央"对"上海中央"预料的温和,除了陈述"西山会议派"一贯的主张外,并无提起与"中山舰事变"相关的敏感问题,也没有抱怨蒋介石或任何在粤的同志,只是寄希望于粤中各级党部立行清理党籍,以求"凡被开除之共产分子,一律不准其在本党政治范围内服务"。最后

---

① 毛思诚:《民国十五年以前之蒋介石先生》,香港龙门书局1965年版,第636、642页。
② 金永信:《西山会议派之研究(1923—1931)》,未刊稿,台湾政治大学历史研究所博士学位论文,1997年。
③ 毛思诚:《民国十五年以前之蒋介石先生》,香港龙门书局1965年版,第643页。
④ 《张人杰告汪精卫陈璧君与共产党周旋经过并促早日归国书》,载《革命文献》第16辑,台湾"中央"文物供应社1978年版,第2796页。
⑤ 居正:《清党实录》,台北文海出版社1985年版,第275—277页。
⑥ 中国第二历史档案馆编:《中华民国史档案资料汇编(第四辑一)》,江苏古籍出版社1991年版,第364—365页。
⑦ 《告在粤同志书》,载居正《清党实录》,台北文海出版社1985年版,第273—274页。

"上海中央"还自我期许,"无论遇到若何困难,唯本牺牲奋斗之精神与恶势力相周旋,希望在粤诸同志毋为亲厚者所痛,而为见仇者所快"。①

从以上看来,"上海中央"应"中山舰事变"的"大会移粤"风波纯属一厢情愿,他们对蒋介石的示好非但未被领情,反而被以"通缉"之令相对待。其实"上海中央"这一"难堪"境地并非完全源于对"中山舰事变"的认识不清,在一定程度上与其"清党"心切有关,以致忽视了正在崛起的蒋介石会为"权势的需求"而实时地改变立场的作风。在蒋介石举棋不定,仓促发动"中山舰事变"时,"上海中央"对蒋介石的训勉或希望,只能是过早地暴露蒋介石夺权破坏革命的野心,而这也是蒋介石所最担心的。因为他还没有把握时局,北伐大业尚未完成,所以有必要考虑与苏俄的继续合作。但"上海中央"却一直是执着的"反共派""分共派",尤其对苏俄鲍罗廷有着"刻骨铭心"的仇恨。然而自西山会议至当时,鉴于其本身力量的单薄,加之"广州中央"与鲍罗廷和中国共产党的强势反攻,他们早就饱尝了"与中央分裂"的艰辛,更苦于"上海中央"难于维持的困境。所以,蒋介石的"中山舰事变"刚好为他们找到了退路——"大会移粤"。"上海中央"试图抱着"清党"的一致目标与蒋介石结合,以便体面地向"广州中央"靠拢,但最终面对的却是"军警一体拿办"与"不得不群起而攻之,铲除障碍"的命运。所以,"上海中央"只好选择了《告在粤同志书》,对其"大会移粤"划上句号。文中对此一冲动之举轻描淡写,其用意多为掩盖自己"被拒"的尴尬境地。这也是之后"西山会议派"之所以高举"反蒋"大旗的祸根之一。

2."整理党务案"后痛批"其效等于零"

1926年5月15日至22日,中国国民党第二届中央执行委员会第二次全体会议在广州举行,大会通过蒋介石领衔提出的"整理党务案"。② 其中最重要者为蒋介石单独提议之《国民党与共产党协定事件》③,经

---

① 《告在粤同志书》,载居正《清党实录》,台北文海出版社1985年版,第273—274页。
② 荣孟源:《中国国民党历次代表大会及中央全会资料(上册)》,光明日报出版社1985年版,第231—235页。
③ 原案见毛思诚《民国十五年以前之蒋介石先生》,香港龙门书局1965年版,第666—667页。

交付大会审查、修正后列为《整理党务第二决议案》九条。① 根据这一"限制、打击共产党的整理党务案",蒋介石代替谭平山当上了"广州中央"的中央组织部长(由陈果夫代理),邵元冲为青年部长,顾孟余代替毛泽东任宣传部长,甘乃光代替林伯渠任农民部长,叶楚伧代替刘伯承任书记。如此一来,蒋介石等中国国民党"新右派"完全篡夺了中国国民党中央的重要领导权,中国共产党党员几乎全被排出中央党部。② 但是,"上海中央"却对此局面仍不满意,批评"整理党务案"是"约束共产党则不足,限制国民党则有余。"③

"广州中央"的第二届二中全会闭幕后,"上海中央"连续发出《告同志书》《告海外同志书》,认为"广州中央"的第二届二中全会之各项决议是中国国民党"广州中央"与中国共产党妥协的结果。在《告同志书》的前段,"上海中央"批评"广州中央"的第二届二中全会"不唯使在本党内无地位之共产党,从此可以公开,并将独立自由之国民党,变成国共联合党",这无疑是请中国共产党共管中国国民党之卖党行为,"固讥笑'广州中央'的卖党本领较北京政府之卖国本领高出万倍"。④《整理党务第一决议案》中关于组织中国国民党与中国共产党之联席会议的决议也遭到了"上海中央"的指责,认为"(中国)共产党员即是(中国)国民党员,(中国)国民党……失去主权,不能裁判党员,与(中国)共产党组织联席会议以制裁,并请一个外国人为监察员"。所以,他们将联席会议说成是"共产党之领事裁判权"。⑤

在"上海中央"以中央执行委员会的名义发出通电批评"整理党务案"时,邹鲁还单独发出了《致蒋介石张人杰论清共始能奠安党基书》,向"广州中央"表达了他对中国国民党第二届二中全会各项决议的失望。信中邹鲁特别挑出《整理党务第二决议案》中的四点,批评其不当之处。本书特列举一二。他首先认为《整理党务第二决议案》

---

① 罗家伦主编:《革命文献(第79辑)》,台湾"中央"文物供应社1978年版,第48—49页。
② 荣孟源:《中国国民党历次代表大会及中央全会资料(上册)》,光明日报出版社1985年版,第228页。
③ 《中国国民党中央执行委员会为广州伪会与共产党妥协案告同志书》,载居正《清党实录》,台北文海出版社1985年版,第295页。
④ 居正:《清党实录》,台北文海出版社1985年版,第293页。
⑤ 同上书,第296页。

之第七条"中国共产党及第三国际对国民党内之共产党一切训令，须交国共联席会议通过"漏洞很大，"此后彼一切皆以对共党、对第三国际党员下训令，我无参与之权；彼之党团作用如故，彼之破坏吾党如故"。① 而且，他还指出，《整理党务第二决议案》之第一项的"纠正党内跨党党员之轨外行动及言论"及第三项"共产党应训令其党员，改善其对国民党之言论态度，对三民主义不许怀疑"等内容已在第一届三中全会中有声明，实际上并没有起到约束中国共产党言论的效用。现今再订同样的条款，其结果仍然是"（中国）共产党一面文字上承认申明纪律，一面事实上轨外行动"。言外之意，此条款没有任何实际效用。同时，他也怀疑"中央党部部长须不跨党者，方得充任"这一提法的实效。所以"整理党务案"在"上海中央"以及邹鲁等人眼中的价值，可谓"15日之郑重大会，其效等于零"。②

事实上，早在"上海中央"听说"广州中央"应蒋介石之议，欲以召集第二届二中全会讨论调整国共关系问题时，邹鲁就立即写信给蒋介石、胡汉民、张静江等，对"联俄"问题、与"反革命勾结"问题、"影响北伐"问题等三点着重说明，提出了必须立即"清党"的理由，并期待第二届二中全会能够彻底解决中国国民党党内"共产派"问题。以邹鲁为代表的"西山会议派"对所提三大问题的基本态度如下。

关于第一点，"联俄"问题。"西山会议派"一直主张"'联俄'与'联共'，并不是绝对分不开的事"，'联俄'一事虽是孙中山确定的政策，前提是以"平等待我"为条件的，但目前苏俄的种种行为已经不是"平等待我"，岂有再联之理。③

关于第二点，他们认为"与反革命勾结"是中国共产党惯用的攻击反对他们的口号。邹鲁举例说："闻介石兄处理中山舰，彼亦此口调中之，致介石亦有所迟疑。固'清党'运动为一事，共产党攻击'西山派'是否反革命又一事。清党的原则只问共产党在国民党有破坏行为否，邹鲁盼广州的同志同心协力实现'清党'，则'上海中央'诸人无

---

① 邹鲁：《澄庐文集（第4集）》，台湾中山大学出版部1934年版，第27页。
② 邹鲁：《回顾录》，岳麓书社2000年版，第161页。
③ 《致蒋介石等论清共与联俄问题书》，载邹鲁《澄庐文集（第4集）》，台湾中山大学出版部1934年版，第24页。

条件的合作"。①

关于第三点，"清党"影响北伐问题。因"广州中央"认为"主张继续联共者以为一行'清党'，国民党内部必发生纠纷，对于应付北伐，必生阻力"。邹鲁对此进行反驳说："不知'清党'不实现，纠纷尤甚，北伐更难见事实。人以讨赤为名，曾参杀人，三告尚疑于其母，况吾辈确有共产党在内，其不为国民军致续者几何哉？倘一'清党'，则内部团结，全国对于吾党表同情者，一致起而拥护，事半功倍，有必然者。"②

可以看出，虽然"西山会议派"与蒋介石都要"清党"，但是蒋介石所采取的是一种维系国共合作局面的夺权方式——即以遵循孙中山"联俄""联共"政策为前提，寻找一种冠冕堂皇的理由，借助于公开合法的议会（即双方都能接受，得以承认），然后将中国共产党逐渐排除的缓和形式。因为蒋介石的主要目标是北伐，想以此奠基他夺取中国国民党政权的功业，而在这一军事行动中，苏俄的援助是不可少的，中国共产党的"隐患"当然也是要去除的，所以他小心翼翼地炮制出了"整理党务案"。蒋介石需要北伐与"清党"同时进行，但"清党"是为北伐服务的。而"西山会议派"的主张却是赤裸裸的——直截了当的"全面清党"，待彻底与苏俄和中国共产党分家后，由中国国民党的纯粹组织再进行国民革命的北伐大业。这是一个根本的差异，双方难免会对"整理党务案"持有不同的态度。

3. "广州北伐"，对此有选择的支持

通过"整理党务案"，蒋介石以中国国民党中央常务委员的身份先后出任组织部长与中央常务委员会主席等职，并于1926年6月5日受任国民革命军总司令。在其地位与能力均足以掌握全局时，于1926年7月9日率领国民革命军出师北伐。虽然与"广州中央"的关系仍未改善，始终坚持"清党"的"上海中央"诸人对国民革命军的北伐却表示了赞同。因"怀疑广州方面能否实现北伐"，"上海中央"发出了督

---

① 《致蒋介石等论清共与联俄问题书》，载邹鲁《澄庐文集（第4集）》，台湾中山大学出版部1934年版，第25页。
② 邹鲁：《回顾录》，岳麓书社2000年版，第159—160页。

促国民政府大举北伐的训令。① "西山会议派"强调,"北伐为孙中山未完的遗业,国民党应力求贯彻其主张,为此通令全体同志一致工作,期真正民国之实现",而且担心中国共产党借北伐之名扩张势力,故在训令末"警告共产分子借北伐之美名以便私图者,为本党之罪人,亦即总理之叛徒"②,其言语之间也隐约表露出对蒋介石的不信任态度。③

在北伐进行中,中国国民党"上海中央"于1926年7月9日至12日之间召开第二届二中全会,除了坚持彻底"清党"主张外,还表示了对北伐的拥护。经讨论决议,大会以《中央执行委员会第四号训令》为标准,赞成国民革命军的北伐,但对其他问题暂取沉默态度,并成立中央军事委员会以筹备北伐时期的军事计划;而且在宣传上也给予了大力配合。④

针对吴佩孚、孙传芳等军阀的"北伐即'赤化'"的说法,邹鲁特意撰写《北伐与赤化》一文,一再声明"军阀利用国民之厌恶'赤化',以借'赤化'之名,将北伐与'赤化'混为一体,为其作战上之便利"。⑤ 他所持有的理由很简单:第一,中国共产党反对北伐,所以北伐与"赤化"无关;第二,北伐军的负责军官大都是中国国民党党员,即有一部分中国共产党党员渗入其中,亦不过十分之一而已,北伐战斗员纯为中国国民党党员,完全与"赤化"无关。与此同时,邹鲁在文末重申了"清党"的必要性:"为根绝军阀攻击北伐即'赤化'的借口,为消除国民疑虑,必须肃清(中国)共产党,才能防范中华民国之变色。"⑥ 为阻止张作霖、吴佩孚等以讨赤之名阻扰国民革命之进展,张继曾以个人名义致函驻北京苏俄大使加拉罕,希望加拉罕劝告中国共产党党员自动脱离中国国民党党籍,促使"以挑拨中国国民党内乱

---

① 《上海中央第二界中央执行委员会第二十二次会议(民国十五、六、二十八年)》,台湾中国国民党党史馆藏。
② 《中国国民党中央执行委员会训令第四号》,载《中国国民党周刊("双十节"特刊)》,1926年10月10日。
③ 金永信:《西山会议派之研究(1923—1931)》,未刊稿,台湾政治大学历史研究所博士学位论文,1997年。
④ 《上海中央第二届中央执行委员会第二十二次会议(民国十五、七、十二年)》,台湾中国国民党党史馆藏。
⑤ 《北伐与赤化》,见《中国国民党周刊("双十节"特刊)》,1926年10月10日。
⑥ 同上。

为工作"的鲍罗廷离开中国。他认为，只有这样才不会引起中国国民革命即"赤化"之疑惑，还可扫除苏俄政府指使中国共产党操纵中国革命的指摘。①

此外，从"上海中央"于1926年9月25日致湖北省临时执行委员会等处的训令，也可以看出北伐开始后"上海中央"的实际反映。

> 在共产分子积极妨碍北伐之际，本会曾训令国民政府趁时并进，迅赴戎机，并训令全体同志一致工作。未及三月，北伐军已长驱武汉，盖此举为打倒军阀而战、为继承总理遗志而战、为实现三民主义而战、为完成国民革命而战、为力争民众利益而战。敌人望风而靡。民众欢迎恐后，执此之由，唯北伐军范围之内尚未执行"清党"……若不坚固党务之壁垒，无论北伐军如何胜利，未可俱抱乐观。为此训令在鄂中央执行委员会候补执行委员，协同湖北省党部汉口特别市党部，努力进行党务，务使北伐军及民众方面益瞭然此次作战之真正意义，绝对不容假革命、反革命之共产分子扰乱旗帜，动摇基础，灾祸视德，庶几军事政治统一于党务之下，北伐胜利，即本党之胜利……②

随着北伐之进行，"广州中央"势力逐渐扩展至长江流域，由此使得隶属"上海中央"的中国国民党党员开始向隶属"广州中央"的当地党部登记，领取新的党证。③"上海中央"虽全力支持北伐，但站在反共的立场，绝对不可能容忍所辖地区的中国国民党党员向国共合作的"广州中央"登记的事实。因此，他们发出通告指责"广州中央"的第二届二中全会各案之不当，训令各党部党员不得在隶属"广州中央"的党部登记。④而"上海中央"的中央执行委员会还特别做出决议，以

---

① 《张继致驻华大使加拉罕书》，载《张溥泉先生全集》，台湾"中央"文物供应社1951年版，第96—97页。
② 居正：《清党实录》，台北文海出版社1985年版，第226页。
③ 蒋介石在1926年5月19日"广州中央"的第二届二中全会第四次会议，临时提出《党员重新登记案》，即《整理党务案第四次决议案》。按此"决议案"的原意，反对广州的中国国民党党员就会失去资格。
④ 居正：《清党实录》，台北文海出版社1985年版，第265页。

此约束党员的自由行动。①

总体来看，北伐时期的"上海中央"因本身条件不备，虽不能在军事上或财政上对国民革命军进行实质性的帮助，但在宣传方面紧密配合，发出一系列通电、训令，呼吁中国国民党党员对北伐支持。而"上海中央"在力图"辟谣"北伐即"赤化"时，仍然坚持"清党"的主张，并且对"广州中央"不开除中国共产党党员之中国国民党党籍的行为表示了不满："粤中一部分同志，如蒋介石同志等，或以自身政治环境关系，竟未能迅速解决共产分子，给军阀及帝国主义讨赤的藉口。"②所以"上海中央苦劝广州同志从速遵照议案，清理党籍，免受'赤化'的亏累。"③"上海中央"基于完成孙中山遗志的立场支持北伐，承认国民政府及国民革命军的机关与力量，却不能信任"广州中央"与国民革命军总司令蒋介石，在否定"北伐即'赤化'"的同时只能有选择地支持。北伐胜券在握时，"西山会议派"遭受到了蒋介石的打击，在中国国民党党员重新登记中其组织力量再次被削弱。

二 蒋介石在"右倾"中对"西山会议派"的排拒

在"联俄""联共"时代，因蒋介石的政治地位正处于建设中，他与"西山会议派"之间关系随其政治立场而发生变化。在狂热的"左倾"时，蒋介石对"解雇鲍罗廷顾问职"的"西山会议派""明批暗劝"，主张以温和的办法惩处；当他以"中派"身份出现，被喻为"穿着军装的戴季陶"时，却坚决要与"以戴季陶主义为理论先导"的"西山会议派"划清界限，并对上海"二大"进行了严厉的抵制。及至他日益"向右转"，"整理党务案"后，却与"反共绝俄"的"西山会议派"呈敌对之势。等到"清党"成为"新老右派"的共同目标时，"新右派"的蒋介石就动用武力封杀了"西山会议派"的"上海中央"。由此看来，在蒋介石一步步"向右转"时，他与"右派"前辈——

---

① 《上海中央第二届中央执行委员会第三十四次会议记录（民国十五、九、二十九年）》，台湾中国国民党党史馆藏。
② 《告全国同志书》，载荣孟源《中国国民党历次代表大会及中央全会资料（上册）》，光明日报出版社1985年版，第458页。
③ 甄陶：《9月29日共产党操纵的广州中央党部通告否认本党部的重要原因》，载《中国国民党周刊（"双十节"特刊）》，1926年10月10日。

"西山会议派"的关系却逐渐恶化——非但没有"联合",反而视其为"障碍";欲以"排斥"乃至"清除";而并非是简单的"暧昧"① 或是"明批暗保"②,也不是一味的"反对"③。

早在中国国民党第一届"右派"中央委员因召集西山会议而成为众矢之的时候,身为黄埔军校校长的蒋介石却成为了"联俄""联共"政策的最大受益者,表现出空前的"左倾"。④ 1925 年 12 月 5 日,他在为《黄埔军校第三期同学录》作序中称:"吾为三民主义而死,亦即为共产主义而死","三民主义之成功,与共产主义之发展,实相为用而不相悖也"。⑤ 12 月 11 日,他又在宴请俄方顾问时,高呼"中俄同志团结万岁、世界革命成功万岁"的口号。⑥

西山会议召开后,曾高呼"为共产主义而死"的蒋介石表现出异常冷静,并未立即表明反对,恰好他那时也正在第二次东征的前线上。直至 1925 年 12 月,黄埔军校特别党部于 18 日发出反对西山会议通电后⑦,观望了一个月之久的蒋介石才首次公开发表了反对西山会议的宣言——《忠告海内外各党部同志书》。在宣言中,蒋介石痛斥西山会议是"党内一部分离异同志,自赴西山开会,自布议案,快其驱除异己,发舒私愤之偏心,而不惜阻扰国民革命之大业者";"西山会议派"的"反共"言论是"不信总理的不肖行为"。蒋介石对"西山会议派"开除中国共产党党员与中央委员等决议很不以为然。依他的看法,"以 24 名之中央执行委员,跨共产党籍者四,盖仅仅六分之一,并不构成威胁","惴惴焉唯被共产主义蚕食","非自暴自弃而不能自振者,决不作此奇想"。并进一步指出:"人患不自强自立,唯国与党亦然。""本党同志能自振奋,决无被他种主义蚕食之危险;若不自强自立,且不自

---

① 罗敏:《邹鲁与蒋介石关系研究》,未刊稿,中国社会科学院博士学位论文,1999 年。
② 王光远:《蒋介石与西山会议派》,载《文史精华》1996 年第 3 期。
③ 金永信:《西山会议派之研究(1923—1931)》,未刊稿,台湾政治大学历史研究所博士学位论文,1997 年。
④ 罗敏:《邹鲁与蒋介石关系研究》,未刊稿,中国社会科学院博士学位论文,1999 年。
⑤ 毛思诚:《民国十五年以前之蒋介石先生》,香港龙门书局 1965 年版,第 552—553 页。
⑥ 同上书,第 556 页。
⑦ 同上书,第 565 页。

悔，即严拒一切主义于千里之外，亦终于自行崩溃，鱼烂而亡耳。"①

很显然，在这貌似批判的宣言中，带着很强的"说理"的成分，蒋介石试图通过呈述"分裂"的利害关系，以达到"劝降"的目的。但在宣言结尾处，蒋介石还是旗帜鲜明地站在了汪精卫的立场，声明说："中正躬与是役，敢为切实之声，精卫同志本年5月自北京归粤，先抵汕头，而于讨伐杨、刘之议决策之际，实先得精卫同志之赞同，唯今日反对精卫同志最力之人，乃真有于讨伐杨、刘时避居香港者"，以此来反驳"西山会议派"所言的"精卫同志先不主张讨伐刘、杨，而其后乃攘人之功"一说。② 与此同时，蒋介石在实际行动上也支持了汪精卫对"西山会议派"的反攻。1925年12月29日，广州"孙文主义学会"举行成立典礼，原先计划在成立典礼后做示威行动，并散发赞成西山会议的传单。汪精卫事先得知此一消息，告知蒋介石，蒋介石漏夜严电广州"孙文主义学会"干部，禁止为西山会议发传单，从而阻止了"西山会议派"势力向广东的渗入。不久，蒋介石又在黄埔军校的一次演讲中，批评西山会议搞公开分裂的不是。③

接着，在1926年元月的广州"二大"上，蒋介石发表了《为西山会议告同志书》的讲演，对西山会议的宣言表示质疑。如对"谓共产党之共产主义与本党之三民主义根本冲突，故共产党在本党之内，亦根本不能相容"，他反驳说："以总理之明，与第一次全国代表之忠于本党，宁肯贸然决定以贻本党之危害？且总理已明言，民生主义即是共产主义。"针对"总理之特许共产党加入，乃欲共产党完全化合于本党，而非本党为共产党所同化，今则共产主义已有蚕食三民主义之危险"之说，他反驳道："然总理果若是袪小耶？三民主义又果如是之易于撼动耶？此说之诬总理、诬本党，盖视第一说尤甚。"④

但是，在当真正讨论惩处"西山会议派"的问题时，蒋介石却改变了先前以孙中山忠实信徒身份指斥"西山会议派"为"反革命"、为"总理不肖徒""吾侪当鸣鼓而攻之"的势态，而是提出了温和的处理原则。1926年1月1日至19日，中国国民党在广州举行了第二

---

① 毛思诚：《民国十五年以前之蒋介石先生》，香港龙门书局1965年版，第569页。
② 同上书，第566—570页。
③ 同上书，第573—574页。
④ 《政治周报（第4期）》，1926年2月10日。

次全国代表大会。会议的主要议题是讨论如何惩处"西山会议派"诸人。1月10日，蒋介石在黄埔军校宴请与会的代表。席间，他即席演讲了解决党务纠纷的办法，提出"以总理之心为心，以总理之志为志"的处理原则，表示"切不可使总理在天之灵稍有不安"。处理的方法只有两种：一方面是要整饬纪律，对于犯法的中国国民党党员，要严重处罚；另一方面是要安慰总理的灵魂，不使本党分裂。① 第二日，蒋介石在与孙科商谈时，坚决主张"西山会议案"不应在中国国民党第二次全国代表大会上提出，可以保留至中国国民党第三次全国代表大会再做决定。② 在"弹劾'西山会议案'"表决的前一日，国民革命军第一军和黄埔军校的代表曾专门为"西山会议案"开过一个讨论会，蒋介石和汪精卫都曾列席参加。会议同样主张对"西山会议案"的处置应"以总理之心为心"，对一两个主动的人自然应开除党籍，但其余一时受惑或受人利用的，应该从宽处分。③

其中，蒋介石还提出了对"西山会议派"分子区别对待的意见，"若只反共，可以规劝，从宽处理，甚至暂且不处理。但是，若既'反共'又反'党军'，则应加以不实之罪，甚至毫不留情地开除党籍"。④ 此后不久，吴稚晖、戴季陶、邵元冲3人便成了蒋介石麾下的亲信。戴季陶于1926年夏被任命为广东大学校长，9月应蒋介石之邀赴粤上任。邵元冲则于1926年6月应蒋介石之邀出任中国国民党中央执行委员会青年部长。

"中山舰事变"发生时，因自身根基未固，蒋介石决意继续"联俄""联共"。为了打消苏俄和中国共产党的顾虑，他在表示"处置非常，事前未及报告"，"自请从严处分"的同时⑤，便将攻击的矛头指向以《训勉广州同志电》对其大加褒扬的"西山会议派"，借批判"西山会议派"以表明自己的"左倾"。1926年4月3日上午，他通电反对"西山会议派"在上海召开中国国民党第二次全国代表大会，指责"西

---

① 毛思诚：《民国十五年以前之蒋介石先生》，香港龙门书局1965年版，第595页。
② 同上书，第596页。
③ 中国第二历史档案馆编：《中国国民党第一、第二次全国代表大会会议史料（上册）》，江苏古籍出版社1986年版，第285—286页。
④ 罗敏：《邹鲁与蒋介石关系研究》，未刊稿，中国社会科学院博士学位论文，1999年。
⑤ 毛思诚：《民国十五年以前之蒋介石先生》，香港龙门书局1965年版，第635—642页。

山会议派"破坏中国国民党,投降帝国主义,摧残革命,"视中正为傀儡,殊堪痛心",声称自己今后将"不偏不倚,唯革命是从,凡与帝国主义有关系之败类,有破坏本党与政府之行动,或障碍革命之进行者,必视其力之所及,扫除而阔清之"。① 1926年4月5日,蒋介石收到邹鲁、谢持等人从上海发来的"大会移粤"一文后,认为邹鲁等人是"利用机会以捣乱",于是令广州市公安局长吴铁城制止广州"右派"分子的示威活动。② 1926年4月8日,他在对中央军事政治学校(黄埔军校)官兵演讲时,指责"西山会议派"的上海"二大"是"伪二大,是非法行为","为党国计,不得不群起而攻之"。并且表示"'西山派'为立意捣乱,使党分裂的分子","要当他是本党的罪人,是我们全体党员的仇敌,这种仇敌,比什么仇敌都厉害的"。③ 1926年4月9日,他以"蒋校长中正及'孙文主义学会'"的名义发出了《国民政府令稿》,谓"前闻有少数叛徒蓄谋破坏本党基础,拟于3月29日在上海召集伪代表大会,以图藉名号召,遂其奸谋,政府为促其省悟起见,当经下令警告。但该叛徒等犹不知悔,仍敢违法集会,并致电各处造谣煽惑。复拟派人来粤肆其离间挑拨伎俩,似此甘心作乱,实属罪无可宥。着广东省内各军警一体严缉,遇有上海伪代表大会派人来粤煽乱。即予拿解交法庭照叛逆治罪,以肃法纪(并附有伪中央的名单)"。④ 显然,他再次用实际行动对"西山会议派"进行了反击。只是因蒋介石对其"左倾"趋向仍处于犹豫状态,所以他对"西山会议派"的攻击留有了一定的余地。

"中山舰事变"后,蒋介石进一步"向右转",以"整理党务案"限制中国共产党在中国国民党内发展。因其与"西山会议派"要求"全面清党"主张相差甚远,而受邹鲁等人的大肆攻击。⑤ 在这期间,

---

① 毛思诚:《民国十五年以前之蒋介石先生》,香港龙门书局1965年版,第642页。《申报》1926年4月8日。

② 同上。

③ 同上。

④ 中国第二历史档案馆编:《中华民国史档案资料汇编(第四辑一)》,江苏古籍出版社1991年版,第364—365页(注:致电二字下原有"蒋校长中正及'孙文主义学会'"等字,后被删去)。《申报》1926年4月8日。

⑤ 《邹鲁致蒋介石张静江书》1926年5月9日;《西山会议关于清党问题致蒋介石、吴稚晖等人的四封函》,载《档案与历史》1987年第3期。

蒋介石集团还与"西山会议派"就"限共""清共"的问题展开了激烈争论，而蒋介石拉拢"孙科、邵元冲、叶楚伧"等人，从内部分化"西山会议派"的手段则使两者的敌对态势急剧升温。

"整理党务案"后，蒋介石通过打击"右派"和限制"左派"，个人权势不断膨胀。从1926年6月5日被任命为国民革命军总司令，至7月7日颁布《总司令组织大纲》，规定"国民政府所属军民财政各部机关，均须受总司令之指挥"①，最终成为了名副其实的最高首脑。与此同时，由于国内也不断掀起"迎汪反蒋运动""恢复党权运动"，以及1927年武汉的第二届三中全会这一反蒋大会的召开，在这一情势下，蒋介石很快就暴露了反共的本质，开始酝酿"清党"。

然而，就在"西山会议派"决议会晤蒋介石，积极支持"清党"，商议统一党务的办法时，蒋介石对其又采取了"既拉又打"的两面政策。先是邵元冲在"清党"前一星期，委托吴稚晖亲自到邹鲁家中，通知"此次清党表面仍称'联俄''联共'及'打倒西山会议派'"，实际则希望"西山会议派"能与蒋介石合作。但1926年4月9日，蒋介石在发表关于党务问题的谈话，却又出现"有叛党及破坏革命之联合阵线者，以打倒'西山会议派'精神打倒之"的言论。4月12日，蒋介石一面借口"工友大肆械斗"，"为维持地方安宁秩序起见，不得不严行制止"，大肆屠杀中国共产党党员和革命群众；另一面通电称"环龙路44号为'西山会议派'非法机关"，并下令查封。"清党"之后，蒋介石一面委任林森、石瑛、沈定一为"清党"委员，合作"清党"；另一面又对"西山会议派""公开诱惑，犹如往昔"，而有时（在"总理纪念周"）上"简直把'西山派'骂得狗血喷头"。②

可以看出，尽管蒋介石的"反应"如此变化无常，与汪精卫势同水火的"西山会议派"还是采取了"厚蒋薄汪"的策略，并在此过程中与蒋介石执政的党统中央的紧张关系有所缓和——从"中山舰事变"时的"大会移粤"，到北伐时的"有选择支持"，至"清党"时的"合作"。不过，在与蒋介石的"示好"中，"西山会议派"在一定程度上

---

① 张国焘：《我的回忆（第2册）》，东方出版社1998年版，第138页。
② 李宗仁口述、唐德刚撰写：《李宗仁回忆录（下卷）》，广西人民出版社1995年版，第368页。

还是坚持了自己的主张，所以在蒋介石炮制"整理党务案"时，邹鲁会痛批"其效等于零"，沈定一在主持浙江的"清党"工作时，创办了独具特色的"反省院"。同样，在他们与南京合作"清党"时，仍有所保留。

三 "西山会议派"在"清党"中的"附蒋"

"西山会议派"因反对"联俄""联共"而分裂中国国民党中央，事实上，他们尤其反对"联共"。在西山会议召开时，"西山会议派"就明确标榜与被"容纳的共产分子"是"合则两伤，离则两美"。上海"二大"时，他们又发出了"清党"宣言，并在"上海中央"及各地的党务运作中大肆进行反共活动。待至"清党前奏"中向蒋介石示好被拒，"上海中央"被白崇禧查封后，他们却仍应邀前往南京参加会议。伴随着蒋介石集团的崛起，"西山会议派"最终在"清党"中"妥协"于南京党统中央（尽管"附蒋"，但在其中"西山会议派"还是有着自己的坚持）。

1. "上海中央"的被查封

早在1926年秋，吴稚晖曾由广东至上海与邹鲁、谢持等接洽，希望上海的中国国民党党员能去广州参加即将成立的监察、考试两院工作。但由于"上海中央"坚持"广州中央"必须先全面"清党"，而"广州中央"则认为时机未至，终未达成协议。1927年3月，北伐军东路军占领上海，3月底至4月初，中央监察委员在上海开会，大体上已决定"清除"党内"共产分子"，却没有跟"清党"主张最力的"上海中央"诸人讨论过相关事宜，仅是在1927年4月8日，吴稚晖个人访邹鲁谈"清党"之事，形同通告中央监察委员会的既定决议。吴稚晖以"半公"的性质向邹鲁表示"清党"之决心与办法。吴稚晖称："此次'清党'，决心无论汪精卫如何缓和、'共派'如何退让，终当彻底做去。唯表面仍主张'联俄''联共'，打倒西山会议。"① 邹鲁当即表示赞成"清党"之决心，只是对于"联俄""联共"，打倒"西山会议派"之办法，以为

---

① 《与蒋介石等讨论党务书》，载邹鲁《澄庐文集（第4集）》，台湾中山大学出版部1934年版，第35页。

"太违背言行，不表同意，与吴敬恒争论三小时"。① 意见虽未能一致，然吴稚晖声言，"'西山派'一致合作不过时间问题"。② 实际上，"上海中央"确实已开始向蒋介石靠拢。他们曾决议，"伪中央党部在汉口一切决议当然无效，并训令各级党部同志拥护北伐军"③，接着还致书蒋介石、张静江、李烈钧、朱培德、李济深等人，历陈中国共产党的"阴谋劣迹"，请求"提挈同志，毅然'清党'"。④

1927年4月12日，上海开始"清党"。白崇禧就在当天接受蒋介石命令，通电查封环龙路44号"西山会议派"中央党部，此举引起"上海中央"的强烈不满，连续发出函电痛批"'清共'之不彻底即执行者之虚伪"。⑤ 蒋介石发动"四一二政变"之后，上海、南京、江苏、浙江等省市正式开始"清党"，1927年4月18日，国民政府宣布在南京办公，并明令通缉中国共产党党员。起初，蒋介石的"南京中央"并未将屠杀中国共产党之举称为"清党"，这与"上海中央"素来彻底"清党"之主张"有些乖离"，且事先未与"西山会议派"诸人在"清党"问题上交换过具体意见，完全将之排除在外，使得"上海中央"对"清党"运动很是不满，电斥其非，谓"日前以军警收缴武装纠察队枪械，目为工友冲突，掩耳盗铃而曰天下皆愚而我智，宁有是理！"⑥

尽管"上海中央"部分人士如林森、石瑛、沈定一等均应邀参加"清党"工作，但由于"上海中央"党部被查封，以及"打倒'西山派'"之类的口号尚未明令废除，"上海中央"诸人啧有烦言，他们指责此次"清党""不但不够彻底，其方法也不当，明明是中国国民党肃清'共产派'，而偏要假工人冲突为名，军事当局出于制止，其手段极为虚伪"。⑦ 白崇禧通电称环龙路44号就是蔑视党纪的非法机关，应即查封，查封"上海中央"遂成事实。在"上海中央"看来，白崇禧的

---

① 《邹鲁致吴敬恒书》，载《档案与历史》1987年第3期。
② 同上。
③ 转引自李云汉《上海中央与北伐清党》，载《近代中国》第66期，1988年8月31日。
④ 居正：《清党实录》，台北文海出版社1985年版，第278—279页。
⑤ 《致吴敬恒言清共为西山会议之一贯主张书》，载《澄庐文集（第4集）》，台湾中山大学出版部1934年版，第40—41页。
⑥ 居正：《清党实录》，台北文海出版社1985年版，第280页。
⑦ 《邹鲁致蒋介石等人函》，载《档案与历史》1987年第3期。

通电对他们的侮辱较查封更为难堪,即反驳道:"出诸有枪者则为合法,出诸无枪者便为非法乎","有力者一月以来之举动,究竟秉承总理何种合法中央机关,根据何种党纪?"① 1927 年 4 月 18 日,邹鲁致函的蒋介石、胡汉民、吴稚晖等人,言词极为辛辣,并在信中指斥说蒋介石此次的"清党"有失光明磊落:"一、此次诸同志之清党,对于共产党之阴谋洞悉无遗……但名义上则仍称为'联共','共产派'所宣传之事实,虽认为非,不敢平反。'共产派'所攻击之事,虽认为非,不敢主张。此言行相违,失光明磊落之态度。二、诸同志私谈,认其(指西山会议)为先觉者有人,认其为先锋者有人,认此次'清党'实执行其议案者有人……但名义上,介石同志演说,口口声声仍是打倒西山会议,健生(白崇禧)同志竟发出查封 44 号之文电。此言行相违,失光明磊落之态度。三、精卫虽有光荣之革命历史,唯此次则党事悉败于其。其荒谬者无过于妄以首领自居与陈独秀共表宣言。固诸同志认其为张邦昌、吴三桂者有人……但名义上则介石同志将党政各权以一电私自授之,今日曰负责有人,明日曰合作到底。此言行相违,失光明磊落态度。"而且,在"西山会议派"看来,蒋介石之所为"流毒所至,恐将甚于之(民国)二年见袁世凯以金钱势位破坏一切礼仪廉耻",并责备在南京的同志"凡属革命党,皆不应出此"。② 此可谓"西山会议派"对"南京中央"在"清党"问题上不满的总结。总之,"上海中央"虽然欣慰西山会议以来其"清党"号召能够实现,但却认为"执行者的态度暧昧,失光明磊落之态度";担心"此种虚伪态度,即使一时成功,即种国民恶劣根性,肇将来无穷之祸","此次行动清党不但无功,而党内纠纷殆将愈甚"。事实上,"上海中央"也对蒋介石"能拥己者则容纳之,不能拥己者则排拒之"的为人已有所了解③,意识到此次"清党"不过是蒋介石欲造自己势力而已,固他们并没有像"中山舰事变"发生时那么乐观。

---

① 《致吴敬恒诸同志书》,载居正《清党实录》,台北文海出版社 1985 年版,第 279—280 页。
② 《与蒋介石等论言行如一为革命党人应有之态度书》,载《澄庐文集(第 4 集)》,台湾中山大学出版部 1934 年版,第 38—39 页。
③ 《复南昌同志书言我不清共将清我书》,载《澄庐文集(第 4 集)》,台湾中山大学出版部 1934 年版,第 31 页。

从上述来看,"四一二政变"前后,"西山会议派"与蒋介石仍未和解:蒋介石发动政变"清党","上海中央"仍被排除在外,其中央党部亦被查封,"西山会议派"中央对蒋介石的行为大为指摘。按常理来说,中国国民党既然已实行"清党""反共",那么当年率先倡议反共的"上海中央",此时即应合流"清党"了。但事实并非如此,这其中的关键因素在于手握军权的蒋介石。在"四一二政变"中,蒋介石为争取汪精卫,加上完全与苏俄断交的想法尚未成熟,在表面上仍标榜"'联俄''联共',打倒'西山派'"的主张。所以,他开始"清党"之际,在正式文告中并不明白指出"清除共产党或跨党分子"的字样,只是说各地工人"自相冲突,当局不能不予以制止"。蒋介石的这一用意在很大程度上是为迁就武汉政府,同时也为与鲍罗廷、汪精卫复合留有余地。汪精卫与"西山会议派"之"上海中央"隔阂很深,一时颇难和好,而"上海中央"充其量不过是"无枪阶级"①,不可能与以武汉为后盾的汪精卫相提并论,蒋介石自然会倒向由苏俄支持的汪精卫。政治是讲现实利益的,现实利害上牺牲没有力量的"上海中央"是"南京中央"争取武汉方面的策略之一。况且,"西山会议派"及"上海中央"没有武力,也缺乏财力,初建时声势颇状,然未久即呈现迟滞萎缩之态,几至无力做新的开展。这样,在蒋介石的"清党"中,他们似乎不会发生太大作用。尤其是在"中山舰事变"后,中国国民党党内均认定蒋介石是真正有力量制裁中国共产党且足资信赖的领袖,故"反共"势力集团多将视线、希望和力量投向了"广州中央",而认"上海中央"为无足轻重。所以,蒋介石此时的"清党"最需要的是能够与之匹敌的、汪精卫武汉政府的支持与配合。

2. "清党"运动的进行

尽管"上海中央"在蒋介石"清党"的当天被查封,但在第二日,即1927年4月13日,其执监委员们却仍应邀前往南京参加蒋介石"南京中央"的第二届四中全会。这是分裂"广州中央"的"西山会议派"与蒋介石的首次政治合作,此举可视为"上海中央""合流""南京中央"之标志。之后,就在南京,在两方商讨合作事宜的同时,"西山会议派"却已在"南京中央"的领导下开始了"清党"运动(对于此点

---

① 雷啸岑:《三十年动乱中国》,香港亚洲出版社有限公司1955年版,第80页。

在后面的第三节有详述）。

从中国共产党退党不到一年且身为"上海中央"执行委员会常务委员、年仅28岁的沈定一，在浙江的"清党"运动中创办了独具特色的"反省院"。笔者试以"反省院"为例来考察"西山会议派"在"清党"中的具体运作。以此为例，既能反映"西山会议派"，尤其是"上海中央"对"清党"运动"大力投入"和"良苦用心"的"战斗精神"，同时亦可进一步证实"西山会议派"的"清党"与蒋介石的"清党"不同。

1927年6月11日，沈定一被"南京中央""清党"委员会任命为浙江省"清党"委员。① 他的"清党"组织成员可以完全肯定的还有邵元冲、沈尔乔、马叙伦、姜绍谟、蒋梦麟5人，这也是1927年9月3日在杭州举行的"清洗政府"集会上，市民高呼要打倒的6个人。当时的各种资料都显示沈定一在领导继续"清党"的同僚中居于首位。② 1927年6月23日，浙江省党部"清党"委员会召开第一次会议，沈定一在会上作了主要演讲，摘录部分如下：

> 本委员会奉中央使命"清党"，务将中共、土豪劣绅、贪官污吏、投机分子，一律肃清。可是此次"清党"运动中，各地共产分子虽已赶跑，但是土豪劣绅以及贪官污吏，好像复辟一样，跑到党里来了，所以现在"清党"是要分三类……
>
> 我们是重移民政策，而共产党极力反对我们，唯他们自己决诸移民20万于东方边界……我们历次的运动，莫不前面是军阀的枪，后面是共产党的木棍？……所以共产党是亟须肃清的。
>
> 至于土豪劣绅及腐化恶化两种，性质相同，现在亦亟待肃清。譬如共产党是新病，土豪劣绅是旧病。现在新病虽已治好，而旧病不得不防。所以我们"清党"好比是打防疫针。但是"清党"须得民众的拥护，然后可得到事半功倍的效力，至于如何能得到民众的拥护，须我们尽量的宣传。③

---

① 杭州《民国日报》，1927年6月12日。
② 〔美〕萧邦齐著，周武彪译：《血路》，江苏人民出版社1999年版，第188页。
③ 《申报》，1927年6月25日。

从上述内容可以看出，沈定一的"清党"对象有三类："共产分子"、土豪劣绅、贪官污吏。军阀和帝国主义是国民革命的敌人，中国共产党与此两者性质是相同的。沈定一认为，如果反帝、反封建军阀的革命要取得胜利，就必须"清除"中国共产党。他把土豪劣绅和贪官污吏看作是封建君主制的残余，这一点很像 1919 年他把军阀士兵形容为"皇帝的细胞"和"皇帝的缩影"。① 此外，还可以了解到一点的是，因为许多中国共产党党员已被逮捕或已经"逃跑"，土豪劣绅成为了他要清洗的首选，事实上，他领导"清党"的这段时间（从 1927 年 6 月 1 日正式开始到 1927 年 8 月 31 日）的实际情况也是如此。②

沈定一希望通过中国国民党的宣传以获得群众支持的想法，对于当时的国民受教育程度来说似乎不太现实。但是在两天后的一次记者招待会上，面对来自上海和杭州的报社记者时，他仍表明要试图实现这个愿望。在会上，他提出"彻底'清党'思想的原则"，同时还号召新闻记者支持"清党"的工作，并在报道中帮助纠正社会上普通人的错误观点。③

"清党"委员会定期发布公报以宣传推广它的行动，至于这些策略在塑造人们的思想方面起到什么效果不是笔者研究所需关注的，需要考虑的则是这一宣传行为对"清党"委员会产生的后果。萧邦齐将之分析为，"这种公开宣传的努力表明，'清党'委员会十分清楚这一次被视为白色恐怖的清洗所可能带来的政治风险。对于被认为是'清党'主要领导人的沈定一来说，他自然成了清洗对象们的'眼中钉'。但他似乎从不顾及自己的安全问题，他是怀着一种要拯救革命就必须'清党'的信念发动清洗的"。④ 早在 1919 年，他曾就革命中的不同意见撰文指出："期以 10 年，自然而然会知道怎么样做法才好。到了大家都要怎么样才好的做法，如果再有人敢顽抗的，只要人人鼻子里哼一声气，敢信这些顽抗的人一个个要自缚请罪咧。"⑤

"清党"委员会对其工作极为严肃、认真，不仅成立了一支侦探队伍，而且设立了一支秘密调查小分队；它与各县"清党"委员会保持

---

① 《中华民国基础在哪里》，载《星期评论》1919 年 9 月 7 日。
② 〔美〕萧邦齐著、周武彪译：《血路》，江苏人民出版社 1999 年版，第 189 页。
③ 杭州《民国日报》，1927 年 6 月 26 日。
④ 〔美〕萧邦齐著、周武彪译：《血路》，江苏人民出版社 1999 年版，第 189 页。
⑤ 《牺牲与鱼肉》，载《星期评论》1919 年 9 月 7 日。

着密切的联络,并直接领导它们的工作。① 该委员会常常通宵达旦地工作,听取并讨论几百人的案子。② 1927 年 6 月下旬,该委员会接到了从各县党部报上来的几百个土豪劣绅的案子。工作量还包括随时镇压任何可能的中国共产党领导的"暴动"。随着 7 月、8 月反日情绪的高涨,有消息说中国共产党有利用群众的爱国热情反对中国国民党的计划,该委员会于是致电各县党部提高警惕,以阻止"动乱苗头"。③

在 1927 年 7 月回家养病之前,沈定一向中央党部提交了一份详尽的报告。在这份材料中,他设计了一套特殊的制度,用以挽救那些应当受到清洗但不是无可救药者,这种制度的实施机构被称作"反省院"。作为沈定一的发明,它很能反映他在"清党"运动中的思想。此种制度组织是这样的:

> 一切愿为革命活动而思想幼稚之分子,误于为自身解决生活问题而革命之小见、误于"革命者向左去"之错误,遂致忽视三民主义之理论与方法,并抛弃三民主义之世界性,由是构成妨害中国国民党之革命行动而不自觉,为此特设"反省院",使上列种种分子得到反省之机会。此实根据本党仁爱之基念,而予以自新之坦途。④

这一组织机构在院长的领导下,集监狱、医院和学校于一身,而院长则很像一个监狱长,每周定期向浙江省党部汇报工作。院内设有两套机构:"普通反省院"和"特别反省院"。受清洗者进入哪一类"反省院",取决于经"清党"委员会调查研究后做出的判断。"清党"对象在被允许进入"反省院"前,必须从一家发达的企业那里得到担保,负担其一切费用。"普通反省院"里的犯人至少需要改造 3 个月,而"特别反省院"是没有时限的。每种"反省院"都包括三类课程:监管——包括监督与管理个人;教导——包括学习中央和省内的指示;从务——包括日常事务、会计和公共卫生。犯人之间相互隔离,且根据院长的报告可在两种"反省院"间相互移送。对于被释放者,担保人必

---

① 杭州《民国日报》,1927 年 7 月 19 日、30 日、8 月 10 日;《申报》,1927 年 7 月 16 日。
② 《申报》,1927 年 7 月 16 日。
③ 杭州《民国日报》,1927 年 8 月 10 日。
④ 同上。

须支付其在"反省院"内的开支。

这种机构究竟是否像沈定一自己宣称的那样充满人道主义色彩(因为它使受清洗者避免了长期的监狱生涯或被处决的可怕命运),还是一种用心险恶的洗脑手段,可以说是众说纷纭。因为"在儒家实践中,自我反省具有悠久的传统,但是沈定一把这种反省机构设计成既是监狱又是医院、学校,则是在儒家实践基础上增加了外在强制和心理压力的因素,而这些因素往往令人胆颤心惊——尽管实际上除了实施隔离外似乎没有运用其他心理战术。"① "反省院"实行院长负责制,招聘教官、向省党部汇报工作以及被清洗对象的命运等都由"反省院"控制。

"反省院"其他两个令人感兴趣的地方是其学习课程和要求担保人承担相关费用。这些课程似乎专门用于向犯人灌输普通公民的思想和传授实践与职业技能。这种课程在传统学校中较为普遍,但课程中包含的一些特别内容则令人费解——如对公共卫生的强调,人们怀疑这可能是因为1927年7月杭州流行霍乱的缘故。同样,会计课程则可能源自沈定一当时的关注点。② 要求有担保人承担相关费用,似乎使进入"反省院"的人仅限于那些较为富裕者或者社会政治精英人物——因为劳动阶层的人似乎是无法找到担保人的。尽管设立这种机制也许是为了不增加政府支出,但沈定一这一对精英的偏爱似乎是令人费解的,他曾一直致力于支持下层阶级的事业。

关于这种机构的运作功效,没有文献记录可循,但有一些间接事实可以表明其效果:湖南、湖北和山西等省相继仿效并设立了这种机构。③ 我们也不太清楚沈定一在"反省院"院长任上待了多长时间,直到他卸任后,他将这一职位移交给了他的同乡钱西据,后者也是他的个人圈子中的人。④ 正如处于这一革命时期的所有的政治事件一样,对于这种制度的看法和解释也是充满矛盾的。处于中国共产党立场的人,大多指责沈定一的这套制度。20世纪80年代曾有如此评价:"(这一反动的特务制度)专对被押的共产党员和进步青年贯注'反共'思想……

---

① 〔美〕萧邦齐著,周武彪译:《血路》,江苏人民出版社1999年版,第189页。
② 杭州《民国日报》,1927年7月24日。
③ 〔美〕萧邦齐著,周武彪译:《血路》,江苏人民出版社1999年版,第192页。
④ 陈功懋:《沈定一其人》,载《浙江文史资料选辑(第12卷)》,浙江人民出版社1982年版,第43页。

流毒很大……"① 而那些同情中国国民党的人则认为这种制度有益于浙江革命,并将之视为沈定一领导"清党"不搞报复的证据。"("反省院"取得的)成果就是浙江省在当时没有一例处决和暴动。假如中国共产党领导人宣中华没有逃跑,从而也没有被龙华士兵逮捕,他(在浙江)就不会被处死了。"②

由于"清党"委员会一下子接手了这么多案子,该委员会只好继续保留到1927年9月。说不清究竟有多少人受到了清洗,但这一数字显然有好几百。③ 有一段时期,"清党"委员会曾要求浙江省政府把军事犯人送往别处,以便把整个杭州陆军监狱腾出来用于关押"清党"对象,浙江省政府没有答应。④ 鉴于空间太紧张,他们允许中国共产党嫌疑分子可保释出狱。1927年9月初,当"清党"委员会被撤销以后,仍有大量案子等待处理,这些余下的案子就由5位法官组成的特别法庭继续审理。⑤ 这年夏天,浙江省"清党"委员会没有处决一个人。这个记录与4月份942人被处决,以及1927年深秋到1928年初浙江全省范围兴起的新一轮血腥的"清党"形成了鲜明的对照。⑥ 同样,沈定一在浙江的"清党"与全国各地也成了鲜明对比。虽然在蒋介石这场以"清党"为名的白色恐怖运动中,到底有多少人被捕、被杀,目前的统计数字尚未达成共识⑦,但"宁可错杀一千,也不可使一人漏网"却是中国国民党在各地

---

① 陈功懋:《沈定一其人》,载《浙江文史资料选辑(第12卷)》,浙江人民出版社1982年版,第43页。
② 高乐天:《沈定一先生的一生》,载《浙江月刊》第4卷第4期,1972年4月。
③ 〔美〕萧邦齐著,周武彪译:《血路》,江苏人民出版社1999年版,第193页。
④ 《申报》,1927年7月31日。
⑤ 《申报》,1927年9月9日。
⑥ 浙江省文史资料研究委员会:《浙江百年大事记:1840—1945》,浙江人民出版社1985年版,第203页。
⑦ 主要有三种:第一,来自中国共产党"六大"所作的不完全统计。1927年4月至1928年大半年,"清党"名义下被杀害的有31万多人,其中中国共产党党员2.6万余人。见林代昭主编《中国近现代人事制度》,北京劳动人事出版社1989年版,第390页。"四一二政变"前,中国共产党党员的实际人数是57900余人;之后,减至1万余人。如果2.6万多人被杀的数字比较准确的话,其余约有2万名中共党员因动摇或其他原因而脱党或叛党。参见刘化锋《中国共产党组织工作大事记》,辽宁人民出版社1992年版,第27页。第二,来自当时全国各地慈善救济机关所作的不完全统计,在1927年4月至1928年7月间,全国各省被中国国民党逮捕杀害的人数总计81055人,其中被杀害者40643人,被逮捕者40412人。参见王奇生《党员、党权与党争:1924—1949中国国民党的组织形态》,上海书店出版社2003年版,第95页。第三,来自《大公报》比较笼统的说法,到1930年已有数以十万计的人被杀害。参见易劳逸著、陈谦平译《流产的革命》,中国青年出版社1992年版,第17页。

"清党"的普遍写照。

由此说来，捕杀人数的反差虽可归功于"反省院"的设置，但更深层次的原因还是缘于"西山会议派"与蒋介石"清党"的不同。从浙江独具特色的"清党"机构——"反省院"的发明和运作过程来看，沈定一的"清党"所要达到的目的，并不是要将这些被清除的对象从根本上消灭，而是对其抱着一种拯救的幻想，试图改变其思想，通过教育洗礼的方式来接受三民主义，或者就是做一个普通公民，不去影响或是阻碍他们自认"纯粹国民党所进行的国民革命"。沈定一的这一"清党"举动虽不能代表整个"上海中央"，但至少也可算为是"西山会议派"所谓"与中共之间，合则两伤，分则两美"的理想状态的实现。

有学者评析说："两大系统"（"广州中央"与"上海中央"）对立的思想和理论鸿沟，主要在于"联共"与"清党"之争。以上海为中心的中国国民党系统执意"清党"的动机不外两个方面：一是排除中国共产党参与中国国民党党务决策与管理或参与国民革命领导，使中国国民党权力系统单一化，从而使因反对"联共"而被边缘化的中国国民党人士回到权力中枢。二是"清除"共产主义思想，突出由他们解释的"孙文主义"的中心地位，从而强化其对中国国民党理论建设的话语权，提高其法统地位。[①] 换言之，"西山会议派""上海中央"的"清党"主要是为消除共产主义思想在中国国民党内尤其是国民革命中的影响，所以他们更多的是极力排斥中国共产党势力在中国国民党内的发展，以免在中国共产党夺取国民革命的领导权后，整个中国国民党被"赤化"；但他们却允许中国共产党与之并存。

蒋介石的"清党"与之是完全不同的。"蒋介石为了对抗武汉政府采取了种种削弱其权力的措施，开始利用帮会势力夺取所占领地区的党政权力；在与老资格中国国民党党员反复磋商之后，出于另立中央、确立自身合法地位的目的，发动了所谓'清党'行动。"[②] 蒋介石的"清党"目的是要彻底地"剿灭"中国共产党这一组织的存在，以打击国共合作的汪精卫武汉政府，清除蒋介石在南京另立中央的障碍。胡汉民

[①] 崔之清：《国民党政治与社会结构之演变1905—1949（上编）》，社会科学文献出版社2007年版，第477页。

[②] 杨奎松：《一九二七年南京国民党"清党"运动研究》，载《历史研究》2005年第6期。

曾明确表示："干脆地说，这次清党就是要消灭中国共产党。"① 所以，蒋介石夺权的"清党"与"西山会议派"因革命路线而"清党"是完全不同的；虽冠以相同的"清党"旗号，但却有不同的结局。如王奇生所言，蒋介石于"四一二政变"之后，在南京另建中枢，其做法有如一年多前的"西山会议派"，在国民党法理上本无合法依据，因为当时中国国民党的党统中央在武汉，附从南京的中国国民党中央执行委员亦未过半数。但蒋介石政权最终仍能立足南京，在很大程度上与蒋介石控扼了党、军有关。② 尽管汪精卫也指责蒋介石说："……不图蒋等竟敢使西山会议继续开演于南京，且竟于上海屠杀工人，似此丧心病狂，自绝于党，自绝于民众，纪律俱在，难逃大戮。"③ 然而蒋介石的"南京中央"在事实上还是很快被民众所认同，当时"一般民众多以为国民党政府是随着蒋介石走的，他在广东，政府就在广东，他在南京，政府就在南京"。④

第三节 "西山会议派"与蒋介石、汪精卫之"合流"

"清党"后，随着"党务统一运动"的推动，造成宁汉沪三方分裂的基本问题都已解决，使得从反对"联俄""联共"到执着"清党"的"上海中央"之政权已不复有继续存在的理由。"西山会议派"及其"上海中央"组织的活动面临着严重的"合法性"危机，他们必须另谋生路。但是，他们的重新选择既要对"上海中央"机构的成立、对自己先前的分裂行为有一个合情合理的解释——即"自圆其说"，进而维护其上海"二大"的"党统"地位，又要为自己在中国国民党政途的发展前景做长远打算，因此，谋求"宁汉统一"成为了"西山会议派"最佳的归宿。从宁沪汉合流的酝酿、洽商到中央特别委员会的最终出现，"西山会议派"表现得最为活跃主动。当然，为了与宁汉的协商早

---

① 胡汉民：《清党的意义》，载《中央半月刊》第2期，中国第二历史档案馆藏，档号七——（五）—272；另见蒋永敬《胡汉民与清党运动》，载《北伐时期的政治史料——1927年的中国》，台北正中书局1981年版，第379页。
② 王奇生：《党员、党权与党争：1924—1949 中国国民党的组织形态》，上海书店出版社2003年版，第150页。
③ 汉口《民国日报》，1927年4月17日。
④ 蒋永敬：《鲍罗廷与武汉政权》，台北传记文学出版社1972年版，第171—172页。

第三章　从"叛党"到"合流"　269

日达成一致，尽管他们在洽谈中做出了诸多的让步，对于先前的矛盾、恩怨尽可能地给予谅解，但还是坚持了他们自认为"原则性"的主张。

一　谋求宁方的"平反"

1927年4月18日，南京国民政府正式成立，宁汉分裂局面形成。"南京中央"的"清党"工作如期展开，"上海中央"的中央执监委员们尽管已于4月13日应邀前往南京参加第二届四中全会，但仍为压迫"西山会议派"问题向"南京中央"抗议。① 于是，南京方面遂派政治部副主任陈铭枢②向"西山会议派"表示："要求其自行结束中央党部，'上海中央'诸人可以党员资格参加南京之党政工作。"③ 但"上海中央"坚持认为"南京中央"对其侮辱已甚，"南京中央"应先取消打倒"西山会议派"的口号，必须"优礼'上海中央'"，否则不可能收束环龙路44号于"南京中央"。④

我们知道，"上海中央"与"南京中央"的分歧主要在于反共的程度和对"西山会议派"的认识问题上。虽然他们谴责南京的"清党"不够彻底，但是发起"清党"的这一举动却使之极为欣慰，况且两者反共的方向也是一致的。对于"只有主张，没有派别"的"西山会议派"来说，如果能在适当的机会，得到"南京中央"的认同，与蒋介石合流自然是意料之中的。蒋介石似乎也意识到了这一点，加之与汪精卫夺权的需要，他首先做出了高姿态的妥协。

1927年5月16日，蒋介石发表告《全体中国国民党同志书》，表示"西山会议派"的名词是中国共产党为分化中国国民党而捏造的，并声言只有遵从三民主义的才是真正的孙中山信徒、真正的中国国民

---

① 1927年4月25日，谭延闿电胡汉民，请调停"宁汉之争"，不久孔祥熙由上海赴武汉调解。参见郭廷以《中华民国史事日志（第2册）》，台湾"中央"研究院近代史研究所1984年版，第189页。
② 1927年，4月17日"南京中央"政治会议第七十三次会议，为国民革命军的政治训练急需统一，聘吴稚晖为暂代总政治部主任，陈铭枢为副主任。4月26日，总政治部正式成立。见《中国国民党中央执行委员会第73次政治会议记录南京（民国十六、四、十七年）》，台湾中国国民党党史馆藏；郭廷以《中华民国史事日志（第2册）》，台湾"中央"研究院近代史研究所1984年版，第190页。
③ 雷啸岑：《三十年动乱中国》，香港亚洲出版社有限公司1955年版，第79页。
④ 《致陈真如论党务》，载邹鲁《澄庐文集（第4集）》，台湾中山大学出版部1934年版，第41—43页。

党员。

> ……共产党分化我党政策，无所不用其极，造作"左""右""西山派""新右派"等名词任意加于本党同志之上……"西山会议派"尤为代表任何罪恶之名词，可以加之任何不取悦于共产党者之身。其实主持西山会议者，苟愿被其利用，又何尝不是据其所谓中央党员及国民政府最高之位置。中正愿与本党同志约，以后种种敌人用以分化吾辈之名词，一概摒弃。①

"上海中央"虽对蒋介石文告中没有提出中国国民党党务统一方法表示有所不满，但却欣然接受认同"西山会议派"的事实。② 1927年5月22日，蒋介石在黄埔同学会改组代表大会训话，再次表示"西山会议一词为共产党捏造，不应上中共的当，不管是什么派，只要是真正革命的，就要团结起来"。③

1927年6月6日，南京政治会议主席胡汉民在中央党部纪念周上，正式宣布取消打倒"西山会议派"的口号。他说：

> "西山会议派"的同志，目的原先是反共救党……这般同志，都是很忠实、很努力、很具苦心，有若干到现在仍旧很奋斗的。不过所取的方法和手续，不很合适，所以中了共产党的诡计罢了。至于我们，对于这些同志当时的反共，方且同情之不暇，何能也沿袭共产党的口号，口口声声打倒他们呢？我们现在既然有明白这一层，以后也就不能容这个口号再发现。④

1927年6月7日，"南京中央"通过了张静江"恢复'西山派'诸人党籍"的提议，"查因纯粹反共而开除党籍之同志林森、张继、谢持、居正、邹鲁、石瑛、覃振、石青阳、沈定一均应先行恢复党籍，俟

---

① 居正：《清党实录》，台北文海出版社1985年版，第498—499页。
② 《秘书处致法总支部》，载居正《清党实录》，台北文海出版社1985年版，第280页。
③ 李云汉《上海中央与北伐清党》，载《近代中国》第66期，1988年8月31日。
④ 党史会：《胡汉民先生文集（第4册）》，台北中国国民党党史编撰委员会1978年版，第938—942页。

第三次全国代表大会时追认"。① 1927 年 6 月 11 日，"南京中央"党部正式下令各地党部取消"打倒西山会议派"的口号。"上海中央"诸人得知恢复党籍后很是高兴，积极展开了与蒋介石的进一步合作。鉴于宁汉双方关系由紧张转为和好，各地、各级党部纷纷通电要求化除以前一切误会，借此机会双方统一党务，南京党部与上海党部合并。② 同时，并有宁方的胡汉民、吴稚晖、蔡元培、叶楚伧、李石曾、萧佛成、古应芬、邓泽如、丁惟芬等人写联名函约沪方诸人前往南京，"名为瞻望孙中山墓地，实则谋党务统一"。③ 于是，"上海中央"很快便以非正式手续提出了三个统一党务的办法并和宁方相商，即：第一，恢复第一届中央执行委员会，施行原有职权。第二，粤（应为宁）沪两方之第二届中央执行委员会合并施行职权。第三，粤（应为宁）沪两方中央党部分别举出同等人数，筹备第三次全国代表大会召集事宜。外加一点是，"上海中央"党部宣告"清党"目的已达，自行结束。④ 这时张继由日本回国，在他返沪的时候带来了宁方胡汉民等上述中央执监委员的复函，表示对函中所说的一切，悉表同意。他们主张以最无痕迹的办法，来实现党务的统一。很显然，宁方同意沪方所说的第三种办法。函末并说"若沪方同意请即派人赴宁，协商进行"。⑤

之后，"上海中央"在 1927 年 7 月 3 日召开了欢迎"国民党忠实同志"并促成上海、南京两中央党部的统一大会，分闸北和后宫两方面举行。谢持、居正、邹鲁、孙镜亚、焦易堂、覃振等"上海中央"主要负责人均与会。谢持在大会演说中强调，"十四年西山会议开会时，早经决定，共产党问题解决之日就是本党统一之日"，并"保证大概不久

---

① 《因反共恢复西山会议派党籍》，载《中央党务月刊》第 11 期，中国第二历史档案馆藏，档号七一一（四）—3。《中央执行委员会常务委员会各部长第 97 次联席会议记录·南京（民国十六、六、七年）》，台湾中国国民党党史馆藏。

② 《各地各级党部通电》，载居正《清党实录》，台北文海出版社 1985 年版，第 392—405 页。

③ 邹鲁：《回顾录》，岳麓书社 2000 年版，第 166 页。

④ "上海中央"在"四一二政变"之前与"南京中央"交涉时已提出此项党务统一办法，但未被"南京中央"采纳。参见台北市四川同乡会四川丛书编辑委员会编《谢持文集》，高雄四川同乡会 1985 年版，第 82 页；邹鲁《回顾录》，岳麓书社 2000 年版，第 162 页。

⑤ 邹鲁：《回顾录》，岳麓书社 2000 年版，第 166 页。

期间,"上海中央"就会与"南京中央"合作解决党务统一问题"。① 邹鲁也表示:"统一党部是本党前途之福,也是全国、全世界之幸。希望大家下一决心,为沪宁两党部之统一尽最大的努力。"②

"南京中央"已取消打倒"西山会议派"的口号,胡汉民等又两次来函表示希望两党部统一,还有各地、各级党部统一党务的呼声,从而使得"上海中央"认为党务统一之时机已成熟,遂于1927年7月7日召集中央执行委员会临时全体会议,讨论党务统一问题。决议如下:第一,本中央与"南京中央"协商统一。第二,双方推举同数委员组织筹备委员会,筹备召集第三次全国代表大会。第三,接洽进行事宜推举若干人负责办理。第四,接洽委员于协议筹备委员会之职权时,须注意"清党"及改组各级党部事宜。第五,推举张继、覃振、刘积学三人为接洽委员。③ 上述五项决议中第二项可说是上海方面在协商党务统一时的基本原则,并得到了"南京中央"的同意。宁汉的合流协议基本达成,"唯云佛成先生回宁参与,即可见诸实行"。④ 但蒋介石自前线回南京后,因李宗仁"逼宫"宣告下野,宁沪合作的协商因此中断。但是宁沪汉的合作,已经在酝酿之中。

二 对汉方"不计前嫌"

在"联俄""联共"时代,革命路线之争所引发的权力之争使得发起西山会议的中央委员与汪精卫结下了很深的怨恨。尽管"上海中央"一向对汪精卫极为排斥,在党务运作中极力进行反汪运动,并表示沪汉两方党务的统一必须以汪精卫下野为首要条件。⑤ 但是,"上海中央"就党务统一问题在与南京方面达成意见上的共识时,却也与武汉方面开始接触——即在武汉方面酝酿"清党"的8月初,上海方面便由许崇智出面派代表赴武汉,而此时宁汉双方还尚未互通函电表示合作。"盖'西山派'诸人多不值汪精卫的'左倾'行为,不屑与之对谈,而许崇

---

① 《谢持文集》,高雄四川同乡会1985年版,第77页。
② 居正:《清党实录》,台北文海出版社1985年版,第411页。
③ 《上海二届中央执行委员会第四次临时会议录(民国十六、七、七年)》,台湾中国国民党党史馆藏。
④ 邹鲁:《回顾录》,岳麓书社2000年版,第166页。
⑤ 《晨报》,1927年8月26日。

智因与汪精卫有旧，遂由他出面与武汉政府接洽。"①

许崇智的代表由孙科介绍晤面汪精卫，主要是催促武汉实行"清党"，并商议党务统一办法，汪精卫在给许崇智的信中提出了两点沪汉合作意见。"上海中央"得到汪精卫的电函后，立即表示对于第一点，完全赞同；但对第二点，函中未提及，且另外提出了与南京方面协商的三种方法。对此，邹鲁在回忆中有详细介绍：

> 当汉方准备"清党"的时候，沪方同志即由许崇智先生派人赴汉口，催促实行，并商量党务统一的办法。旋得双方复函，主张汉沪合作，并提出意见两点：一是汉沪同志开预备会，充分交换意见；二是双方开第四次执行委员会，请"西山会议派"诸同志加入工作，声明除中央党部俟第三次全国代表大会决定外，其余各机关，一律均可参加。沪方立即答复，关于第一点开预备会的意见，完全赞同，并要求宁汉沪三方合作、以谋求本党同志的大团结；但对于第二点认为不当，所以复函中并没有谈及，而另外提出前与宁方协商的三种办法。②

1927年8月8日，汪精卫亲自向武汉中央政治委员会提议"清党"，标志武汉政府由"七一五分共"正式转向"清党"，宁汉遂起合作之议，沪汉之间的直接协商就此暂时结束。

在宁汉的交涉之中，1927年8月26日，许崇智的代表曾再次会晤时在九江的汪精卫，汪精卫在给许崇智的信中表示仍愿与沪方合作，且重申月初给许崇智的第一封信中的主张，为解决一切问题应开第四次中央执监委员会议。③ 但是，宁沪两方都不承认3月在武汉召开的三中全会，"上海中央"且认为既然三中全会无效，更不能同意召集四中全会。与此同时，许崇智、张继、谢持、覃振等已活跃于此

---

① 金永信：《西山会议派之研究（1923—1931）》，未刊稿，台湾政治大学历史研究所博士学位论文，1997年。
② 邹鲁：《回顾录》，岳麓书社2000年版，第166—167页。《谢持文集》，高雄四川同乡会1985年版，第85页。
③ T'ang Leang-li, *The Inner History of Chinese Revolution*, London: George Rutledge & Sons, 1930, p. 298.

一党务统一的运动之中,他们积极主张宁沪汉三党部自行结束,合组新的党中央,张继屡屡表示汪精卫亦应暂避。不过,因"宁汉双方虽然在细节问题上的意见仍未一致,经此函电的往来,协商党务的道路已开,此后党务统一的谈判,宁汉双方为主;宁沪及沪汉的协商成为配角"。① 所以,宁汉两方在8月份南京召开的"丁园会议"上所达成的四项协议,基本上决定了党务统一的方法。②

只是在1927年9月4日,谭延闿、孙科依"丁园会议"的决议到上海,因胡汉民、吴稚晖等不愿与之会商,他们不得已会晤许崇智及"上海中央"诸人,请求合作。此一时期从苏俄归来后住上海的胡汉民却对党事保持缄默,对于任何同志的会晤要求,一律予以拒绝。所以,积极于党务统一的邹鲁在连续致函胡汉民,邀其共谋"救党大业"的晤面要求多次被拒后,他甚至于致函表示抗议。兹录邹鲁之函件两件:

> 函一,展兄大鉴:兄此次来沪,拒绝弟等晤面,殊可不解。此次"清党"运动,固出于救党,亦因兄充俄直接之因实不少,自信持义正而纯,在兄理宜一致进行,否则亦宜示其不妥,予以改正。兄非能外于党之人,更非可以加入共产党之人,袖手旁观,岂应出此?即舍公义而言私情,与弟晤更为无伤也;即无聊中凑凑打牌人数,亦何不可……③
>
> 函二,……于是弟有最后一言正告于兄:"国人对于革命,不能立于旁观态度",此总理之言也。以兄为总理所依托,党员所属望,今日仍视党国如此而袖手旁观,不特无以对总理,无以对党员,且亦辱没数十年之历史、革命之人格……④

"上海中央"诸人即向孙科提议,为了中国国民党的统一,须结束

---

① 金永信:《西山会议派之研究(1923—1931)》,未刊稿,台湾政治大学历史研究所博士学位论文,1997年。
② 四点协议主要为:第一,中央党部国民政府军事委员会,准一星期内迁宁;第二,公推谭延闿、孙科偕李宗仁于23日先行乘船赴宁;第三,关于政治党务,准于9月15日在宁召集四次中央执监会议,解决一切;第四,暂停东进,由宁汉将领共同负责,以重兵向津浦反攻,限期收复徐州。见《晨报》,1927年8月27日。
③ 蒋永敬:《胡汉民先生年谱》,中国国民党党史委员会1978年版,第411页。
④ 同上书,第412页。

宁沪汉三方党部，成立一个中央特别委员会，孙科立即同意此提案。①但是，武汉方面一直主张召开四中全会，而孙科事前并未与汪精卫等商量与"上海中央"诸人协议成立中央特别委员会，这便为后来汪精卫极力否认中央特别委员会的"合法性"留下了口实。

逗留九江的汪精卫等武汉要人在李宗仁等一再电促之下，终于1927年9月5日到南京。6日，汪精卫在南京举行的欢迎会上郑重表示，"将竭尽全力以使宁汉重新携手，携手成功，即辞主席之职"。② 8日，武汉政府要人李宗仁、白崇禧及李烈钧应邀参加南京非正式会议。李宗仁等主张，如果胡汉民、吴稚晖等宁方元老不来南京，只有武汉方面的人出席四中全会，毫无意义，提议武汉方面派代表到上海说服胡汉民、吴稚晖等，于是汪精卫等决定去上海劝服胡汉民、吴稚晖等宁方委员。9日晚，汪精卫、谭延闿、孙科、朱培德、李宗仁、李烈钧等到上海，晤宁方委员蔡元培、李煜瀛、张静江，但胡汉民、吴稚晖则拒绝晤面；汪精卫等又与"上海中央"的许崇智、张继等会商。③ 10日下午，在上海市武定路鸿庆里的张静江家，汉方的汪精卫，宁方的蔡元培、李烈钧，沪方的居正、邹鲁、覃振等开始商讨党务统一办法。并商定于次日在戈登路的伍朝枢家开正式谈话会，由沪汉宁三方中央党部各推负责代表若干人列席。④ 至此，宁汉沪三方基本达成合作的协议，所遗留问题则是用何种方法实现统一。

宁方的中央要人、中央特别委员会和国民政府常务委员之一的蔡元培，曾对宁汉双方的协商经过略有记叙，载于当时的《国民革命军日报》，摘抄如下。

> 今日最重要的问题，厥为宁汉合作组织之"中特委"，各方同志不知真相每每以为疑问。当未合作之先，上海有中央党部，南京

---

① 孙科：《追述中央特别委员组织之经过》，载广州平社编《广州事变与上海会议》，台北文海出版社1985年版，第94页。
② 《晨报》，1927年9月6日。
③ T'ang Leang‑li, *The Inner History of Chinese Revolution*, London: George Rutledge & Sons, 1930, p. 298.
④ 邹鲁：《为中央特别委员会事再宣言》，载《澄庐文集（第1集）》，台湾中山大学出版部1934年版，第71—72页；又见《谢持文集》，高雄四川同乡会，1985年再版，第85—86页。

有中央党部，汉口亦有中央党部；南京有政府，汉口亦有政府……及汉口政府大倡东征之议，调派军舰，潜行东下。南京方面，不得已将前线北伐军队，抽调抵御，遂至徐州蚌埠各处，得而复失，北伐事业因而停顿。其实冯玉祥同志，在郑州会议，汉口方面有人报告：在汉第三国际党员秘密会议，实行消灭国民党，汪同志本欲国共两派联合，现知已无希望，痛哭流涕，自恨上当……及后孙哲生、谭祖庵两同志来宁，始知彼方并无大军东下，李宗仁同志又亲赴江西，彼此误会，完全消释。孙、谭两同志到宁后，又来上海，商议数次，其实最难得问题是开会，汉方之意欲开第四次会议；承认第二、第三两次会议议案；宁方同志不赞成，在戈登路伍同志宅中，开临时谈话会，议决彼此同志一致团结，汉方宁愿牺牲其第四次会议之主张，遂定位"中特委"，由宁沪汉三方面，各举委员六人，候补三人，以组织之，而委员人选，亦几经考虑，并除过共产分子，于是两方面合作问题解决，此组织"中特委"之经过情形也。现在尚有两事大家各宜注意：一，国民党员受共产之催眠。二，共产党之煽惑。因共产党口号，专打"西山会议派"，谓该派同志，与军阀无异。①

沪方的邹鲁就三方达成协议经过，也有记载。

嗣蒋先生下野，宁汉合作之议亦起。谭延闿、孙科两先生代表汉方同志，由汉而宁而沪，进行汉宁沪的合作。在沪商谈多次后，大家都主张集合汉宁沪三方同志，彻底研究大团结的办法。谭、孙两先生返宁后，即协同李宗仁、朱培德、李烈钧诸先生及汪精卫再来沪；跟着于右任、程潜两先生也来了。这时汉宁沪三方代表便开始共同协商。最初是分头接洽，到了各方意见一致，就于九月十日下午在武定路鸿庆里张人杰先生的公馆里，决定于次日开正式谈话会。由汉宁沪三方中央党部各推负责代表若干人出席，地点是戈登路伍朝枢先生的公馆。②

---

① 《蔡元培先生年谱传记》，台湾"国史馆"1986年版，第909页。
② 邹鲁：《回顾录》，岳麓书社2000年版，第166—167页。

从上述宁沪两方要人所留下的记录看，各自所叙重点虽不同，但事情的经过确是基本一致。紧接着，宁汉沪三方中央便开始了中央特别委员会的筹备工作。

三 蒋介石、汪精卫在对垒中"让步"

面对"西山会议派"在党务统一中的上述反应，蒋介石、汪精卫两方也因全国"党务统一运动"的浪潮，尤其是争权的需要，顺势在三方对垒的僵持中选择了让步。

自蒋介石"清党"后，"西山会议派"分裂国共合作的"右派"身份已不复存在，所以先前两者之间所谓"国民党'左、右派'的斗争"也开始转变为"国民党执政中央与在野派系之间纯粹的权力之争"。为革命路线的"左、右派"之争，两者可以同时并存，斗争的方式多为反攻与抵制；但在为权力斗争时，两者之间展开的则是你死我活、制对方于死地的剿灭与铲除。

"四一二政变"后，蒋介石开始实行全面"清党"。鉴于先前的恩怨及蒋介石"大权独揽"的欲望，以"清党"首倡者自居的"西山会议派"却仍被排除于中国国民党中央之外。蒋介石虽与其有过短暂的合作，但两者还是沿袭了之前的敌对状态，蒋介石始终视其为反对中国国民党中央且与之争权的一个分裂派系而加以打击和排挤。

尽管在"清党"时期，"西山会议派"曾暂时合流于"南京中央"。但沪宁合作的酝酿却多是出于蒋介石稳固政权的权宜之计。他在主张"其实主持西山会议者，苟愿被其利用……以后种种敌人用以分化吾辈之名词，一概摒弃"的同时，[1] 却也拒绝接受"西山会议派""上海中央"提出的四项统一党务办法。[2] 为跳出政治和军事上所处的"恶劣环境"[3]，蒋介石于1927年8月宣布下野，并对宁沪汉合流之中央特别委员会持拒绝态度。然而，当他于1927年11月由日本回国欲重返政坛时，又将斗争的目标对准了主导中央特别委员会的"西山会议派"。蒋

---

[1] 居正：《清党实录》，台北文海出版社1985年版，第498—499页。
[2] 罗家伦主编：《革命文献（第16辑）》，台湾"中央"文物供应社1978年版，第99页。
[3] 《蒋介石告别黄埔同学书》，载《申报》1927年9月29、30日。

介石"一个政治上的运用"便使得"西山会议派"再次被冠上了"腐化分子"的罪名,成为众矢之的。

汪精卫在1926年蒋介石发动"中山舰事变"之后,便被迫流亡海外。他于该年5月离开广州,6月中抵达巴黎郊外养病。7月起,国内以"拥汪"为号召的反蒋人士便开始酝酿"迎汪复职",半年的"抑蒋拥汪"运动终导致1927年初汪精卫初掌武汉政权,与南京之蒋介石分庭抗礼。1927年宁汉分裂,长江流域出现了两个中国国民党中央和国民政府,彼此对抗长达数月。北伐完成后,蒋介石顺理成章地成为中国的执政者,汪精卫则再度下野。宁汉分裂本是汪精卫重返政治舞台,向蒋介石反攻的大好机会,但他反蒋的努力最终都功败垂成。

在这一时期,汪精卫仍然对"西山会议派"抱敌对态度。在《夹攻中之奋斗》一文中,汪精卫在阐述自己"分共"后的思想立场时,还是将"西山会议派"斥为"腐化分子"而加以反对。他宣称中国国民党今后应准备"在夹攻中奋斗",一方面要反对"共产化",另一方面要反对"腐化"。汪精卫指出:"分共已使国民党暂时免于'共产化'的危险,但国民党必须防备腐化势力乘虚而入,破坏国民革命。"[①] 此处所称的"腐化"势力,显然指"西山会议派"这一"新反动派"而言。汪精卫判定中国国民党党内"革命分子"和"腐化分子"的主要标准,也就是他所谓"左、右派"的主要分野——对帝国主义和民众的态度。[②] 他认为,"联俄""联共"的偏差使中国国民党元气大伤,要挽救党的生命,发扬此一注重组织和纪律的改组精神仍是其关键。但党内的"腐化分子"嫌恶组织和纪律的约束,企图以"联俄""联共"的偏差为借口,完全否定1924年改组的价值,正将中国国民党推回改组前的混乱松散状态。而这些"腐化分子"所反对的其实不是共产主义,而是中国国民党对他们的约束。所以,为了维护中国国民党的权威,他不得不与他们进行斗争。[③] 他还号召中国国民党党内的"革

[①] 汪精卫:《夹攻中之奋斗》,载《汪精卫先生的文集(第1册)》,上海中山书店1936年版,第81—84页。

[②] 同上。

[③] 汪精卫:《覆驻法总支部函》,载文化研究社编《中国五大伟人手札》,上海文化研究社1939年版,第286—307页。

命派",即"改组派"团结起来,一致向"腐化势力"进攻。①

可以看出,在蒋介石的政治地位日益上升之日,汪精卫再三地出洋流亡。而在蒋介石对"西山会议派"的态度一再恶化时,汪精卫与"西山会议派"关系则逐渐好转。因蒋介石的领袖地位更多是依靠手中的军权一步步所营造——换言之,是自己实力发展的结果,且不论以何种手段或方式,所以,在蒋介石建立巩固自己政权过程中,难免不会采取排斥、剿灭"西山会议派"的做法。汪精卫的国府主席是"联俄""联共"政策所"赐予"的,除了苏俄援助这一强大的支持外,在党政军方面几乎没有任何力量的支持。1927年下半年,中国国民党内才逐渐有所谓"汪派"之形成。② 所以,他高高在上的领袖地位,原本就是摇摇欲坠的,面对"西山会议派"这些一届中央执行委员会的攻击,只能凭借"党纪""广州中央"作为反击的"合法"武器。在汪精卫失去中国国民党的最高领导权,沦为"在野"时,他与"西山会议派"的关系也发生了大的转折,为与蒋介石争权夺利,汪精卫派和"西山会议派"紧密地团结在一起。

第四节 苏俄对"西山会议派""生存"之影响

因"西山会议派"的"生存"在很大程度上受制于汪精卫、蒋介石集团的较量,而汪精卫、蒋介石对"西山会议派"的态度,尤其是在两者的权势角逐中又有着苏俄,尤其是鲍罗廷的作用③,所以从"西山会议派""叛党"至"清党"时期,苏俄反应与举措也是影响"上海中央"与党统中央关系变化的因素之一,以下略做呈述。

---

① 王克文:《汪精卫·国民党·南京政权》,台湾"国史馆"2001年版,第130页。
② T'ang Leang-li, *The Inner History of the Chinese Revolution* (Reprint edition); Westport, Conn: Hyperion Press, 1977, p.308.
③ 鲍罗廷是一位身份极为特殊的人物。他既是苏俄派到广州革命政府的代表,又是中国国民党中央执行委员会的总政治顾问,还是共产国际的驻华代表。同时,他也是在中国工作时间较长的驻华代表之一,1923年9月来中国,1927年被调回国,前后历时4年。作为苏俄政府的常驻代表,鲍罗廷在孙中山的充分信任和中国国民党"左派"、中国共产党人的支持下,始终以中国国民党总政治顾问的身份,参与了大革命时期几乎所有的重大政治军事活动的决策,并发挥了他人所不能发挥的特殊作用。见吴明刚《鲍罗廷在中国大革命中的历史功过评析》,载《共产国际、联共(布)秘档与中国革命史新论》,中共党史出版社2004年版,第318页。

鉴于对"右派"组织的不了解，无法全面掌握或是预测其行为倾向，面对"西山会议派"在上海召开"二大"、挑拨怂恿"中山舰事变"、配合蒋介石"清党"、北伐等一系列举动，他们所采取的应对政策都很被动，有着一定的滞后性、矛盾性、不成熟性；不仅中国共产党内部在对待中国国民党"右派"的方针问题上出现了分歧，苏俄方面的共产国际内部也产生了争执。不过，他们却时时在努力调整着对以"西山会议派"为首的中国国民党"右派"的斗争方式和策略。

一 西山会议后："孤立'右派'"

改组时期，中国国民党党内在"帝国主义问题"和"共产党人问题"上产生意见分歧和摩擦时，因共产国际代表鲍罗廷表态"不要加深这些意见分歧，不要扩大这些意见分歧，我们有足够的力量同'右派'进行真正的斗争"①，所以，中国共产党便以"应当设法对这些'右派'进行彻底改造和重新教育，使其中尽可能多的人明白在国民革命运动中同中国共产党人进行合作是可能的"为指导原则支持孙中山革命。鲍罗廷对此表示赞同，在他看来"至少这一方针是不加深这些意见分歧，不扩大这些意见分歧，相反要寻找在一定时期实现的合作方式"。② "廖仲恺被刺案"发生后，在对待中国国民党内部分化的问题上，鲍罗廷开始走"顺其'右派'分裂"的路线。但当"西山会议派"真正造成分裂这一事实后，苏俄则采取"孤立'右派'，保持统一战线"的态度。

中国共产党及苏俄认为中国国民党在"广州中央""二大"中取得了胜利，"'左派'和共产党人占据多数。（1926年）1月22日举行的一中全会选出了中央执行委员的领导机构，'左派'和中国共产党的优势地位更为明显。在代表大会上，'右派'的分裂行径及其反共立场受到批判，其思想鼓舞者戴季陶所作的理论探索遭到谴责"。所以，"国民党在中共中央1926年2月12日发出的'第七十六号通令'中得到了

---

① 《鲍罗廷在联共（布）中央政治局使团会议上的报告（1926年2月15日和17日于北京）》，载中共中央党史研究室第一研究部编《共产国际、联共（布）与中国革命档案资料丛书（第3册）》，北京图书馆出版社1997年版，第100页。
② 中共中央党史研究室第一研究部编：《共产国际、联共（布）与中国革命档案资料丛书（第3册）》，北京图书馆出版社1997年版，第100页。

很高的评价,而且该通令明显夸大了'右派'的失败程度,实际上忽视了他们对革命发展的影响"。① 但在事实上,苏俄与中国共产党都做出了让步,同意了汪精卫对惩罚"西山会议派"的修正,"对'右派'组织作结论时,经共产党人的同意,大会总的说来采取了和缓的态度,仅把 7 名最不可和调和最顽固的'右派'首领开除出党。"② 而在共产国际的这一缓和态度下,"在广州取得一些实际成就和国民党表面上'向左转'的同时,在一定时期中国国民党的'右派'势力也在暗地里惶恐不安加紧活动和联合起来,在国民革命军的将领和军官当中出现了骚扰"。③ 西山会议召开后,中国共产党内部再次出现"是否从国民党中退出与其公开正面做斗争"的争执时,苏俄方面表态,"从军队中召回(中国)共产党员,百分之九十有碍于我们在军队中的工作,百分之百有利于国民党'右派'的工作"。④ 同时,苏俄还将中国共产党方面对"孙文主义学会"进行的斗争视为是一种"策略性的错误"。在《季山嘉和拉兹贡给中共中央执行委员会的信》中说到:"应当指出的是,最近共产党人对政治工作的领导削弱了,结果他们的影响也有所削弱。由于中国同志犯了一些策略性的错误,表现为抵制所谓'孙文主义学会',国民党'右派'在这个学会中为自己构筑了巢穴,掀起了反共运动。这个错误现在正在纠正,这些学会的一些积极分子已经感到后悔,公开承认自己的错误。可能不久这个学会就会(被)取消。"⑤

共产国际为何在此一时期做出"妥协"?这在维经斯基给共产国际的报告中有所反映。他认为,"五卅惨案"发生后,"(中国)共产党现在实际上领导着(中国)国民党"。在最近六七月份的斗争过程中,中国国民党出现了分化,形成了"右派"。他们是由那些从 1911 年革命时就加入中国国民党的分子组成的。他们同旧贵族、旧官僚有联系,同

---

① 中共中央党史研究室第一研究部编:《共产国际、联共(布)与中国革命档案资料丛书(第 3 册)》,北京图书馆出版社 1997 年版,第 4 页。
② 同上。
③ 同上书,第 5 页。
④ 《季山嘉同志信抄》,载中共中央党史研究室第一研究部编《共产国际、联共(布)与中国革命档案资料丛书(第 3 册)》,北京图书馆出版社 1997 年版,第 16 页。
⑤ 《季山嘉和拉兹贡给中共中央执行委员会的信》,载中共中央党史研究室第一研究部编《共产国际、联共(布)与中国革命档案资料丛书(第 3 册)》,北京图书馆出版社 1997 年版,第 17—18 页。

外国企业主有联系。中国国民党的这部分人不单是离开，而且在争夺党内大多数，争夺机关。所以，在中国国民党"左派"和"右派"之间发生争斗时期，中国共产党对整个中国国民党采取的方针是"设法孤立'右派'，不指责整个党，而要揭露国民党'右派'当中那些不仅要脱离国民党而且企图分裂党的分子"。其目的是"我们要在不使党感到难堪的情况下，把这些分子开除出党。的确，国民党最近一次代表大会表明党保持了团结。但为了纯洁党和使党能对'中派'和'左派'产生更大的影响，终归不得不把一些'右派'开除出党。现在特别重要的是在国民党内保持统一战线"。①

很明显，在维经斯基的报告中，前后的内容有着一定的矛盾性。一方面，他要孤立"右派"，"为了纯洁党和使党能对'中派'和'左派'产生更大的影响，终归不得不把一些'右派'开除出党"，因为"现在特别重要的是在国民党内保持统一战线"。②而另一方面，他却又一再强调"分化在发生，但没有任何危险"。③他认为，"由于国民党发生瓦解、分化，我们就会失去领导权。国民党被分化，这意味着充当外国资本和中国原料之间中介的资产阶级将离去。国民党的这一部分对工人没有影响。国民党主要通过我们或国民党'左派'对工人施加影响。而我们对'左派'还有影响。所以国民党发生分化时，我们不会失去领导权"。④

二 上海"二大"后："开除'右派'"

"上海中央"的中国国民党"二大"刚召开时，苏俄对待"西山会议派"的策略并不十分明确，似乎还拿不准。在1926年4月23日，维尔德在上海发给维经斯基的电报说到："……获悉'右派'在与包括蒋介石在内的部分'左派'达成了妥协，目的在于同'左派'实行联合。

---

① 《维经斯基同志在共产国际执委会主席团会议上的报告》，载中共中央党史研究室第一研究部编《共产国际、联共（布）与中国革命档案资料丛书（第3册）》，北京图书馆出版社1997年版，第47页。
② 中共中央党史研究室第一研究部编：《共产国际、联共（布）与中国革命档案资料丛书（第3册）》，北京图书馆出版社1997年版，第47页。
③ 同上书，第64页。
④ 同上书，第65页。

孙科从广州来到上海，公开宣称他此行之目的，还称蒋介石同意他这样做。5月13日将在广州举行国民党中央全会，会上将对中国共产党发动强大攻势。您有必要来一趟，党没有采取很明确的立场。我们可能会动摇自己在国民党中的影响。现在掀起了疯狂的'反共''反苏'的运动"。[1] 一直到1926年4月29日，莫斯科召开的共产国际大会上才做出决议，正式提出"要让国民党'右派'离开（或将其开除出）国民党"。[2]

事实上，真正使苏俄决定"开除'右派'"，还是1926年3月20日"中山舰事变"的发生。布勃诺夫使团在报告中指出"目前对于国民革命来说，最大的问题是：第一，国共关系问题；第二，国民党内部左中右关系的问题。这致使我们必须对国民革命的主要的有组织的社会政治力量做出估价"。[3] 在"中山舰事变"中，他们看到了中国国民党"右派"的力量，尤其是其下属组织"孙文主义学会"所发挥的作用。"国民党已经不统一，现在'右派'肯定试图把国民党中央拉到自己方面来，并走上单独组织自己力量的道路（试图建立自己的中心，在西山举行会议，今年3月底在上海召开代表大会，试图通过'孙文主义学会'在军队中扎根，试图影响国民党著名军事领袖等）。"[4] 而在《共产国际执行委员会远东局使团关于广州政治关系和党派关于调查结果的报告》中，同样也指出：

> 有两个全国性因素使这种关系发生了很大的变化并导致了广州革命政权的危机。第一，上海罢工后特别明显地暴露出来的民族解放运动的分化；第二，北方国民军的失败，"反动派"开始对共产

---

[1] 《维尔德给维经斯基的报告》，载中共中央党史研究室第一研究部编《共产国际、联共（布）与中国革命档案资料丛书（第3册）》，北京图书馆出版社1997年版，第209页。

[2] 中共中央党史研究室第一研究部编：《共产国际、联共（布）与中国革命档案资料丛书（第3册）》，北京图书馆出版社1997年版，第237页。

[3] 《布勃诺夫使团的总的结论和具体建议》，载中共中央党史研究室第一研究部编《共产国际、联共（布）与中国革命档案资料丛书（第3册）》，北京图书馆出版社1997年版，第249页。

[4] 同上。

党人发起总攻。发展至1926年二三月期间，这两个因素在广东省的影响达到了最大程度，表现在国民党内三派的迅速分化上："左派"走上了与农民联系的道路；"右派"明显倾向与帝国主义者搞妥协；以蒋介石为首的所谓"中派"集团已经形成，只是在广东具有很大意义，其成员绝大多数是浙江人，即蒋介石的同乡、同商业资产阶级和江浙部分豪绅有联系的人。广州的"中派"在很大程度上仍是一个小集团。"中派"的思想在国民党内是一股强大的思潮，其理论家和思想领袖是戴季陶。当时我们的同志把蒋介石称为"穿军装的戴季陶"时，他们是想以此来说明，与豪绅勾结在一起的中国资产阶级争夺国民运动领导权的斗争必然导致反动。①

由上，我们可以看出，在苏俄认定"'中山舰事变'是以国民党'左派'（和共产党人）为一方与'中派'为另一方之间关系彻底破裂的直接后果"时②，选择了与"右派"斗争的路线，即"对于国共两党来说，阻止国民党'右派'同国民党'左派'彻底分裂和走上组织独立的道路的人物还没有失去其意义，因为独树一帜的国民党'右派'将是吸引反革命分子的中心。但与此同时，必须坚决制止'右派'的反革命企图，要把最活跃、最顽固的'右派'分子开除出国民党"。并且要"现在就应当采取措施取消国民革命军中的'孙文主义学会'。取消方式应视情况而定，但考虑到广州的现状，最合适的方式是'孙文主义学会'自行取消"。③

三　"整理党务案"后："对'中派'让步"

蒋介石炮制出"整理党务案"后，为了表明自己继续"联俄""联共"的立场，对一批被视为与"西山会议派"同伙的、促成"中山舰

---

① 《共产国际执行委员会远东局使团关于广州政治关系和党派关于调查结果的报告》，载中共中央党史研究室第一研究部编《共产国际、联共（布）与中国革命档案资料丛书（第3册）》，北京图书馆出版社1997年版，第443—444页。

② 中共中央党史研究室第一研究部编：《共产国际、联共（布）与中国革命档案资料丛书（第3册）》，北京图书馆出版社1997年版，第444页。

③ 《布勃诺夫使团的总的结论和具体建议》，载中共中央党史研究室第一研究部编《共产国际、联共（布）与中国革命档案资料丛书（第3册）》，北京图书馆出版社1997年版，第252页。

第三章　从"叛党"到"合流"　　285

事变"的国民党"右派"进行了惩罚：吴铁城入狱、孙科被建议去俄国、傅秉常被免去海关监督职务以及外交秘书职务、伍朝枢被建议休假一段时间、古应芬的职务保留到李济深的两个师离开广州为止。蒋介石的此一举动果然赢得了鲍罗廷的信任，他认为"对危险的'右派'集团的打击已既成事实"，因为1926年"5月30日，即吴铁城逮捕之日，不只是对3月20日的补救，而且对国民党中央全会5月15日决议的含义做出了完全不同的解释"。"如果'右派'把3月20日理解为'向右转'，而中央全会是完成这次转变的手续，那么今天他们会明白，不是那么回事……""全会关于调整同共产党人关系的决议对于我们来说只不过是个策略步骤，旨在消除共产党人与诚实的国民党人之间的误会，他们无法利用这些误会来达到自己的反革命目的"。进而，鲍罗廷乐观地指出：

> 其实，今天发生的事情只不过是"右派"软弱无力的具体表现。中央全会关于共产党人的决议使"右派"蒙受了比共产党人更大的损失。这些决议从"右派"手里夺走了他们用来反对我们的武器，他们反对我们，似乎是为了挽救党使之免遭国民党内的共产党人的控制。这是一个使他们得以把一些诚实的国民党人集合在他们周围的口号，因为这些诚实的国民党人确实害怕国民党最终被共产党人吃掉。上述决议通过后，这种害怕心理大为减少，"右派"被置于及其不利的地位。我再说一遍，他们被剥夺了用来反对我们的主要的和很方便的武器。现在他们受到打击，也无法委过于共产党人。①

鉴于上述认识，苏俄最终在对待"中派"的态度上发生了变化。鲍罗廷在信中说道：

> 我们做出了让步，吸收邵元冲担任青年部长，但他要履行党的

---

① 《鲍罗廷给加拉罕的信》，载中共中央党史研究室第一研究部编《共产国际、联共（布）与中国革命档案资料丛书（第3册）》，北京图书馆出版社1997年版，第272—273页。

"二大"向他提出的放弃西山会议的条件。戴季陶将被任命为广东大学的校长。叶楚伧在同样的条件下也将受到应有的关照（任中央书记之一）。孙科从吴铁城被捕之日起表示愿意同他的信徒和朋友们分手，完全同我们合作。①

鲍罗廷对整个事件前后的情势还特别解释说：

> 中央全会调整了同共产党人的关系（缩小了他们的权力），吸收"中派"参加工作，沉重地打击了黄埔以外的"右派"。在这次会议，大多数"左派"因为不知道5月20日对'右派'做了什么准备，自然抵制对"中派"的一切任命。只有共产党人知道5月20日对"右派"做了准备。②

而在维经斯基给联共（布）驻共产国际执行委员会代表团核心小组的电报中也反映了他们对"右派"力量的看法："蒋介石的胜利意味着'中派'的胜利。确实后来蒋介石又给'左派'和'右派'迎头痛击，先是罢免后逮捕'右派'警察局长吴铁城，并驱逐一名国民党'右派'，因为此人建议他向香港贷款2000万美元以结束罢工和转而在当地实行'右'的政策，还从广州驱逐了一名颇有威望的国民党'右派'伍朝枢。"③ 所以，他们认为："蒋介石是'中派'之源，他试图使革命各界服从于自己，不得不寻求他们的支持。""继续支持蒋介石竭力反对加强'右派'，并要求他同'右派'进行斗争是正确的。""坚决同要求退出国民党的情绪做斗争，从内部反对'右派'，同时逐渐摆脱无条件支持广州政府的每个步骤的作法。"④ 不久后，维经斯基便很满意地

---

① 《鲍罗廷给加拉罕的信》，载中共中央党史研究室第一研究部编《共产国际、联共（布）与中国革命档案资料丛书（第3册）》，北京图书馆出版社1997年版，第273、275页。
② 《鲍罗廷给加拉罕的信》，载中共中央党史研究室第一研究部编《共产国际、联共（布）与中国革命档案资料丛书（第3册）》，北京图书馆出版社1997年版，第272—273页。
③ 中共中央党史研究室第一研究部编：《共产国际、联共（布）与中国革命档案资料丛书（第3册）》，北京图书馆出版社1997年版，第319页。
④ 同上书，第321页。

向共产国际汇报说:"几个月前由帝国主义者、军阀和部分中国民族主义分子（买办分子、中国国民党'右派'和具有沙文主义情绪的青年）发起的大规模反赤色运动现在几乎销声匿迹，并且由于广大社会人士对这场运动的反感而使我们得以更加有力地开展反帝运动。自然我们还要顺便揭露上述那些中国组织。"[1]

但是，等到1926年8月中旬时，在维经斯基与所谓国民党"左派"的顾孟余谈话时，已表现出了担忧。在他们看来，"国民党内，'左派'在组织方面的处境是很艰难的"，"'右派'有了自己的组织"，"'左派'和共产党人几乎到处都占据优势，但在有些地方，领导权掌握在'右派'手里，现在蒋介石集团中的'中派'也算作'右派'，他们是'新右派'。中国国民党内的基本斗争方针现在应是争取党内民主，反对小集团独裁倾向"[2]。如此看来，此时的'右派'组织，已经有了被称之为'中派'或是'新右派'的蒋介石江浙集团势力的加入，并且是在逐渐掌握中国国民党的领导权。

尽管苏俄一直在担心，但中国"凯末尔式"人物和"凯末尔式"的结局在孙中山逝世后还是以悲剧的形式出现了。随着"新右派"蒋介石的崛起，加之在实际的党务运作中，"上海中央"与地方进行得困难重重；国民革命军开始北伐后，"广州中央"的势力延伸至"上海中央"的据点——长江流域。受其影响，"上海中央"及各地、各级党部的党务很快便出现了分崩离析的事实。1926年8月底以后，苏俄对中国国民革命的领导重心已开始转移到如何平衡蒋介石与汪精卫两者之间的关系、如何捍卫汪精卫对国民革命的领导权、如何将国共合作下的国民革命进行到底的问题，而不再是国民党内部的"左右派"分裂问题。

---

[1] 中共中央党史研究室第一研究部编：《共产国际、联共（布）与中国革命档案资料丛书（第3册）》，北京图书馆出版社1997年版，第345页。
[2] 《维经斯基同顾孟余的谈话记录》，载中共中央党史研究室第一研究部编《共产国际、联共（布）与中国革命档案资料丛书（第3册）》，北京图书馆出版社1997年版，第400页。

第四章　由"革命者"沦为"政客"
——"西山会议派"之蜕变

"联俄""联共"的瓦解并未使中国国民党一个政党、两个政府、三个中央的分裂局面结束。在之后出现的"党务统一运动"中,"西山会议派"顺势将"难以经营"的"上海中央"交给了宁沪汉合流的最高权力机构——中央特别委员会。但在汪精卫、蒋介石两人的权力斗争中,中央特别委员会昙花一现,"把持"中央特别委员会的"西山会议派"随即也再次被挤出中国国民党中央。于是,遭受了"一一二二惨案"致命打击的邹鲁、谢持、覃振、许崇智、居正等"西山会议派"的中坚力量开始了近4年的反蒋历程,期间先后参与了中国国民党内的又两次另立中央的大分裂活动,即20世纪30年代初的"扩大会议"和广州"非常会议"。从西山会议到反蒋的6年时间,"西山会议派"这一革命党精英在历经三次分裂中央的活动中发生了蜕变:由革命者沦为政客。

第一节　与宁、汉合流之中央特别委员会

1927年9月16日至12月28日的三个多月中,中国国民党结束了自西山会议以来的派系分裂局面,产生了一个新的临时最高权力机构——中央特别委员会。中央特别委员会的寿命虽然只有100多天,但在中国国民党的历史上却占一席之地。它既是蒋介石下野后宁汉沪三方合流的产物,又是蒋介石重返政坛的前奏。中央特别委员会的产生和垮台是"清党"后中国国民党内的新一轮夺权斗争。在这一过程中,"西山会议派"则再次成为蒋介石、汪精卫集团利益争夺的牺牲品。

一　背景："党务统一运动"的高涨

关于中央特别委员会的发起原因，在目前已有研究中[①]，谢幼田所做出的分析较为全面。他将沪宁汉三方在实行"清党"后，即第一次国共合作完全破裂，中国国民党内"党务统一运动"的高涨时，各方的利益得失，分别进行了深刻的论述。[②]

他指出，"清党"后，中国国民党党内造成分裂的基本原因已经消除，但分裂依旧，所以，从"六月初以来，各地的中国国民党员开始自下而上地发起了中国国民党内的团结运动。"据《清党实录》中记载：

> 在促进两个党部统一的过程中，以上海和广州两地团结通电的气势最大。上海先后有 90 个工会组织，39 个团体……联合发出通电。广州中华女子联合会等 3 个团体，广东 9 个行业工会，广东全省商民协会，中国国民党广州市的第一、第三、第四、第五、第六、第七、第十、第十一、第十二、第十三党部，广东学生联合会，广东 74 个团体和佛山总工会所属的 120 余个工会，广东总工会代表的广东 35 个县的 672 个工会，以及香港总工会所属的 159 个工会都表示了对于分而不合的局面的痛心，希望两个中央党部立即统一……[③]

1927 年 7 月，自下而上的"党务统一运动"达到高潮。沪宁汉三方随着时势的发展变化，相应地做出了"合流"的反应。居正以《我党之统一运动》为题，在回顾中国国民党的分合历史以及统一的困难的同时，表达了促成中国国民党结束分裂局面的愿望，并提出"西山会议派"党

[①] 高维良：《1927 年国民党中央特别委员会剖析》，载《近代史研究》1988 年第 3 期。史全生：《国民党中央特别委员会述评》，载《历史档案》2002 年第 3 期。沈云龙：《民国史事与人物论丛》，台北传记文学出版社 1981 年版，第 245—248 页。谢幼田：《"联俄""容共"与西山会议（下册）》，香港集成图书公司 2001 年版。金永信：《西山会议派之研究（1923—1931）》，未刊稿，台湾政治大学历史研究所博士学位论文，1997 年。郭绪印：《国民党派系斗争史》，上海人民出版社 1992 年版，第 24—25 页。此外还有当事人的回忆，如邹鲁：《回顾录》，岳麓书社 2000 年版。汪瑞炯等编注：《苦笑录：陈公博回忆（1925—1936）》，香港大学亚洲研究中心 1979 年版。《李宗仁回忆录》，广西师范大学出版社 2005 年版，第 390—394 页。居正：《清党实录》，台北文海出版社 1985 年版。

[②] 谢幼田：《"联俄""容共"与西山会议（下）》，香港集成图书公司 2001 年版，第 456—467 页。

[③] 居正：《清党实录》，台北文海出版社 1985 年版，第 392—407 页。

务统一的三原则:"党源必清、党基必固、集中党之中心势力"。① 邹鲁在《回顾录》中也反映了此时"西山会议派"的活动及拥护统一党务的主张:

> 我们"上海中央"的成立,其主要目的全为"清党",曾叠向粤方中央(宁汉中央前身)各同志表示,共党脱离本党之日,即党务统一之时……旋宁方中央党部成立,而各方同志,认为宁沪一致"清党",党务应该统一,于是提议宁沪合作。②

在此时,南京方面又是如何考虑的呢?在"清党"基础上建立起来的"南京中央"虽然被革命军所掌控,而且还有一定资历的胡汉民、邓泽如等中国国民党元老的参与,但这一新生政权的地位仍然是岌岌可危。在军事方面:北方军阀张作霖在日本支持下,加上吴佩孚、孙传芳的残余势力和武汉所属的唐生智的三个军以及张发奎部队,随时都在准备对"南京中央"发起攻击;就是"反共"的国民军内部,李宗仁也不满意蒋介石对待西山会议诸元老的态度。在外交方面:1927年3月24日的"南京事件"使得英、日各国的兵舰云集宁沪之间,而日本更出兵鲁境,替北京的军阀政府做保镖;苏俄自然是支持武汉仇视宁方的;英国暗中对华中、华南的残余军实力派吴佩孚、陈炯明、孙传芳之流支持,随时掩护。这样,迫于内外形势的紧张,宁方为巩固政权就需要左手清除中国共产党,右手打西山会议,同时还要对付北方军阀和武汉方面的敌人。曾有人对此情势分析说,"宁方所持有的力量,既不能洞悉敌赋,大举北伐,藉以缓和内部纠纷,消除危机;又不能进军武汉,剿灭共产党巢穴,统一革命阵营。所以,对他们来说,唯一要务是壮大南京政府的力量,共同善后,而先使分崩离析的中国国民党阵营团结起来则成为首要之举,'西山会议派'则成了拉拢的首选对象"。③ 这样,鉴于基层国民党员和民众对党务统一的推动、"清党"后"西山会议派"向"南京中央"复合重圆的积极表现,加之"南京中央"本身联合"西山会议派"之"上海中央"党部的现实需要,沪宁的统一合作很快提上了日程,不久便出现了邹鲁所述的沪宁合作的商洽。

---

① 居正:《清党实录》,台北文海出版社1985年版,第490—491页。
② 邹鲁:《回顾录》,岳麓书社2000年版,第199页。
③ 雷啸岑:《三十年动乱中国》,香港亚洲出版社有限公司1955年版,第80页。

就在沪宁合作酝酿接近尾声时，武汉政府的汪精卫发动了"七一五反革命政变"，打出了"分共"的旗号。接着，中国共产党发动了"八一南昌起义"，粤方因之受到中国国民党内各方势力的谴责，遂由和平"分共"转向严厉"驱共"。① 鉴于武汉也拉开了"分共""清党"的序幕，"上海中央"党部即将武汉政府纳入统一目标，派出了与汪精卫有交情的许崇智至汉口，商量沪汉合作事宜，而且很快就得到了汪精卫的复函。与此同时，在李宗仁与汪精卫双方势力的要挟下，蒋介石"以退为进"地宣布下野，宁汉合作障碍随之扫除。就此，宁沪汉三方分裂的原因基本消失，所遗留的问题则是用何种方法实现三中央党部的大联合。

二　筹建：中央特别委员会的组织运作

1927年9月11—14日，宁汉沪三方代表经过四天谈话会的激烈讨论，最终商定了中央特别委员会机构的组成，具体情形如下（见表6）。

表6　　　　　　　　中央特别委员会的筹备

时间	筹备	决议内容	备注
9月11日	第一次谈话会	（甲）关于党务的：一、组织中央特别委员会，统一党务；二、中央特别委员会由宁汉沪三方共同推定若干人组织；三、宁汉沪三方中央党部将其职权委托于中央特别委员会；四、中央特别委员会除施行中央执行委员会全体职权外，应负责统一地方的中国国民党党部，并筹备中国国民党第三次全国代表大会，最迟于1928年1月1日开会；五、中央特别委员会委员32人，候补委员9人，三方共同提出全体人名。由中央执行委员会临时会议发表；中央各部部长人选由中央特别委员会决定。（乙）关于政府的：一、政府委员；二、各部部长；三、中央军事委员会委员；四、宁汉两方合并改组方法及人选，由中央特别委员会决定。（丙）统一宣言：推谭延闿、蔡元培、谢持及汪精卫起草	附加三点：第一，决定方式不采用表决手续，以全体一致为原则，避免多数压制少数的嫌疑。第二，讨论（甲）的五项时，原草案系"宁、汉两方将全体人名，由第四次全体中央执行委员会发表之"，后来决定删去"第四次"字样，改为临时会议。第三，宣言起草委员四人，互推汪精卫主持初步的起草

---

① 罗家伦主编：《革命文献（第16辑）》，台湾"中央"文物供应社1978年版，第90—92页。谢幼田亦指出"汪精卫在七月十五日主持的中央常务"扩大会议"所作的决定，仍然对中共分而不反。直到八月一日南昌的枪响了，汪精卫才下决心反共。很明显，汪精卫的立场的转变完全是被迫，是自己的前途到了山穷水尽，而非出于国民党的利益和国民革命的前途。他虽然反戈一击，中国国民党的元气已经大受损伤了"。见谢幼田《"联俄""容共"与西山会议（上）》，香港集成图书公司2001年版，第471页。

续表

时间	筹备	决议内容	备注
9月12日	第二次谈话会	推定中央特别委员会委员和候补委员： 沪方：林森、许崇智、居正、谢持、覃振、邹鲁；候补是茅祖权、刘积学、傅汝霖 宁方：李宗仁、李石曾、蔡元培、王伯群、伍朝枢、李烈钧；候补是叶楚伧、褚民谊、缪斌 汉方：谭延闿、孙科、何香凝、于右任、朱培德、程潜；候补是顾孟余、甘乃光、陈公博 三方共推：蒋介石、胡汉民、张继、吴稚晖、戴季陶、张静江、唐生智、冯玉祥、阎锡山、杨树庄、李济深、何应钦、白崇禧、汪精卫	应注意三点事项： 第一，汉方所推中央特别委员和候补委员的名单，系汪精卫亲自写后提出 第二，谈话会后，汪精卫特向蔡元培、谢持说明所拟宣言中的大意 第三，中央特别委员32人中和西山会议有关系的只有林森、谢持、居正、覃振、许崇智、张继、吴稚晖、邹鲁8人，占总数四分之一
9月13日	第三次谈话会	一、在中央特别委员中，公推5人，代行中央监察委员会职权。至于人选，由谈话会商定；发表手续，依照（甲）的五项办理。二、公推中央特别委员张继、于右任、何香凝、李石曾、蔡元培五先生代行中央监察委员会的职权。三、抽签决定中央特别委员和候补委员的次序	出席第三次谈话会的代表为28人：谭延闿、孙科、伍朝枢、程潜、叶楚伧、李烈钧、王伯群、于右任、杨树庄、许崇智、张继、覃振、邹鲁、谢持、茅祖权、傅汝霖、居正、刘积学、甘乃光、李宗仁、张静江、蔡元培、李石曾、朱培德、缪斌、汪精卫、陈公博、褚民谊
9月14日		上述出席三次谈话会的人员与其他相关人员于本日共乘专车赴南京	
9月15日		汉、宁两方在成贤街中央党部举行中央执监委员临时会议；沪方在紫金山总理陵举行中央执行委员会，分头一致将三次正式谈话会的结果决议通过，同时发表，中央特别委员会正式成立	

资料来源：邹鲁：《回顾录》，岳麓出版社2000年版，第167—168页。中国第二历史档案馆编：《中华民国档案资料汇编（第五辑，第一编·政治（二））》，江苏古籍出版社1991年版，第2—4页。

1927年9月16日，中国国民党中央特别委员会这一宁汉沪三方合流的产物，作为中国国民党中央政治党务的最高决策机构正式成立。当天下午，中央特别委员会第一次会议在南京举行，出席委员共25名，谭延闿任主席。会议首先决议修正后通过的中央特别委员会成立宣言。而这一由汪精卫领衔起草的宣言，特别推崇西山会议为"分共""清党"之先声，期许为三民主义之实现，"一方面继续清党，一方面继续北伐"，并明确申明"今临时会议已一致可决，推出委员会，组织中央特别委员会，代行中央执监委员会职权，改组国民政府，并于3个月内筹备第三次全国代表大会；而从前峙立之三党部均不复行使职权，从前三方面互相攻击之言论，皆成陈迹，不得复引为口实"。①

在中央特别委员会第一次会议上，对中央党部的组织进行了改组，决议设秘书处、组织部、宣传部、工人部、农民部、商民部、青年部、妇女部、海外部等一处八部，暂不设军人部。② 国民政府及中央军事委员会的组织机构大致为：国民政府由若干委员组成，推5人为常务委员，下设内政部、外交部、财政部、农工部、司法部、交通部、大学院；中央军事委员会也由委员若干人组成，委员中推主席团若干人。至于中央党部、国民政府及军事委员会人选，推谭延闿、于右任、张静江、李烈钧、张继等11位委员先行协商再提出公决。③

1927年9月17日，中央特别委员会举行第二次会议，确定国民政府委员及常务委员。因早在中央特别委员会成立之前，沪方就曾发表宣言表明只办党而不问政府的态度，所以，在国民政府成立之初，"西山会议派"都不愿加入。但据邹鲁回忆说："因程潜指责他们这一主张太狭隘——若不参加政府而只参加党务，还不能表示吾党的大团结。同时大家也劝沪方同志加入国民政府。沪方同志觉得再坚持下去，反留痕迹，所以居正、覃振、许崇智和邹鲁4人被推为国府委员。"至于政府各部会和机关，"西山会议派"还是一律没有参加。④ 国民政府的常务委员分别为汪精卫、胡汉民、李烈钧、蔡元培、谭延闿5人，西山会议诸人也没有参加。此外，大会还通过了《中央特别委员会规则草案》十二条。⑤

---

① 荣孟源主编：《中国国民党历次代表大会及中央全会资料（上）》，光明日报出版社1985年版，第47页。
② 《匪国民党中央特别委员会第一次会议记录》，中国第二历史档案馆藏，档号七一一（五）—107。《中国国民党中央特别委员会第一次会议议事记录（民国十六、九、十六年）》，台湾中国国民党党史馆藏。
③ 同上。
④ 邹鲁：《回顾录》，岳麓书社2000年版，第171页。
⑤ 金永信：《西山会议派之研究（1923—1931）》，未刊稿，台湾政治大学历史研究所博士学位论文，1997年。

1927年9月19日,中央特别委员会第三次会议决定中央党部组织人选。依改组党部小组委员提出的委员名单,决议如下(见表7)。

表7　　　　　　　中央特别委员会推定中央党部委员人选

组织名称	委员名单	主任委员
组织部	汪精卫、陈树人、谢持、王昆仑、景定成、潘云超、茅祖权、吴稚晖	谢持
宣传部	戴季陶、顾孟余、胡汉民、李煜瀛、潘宜之、王恒、张知本、覃振	胡汉民
工人部	麦焕章、陈公博、居正、陈个民	麦焕章
农民部	甘乃光、易培基、陈果夫、沈定一	
商民部	褚民谊、吴铁城、孙科、林焕庭、宋子文	
青年部	傅汝霖、缪斌、邹鲁、丁惟芬	傅汝霖
妇女部	何香凝、陈璧君、王文湘、俞庆棠、陈绵祥、吴章琪	
海外部	邓泽如、林森、萧佛成、周启纲	

资料来源:《"中特委"第三次会议议事记录(民国十六、九、十九年)》,台湾中国国民党党史馆藏。

从表7可以看出:在中央党部下辖的八部委员共43人中,与"上海中央"有关的人物不过十余人。这虽然比参与国民政府工作的人员多一点,但还是不到委员总数的四分之一。而汪精卫等后来却以此为例攻击"西山会议派"把持中央特别委员会。邹鲁则再三申明"'西山派'把持'中特委',操控中央党部,其实都是无的之矢"。

"西山派"真的把持(中央)特别委员会吗?这可说绝对不是事实。"西山会议"的各同志完全由于"清党"的意见相同而结合。本党实行"清党"后,"西山派"的目的已达,"西山会议"的名称便立刻取消。所以在"中特委"会成立的时候,不但"西山会议"的名称已不存在,就是"西山会议"的同志也没有任何特殊的组织。在这种情形下,怎样把持?即使退一步说,就算"西山会议"的同志在党务方面仍保持着一致的主张,因此表面上看来好像另成一派,但是"中特委"委员22人中和"西山会议"有关的,只有林先生、谢持、张继、居正、许崇智、覃振、吴敬恒诸先生和我8人，恰好占总数四分之一。有何把持可言？何况"中特委"的决议程序，前面已经说过，是采用全体一致通过的方式、既然如此，"西山派"更有什么方法来把持，所谓把持的攻击。这样看来，显然是无的之矢。①

但比较宁汉两方委员，"西山会议派"在中央特别委员会活动中最为活跃则是事实。因为中央特别委员会原本是宁汉沪三方的权宜机构，宁方的蒋介石自始至终没有参与，而且正是因为他的下野，才促成了中央特别委员会中宁汉的统一。汉方的汪精卫眼见中央特别委员会权力被"三方平分秋色"，急流勇退，而后开始猛烈攻击中央特别委员会之违法。这样一来，三方合作的中央特别委员会自然由"西山会议派"唱主角。对此，李宗仁也有分析说：

> 不过在"中特委"组织过程中，"西山会议派"分子大为活动也系事实。因"中特委"的组织，表面上是"清党"后的国民党各派团结，"西山会议派"凭其在党内的历史与资望，在此新的大团结形成之中，必然要取得位置。汪、蒋原均是"西山会议派"的死敌，今"西山会议派"借"清党"之机卷土重来，则汪、蒋不能坐视，自是必然的道理。②

综观中央特别委员会几个月之活动，除对外展现中国国民党党务统一的虚像外，其实际活动的成效并不显著。由于汪精卫、蒋介石等多数宁汉方实力人物的不参与，甚至是处心破坏，中央特别委员会的活动及其影响深受打击，导致许多决议事项无法确实执行。如中央特别委员会决议取消各地政治分会，除浙江政治分会曾向中央特别委员会电告于1927年9月底结束外，广州、武汉等地都明确表示拒绝执行。虽然与政治问题无关的案件——如设立最高法院，办《中央日报》等事项较为容易获得中央特别委员会委员们的共识，但在事关各派利益的案件达成共识就极为不易，而达成协议则更难见实效，从而

---

① 邹鲁：《回顾录》，岳麓书社2000年版，第173页。
② 唐德刚：《李宗仁回忆录》，广西师范大学出版社2005年版，第394页。

使得中央特别委员会根本无法发挥其领导过渡时期的功能，反而使党内纠纷日益丛生。加之蒋介石、汪精卫二人对中国国民党党政大权的觊觎，根基不稳的中央特别委员会在他们的联手攻击下，很快便被瓦解。

三 结束：蒋介石、汪精卫联手攻击中央特别委员会

对于蒋介石、汪精卫二人对中央特别委员会的真实态度及其表现，桂崇基曾表示说：

> 武汉政府将要瓦解的时候，推谭延闿、孙科二人来南京商谈宁汉两政府的合并事，汉口方面首领汪精卫本赞成"中特委"的成立，嗣以南京方面对汪空气不佳，自觉当"中特委"之领袖无望，乃转而反对"中特委"，指其无法无据。是时，蒋因武汉方面之反对，为求达到宁汉合作之目的，乃自动辞职。"中特委"成立后，国民党表面上结束了分裂的局面。但是，蒋介石、胡汉民拒不与会，汪固极力反对"中特委"，即蒋方人物亦认为欲使蒋复职，亦非推翻"中特委"不可，故"中特委"乃成为汪、蒋两方的集矢之地了。惟蒋方人物非如汪之大张旗鼓罢了。[1]

的确，蒋介石、汪精卫面对中央特别委员会"投机"不成后，便转而开始了"反攻"，只是各自的具体表现有所不同而已。

1. 汪精卫的反复无常

经过上海的三次谈话会，中央特别委员会基本确定了宁汉沪三方平分秋色的调子，同时也就否定了汉方的正统地位。汪精卫一直以正统自居，原想借蒋介石下野恢复其领袖地位，但见权力三分，大失所望，立刻停止出席第三次谈话会，而且不等中央特别委员会成立及召开会议，就"愤"而西去武汉，开始通电反对中央特别委员会行使中央职权。事实上，汪精卫之所以会反对中央特别委员会多归于"汪及汉方等要人权力欲之作祟"。

---

[1] 桂崇基：《中国现代史料拾遗》，台湾中华书局1989年版，第199页。

盖汪氏在宁沪汉接洽合作之时，其对成立"中特委"之态度始终便是"反反复复"，使人莫测高深。他在 13 日的上海谈话会中，曾亲笔提出汉方的 6 名特别委员与 3 名候补委员之名单，并当面对蔡元培、谢持说明起草《"中特委"宣言》大意，且对李宗仁再度说明"中特委"之成立已有廖仲恺被刺后组织"中特委"之前例可援，如此，在在都表示他对"中特委"之赞同，可是到了 13 日，汪就不复出席谈话会，另至宋子文寓所召集他武汉派班底的秘密会议。同日上海会议议决，以张继、于右任等 5 人代行（中央）监察委员职权，而汪氏因不列名，遂于即日发布隐退电，且当下潜伏九江。①

对此，曾为重要支持者的孙科，在中央特别委员会结束后，致电给蒋介石时亦明确指出：

> 自去年宁汉分裂，所谓法统，实已荡然无存，嗣以共产党阴谋继续显露，武汉亦进行"清党"，于是法统之说亦不可通，而统一合作之议应时以起。此去年 9 月，所以为宁汉合作，更进一步为宁汉沪三方党部合作，而有"中央特委会"之成立也。夫法统从道理而生，理从事实而出。当 9 月间沪上谈话会诸同志之意见，固曾深长之考虑，反覆之辩难，非偶然也。使大家均以党国前途为重，个人利益为轻，则党政既经统一，内部纠纷不生，各省党部得以从容整顿，第三次全国代表大会今已为开会之期矣。不谓少数无行，既经同意于先，忽持异议于后，藉法统之说，掩其擅权之私，覆雨翻云，兴风作浪，遂使两湖北粤，重罹浩劫；漫不加者，以为法统之争，而明言人观之，则天下汹汹，为此而三人争位、争意气而已。②

1927 年 9 月 21 日，汪精卫、唐生智等在武汉成立政治分会，拉

---

① "中华民国"史事纪要编辑委员会：《"中华民国"史事纪要（1927 年 7—12 月）》，台湾"中央"文物供应社 1975 年版，第 572 页。
② "中华民国"史事纪要编辑委员会：《"中华民国"史事纪要（1928 年 1 月 6 日）（孙科电文）》，台湾"中央"文物供应社 1975 年版。

开了反对中央特别委员会活动的序幕，中国国民党再次面临分裂的危机。而汪精卫的这一举动则完全出于"西山会议派"意料之外，邹鲁表示：

> 直到这时，"清党"工作和党务统一，可说"一帆风顺"，然而在"中特委"成立的时候，我在南京看到汪精卫一电，大意是说"破碎之党，归于完整，他引退了"。当时我还觉得平平的，忽而听见汪到了庐山……综算起来，这种把戏，自然以汪精卫为主角。他对于（中央）特别委员会，初说"完整党务"，继说"从前有先例"，三说"要开所谓第四次全体会议来追认"，四说"要开所谓第四次全体会议，取消（中央）特别委员会"。于是攻击"中特委"的呼声四起。①

1927年9月22日，汪精卫在汉口发表演说，说明中央特别委员会之产生于前例无所抵触，唯中央特别委员会之职权及不开第四次中央全体会议，是"迁就事实，不能不为此权宜措置"，"后又粉饰武汉成立政治分会之举，是有例可援，依法而设的"。②

1927年9月25日，汪精卫继续发表通电，谓其"虽解除政府职务，但仍将以国民党党员资格奔走革命"。③

1927年9月29日，武汉政治分会通电，指责中央特别委员会代行中央职权在党章上毫无根据，只能"与之做有条件之合作，至于中央特别委员会在党务、政治的一般决议，该分会则不承认有效"。④

1927年10月10日，为求得汪精卫、唐生智等对中央特别委员会之谅解，中央特别委员会特派代表孙科、伍朝枢、李济深、张继、居正、许崇智6人，与汪精卫、朱培德等举行庐山会议。⑤ 第二天，双方达成

---

① 邹鲁：《回顾录》，岳麓书社2000年版，第172页。
② 《上海时报》，1927年9月27日。
③ 汪精卫在1927年8月17日发表所谓"迁宁宣言"后，于20日协同谭延闿、于右任、孙科、顾孟余、唐生智等离武汉东下，武汉政权宣告结束。见"中华民国"史事纪要编辑委员会《"中华民国"史事纪要（1927年7—12月）》，台湾"中央"文物供应社1975年版，第435页。
④ 《东方杂志》，第24卷第14号。
⑤ 刘绍唐：《民国大事日志》，传记文学出版社1979年版，第376页。

协议。① 在南京方面的努力下，中央特别委员会得到了汪精卫的再次认可，汪精卫并应允孙科稍后即行赴南京。

1927年10月24日，汪精卫由武汉抵上海后，旋即赴广东，且说服张发奎与唐生智建立反南京联盟。②

1927年10月29日，汪精卫抵广州，与李济深、甘乃光、陈公博等共同举行"葵园会议"，决议在最短期间内召开第四次中央执行委员会。次日，汪精卫、陈公博等自广州通电，反对中央特别委员会，主张在广州召开四中全会。③

1927年11月5日，汪精卫等再次通电反对中央特别委员会，"南京'中特委'之存在，足以妨碍第四次中央执监委员会会议之进行，反'中特委'即反国民党之标语，乃其明证。是以弟等前电主张在广州开会，若祖庵诸同志坚持在宁，则'中特委'应即取消，最低限度，亦以明白停止其职权"④，提议先在广州或上海举行四中全会预备会议。

1927年11月19日，汪精卫与蒋介石、谭延闿、李济深等在上海晤谈，又将"取消'中特委'及其所产生之党务、政治、军事诸机关"作为宁沪汉合作的前提。⑤

以邹鲁为主要代表的"西山会议派"，则就汪精卫对中央特别委员会发起的上述一系列攻击言行，进行了一一反驳。

首先，指责汪精卫捏造事实。

反对"中特委"的，自然以汪精卫首屈一指。因此他的言论，可以作为代表。他说，他见了孙科同志提出"中特委"的主张，我气极了，我便退席，我便离开上海，但是事实完全不是这样的。查"中特委"的名称，最初的确是孙科先生所提出，但因汪精卫的竭力主张，才决定采用。我在伍（伍朝枢）宅谈话会，我问汪氏，假

---

① 决议正文13条，外加3条，载李云汉《从"容共"到清党》，台北及人书局1987年版，第775—776页。
② 李云汉：《从"容共"到清党》，台北及人书局1987年版，第775—776页。
③ 同上书，第738、743页。
④ 同上书，第789页。
⑤ 罗家伦主编：《革命文献（第17辑）》，台湾"中央"文物供应社1978年版，第158—159页。

使有人反对"中特委"、我们如何对付。汪氏即为我解释……也可见汪所说"气极""退席""离开上海"等语,完全是后来造出来的。

其次,驳斥汪精卫对中央特别委员会"合法性"的质疑。

他又诋诬"中特委"的产生,因为没有经过第四次全体大会决议,所以法律手续不合,但是关于不用第四次全体大会而用临时会议的经过情形,上面已经详细说过。何况正式谈话会结束后,各方到了南京举行临时执行委员会来决定成立"中特委",更不是党员或委员的个人运动,完全是中央执行委员会的决议。尤不是忽略了所谓的第四次全体会议。法律手续,并没丝毫不合的地方。汪精卫翻手云、覆手雨,说了的话不算,做了的事不算,所以也把自己所主张和赞成的"中特委",硬要取消了。

最后,明确指出汪精卫所谓"中特委非法"一说纯属"欲加人罪,何患无辞"之举。

……要取消"中特委",又非造些必须要取消的罪状不可,于是便转到"西山派"身上,说是"西山会议"把持"中特委","西山会议"腐化"中特委";因此已结束的"西山会议"又被拿出来做广告,更说得"西山会议"简直万恶似的,欲加人罪,何患无辞,但是这个方法可算是巧妙的了。①

就在汪精卫对中央特别委员会发起猛烈攻击时,蒋介石为重返政坛,则主动并亟谋与汪精卫合作,于是他们两人很快便开始联手。借助于汪精卫造成的反对中央特别委员会气氛,蒋介石再次彰显了军事强人的力量,"干脆果断"地制造了南京的"一一二二事件","西山会议派"成为万人指责的主犯。在这一致命打击下,中央特别委员会遂告结束。

---

① 邹鲁:《回顾录》,岳麓书社2000年版,第172—173页。

2. 蒋介石的武力张显

事实上，在中央特别委员会成立初期，不仅汪精卫、顾孟余、陈公博与唐生智等在武汉成立了中央政治委员会武汉分会，公开与中央特别委员会相对抗，中国国民党地方党部也兴起了反对中央特别委员会的一股力量。[①] 广州的李济深等一行反对取消广州分会并在其下成立临时军事委员会。南京国民政府发动西征以后，汪精卫又秘密离开武汉赴广东，与李济深等结合一起，召开了在广东的中央执监委联席会议，宣布"中执委常务会议"和秘书处在广州恢复办公，另立中央，与中央特别委员会对立。作为蒋介石势力范围的江、浙地区也不示弱，就在蒋介石离沪赴日考察的前一日，即1927年9月27日，一些人就以江、浙省党部和南京特别市党部的名义发表了联名通电。同时山东、奉天、直隶、绥远、吉林等省党部和北京特别市党部也发表宣言，否认中央特别委员会。

此外，据当时报纸记载说，因汪精卫的大力宣传，且表面上看来的确是由"西山会议派"主导中央特别委员会，所以，诸多以三民主义信徒标榜的中国国民党员便借"'西山派'叛党违教的前科"而对中央特别委员会表示不满并反对。大意如下：

> "中特委"中吸收了许多"西山会议派"成员，这些人在孙中山在世时就因反对孙中山的"联俄""联共""扶助农工"的"三大政策"，受到孙中山的严厉批评。在中国国民党的"二大"会议上，他们因组织"西山会议派"而不少人又被开除中国国民党党籍。这时孙中山虽已去世，中国国民党作为党的组织已背离了孙中山的革命路线，但是孙中山的思想影响犹在，广大中国国民党党员的人心犹在，他们不耻与"西山会议派"为伍，纷纷举行会议，或发表通电严厉谴责"中特委"使"西山会议派"归复，实属破坏革命精神之谬举，甚至发起救党运动。[②]

只是，在蒋介石出访日本回国之前，所有这些反对中央特别委员

[①] 郭绪印：《国民党派系斗争史》，上海人民出版社1992年版，第26页。
[②] 《东方杂志》，第24卷第22号、第25卷第1号。

会的举动和势力还都是分散的、地方性的，且有的已被中央特别委员会压制。而自蒋介石回国后，在其指挥下，反对中央特别委员会的势力便很快被聚集在一起。① 蒋介石首先拉拢汪精卫。1927 年 11 月 10 日，蒋介石一回到上海，即致电汪精卫，邀其来沪商议党事及召开四中全会，表示"欲使本党复归完整，非互相谅解，从速恢复中央执行委员会不可"。② 汪精卫接电后欣然表示赞同，随即与李济深一起赴上海，开始与蒋介石洽商四中全会事宜。这样，有了军事强人蒋介石与汪精卫的联合攻势，"南京中央"特别委员会不得不做出让步，同意在上海召开四中全会预备会，并在四中全会正式开会前，中央特别委员会即行结束。

我们知道，中央特别委员会的产生，尤其被"西山会议派"主导，这对蒋介石重返政坛、召开四中全会、恢复中央执行委员会都是极为不利。再者，中央特别委员会的筹建原本就同蒋介石的"独裁"愿望是大相径庭的。所以，蒋介石既拒不出席宁汉沪三方谈话会，又坚决不任中央特别委员会和军委主席团成员各职。实际上，蒋介石当时虽然下野，但通过其党羽手中仍握有实权。他的亲信陈果夫控制着南京国民党中央党部，第一军军官都是他的忠实信徒，他安置在南京及周围的爪牙时刻待命为他效劳，他身边的一批官僚政客为他重新上台一直在积极活动。③ 所以，蒋介石回国后不久，迅速罗织起了反对中央特别委员会的权势网络，并采取了"避实击虚"的策略，将首要攻击的目标对准了"西山会议派"——借打倒"西山会议派"并使中央特别委员会威信扫地的同时，却又不会开罪与"西山会议派"一起主持中央特别委员会

---

① 罗敏在其博士学位论文指出："即使蒋介石不反对，中央特别委员会已经只剩下 1 个月零 20 天的生命了，那么，蒋介石为何连一个月都等不及，却甘愿冒着破坏党的团结的风险去费力地推翻它了，问题的关键在于中央特别委员会采用了宁沪汉三分天下的组织方式，而且新组的国民政府采用委员集体领导制的原则，取消了国民政府主席和国民革命军总司令的设置，这无疑从制度上根本否决了蒋介石建立独裁统治的可能性。因此他一回国便把推翻中央特别委员会作为首要目标"。见罗敏《邹鲁与蒋介石关系研究 1923—1931》，未刊稿，中国社会科学院近代史研究所博士学位论文，1999 年。

② 广州《民国日报》，1927 年 11 月 11 日。

③ 郭绪印：《国民党派系斗争史》，上海人民出版社 1992 年版，第 29 页。

的军事实力派"桂系"①，使自己冠冕堂皇的重返政坛。于是，中国国民党中央党务学校②便充当了蒋介石打倒"西山会议派"这一重任的急先锋。

　　1927年11月20日，中国国民党南京特别市党部召开全市党员大会，当讨论到"拥护'中特委'"的议案时，与会者发生激烈争执。赞成议案者指责反对者为中共党徒，反对者则指责赞成者为"西山会议派"的走狗。受蒋介石势力怂恿的中央党务学校学生黄杰竟然跳到桌上，历数中央特别委员会为非法的理由，并呼喊"打倒'中特委'"的口号。结果，黄杰等4名闹事学生被大会捕拿交公安局。翌日中央党务学校学生职员乘汽车高挂"打倒'中特委'、国民政府、军事委员会"等标语，由中央党务学校校旗开路，结队在南京市中心游行，捣毁南京市党部牌匾；并赴国民政府请愿，迫使政府释放了被捕学生。③ 很显然，这是一起蓄意挑衅的事件，这也是蒋介石摧毁中央特别委员会的开端。

　　接着，在1927年11月22日下午，南京各界在公共体育场举行讨伐唐生智胜利庆祝大会。讨伐唐生智是"由'中特委'决定，经国民政府办理的，则此大会中尤不应有反对中央特别委员会之举动"。④ 但是，当天的会场充满了反对中央特别委员会与指斥"西山会议派"的气氛，会上，反对中央特别委员会的"传单、口号、标语、演说，极尽煽动能事。"⑤ 在戒严司令部当即呈报到军委会的报告中也说："……并

---

① 蒋介石在制造"一一二二惨案"陷害"西山会议派"的同时，却对"桂系"的李宗仁、白崇禧优待有加。李宗仁被邀请列席1927年12月3日上海召开的第二届四中全会的预备会议，并决定在开预备会议时，"军政重要事项，应当由当时仍为'桂系'军人控制的国民政府军事委员会随时先与预备会议协商，加以解决"。"西山会议派"却被完全拒之门外。详见《中国国民党第二届中央执行委员第四次全体会议记录》，文化印务局1928年版，第4页。
② 中央党务学校是在"四一二政变"后不久由南京国民党中央常务委员会决定，于1927年5月5日在南京成立的。开始时，蒋介石兼任校长，戴季陶、罗家伦为正、副教务主任，丁惟汾、曾养甫为正、副训育主任，陈果夫为总务主任。后来蒋介石虽然下野，但该校仍是他的天下。在反对中央特别委员会的斗争中，中央党务学校特别卖力。见"中华民国"史事纪要编辑委员会《"中华民国"史事纪要（1927年1—6月）》，台湾"中央"文物供应社1975年版，第2000页。
③ 《邹鲁文存（第3集）》，北华印刷局1930年版，第166、169页。
④ 同上书，第165页。
⑤ 同上。

后在场中发现一种标语，其意义与前在场所发者迥不相同，显系有捣乱分子，搅入其中，竟敢使用武器，残害我武装同志及民众，甚为可恨。"① 中央党务学校训育主任谷正纲发表演说，大呼"打倒'中特委'""打倒'西山派'"等口号，"煽动最为剧烈"②，台下该校学生振臂与之呼应。会后举行游行，中央党务学校学生走在队伍的最前列，并"有一部分暗藏手枪前往"。③ 当队伍行至中山公园门口时，遇军警阻拦，"方交涉间，军队进行开枪，秩序因之大乱，结果有大盛布店学徒郑廷贞、新沂园浴室工人范世林当场死亡，中央党务学校学生袁大煦重伤，5日后亦告不治。当场轻伤者75人。"④ 这即是蒋介石所一手操办的"一一二二惨案"。

曾目睹整个事件发生的尹述贤在纪念中央通讯社五十周年时，特意撰文《南京"一一二二惨案"发生的经过》，兹将原文摘录如下，以便对事件的经过能有更为真实和具体的认识：

> 民国十六年11月22日，"五四"运动时代的领导人段锡朋等，率领南京全市大中小学生，举行示威游行，反对中央特别委员会，最醒目的标语是"打倒中央特别委员会""打倒西山会议派"（居正、谢持、邹鲁、覃振……）当学生示威游行队伍至中山公园，南京卫戍司令部公园卫兵阻止队伍通过时，突然开枪向群众射击，以致打死数人，轻重伤者10余人，遂造成有名的"一一二二惨案"。此时中央社记者罗相贤及编辑王详辉等数同事，以此为党内问题，在新闻上应采取审慎的态度，绝不能作扩大宣传。适中央特别委员会员工，有后援会组织，诚恐消息不予采用，特请中央监察委员蔡元培，加以关照，蔡先生于12月12日给我的关照信，照录如下：
>
> "述贤同志大鉴：'一一二二惨案'，其原因为何，尚待法庭审判，而对于惨案内死者、伤者之同情，则人人有之，中央党部职工，兹以有后援会之组织，会中记事，苟非有挑拨煽动之嫌者，请

---

① 《上海时报》，1927年11月24日。
② 《邹鲁文存（第3集）》，北华印刷局1930年版，第165页。
③ 同上书，第169页。
④ 李云汉：《从"容共"到清党》，台北及人书局1987年版，第783页。

贵通讯社采用，不必过虑，专此奉布，并祝党祺。

弟蔡元培敬启 12 月 12 日。"①

显然，从事情发生经过看，"一一二二惨案"实为蒋介石势力一手策划制造，而其攻击的矛头就是"西山会议派"。对于此点，当时的国民政府秘书雷啸岑亦有揭露：

> "复成桥惨案"（即"一一二二惨案"）之所以发生，是有人害怕"中特委"限期召开全国代表大会的工作完成后，中央党务必然操在宁沪两派这些同盟会党人之手无疑，因而不惜使用苦肉计，以破坏"中特委"的信誉，乃乘南京市民举行讨唐（生智）胜利大会之际，派人暗杀参加游行的中央党务学校的学生，诬赖是"中特委"指使造成的，该会岂有在大会中制造惨案之理由！稍有常识的人，亦认为实系别有用心的栽诬之词也。迨蒋介石复职后，国府改组，李协和（烈钧）被排斥下野，"中特委"亦无形解散了，而原由国府移送法院的主犯陈海澄，亦悠然回国府秘书处复职，法院就未曾询问过，更没有不起诉处分的法定宣判，蛛丝马迹，真相迨可想见矣（陈海澄后当选行宪的立法委员，病逝于台湾）。②

"一一二二惨案"发生后，南京国民政府随即展开调查。1927 年 11 月 25 日举行会议，谭延闿任主席。谭延闿"适自沪返京"，坦白承认："若单纯共产党暴动，悉行拿捕，自属易办。此事发动，因上海有人主持，实党内之争，为人所乘，愈捕愈加纠纷。"③"一一二二惨案"发生时，蒋介石正在上海，显然谭延闿的讲话针对的是他。以后，"桂系"潘宜之的代表李宗仁、白崇禧到南京见蒋介石，因受"一一二二惨案"牵连提起这一事件，蒋介石轻松地回答："那个惨案是我当时政治上一

---

① 尹述贤：《思齐文胜》，载"中华民国"史事纪要编辑委员会《"中华民国"史事纪要（1928 年 12 月）》，台湾"中央"文物供应社 1975 年版，第 85—86 页。
② 桂崇基：《中国现代史料拾遗》，台湾中华书局 1989 年版，第 200 页。雷啸岑：《三十年动乱中国》，亚洲出版社有限公司 1955 年版，第 103 页。
③ 《邹鲁文存（第 3 集）》，北华印刷局 1930 年版，第 170 页。

个运用，现在事过境迁，不必介意。"①

蒋介石制造此一事件的初衷就是要把"西山会议派"搞得声名狼藉，进而从根本上拆散中央特别委员会。所以"一一二二惨案"一发生，蒋介石便开始从幕后走向前台，对此大肆渲染，极尽可能地煽动学生对惨案表示抗议。事发当天，他就发表了措辞严厉的讲话，称："倘不能将应负责者加以适当之惩戒，则革命者政府与反革命军阀毫无区别。"②

1927年11月25日，蒋介石在接见中央党务学校代表时，更公开表示："如果办理不当，我来领导你们革命。"③

1927年11月27日，蒋介石在《时报》的讲话，公然挑拨"惨案不必有兵权在手方能为此"，意在表明"西山会议派"这一"无枪阶级"制造事端的可能。

> 唯是日集会及游行之群众，其非共产党徒与"反革命派"，则为显然之事实。所有标语口号，即认为稍近激烈，要亦革命群众不能避免之事，岂能遽任军队开枪，对于徒手游行之群众，加以屠杀。此等举动，在革命的国民政府统治之下，不特前所未有。凡为民众所共弃者，民众自能驱逐之，初不必有兵权在手方能为此。民国十三年以前，吾辈并无军队，而革命进行未尝稍止，此案处置如不得其当，则责任所在，余深信真正革命之同志必不推诿以洗雪此革命史上之污点。故余甚望此案能早得适当处置云。④

这样，在蒋介石的"高度关注"和"蛊惑"下，南京反对中央特别委员会的学潮运动如火如荼地展开。首先是全国学生总会做出表示：

> 其为盗窃党权，企图推翻国民党之"腐化派"及"反革命派"

---

① 周一志：《关于西山会议的一鳞半爪》，载《文史资料选辑（全国第12辑）》，中国文史出版社2002年版，第119页。
② "中华民国"史事纪要编辑委员会：《"中华民国"史事纪要（1927年7—12月）》，台湾"中央"文物供应社1975年版，第709页。
③ 《宁代表谒蒋介石》，上海《国民日报》1927年11月27日。
④ 《上海时报》，1927年11月27日。

所预定之行为，不言而喻。事后反欲效段祺瑞对"三一八惨案"故伎，以共贼乘机捣乱卸责。不思事实昭昭，意兆共见，安能以一手掩盖天下耳目。国民党素以"拥护民众利益、为民众而革命"以号召于全世界，今竟冒充国民党之腐化分子"反革命派"继承军阀衣钵，屠杀民众……①

而后于1927年11月25日，南京中山大学及各校学生开始罢课游行，赴国民政府请愿，要求查办主使及抚恤死伤者。② 同日，上海特别市学生联合会召集了第三次代表大会，发表宣言，向中央执监委员会请愿，要求惩办凶手、驱逐腐化分子、取消惨杀民众的中央特别委员会、铲除惨杀民众的"西山会议派"。③ 随后，南京各界组成后援会，要求国民政府惩办凶手，同时在南京到处都出现了传单、标语，点出谢持、邹鲁、居正、覃振、傅汝霖等10人为惨案主使者，要求严办。

而且，早在汪精卫提出"'西山派'为腐化势力"的说法后，"腐化"一词便如同之前的"右派"一样成为了"西山会议派"在此一时期的"代称"。蒋介石为彻底铲除"西山会议派"势力，可谓是"文武兼备"——在"一一二二惨案"后特意成立了中国国民党职工"一一二二惨案"后援会，并创办了由蔡元培题词的《"西山会议派"黑幕专号——中国国民党中央党部职工一一二二惨案后援会特刊》。这是中国国民党内首次、也是唯一一次为攻击"西山会议派"所专门创办的刊物。刊物的主题便是"打倒腐化的'西山派'"，所登载的文章中则几乎全有"'西山派'腐化"一词出现。诸如：《我们为什么反对"西山会议派"》《"西山派"的诡谋》《三民主义的障碍物》《为血花惨案告青年》《"西山派"阴谋诬陷本会》《"特委会"的总理纪念周》《南京血花公园前大惨剧纪实》《我所知道的"西山派"》《"西山会议派"的护符》《应速拘押惨案的凶手》《傅汝霖用意何在》《"西山派"似蜜蜂》《"西山派"的分赃》《"西山会议派"之鸟瞰》《"特委会"内有名的"西山派"走狗》，等等。而其中心主旨无非是在表达："中央党

---

① 《教育界消息》，载《教育杂志》第19卷第12号，第2页。
② 同上书，第2—3页。
③ "中华民国"史事纪要编辑委员会：《"中华民国"史事纪要（1927年7—12月）》，台湾"中央"文物供应社1975年版，第910页。

部内真是黑幕重重，但是造成这种黑幕的是一班'奉天承运'的'西山会议派'及其走狗"，尽管"我们知道'西山会议派'是腐化的分子，然而看他们如今残杀民众的毒辣手段，又足以表现他们恶化的禽兽行为，人屠夫的'西山会议派'，真可谓帝国主义者军阀共产党三者之大成了"！而"用感化的方法对付腐化的'西山会议派'，就像使共产党接受本党的指导一样的滑稽，一样的不彻底，一样的妥协，那是非常危险的"，所以"我们要想拥护我们的国民党，先得铲除这些腐化的'西山会议派'及其走狗！"① "西山会议派"掉进了蒋介石的陷阱里。

接着，1927年12月3日，中国国民党四中全会第一次预备会议在上海举行。受蒋介石的指导，会议决定对邹鲁、谢持、居正等10人实行停职监视。1928年2月2日，中国国民党四中全会正式会议召开，蒋介石则有选择地将"西山会议派"的林森、张继纳入，担任国府委员，其余"西山会议派"要员仍被拒之门外。林森、张继加入南京政权是继1926年邵元冲、叶楚伧、戴季陶南下助蒋后，"西山会议派"发生的第二次分化。这种分化意味着在"西山会议派"力量受削弱的同时，蒋介石集团势力却在不断的壮大。

打倒中央特别委员会之后，蒋介石与"西山会议派"的关系正式发展为中央与分裂派系之间的权力斗争。蒋介石的"合法正统"地位确立后，他便开始通过"五中全会""编遣会议"和中国国民党"三大"来排挤、打击各反蒋政治派别和军事集团，使得中国国民党内的反蒋斗争此起彼伏。所剩无几的"西山会议派"在诸多的反蒋运动中表现的仍异常活跃，牵制了蒋介石很大的人力和武力，但最终因"抗日"而全部跻身于南京政权。当然，这并不是蒋介石的"降服"之功。"所幸的是"，"西山会议派"阻碍国共合作的这一发家举动最终还是得到了中国国民党方面的颂扬：

> 就党统与党纪而言，西山会议诸人因反对"联共"意见之不合而另立中央机构，自难见容于广州，且其采取的政略政策及行动路线，亦未必尽能确切适当。然就"反共"的意义和效果而言，"上

---

① 《"西山会议派"黑幕专号——中国国民党中央党部职工一一二二惨案后援会特刊》1928年。

海中央"无可置疑的居于先驱的地位，鼓舞并团结各地反共党员的力量，对共党势力的扩张自有相当程度的抑制作用。①

曾参与"上海中央"反共的黄季陆，则将西山会议与蒋介石的"清党"确定为"前后承接"的关系："我们必须知道西山会议的产生，完全是（中国）国民党受了反国民党理论与组织的（中国）共产党的侵害，由酝酿而至于成熟的（中国）国民党自救和再生的爆发。我们且看后来'清党'的实行和成就，在理论上和主张上无一不是西山会议当初的精神推动下来。西山会议可以说是'清党'的前仆者，没有前仆，后起总是困难些。"②尽管如此，从中我们还是可以看出中国国民党党内两种不同势力——"西山会议派"与蒋介石集团党统中央的区别所在，而且"西山会议派"的"清党"多是因蒋介石党统中央的举动才被认可。

蒋介石本人在众人的拥戴下，于1928年1月7日发表了《总司令复职时致国民政府电》，正式复职。此后不久，在中国国民党第二届四中全会上又恢复了国民政府主席、中央军事委员会主席和中央政治会议主席的设置。前者由谭延闿暂代，后两者统归蒋介石所属。至此，蒋介石正式确立了自己对党政军的统辖地位。

孙中山去世后，从"中山舰事变"发生起，中国国民党内便开始了军人主持一切，军权操控党权和政权的时代。"理"和"力"相冲突之时，"力"可以横蛮的取胜，这也就决定了中央特别委员会的结局。

3."西山会议派"的无奈

尽管主持国民政府实际工作的谭延闿、蔡元培、李烈钧表示愿意承担责任，但风潮却并不对准他们。③"打倒西山会议派"的标语铺天盖地而来，并将正在南京燕子矶游览的邹鲁、谢持及覃振、傅汝霖等人指为实际工作的操纵者。但是因为此前他们一直将注意力集中在公开反对中央特别委员会和汪精卫身上，所以对蒋介石主张严惩与惨案有关的"西山会议派"诸人的攻击言辞，很感意外，竟还以为蒋介石因对民众

---

① 李云汉：《上海中央与北伐清党》，《近代中国》第66期，1988年8月31日。
② 转引自李云汉《上海中央与北伐清党》，《近代中国》第66期，1988年8月31日。
③ 李云汉：《从"容共"到清党》，台北及人书局1987年版，第783—784页。

的爱护,"故一时真诚激于义愤,以致凭一面之词不及查事实",所以蒋介石的"主张虽错",但"其用意尚属可原"。① 于是,邹鲁、谢持等人则天真的以为只要澄清事实,蒋介石对其误会自然消除。"一一二二惨案"发生的次日,他们便在中央党部召开的谈话会上,提出由政府迅速彻底查办此案。在1927年11月25日的国民政府会议上,他们再次提议迅速查办"一一二二惨案"的肇事者,但是国府会议却以牵涉过大为由延搁不定。②

1927年11月29日,谢持、张继、居正、许崇智、邹鲁、傅汝霖6人联名发表《为特别委员会告同志书》,试图以此挽救惨局,声明中央特别委员会系经宁沪汉三方中央党部正式决议产生,是统一党务之临时过渡机关,断不能任意变动或取消。党之根本大计,有待于第三次全国代表大会之召开。

> ……固某等区区愚诚,只知有党,不知有派,无意气杂于其间,更非讳言西山会议;宁汉"清党",何一非西山会议数年来之主张行动,所谓求仁得仁,求己得己,唯有进而求党之统一。故中央特别委员会成立时,即将"上海中央"党部结束,移交于中央特别委员会,尚何有西山会议之存在。某等服中央特别委员会,亦只有个人党员资格,并无"西山会议派"之意义,兹之列名,亦本个人资格发言,一阵过去之事实而已,若夫某等个人之进退,早有声明,只求党之团结,无个人权利地位之见,时时皆可引退。唯中央特别委员会有正当之历史,则不能不恳切明白以告同志,以告国人,无使为一部分人一手掩盖天下目,此则某等今日不得已于言者也。③

1927年12月3日,宁汉两派重新合作,召开中国国民党第二届四中全会第一次预备会,两方的中国国民党中央执监委员出席,"西山会

---

① 《催速办首都惨案函》,载《邹鲁文存(第3集)》,北华印刷局1930年版,第169页。

② 谢幼田:《谢慧生事迹纪传》,台北近代中国出版社1991年版,第308页。

③ 《邹鲁文存(第3集)》,北华印刷局1930年版,第151—152页;罗家伦主编:《革命文献(第16辑)》,台湾"中央"文物供应社1978年版,第97—98页。

议派"中的中央执监委员被拒绝。会议主要讨论了对"一一二二惨案"的处理问题，蒋介石对"西山会议派"又落井下石，强调"民众已经指定共谋 10 人为主使与实施，则主名已得，何必再查，即应将指定之某某 10 人惩办"。① 于是，会议决定对邹鲁、谢持、居正等 10 人实行停职监视，听候法庭的检举传讯。②

1927 年 12 月 4 日，在上海召开的中国国民党第二届四中全会第二次预备会议上，决议中央特别委员会应于全会开会之日即行取消。

1927 年 12 月 5 日，上海《民国日报》发表居正、邹鲁、谢持向国民政府提出的议案，请求对南京事件查明真相，从速讨论，迅速办理。其中，并对"南京中央"党务学校的谷正纲制造混乱的情况，一再进行了解释：

> ……又查反对中央举动，大半出于中央所办之党务学校。当日会场中尤以该校训育主任谷正纲之演说煽动最为剧烈。本党自遭共产党破坏，数年来分裂之状，不可讳言，至今幸勉强统一。所有关于统一办法及党务进行事宜，党员中如有认为不尽适当者尽可以提出主张，正常讨论。今在首都党员，尤其是（中央）党务学校主任及学生之党员，偏不从正当办法着手，必取破坏党纪之轨外行动。此既于 11 月 19 日南京市党员大会时，反对掩护中央特别委员会之口号，致起纠纷；又于 21 日该校学生结队用汽车贴反对"中特委"、国民政府中央军事委员会之标语，高呼口号，游行市中，打毁市党部牌额，而犹未足，乃于讨唐生智胜利大会时，利用群众，极力蛊惑，逞成此惨祸……推彼辈用心，无非志在扩大范围，破坏党国大计……若不迅速办理，使主使者无所逃罪，使国人皆知此案真相，一般奸党可以任意造乱用而无所忌。死者不瞑，生者不安，人民日日在惊涛骇浪之中，甚非党国前途之福。为此具案，提出国民政府会议，请大会即付讨论……③

---

① 《东方杂志》，第 25 卷第 3 号。
② 荣孟源主编：《中国国民党历次代表大会及中央全会资料》，光明日报出版社 1985 年版，第 352 页。
③ 上海《民国日报》，1927 年 12 月 25 日。

同一天，谢持在上海寓所接见记者，当记者问及对1927年12月3日预备会议的停职监视态度如何时，他指出："所谓第四次全体会议，余等不承认……彼预备会用何职权，能停我辈之职，及监视我等。不过预备会中，有非推倒中央特别委员会不可者，用此借尸图赖之法，以打击（中央）特别委员会，深一步言之，或者仍是共产党决议之作用，亦未可知。"① 邹鲁同时也附和道："借尸图赖之法，至真至确"，"所谓预备会议对'南京惨案'（即'一一二二惨案'）郑重如此，对于党部政府之下，公然反对党部及政府捣乱市党部者，又置（若）罔闻，更何以对张黄叛（变），枪杀无数黄埔学生，预备会中之委员反有为张、黄作护符者。"②

1927年12月6日，谢持等前6人再次发表《告同志书》，详述中央特别委员成立之经过，"参加者皆系根据9月13日宁沪汉三方中委（中央特别委员会）之决议，实为促进大团结"，借此"希望党事之是非或能大明。"③

1927年12月21日，谢持、邹鲁等人联名致函国民政府常务委员谭延闿、蔡元培、李烈钧3人，催促从速办理"一一二二惨案"。函中指出：

> ……今蒋介石同志为何偏重南京民众如此，轻视广州民众如彼，两事相衡，觉蒋介石同志曩在所谓预备会议之关于南京之惨案言论，益足令人玩味不置。日前忽见蒋介石同志与丁惟芬、陈果夫联名致电于诸公，极力揄扬党务学校与谷正纲，持、鲁乃恍然于党务学校职员学生如谷正纲辈，敢于公然煽乱，事后又敢于藉案罗织异己，假民众之名，诬指鲁、持及居正、覃振、潘宜之、傅汝霖等10人为此案主使实施，举平日所不快者，悉行纳入，为一网打尽之计者，非无因而至，蛛丝马迹，在在可寻。④

---

① 谢幼田：《"联俄""容共"与西山会议（下册）》，香港集成图书公司2001年版，第494页。
② 居正：《清党实录》，台北文海出版社1985年版，第512—513页。
③ 罗家伦主编：《革命文献（第16辑）》，台湾"中央"文物供应社1978年版，第98—103页。
④ 《邹鲁文存（第3集）》，北华印刷局1930年版，第167—171页。

尽管,"西山会议派"深知"一一二二惨案"事件纯属诬陷,但对已定论的"主使者"的"莫须有"罪名却无可奈何,仅以谢持事发后的几则日记来印证。① 事发当天,谢持记载谓:

> 鼓励和造成这事件的,除了(中央)党务学校这些蒋介石的门徒以外,还有黄埔学生40几人专门从上海来,其后台是十分清楚的。南京由市党部发起,在公共体育场开庆祝西征军讨唐(生智)之胜利。有反对"中特委"之人口喊取消中央特别委员会等口号,(中央)党务学校教职员学生及黄埔学校学生由上海来京40余人实蛊惑之。将散会,枪声忽作,闻死伤不少。其时我与海滨适游燕子矶、三台洞,还兰居京寓,忽得此消息,大惊。卓以为死伤者可哀,而党国之不祥也。

1927年11月24日,谢持在日记中感叹"政治的肮脏龌龊"和"国民党的堕落"。

> 标语传单满坑、满谷,今日且明白涉及我与海滨、理鸣、觉生、休波诸人。午后更藉前日公共体育场开枪案罗织异己,而谓我和海滨、理鸣、觉生为主使杀人,休波、昆仑及张干之、潘宜之、金嘉斐、葛建时为实际杀人,且具逞国民政府正式控诉而请愿矣。政治果龌龊之事也!不幸吾党内部也堕落至此,可叹息也。

1927年11月25日记载,谢持等要求主政者迅速处理,但国民政府委员之间竟然"相视无所决,遂散会,可谓大奇!"并且谢持还发现"肇祸者已藉案张纲肆行罗织,而政府犹延搁不定办法"。② 邹鲁在《回顾录》中也感慨:

> 说是谢持、居正、覃振三先生找我主持的。其实我们手里都没

---

① 《谢持日记未刊稿》,转引自谢幼田《"联俄""容共"与西山会议》,香港集成图书公司2001年版,第492页。

② 谢幼田:《"联俄""容共"与西山会议(下册)》,香港集成图书公司2001年版,第492页。

有一兵一卒，无从指使；又不想取夺政权，何必要利用这种手段呢？尤其是居正先生，为了要到日本去，早已离开南京以便准备行装，也被列入，更属可笑。这可见被攻击的人，只要和西山会议有关系，就可以加上罪名；至于证据的有无，却是无关重要的。某一次国民政府开会，谭延闿先生适由沪返宁，担任主席；我再提出拿办主犯……谭先生说，"假使是单纯的共产党暴动，悉行拿捕、自属易办；实则此事发动，上海有人在主持。党内之争，愈办必纠纷愈多，因而搁起"。我也就明白了。那时我和西山会议有关的同志，早已自动离开南京，表示我们的立场是完全为党，而不是为个人，只要党国有利，我们少数人就是牺牲，亦无不可。①

事实上，当时的国府要人亦表示了对"西山会议派"的同情。《上海时报》记者曾就"一一二二惨案"访问蔡元培。当记者问到"外传该案发生前军警系属'西山派'主使"时，蔡元培答道：

此案依余个人意见，认为出于误会，盖当时一方为西征胜利，不必举行庆祝，且值宜兴、无锡暴动之后，中央重要各委员又在上海开会，难免共党混杂期间，乘机扰乱，故第一步阻止开会，第二步又组织游行。一方则以为当局压迫民众，但最后竟因误会而发生此结果，必为当时主使者所想不及，至各党部民众团体所指出此案之主使数人，必为平日民众所不满之人物，遂借此将其牵入。②

身为国民政府常务委员的谭延闿、李烈钧、蔡元培三人则以"待罪的国民政府常务委员"之身份发表宣言，以示负疚之沉痛。谓：

这惨案的负责者之罪，应十倍于"三一八惨案"之段祺瑞；应百倍于"五卅惨案"之英帝国主义者，这是人人能承认的。负责究竟是谁，自然是政府，尤其是我们三个人良心上决不愿有所推诿，

---

① 邹鲁：《回顾录》，岳麓书社2000年版，第174—175页。
② 《上海时报》1927年11月28日。

谨党度则办理此案。①

同时，李烈钧还认为该惨案肇祸于党争，此党争非国共之争，实中国国民党内不满中央特别委员会之争。当时闻知国民政府秘书处职员陈海澄涉案，即为愤怒，主张严办，拟于枪决，因谭延闿力主送去法院而作罢。② 就这样，"西山会议派"明知是蒋介石图谋夺权，制造事端，却斗不过蒋介石，只能默认既成事实，"廖仲恺事件后被排北上的"的历史再次重演。1927 年 12 月 28 日，在一片"打倒""取消"声中，中央特别委员会秘书叶楚伧向中央报告办理结束呈文：

中央特别委员会宣告结束。案奉常务委员手谕内开：中央党部应准备结束，活动费除必不可少者之小费再行核酌外，一律暂停支付。至各项 12 月份生活费，即经造有名册，需款若干，俟商财政部如数发给，或先发若干。党部内之文卷等，均限于本月 28 日以前办妥；并通知各部处遵照准备等因，奉此。除业遵照通知各部外，职处经于连日妥为准备，所有文卷、会计、庶务等项，均经完全办法妥为结束，静侯钧会交代。除酌派职员盛毓鑫等 6 人妥善保管职处一切文卷外，即于本月 28 日止，妥为结束。至职处所有人员，在平日多数均能勤奋工作，拟令其静侯钧会移报本党中央执行委员会会议分别调用资遣。速颁有遵谕妥办结束情形是否有当？理合备文呈报钧会鉴核，仰只批示只遵，谨呈中央特别委员会。③

至此，中央特别委员会被正式解散，其成立不过三个月又 12 天。"西山会议派"诸人却留下了很多相关记载，居正在《梅川谱偈》中说：

9 月，余等赴南京，出席"中特委"成立典礼，滥竽国民政府委员。不到二月，若有视余为强者，非打倒不可。只以不常在南

---

① 李云汉：《从"容共"到清党》，台北及人书局 1987 年版，第 785 页。
② 瞿韶华：《李烈钧评传》，台湾"国史馆"印行 1994 年版，第 257—258 页。
③ 罗家伦主编：《革命文献（第 17 辑）》，台湾"中央"文物供应社 1978 年版，第 179 页。

京，又不问事，无瑕可指。乃于 11 月 22 日，在南京秀山公园，不知以何开民众大会，酿成"一一二二惨案"。株连及余，组织特别法庭，冀兴大狱。俟以蒋公复职，余等退出中央及国府，案亦无形消失。①

谢持在《六十自述》中回忆说：

（民国）十六年南京从事"清党"，秋，汉口政府亦实行"清党"，遂由汪精卫、孙哲生来沪接洽，亦遂由沪宁汉三部会商，开会三日，决定沪宁汉三部合作，成立"中特委"……数月乱作，全党又分。斯时党员门户之见未除，竟有不惜牺牲人命以快一己之大欲者。退居上海，所不能忘者党事尔！而南京大张标语，打倒谢持，提案中央组织惨案委员会，各种印刷物品，风起云涌。②

对所谓"腐化"一说，邹鲁更是愤愤不平：

"西山派"真的腐化"中特委"吗？老实说一句，参加（中央）特别委员会而与"西山会议"有关系的 8 个人，都追随总理革命奋斗有 20 年以上的历史。革命的总理会在这样长的时期里，对于这种容易腐化的人，竟一句暗示的批评都没有而反认为信徒吗？纵令"西山会议"的同志真已腐化，但是他们在"中特委"中只四分之一的绝对少数，也决没有腐化到整个"中特委"的道理。再以（中央）特别委员会的成绩而论，在它成立三个月的期间中，曾北讨北方的军阀、西征本党的叛徒，南平共产党的暴动，更裁去十余万的兵，月减国库支出千余万元，腐化的"中特委"能有这种成就吗？若说"西山会议"主张"清党"、调整对俄政策、开除汪精卫党籍、解雇鲍罗廷等等，那是腐化的行为，那么为什么全党都先后一致地跟着做，却不易了解了。岂曲突锭薪的是腐化，焦

---

① 居正：《梅川谱偈》，载《居正文集》，华中师范大学出版社 1989 年版，第 543 页。
② 谢持：《天风澥涛馆六十自述》，载《谢持文集》，高雄四川同乡会 1985 年版，第 37 页。

头烂额的才算不腐化,所以从各方面说来"腐化"两个字不知道怎样解释。①

足可见,从中央特别委员会成立到"一一二二惨案"发生,这一过程对"西山会议派"人物的影响很大。事实上,这段历史也是"西山会议派"以革命党精神谋求中国国民党发展大业的尾声。之后,他们似乎已对由汪精卫、蒋介石所摆布的党国完全丧失了信心。在中国国民党成为中华民国执政党的同时,"西山会议派"在掀起的反蒋浪潮中开始逐渐向"投机的政客"蜕变。

4. 穷途末路的"西山会议派"

中央特别委员会被迫结束后,"西山会议派"即在中国国民党中央失去了权力。邹鲁、居正、许崇智、程天固等出洋,谢持、覃振、傅汝霖等则留在国内怏怏不乐,分散南北各地。②邹鲁等出国后不久,胡汉民因对蒋介石与汪精卫粤方委员合作不满,也偕孙科、伍朝枢等自沪启程,乘轮出国,赴欧考察。这样,反"南京中央"的"左、右派"巨头都已离开国门,中国国民党表面上暂时结束了派系纷争的局面。

邹鲁一行及胡汉民一行相继离沪出国,却正好逆向而行。邹鲁等由西向东,胡汉民等则由东往西,邹鲁等抵巴黎时,胡汉民、伍朝枢、孙科、王宠惠等已先在,且因"驻法同志对党的主张向来又是一致,晤谈甚畅,所以便决定多留数日"。③而刚上台不久的蒋介石却很怀疑胡汉民等在海外拟造成"第二最高外交机关",更担心胡汉民与邹鲁等两派结合,故想尽办法抵制两派在海外之活动。④

事实上,胡汉民、邹鲁却是"道不同不相为谋"。邹鲁、许崇智等坚持继续反蒋、反"南京中央",但他们一行此次出洋考察,实际上并没得到海外党部之直接声援。邹鲁等在日本短暂停留,经檀香山去美国,将离开美洲西岸时,邹鲁、许崇智、程潜、居正4人联署发出《留别西美同志书》,否认"(第)二届四中全会赋予蒋中正的党、政、军领导权,

---

① 邹鲁:《回顾录》,岳麓书社2000年版,第173—174页。
② 谢幼田:《谢慧生先生事迹纪传》,台北近代中国出版社1991年版,第322页。
③ 邹鲁:《回顾录》,岳麓书社2000年版,第185页。
④ 孔庆泰:《蒋介石抵制胡汉民孙科在欧活动函电选》,载《历史档案》1984年第2期,第66—71页。

呼吁国民党三全大会的早日召开"。① 因《中国国民党党章》规定，"有省及等于省之三分之一以上请求时，得召集全国代表大会②，固邹鲁等希望各省党员自动组织第三次全国代表大会，以解决党务纠纷。"③ 与此同时，邹鲁还乘机拉拢许崇智更接近"西山会议派"，因此出洋归来后之许崇智在精神上或行动上，比以前更热心赞同"西山会议派"的倒蒋活动。而胡汉民一派可算是"明哲保身"，主张继续与南京合作。他由巴黎致电谭延闿，向第二届五中全会提出《训政大纲》案，且南京方面也屡次致电胡汉民出席第二届五中全会。④ 所以，胡汉民派提前回国，终未与"西山会议派"战斗在一起。

"西山会议派"诸人因在中央特别委员会中受打击过重，并没有立即在政治上组成反蒋的阵营，而是观察之。根据谢持的日记，许崇智、邹鲁、居正等在1928年1月14日离开上海出国，谢持没有去送行。居正的《梅川谱偈》记述道：

  许崇智、邹鲁奉派出使欧美，约余送至日本，就近访朝野朋友。从日本回国后，居正继续到上海郊区杨行耕作。抗战以后曾经做司法部长的谢冠生，记述稍后他在杨行碰见居正的情状说道：先生起自田间，保持故习，终生不费，中年筑室吴淞杨行，四面旷野，马君武先生为其唯一邻居，故不常至，二十二年春，吾因事赴沪谒候，先生方蓑衣戴笠，手持耕具，赤足行泥途中，骤遇之，几不相识，比相将入室，留食纵谈，耳目所接，仿佛置身别一天地也。⑤

其实，居正还是在关注中国国民党的事情，他主持的《江南晚报》已成为与南京国民政府观点大为不同的重要言论机关。

许崇智出国回来后，过着引退的生活，崇尚老庄。居正称赞其为：

---

① 蒋永敬：《胡汉民先生年谱》，中国国民党党史委员会1978年版，第415页。
② 罗家伦主编：《革命文献（第70辑）》，台湾"中央"文物供应社1978年版，第59页。
③ 邹鲁：《澄庐文集（第4集）》，台湾中山大学出版部1934年版，第46—47页。
④ 蒋永敬：《胡汉民先生年谱》，中国国民党党史委员会1978年版，第427—429页。
⑤ 转引自谢幼田《"联俄""容共"与西山会议（下册）》，香港集成图书公司2001年版，第499页。

激流勇退，老庄之说有如斯……泰伯三以天下让，而周以兴，可谓至德也矣，民无德而称焉。故君子之用心，明德之所行，非以管窥天下所能测，抑非以挺撞之所得闻，先生淡泊明志……①

1928年11月，邹鲁环游世界29国后在上海住下，暂时不闻政治问题，而是致力于编辑党史，并完成《中国国民党史稿》一书。此时，冯玉祥之代表王鸿一来到上海，代表冯玉祥邀约在上海的"西山会议派"诸人，前往河南与冯玉祥交换意见。但当时在上海的"西山会议派"诸人，都怀疑冯玉祥是共产党，颇不愿与之接近，故对冯玉祥之邀请表示犹豫，只有邹鲁一个人最终去见了冯玉祥。② 与冯玉祥见面后，邹鲁移住天津，还是不过问一切政治。当不少朋友责备其态度太消极时，邹鲁则回答："一国政治的改进，决不是短期内所能见功。假如不到时候，就是责备人，未免尽于冲动，实非福国利民者所持的态度。"③

经过了两次展期，1929年3月18日，中国国民党第三次全国代表大会在南京召开。这次大会代表产生方法不民主，完全排斥了党内具有深长历史的居正、许崇智、邹鲁、覃振等"西山会议派"及"左派"。而且在第三届中央执行委员36人、候补中央执行委员24人、中央监检委员12人、候补中央监检委员8人中，除汪精卫、邓泽如外，汪精卫系统及"西山会议派"中原二届委员，几无一人当选。④ 南京方面包办大会，引起各方不满。同时，所召开之"国军"编遣会议，更引起地方军人对中国国民党中央的不满，"西山会议派"便利用此种形势运动军人，特别是以有过合作经验之"桂系"为目标。⑤ 分散南北各地蛰居一段时间的"西山会议派"诸人，从1929初开始活动起来，并与汪精

---

① 转引自谢幼田《"联俄""容共"与西山会议（下册）》，香港集成图书公司2001年版，第499页。
② 邹鲁：《回顾录》，岳麓书社2000年版，第259页。
③ 同上书，第260页。
④ 沈云龙：《扩大会议之由来及经过》，载《民国史事与人物论丛》，台北传记文学出版社1981年版，第267页。
⑤ 中国国民党第三次全国代表大会第十四次会议，决议永远开除"桂系"李宗仁、李济深、白崇禧等的党籍，使"桂系"极为不满"南京中央"，旋即与"西山会议派"达成协议共同进行反蒋。

卫之"左派"在这种环境下渐有形成联盟之趋势。①

在反蒋的军事步骤上,"西山会议派"斡旋各军事领袖成立讨蒋军;党、政方面主张先召开干部"非常会议","凡党员大会之召开、中央政府之组织及国民会议之召开均由此'非常会议'产生。'非常会议'则由各省忠实同志组成"。② 但同以反"南京中央"为目的的中国国民党"左派"至1929年初时仍不愿与地方军人结合反蒋。"改组派"首脑之一的陈公博认为"与军人共事是机会主义的态度",即"靠军阀来消灭军国主义"。③ 而时在巴黎的汪精卫因急欲与蒋介石争权,想法有所不同。随着汪精卫派与南京政府关系的恶化,到第二届五中全会结束后不久,汪精卫反对的军阀已经从北洋军阀转变为新军阀,并且视蒋介石为新军阀的代表。④ 所以此时,他在给王懋功的信中表示:"中国的国民革命,固然以民众为基础,这是根本的观念,不可移易的。中国革命,有一特质,便是使用武力……我们对于中国革命,要认真真切,便是以民众为基础。同时,还有注意于武力的养成。"⑤ 并且,进一步指出"新军阀"和"忠实武装同志"的区别在于两者对民众的态度:愿意和民众合作的是"忠实武装同志",亦即革命的武力,否则就是"新军阀",必须加打倒。⑥ 作为中国国民党"左派"的核心,汪精卫派自认是代表民众的,照此逻辑推论,凡是愿意和汪精卫派合作的军人,必然也就不是"新军阀"而是"忠实武装同志"了。⑦

汪精卫"反南京必要联合地方军人"的此一表态,立即得到部分改

---

① 汪瑞炯等编注:《苦笑录:陈公博回忆(1925—1936)》,香港大学亚洲研究中心1979年版,第200页。
② 《天津司令转许崇智"铣电"》1929年10月23日,《阎故资政锡山遗存档案·粤桂事变案》,台湾"国史馆"藏。
③ Wai - Chor, *The Kuomintang Left in the National Revolution 1924 - 1931*, New York: Oxford University Press, 1991, pp. 128 - 129.
④ 汪精卫:《本党总理孙先生逝世感言》,载《汪精卫先生去法国后之言论》,中国国民党河北省党务指导委员会宣传部1929年版,第92—99页。
⑤ 马长林选编:《汪精卫致王懋功密函(1929年1月1日)》,载《历史档案》1984年第4期,第59—60页。
⑥ 汪精卫:《新军阀的崩溃比北洋军阀更快》,载《汪精卫先生去法国后之言论》,中国国民党河北省党务指导委员会宣传部1929年版,第104—108页。
⑦ 王克文:《汪精卫·国民党·南京政权》,台湾"国史馆"2001年版,第140页。

组成员的赞同。① 为此,"改组派"上海总部主张成立"护党救国军",接头各地军事领袖。② 因从 1929 年 10 月,汪精卫自欧洲返国后所亲自指导的反蒋"护党运动"均告失败,所以至 1930 年 10 月时,汪精卫派便开始与所有反蒋军人结盟,同时一反当初"左派"立场,与保守的"西山会议派"合作。于是,基于"与军阀合作反蒋"的这一共同倾向,"西山会议派"与汪精卫的"改组派"开始合作于"扩大会议"之中。

四 小结

中央特别委员会的出现是党务统一浪潮自下而上的推动和沪宁汉三方上层领袖和平洽商后,众望所归的产物;是因"联俄""联共"分裂,又因"清党"走向统一的中国国民党急需的权宜过渡机构。它的组成可说是容宁汉沪三方之精英也不为过,如雷啸岑所述:

> 3 天会议出席人员的阵营,除胡汉民、蒋中正未预会外,所有中国国民党资历较深、名望较著的人物,可说都已聚齐,其未到会的文武要员,亦皆推任为特别委员了。再看其党政问题的决议案,落落大方,平允通达,完全是以大团结为主旨的。在第一次谈话会中,且规定不用投票或举手解决方式,遇事须得全体一致同意,如有一人发生异议,应再讨论,必须毫无反对者,始成定案,以免有多数压迫少数之嫌,办法殊为民主。③

中央特别委员会这一权宜机构的成立与国民政府的改组,表面上结束了自西山会议以来中国国民党党内之分裂状况,使宁沪汉三中央集合于此一新的领导机构,并在消除各方的歧见的前提下,使之能在稳定的状况下过渡到中国国民党第三次全国代表大会,产生新的中央执监委员会。事实上,倡议者的用意固非不善,但由于蒋介石、汪精卫两集团的

---

① Wai-Chor, *The Kuomintang Left in The National Revolution 1924-1931*, New York: Oxford University Press, 1991, p. 130.
② 汪瑞炯等注编:《苦笑录:陈公博回忆(1925—1936)》,香港大学亚洲研究中心 1979 年版,第 212 页。
③ 雷啸岑:《三十年动乱中国》,香港亚洲出版社有限公司 1955 年版,第 99 页。

夺权斗争，中央特别委员会根本无法实现党务的统一与团结的任务，所以，在尚未完成其中国国民党"三大"的筹备工作时，中央特别委员会便中途夭折。它的昙花一现更多体现了20世纪20年代中国国民党政治史的根本特色：军权至上。虽仅存三个多月（实际上自1924年12月初中国国民党第一届四中全会预备会召开后，中央特别委员会即已瘫痪，此后中央特别委员会开会时，多数委员已不再出席会议，以致会议不足法定人数，不得不改为谈话会），鉴于其影响的重大，学者们对其多有评价。

史全生认为，成立中央特别委员会本身就是宁汉沪三方协商妥协的一个临时举措，而不是长期的正规组织机构。中央特别委员会的成立本身是不符合《中国国民党党章》规定的。中国国民党内的实力派人物蒋介石、汪精卫、胡汉民等，都被举为中央特别委员会的委员——其中汪精卫还被举为中央特别委员会常委、国民政府常委和中央军事委员会主席团成员，胡汉民为国民政府委员会常委和中央军事委员会主席团成员，蒋介石为中央军事委员会主席团成员，但是他们又都没有参与中央特别委员会的工作。不仅汪精卫一向以党内领袖自居，蒋介石也长期掌握着中国国民党的军政实权，一向独断专行。可中央特别委员会实行委员制，一切政令都由常委们共同签署发布。这就使汪精卫和蒋介石失去了领袖地位和军政实权，自然表示反对。他们后面都有一大批追随者，自然也不愿意参加其间的工作并支持中央特别委员会。这就使中央特别委员会得不到权力系统的支持，不具备最高权威，大大降低了其在中国国民党党内的威信。而且中央特别委员会宣布取消中央政治委员会或政治会议及其分会，改组各省党部和省政府，"得罪"了地方实力派，引起了地方实力派们的反对，有时他们还和中央实力派联合，共同掀起一个个反对中央特别委员会的波澜。[①]

谢幼田则对中央特别委员会自身所无法克服的矛盾做出了进一步分析：北洋军阀的末日已经到了，取代者当然是中国国民党的执政者。底层的中国国民党员仍然保持着纯洁的实现三民主义的理想，这是他们推动"党务统一运动"的原因。但是，上层的中国国民党领袖人物，在即将执政的环境中，其中的部分已经开始被权力所腐蚀，他们追逐的是

---

① 史全生：《国民党中央特别委员会述评》，载《历史档案》2002年第3期。

国家的权力，是皇帝梦，手中的一切都是为了夺权需要的利用，包括他们叫得响亮的三民主义和国民革命。所以，所谓中央特别委员会的法统有问题，不过是权力争斗的借口而已。①

李云汉则指出：中央特别委员会始终未能获得宁方实力委员（蒋介石）与元老委员（胡汉民）的谅解与支持。蒋介石在沪宁两个中央党部的协商有成果的时候，为半路杀出的汪精卫所逼而通电辞职。他虽然下野，但与他同进退的政治人物仍保持着极大的政治影响力，其中有胡汉民、吴稚晖、张静江、李石曾等要人。胡汉民则因讨厌汪精卫而拒绝支持中央特别委员会。②在《李烈钧评传》一书中，作者对此问题也稍有探讨。作者强化了蒋介石、胡汉民二人的影响因素。文中写道：

> 孙科、谭延闿等9月5日乃前往上海，请胡参加15日南京大会，胡之责武汉"联共""卖党"，无资格参与全会，彼此不欢而散。不久，汪精卫等人也抵达南京，闻孙科在沪疏通无功，决定亲自访胡。10日，李烈钧等人同去，胡闭门谢客。宁沪汉三派在上海连开3天的谈话会，以消泯党中现有的派系，而代以新的机构。③

综合前人的研究，我们不难看出，中央特别委员会瓦解的根本症结在于没有得到握有军权的蒋介石方面与拥有军事后盾的汪精卫方面的真正认同和接受，中央特别委员会的委员制与两人"专制独裁"的野心是远相背离的，由此也就不难理解蒋介石、汪精卫"投机"不成后的"反攻"行为了。至于"合乎党章"与否，则应另当别论。因为在孙中山逝世后，中国国民党因派系分裂早已将之破坏殆尽，"法理""党统"成了一个解释不清的问题。而中国国民党"一大"所制定的《中国国民党的总章》原本就是国共合作的产物，中央特别委员会是在用暴力清除中国共产党员后，由所谓信仰三民主义的纯粹中国国民党党员组成的，自然也无须再去以仿效苏俄党章且被视为国共合作基础的中国国民党"一大"宣言和总章为依据来判断"合法"问题了。正如雷啸岑

---

① 谢幼田：《"联俄""容共"与西山会议（下）》，香港集成图书公司2001年版，第478页。
② 同上书，第479页。
③ 瞿韶华：《李烈钧评传》，台湾"国史馆"印行1994年版，第251页。

所言：

> 仅因统一后的党政权位，多为老党人所占有，使后进同志之业已显露头角者感觉不平与恐慌，而满怀领袖欲望的汪精卫又告失势，同时，曾为宁方所排拒的西山会议派诸人，且隐然具有左右党政措施的地位。积此三种原因，乃起了新的纠纷，目的只在攘夺权力，一切党统法统之说，都不过是藉口而已。①

所以，中央特别委员会遭致蒋介石、汪精卫联手摧毁便是必然了。

至此，一介书生意气的"西山会议派"再次成为了蒋介石、汪精卫权力斗争的牺牲品。作为"无枪阶级"的同盟会老党员，他们以革命党精神建设党国的尝试再次归于覆灭。因为"笔杆子出不了政权"，他们的诸多"文字"表达只能作为对时局不满的一种发泄，对20世纪20年代中国国民党军人当道的政局起不到丝毫的钳制作用。

第二节　与阎锡山、冯玉祥联盟之"扩大会议"

中央特别委员会结束后，"西山会议派"由执政中央沦为在野派系。与此同时，他们对中国国民党中央的分裂由先前的"反共""反鲍""反汪"开始转向"反蒋"。而在投身于各种对抗蒋介石"南京中央"的运动时，"西山会议派"出现了"政客化"的倾向，"扩大会议"的凑集煽动是为其"变节"的转折点。这节试从"西山会议派"的参会动机、所持的"党统"主张、会议前后的实际行为等三方面来分析其在"扩大会议"中所扮演的角色，以此对胡汉民对之"变节政客"一说能有更为深刻的认识。

"扩大会议"全称为"中国国民党中央党部扩大会议"，系指1930年7月13日，以汪精卫为首的"改组派"、以邹鲁、谢持为首的"西山会议派"、以阎锡山为首的晋军和以冯玉祥为首的西北军等在北京所

---

① 雷啸岑：《三十年动乱中国》，香港亚洲出版社有限公司1955年版，第103页。

召开的欲另立党统的会议。①"扩大会议"以"整个之党还之同志,统一之国还之国民"为号召,反对蒋介石"蒋即是党,党即是蒋,蒋外无党"的个人独裁专制主义,组织"国民政府",成立"约法委员会",草成《太原约法》,与蒋介石的南京国民政府相对抗。后来由于讨蒋军事逆转,阎锡山、冯玉祥节节败退,迁往太原。这是中国国民党内部一次声势颇大的反蒋行动。

因"扩大会议"的发起纯粹是为配合阎锡山、冯玉祥、"桂系"军阀的中原大战而为,而且大势已去的"西山会议派",仅是此次军事"反蒋"联盟的配角之一,加之目前学者对"扩大会议"这一史事已有诸多的研究②,所以,本节对"扩大会议"的起始过程仅做一简单概述,重点讨论"西山会议派"在"扩大会议"中的政治言行。

一 "扩大会议"梗概

起因:正如《1927—1934年的反蒋战争》一书所言"此一时期的反蒋运动,从党的领导机关而言,可标题为'"扩大会议"反蒋时代';但若从军事方面领导立论,亦可以称为'阎、冯联合反蒋时代'"。"在

---

① 郭廷以:《中华民国史事日志(第2册)》,台湾"中央"研究院近代史研究所1984年版,第597—598页。
② 以台湾政治大学的博士生陈进金的《另立中央:1930年的扩大会议》(载《近代史研究》2001年第2期)为代表,算是目前学术水平较高的专题性研究论文了。较早的还有沈云龙《扩大会议之山来及经过》,载《民国史事与人物论丛》,台北传记文学出版社1981年版。其他的多是回忆性的或是叙事式的文章。主要有:邓哲熙、戈定远:《冯玉祥与扩大会议》,载起政民主编《中原大战内幕》,山西人民出版社1994年版。田象奎:《国民党扩大会议始末》,载《山西文史资料》,第58辑。周一志:《关于西山会议的一鳞半爪》;冀贡泉:《阎锡山与扩大会议》;李俊龙:《汪精卫与扩大会议》;何汉文:《改组派在北平出演的"扩大会议"》;武和轩:《改组派与扩大会议》;薛笃弼:《扩大会议始末》;罗方中:《中原大战与扩大会议》,分别载于全国政协委员会编《文史资料选辑(全国,第12、16、36、1辑)》。唐德刚:《李宗仁回忆录》,广西师范大学出版社2006年版。顾维钧:《回忆国民党扩大会议》,载《顾维均回忆录》,中华书局1985年版。邹鲁:《回顾录》,岳麓书社2000年版。汪瑞炯等编注:《苦笑录:陈公博回忆(1925—1936)》,香港大学亚洲研究中心1979年版。或是以派系斗争的方式进行论述的。主要有:张同新:《国民党新军阀混战史略》,黑龙江人民出版社1982年版。郭绪印主编:《国民党派系斗争史》,上海人民出版社1992年版。韩信夫:《阎锡山与北平扩大会议》,载相从智主编《中外学者论张学良杨虎城和阎锡山》,人民出版社1995年版。存萃学社:《1927—1934年的反蒋战争(上册)》,香港东大图书公司1978年版,第138页。

阎、冯联合发动反蒋以前，蒋介石的'三假政策'：假清党以篡党、假统一以窃政、假编遣以扩军，已相当地达到了贯彻的目的。"① "尤其是'桂系'的第四集团军在武汉解体后，蒋介石及其所控制的'中央军'气焰很盛，拟乘势一举消灭阎、冯，以实现其党政军'清一色'理想。"② 所以，事态发展至1930年二三月间，蒋介石和阎锡山、冯玉祥关系已经濒于决裂，双方都在积极备战。与此同时，汪精卫、陈公博、邹鲁、谢持等在野派系也以反对蒋介石包办"三大"为名，积极策划，准备借军阀之力推倒蒋介石。于是，上述"政客"集团和军阀集团便联合组成反蒋阵线，阎锡山、冯玉祥两人所统帅的第二、三两集团的主力军队成为了"反蒋"运动的中心力量。"扩大会议"在此一背景下应运而生。

这一时期反蒋运动的最大特点是左右翼之大联合，即中国国民党内反蒋势力的整个统一。③ 自1929年初以来，拥蒋与反蒋两个营垒，早已呈极端尖锐的对立之势。这年元旦，蒋介石在南京召开"国军"编遣会议④，但在各集团军总司令冯玉祥、阎锡山、李宗仁等习惯于割据称雄的军阀看来，"疑编遣为'强杆弱枝'之计，又俱内调中央任要职，更疑为消除兵柄之谋，遂各怀二心，表面敷衍服从，实则伺机反抗"。⑤ 而汪精卫派的"粤二届""中委"及"西山会议派"之"沪二届""中委"，因在党务及政治上开展极为不顺，暗中也有所活动，对地方军阀的反蒋势力起了推波助澜的作用。前者如陈公博在上海主办《革命评论》及《大陆大学》，并组织"中国国民党各省市党部海外总支部联合办事处及中国国民党改组同志会"，以"改组派"称之。后者则有"中国国民党干部大同盟"和"中央临时干部委员会"两组织，并以居正

---

① 存萃学社：《1927—1934年的反蒋战争（上册）》，香港东大图书公司1978年版，第116、117—118页。
② 唐德刚：《李宗仁回忆录》，广西师范大学出版社2006年版，第468页。
③ 存萃学社：《1927—1934年的反蒋战争（上册）》，香港东大图书公司1978年版，第117页。
④ 《蒋、冯、阎编遣会议通电》，载《中央周刊》第29期，中国第二历史档案馆藏，档号七一一（五）—20。
⑤ 沈云龙：《扩大会议之由来及经过》，载《民国史事与人物论丛》，台北传记文学出版社1981年版，第266页；另见《编遣专刊》，载《中央周刊》第30期，中国第二历史档案馆藏，档号七一一（五）—20。

主持的《江南晚报》为议论机关（按，居正于1928年1月送邹鲁、许崇智往日本后，即仍返上海。在其所著《梅川谱偈》言："两者虽政治主张各异，但对南京国民政府及蒋介石个人肆意批评攻击，则殊途而同归，既以其俱托庇于上海租界，亦无如之何也。"①）所以说，"派系恩怨与地方动乱相结合"实为"扩大会议"发起的根本所在。②

经过：陈进金在《另立中央：1930年的扩大会议》一文中将北京"扩大会议"的全过程，划分为"争党统""争正统""争千秋"三个层面。③ 酝酿时期，即"争党统"时期，始于1930年2月10日阎锡山致蒋介石"蒸电"，主张"礼让为国，共息仔肩"，邀约两人同时下野。④ 而后，蒋介石、阎锡山之间展开了激烈的文字战，即电报战，也算是宣传战。至2月底，"南京中央"和阎锡山之间往复有十余封文电，相互围绕党国问题论辩。就在阎锡山、汪精卫等欲成立"扩大会议"与"南京中央""争党统"时，却出现了"改组派"和"西山会议派"的党统之争，"粤、沪二届"的纠葛难解，几乎使"扩大会议"胎死腹中，党务会议由北京谈到太原，又由太原谈到天津、北京，幸经晋阎代表赵丕廉、冀贡泉和覃振从中努力斡旋，才消弭双方歧见。"扩大会议"遂于1930年7月13日正式召开，与"南京中央"党部互相"争党统"。

此外，因在1929年"护党救国军"诸战役中，阎锡山等仍被视为地方政权对抗中央政权，难以号召；同时也为便于结纳地方实力派、解决财政困难和争取国际支持，他们积极筹组国民政府。1930年9月1日，北京"扩大会议"通过国民政府组织大纲，规定国民政府设委员会，由中央党部推举委员7—11人组织之，并推定1人为主席；在国民政府之下，设立内政、外交等11部。最后，会议还推选出国民政府委员及阎锡山为国民政府主席，通电全国。⑤ 北京国民政府正式成立，与

---

① 沈云龙在《扩大会议之由来及经过》一文中有引用此一段。并注明源于《梅川谱偈》，但笔者却没有在《梅川谱偈》中查到此言，姑做保留。
② 沈云龙：《扩大会议之由来及经过》，载《民国史事与人物论丛》，台北传记文学出版社1981年版，第265页。存萃学社：《1927—1934年的反蒋战争（上册）》，香港东大图书公司1978年版，第162页。
③ 陈进金：《另立中央：1930年的扩大会议》，载《近代史研究》2001年第2期。
④ 《国闻周报》第7卷第6期，《一周间国内外大事述评》1930年2月17日。
⑤ 《国闻周报》第7卷第35期，《一周间国内外大事述评》1930年9月1日。

"南京中央"政权互相"争正统"。

阎锡山、汪精卫等除了"争党统""争正统"外,还拟定"约法"以"争千秋"。"扩大会议"中通过的"求党真实意义实现"之7项基础条件,即可算为是阎锡山、汪精卫等人的政治建设蓝图,其中召开国民会议和制定"约法"更为时代所需。1930年9月18日,张学良发表和平通电,"扩大会议"移往太原继续未竟之志,汪精卫、邹鲁等人深知随着战局变化,反蒋联军已不可为,但仍致力于"约法"的制订;1930年10月27日,《中华民国约法草案》得以完成。"扩大会议"虽然因军事的败退而解散,但其所提倡的召开国民会议和制定"约法"的主张,却为南京蒋介石所赞许,1931年5月5日国民会议开幕,12日通过"约法"。"是以,就中原大战的结果而言,阎、汪军事上虽告失败,但其政治主张却为南京所延续,斯可谓:'军事北伐,政治南伐'。"①

结束:张学良秘密入关、发表"巧电"、拥护中央(中央即蒋介石)是为"扩大会议"结束的主要原因。阎锡山、汪精卫、谢持等在北京成立政府后,与南京国民政府对峙之形势益为显著。以当时中原战事情形而论,双方适成相持不下之局,所以关外张学良的真正意向,实为时局推移之重要关键。以沈阳一地,南北两方代表云集,不下10余人之众,东北军本身亦有干部会议之召集。在张学良1930年9月9日、10日分别宴请南北代表后,于18日发出了呼吁和平,即日罢兵,静候中央措置之"巧电"。②张学良"巧电"既发,随即和平接受平津各机关及晋军防地,津浦线晋军实现总退却。9月19日,"扩大会议"委员汪精卫等乘车经石家庄转赴太原,其他有径赴天津者。在陇海线冯玉祥军亦相继退出兰州、开封、郑州后,"扩大会议"随之结束。③

只是部分"扩大会议"的委员如汪精卫、邹鲁等移至太原后,仍照常开会,并集中全力从事制定"约法",以期发挥主张于此根本大法之中。1930年10月27日止,委员会经三读完成草案,全文共8章211

---

① 陈进金:《另立中央:1930年的扩大会议》,载《近代史研究》2001年第2期。
② 《和平通电(1930年9月18日)》,载毕万闻主编《张学良文集(第1册)》,新华出版社1992年版,第316—317页。
③ 沈云龙:《扩大会议之由来及经过》,载《民国史事与人物论丛》,台北传记文学出版社1981年版,第267页。

条，世称《太原约法》，即日公诸报端。①《太原约法》公布次日，汪精卫赴山西晤冯玉祥，旋即同返太原，与阎锡山会商，决定阎锡山、冯玉祥下野，汪精卫离开山西。而其他"扩大会议"委员，遂亦纷纷他往。11月4日，阎锡山、冯玉祥联电张学良，声明即日解甲归田，并取消陆海空军司令部。阎锡山且于30日微服抵津，转往大连，冯玉祥则蛰居山西南部，暂时休息。至是，轰动一时之"扩大会议"遂告人去楼空，成为历史陈迹。

二 "西山会议派"的参与

依上述的"扩大会议"梗概，我们可以看出：从酝酿时期的党统之争，经"扩大会议"成立后的北京国民政府的筹建，至"扩大会议"结束后"约法"的继续制定，"西山会议派"都是主要的参与分子。那么究竟他们对"扩大会议"抱以何种态度，在大会中又置于何种地位，笔者试从"西山会议派"的参会动机、所持的"党统"主张、会议前后的实际行为等三方面来展开分析。

1. 参会动机：与蒋介石积怨已久

中央特别委员会被蒋介石、汪精卫联手拆散后，"西山会议派"骨干分子邹鲁、居正、谢持、许崇智等人分裂中国国民党中央的重心由先前的反汪转移为反蒋。尽管他们被迫出洋，或是避于租界，但仍关注时局，审视着蒋介石的执政行为，而且已或多或少地参与了反蒋的活动。

1928年1月3日，蒋介石再次制造分裂，主张召开只有宁汉两方的中央全会，谢持十分失望和愤慨，在日记中写道："蒋介石置敌不顾，一意内讧，美其词先清内部，实为己。嗟夫！中国国民党自此名存实亡，彼共产党窃笑其计售矣，于共产党夫何尤！"② 这种忧愤之情，在次日蒋介石复任国民革命军总司令的职务时再次表现，不过谢持仍予以期待："介石受国民政府之命复任总司令职，殆不义不信之尤也！是非不顾也，先后言论行动之矛盾不顾也，出尔反尔之不顾也，唯权位是

---

① 《太原约法》，全文见荣孟源编《中国国民党历次代表大会及中央全会史料（上册）》，光明日报出版社1985年版，第856—878页。同见邹鲁《回顾录》，岳麓书社2000年版，第275—304页。
② 谢幼田：《谢慧生事迹纪传》，台北近代中国出版社1991年版，第319页。

重。虽然，吾姑视介石今日以后之行为如何，吾不欲苛责！"① 不苛责他，依旧期待他，这态度在谢持收到蒋介石的赠金当天记载是一样的："蒋介石等能巩固吾党，吾人当资望之，并乐观其成。"② 中国国民党第二届四中全会在南京召开时，谢持抨击该会不足法定人数③，而后便专心于修建孙中山陵墓和孙中山遗体的保存办法。

1928年5月底，谢持离开上海去广州，路过香港时曾访胡毅生。谢持一到广州，时任广州政治分会的邵元冲便立即前来晤面，刺探谢持此次南下的目的。④ 谢持还在广州遇见曾在"上海中央"颇为活跃的黄季陆、桂崇基等，不过，两人已多时不与"西山会议派"有来往。黄季陆受戴季陶之邀，在中山大学任教，并任广东省党部执行委员会常务委员兼宣传部长。⑤ 曾任"上海中央"秘书长的桂崇基，因与邵元冲有密切关系，于5月20日应邀南下。⑥ 1929年3月，黄季陆出任中国国民党第三次全国代表大会四川代表，至南京出席会议；桂崇基为中国国民党第三次全国代表大会赣省指派代表⑦，又被推选为候补中央执行委员，也断绝了与"西山会议派"往来。

谢持归上海之后，蒋介石屡屡使人来信邀南京之游，欲请谢持任国民政府监察院长。谢持则坚持"除非有全党团结，决不作个人之游"，以辞谢南京方面之邀请。⑧ 1928年9月，得知胡汉民回国到上海时，谢持便会同许崇智、居正等"西山会议派"主要人物试图阻止他去南京帮助蒋介石。但胡汉民表示对人、对事的观念需分别清楚相责⑨，旋即赴南京任中央执行委员会常务委员，谢持等消极的反蒋活动终告失败。

1928年10月31日，中国国民党中央政治会议决议组织四川省政

---

① 谢幼田：《谢慧生事迹纪传》，台北近代中国出版社1991年版，第319页。
② 转引自谢幼田《"联俄""容共"与西山会议（下册）》，香港集成图书公司2001年版，第499页。
③ 谢幼田：《谢慧生事迹纪传》，台北近代中国出版社1991年版，第322—323页。
④ 王仰清等标注：《邵元冲日记》，上海人民出版社1990年版，第427—428页。
⑤ 黄季陆：《黄季陆先生往怀文集》，传记文学出版社1986年版，第632页。
⑥ 王仰清等标注：《邵元冲日记》，上海人民出版社1990年版，第427页。
⑦ 《国闻周报》第6卷第9期，《一周间国内外大事述评》1929年3月11日。
⑧ 谢幼田：《谢慧生先生事迹纪传》，台北近代中国出版社1991年版，第328页。
⑨ 胡汉民：《革命过程中几件事实》，载《少年中国晨报六十周年专刊》，美国三藩市《少年中国晨报》，1971年版，第559页。存萃学社：《1927—1934年的反蒋战争（上册）》，香港东大图书公司1978年版，第253页。

府，任命谢持为省政府委员兼建设厅长①，11月7日正式下达任命。谢持虽关心川事，却不肯就职，仅挂名而已。至1929年3月18日，蒋介石包办中国国民党"三大"，出现"西山会议派"几无一人当选的情形后②，"南京中央"指派谢持为出席中国国民党第三次全国代表大会四川代表。而且南京当政的胡汉民、李石曾、张静江等还专门私下劝说。谢持却以"非全党统一，我宁凄苦，不愿不讲是非，只图个人地位权势"为理由拒绝。③ 他在家书中写道："南京第三次全国代表大会，其中指派我为四川省代表之一，'共派'9人……我置之不理。因我在党务的关系上讲，则在南京之在位者，如胡汉民、张静江、李石曾诸人替我打算，本可感激，所惜不由其道也。"④

而与邹鲁、许崇智等一起出洋的居正，在日本访问朝野旧友之后，独自回国蛰居上海近郊宝山杨行，期间常去上海主持他所创办的《江南晚报》馆。⑤ 为扩张《江南晚报》及付印《清党实录》，居正还向谢持请求支援⑥，并于1928年冬完成《清党实录》的编印，为我们现今研究"西山会议派"留下了一手资料。1929年初，"南京中央"准备发动军事行动解决桂军控制的武汉政治分会，居正恐怕军事冲突影响桑梓，与张知本联络组织战事。⑦ 不久"武汉事变"发生，居正因受其冲击而再次投身于反蒋行列。

1928年底至1929年初期，邹鲁对蒋介石的态度是由"放弃责备"转向"公开反蒋"。⑧ 1929年7月，"中东路事件"爆发后，邹鲁遂决

---

① 周开庆：《民国川事纪要》，台北四川文献研究社1974年版，第388页。
② 《国民党第三次全国代表大会宣言、决议、宣传大纲》，中国第二历史档案馆藏，档号七一一（五）—146。
③ 谢幼田：《谢慧生先生事迹纪传》，台北近代中国出版社1991年版，第330页。
④ 同上书，第506页。
⑤ 《梅川谱偈》，载罗福惠《居正文集》，华中师范大学出版社1989年版，第542页。
⑥ 谢幼田：《谢慧生先生事迹纪传》，台北近代中国出版社1991年版，第322、325—326页。
⑦ 居正与张知本都是湖北人，张知本在西山会议上海"二大"当选为中央执行委员会。张知本时任武汉政治分会九位委员之一。参见存萃学社《1927—1934年的反蒋战争（上册）》，香港东大图书公司1978年版，第48页；《梅川谱偈》，载罗福惠《居正文集》，华中师范大学出版社1989年版，第542页。
⑧ 罗敏：《邹鲁与蒋介石的关系》，未刊稿，中国社会科学院近代史研究所博士学位论文，1999年。

定"离日回国"①，但是，回国后面对的不是"兄弟阋墙，外御其辱"的场面，而是被"悬赏缉拿"的传闻。所以，他转往东北后，向张学良提出视察前线的要求但遭到了拒绝。1930年3月3日，蒋介石在电复张学良敦促阎锡山醒悟时，其条件之一便是"驱逐在平津一带活动之邹鲁、谢持等，俾国府命令得以实行"。②邹鲁得知蒋介石电文内容后，即发表《致蒋介石电》，表示他为"手创民国之一人，尤为国民党三十年来最前线革命奋斗之一人，实为党国之主人翁，谁也不能驱逐"③；并且劝说蒋介石不应以党国视为个人之物，不然全国国民、全党党员绝不能坐视。此后，他仍坚持在东北各地考察，但结果令他对蒋介石彻底失望——"知事变之生，责在介石，借外压内，肇此大祸"。④至此，他对蒋介石治党、治国成功不再抱有希望，反蒋的态度也由犹疑逐渐变得坚决。

与此同时，地方军阀也开始了紧张的反蒋军事活动。中国国民党"三大"之后，武汉分会免去了湖南省政府主席鲁涤平职，以何键继任，由此而引发了"蒋桂战争"。武汉的"桂系"军队因李济深被扣于南京、李宗仁被困于上海、白崇禧远隔于北方、黄绍竑留守广州，一时群龙无首。⑤"南京中央"军与武汉军（桂系）接触时，李宗仁、白崇禧等陆续南下赴六西布置军事，当时外面盛传"桂系"与"西山会议派"有所接洽，许崇智即将回广东参加反蒋军事行动。⑥事实上，在1929年4月间，反对并否认中国国民党"三大"及蒋介石的部分人士已在上海组织反蒋运动机关，倡言"护党救国"。⑦李宗仁亦已参加合作，并于1929年5月5日就任"护党救国"讨贼军南路总指挥。外面所称"西山会议派"与"桂系"的合作，就是这一行动。

1929年5月13日，谢持、居正、许崇智等秘密赴香港，联络"桂

---

① 邹鲁：《回顾录》，岳麓书社2000年版，第261页。
② 司马桑敦：《张学良评传》，台北传记文学出版社1989年版，第115页。
③ 邹鲁：《邹鲁文存》，北华印刷局1930年版，第145—146页。
④ 邹鲁：《治乱之机》，《澄庐文集（第2集）》，台湾中山大学出版部1934年版，第145页。
⑤ 存萃学社：《1927—1934年的反蒋战争（上册）》，香港东大图书公司1978年版，第51页。
⑥ 广州《民国日报》，1929年3月28日。
⑦ 存萃学社：《1927—1934年的反蒋战争（上册）》，香港东大图书公司1978年版，第53页。

系"李宗仁。① 只是,"西山会议派"此时还不愿与"左派"真正提携,所以反对"桂系"为"反蒋而拥汪"的态度。而"桂系"联结"西山会议派"之目的则为统一两广,以树立新的广东政府,其条件以两广军事交付许崇智,政治则委托居正、谢持等人负责,且已获得"广东派"之谅解。于是,"西山会议派"与"桂系"双方在1929年5月18日商定了反蒋"四项办法",即:第一,反对蒋介石任国民政府主席。第二,召集国民会议,政权还于国民。第三,否认中国国民党"三大"。第四,推戴许崇智为倒蒋军总司令。②

而在这时,"西山会议派"并没有公开表示与"左派"合作。汪精卫方面虽不企望能与"西山会议派"合作有何等好结果,但因反蒋之共同目标,还是与"西山会议派"有了联系。③ 况且,在他们看来,"西山会议派"与"桂系"之上述协议若能达成一致,汪精卫方面自身就很难在广东立足了。就在"西山会议派"与"改组派"酝酿合作之际,蒋介石为与阎锡山晤面去北京。在北京市党部的一次训话中,他将"西山会议派"与"改组派"相提并论,批评两派都像民国初年之"政学会"一样是投机分子,"离开中央造成另一种自私自利的事业,完全想来取巧投机","'西山派'有历史,但是他虽有历史,离开了党就要消灭不能存在的。"④ 蒋介石又于1929年7月4日发表谈话,谓"党内不应有小组织",再次将"西山会议派"与帝国主义者、军阀及中国共产党并提,且表示这些势力均不足以动摇国民政府。⑤

谢持、许崇智、居正等在南方与"桂系"及"改组派"协商反蒋步骤时,另一位"西山会议派"健将邹鲁却在日本不过问政治,以致不少朋友都写信责备他的态度软化。东三省发生"中东路事件"后,邹鲁便离开日本回国去沈阳,旋去天津暂住,谋与北方军人合作之道。⑥ 因邹鲁与冯玉祥之旧有关系,此时"西山会议派"与原属第二集

---

① 郭廷以:《中华民国史事日志(第2册)》,台湾"中央"研究院近代史研究所1984年版,第445页。
② 《盛京时报》,1929年5月21日。
③ 《汪精卫之王懋功函》1929年7月21日,载《历史档案》1984年的4期,第63页。
④ 蒋中正:《自反录(第2集,第50卷)》,1931年版,第1588—1590页。
⑤ 金永信:《西山会议派之研究(1923—1931)》,未刊稿,台湾政治大学历史研究所博士学位论文,1997年。
⑥ 邹鲁:《回顾录》,岳麓书社2000年版,第263—264页。

团军的军事将领比较接近，时任第六路军总指挥兼安徽省政府主席的方振武，也是冯玉祥之旧部，为"西山会议派"运动的对象之一。"南京中央"查知方振武与"西山会议派"接近，赞同"反蒋大同盟"后，于1929年9月19日将方振武的驻南京办公处长捕拿，方振武本人在南京则被监视，翌日裁撤其总指挥部。①

邹鲁停留天津时，谢持等亦来天津，经多方联系，与反蒋的熊克武、邓泽如、马君武、赵恒惕等84人联名发表《反蒋宣言》，提出解决党务纠纷和解除民众痛苦之道，并表示凡赞成反蒋者，除中国共产党外，不问昔日派别如何，皆当团结一致。对于党政纠纷，《反蒋宣言》提出的两项解决办法是：

> 一、克期召集党员大会，建一个新党组织，使直接民权先行于党内，如此则党权还诸于党人，不致再为少数野心者所窃据，派别自无由而生，纠纷可因而悉解，是为党之统一。二、党既统一，即尽全党之力，从事于国民会议之筹备，举政权还诸国民，制定根本办法，并促各省省民大会，制订省宪，实行以县为自治单位，使中央不敢滥用武力以集权，此方亦不能妄藉分权以割据，是为政之统一。②

事实上，宣言中"召集党员大会，以一新党的组织"，并召集国民大会，已达成"党权还诸党人，政权还诸国民"，实为中央特别委员会瓦解"西山会议派"的一贯主张，也是阎锡山发动中原大战前党政革新主张之根据。这一主张基本上延续了中央特别委员会的立场，只是与"改组派"之继续广州二届中央法统的主张稍有不同。③ 至于减除民众痛苦之要务，《反蒋宣言》中也提出三项：

---

① 郭廷以认为方振武是因为与西山会议有关，所以在南京被监视。但据《冯玉祥日记》记载，策动方振武"反蒋"的是"西山会议派"。参看郭廷以《中华民国史事日志（第2册）》，台湾"中央"研究院近代史研究所1984年版，第494页；中国第二历史档案馆编《冯玉祥日记（第3册）》，江苏古籍出版社1992年版，第53页。
② 谢幼田：《谢慧生先生事迹纪传》，台北近代中国出版社1991年版，第334—335页。
③ 金永信：《西山会议派之研究（1923—1931）》，未刊稿，台湾政治大学历史研究所博士学位论文，1997年。

一、凡利用阶级斗争，以分裂社会破坏整个民众利益，与夫藉口土豪劣绅残民以逞者，绝对禁止之。二、罢除一切苛捐杂税，发还非法没收之私人或法团产业。三、厉行法治，以保障人民之生命财产及信仰、言论、出版、集会、结社之自由。①

"西山会议派"诸人聚集天津从事反蒋运动时，闻知冯玉祥的西北军也欲在此时发动再一次的反蒋军事行动后，便由许崇智派代表晤冯玉祥，携交密信，表示合作反蒋之意。② 许崇智派人打听冯玉祥的意见后，冯玉祥的一位亲信前来天津，要邹鲁等前往山西。1929年10月20日，邹鲁抵达山西，此时正是阎、冯大军与中央军交战之时（当时在前线作战的只有冯玉祥的军队，阎锡山只负接济饷械的责任）。③ 因邹鲁就冯玉祥对中国共产党的态度拿不定很是担心，故一再劝冯玉祥道：

三民主义适合中国国情，其力量发展起来，非共产主义所能当，因共产主义原则虽好，但对目前工业落后，整个的受资本主义压迫之中国，殊不适宜，将来我辈子孙或可行之。并谓中山先生人格伟大，除其思想才干超人外，尤在"正大光明"四字，如以共党政策为阴谋，则中山先生当可称为阳谋云。④

而就在邹鲁与冯玉祥会晤期间，因"南京中央"派何应钦到太原，促阎锡山就任海陆空军副司令；方本仁也自北京到达游说，使阎锡山的态度随之发生变化，食言反覆。冯玉祥的部队受阎锡山"附蒋"的影响，其第二次反蒋军事行动，至1929年11月中旬大致已告失败，连洛阳亦被中央军攻下了。⑤ 于是与冯玉祥一起的人员，大都他去，在太原运动阎锡山的谢持也前往北京，邹鲁则仍留冯玉祥身边，"相与感慨"，

---

① 谢幼田：《谢慧生先生事迹纪传》，台北近代中国出版社1991年版，第335页。
② 中国第二历史档案馆编：《冯玉祥日记（第3册）》，江苏古籍出版社1992年版，第58页。
③ 同上书，第67页。
④ 同上书，第79页。
⑤ 邹鲁：《回顾录》，岳麓书社2000年版，第264页。郭廷以：《中华民国史事日志（第2册）》，台湾"中央"研究院近代史研究所1984年版，第508页。存萃学社：《1927—1934年的反蒋战争（上册）》，香港东大图书公司1978年版，第73页。

"国民党之躯壳徒存，精神早失"。① 此后，邹鲁便往返于建安、太原之间，一方面疏通阎、冯矛盾，另一方面促阎反蒋。

此间，"西山会议派"在北方的活动引起各方的关切，据《盛京时报》报道：

> "西山会议派"领袖邹鲁、谢持、覃振及黄兴之子黄一欧等最近先后赴平（北京），现在向各方开始猛烈运动。即谢持于数日前由晋返平（北京），邹鲁当在冯玉祥处有所策动。今后西北、山西、辽宁及西山四派之结合将成具体化，四派合力将维持新局面。②

"西山会议派"的一系列反蒋行径，最终激起"南京中央"的制裁行动。1929 年 12 月 12 日，"南京中央"常务委员会决定开除"左派"领袖汪精卫及"西山会议派"许崇智、邹鲁、谢持、居正等党籍，并下令通缉，是项决议当即发交中央监察委员会发表。③ 次日，许崇智、邹鲁、居正、谢持也发出通电，强烈要求蒋介石即时下野后由国民判罪，李烈钧及其他在野中国国民党元老连署此一通电。④ 但受开除党籍处分的"西山会议派"仍在继续鼓吹反蒋，于是"国务会议"于 1929 年 12 月 20 日，以"阴谋反动，危害党国"为词，明令通缉许崇智、邹鲁、居正、谢持等。到了第二天，即 12 月 21 日，就发生了居正及许崇智的参谋长耿毅等被第五师师长兼淞沪警备司令熊式辉诱捕事件。⑤ 居正等被捕后，方声涛、田桐、许崇智等致电阎锡山，请其为居正说情。1929 年 12 月 25 日，阎锡山至电蒋介石请求对居正等从轻发落；27 日，与居正私交深笃的日人犬养毅等电熊式辉为居正请命。⑥ 但各方营救居

---

① 中国第二历史档案馆编：《冯玉祥日记（第 3 册）》，江苏古籍出版社 1992 年版，第 74 页。
② 《盛京时报》，1929 年 11 月 22 日。
③ 《盛京时报》，1929 年 12 月 14 日。郭廷以：《中华民国史事日志（第 2 册）》，台湾"中央"研究院近代史研究所 1984 年版，第 526 页。后来中央监察委员会只发表了开除汪精卫党籍的决定。参见谢幼田《谢慧生先生事迹纪传》，台北近代中国出版社 1991 年版，第 336 页。
④ 《盛京时报》，1929 年 12 月 15 日。
⑤ 《国闻周报》第 7 卷第 1 期，《一周间国内外大事述评》1930 年 1 月 3 日。
⑥ 同上。

正的努力终无结果，一直到"九一八事变"爆发，居正因广州"非常会议"之要求才被获释。

至此，"西山会议派"与蒋介石的矛盾已呈白热化的态势，加之阎锡山、冯玉祥这一军事反蒋力量的遥相呼应，反蒋联盟的"扩大会议"可说是一触即发了。

2. 所持"党统"主张

自1929年初以来，拥蒋与反蒋两个营垒已形成极端尖锐的对立。若将双方的情形分为党务、政治、军事三个层面来分析，在反蒋的阵营中，党的力量便是以汪精卫为首的"粤二届"（"改组派"）和以谢持、邹鲁为代表的"沪二届"（"西山会议派"）的左右翼联盟，阎锡山、冯玉祥两派及"桂系"军阀则为主要的军事力量。为配合军事的进展，故欲以成立一个党务机构，形成一个强大的党政军一体的反蒋集团。但原本就势如水火的"西山会议派"与"改组派"在会商"扩大会议"的筹建中，却再次产生了争执；以致5月中旬，蒋介石、冯玉祥、阎锡山的大战已全面爆发时，北京"扩大会议"还尚未开幕，双方的联盟也争执的激烈几欲破裂。粤、沪双方出现纠纷的原因主要有两点：

> 一是为党统问题。因为"改组派"一时不能打破党统的成见，而要争取"粤二届"中央为"扩大会议"所继承之党的正统。其争持最激烈的，尤推汪精卫本人及其所领导的一部分委员，此观于汪氏之"东电"（6月1日所发）便可证明。而"沪二届"领袖如邹、谢诸人均主张双方抛弃党统不谈，以团结革命势力为前提，此观于邹、谢4月7日所发表的《对党务之意见》一文也可以证明。
>
> 第二，为派别问题。因为过去汪派自命为党内的"左派"，其后因主张改组，故之被称为"改组派"。汪派在过去就一直视"沪二届"中央委员为"右派"，及至现在，汪及同派仍常对"沪二届"有微辞，尤其是"改组派"的下层群众，常常有幼稚的言论发现，致益增党内两大集团势力相互间之恶感，而演成一时难于团结的形势。①

---

① 存萃学社：《1927—1934年的反蒋战争（上册）》，香港东大图书公司1978年版，第155—156页。

在历时半年之久的党统之争中,各派对于党务解决的主张,大致分为三个方面,为便于更全面了解"西山会议派"的主张,特将汪精卫方面及"黄埔同学会"等两派的观点也稍做介绍。"粤二届""中委"的主张,也可以说是汪精卫、陈公博一派之主张。起初汪精卫与陈公博二人也未达成统一,各执一端。

汪派主张,以"粤二届"为主体,联合"西山会议派"及各方,组织中央党部"扩大会议"。"以中央党部确定党的重心,以"扩大会议"集中党的人才",却根本不承认"沪二届"之历史地位,而执意"粤二届"为党部正统之争,故认为:

> 然十五年春间之第二届代表大会,实继承十三年春间第一届之后……自是以来,由统一广东而统一全国,不但于党务上为最高机关,于政治军事上亦为全国之指导者……若否认二中,则不但十五年以来党的枢机为之中断,而十三年以来之国民革命精神,亦几于泯灭……①

汪精卫又在"东电"后,于1930年6月12日所作《中央党部扩大会议之必要》一篇文章中说:

> 有些人说,"所谓党统,不过枝节问题,何必争论",这话实在糊涂。须知西山会议之于"二中",自始即不承认其存在,如果予以迁就,则十五年以来,"二中"所有决议以及一切行动皆归于无效。这便是将十五年来本党的生命,溯于既往的加以取消;同时也就将十五年国民革命的事实,溯于既往的加以取消,这是何等不可能的事实……所以我敢断定一句,如果牺牲"二中"以迁就"西山会议派",是不合理的。至于团结的动机,与"西山会议派"消释前嫌,以期一致努力,则我认为合理,这理由于"东电"已说的

---

① 《汪精卫"东电"(1930年6月1日)》,载《革命战线》第8期,1930年6月5日。

明白……①

陈公博派（多为"改组派"）则主张根本否认"沪二届"，彻底改组中国国民党，另起炉灶，重新来过；否则，应以"粤二届"为正统，或认定一个中心领袖（暗指汪精卫），由他放手组织。②

"沪二届"之主张，也可以说是邹鲁、谢持二人的主张，主要有两点：

一是对于团结革命势力，解决党务纠纷之意见。主张"组织委员会，团结整个的党，开国民会议，以政还国民"。"党已一分再分，一裂再裂……党统早已破碎，夫固万目睽睽……为事实计，非团结整个之党，不足以救党。而欲团结整个之党，只有就一届，或粤沪两个二届，或合各方各届之执监委员，组织一种委员会，以执行党之职务，最为适当。否则就各方或各方推出有历史、有劳绩之党员为代表，组成干部，亦无不可"。③

二是对党统之意见。认为"当次之时，主持党事之同志即应于人民相背之心理、军事政治之环境，深悟党内分派之非，而求一适合时事之需要，以树立中央……凡在同一讨蒋战线之本党同志，均应团结……"④

由上来看，我们似乎可将"西山会议派"及"改组派"内部在党统的争执分为"强硬派"与"温和派"。在"西山会议派"中，邹鲁、

---

① 汪精卫：《中央党部扩大会议之必要》，载南华日报社编《汪精卫先生最近言论集（1930年）》，香港1930年版，第207—215页。
② 其主张如下：第一，认为"要复兴中国的革命，必恢复本党十三年的改组精神，排除一切腐化恶化势力……将本党重新改组"。"沪二届"根本否认党的问题，不但目前不能解决，就是永远也得不到解决……"沪二届"就是目前中国国民党的问题不能解决的症结。见《革命文献（第8辑第2篇）》，台湾"中央"文物供应社1978年版。第二，认为解决中国国民党的问题只有两条大路：一条是维持党统，另一条是重新来干过。"要谈统，则不能不确认十五年来领导全国革命的'二中'……"。"重新干过"则是"认定一个中心领袖……由他放手组织，也不谈分割的对等人数问题，也不谈旧账的届别问题。"见陈公博《解决党是的两条大路》，《革命战线》第8期，1930年6月5日。第三，认为中国国民党的纠纷是"因为左右二派立场之不同"，其解决"只有用多数下层党员的革命力量，充实党的生命……于党恢复民主集权制"。见《革命文献（第8辑第4篇）》，台湾"中央"文物供应社1978年版。
③ 《最近对于党政意见》，载《邹鲁文存（第3集）》，北华印刷局1930年版，第90—94页。
④ 《论党统》，《邹鲁文存（第3集）》，北华印刷局1930年版，第96页。

谢持坚持"沪二届"之法统，他们只承认在上海所召开之"沪二届"为正统，只是其对党统的立场比较切实，不完全排挤"粤二届"之地位。覃振的态度比较温和，表示若不谈党的法统，纯取中国国民党大团结，则不必计较党统问题。而"改组派"的陈公博是根本否认"沪二届"，在党统问题上非常强硬，不接受"西山会议派"在党统方面的理论，坚持"粤二届"为真正的党统。汪精卫的态度较为温和，他虽然极力维护"粤二届"为正统，但仍显示出比较随和的态度，认为与"西山会议派"合作是必要的，所以不宜在党统方面太过强硬。[1] 当为党统问题两派固执成见时，覃振发表谈话，提出融统的调节办法。他主张首先成立一中央干部委员会，凡系"第一、二、三届革命分子"一致参加，而将来一切党政问题，均须取决于干部会议。干部会议成立后，再产生21人的常务委员会，再由常务委员会指派政治委员会，收揽全国各实力派及曾为革命奋斗者参加，再由政治委员会产生国民政府。在军事未结束前，先由干部委员会主持政治，待入于政治时期后，对党务根本办法将召集全国代表大会解决。[2]

此外，还有"中立派"的主张，即非"粤二届"亦非"沪二届"的主张。其大体意见如下：

第一，主张召集中国国民党第三次全国代表大会，认为"若以合法的党统立论，'粤沪二届'，严格绳之以法，恐均难能如律"。故"全国革命同志，应即认清环境，牺牲党统无谓之争，宾主之见"。[3]

第二，认为要解决党的纠纷，"治标的方法是不谈届、不谈统、不谈法；治本的方法是要根本消灭'左、右派'之名词，正确本党之理论"。[4]

第三，认为"本党革命之目标，自有主义与政纲所明示之范围在。所以在本党旗帜下，只有革命的与反革命的对敌……决不许发生什么左、右、中立等分化革命的派别成立……本党同志于政策上或稍有不

---

[1] 《大公报》1930年4月4日。同见汪瑞炯等编注《苦笑录：陈公博回忆（1925—1936）》，香港大学亚洲研究中心1979年版，第203页。
[2] 《国闻周报》第7卷第13期，《一周间国内外大事述评》1930年4月7日。
[3] 《北平特别市各区分部联合办事处宣言》，载彭明主编《中国现代史资料选辑（第3册）》，中国人民大学出版社1988年版，第265页。
[4] 《黄钟》，第1期论文第1篇，载彭明主编《中国现代史资料选辑（第3册）》，中国人民大学出版社1988年版，第266页。

同，而在神圣的主义与基本的精神，决不许有所歧异"。①

除上述三方面以外，还有一种最值得注意的主张，为中国国民党黄埔同学会北方区执行委员会所提出。他们声明：

> 我们是没有派的立场和小组织的背景，而是整个的中国国民党的工具、三民主义的信徒、民众的武力、党军的基干。我们的言论和主张是站在纯粹的整个的中国国民党的立场上。

其意见主要为：

> 从速成立中央党部"扩大会议"，重新登记党员，集中党的革命力量，团结所有革命分子。在步骤一致的目标和共同意识下，积极筹开合法的第三次全国代表大会，解决党的一切纠纷，建筑起党的新生命。根本消灭破坏国民革命联合战线和分散国民党势力的小组织。速开国民会议，以促进党的团结。②

显然，以上非汪派诸党内人士之意见，大体均与"沪二届"的主张相接近，他们皆反对固执党统成见，而主张无条件地促成反蒋革命势力之大团结。这足见"西山会议派"的党统主张在当时已取得了中国国民党党内大多数之同情，而"汪精卫之流的持偏私之见，站立于派别立场者，则遭到党内多数同志的严重反对"。③

3. 参与经过

筹备时期：此次参与反蒋的"西山会议派"成员主要是邹鲁、谢持、覃振、傅汝霖、茅祖权、许崇智等人。其中谢持、邹鲁、许崇智是最为积极的，而且是主动与阎锡山、冯玉祥合作，并为促成反蒋联盟而

---

① 《黄钟》，第1期论文第1篇，载彭明主编《中国现代史资料选辑（第3册）》，中国人民大学出版社1988年版，第266页。
② 《黄埔同学对时局宣言》，载《护党旬刊》第2期，1929年6月，中国第二历史档案馆藏，档号七一一（五）—309。《黄埔周刊》第3、4期合刊，论文第2篇，1930年7月14日，载彭明主编《中国现代史资料选辑（第3册）》，中国人民大学出版社1988年版，第268页。
③ 存萃学社：《1927—1934年的反蒋战争（上册）》，香港东大图书公司1978年版，第162页。

往返奔波，活跃于各派之间。覃振应阎锡山之邀，为调和粤、沪"党统之争"方面立下了汗马功劳。傅汝霖和茅祖权仅是附和邹鲁、谢持，参与其党务活动，所以在整个会议前后，表现并不很突出。以下就"西山会议派"之邹鲁、谢持、覃振诸人的活动做一梳理。

蒋介石消灭第二、四集团军后，陈兵津浦线，剿灭阎锡山之意已图穷匕见。阎锡山见形势于己不利，反蒋态度渐趋坚决，一方面拟就反蒋通电，另一方面派人联络各派反蒋势力。① 自阎锡山下定决心反蒋后，1930年1月28日，即命邹鲁前去冯玉祥处请求谅解。冯玉祥对阎锡山的反蒋决心仍颇为怀疑，则让邹鲁代为转达："应当立断，速则制人，迟则见制于人，并表示自己始终反蒋，任其以何为饵，皆不妥协，请其放心。"② 阎锡山也打破一向的沉默态度，提出"整个的党，统一之国"的主张，表示为实现此一主张，"十二分努力，以报党国"。③ 两天后，邹鲁又奉冯玉祥、阎锡山之命北上会晤张学良，寻求合作。与张学良会晤时，邹鲁劝他对国内政治保持中立，同时注意强邻的逼迫，保护好中国的国土。④

1930年2月10日，阎锡山致电蒋介石，主张礼让为国，力言武力统一不宜用于民主党治之下，约蒋介石"共息仔肩"，以弭党争。⑤ 由此，双方围绕党国问题展开了激烈的"电报战"。⑥ 与此同时，"西山会议派"也已在北方开始反蒋运动。⑦ 1930年前后，邹鲁、谢持等先后赴北京、天津，在"树立民主政治"和"倒蒋反共"两大口号下，怂恿

---

① 邹鲁：《回顾录》，岳麓书社2000年版，第264页。
② 中国第二历史档案馆编：《冯玉祥日记（第3册）》，江苏古籍出版社1992年版，第112页。
③ 存萃学社：《1927—1934年的反蒋战争（上册）》，香港东大图书公司1978年版，第162页。
④ 邹鲁对张学良所说的大意为："我希望你帮忙的很简单，因为你处于强邻逼迫的东三省，对国内政治只要不偏袒何方，守着中立，把中国的国土保护得好好地就完了。我对内政治的改革固切，而对强邻的逼迫，尤为注意；所以希望你这样。"邹鲁：《回顾录》，岳麓书社2000年版，第267页。
⑤ 《国闻周报》第7卷第6期，《一周间国内外大事述评》1930年2月17日。
⑥ 《阎锡山致蒋中正电（1930年2月10日）》、《蒋中正致阎锡山电（1930年2月12日）》及此后往来电文，见台湾"国史馆"藏《蒋档·革命文献（统一时期）》第7册。
⑦ 郭廷以：《中华民国史事日志（第2册）》，台湾"中央"研究院近代史研究所1984年版，第541—542页。

第四章 由"革命者"沦为"政客" 343

阎锡山发动反蒋战争。邹鲁还受阎锡山特别派遣,前往沈阳力劝张学良与阎锡山合作,并得到了张学良的首肯,免除了阎锡山反蒋的后顾之忧。① 至 1930 年 3 月 7 日,阎锡山、冯玉祥两系在太原做出"暂合作到底,毫不含糊"的一致反蒋协定。② 邹鲁则致电冯玉祥,进行鼓励规劝。电文中顺便指出了冯玉祥的弱点:"勿以待士兵之心待人才,尤勿以治军旅之道治国家,体谅人情,通达民意。持大体,不必亲细事;总大谋,切勿听细言。"③

1930 年 3 月底,阎锡山下定决心反蒋后,于同月 28 日派其代表赵丕廉、贾景德与谢持、邹鲁、陈公博、王法勤等两派要人协商党政问题。三方代表共同商定:汪精卫为中国国民党主席,谢持为国民政府主席,阎锡山为总司令。④ 后来谢持不肯接受国府主席职,力荐阎锡山兼主政,他自己只任国民政府委员一职。1930 年 3 月 30 日晚,三方代表再次在北京什刹海会贤堂开会,覃振与白崇禧也前来参加。会议中邹鲁、谢持与陈公博、王法勤因党统问题发生剧烈争辩,会议几致中辍。嗣经覃振力劝,遂继续讨论,最后决定:由第一、二、三届中央委员各 7 人组织"扩大干部执委会"⑤,俟"扩大干部执委会"成立后,再依次进行组织各种必要之机关,并请张学良参加等。⑥ 事实上,鉴于"改组派"只承认"粤二届",否认"沪二届",时在香港的汪精卫也反对"粤、沪二届"并存。而谢持、邹鲁二人对"改组派"否认"沪二届"的态度也极为不满,谢持且似有放弃再协商之意,所以该次会谈并未商洽出具体成果。⑦ 之后,谢持、邹鲁等"西山会议派"便开始将重心倾向于军事力量的反蒋。

1930 年 4 月 1 日,阎锡山在太原就任中华民国陆海空军总司令,并

---

① 邹鲁:《回顾录》岳麓书社 2000 年版,第 265 页。
② 中国第二历史档案馆编:《冯玉祥日记(第 3 册)》,江苏古籍出版社 1992 年版,第 135 页。
③ 雷啸岑:《三十年动乱中国(上册)》,香港亚洲出版社有限公司 1955 年版,第 159 页。
④ 谢幼田:《谢慧生先生事迹纪传》,台北近代中国出版社 1991 年版,第 340 页。
⑤ 《申报》,1930 年 4 月 3 日。
⑥ 《大公报》,1930 年 4 月 1 日。
⑦ 《谢持致曹叔季电(1930 年 4 月 3 日)》,《王法勤陈公博致陶冶公卢蔚乾电(1930 年 4 月 5 日)》,载《阎档·杂派往来电文(1930)》,台湾"国史馆"藏。

通电表示：他的就职是"从党员之催促，徇军民之请求"，不得已的；但既就职，便要"统帅各军，陈师中原，以救党国。"① 两天后，"西山会议派"的谢持、覃振、许崇智、邹鲁等便联名发出贺电，请阎锡山"领袖群伦，奠党国于磐石之安"。② 之后，谢持在致电许崇智时，亦表示，"'改组派'又欲否认'沪二届'，讨论数日，持等坚持'沪二届'平等谈，致无结果。阎有组军政府计划，大势如此，沪主张断难实现，应专效力军事为善"。③ 邹鲁还主动致电给正在潼关督师的冯玉祥，以为"党统之争"开脱，电文说道：

> 军事进展之时，党事未能商妥，致歉。而未能商妥之故，由于"改组派"必欲存彼方之二届而否认沪方之二届……且就"粤二届"证之，委员为30余人，反蒋者未及半数，其中"改组派"则不过数人，非特不能代表"粤二届"，乃欲否认"沪二届"，必为整个团结之障碍。证之数年来，"反共""反蒋"均系"沪二届"，岂"反共""反蒋"出自汪等则为功，出自弟等则为罪乎？进而言之党统实已破碎，而"改组派"则破碎之破碎，实不配再言党统。④

"改组派"的陈公博、王法勤于1930年4月1日赴太原，催促阎锡山早日组织政府，欲借此向"西山会议派"施加压力，但未见有何结果。邹鲁、谢持则继续在北京与覃振会商。1930年4月5日，阎锡山来电请邹鲁、谢持赴太原交换意见。6日，赵丕廉又奉阎锡山命来电促邹鲁、谢持、覃振、傅汝霖、茅祖权等来山西，早商妥善办法。同日，属于"改组派"的各省市党部海外总支部平津执行部，发表了激烈的《成立宣言》⑤，除叙述蒋介石叛党、祸国、残民的事实，仍强烈地主张

---

① 《国闻周报》第7卷第13期，《一周间国内外大事述评》1930年4月7日。
② 同上。
③ 《谢持致曹叔季电（1930年4月3日）》，《阎档·杂派往来电文（1930）》，台湾"国史馆"藏。
④ 《邹鲁致冯玉祥电（1930年4月9日）》，《阎档·杂派往来电文（1930）》，台湾"国史馆"藏。
⑤ 存萃学社：《1927—1934年的反蒋战争（上册）》，香港东大图书公司1978年版，第162—163页。

恢复"粤二届"的中央执监委员会委员职权以继续党统。针对此一宣言，邹鲁于次日发表《最近对党事政事之意见》做出回应，对蒋介石的独裁行为进行抨击的同时，对"改组派"之党统主张亦予以驳斥。①

在阎锡山的力邀下，邹鲁、谢持于1930年4月11日抵达太原，覃振因北京尚有未了之事没有同行。赴太原前夕，邹鲁曾与阎锡山的代表贾景德、温寿泉举行秘密会谈，获得初步共识为，"将党事另行讨论，先组织最高政治会议，并由该会产生政府"。②就此一事实，在邹鲁给冯玉祥的致函中亦有反映："对于解决党统纷争，他提出三种办法，或者只用一届行使职权；或者沪、粤两个二届行使职权；或者用革命方式另起炉灶。但是基于党统已破碎，邹氏更倾向于采用革命方式，主张舍弃法统观念，以有历史及功绩的同志组织干部行使职权"。③邹鲁的这一提议没有彼此门户见解之分，不但肯定了"粤二届"中央执监委员的地位，而且使南京第三届中央委员有了合流的可能性，并易于争取各派反蒋势力的一致合作。"盖阎锡山、冯玉祥均不是（第）一、二届"中委"，如果"扩大会议"只限（第）一、二届委员参与，阎、冯不能与闻，因此太原方面亦相当赞成邹鲁的主张"。④但此一会议结果，仍须征求阎锡山、冯玉祥及张学良同意后才能正式对外发表。邹鲁、谢持等人就带着这一方案赴太原谒见阎锡山，然未获得阎锡山的认可。阎锡山虽对此问题表示无成见，但坚持自己的态度，"唯望组织文人政府，武力居于服从地位，政府产生必须合法，由党部产生最恰当，希望双方化除成见，团结一致，始能实现整个的党与统一的国，故解决党务，刻不容缓"。⑤

1930年4月16日起，邹鲁、谢持、陈公博、王法勤及阎锡山的代表在太原会商党务问题。会议一开始，陈公博等就表示意见，只承认

---

① 邹鲁：《宣布最近党政意见》，载《澄庐文集（第1集）》，台湾中山大学出版部1934年版，第78页。《大公报》1930年4月8日。
② 《危道丰致张学良电（1930年4月9日）》，《阎档·杂派往来电文（1930）》，台湾"国史馆"藏。
③ 《邹鲁致冯玉祥电（1930年4月9日）》，《阎档·杂派往来电文（1930）》，台湾"国史馆"藏。
④ 《党统问题解决》，载《益世报》1930年4月11日。
⑤ 金永信：《西山会议派之研究（1923—1931）》，未刊稿，台湾政治大学历史研究所博士学位论文，1997年。

"粤二届"之法统。邹鲁、谢持则坚持粤、沪两个二届并立,将来如发表宣言时须将"沪二届"问题写入,不同意由"粤二届"发动主持一说。于是会议很快就陷入僵持状态。与此同时,身在北京的覃振则提出以"党权驭军权论"。覃振此一主张酝酿很早,曾于1930年2月底将该想法致书汪精卫讨论。汪精卫于1930年3月13日复函覃振,解释过去感情之误解,并表示赞成覃振"以党驭军"的主张,认为"吾辈若不能以党驭军,则终无办法",请覃振拟出具体办法。① 依覃振的看法,黄埔军校的开办是为"以党驭军"之始,北伐成功是为"以党驭军"之成效。现在政治不能无从着手,原因在于军队不能统驭,"以党驭军"实为以党治国谋一治标方法,为防止倒蒋以后其他同志之误入歧途,实行"以党驭军"乃为必要。② 汪精卫将"以党驭军"改为"以党治军",倡和覃振的主张。但实际上,"以党治军"也好,"以党驭军"也好,此次"扩大会议"在行动上仍不免利用军人,批评者多半认为真正实现以党治国难上加难,这些主张也只不过是一理想的治国方式罢了。

阎锡山、冯玉祥在建立起反蒋的总司令部后,因"扩大会议"的召开遥遥无期,使得他们无法用"合法"的党政组织去反对"非法"的第三届中国国民党中央及南京政府,借以名正言顺地讨伐蒋介石。于是阎锡山、冯玉祥两方亲自出面调解"粤、沪二届"的党统之争。为此,两人联合致电在香港的汪精卫,请他早日北上,主持党务。但汪精卫坚决不认同邹鲁等"粤、沪二届合并"之议,在给陈公博、王法勤的电报中说道:"中央党部'扩大会议'乃吾人最低限度之主张,决不再退一步。环龙二届较之蒋之伪三代会更为滑稽……弟意宜详告阎公,'二中'与'西山'已无可调停,阎公若重视'西山',即请阎公与'西山'共同组织中央党部及负政治完全责任。"③

殆至1930年5月,蒋介石、冯玉祥、阎锡山、"桂系"的中原大战爆发,反蒋军一开始便取得了良好的形势,蒋军在陇海线和平汉线上节节败退。但反蒋联盟的党务和政务却因"西山""改组"两派的党统之

---

① 《大公报》,1930年4月8日。
② 《大公报》,1930年4月14日。
③ 《胡宗铎叶琪致陈公博王法勤电(1930年4月21日)》,台湾"国史馆"藏。

争,尤其是汪精卫在香港不肯北上而迟迟提不上议事日程,以致无法成立反蒋的领导机构。迫于此,阎锡山邀请覃振出面调停双方的关系。

邀请覃振出面调停是阎系督军府商定的。当时在座的有阎锡山、赵丕廉以及后来成为礼聘覃振的特使冀贡泉,他们在商讨反蒋各派联合问题时,提到覃振。冀贡泉回忆如下:"……于是提到了覃理鸣(覃振),他是孙中山的老友,同盟会、国民党中的元老,素称'反蒋',住在北平。他本人是'西山会议派',但对于国民党的其他派别如'改组派''西北军'等皆不反对。"冀贡泉认为覃振调停好处是多方面的,"阎如能邀请这人出来,请他斡旋促成'扩大会议',以完成讨蒋建国的大业,一方面有了一根联合的新线索,同时也就表示我们要'扩大会议'成功的诚意"。① 阎锡山对此表示同意,并确定了请覃振出山的方式。冀贡泉说:

> 覃和阎虽然都是辛亥以前在日本参加的同盟会,但辛亥以后,他们一直没有来往,突如其来的邀请,稍有不妥,必须考虑个妥适的办法才行。这时就商定我作为阎的专使,到北平礼聘覃振促成讨蒋大联合的计划,并要我立刻替阎起草亲笔信一份,克日出发。②

冀贡泉衔命赴京,而覃振见到阎锡山的亲笔信后,欣然应邀,并积极穿梭于各派之间。他努力劝说双方暂撇开"法统""党统"不谈,从"非常"二字上着眼。

1930年5月2日,在太原党务会议毫无结果的情况下,陈公博、傅汝霖、黄少谷、陶冶公等自太原回北京。5月4日,陈公博在阎锡山的安排下,偕冯玉祥的代表黄少谷赴天津与覃振商谈党务问题,会商的结果对党务解决颇有转机。③ 在天津的覃振、张知本、茅祖权、傅汝霖、陈公博、胡宗铎、郭泰琪、叶琪、陶冶公各方代表共9人即在英租界开了一谈话会。为解决当前的各种问题,会中商定了两大原则:一是以党

---

① 冀贡泉:《阎锡山与扩大会议》,载《文史资料选辑(全国第16辑)》,中国文史出版社2002年版,第110—111页。
② 同上。
③ 韩信夫:《阎锡山的党统主张与北平扩大会议》,载《民国档案》1994年第2期,第92页。

国为前提,消释一切个人或派别之意见;二是完全采取非常手段,撇开数年来党内一切纠纷。并在这两个原则下,对所谓党事、国事的发展规划进一步达成协议:对党务,召开中国国民党第三次全国代表大会,绝对否认南京之"三大";对国事,召开国民会议并制定"约法"。① 协商有结果,即由覃振电告汪精卫征求意见,并请汪精卫本此大意草拟宣言。

稍后,覃振还给在太原的谢持、邹鲁详电,报告在天津协商的一切经过及决定,并嘱其转询阎锡山、冯玉祥有何意见,盼其于西山会议时提出;同时,另电阎锡山、冯玉祥,亦有详细之陈述。覃振致电太原诸位曰:"党事在津晤谈,拟有圆满办法,专候驾来,即行决定。亟盼即日命驾来平。并请次龙(赵戴文)、子良(薛笃弼)、商震、芷青(赵丕廉)诸公同来为感"。②

1930年5月7日,汪精卫起草的《北方党务宣言》电寄到天津,内容基本是根据北京天津讨论结果而拟,没有表示任何党统主张,在天津参加协商的各方代表对此一致表示赞同。覃振、茅祖权、傅汝霖等遂相偕赴北京,专门等候邹鲁、谢持等做最后决定。时在太原的诸人,接天津方面的促电,先在傅公祠开一次会议,决定日内即离太原赴北京,但邹鲁因病不能动身,赵戴文、薛笃弼、商震、赵丕廉因事缓行,只有谢持、王法勤、白崇禧及李宗仁的代表卢蔚干4人,于1930年5月11日下午到北京。

谢持等抵北京后,陈公博亦由天津赶到北京,各方代表于1930年5月13日在什刹海会贤堂开谈话会,"西山会议派"的出席者有覃振、谢持、茅祖权、傅汝霖4人。席间所讨论者以汪精卫日前电寄的宣言为主题。对汪精卫所起草的宣言稿,与会人物皆表示赞同,而阎锡山、赵戴文、商震、赵丕廉等也致电覃振,对宣言表示同意,由此使在北京各方代表大受鼓舞。③

但汪精卫在香港却迟迟不来北京,致使北京各方代表无法进行组织政府的准备工作。于是,"西山会议派"又开始对"汪的北来"进行努

---

① 《大公报》,1930年5月9日。
② 《国闻周报》第7卷第18期,《一周间国内外大事述评》1930年5月12日。
③ 《京报》,1930年5月15日。

力。1930年5月19日邹鲁偕赵丕廉、叶琪抵北京。叶琪表示他携带阎锡山的亲笔函致汪精卫，船到后便出发赴香港，会晤汪精卫报告一切，并促汪精卫即日北上。邹鲁则在北京车站发表谈话说："'粤二届'任期已满，且'中委'36人，有20余人在南京，当然不能继续党统。但'粤二届'如发表宣言结束，则未尝不可，'沪二届'力主采取革命手段，不谈党统，实行团结。如'粤二届'不坚持党统，'沪二届'亦将发表宣言结束。"①邹鲁到北京的次日，即参加什刹海会贤堂的党务协商，对汪精卫的宣言稿没有表示任何异议。且"粤二届"也准备发出结束宣言，"西山会议派"与"改组派"两派的意见渐次接近，唯双方尚争执于联合宣言中列入人数及先后问题。外传初拟"改组派"占13人，"西山会议派"占11人，再加入实际上负责之阎锡山、冯玉祥两人，共为26人。后因"改组派"主张"西山会议派"应再让出3人，另推"一届中委"三人补入，"西山会议派"未答应，故此事由覃振、赵丕廉分别向两方磋商。②

经覃振、赵丕廉的奔走接洽，中国国民党党务解决有了好转之势。然而，此时有出两个突出问题使党务问题波折重重。首先，"粤二届"方面主张将"扩大会议"定名为"中国国民党第二届中央执行委员扩大会议"。"西山会议派"认为大家既重新干起，可以不必提及"届"的字样，故主张此项"扩大会议"亦不冠"第二届"之名称。"改组派"以为此问题重大，须请汪精卫决定，如果汪精卫同意不冠"第二届"字样，则宣言发表，不然尚须再经疏通。③

不料，汪精卫却突然于1930年6月1日在香港发表"不惬人意"之"东电"，虽仍主张即开中央党部"扩大会议"，然对于所谓届别党统等枝节问题，又复旧话重提。电文中指出：

> 顷闻西山同志有所不惬于"二中"，然十五年间之第二届代表大会，实继承十三年间第一届之后……不但于党务上为最高机关，于政治、军事上，亦为全国之指导者。虽其间因"联共"问题惹起

---

① 《大公报》，1930年5月20日。
② 刘其奎：《中原大战中的汪精卫》，载山西文史资料编辑部编《中原大战内幕》，山西人民出版社1994年版，第438页。
③ 《京报》，1930年5月30日。

纠纷,而十六年秋间实行"分共",仍由于"二中"决议。虽十八年间,"二中"统系表面上为蒋中正所断,然全国内外党部否认蒋所伪造之第三届者,仍莫不秉命于"二中"。固知"西山"同志另有其干部组织,然以客观的事实论,若否认"二中",则不但十二年以来党的机枢为之一断,而十三年以来之国民革命精神,亦几于摧毁,同时,所以力倡党统之说者,实不仅为形式着想,此亦愿"西山"同志谅解者也。唯闻一部分同志与"西山"同志,仍多隔膜,倡为"西山"同志不宜参加党务之说者,此则期期以为不可。在此革命过程中,苟非饰非文过之小人,决无不严格检查其过去行动,而忠实承认错误者。如以为"西山"同志有过失,则"左派"同志岂独无之!吾人唯当勇于改过自矢,且以勇于改过期人,决不肯为求全责备之论。又闻持党统之说者,以为非"二中"委员,不得参加中央党部,此则尤非。①

显然,汪精卫在上述电文中一再强调"粤二届"为合法党统,不但否认"沪二届"的地位,还对其进行指责,此举必引起"西山会议派"的强烈不满。1930年6月5日,谢持、邹鲁联名发出通电,指斥汪精卫"东电"之非:

一言党统,在今日任何方面,皆无充分之根据。而汪精卫同志主持之"粤二届",则尤其甚者也。故谋整个的党的团结,须知非打破党统,不能团结全党之同志,不能弥去无畏之纠纷。当前之急务则在"开全国代表大会,以定党事;开国民会议,制定国家根本大法,以定国事;使党权还诸国民之主张,具体实现"。而且呼吁本党久经破碎之余,同志间感情之隔阂,言论之激荡,于今为烈,而未稍衰,是宜综合过去之一切事实与影响,严加省察,彻底觉悟,不偏不私,不攻不讦,不饰非,不诿过,不挟成见,不强人就己,所有言论,不加矫饰,陈货旧账,一扫而空。务使各同志有整个之团结,得革命之出路。

---

① 《汪精卫"东电"(1930年6月1日)》,载《革命战线》第8期,1930年6月5日。《国闻周报》第7卷第22期,《一周间国内外大事述评》1930年6月9日。

第四章　由"革命者"沦为"政客"　351

此外，电文中还就沪、粤党统之争的实质进行了揭露：

　　……此次与"粤二届"代表协商，经时两月有余，而舌敝唇焦，所以争革命意义者实少，而所以争旧账及面子者太多。总而言之，不外党统二字。夫党统之说，必准于法；法所不通，不可曲解；既不合法，更难言统。断非形式精神之辩所能变易。①

1930年6月12日，汪精卫又发表《中央党部扩大会议之必要》一文，虽然表示愿与"西山会议派"消释前嫌，一致努力，但依旧坚持"粤二届"正统论②，北方党统之争再起。这期间曾传出汪精卫、蒋介石合作，阎锡山另组劳动国民党等消息③，且汪精卫与邹鲁又打起了笔战④。如此，渐露曙光的党务协商因两通电报又陷入停顿状态，"扩大会议"召开遥无定期，而军事局面进展甚速。1930年6月25日，晋军占领济南，战事对阎锡山、冯玉祥相当有利，使得阎锡山再次有了从速组织政府之必要，但又以为先解决"西山会议派"与"改组派"之纷争，故阎锡山派赵丕廉、冀贡泉赴平疏解。⑤

冀贡泉向邹鲁、谢持代述阎锡山意，希望其两人维持大局，并设法调和。邹鲁、谢持表示让步，并谓"'扩大会议'之召集，'左派'为提议者，'西山会议派'为赞成者，此层可以同意，党务首重精神之统一，除'粤二届'所谓党统问题外，事事可以让步"。⑥而据胡汉民称，

---

① 谢幼田：《谢慧生先生事迹纪传》，台北近代中国出版社1991年版，第343—344页。存萃学社：《1927—1934年的反蒋战争（上册）》，香港东大图书公司1978年版，第173—174页。《国闻周报》第7卷第22期，《一周间国内外大事述评》1930年6月9日。
② 汪精卫：《中央党部扩大会议之必要》，载南华日报社编《汪精卫先生最近言论集（1930年）》，香港1930年版，第207—215页。
③ 《张笃伦致刘文辉电（1930年6月18日）》《危道丰致张学良电（1930年6月24日）》，见《阎档·杂派往来电文（1930）》，台湾"国史馆"藏。
④ 汪精卫和邹鲁等为了"以党治军""以人治军"在报上打起了笔战。见汪精卫《以人治军？》，载《汪精卫先生最近言论集（1930年）》，香港1930年版，第232—243页。
⑤ 冀贡泉：《阎锡山与扩大会议》，载《文史资料选辑（全国第16辑）》，中国文史出版社2002年版，第111页。
⑥ 《大公报》，1930年7月5日。

邹鲁、谢持的让步与阎锡山的致电有关。他在"政府纪念周"做报告时,指出:

> 前几天阎有电报给谢慧生、邹海滨说"我没有反蒋之前,你们到太原竭力来劝我反蒋,现在我实行反蒋了,总要搅一个像样的局面,与南京对峙。现在你们不但不在这些地方努力,还为什么党统问题,和"改组派"闹不清。如果长此下去,弄不出一个形式的结合来,今后的一切,恕我不能负责了"。谢、邹接着这个半恐吓、半暗示的电报,没有办法,便不得不放下党统之争,找汪精卫、陈公博等同志扮这场把戏。①

陈进金则认为,"就在'改组派''西山会议派'似乎已告决裂时,实际上,覃振曾致电汪精卫劝其牺牲成见,晋阎代表赵丕廉、冀贡泉亦从中努力斡旋,终使两派同意合作"。② 而且,此一时刻,各军驻太原之代表电促阎锡山,"为外交之应付及财政之筹划,应速组织政府"。甚至有人主张"撇开党务,单独组织政府",让"改组派"深感压力,至是"稍允让步"。③ 这样,经覃振、冀贡泉、赵丕廉等人调解,"西山会议派"与"改组派"意见渐趋一致,对召集"扩大会议"问题拟议三点。④ 对于党统之争的解决办法为:两派发表一通联名宣言,"粤一届"发表提议召集"扩大会议"宣言,再由"沪一届"发表赞同宣言;署名则皆为"中国国民党第二届中央执行委员会"。⑤ 至此,"西山会议

---

① 《中央日报》,1930年7月23日。
② 《覃振致汪精卫电(1930年6月4日)》,载季啸风、沈友益主编《中华民国史史料外编——前日本末次研究所情报资料(38)》,广西师范大学出版社1993年版,第283页。《覃振致傅汝霖电(1930年6月26日)》《危道丰致王树翰电(1930年7月1日)》,载《阎档·杂派往来电文(1930)》,台湾"国史馆"藏。冀贡泉:《阎锡山与扩大会议》,载《中原大战内幕》,山西人民出版社1994年版,第447—450页。
③ 沈云龙:《扩大会议之由来及经过》,载《民国史事与人物论丛》,传记文学出版社1981年版,第270页。
④ 决议内容为:第一,列名中央党部"扩大会议"委员,共同致电香港汪精卫,敦促汪精卫早日北上。第二,"粤二届"中央宣言发起召集"扩大会议","沪二届"中央宣言表示赞同。第三,"扩大会议"成立后,由全体委员宣言,中华民国临时政府应时事之要求,有组织必要,希望某某人等共担负责任。见《大公报》1930年7月5日。
⑤ 《国闻周报》第7卷第28期,《一周间国内外大事述评》1930年7月11—17日。

派"与"改组派"的党统之争乃告落幕,北京"扩大会议"遂于 1930 年 7 月 13 日召开。

郭绪印对"西山会议派"与"改组派"的这一党统之争,做出如下评价:

> 党统争执历时近两个月。"西山会议派"与"改组派"的斗争对象都是蒋介石,出于共同反蒋的需要,最后双方还是达成了协议。但是从中不难看出,这场争论的主要起因在"改组派"方面,特别是汪精卫在中国国民党内始终以"正统""领袖"自居,"扩大会议"筹备期间仍在香港观望,这些都使得与蒋介石相对抗的"扩大会议""中央"和"政府"迟迟不能成立,在一定程度上延误了阎、冯等迅速进行军事反蒋的时机。这场"党统"之争的实质,既是地位、权力之争,也是政治路线之争,即按照什么模式建立与蒋对立的中央党部。①

在《1927—1934 年的反蒋战争》一书中同样指出:

> 我们平心静气而论,党的纠纷演成,一部分固然是含有对革命改革政策的认识、对革命意识的歧义而分界;大部分是党没有培植其真正民主势力,只看到由上而下的集权,看不到由下而上的民主。而多数党员又太过于依赖领袖,对于革命工作,日唯坐观其成,而不去以革命方式推动领袖前进。至总理逝世后,造成普遍的个人英雄思想的增长现象;同时感情不能理智化,因情感的厚浅、个人的关系,而致动摇革命的主张,走上违反党纪、破坏革命的路。所以在表面上看来,党的纠纷在于"统""届"的争执,实质上,仍外不了党员的党的立场的消失。②

这一观点,虽稍嫌偏激,然亦不失其对中国国民党党内派系纷争现

---

① 郭绪印:《国民党派系斗争史》,上海人民出版社 1992 年版,第 35 页。
② 存萃学社:《1927—1934 年的反蒋战争(上册)》,香港东大图书公司 1978 年版,第 155—156 页。

象的一番深刻检讨。

实际上，仅从"西山会议派"在"扩大会议"酝酿中的表现来看，他们的反蒋愿望是更为强烈的，不管是在联汪还是怂恿阎、冯军阀反蒋方面，表现的都十分积极。而且在党统之争中，谢持、邹鲁等做出了最大可能的妥协，完全不像汪精卫派的"争权夺利"，非要居于最高领导地位而否认或排斥其他派系。他们始终主张"粤、沪二届"并行，或者"南京三届"也可合流，所要求只是一个"沪二届"名义的存在，以维护其"（第）一届执监委员"的身份，以便对过去的分裂行为有个交代。这似乎是"西山会议派"一以贯之的特性所在——"不谋权力"。正如研究者所评价：

> 另一伟大势力，便是忠于党的"沪二届""中央派"。"沪二届""中委"是以邹海滨、谢慧生二先生为领袖，其努力领导"反蒋"，不但不亚于所谓"汪派"，亦且其不折不挠，再接再厉，其坚持到底，不中途变节降蒋，直可以说是反蒋运动史中最值得钦仰的两个领导人物。然而，此时为应客观事实上之需求，为了革命的利益反蒋的前途计，毕竟不惜牺牲成见，而与所谓"汪派"合作，产生了有名的"扩大会议"。①

成立后酝酿既久之"扩大会议"，始于1930年7月13日下午在北京中南海的怀仁堂举行成立典礼。出席委员有陈公博、王法勤、白崇禧、潘云超、覃振、邹鲁、谢持、傅汝霖、张知本、赵丕廉10人，代表有郭泰祺等5人，来宾有北京市、河北省党政军宪警各机关各民众团体代表约百余人，中外记者六七十人，并推年长的王法勤担任临时主席。赵丕廉宣读联名宣言，各委员依次签字，其排列先后有30余人。② "扩大会议"打出以"整个之党还之于同志，统一之国还之国民"的旗号为宗旨，并在宣言中表示将来努力方向为：

---

① 存萃学社：《1927—1934年的反蒋战争（上册）》，香港东大图书公司1978年版，第116页。
② 沈云龙：《扩大会议之由来及经过》，载《民国史事与人物论丛》，台北传记文学出版社1981年版。《国闻周报》第7卷第28期，《一周间国内外大事述评》1930年7月13日。

在最短期间，必即依法召集本党全国第三次代表大会，解除过去之纠纷，扫荡现在之障碍，使本党之主义及政策得以实现；同时并根据总理十三年11月《北上宣言》，召集国民会议，使人民迫切之要求，得以充分实现。①

宣言发表之后，"改组派"之"粤二届"中央发起"扩大会议"之宣言，"西山会议派"之"沪二届"中央亦发表赞成宣言，以为"扩大会议"成立之依据。由此，在1929年以来反"南京中央"运动过程中，反蒋各派势力的分散活动，经过许多波折，总算结合在一起。"扩大会议"即开始本身的组织工作及党务、政治上的相关工作。

1930年7月21日，阎锡山代表赵丕廉在"扩大会议"的第一个纪念周上，讲述会议成立的经过时指出："本年（1930年）1月28日，邹鲁各委员及黄少谷代表（冯玉祥代表）等，在太原时，咸认为蒋氏叛党，党国濒危，感觉本身不健全，及大计的无办法，结果以'整个之党，统一的国'八个字为目标，阎总司令提倡尤力。盖认为整个的党，除去蒋逆及伪政府叛徒外，余均认为同志，自无派别，只要精神一致团结，有整个的党，方有统一的国，半年以来，大家分头奔走，均抱此目的去做，达此目的结果，即成立中央党部'扩大会议'。"②

从"扩大会议"委员名单看，"改组派"与"西山会议派"的确占到全数委员的多数，所以外界批评此次"扩大会议"为"西山会议派"与"改组派"的结合。但邹鲁却强调"扩大会议"绝非如此，"扩大分子中'改组派''西山会议派'固有，即非'改组派'、非'西山会议派'也有；'粤二届'中央委员、'沪二届'中央委员固有，即非'粤二届'中央委员、'沪二届'中央委员亦有"。③南京国民党中央在针对"扩大会议"的"非法"问题，发布《告国民书》中，同样指出："按之事实，凡参与伪'扩大会议'者为举国所深恶痛绝之军阀政客；观

---

① 存萃学社：《1927—1934年的反蒋战争（上册）》，香港东大图书公司1978年版，第153页。《大公报》，1930年7月14日。
② 《大公报》，1930年7月22日。
③ 邹鲁：《扩大会议》，载《澄庐文集（第3集）》，台湾中山大学出版部1934年版，第95页。

其所参列之反革命分子,约分五派:一曰'冯系',二曰'阎系',三曰'桂系',四曰'西山会议派'系,五曰'改组派'……"① 事实上,"扩大会议"多由"改组派""西山会议派"与阎锡山、冯玉祥代表三方面组成,其他方面参加的人并不多(见表8)。

表8　　　　　　　　"扩大会议"出席委员名单

派系	委员名单	人数
"改组派"	汪精卫(郭泰祺代)、王法勤、柏文蔚(白崇禧代)、陈嘉佑(刘况代)、朱霁青(潘云超代)、陈树人(刘况代)、白崇禧、郭春涛(白崇禧代)	8人
"西山会议派"	谢持、邹鲁、覃振、许崇智(谢持代)、张知本、茅祖权、傅汝霖	7人
"阎派"	阎锡山(赵丕廉代)、赵戴文(冀贡泉代)、赵丕廉、商震(冀贡泉代)	4人
"冯派"	冯玉祥(黄少谷代)、鹿钟麟(黄少谷代)、薛笃弼(赵丕廉代)	3人
其他	邓泽如(邹鲁代)、李宗仁(麦焕章代)、黄绍竑(麦焕章代)、熊克武(覃振代)	4人

资料来源:《国闻周报》,第7卷第28期,《一周间国内外大事述评》1930年7月13日。存萃学社:《1927—1934年的反蒋战争(上册)》,香港东大图书公司1978年版,第175页。

1930年8月7日"扩大会议"在北京怀仁堂举行第一次会议,出席委员及代表共23人,汪精卫任主席,议决通过8月6日预备会议的各案,并依照《中央党部扩大会议组织大纲》,推定中央党部人选如下(见表9)。

表9　　　　　　"扩大会议"推定中央党部组织及其人选

组织名称	委员名单及派系	秘书主任
常务委员会	汪精卫("改组派")、赵戴文("阎系")、许崇智("西山会议派")、王法勤("改组派")、谢持("西山会议派")、柏文蔚("改组派")、茅祖权("西山会议派")	
组织部	邹鲁("西山会议派")、汪精卫("改组派")、赵丕廉("阎系")、陈公博("改组派")、朱齐青("改组派")、经亨颐("改组派")	汪精卫

---

① 《中央党务月刊》第25期,第1—4页。中国第二历史档案馆藏,档号七一一(五)—6。

续表

组织名称	委员名单及派系	秘书主任
宣传部	张知本（"西山会议派"）、顾孟余（"改组派"）、薛笃弼（"冯系"）、潘云超（"改组派"）、傅汝霖（"西山会议派"）、何世桢（"西山会议派"）	顾孟余
民众训练委员会	覃振（"西山会议派"）、陈嘉佑（"改组派"）、陈数人（"改组派"）、商震（"阎系"）、潘云超（"改组派"）、白崇禧（"改组派"）、郭春涛（"改组派"）	覃振
国内民族	白崇禧（"改组派"）、李烈钧（"无派"）、刘守中（"改组派"）	白崇禧
海外部	邓泽如（"无派"）、陈璧君（"改组派"）、黄复生（"西山会议派"）、陈数人（"改组派"）	

资料来源：《国闻周报》第 7 卷第 31 期，《一周间国内外大事述评》1930 年 8 月 11 日。存萃学社：《1927—1934 年的反蒋战争（上册）》，香港东大图书公司 1978 年版，第 175 页。《大公报》，1930 年 8 月 16 日。

依上项中央党部人选，"改组派"不但占中央党部委员之多数，五部秘书主任中占四部，而且各部的下层干部——如常务委员会秘书及各部秘书及诸人干事，多半由"改组派"担任。在"扩大会议"委员中，本来"粤二届"退出的"中委"就占多数，且在"改组派"的民众基础比较雄厚的情况下，难免不会造成"改组派"掌控党部组织的局面。而因从上到下组织机构的人员分配不均，阎锡山更认为是"改组派"操纵"扩大会议"所致，于是他便利用"西山会议派"牵制"改组派"。[①] 不但如此，阎锡山还授意李冠洋举行反对"改组派"运动。李冠洋瞎凑了十几个人，组织了请愿游行，打出了"反对'改组派'把持'扩大会议'"的口号。他们人数虽少，却影响很大，此举引起了汪精卫的强烈不满，以致在公开场合都有所指责。[②] 而"西山会议派"及一部分中国国民党小组织本身亦不满"改组派"在中国国民党党政中占有优势，也曾发动小规模请愿游行及张贴标语。[③]

[①] Wai-Chor, *The Kuomintang Left in the National Revolution 1924-1931*, New York: Oxford University Press, 1991, p.141.

[②] 汪瑞炯等编注：《苦笑录：陈公博回忆（1925—1936）》，香港大学亚洲研究中心 1979 年版，第 233 页。张同新：《国民党新军阀混战史略》，黑龙江人民出版社 1982 年版，第 372 页。参见《苦笑录：陈公博回忆（1925—1936）》，香港大学亚洲研究中心 1979 年版，第 256 页注脚 17。

[③] 陈少校：《阎锡山之兴灭》，香港至诚出版社 1972 年版，第 99 页。

1930年9月1日，北京"扩大会议"通过《国民政府组织大纲》，并推定阎锡山为国民政府主席。尽管阎锡山、谢持等已于9月7日举行过就职典礼，冯玉祥也在郑州就任了国府委员职，但国民政府仍为各部长人选问题大伤脑筋。就在此时，张学良则于1930年9月18日发出呼吁各方停战、静候中央措置的"巧电"。① "巧电"一发出，东北军纷纷入关，形式上先把"扩大会议"冲散了，北京的国民政府紧接着也被冲垮了。②

1930年9月20日晨，汪精卫、陈公博、谢持、邹鲁等"扩大会议"委员10余人悄悄地离开北京迁至太原，而中央军由平汉路北上，"扩大会议"复由石家庄迁至太原，就此"扩大会议"已算结束。③ 唯"扩大会议"于9月25日迁入太原后，仍照常开会，其一项重要的工作便是继续制定《中华民国约法草案》（又称《太原约法》）。④ 据邹鲁回忆："'扩大会议'迁至太原后，继续拟定"约法"，不久草案拟成。此次草拟"约法"时，有一部分人因为军事不利，就未免灰心，有一部分人对于"约法"本来没有多大兴趣，所以此次"约法"之成，自始至终，我是最努力的人。"⑤

《太原约法》可以说是反蒋之"扩大会议"最具意义的唯一收获。自民国以来，有关国家基本大法制定方案，前后有四五种之多，论其内容，《太原约法》则更合乎现代要求，因而一般对《太原约法》之评价甚高。⑥ 宪法学者陈茹玄表示："虽以'扩大会议'之失败，而不克实现，然其《草案》固有足称述者，如个人自由权利之规定、中央地方

---

① 电文见《国闻周报》第7卷第37期，《一周间国内外大事述评》1930年9月20日。刘心皇辑注、王铁汉校订：《张学良进关密录》，台北传记文学出版社1990年版，第143—144页。
② 司马桑敦：《张学良评传》，台北传记文学出版社1989年版，第123页。
③ 邹鲁：《回顾录》，岳麓书社2000年版，第266页。
④ "上月2日下午6时，北京'扩大会议'举行临时会议，推定邹鲁、陈公博、白崇禧、黄复生、陈树人起草《中国国民党第三次全国代表大会组织法》及《筹备委员会组织条例》，互推汪精卫、张知本、茅祖权、冀贡泉、陈公博、邹鲁、顾孟余7人为"约法"起草委员，另聘法学专家6人参加。"见"中华民国"史事纪要编辑委员会《"中华民国"史事纪要（1930年7—12月）》，台湾"中央"文物供应社1975年版，第531页。
⑤ 邹鲁：《回顾录》，岳麓书社2000年版，第267页。
⑥ 雷啸岑：《三十年动乱中国》，香港亚洲出版社有限公司，1955年版，第171页。

权力之范围及教育制度等。"①《太原约法》本为"扩大会议"的产物,"扩大会议"宣告解散,《太原约法》草案也就随之成为了历史。而其最大的影响或许如邹鲁所说:"现在'约法'草案完成了,报纸也把它发表了,并且有批评和解释的文字,可见国人对于他的注意。唤起国人对于制定'约法'之注意,是《太原约法》之最大意义所在。"②而之后不久,"扩大会议"上发起的召开国民会议和制订'约法'的主张确为蒋介石"宽容"所接受。③据此,雷啸岑直言:"后来南京国府于民国二十年5月召开国民会议,通过《训政时期约法》,间接是受着'扩大会议'之'约法'号召影响而然的。"④

三 "西山会议派"的角色定位

反蒋的"扩大会议"与西山会议有着一定的共性,即都以议会的形式与中央分裂。西山会议之后成立的是"上海中央"对峙于汪精卫的武汉中央,"扩大会议"之后成立的是与蒋介石南京国民政府相抗衡的北京国民政府。只是,"扩大会议"有阎锡山、冯玉祥等军阀势力为后盾,且有反蒋联盟的空前团结,尤其是左右翼的联手,并伴有中原大战的爆发。时为正统中央的南京国民政府与先前的武汉政府一样,也就"西山会议派"的参与行为进行了痛批,不过发起攻击的多为当时的国府要人,这在一定程度上反映了"南京中央"对"西山会议派"参与"扩大会议"的态度,同时也有助于我们更全面地认识"西山会议派"在"扩大会议"中所扮演的角色。"南京中央"的态度大致如下:

第一,根本否认"沪二届""中委"的身份。在1930年7月13日"扩大会议"召开当天,《中央日报》发表社评《异哉所谓"扩大会议"》,在攻击"扩大会议"的非法性时所持的三大理由之一,便是以其发起者的政治地位根本无权组织这一会议。原文叙述如下:

---

① 陈茹玄:《中国宪法史》,台北文海出版社1977年版,第185—187页。
② 邹鲁:《回顾录》,岳麓书社2000年版,第267页。
③ 1930年10月3日,蒋介石电请"南京中央"党部召集国民会议,他说:"亟当于讨逆军事结束之余,谋福全国人民之期望。中正以为目前第一要务为提早召集第四次全国代表大会、确定召集国民会议之议案、颁布宪法之时期、及制定在宪法颁布以前训政时期适用之'约法'。"见《国闻周报》第7卷第40期,《一周间国内外大事述评》1930年10月3—9日。
④ 雷啸岑:《三十年动乱中国》,香港亚洲出版社有限公司1955年版,第171页。

> 北方之所标榜者为党统问题，即所谓"粤、沪二届"问题，其中之主角亦即全为"西山""改组"两派分子。"沪二届"不见于经传，不值一反驳，无待费辞。"粤二届"在历史上虽为本党之合法组织，然当时多为"共产分子"把持，且根据党章早已失其时效，即同时失其身份。①

显然，在"南京中央"看来，"西山会议派"的政治地位远远低于当时的"改组派"——大多为同盟会元老的"西山会议派"竟然是"不见经传，不值一驳"，而所谓的"粤二届""改组派"的中央执监委员的身份是合法，只是过期失效而已。所以，其筹建"扩大会议"的行为只能算是"助反革命以反抗革命，助军阀以反抗民主"了。文中指责说：

> 以"西山""改组"两派共到陈公博、谢持等15人，其余20人，系他人代为签字。以区区15人号召为"扩大会议"，论名已不副实。更进而观其组织，不过为阎、冯争一地位，则其作用可想而知。助反革命以反抗革命，助军阀以反抗民主，违反民众公意，阻碍革命进行，站在革命的立场，自不能予以承认。②

第二，指责"西山会议派"参与"扩大会议"是"朝三暮四的政客之变节行为"，且将之与"改组派"的妥协称为"此可谓晋人有一妻一妾，同床异梦"。③ 1930年7月17日，中国国民党宣传部代理部长刘庐隐发表专文，攻击"阎锡山是要藉'扩大会议'来替他筹安"，在"阎逆"的此种计谋设计中，意欲使"'西山会议派'较'改组派'体面"。文章分析说：

> 阎暗示"右派"之邹、谢，使其向"左派"之汪、陈辈表示让步，用意以为只要能拉拢"左派"来凑开"扩大会议"，而且只

---

① 《中央日报》，1930年7月15日。
② 同上。
③ 《中央日报》，1930年7月18日。

要做出一个组织什么政府，并推阎为主席的决议案出来，则以后的事均可由阎做主，"西山会议派"亦可分占些体面，而所谓"左派"亦不能不拜下风了。①

但从"粤、沪二届"分别发表宣言这一事实看，却依旧认为"改组派"为主，"'西山派'为从"。

此外，还指出"'反动派'当中是各怀鬼胎"，因为"'西山派'不喜欢'改组派'之气焰，阎逆亦恶其用武汉政府时代气焰以相逼。是阎、冯、'西山派''改组派'之间的暗潮，正将因'扩大会议'而急剧的发生……"② 所以，"扩大会议"是一种没有角色而随便拉几个人来凑齐扮演的滑稽戏，在反蒋联盟酝酿中，也才会出现"阎逆自讨没趣……后来放了冯玉祥出来，两个历史上的死敌好像变成了活友，来称兵作乱……而同时汪精卫、陈公博、邹鲁、谢持一班历史上互相水火的'左、右派'，也顿然互认为同志，都向阎、冯投效了的局面"。在这些经过当中，他认为"最可笑的一点就是十余年来朝三暮四的政客之变节，而亦最为无耻"。③

第三，攻击"西山会议派"参与"扩大会议""只为饥不择食"，而且"迷途不返"。1930年7月21日，国民政府与中国国民党中央举行"纪念周"，国民政府秘书钱昌照作报告，在他对"扩大会议"的各派动机及其关系纠葛进行分析时，指出"'西山派'在'扩大会议'中对阎、冯持迁就态度。"因为"阎、冯此次忽然与"改组""西山"两派结合起来，无非要想利用他们"，只是"'改组''西山'两派在地方上捣乱反宣传，也没有丝毫成绩，"所以"阎、冯的气焰，一天高一天，'改组''西山'两派不得不特别迁就"，"会议的签名簿就是'改组''西山'两派的卖身契"。

同时，就阎锡山对于"西山会议派"的态度亦有说明。对于阎锡山来说，"自叛变后，手忙脚乱，不知所措，就想联合形形色色的反动分子来反抗中央"。而"西山会议派"在阎锡山叛变之前，早已奔走门

---

① 《中央日报》，1930年7月18日。
② 同上。
③ 同上。

下,当然成为阎锡山的"座上客"。尽管"西山""改组"两派的工作,并没有什么成绩,但是阎锡山觉得,请他们到北京,花了不少钱,总想再利用一下。可惜的是,"西山""改组"两派始终为之利用,覃振等已赴晋"恭聆训示"(覃振致阎锡山电中有此语),而阎锡山就可以"面授机宜了"。

冯玉祥对于"西山会议派"则表现出"轻视"的态度。冯玉祥向来是什么都可以利用的,此次他对于"改组""西山"两派都有些轻视,"因为利用'改组''西山'两派只有打打电报,叫无关紧要的二、三等角色黄少谷等敷衍罢了"。在军事紧张时期,"让'改组''西山'两派去怂恿成立伪政府,去推举阎为主席",然后使自己部队的饷弹也有所接济。

该文最后还指责"西山会议派"奔走阎锡山、冯玉祥门下,并非为阎锡山、冯玉祥尽卒,只是失意政客受人愚弄,拥护阎锡山、冯玉祥为虎作伥,"只为饥不择食,只好得过且过"。而且在中央表明不计前嫌劝其回头的态度后,"西山会议派"却是"迷途不返,与封建军阀作最后挣扎",由此也认定"西山会议派"的堕落是不能挽回了。①

第四,揭露"西山会议派"所参与的"扩大会议"实质仅为"次筹安会"。接着刘庐隐的报告,陈果夫亦加指责:"所谓'扩大会议'者实为反革命的大集团,内中有军阀、共产党、'改组派''西山会议派''鸦片鬼子'及投机变节分子,所作者皆毁党乱国之行为。他们口言救国,实际上是乱国。他们偏要以军造党,'反动派'是要把党送给了阎锡山,其失败是毫无疑问的。"② 胡汉民的发言中则认为:"扩大会议"的产生不过集合群鬼,替阎锡山、冯玉祥捧场,搅一个"次筹安会"的把戏而已。而且将开会时到席代表"一代三"的现象比喻为基督教的"三位一体"和《封神传》上的"一气化三清","扩大会议"不是扩大,而是缩小了,因此称为"次筹安会"更为合适。并由此怀疑"西山会议派"与"改组派"合作必有不可告人的内幕,"在过去的时期中,'西山会议派'和'改组派'的敌对,和德国保皇党与共产党的相互水火一般,现在居然各角登场,共同扮演起来,其中有什么鬼戏

---

① 《中央日报》,1930 年 7 月 22 日。
② 同上。

已不待言"。①

依上述的分析可知,在"南京中央"看来,以"沪二届"自居的"西山会议派"——这些"朝三暮四"的投机变节政客,在反蒋人士所搅合的"次筹安会"中成为了阎锡山的"座上客"——事实上,他们其实并非为阎锡山、冯玉祥尽卒,只是失意政客受人愚弄;拥护阎锡山、冯玉祥为虎作伥,"只为饥不择食、只好得过且过";而且在中央不计前嫌地劝其回头时,却仍"迷途不返",合流于封建军阀作最后的挣扎。此可谓是中国国民党正统力量对"西山会议派"在"扩大会议"中的角色定性了。

笔者基本上认同这一对"西山会议派"在"扩大会议"中的角色定位。事实上,此时的"西山会议派"同盟会元老的确是丧失了民国初期意气风发的革命精神。在"扩大会议"中他们已开始无原则、无信仰地与封建军阀及各党派组织战斗在一起,为所谓"护党救国"的革命抱负、政治理想,打着"追求民主、反对独裁"的反蒋旗号,肆无忌惮的抛弃"党统"与"法理",而去解决个人的"江湖恩怨",以致推动中原大战。此时的他们与先前反对鲍罗廷、汪精卫、主张"清党"的"西山会议派"分子远不相同,故用"变节政客"一词作评介实不为过。

第三节 与反蒋势力联盟之"非常会议"

1925年11月25日西山会议召开至1931年2月胡汉民被囚禁汤山,"西山会议派"在中国国民党内部正统力量的攻击、指摘和分化下,势力大为减弱;尤其是核心力量,在蒋介石的分化战术下,几乎所剩无几。先是广州"二大"召开前后,与西山会议有关的吴稚晖、孙科、吴铁城、以及参与西山会议的戴季陶、邵元冲、叶楚伧等人都先后摆脱与"西山会议派"的关系,投入广州国民政府。接着在中央特别委员会被打垮后,在中国国民党第二届四中全会上,蒋介石的南京国民政府选举林森、张继担任国府委员;在1929年3月中国国民党"三大"上,林森、张继又任中央监察委员——这可以算是继1926年邵元冲、叶楚

---

① 《中央日报》,1930年7月23日。

伦、戴季陶投奔蒋介石后,"西山会议派"发生的第二次分化。① 而曾在"上海中央"颇为活跃的黄季陆、桂崇基几乎断绝了与"西山会议派"来往,开始服务于南京政府,加之骨干力量沈定一在莫干山被刺、居正被蒋介石拘禁、谢持病重在床②,所以至广州"非常会议"发起时,"西山会议派"的仅存力量主要为邹鲁、覃振、傅汝霖、茅祖权、许崇智等。

1931年2月28日,蒋介石将胡汉民扣留于汤山。以此为直接导火线,5月27日,中国国民党中的"胡汉民派""汪精卫派""孙科派""西山会议派"和两广军人陈济棠、李宗仁等,联合在广州成立"中央执监委员'非常会议'"。28日成立国民政府,与蒋介石的南京政府相对峙,形成宁粤分裂局面。"非常会议"决定,凡是中国国民党第一、二、三各届委员、只要愿意反蒋的,一律为"非常会议"当然委员。1931年"九一八事变"发生,在全国人民要求抗日、反对内战的压力下,宁粤双方议和。粤方于1932年1月5日宣布取消由"非常会议"产生的国民政府,另成立西南执行部和西南政务委员会。③

"西山会议派"之所以参与广州"非常会议",反蒋是主要原因之一。只是与前次的"扩大会议"一样,他们也打出一个冠冕堂皇的旗帜,即"抗议蒋介石非法幽禁胡汉民"。自"扩大会议"始,一直处于反蒋状态的"西山会议派"与蒋介石的积怨是越来越深,他们对"南京中央"的不满当然多出于和蒋介石之间的个人恩怨。而他们此次参与广州"非常会议"却非要随同其他五派④去"营救胡汉民",这一做法似乎很不明智。因为胡汉民从1928年起便与蒋介石合作了,而且在"扩大会议"时期,还对"西山会议派"大加指责。而"西山会议派"

---

① 郭绪印主编:《国民党派系斗争史》,上海人民出版社1992年版,第33页。
② 《谢持文集》,高雄四川同乡会1985年版,第48—49页。
③ 荣孟源主编:《中国国民党历次代表大会及中央全会资料(上)》,光明日报出版社1985年版,第966页。
④ 1931年5月29日,吴稚晖在南京《中央日报》发表《答客问》一文,比喻广州发动反蒋之22人为"一堆垃圾",并分析其为六派:如目唐绍仪、林森、王宠惠、李烈钧为"超然派";邓泽如、萧佛成、陈耀垣、邓青阳、古应芬、陈济棠、陈策、马超俊、李文范、刘纪文、林云陔为中国国民党"右派";孙科、许崇智、邹鲁为"西山会议派";目李宗仁为"桂系";目汪精卫、唐生智为"改组派";目陈友仁为"第三党"。见《中央日报》,1931年5月29日。

此时却对"胡汉民被幽禁"事件表现出愤愤不平，实在让人难以置信。所以，在这有必要就胡汉民与"西山会议派"的关系做一仔细的梳理，以便对"西山会议派"参与广州"非常会议"的动机加以客观的评判。

一　胡汉民与"西山会议派"的关系

胡汉民在中国国民党内的命运，或者说与"西山会议派"的关系深受孙中山"联俄""联共"政策的影响。早在孙中山病危时期，鲍罗廷和加拉罕等辈就已在胡汉民、汪精卫和戴季陶三人中物色"具有相当资望而又夙无主张，夸夫死权"的中国国民党接班人，胡汉民因"难相与"而落选；与此同时，鉴于他当时担任中国国民党代理大元帅兼广东省长，尤其是他在中国国民党内的资历和威望——即政治资本远远优越于鲍罗廷所要扶植的"有野心可利用"的汪精卫，[①] 胡汉民遂被其视为汪精卫上台的最大障碍。于是，在鲍罗廷等苏俄代表的配合下，汪精卫不遗余力地展开了对胡汉民的排挤。在这一情形下，胡汉民自然会与早已和鲍罗廷处于白热化斗争状态的、所谓中国国民党"右派"的第一届中央委员拉近距离，在反抗鲍罗廷的权力斗争之中共同合作。所以，在1924年9月中共中央发出的《中共中央、青年团中央关于民校工作合作办法》通告中，胡汉民还是被划定为"中派"[②]；至1925年1月7日时，胡汉民就与邹鲁一起被称为"右派"了[③]。在具体的斗争中——例如广州国民政府的成立、提议召开中国国民党第一届四中全会等问题上，他们更是密切地配合着，紧紧战斗在一起。"廖仲恺被刺案"后，胡汉民与西山会议要人遭受了同样的命运，"被排斥"后"放洋"和"北上"。

事实上，西山会议的召开，胡汉民可算是最早的发起人。在《访黄季陆谈西山会议》一文中，黄季陆对事发前后的情形做了详细介绍：他因恐惧中国共产党势力在广州的发展，意欲邀约胡汉民一起离开，遭到拒绝；胡汉民令其南下相约反共的第一届中央执监委员前来广州筹划召

---

① 《中央周报》第117期，1930年9月1日，中国第二历史档案馆藏，档号七一一（五）—26。
② 见中央档案馆编《中共中央文件选集（第1册）》，中共中央党校出版社1989年版，第297页。
③ 《向导》周报，第98期，1925年1月7日。

开第一届四中全会。原文如下:

> 问:"胡汉民与西山会议有什么关系?"黄答:"……我对胡先生说:我看广州的局面已不可为,不如到外地另竖起'反共'的大旗……由于此时方实行'联共'的政策,自无法把共党分子一起赶出去。所以我就只好离开广州,不但我要走,我希望你也要走"。
>
> 胡先生回答说:"我不能走!现在中国的中心有两个:政治中心在北京,而革命的中心在广州。倘若我此时离开广州,本党的基础,更将动摇,更予共产党以猖獗的机会。若是我们能把北京变成革命的中心,那我就可以走的。在第一届的中央委员里面,我们还是多数,你赶快去上海见(戴)季陶、(于)右任、惠生(谢持)、子超(林森)、协和(李烈钧)等人,叫他们赶快到广州来,我们召开一次一届四中全会,再商量出一个办法来"。

于是,黄季陆就携带了胡汉民的十几封信,离开广州,动身前往上海、北京、张家口、开封等地,约请中央委员来广州开会。他完成任务后,由陇海路到徐州沿津浦路南下,预备回广州。

> 到了浦口,看报知道广州发生"廖仲恺先生被刺案",共党分子益形猖獗,广州是不能回去了。由上海赴广州开会的谢持先生亦被迫自粤返沪。因为广州不能开会,必须另找开会的地点,于是才有民国十四年的西山会议。①

黄季陆特别指出:"胡汉民先生的思想与行动,始终是一致的。他是'反共'的先觉,西山会议的召开也是受他的影响。""由于苏俄驻北京大使加拉罕得知他奉展堂先生之命约请各地中央委员去广州开会,对展堂先生更为嫉恨,曾申广州鲍罗廷利用'廖仲恺被刺案'来打击展堂先生。"②

---

① 黄季陆口述:《访黄季陆先生谈西山会议》,载《传记文学》第32卷第3期,1978年3月。
② 蒋永敬:《胡汉民先生年谱》,中国国民党党史委员会1978年版,第337页。

很显然,"西山会议派"与胡汉民都有利用手中唯一的中央执行委员的权力,来召集第一届四中全会对抗于汪精卫、鲍罗廷的中国国民党中央政治委员会和国民政府的计划,只是他们筹划的时间有先后。胡汉民在汪精卫当选为国民政府主席后就意识到了权力的威胁,所以于1925年8月10日中央执行委员会第一百零八次会议上提议召开第一届四中全会,但因鲍罗廷的阻扰而两度延期。直至"廖仲恺被刺案"发生前,胡汉民倍感形势的严峻,更为迫不及待地召开中央执行委员会来确保自己的权位。只是胡汉民似乎较为顾及会议的"合法性",固一再坚守于中国国民党的革命根据地——广州召开,但不久他被鲍罗廷"放洋",这一计划遂告失败。"西山会议派"对第一届四中全会的酝酿是在"廖仲恺被刺案"发生后,"被排北上"是发起这一会议的导火线,而会议的地点则经过广州—北京翠花胡同—张家口等地的尝试后,才抉择在孙中山的灵柩地西山。加之其早期"反共"力量的酝酿发展,会议圆满召开。但西山会议之所以能召开,胡汉民的先前倡议和所给予的精神支持是不可否认的。

只是,在西山会议真正发起后,自身难保的胡汉民便"见风使舵"了,他由苏俄致电广州,对西山会议表示"不赞同"。先是李大钊在西山会议筹备期间,就专门致电胡汉民,请其帮助劝说戴季陶、邹鲁、张继、林森等放弃反共活动,停止会议的筹备。当时的胡汉民还琢磨未定,所以置之不理,未回电表态。但是至1925年11月25日,也就是西山会议正式召开的第三天,或许是看到国内对西山会议的大肆攻击讨伐之势,他便主动致电汪精卫表示对西山会议举动的不满。[1]

> 胡氏最近自莫斯科来电,对于怀疑不革命的分子固主张听其退出也。尚有李烈钧、柏文蔚,虽未见若何表示,但近在北京而不加入西山会议,其不赞成可知。综而言之,此次林、邹、戴等召集自北京会议,即单以人数而论,亦非多数,况中央执行委员会第三次全体会议之决议案,尤无可推翻之理。是此种会议当然无效。[2]

---

[1] 蒋永敬:《胡汉民先生年谱》,中国国民党党史委员会1978年版,第359页。
[2] 广州《民国日报》,1925年12月9日。

随后，在宁汉统一党务时期，胡汉民自欧洲回国后与蒋介石合作于南京国民政府。应蒋介石的需要，胡汉民对"西山会议派"态度有了一百八十度的大转弯，对其表示了"最大的谅解"。为谋求宁汉两方的合作，胡汉民代表南京方面首先提出了取消"打倒'西山派'"的口号。继蒋介石表示要"摒弃'西山派'"这一名词后①，身为"南京中央"政治会议主席的胡汉民，于1927年6月6日在中央党部纪念周中，正式宣布取消打倒"西山会议派"的口号②。随着宁汉双方关系由紧张转和好，胡汉民便与吴稚晖、蔡元培、叶楚伧等宁方中央执监委员两次致函"上海中央"，呼吁两党部尽快合作。

可以看出，自1927年5月投入南京政府，胡汉民对"西山会议派"表现较为友好，且为宁汉的合流进行了积极的努力。而且"西山会议派"与南京方面的合作"清党"工作几乎也是在胡汉民的领导下展开的。

在"清党"问题上，胡汉民与"西山会议派"的主张基本一致。胡汉民此次同意赴南京参加"清党"工作，虽有谋权之说③，但公开标榜的却是"党亡国危，非'反共清党'，不足以救危亡"。即如他所说："我当时从苏俄回国，在上海从事著述。共产党在武汉，益形猖獗，一批莫名其妙的同志，还曲解其所谓总理的'三大政策'，高唱'联俄''联共'。党国危亡，很多同志来找我商量大计。我在苏俄6个月，深知苏俄破坏中国革命的阴谋，便坚决说：非以壮士断腕的决心，'反共清党'不可。询谋佥同，我才入了南京，主持党务政治，彻底反共"。④而且，自苏俄考察回国后，他提出了所谓"党外无党，党内无派"的八字方针，⑤

1927年4月18日，蒋介石筹建南京国民政府，胡汉民代理国民政府委员会主席。他上任后的第一号命令便是通缉共产党首要鲍罗廷、陈

---

① 居正：《清党实录》，台北文海出版社1985年版，第498—499页。
② 中国国民党党史会：《胡汉民先生文集（第4册）》，台北中国国民党党史会1978年版，第938—942页。
③ 郭绪印主编：《国民党派系斗争史》，上海人民出版社1992年版。
④ 胡汉民：《党权与军权之消长及今后之补救》，载《三民主义月刊》第一卷第六期，第33页。
⑤ 蒋永敬：《胡汉民先生年谱》，中国国民党党史委员会1978年版，第377页。

独秀等190余人。① 当时的胡汉民身兼数职：中央政治会议主席、中央执行委员会常务委员兼宣传部长、秘书处秘书、中央军事委员会常务委员、中央宣传部、组织、财务、法制、外交等委员会委员。② 而他最努力的便是宣传"清党"，并且亲自制定了"清党六原则"。③ 胡汉民为宣传"清党"可说是全力以赴，他一面阐扬三民主义，另一面对共产主义大肆攻击。宣传对象尤其是青年学生，南京金陵大学常为他的演讲场所，《三民主义之认识》《清党之意义》《CP的手段和策略》《青年的烦闷与出路》以及《国民党民众运动的理论》等文④，均为此一时期之重要理论。此外，他还在中央宣传部创办了《中央半月刊》。鉴于对"清党"的这一系列"突出贡献"，胡汉民被认定是南京国民政府"分共理论"的中坚。⑤ 所以，"清党"时期的胡汉民与长期执着叫嚣"清党"的"西山会议派"在此一时期同流合污了，可谓是"一丘之貉"。

对于宁汉沪合流的中央特别委员会，胡汉民基本持消极抵制的态度。1927年8月13日，他亦因蒋介石辞职而离开南京。⑥ 胡汉民的这一反应与中央特别委员会的主要怂恿者"西山会议派"没有太大关系，主要是厌恶汪精卫的"反复无常"，所以对国府委员一职概不就任，对国事保持缄默。而且，对于任何同志的要求会晤，一概拒绝，包括邹鲁多次函请会晤，均遭回绝。⑦

1928年1月25日，胡汉民由沪启程赴欧洲考察。1928年8月8日，由欧返国。9月到上海时，谢持会同许崇智、居正等"西山会议派"主要人物曾试图阻止胡汉民入京，劝他不必前去帮助蒋介石，终遭拒绝。

至反蒋联盟的"扩大会议"酝酿成立时期，胡汉民则开始与"西山会议派"势不两立，相互攻讦漫骂。早在阎锡山致电蒋介石，要求蒋介石礼让为国，共同下野时，胡汉民在对阎锡山之言行表示不满，亦对

---

① 号令详见《革命文献（第16辑）》，台湾"中央"文物供应社1978年版，第2825—2827页。
② 蒋永敬：《胡汉民先生年谱》，中国国民党党史委员会1978年版，第392页。
③ 同上书，第392、394页。
④ 同上书，第396页。
⑤ 刘本炎：《胡汉民先生的平生与志业》，载《近代中国》第8期，1978年12月31日。
⑥ 蒋永敬：《胡汉民先生年谱》，中国国民党党史委员会1978年版，第404页。
⑦ 同上书，第411页。

"西山会议派"进行了攻击。他于1929年2月24日撰文《阎锡山何以会走上死路》,其中说到,阎锡山看错了人,又看轻了人,因为"阎锡山年来不革命、反革命,又有一班人如'西山会议派'的朋友要利用他的武力,便把从前捧李、白、冯、唐的,转来捧他……"①

在"扩大会议"发起后,胡汉民对阎锡山评价时又说道:"他(阎锡山)想'西山会议派'可以变做'山西派',两点水的冯玉祥和三点水的汪精卫,可归到山西的汾水去,既有供他在前线牺牲的人,又有帮他办理所谓党务以造成叛变理论的人,于是志得意满决心作孤注一掷了。"②胡汉民很明显地揭露了"西山会议派"在反蒋运动中与阎派军阀的相互利用关系,大大降低了这一标榜为革命前辈、中国国民党元老的"西山会议派"的"时誉"。

不久后,胡汉民就开始公然指责"西山会议派"为"变节的政客"了。③其实,早在1929年12月6日,胡汉民的《目前的局势和中央处分汪精卫的经过》一文中就表示出对"西山会议派"的轻视:"从前作为'左派'首领自居的,现在可与'右派''西山派'中最低下的分子合作……现在他竟把腐化、恶化势力,集合在一起,而自为其傀儡式的同床异梦的领袖了……"④

1931年7月14日,他以《革命与人格》为题,批判"扩大会议"分子的恶行,再次对"西山会议派"大加斥责,谓"我们所最痛惜的便是在本党有深长历史的老同志,也不惜一误再误,自入歧途,现在竟然委身冯、阎,甘心做他们的走狗。其中若干人,兄弟曾间接问过他们:'你们投靠阎、冯是真正算护党救国,还是为自己找出路呢?'所得答案是:'阎、冯本来要造反的,我们何必不找他们呢?'若干老同志为着所谓个人的出路,便忘记了总理的教诲和国家民族的危机,利令智昏,甘心委身军阀,自齐政客、政虫之列。从前以'左派'首领自居的,现在可和所谓'右派'——'西山会议派'中最下流的分子合

---

① 蒋永敬:《胡汉民先生年谱》,中国国民党党史委员会1978年版,第473页。
② 《阎冯汪勾结的因缘与汪精卫降共的实证》,载《中央周报》第117期,中国第二历史档案馆藏,档号七一一(五)—26。
③ 《中央日报》,1930年7月23日。
④ 中国国民党党史委员会编:《胡汉民文集(第2册)》,台湾"中央"文物供应社1978年版,第383、384页。

作，从前以所谓的'右派'的健者自命的，现在可和'改组派'和准共产党沆瀣一气，从前以打倒军阀，打倒帝国主义相号召的，现在竟互相勾结，谋摇撼党国的基础了。为了一念之差，便离奇变幻，使自己的思想行动，前后矛盾，倒莫可究诘，这又是一件何等可叹的事了！"① 在1931年21日发表的《辟所谓扩大会议》中，胡汉民将"扩大会议"比拟为"群鬼集合，替阎、冯捧场，搅一个次筹安会"。②

此外，对于邹鲁在"扩大会议"上所提出的"约法"问题，胡汉民更为恼火。在他认为，孙中山的全部遗教就是训政时期的根本大法，不需另定"约法"。他发表文章说"……更是胡闹，因为总理临终的遗嘱，明白要我们大家'务须依照余所著建国方略、建国大纲、三民主义及第一次全国代表大会宣言'。我们在第三次全国代表大会中且已议决将总理所著的这种遗教定为效力等于'约法'的根本大法，如果与此之外再要有所谓'约法'，那岂不是要把总理的遗教，一齐搁开，另寻一个所谓'约法'出来吗？"③ 但邹鲁却坚持"训政时期必须有'约法'，亦犹宪政时期必须有宪法一样，同一为政治设施之根本标准"。他举出《革命方略》《孙文学说》等孙中山之遗著，指斥训政时期不需"约法"，总理遗教即"约法"之言是"悖谬无当"。④

曾参与1930年中国国民党第三届四中央全会的桂崇基表示，"实际上，胡汉民并非根本反对'约法'，而是反对在训政尚未结束前即颁布'约法'"。⑤ 蒋永敬所编的《胡汉民先生年谱》一书中同样认定，"胡汉民并非根本反对'约法'，而是不赞成马上有'约法'或'宪法'"，⑥ 但这与热心于'约法'的"西山会议派"观点仍然是相对立的，况且他们已经炮制出了"很受推崇的、体现民主精神"的《太原

---

① 胡汉民：《革命与人格》，载南京《中央日报》1931年7月19—20日。
② 胡汉民：《辟所谓扩大会议》，载《中央周报》第114期，中国第二历史档案馆藏，档号七一一（五）—25。
③ 胡汉民：《国家统一与国民会议之召集》，载《中央周报》第124期，中国第二历史档案馆藏，档号七一一（五）—26。
④ 邹鲁：《扩大会议》，载《澄庐文集（第3集）》，台湾中山大学出版部1934年版，第115页。
⑤ 在此次会议上，张群等数人联名提案请制定"约法案"，首由张群说明提案要旨，胡汉民继起发言，历数提案所举理由完全抄袭王恒文章。此案遂搁置。见桂崇基《中国现代史料拾遗》，台湾中华书局1989年版，第274页。
⑥ 蒋永敬：《胡汉民先生年谱》，中国国民党党史委员会1978年版，第503页。

约法》了。

由上述内容看，从西山会议酝酿召开，经过宁汉党务统一后的"清党"，至宁沪汉合流的中央特别委员会，再到反蒋的"扩大会议"，胡汉民对"西山会议派"的态度一直是变化的。从"不赞同"到同情其"救党"的偏差行为，而后极力谋求在"清党"中的合作。鉴于胡汉民执意与蒋介石的合作，在中央特别委员会时期，他已开始和"西山会议派"保持距离，对其行为暂持"缄默"态度。到"西山会议派"活跃于"扩大会议"时，胡汉民为配合蒋介石，便对"西山会议派"进行公开的谴责和攻讦。尤其是"西山会议派"一再推崇宣扬的"约法"，更使得胡汉民大为气愤，也正是此酿成了胡汉民"汤山之禁"的祸源。这样说来，至胡汉民被蒋介石拘禁时，"西山会议派"与胡汉民的关系已极为恶劣，几乎呈敌对状态。

蒋介石正是受邹鲁《太原约法》的感染，才顺势发起制定"约法"的运动，他因禁胡汉民的目的也是为保证"约法"的顺利通过。所以，按情理说，邹鲁等"西山会议派"完全应该站在蒋介石一方，支持蒋介石对胡汉民的"囚禁之举"。但事实上，"西山会议派"与蒋介石的关系却更为恶劣，势如水火。在《太原约法》草案公布后，"约法"问题便成为当时知识界和中国国民党高层热烈讨论的话题，在自己的主张有人呼应的情形下，邹鲁很是欣慰。不久，他又重新失望起来了，因为在热烈讨论的背后，"南京各人心理"依旧"不平"，"有不能不使人悚然者"，而"政生于心，心不平，则政无能者。既有设施，亦不过供其点缀，将以求吾大欲而已"。① 南京政府禁止邮寄"扩大会议"的"约法草案"和对时局宣言的做法，更加深了他的失望。"勿论'约法'为'扩大会议'所议，而成王败寇之见不应存于革命党之心；以个人论，此种关系人民权利义务之著作品，亦应尊重，况本党系言论、著作、出版等自有标为政纲者乎？"② 显然，蒋介石是两面开弓，既要去除胡汉民对"约法"的阻止，同时又要扼杀由邹鲁等"扩大会议"分子所倡导的民主"约法"精神。面对当时正统中央的两大势力——"蒋介石派"与"胡汉民派"，"西山会议派"不可能轻易地与积怨长久的蒋介

---

① 邹鲁：《澄庐文集（第2集）》，台湾中山大学出版部1934年版，第145页。
② 同上书，第148页。

石握手言和，且蒋介石也未必愿意容纳，所以他们只能选择身处囚禁状态的胡汉民了。这就是"西山会议派"之所以打出反对蒋介石"囚禁胡汉民"的旗号并来参与广州"非常会议"的主要原因所在了。

这样说来，"西山会议派"以"营救胡汉民"为由参与"非常会议"似乎太过于牵强。况且，我们知道连地方军阀的阎锡山、冯玉祥两派都因为"胡汉民站在'扩大会议'的反对面，而不出席广州'非常会议'"。

> 据桂崇基所言，"非常会议"在粤成立，所有反对蒋介石扣留胡汉民的人，及其他如汪精卫、唐生智（派龚浩代表）、陈友仁、李宗仁等皆陆续来粤，连唐绍仪也来参加了。独阎锡山、冯玉祥方面没有人到场，这当然是因为去年"扩大会议"之役，胡汉民是站在反对的地位，广东方面且出兵入湘，牵制广西李宗仁与张发奎对武汉的军事行动，所以他们对"非常会议"也不愿参加。①

但"西山会议派"却能"不计前嫌"地欣然前往，足可见他们对蒋介石的仇恨之深了。所以说，"西山会议派"为着与蒋介石之间的个人恩怨，在广州"非常会议"时期，似乎显得比"扩大会议"中更无原则、无主义了（"扩大会议"还有与"粤二届"的党统之争，"非常会议"中完全是随大流，不顾一切的反蒋）。而这也是"苟存"的"西山会议派"向正统中央求得生存之地的最后一次挣扎。

尽管罗敏一再强调："邹鲁反蒋不仅仅出于个人间恩怨，更主要是由于政治理念不同。基于民主信念，邹鲁参加反蒋战争不仅是为了打倒蒋介石，也是为了让蒋介石永无继起。因此，邹鲁反蒋主张主要不是针对蒋介石个人，而是针对滋生独裁的制度。"② 但是从上述"西山会议派"与胡汉民的关系看，两者的政治理念更多也是大相径庭，两者关系的张弛关键还是决定于政治权益。虽然"西山会议派"素有"淡薄名利"一说，但在当时风云变幻的政局中，其个人的政治理念、政治抱负

---

① 桂崇基：《中国现代史料拾遗》，台湾中华书局1989年版，第318页。
② 罗敏：《邹鲁与蒋介石的关系》，未刊稿，中国社会科学院近代史研究所博士学位论文，1999年。

能够得以伸张实现的必由之路便是权力的获得。这一点"西山会议派"自然不会忽视。但是在与蒋介石的斗争中，他们的存在状态大多是迫于流亡、逃匿，或是被拘禁，非但没有获取权力的可能，而且已经面临被蒋介石彻底消灭的处境。所以，他们这一政治派系在当时政坛的生存之路，只能是与蒋介石继续斗争。事实上，"扩大会议"失败后，他们的确也是如此，依然从事秘密的反蒋活动。

胡汉民曾在《革命与人格》一文中对"革命者与政客"进行了区分。

> 革命者所有异于政客和政治家，在乎革命者有革命的历史和革命的人格，而革命的主义，便是造成革命历史和革命人格的骨干。一个真实的革命者，对于革命的主义必须于坚决的认识，作恒久的抱持，生死以之，百折不变，才能负起革命的任务，完成革命的使命。革命者不是政客，可以播弄是非，为虎作伥，但是目前老同志已经做到何种地步呢？①

这是胡汉民在指责"扩大会议"分子时的感慨，在此，暂可借用来对由"革命者"蜕变为"政客"的"西山会议派"分子评价之用。

二 "西山会议派"反蒋的终结

"西山会议派"参与广州"非常会议"多是受孙科等人的邀约。完竣起草"约法"工作后，避居天津的邹鲁、谢持、傅汝霖、覃振等因东北军已和平接收天津各机关及晋军驻防地而不能公开活动。于是，到1930年2月底，他们便改名换姓，在日租界里建立了秘密的反蒋联络站。当时与这个联络站保持秘密联系的有诸多北方军人，如宋哲元、傅作义等。经常使用的联络暗语，比如下面括号内的：已接洽（曾往看），赞成（病见好）、十分赞成（已大愈），观望（不肯请医），不赞成（不能治），另有接洽（已另请他人治病），须缓进行（少迟即归）。②

---

① 胡汉民：《革命与人格》，载《中央日报》1930年7月19—20日。
② 谢幼田：《谢慧生先生事迹纪传》，台北近代中国出版社1991年版，第362—364页。

与此同时，身为南京国民政府主席兼行政院院长的蒋介石与立法院院长胡汉民因制定"约法"问题发生了冲突。蒋介石于1931年2月28日罗列出胡汉民的五大罪状：操纵党务，把持立法院，阻止外交，勾结许崇智等反动，破坏"约法"。① 胡汉民当然视其为"莫须有"，便据理力争，逐一进行驳斥，尽管在当晚就妥协地辞去了国民政府委员及立法院长职务，但还是被蒋介石幽禁于南京近郊的汤山。南京方面试图强力封锁胡汉民被幽禁的消息，上海、南京、天津等地报纸还是陆续做出了报道，全国为之震动。

"被囚禁"当晚，胡汉民便写信给古应芬、孙科，叫他们联合汪精卫反蒋。于是，时在广州的国民政府文官长古应芬请辞，司法院长王宠惠、铁道部长孙科、立法院秘书长李文范、南京特别市长刘纪文等相继托故离京，以此表示对蒋介石的抗议②，保持沉默的邹鲁也由天津回香港。在古应芬、孙科的分头串连下，汪精卫、陈济棠、李宗仁、白崇禧以及隐居天津的"西山会议派"很快便结成新的反蒋联盟。

邹鲁、覃振诸人参与这一新的反蒋联盟，是孙科派周一志联络的。这一时期，孙科在中国国民党内部已经形成自己的派别。③ 在胡汉民被扣押的第四五天，孙科指派马超俊、梁寒操、王昆仑、钟天心、周一志、麦朝枢秘密商讨对策。周一志等负责策动张学良反蒋，孙科嘱其路过天津时，拜会邹鲁、覃振等人，请他们联络汪精卫及"改组派"人士，共谋反蒋大计。据周一志回忆，孙科是这样布置的："……叫我同麦路过天津时会见'扩大会议'失败后在津闲住的邹鲁、覃振、傅汝霖等人，告以反蒋时机又到，请他们务必转达"汪派"人士，不必再骂胡，以便大家一同反蒋。"④

事实上，也正是蒋介石软禁胡汉民于汤山，彻底粉碎了邹鲁对南京

---

① 存萃学社：《1927—1934年的反蒋战争（上册）》，香港东大图书公司1978年版，第256页。
② 郭廷以：《中华民国史事日志（第2册）》，台湾"中央"研究院近代史研究所1984年版，第610页。
③ 原胡汉民的"再造派"中之周一志、钟天心、王昆仑等人在孙科反蒋后，便开始拥其为领袖，形成所谓孙科的"太子派"，见郭绪印《国民党派系斗争史》，上海人民出版社1992年版，第149页。
④ 周一志：《非常会议前后》，载《文史资料选辑（全国第9辑）》，中国文史出版社2002年版，第85页。

政府实施民主政治所抱的幻想。在邹鲁看来,"蒋介石竟以私人而拘捕胡展堂同志,无论展堂同志居中央委员、立法院长之地位,实无应得之罪,亦有法定手续、法定机关,以资处理,断不容由蒋介石在其私宅,无任何机关之命令,将之拘捕。此种坏法乱纪之人,而欲开真正国民会议,制定良好'约法',虽三尺童子,早知其南辕北辙"。① 鉴于这一情势,邹鲁认为自己"不能再保持缄默……",就由天津回到香港。据邹鲁后来回忆,当时,各方到港的人已不少,大家和广东将领陈济棠等,洽商营救对策,结果决定首先由中央监察委员邓泽如、古应芬、萧佛成等提出弹劾。② 而此时仍在天津的谢持、傅汝霖从《大公报》得知胡汉民被拘后,立即拍电报给戴季陶,要他保证胡汉民的安全,"否则老同志们将以戴是问"。③ 同时,中原大战结束后分散各地的前第二、三集团军将领纷纷会集"西山会议派"所设之天津秘密联络站,因其行动处于秘密状态中,多不为外人所知。④

胡汉民幽禁事件发生后,真正揭开另一场政治风暴序幕的,要算是邓泽如、林森、萧佛成、古应芬4位中央执监委员于1931年4月30日联衔自广州发出弹劾蒋介石的通电。此电发出后,广州与南京展开类似于中原大战之前的"电报战"。1931年5月24日,邹鲁、汪精卫、孙科等联袂抵达广州。25日,邹鲁在"联合纪念周"中发表言辞激烈的反蒋演说,称:

> 兄弟因反对"联共"而离粤,及十六年"清党"后,兄弟曾回到广州住过数日,嗣后见蒋氏独裁,固本人仍然离省。现在全国一致讨蒋,由广东负起此重大责任,以全国一致之意望,蒋非倒不可,许多人以为倒蒋以后,即发生下列问题:一、讨蒋有无影响"清党";二、讨蒋有无牵动外交;三、蒋不好,但倒蒋有何人可以代替。以上三项问题,兄弟敢负责说不成问题,共是由蒋纵大,年来历次之外交如"济南惨案""中东铁路"及最近之"收回法权"问题,进行不利,亦无一不是由蒋所致,至蒋倒后

---

① 邹鲁:《讨蒋进行中央之要图》,载《中央导报》第1期。
② 邹鲁:《回顾录》,岳麓书社2000年版,第268页。
③ 谢幼田:《谢慧生先生事迹纪传》,台北近代中国出版社1991年版,第364页。
④ 同上。

何人可以代替，即蒋系今日在党国，正如汪先生所谓人身之毒疮，孙先生所谓疫鼠，割去扑杀后，在任何人都可替代，任何人都胜于蒋氏。①

同日，邹鲁还同邓泽如、古应芬、汪精卫、唐绍仪、孙科、许崇智等22人联名致电蒋介石，劝他"48小时以内，即行引退"。②然南京方面对此最后通牒无反应，于是广州诸人于1931年5月27日正式召集"中国国民党中央执监委员'非常会议'"（"非常会议"）。当晚即议决公布《国民政府组织大纲十一条》，规定国民政府委员15—17人，由"非常会议"选任之。常务委员有国府委员16人，后伍朝枢由美国回国，增推其为国府委员，28日成立国民政府。③

原为"西山会议派"领袖级人物的林森虽早已参与南京政府的工作，但在此一时期却保持了超然的态度，不过还是被"西山会议派"等结成的反蒋联盟借其名而壮声势了。所以笔者在这姑且将之还原到"西山会议派"，就其活动做一简单介绍。

当蒋介石扣押胡汉民时，林森正好不在国内。而在他得知胡汉民被拘这一消息不久，1931年6月份召开的中国国民党第三届五中全会已决议，让林森代替胡汉民的立法院院长。林森在美国旧金山接电后，表示同意接受院长一职，同时给蒋介石发了一封电报，请将胡汉民迁往庐山，说胡汉民一经转移，"群疑尽释，纠纷自平"。④

事实上，身在美国的林森对整个广州"非常会议"的态度是很冷淡的。此时的他虽已接受了院长一职，但因对政治较为淡漠，故以远在海外不能脱身为由，表示暂时不便启程，延拖至10月才动身回国。而且，

---

① 广州《民国日报》，1931年5月26日。
② 同上。
③ 沈云龙在《广州非常会议的分裂与宁粤沪四全大会的合作》一文中指出："'非常会议'复互选唐绍仪、古应芬、汪精卫、孙科为国民政府常务委员。"本书笔者查阅了当时的报纸，发现邹鲁并未当选为国府常务委员。据1931年5月30日广州《民国日报》报导："（1931年5月）29日国府首次会议议决推选唐绍仪、汪精卫、孙科、古应芬、许崇智5人为常务委员。"但邹鲁在《回顾录》中说到自己在广州成立的"非常会议"和国民政府中被推为中央党部委员及国府委员。见邹鲁《回顾录》，岳麓书社2000年版，第268页。
④ 刘晓宁：《无为而治的林森》，中国文史出版社2002年版，第187页。

以邓泽如、林森、萧佛成、古应芬 4 名中央监察委员署名的"弹劾蒋中正"的通电，及 5 月 25 日邹鲁等 22 人的劝蒋介石"引退"通电中，都是在未征求林森的意见下，就擅自将其名署在电报上的。所以，在孙科出资 20 万元，亲自策划的"刺蒋计划"败露后，林森也随之被列为粤系的策划人之一。接着，1931 年 6 月 2 日，南京的国民党中央便决定开除林森、邓泽如、古应芬、孙科等人的党籍，还下令予以通缉。①

1931 年 10 月，林森从海外归国。当时宁粤双方正在进行激烈的讨价还价，他依旧采取了超然的态度。有好心人劝林森说："你两次列名反蒋，现在双方正在激烈地争执，恐蒋先生会于你有不利举措，还是暂缓赴南京为好。"林森书生气十足地回答说："按照党的规定，监委是可以弹劾任何一个党员的。我虽不在，但也没有表示反对啊。"有人又向林森建议说："是否在报上发个声明，婉转地向外界表示一下你不在国内，以示没有参加弹劾。"林森笑答："既然已经做了，就没有此必要了吧。"② 如此说来，林森的"超然"在很大程度上便是对广州"非常会议"的"默认"，即不积极参与，也不明确反对。或许，也正是这一"超然"态度，林森才会在第四届一中全会上跃升为国民政府主席。

此外，与广州"非常会议"有关的"西山会议派"还有一位——许崇智。胡汉民被拘禁的第一项罪名便是"勾结许崇智"。那么胡汉民是否有可能与许崇智勾结这一问题也是值得关注的。首先就胡汉民、许崇智两人关系看，自"二次革命"以来，二人一文一武，原无利害冲突之处，因而交谊颇深。但陈炯明叛变时，许崇智正率师北伐江西，胡汉民亲自至江西，请许崇智军回师救帅。胡汉民随许崇智部队回师，不料途中，许崇智军大败，并退至福建，胡汉民则由江西间道返回上海。当胡汉民向孙中山报告战事经过时，对许崇智做了颇多不利之批评。其后许崇智再度回师，又败于陈炯明部，此后孙中山对许崇智印象大坏，对其态度亦大变。许崇智以为此皆由于胡汉民之中伤，因而对胡汉民极为不满。及至孙中山逝世，国民政府改组，在推举国府主席时，许崇智以实力派军人领袖拥汪精卫，使胡汉民以零票之难堪失却了国府主席席

---

① 刘晓宁：《无为而治的林森》，中国文史出版社 2002 年版，第 189 页。
② 同上书，第 190 页。

位,胡汉民、许崇智间乃出现无法弥补之裂痕。①"廖仲恺被刺案"后,胡汉民、许崇智先后失势去粤,直至 1927 年 4 月,宁汉分裂时胡汉民再度出山,主宁大政。同年 8 月,武汉政府亦"分共",宁沪汉三方洽谈合作事宜,许崇智曾数度托邹鲁说和,欲与胡汉民重修旧好,同心协力为党国做事,但胡汉民不应。②邹鲁曾在致胡汉民的信函中三次提及许崇智对他的"重托"。③

1927 年 8 月,胡汉民自欧洲返国,许崇智欢迎于香港,胡汉民对之极为冷淡④,对"西山会议派"劝阻其入京助蒋一事也未理会。这样看来,胡汉民、许崇智之间相勾结一说是很难成立的。所以,胡汉民也才会理直气壮地责问蒋介石:"从十七年到今天,我没出过南京,汝为也未曾到过南京,我何从跟他见面?你拿证据来,证明我和汝为通信、通电,甚至勾结了搅些什么事出来,这才算是事实。"⑤

既然胡汉民"勾结许崇智"是不成立的,那么许崇智参与广州"非常会议"与"胡汉民汤山之禁"也就没有直接的关系了。许崇智在中原大战失败后,主要是随同星散于各地之反中央各派要人——如汪精卫、唐生智、唐绍仪、陈友仁、李宗仁、邹鲁等,一起聚集于广州,串联反蒋联盟,并进行一系列的酝酿工作。1931 年 5 月 27 日召开的"非常会议",许崇智被选为国民政府委员(17 人)、常务委员(5 人)及中央军事委员会常务委员(4 人),并与汪精卫暗争广东省主席一职。⑥

在参与这次"非常会议"的"西山会议派"要人中,邹鲁的表现算为是最突出的。他在反蒋的同时,还密切关注着蒋介石的言行,并随时对其加以评论。1931 年 5 月 5 日,国民会议在南京召开。5 月 12 日,国民会议三读通过《中华民国训政时期约法》。对于蒋介石的"约法",邹鲁一针见血地指出:

---

① 陈公博:《寒风集》,地方行政社 1945 年版,第 28—29 页。
② 蒋永敬:《胡汉民先生年谱》,中国国民党党史委员会 1978 年版,第 410 页。
③ 同上书,第 411 页。
④ 周一志:《我对许崇智了解的片断》,载《文史资料选辑(全国第 13 辑)》,中国文史出版社 2002 年版,第 131 页。
⑤ 胡汉民:《革命过程中之几件事实》,载《少年中国晨报六十周年专刊》,美国三藩市《少年中国晨报》1971 年版,第 559 页。
⑥ 《上海时报》,1931 年 6 月 4 日、11 日。

全文中无一确定人民自由之权利之文，一切皆委之法律，制定法律之立法院，可以由其私人拘捕，则法律不能保障院长者，其不能保障人民，不待智者而解矣。而其全文注意之点，则五院皆由主席提出，全权集于一身，实专制君主之变相，此而可云本党训政时期之"约法"，是何异指鹿为马乎？①

而且在邹鲁看来，

国民会议产生"约法"，以约束政府及人民之互相关系，原亦为总理遗教所规定。但此与蒋之国民会议和"约法"绝对不同。蒋不过御用之以培植私人势力而已，与总理所主张之民主制度——选举有自由、提案有自由、表决有自由等，实在是风马牛不相及。②

对于民主政治的实施程序，邹鲁主张：民主政治应该首先从地方自治做起，"民主政治第一义，在能否完成地方自治"，"假如地方自治培植起来，则个人独裁必不能发生"，这样才能"养成民主制度，巩固民主势力"，召开国民会议，制定"约法"。所以，邹鲁指出，蒋介石在地方自治实施前召开的国民会议只不过是"他的御用国民会议"，"代表全是由他一人指派，"他所大谈的"约法"和训政，只不过是"弄骗人的把戏"。③

"非常会议"虽然吸收"扩大会议"反蒋失败的教训，在反蒋之初迅速成立了统一的政府，但反蒋派系内部依然矛盾重重。在这种情形下，蒋介石实施暗中收买和公开挑拨的双重分化策略。蒋介石密电韩屏师长（陈济棠的手下）称："中央已经决定免除陈伯南（陈济棠）八路总指挥之职，请兄继任之。"④ 与此同时，蒋介石还指使吴稚晖在报纸上公开指责"非常会议"是"……'扩大会议'以后，又叠起一个大

---

① 邹鲁：《讨蒋进行中央之要图》，载《澄庐文集（第2集）》，台湾中山大学出版部1934年版，第148页。
② 存萃学社：《1927—1934年的反蒋战争（上册）》，香港东大图书公司1978年版，第352—354页。
③ 同上。
④ 同上书，第316页。

垃圾堆"。① 针对此一分化，邹鲁于1931年6月11日，在"非常会议"举办的记者招待会上发表演说，号召参加"非常会议"的各派团结起来。

> 我们的同志，因"分共"有迟早、反蒋有先后，大家曾由此误会，分裂一次。但自武汉政府"分共"之后，大家认为可以由此团结起来，把党弄好。可是结果依然四分五裂，这就是蒋介石个人用共产党徒的分化政策所致。可是现在大家主张"分共"了，大家也明白反蒋了，我们当能一致团结，大家同心合力，去为革命奋斗。有人说：我们从前曾是分裂的，现在当然不能合在一起，其实这真是不知道我们为什么才分裂的原因。我们为"分共""反蒋"才分裂的，现在我们主张一致，当然可以团结起来了，为民主政治努力奋斗。②

1931年7月21日，广东方面正式下达"讨蒋令"，提出"剿共必讨蒋，讨蒋必剿共"。③ 7月20日，国民政府第16次会议任命邹鲁为驻津联络军事专员，负责联络北方反蒋势力。邹鲁由香港动身，于1931年7月27日抵达大连，30日到天津，随身携带粤方允诺援助石友三和孙殿英两部的款项50万元——其中石部30万元、孙部20万元。④ 邹鲁抵天津后即电告徐永昌、宋哲元称："军兴以来，事绪万端，尤以诸同志任事之勇，处境之困，至为国府所系念，特于7月20日决议委间关北上常住此间，负责与各同志共筹一切，以期早定大难，共讨独夫，现已于30日到津，特电奉闻，伏维指示，共策进行，无任感祷。"⑤

邹鲁的北上引起"改组派"天津执行部王懋功、胡宗铎等人的不

---

① 天稚晖：《答客问》，载南京《中央日报》1931年5月30日。
② 存萃学社：《1927—1934年的反蒋战争（上册）》，香港东大图书公司1978年版，第352页。
③ 广州《民国日报》，1931年7月22日。
④ 《广州汪精卫致石汉章"敬电"（1931年7月24日）》《广州汪精卫致天津胡宗铎、王懋功等"俭电"（1931年7月28日）》，见《阎锡山档案》缩微第48卷，台湾"国史馆"藏。
⑤ 《天津邹鲁致太原徐永昌、宋哲元等"支电"（1931年8月4日）》，《阎锡山档案》缩微第48卷，台湾"国史馆"藏。

满。1931年8月9日,王懋功致电汪精卫,称"海滨到后,时以国府全权向外宣传,意欲借国府招牌压倒一切,以彼个人为北方重心而代先生在北方之地位,并欲自任国府驻津主任,于其下设军事政治分会,作改华北政局之梦,故执行部同人无论何派,除谢外均对之不满,我辈只有抓住执行部与彼对抗,冀使北方政局隐然以先生为主,而本身不与发生冲突以免使先生为难"。① 王懋功等反对邹鲁的目的是为了控制北方活动经费。汪精卫由于在"非常会议"中自身地位不固,实难顾及北方情形,因此邹鲁在北方的联络工作并未因"改组派"的阻扰而停止。

邹鲁当时对阎锡山出兵反蒋的估计相当乐观。1931年8月9日,邹鲁致电广州国民政府称:"晋军已发动,向娘子关、石家庄推进,迅即派军队入湘赣,截击蒋家军,以收夹攻之效。"② 8月12日,邹鲁又电告广州,谓:"阎锡山已离连入晋指挥所部讨蒋,军事不日当可发动。"③ 8月16日,邹鲁电告"非常会议"称:"现偕百川及要员秘密回到太原,已将附蒋叛逆商震驱逐出境,刻正召集旧部,商议讨蒋计划,决于日间发动,同时请求国府方面辅以军费,以利戎机。"④ 8月18日,邹鲁又电告广州,谓,"阎锡山回晋后,近已发动讨蒋,经将商震解决,同时召集各将领会议,拟定出师步骤,全体将士一致拥阎复出,日间即可发讨蒋通电"。⑤

鉴于邹鲁这一系列反蒋行为,蒋介石电令东北军将领王树常设法拿捕匿居天津日租界的邹鲁、谢持等。⑥

以上是"西山会议派"要人在广州"非常会议"酝酿中的表现。可以看出,在这六大派的反蒋联盟中,势单力薄的"西山会议派"除了负责联络工作外,几乎没有太多的声音。所以他们的参与也只能算是凑数分子,助威而已。

金永信在其博士学位论文中,指出此次的反蒋运动较之前几次活动

---

① 《天津王懋功致广州汪精卫"佳电"》,《阎锡山档案》缩微第48卷,台湾"国史馆"藏。
② 广州《民国日报》,1931年8月11日。
③ 广州《民国日报》,1931年8月13日。
④ 广州《民国日报》,1931年8月17日。
⑤ 广州《民国日报》,1931年8月19日。
⑥ 《天津贾秘书长致太原阎锡山电("条电")(1931年9月18日)》,《阎锡山档案》缩微第21卷,台湾"国史馆"藏。

有着明显的不同。

第一，回到了革命策源地广东进行反蒋运动。北伐完成以后到"非常会议"之前，一连串的反南京活动，其中心大多在长江流域或北京、天津地区。而这一次的活动又重新回到了北伐以前之革命根据地广东。

第二，"汤山事件"发生后激起的反蒋浪潮，不但在国内从南京延到边远省份，在海外的南洋、欧洲、美洲的中国国民党海外党部都表示反对蒋介石之行为。以前几次的反中央活动，海外党部从未如此关心过，这大概是海外华侨与广东有比较深厚的关系而起的现象。

第三，"非常会议"虽有组织第一、四两集团军为骨干的北伐军，其能动员之军队有限，与中央军之军事冲突亦少。而且以往之反南京战争，如"中原大战"等，先发动军事后谈政治，"非常会议"是先办好政治组织，再发动军事。

第四，这一次反南京运动之领导机关，不论是中国国民党党的最高领导机关"非常会议"，或受党领导的最高性质机构国民政府，均组织得异常迅速，不像前次"扩大会议"产生那样费时。

第五，"非常会议"的委员并无一定数目。故凡曾任中央执监委员，无论第一届、第二届或第三届，愿意参加"非常会议"者，均得为"非常会议"之委员。[①]

此外，从"非常会议"的参会代表及其国民政府委员的组成来看，特点也较为突出（见表10、表11）：

表10　　　　　　"非常会议"组织委员分配情况

组织名称	委员名单	出身省份	派系
组织委员会	邓泽如 孙科 古应芬	广东 广东 广东	"广东派"（胡汉民系）"孙科派" "广东派"（胡汉民系）
宣传委员会	汪精卫 邹鲁 李文范	广东 广东 广东	"左派" "西山会议派" "广东派"（胡汉民系）

[①] 金永信：《西山会议派之研究（1923—1931）》，未刊稿，台湾政治大学历史研究所博士学位论文，1997年。

续表

组织名称	委员名单	出身省份	派系
军队政治训练委员会	黄季陆 林翼中 黄公度	四川 广东 广西	"广东派"（胡汉民系） "广东派"（胡汉民系） "广西派"
海外党务委员会	萧佛成 陈耀垣 刘纪文 刘青阳 陈树人	华侨 广东 广东 广东 广东	"广东派"（胡汉民系） "广东派"（胡汉民系） "广东派"（胡汉民系） "广东派"（胡汉民系） "左派"

资料来源：存萃学社：《1927—1934年的反蒋战争（上册）》，香港东大图书公司1978年版，第347—348页。Wai-Chor, *The Kuomintang Left in the National Revolution 1924-1931*, New York：Oxford University Press, 1991, p.141.

表11　　"非常会议"选出国民政府委员名单

委员姓名	出身省份	派系	附注
古应芬	广东	"广东派"（胡汉民系）	常务委员
孙科	广东	"孙科派"	常务委员
邹鲁	广东	"西山会议派"	常务委员
汪精卫	广东	"左派"	常务委员
唐绍仪	广东	"无派"	常务委员
邓泽如	广东	"广东派"（胡汉民系）	常务委员
萧佛成	华侨	"广东派"（胡汉民系）	
林森	福建	"无派"	
蒋尊簋	浙江	"无派"（接近胡汉民系）	
陈友仁	广东	"左派"	
熊克武	四川	"无派"（地方军人）	
李烈钧	江西	"无派"	
伍朝枢	广东	"广东派"（胡汉民系）	
许崇智	广东	"西山会议派"	兼军委常委

续表

委员姓名	出身省份	派系	附注
陈济棠	广东	"广东派"（胡汉民系）	兼军委常委
李宗仁	广西	"桂系"	兼军委常委
唐生智	湖南	"左派"	兼军委常委

资料来源：存萃学社：《1927—1934 年的反蒋战争（上册）》，香港东大图书公司 1978 年版，第 347—348 页。金永信：《西山会议派之研究（1923—1931）》，未刊稿，台湾政治大学历史研究所博士学位论文，1997 年。Wang Ke-wen, *The Kuomintang in Transition: Ideology and Factionalism in the National Revolution, 1924-1931*, Unpublished doctoral dissertation, Stanford University, 1985, p. 343.

我们可以发现以下问题：

第一，参与这次反蒋的，大都是两广籍的人物。在"非常会议"所选出的委员中，这一现象特别明显。委员 14 人中只有黄季陆是四川籍，另一位萧佛成虽然是华侨，但其政治立场素与"广东派"接近；"非常会议"选出的国民政府委员，也有三分之二是两广籍。所以整体来讲，参加此次反对运动的党内各路人马，虽然个人的原来政治立场稍有差异，纯粹从其出身身份来讲，可以说是两广势力的大结合，其目的在反抗控制"南京中央"之江、浙势力。[①] 事实上，广州"非常会议"的反蒋盟军原本就是粤系的古应芬与陈济棠发起的。胡汉民被囚后，古应芬首先就到广州，与陈济棠密商后，立即得到陈济棠的坚决支持。陈济棠表示誓用武力为广州国民政府的后盾，并要公开打出反蒋旗帜。陈、古二人谋定反蒋大计后，立即以巨款接济古应芬联络中国国民党内各个反蒋派别，以期形成反蒋联盟。为壮大反蒋军事力量，陈济棠派林翼中、香翰屏为和谈代表与李宗仁、白崇禧谈判，迅速与"桂系"达成协议，使数年的粤桂对立局面顿时峰回路转，并且化干戈为玉帛，组成两广反蒋集团。[②] 而正是在陈济棠的武力保护下，1931 年 5 月 27 日，"胡汉民派""汪精卫派""孙科派""西山会议派"等反蒋派别才与陈济棠、

[①] Wang Ke-wen, *The Kuomintang in Transition: Ideology and Factionalism in the National Revolution, 1924-1931*, Unpublished doctoral dissertation, Stanford University, 1985, p. 288.

[②] 郭绪印主编：《国民党派系斗争史》，上海人民出版社 1992 年版，第 198 页。

李宗仁等两广军人一起在广州召开了中国国民党中央执监委员会"非常会议"。

第二,"非常会议"虽然参与分子复杂①,却没有明显的内部纷争,可说是与"南京中央"不相容的中国国民党人的大团结。邹鲁与王懋功虽在军事运作上产生冲突,但由于汪精卫无暇顾及,并没有引发大的风波。只是在蔡德金所撰著的《汪精卫评传》一书中,谈及"西山会议派"与"改组派"对党统的讨论,但并未详细介绍。②笔者尚未查阅到相关资料。

第三,"改组派"成员也大都是广东籍的,除汪精卫、陈树人之外,却一概排除在外。当时广州方面流传一个"去皮存骨"之话,意思是只请汪精卫,对其他"改组派"一概挡驾。③因为所谓"改组派"曾参与1927年底的"广州事变",故非常不受陈济棠、孙科及"西山会议派"等之欢迎,尤其是胡汉民坚决不能原谅陈公博在报纸上对他的攻击,而且一再认定陈济棠是中国共产党,这样一来,"非常会议"及国民政府均没有"改组派"分子的参与。广州"非常会议"本是公开打出招纳一切反蒋势力的旗号,但偏不容"改组派",足见"改组派"与粤系的矛盾之深了。

此外,"西山会议派"在"非常会议"及国民政府中扮演有角色,且始终在广州积极参与此次反中央活动的,只有邹鲁与许崇智两人。谢持、傅汝霖④虽都被选为国民政府政务委员,但在"九一八事变"前两人却不曾离开天津。谢持因1931年5月中旬得脑充血症,在天津卧床3月之久,无法南下,其他在天津的傅汝霖、覃振则继续留在北方,负责

---

① 吴稚晖分析参加"非常会议"的人为六派:林森等"超然派"、邓泽如等中国国民党"右派"、邹鲁等"西山会议派"、李宗仁等桂系、汪精卫等"改组派"、及陈友仁之"第三党",并批评此种结合为"不伦不类之凑集"。参见沈云龙《广州非常会议的分裂与宁粤沪四全大会的合作》,载《民国史事与人物论丛》,台北传记文学出版社1981年版,第313页。
② 蔡德金:《汪精卫评传》,四川人民出版社1988年版,第190页。
③ 汪瑞炯等编注:《苦笑录:陈公博回忆(1925—1936)》,香港大学亚洲研究中心1979年版,第165页。
④ "非常会议"公布的国民政府委员17人中未有谢持之名。但谢持在《六十自述》中指出,他亦被举为国民政府委员。谢幼田在《谢慧生先生事迹纪传》中亦提起谢持被选为国民政府委员。参见谢幼田《谢慧生先生事迹纪传》,台北近代中国出版社1991年版,第368页。

秘密联络站之工作。邹鲁虽同时被选为"非常会议"及国民政府两机构之常务委员，但连年奔走之经验，使之万事出于容忍，除偶尔发表反蒋之演讲，在"非常会议"没有决定性的作为。许崇智来广东之后，对于军事上颇有相当抱负，拟乘机收集旧部，以壮声势，而实际上主导"非常会议"的古应芬、陈济棠以广东财政困难，不易筹措为辞，拒绝许崇智之要求，许崇智遂对"非常会议"消极起来。① 总的来说，"'西山派'在'非常会议'，不像去岁之'扩大会议'一样处于主导地位，只不过是凑热闹而已"。②

"九一八事变"发生后，分散南北的"西山会议派"为调停宁粤间之纷争，又活动起来。覃振、石青阳、黄复生等回到广州活动，邹鲁则继续在上海进行和谈工作。至于谢持，在"九一八事变"发生之次日，离开天津赴北京，谋抗日之策。在1931年10月25日到上海，呼吁各方互相谅解，认为"唯有彻底的觉悟与诚意"，才能达成和平统一。

也是在"九一八事变"后，宁粤双方都表示愿意通过和平的方式实现统一。但统一后建立一个什么样的政治制度，以蒋介石为首的宁方和以汪精卫、孙科、邹鲁等为代表的粤方意见不和。蒋介石认为："此时救国，唯有余不退之一法，而欲余不退，唯有改为军事时期，一切政治皆受军事支配，而听命余一人，则国始能救。"③ 1931年10月1日，邹鲁发表"东电"，指出："日人整个谋我中国，阴谋所蓄较之现实者，尚百倍也"，因此，必须"本精诚团结一致之精神，和平统一，实现民主政治，永奠党国之基，以御外侮"。④ 由此，在南京方面致电广东方面，请求捐除成见，共赴国难时，广东方面坚持非要胡汉民完全恢复自由，否则不接受和谈。1931年10月14日，胡汉民获得自由，离宁赴沪，15日致电广州，盼派代表来沪进行和议，共商大计。⑤ "非常会议"

---

① 《国闻周报》第8卷第27期，《一周间国内外大事述评》1931年7月13日。
② 金永信：《西山会议派之研究（1923—1931）》，未刊稿，台湾政治大学历史研究所博士学位论文，1997年。
③ 杨天石：《九一八事变后的蒋介石——读蒋介石"日记类钞"》，转引自罗敏《邹鲁与蒋介石的关系》，未刊稿，中国社会科学院博士学位论文，1999年。
④ 广州《民国日报》，1931年10月4日。
⑤ 《国闻周报》第8卷第42期，《一周间国内外大事述评》1931年10月25日。存萃学社：《1927—1934年的反蒋战争（上册）》，香港东大图书公司1978年版，第465—467页。

等人接胡汉民电后,即正式推定汪精卫、孙科、邹鲁等6人为代表前往上海。粤方和谈代表于10月21日抵上海。22日,汪精卫、孙科、邹鲁等致函蒋介石,提出"党国根本问题,最要在集于党,而按照《建国大纲》所定程序,以完成民主政治"。① 围绕"听命于余一人",还是"集权于党",宁粤双方展开了激烈的较量。② 这一日,蒋介石亦到上海,同宁粤两方代表晤谈,胡汉民亦应邀参加。这是蒋介石、胡汉民、汪精卫中国国民党三巨头自1925年9月胡汉民被放逐赴俄国以后首次聚会。③

和谈——即上海"和平"会议,自1931年10月27日起正式开始,经10天7次的折冲,在1931年11月7日,会议双方最后达成宁粤各自分别召开"四大",修改《国民政府组织法》等7项协议。④ 广州的大会于1931年11月23日正式开幕,但大会全体代表以未实现蒋介石宣布下野之先决条件为理由,否认上海和谈之结果。1931年12月5日,广州方面由胡汉民领衔发出通电,表示蒋介石必须下野,始能合作。邹鲁对粤方此举表示异议:

> 在"和平会议"中,南京代表中有人说蒋先生表示愿意辞去党政各职,专任监察院院长。我听了非常高兴,但是广东方面没有同意。照仍坚持自己的立场,以为中央与广东合作,完全为的是团结御侮,如若要他完全下野,可说没有理由。因为既是团结合作,就不该再分彼此,否则你上台的时候我打倒你,我上台的时候你又来打倒我,循环往复,国与民均受其害。所以,我认为主张蒋先生应该下野的,简直等于造成将来纷争的根源,而在外侮日增之情形下,不该有这种现象。⑤

有学者就邹鲁的这一态度分析说:"这既反映了'西山派'参与南

---

① 《汪精卫等函》1931年10月22日,《历史档案》1982年第1期。
② 罗敏:《邹鲁与蒋介石的关系》,未刊稿,中国社会科学院博士学位论文,1999年。
③ Wai-Chor, *The Kuomintang Left in The National Revolution 1924–1931*, New York: Oxford University Press, 1991, p. 295.
④ 沈云龙:《广州非常会议的分裂与宁粤沪四全大会的合作》,见《民国史事与人物论丛》,载《传记文学》丛刊1981年版,第319—320页。
⑤ 邹鲁:《回顾录》,岳麓书社2000年版,第269页。

京政权政治分赃后,同蒋介石争权夺利的矛盾逐渐缓减;也反映了'西山派'在中国面临日本侵略的严峻形势下,同蒋介石的矛盾已降为次要地位。'西山派'对蒋介石态度的转变,预示着它作为蒋介石的反对派,即将不复存在。"①

1931年12月15日蒋介石通电去职,"宁粤和会"结束,中国国民党第四次全国代表大会分别在南京、广州和上海三地召开。12月28日,第四届一中全会通过改组国民政府等要案:第一,林森为国民政府主席;孙科为行政院长,陈铭枢副之;张继为立法院长,覃振副之;伍朝枢为司法院院长,居正副之;戴季陶为考试院长,刘庐隐副之;于右任为监察院长,丁惟汾副之。第二,推举蒋介石、汪精卫、胡汉民为中央政治会议常务委员。第三,推举胡汉民、汪精卫、蒋介石、于右任、叶楚伧、顾孟余、居正、孙科、陈果夫为中央主席委员会常务委员。②广州国民政府遂于1932年1月1日发表取消通电,"统一政府经本日成立于南京,本会及本政府,谨践前言,同日取消,自兹以往,以党权统一于中央,以治权还诸统一政府,并遵"四全"大会决议案,设立中央执行委员会西南执行部、西南政务委员会、西南军事分会,负均权共治之责……"③

参与"非常会议"的"西山会议派"均是第一届中央执监委员会委员,所以成为第四届中央的当然委员。此外,曾参与"上海中央"工作之孙镜亚、李敬齐、黄复生等分别当选为候补中央执行委员会委员及候补中央监察委员会委员。统一后之党务工作方面:居正当选为中央执行委员会常务委员兼财务委员会常务委员,邹鲁、石青阳为组织委员会委员,张知本为民众运动指导委员会主任委员,黄复生为海外党部常务委员会委员。国民政府方面:谢持、许崇智、邹鲁选为国民政府委员,覃振为立法院副院长,居正为司法院副院长。至此,自中央特别委员会后一直处于在野状态、受蒋介石排斥的"西山会议派",经过一系列的反蒋斗争,其骨干成员终于全部跻身南京政权,"西山会议派"作

---

① 郭绪印主编:《国民党派系斗争史》,上海人民出版社1992年版,第39页。
② "中华民国"史事纪要编辑委员会:《"中华民国"史事纪要(1931年7—12月)》,台湾"中央"文物供应社1975年版,第1139页。
③ 存萃学社:《1927—1934年的反蒋战争(上册)》,香港东大图书公司1978年版,第550—552页。

为中国国民党中央的反蒋政治派别也由此烟消云散。

"非常会议"是中国国民党反蒋各派的大联合,其规模仅次于"扩大会议",所以,有人称这是"集全国几年来文武老少反蒋分子于一堂"。同时,"非常会议"亦是中国国民党反蒋各派力量的一次大检阅。它既有资望高、影响大的政客集团,如"胡汉民派""汪精卫派";又有拥有南方地盘和武装力量的军阀,如陈济棠、李宗仁等。政治力量和武装力量都可观,仅次于"扩大会议"。宁粤双方并没有发生军事上的实际冲突,是"非常会议"反蒋运动的一个特点。宁方对于粤方的反蒋运动没有使用武力讨伐,蒋介石号召和平解决;粤方虽然任命唐生智为讨伐军总司令,做了北上讨蒋的军事准备,却反对武力统一,主张"以政治为先驱,以军事为后盾"。①

三 小结

依上述三节内容的讨论,试对"西山会议派"所展开的主要政治活动——中央特别委员会成立大会、北京"扩大会议"和广州"非常会议"三会的脉络稍做整理,以便更为清晰地了解"西山会议派"的政治行为及其价值趋向(见表12)。

表12　　　　　　　　"三会"概况

会议名称	中央特别委员会成立大会	北京"扩大会议"	广州"非常会议"
起始时间	1927年9月16日至12月28日	1930年7月13日至11月12日	1931年5月27日至1932年1月5日
参与派系	沪方:"西山会议派"的"上海中央" 汉方:汪精卫的武汉政府 宁方:蒋介石的南京政府	"改组派""西山会议派""阎系""冯系"以及邓泽如、李宗仁等其他派系	林森等"超然派"、邓泽如等中国国民党"右派"、邹鲁等"西山会议派"、李宗仁的桂系、汪精卫"改组派"、陈友仁之"第三党"
发起缘由	一致"清党",国内"党务统一运动"的高涨	编遣会议、蒋介石包办"三大"	1931年2月28日将胡汉民幽禁汤山

---

① 闻少华、孙彩霞:《"非常会议"中的几个问题》,载《近代史研究》1985年第3期。

续表

会议名称	中央特别委员会成立大会	北京"扩大会议"	广州"非常会议"
会议主旨	代行中央执监委员会职权,改组国民政府,并于3个月内筹备第三次全国代表大会	在最短期间,依法召集中国国民党第三次全国代表大会,召集国民会议	"消除共祸、推倒独裁、倒蒋剿共",筹开第四次全国代表大会
终结原因	汪精卫与蒋介石联手拆散,并有"一一二二惨案"的发生	中原大战的失败	"九一八事变"爆发
关注媒体	《益世报》《晨报》	《国闻报》《大公报》《申报》《中央日报》	《国闻报》《大公报》广州《民国日报》
接替机构	汪精卫、蒋介石合作于"南京中央",蒋介石复职国民革命军总司令,党权完全归于蒋介石	归于覆灭后,蒋介石南京政府继续	在南京政府属下,另立西南执行部和西南政委会
"西山会议派"的走向	谢持、覃振回上海,邹鲁、居正、许崇智离沪赴日,林森、张继加入南京政府,任国民政府委员	邹鲁、谢持、傅儒霖、覃振匿居天津日租界,组织反蒋秘密联络站	邹鲁、居正、谢持、覃振、石青阳全部投入"南京中央"

　　从前文的论述以及这三次大会的比较来看,"廖仲恺被刺案"后,邹鲁、谢持、林森等"被排北上",所以他们联络部分中国国民党"右派"中央执监委员会委员,发起了反对鲍罗廷、汪精卫的西山会议,欲恢复所谓中央执监委员会的真正权力,并以"清党"为旗号在上海另立中央,与广州国民政府相对峙。汪精卫发动"七一五反革命政变"后,纷繁复杂的"联俄""联共"时代结束,"西山会议派"的"反共""分共""清党"主张也在蒋介石、汪精卫的血腥屠杀下一一实现。于是,在国内"统一党务运动"浪潮的推动下,"西山会议派"仅是在得到"宁方平反"后,便与汉方"不计前嫌",欣然投身于宁沪汉合流的中央特别委员会,并且积极于党务活动的运行。但却因"'中央特别委员会'非法","西山会议派"便在汪精卫的文字攻击和蒋介石"一一二二惨案"的武力动用下,再次背上了"腐化分子把持'中央特别委员会'"的罪名,瞬间遍地是"打倒'西山派'"的口号。

其实，我们很清楚，"西山会议派"不论是否合乎党纪、法理还是正统，其存在与"南京中央"政府的成立是相同的，根本不可能构成中央特别委员会"非法"的理由。正如汪精卫所言，蒋介石南京政权与西山会议的召开性质是别无二致的，同样是对中央的分裂。① 只是有一点根本的不同，西山会议没有军事力量做后盾，仅是一群文官以议会的形式发起，试图以一种合法的渠道，宣传自己的政治主张，以求得社会的认同。南京政府则是蒋介石武力斗争的产物，其自身且是中国国民党内最高军权的掌握者；所以，南京政府是"合法"的，而且很快就被世人所接受。至于汪精卫的广州革命政府，由于它地处中国国民党的革命根据地，当然会以中国国民党中央的正统力量自居。宁沪汉在"清党"的共同目标下虽然权宜合流，却是各怀异心。蒋介石与汪精卫渴望的是权力，"西山会议派"希求的是三方共治的理想局面。于是，面对三方平分秋色的中央特别委员会，汪精卫首先以"正党统"的名义打起了反对的旗帜，蒋介石"被逼"下野后，伺机观望，在重返政坛的关键时刻，发起"一一二二惨案"，再次发挥了军事强人的优势，"西山会议派"苦心经营的中央特别委员会很快被瓦解了。

中央特别委员会短命地结束后，以邹鲁、谢持为代表的"西山会议派"痛恨蒋介石排斥异己、大权独揽，"用不正当的手段破坏团结之党，以握党政之权"。② "西山会议派"的人数虽进一步减少，剩下的却是些死硬人士，可谓"铁杆"分子。他们同蒋介石争权夺利的矛盾更为尖锐化。所以，借助国内反蒋运动的浪潮，不久他们便又合流于李宗仁、阎锡山、冯玉祥等军阀势力，以反对"蒋介石包办国民党'三大'"为借口，发起了"追求民主，反对独裁"的反蒋运动，而且为了这一政治目的的实现，竟再次联手在中央特别委员会中反复无常、对其进行大肆攻击的汪精卫"左派"，最终实现了中国国民党空前的"左、右派"反蒋势力的大联合，并组织召开了"扩大会议"，成立了北京国民政府与南京国民党政府相抗衡。很显然，原本为"清党"、反对"联俄""联共"的"西山会议派"的这些同盟会元老早已丧失了所谓的国

---

① 汉口《民国日报》，1927年4月17日。
② 荣孟源主编：《中国国民党历次代表大会及中央全会资料（上册）》，光明日报出版社1985年版，第841页。

民革命精神。在"上海中央"已成为"包袱"且很难继续运行的情形下,借助于"党务统一运动"的浪潮积极活跃于中央特别委员会的筹建,试图以此为契机返回中国国民党中央,努力非但不成,反遭通缉捕拿的厄运。在这一残酷的现实打击下,"颠沛流离"的"西山会议派"开始为个人或是这一派系与蒋介石之间的矛盾恩怨寻找反攻的机会。在阎锡山、冯玉祥两大军阀的盛邀下,他们开始以"在野政客"的身份,投入到反蒋运动联盟之中,以配合正在展开的中原大战。此时的"西山会议派"不再是为中国国民党的生存、国民革命的进行而奋斗,也不同于阎锡山、冯玉祥军阀的争权夺利,他们似乎更多是为发泄心中对时局的不满和对他们先前悲惨遭遇的一种报复。

"扩大会议"是中国国民党反蒋派的大联合,是中国国民党内部权势之争的产物。尽管反蒋各派在"扩大会议"期间蝇营狗苟、争夺权势、遭人诟病。但"扩大会议"并非一无是处,尤其是"西山会议派"针对蒋介石的专制独裁而提倡民主法制,虽然其中部分人(汪精卫)是为博取时誉,未必出自诚意,但民主法制口号的提出,仍不失为开明之举,并深得知识界的认可。"扩大会议"的另一成果是促成"改组派"与"西山会议派"的合作。用"西山会议派"成员周一志的话来说:"汪精卫、陈公博等同邹鲁、谢持、覃振等,当初一左一右,至此竟成为莫逆之交了。"①

直至1931年5月广州"非常会议"的召开,"西山会议派"进行了最后一次反中央的活动。或许,这也是出乎于他们意料的,"九一八事变"的爆发既使广州"非常会议"转向了上海"和平会议",同时也使得"西山会议派"由"在野"转向了"执政中央",结束了他们与蒋介石斗争较量的漫长之路。所以说,"九一八事变"可算是"西山会议派"由"政客"回归为"党国建设者"的一次重要契机。

综合说来,因1925年11月23日发起西山会议而形成的"西山会议派",尽管在"上海中央"的运作中有了部分"孙文主义学会"成员和广东大学38位离职教授的参与,但自1927年9月的中央特别委员会成立到1932年1月广州"非常会议"的结束,以"西山会议派"身份

---

① 周一志:《关于西山会议的一鳞半爪》,载《文史资料选辑(全国第12辑)》,中国文史出版社2002年版,第120页。

而聚合在一起的主要还是发起西山会议的中国国民党第一届中央委员。而且，很明显的一点，在蒋介石"正统中央"的排挤和分化下，在野的"西山会议派"的力量逐渐消弱，生存空间更是日益缩小。在每次煞费苦心经营的大会瓦解后，"西山会议派"所遭遇的大都是被蒋介石通缉、被迫出洋或是匿居租界，更有甚者遭致拘捕软禁，但他们却仍旧继续其秘密的反蒋活动，只要稍有机会，便闻风而动，亟谋与其他"反蒋派"的联盟，可谓是"唯恐天下不乱"。但在"反蒋"与"被蒋排"的相互较量中，"无枪阶级"的文人派系——"西山会议派"，在军权至上、军人当道的政局中，与军事强人蒋介石的斗争当然是"蚍蜉撼树谈何易！"所以，在此一情势下，那些曾经致力于孙中山"驱除鞑虏、恢复中华"事业的、历经"黄花岗之役"的革命前辈；那些曾为保持中国国民党的纯洁性以纯粹三民主义信徒自居的同盟会元老、中华民国的"开国元勋"们；那些打出反对"联俄""联共"旗帜，与汪精卫的广州国民政府决然分裂的"西山会议派"，在其完成"清党"大业，试图谋求党务统一的宁汉沪合流运动中，却再次遭到了"正统中央"的排挤，使其对昔日效忠的中国国民党由失望到绝望。于是，他们抛弃了孙中山的三民主义，开始"无原则、无主义"地与之前所要打倒的阎锡山、冯玉祥、"桂系"军阀，以及昔日势如水火的汪精卫派系搅合在一起，目的只是为了反蒋。为着与蒋介石的这一个人恩怨，他们最终由革命者沦为"变节的政客"，而上述三次大会，可谓是其逐渐蜕变的过程。这是时代所迫，也是中国国民党在野派系的必由之路。

第五章 "西山会议派"之历史痕迹

20世纪20年代的"西山会议派"出现于"联俄""联共"的革命环境，发展于同蒋介石、汪精卫夺权的历史过程，消亡于蒋介石中央的确立巩固。作为中国国民党的一个分裂派系，其存在没能改变孙中山的三民主义，也不可能阻止蒋介石的崛起，但却影响了这一时代各种纷繁复杂的历史事件，同样也影响了"西山会议派"这一核心群体的自身发展。被"夹攻"的"西山会议派"在分裂中央的6年斗争史中彰显了与同时代中国国民党其他派系截然不同的力量。所以我们有必要对这一用"信念"维系的"淡泊名利"的群体，它于时代、于个人的影响做一历史的评价。

第一节 影响于时代

"西山会议派"作为中国国民党改组后出现的第一个与中央分裂的派系，它的存在几乎影响了20世纪20年代中后期中国国民党发展中的每一重大政治事件：先是促发了"中山舰事变"，遂有蒋介石中央之崛起，出现了"整理党务案"，而后在"西山会议派"对蒋介石"清党"前奏的大肆指责中诞生了"三大政策"这一影响半个世纪的历史概念。及至蒋介石正式"清党"，国共合作的破裂更是不能埋没"西山会议派"的"首倡之功"。"清党"后，"西山会议派"所积极推动的宁沪汉合流使中国国民党历史上出现了中央特别委员会这一掌控党政军大权的特殊组织机构。但因"西山会议派"试图与汪精卫、蒋介石共掌中央特别委员会，遂又导致了轰动一时的"一一二二惨案"发生。中央特别委员会昙花一现，"西山会议派"穷途末路，蒋介石"南京中央"执政中华民国。于是，"西山会议派"开始煽动地方军阀派系，促成反蒋大联盟，挑起了涂炭生灵的新军阀混战等一系列另立中央的反蒋运动，产生了波动时局的影响。与此同时，因西山会议采取了决议案的方式分裂中央，由此使得"党统""党纪""合法性"等问题史无前例地摆在了中国国民党中央面前，并引发之后数次的党统之争、非法与合法之争。上述诸多事件的发生似乎都证明了"'西山派'的出现是（20世纪）20年代中期历史发展的关键"。①

一 "中山舰事变"的促成

目前学界所公认的杨天石的《中山舰事变之谜》一文解开了近代史两大谜案之一的"中山舰事变"真相。该文作者较为赞同"'中山舰事变'是偶然中的必然事件，是'西山会议派'与广州'孙文主义学会'的'把戏'一说"，且特意指明"'西山派'和伍朝枢的诺言起了重要作用。当然，邹鲁把'中山舰事变'完全说成是'"西山派"和伍朝枢的功劳'也并不全面"。②中国台湾学者蒋永敬同样指出："事变的原因，虽则错综复杂，但是其基本原因则是：中共势力在中国国民党内迅速的扩张，与俄共对广州之军政加紧的控制；复以汪精卫之极端'左倾'政策，对'共产派''迁就谦让，而与事实反生障碍'……而一般国民党人，对此情势无不引为忧虑或是愤慨，其反共之情绪与力量，亦在相对的滋长与结合。其在广州内部，则以'孙文主义学会'为代表；其在广州以外，则以'西山派'为主流，且二者有互相影响与声援之声势。此种内在、外在的紧张情势，如无有效的疏导之方法，其冲突横决势所不免。"③

诸多当事人也基本认定"'中山舰事变'是'孙文主义学会'的阴谋"。中国共产党领导人彭述之与张国焘都指出该事件是由"孙文主义学会"主谋的。④当时广州的苏联顾问团成员之一孟·伏·岳列夫也认

---

① 谢幼田：《"联俄""容共"与西山会议（上册）》，香港集成图书公司2001年版，序言部分。
② 杨天石：《中山舰事变之谜》，载杨天石《蒋氏秘档与蒋介石真相》，社会科学文献出版社2002年版，第124页。
③ 蒋永敬：《三月二十日事件之研究》，载《中华民国初期历史研讨论文集（1912—1927）（上册）》，台湾"中央"研究院近代史研究所1984年版，第160页。
④ 陈国棠：《陈独秀与中国共产主义运动》，台北联经出版公司1991年版，第228页。张国焘：《我的回忆（第2册）》，香港明报月刊社1973年版，第502页。

为此次事件是因"'孙文主义学会'的策动"。① 曾参与过"上海中央"的桂崇基也断言:"确为当时苏俄驻广州顾问团主任季山嘉的阴谋。"② 与该事件有直接利益关系的人物汪精卫,于 1927 年 11 月 5 日在广州中山大学的一次演讲中表示,此举为"西山会议派""联蒋倒汪"的策略。③ 汪精卫的亲信陈公博在回忆中指出:"邹鲁说'中山舰事变'是'西山派'与在广州的伍朝枢,为拆散广州的局面合作出来的小把戏。"他解释为"西山会议决议取消'共产派'在国民党的党籍,并不能动摇国民党'联俄''联共'的既成事实,反而'二全'大会后的"广州中央",成为汪系'左派'与'共产派'的联合控制局面。广州的国民党'右派'自然不能甘心'左派'与'共产派'势力的大规模开展,不用待'"西山派"在外边想办法',使在广州的国民党人之反共情绪与力量亦相对的滋长"。④

　　从当事人的认知和学者的研究来看,"中山舰事变"之所以能"成功","西山会议派"与"孙文主义学会"是"功不可没"的。笔者要强调的是:在我们肯定"西山会议派"与"中山舰事变"的关系时,似乎也不能将其作用扩大化。"邹鲁所言小把戏"似有夸张之嫌,多是事后表功的一种心态;事实上倒可以说是"孙文主义学会"的一个把戏。因为在事变中,"西山会议派""上海中央"发生的影响更多的是一种巧合的催化,为蒋介石发动事变营造了政治氛围。"孙文主义学会"才是真正参与其中,直接影响事件始末的组织力量。在前文我们已经论述过,广州的"孙文主义学会"与"西山会议派"的关系很暧昧,在蒋介石的权势威胁下,他们的政治立场时刻在动摇着。在目前所能查找的资料中,笔者并未发现有"孙文主义学会"与"西山会议派"事先有合谋策划的记载。正如金永信所言:"我们也不能不承认,西山会议反共主张影响广州的反共情绪有限,广州反共运动的大本营'孙文主

---

① 〔俄〕孟·伏·岳列夫著,王启中、周祉合译:《北伐前后中国革命情势(1925—1927)》,台湾"中华民国""国防部情报局"1980 年版,第 148 页。
② 桂崇基著,沈世平译:《中国国民党与中国共产党》,台湾中华书局 1973 年版,第 42 页。
③ 汪精卫:《武汉分共之经过》,载蒋永敬《北伐时期的政治史料—1927 年的中国》,台北正中书局 1981 年版,第 447 页。
④ 汪瑞炯等编注:《苦笑录:陈公博回忆(1925—1936)》,香港大学亚洲研究中心 1979 年版,第 77 页。

义学会'，其组织与活动不曾受过'西山派'的直接指导，与拥护'西山派'的其他各地'孙文主义学会'的关系是暧昧而分歧的。"① 原本就是偶发事件（尽管有着一定的必然性），但是身处广东的蒋介石与"上海中央"的"西山会议派"正处于对峙状态，他们之间也不可能事先密谋；而与蒋介石战斗在一起的广州"孙文主义学会"则是完全参与整个事件始末，充当了蒋介石的得力助手，这同样也是偶然中的举动。只是，目前的研究已习惯于将"右派"势力"孙文主义学会"归属为"西山会议派"，且将"西山会议派"视为中国国民党"右派"的领袖，所以"西山会议派"在"中山舰事变"中的作用也就因"孙文主义学会"而被扩大。

事实上，我们从上海"二大"会议的讨论中便可以发现，"中山舰事变"发生前，"西山会议派"并未与广州的"右派"有过紧密的联系，"中山舰事变"的发生与"西山会议派"也并无直接关系。"西山会议派"对整个"中山舰事变"的发生是无知的，而且根本上都无从知晓，"西山会议派""上海中央"人员并未真正地参与或是涉及。接着来看上海"二大"对"中山舰事变"的反应：谢持在上海第二次全国代表大会报告中明确表示，"上海中央"最初确认"中山舰事变"的发生是从黄埔来的一位军官学校同志的口中得知。对1926年3月21日以后的情形，领导们不得而知，消息多半靠报纸的报导。1926年3月28日，"西山会议派"第一次正式讨论"中山舰事变"，会场充满了欢乐的气氛，认定此事件系"李之龙和一部分共产党捣乱"，其目的是"取消国民政府代以劳农政府"②，"蒋介石此举实为彻底清党"。但因为不很清楚前因后果，只是决议通电训勉在广州的同志。③ 与此同时，"上海中央"则开始计划将上海"二大"迁移到广州，并且仅根据报纸的报道和广州代表胡文灿的报告④，就盲目地发出了《大会移粤宣言》。当从广州来上海的周海帆

---

① 金永信:《西山会议派之研究（1923—1931）》，未刊稿，台湾政治大学历史研究所博士学位论文，1997年。
② 居正:《清党实录》，台北文海出版社1985年版，第175页。
③ 《上海中央第一届中央执行委员会第十五次会议录（民国十五、三、二十八年）》，台湾中国国民党史馆藏。
④ 荣孟源:《中国国民党历次代表大会及中央全会资料（上册）》，光明日报出版社1985年版，第427页。

指摘"上海中央"不明了事件的真相时,"上海中央"并未重视,仍旧天真地决议各项有关"大会移粤案"。直到关键人物蒋介石对其进行严厉谴责后,"西山会议派"才从盲目的乐观中清醒,转而沮丧,草拟《警告蒋介石书》,取消了"大会移粤案",发出了《告在粤同志书》。①

所以,从"西山会议派"对"中山舰事变"的反应看,由最初的欢欣鼓舞到《训勉广州同志》,至《警告蒋介石书》以及"大会移粤案"的最终流产等事实,似乎都可说明"西山会议派"对整个事变的来龙去脉是十分不了解的,多是处于一种观望或是猜测的状态。蒋介石的反常举措如发动事变、解雇苏俄军事顾问团,惩处"右派"吴铁城、孙科、伍朝枢等人,加之对"西山会议派"的攻击等更使其茫然不知所措,只能被动地应付。

此外,查看"西山会议派"人物的回忆录、日记、文集,似乎也都未提及他们对这一扭转20世纪20年代中国政局事件的参与和促成之功。在邹鲁的《回顾录》中记载说:"3月中旬,共产党在广州制造'中山舰事变',企图推翻本党政府,幸赖蒋先生迅速弹压,始得无事,大会致函慰问蒋先生。'中山舰事变'虽平息,但情势却一天比一天严重。"②显然,事后的邹鲁仍然以为"中山舰事变"是广州同志为回应"西山会议派"反共主张,肃清"共产派"的"忠党"行为,所以他当时一再主张"大会移粤"。而邵元冲则是在事发一星期后从报纸中得知的,他的日记中在1926年3月28日谈及"粤变问题",记载有"阅报载共产党在粤谋推倒介石,幸为介石发觉,逮捕多人,局面略定。精卫已称病避去,由祖庵代理国民政府主席。多数俄人已离粤,形势大有变化","3月29日傍晚焕廷来谈粤事等"。③此后日记中再没有发现对"中山舰事变"的态度及反映。张继在回忆录中对1926年的记载很简单,只字未提"中山舰事变",仅是写道:"国民军败,余偕眷赴沪……许汝为集合同志,继续反共工作,余亦加入。时常至许宅开会。"④此间林森也没有参加1926年3月29日上海"二大"的开幕,仅是于4月8日抱病作

---

① 《告在粤同志书》,载居正《清党实录》,台北文海出版社1985年版,第273—274页。
② 邹鲁:《回顾录》,岳麓书社2000年版,第159页。
③ 王仰清等标注:《邵元冲日记》,上海人民出版社1990年版。
④ 张溥泉:《张溥泉先生全集》,台湾"中央"文物供应社1951年版,第244页。

了短暂的演讲。随后，他便上庐山休养了一段时间，又返回家乡隐居，在连江的青芝山修建"啸余庐"和"藏骨塔"。周一志对此事件回忆说："1926年3月20日，广州发生了'中山舰案'，这是蒋介石进行反共阴谋的开始。汪精卫因此消极，不久离开广州。5月间，蒋介石把老朽昏晕的张静江抬上了中央政治委员会主席之职，通过一个所谓限制共产党活动案。'西山会议派'人们看到革命策源地如此情形，'一叶知秋'，认为吾道不孤，心中十分高兴。我们这些'右派'青年，也跟着表示愉快。"① "西山会议派"的其他要人谢持、居正、覃振所留的史料中均未见相关记载。

综上而言，"西山会议派"在"中山舰事变"中的影响多是其之前打乱广州局面，或者说"上海中央"与中国国民党"左派"和中国共产党的斗争，为蒋介石成功暴动酝酿了有利的氛围，提供了更多的契机。这也正是杨天石所说的"偶然中的必然"——即使没有"右派"的挑拨和造谣，蒋介石迟早也会制造出来另一个事件来，这是他与汪精卫、苏俄顾问团权力争夺的产物。② 事实上，对于蒋介石这一军权的最高掌握者来说，发动"中山舰事变"是其能力所及之事，"西山会议派"和"孙文主义学会"的所为只是因其利益所需，借蒋介石之力打击中国共产党。由此说来，所谓"西山会议派"对"中山舰事变"的影响更多得力于"孙文主义学会"之功。王柏龄云："中山舰云考，烟幕也，非真历史也，而其收功之总枢，我敢说，是'孙文主义学会'。"③ 我们似乎可再加一句："得其名者，乃'西山派'"。

二 "三大政策"的提出

长久以来，"联俄、联共、扶助农工"的"三大政策"一直被认为是孙中山晚年的重要思想，也是区分中国国民党"左、右派"的标准。但是，由于孙中山著作和中国国民党有关文件中从未出现过"三大政策"一词，故"三大政策"是否为孙中山所提，其形成时间及其背景

---

① 周一志：《关于西山会议的一鳞半爪》，《文史资料选辑（全国第12辑）》，中国文史出版社2002年版，第235页。
② 杨天石：《关于孙中山"三大政策"概念的形成及提出》，载《近代史研究》2000年第1期。
③ 《黄埔创始之回忆》，载《黄埔季刊》第1卷第3期。

等诸多问题成为学者们关注的焦点。① 直到 2000 年,杨天石发表的《关于孙中山"三大政策"概念的形成及提出》一文,使该问题有了一个被海峡两岸都能接受的结论,即"三大政策"概念发端于对"戴季陶主义"和"西山会议派"的批判,并且是伴随着与"西山会议派"的斗争,经过了长达一年有余的熔铸、提炼而形成。所以,"西山会议派"的历史影响在这一权威的研究中被再次凸显。

杨天石指出:"三大政策"这一概念形成于 1925 年 10 月至 1926 年末中国国民党的内部斗争中。它是中国共产党和中国国民党"左派"对孙中山晚年所行政策的一个比较准确的概括。中国共产党和中国国民党"左派"在做出这一概括时,有一个从"二"到"三"的发展过程。其最初的目的是反对"戴季陶主义"和"西山会议派",后来则是为了反对蒋介石等人。在这一过程中,中国国民党上海区党部联合会、上海特别市党部,中国共产党广东区委、中国共产党中央以及沈雁冰、施存统、柳亚子、陈独秀、周恩来和黄埔军校的"左派"学生们都起了作用。②

以下就"三大政策"与"西山会议派"的关系做一概要介绍:首先是在"反攻"西山会议时提出了问题;在反击"西山会议派"的斗争中,"三大政策"的概念逐渐形成。事实上,正如杨天石所说,"'西山派'的议案虽多,但核心只有两项,改变孙中山生前所定而为当时广州国民党中央所执行的'联俄'与'联共'两项政策"。③ 从西山会议

---

① 长期以来,中国大陆和中国台湾学者对"三大政策"的看法存有较大分歧。除了"联共"与"容共"的提法不同外,主要表现为对"三大政策"这一说法的不同诠释上。中国台湾学者并不否认孙中山有过"联俄""容共"(或"联共")以及"扶助农工"政策,但反对把这三者特定为一个历史名词。参见蒋永敬《"三大政策"探源》《海峡两岸学者对"三大政策"解释的比较》,载《百年老店国民党沧桑史》,台北传记文学出版社 1993 年版,第 248—271 页。大陆学者比较普遍的提法则是:中国国民党第一次全国代表大会确立了"联俄、联共、扶助农工""三大政策"。针对中国台湾学者的解释,中国大陆学者认为,尽管孙中山生前未讲过"三大政策"一词,在中国国民党"一大"文献中,"三大政策"亦未见诸文字,"三大政策"概念是孙中山去世后才概括出来的,但这一概括完全符合事实,符合中国国民党"一大"精神,见杨天石《关于孙中山"三大政策"概念的形成及提出》,载《近代史研究》2000 年第 1 期。鲁振祥的《三大政策研究中的几个问题》、黄彦的《关于国民党"一大"宣言的几个问题》,均载于《孙中山和他的时代(中册)》,中华书局 1988 年版,第 1276、1238 页。

② 杨天石:《关于孙中山"三大政策"概念的形成及提出》,载《近代史研究》2000 年第 1 期。

③ 同上。

召开到上海"二大","西山会议派"不但对戴季陶《国民革命与中国国民党》一书的观点进行了大力的宣扬,而且还制订了一系列文件和决议案,如"取消共产党在本党党籍""顾问鲍罗廷解雇""惩戒汪精卫""变更联俄政策",等等。① 此一时期,"西山会议派"对中国共产党的态度还较为温和,仅仅是要求取消"共产派"的中国国民党党籍,仍将之视为"友党",并说是"理势所不得不分,而情谊未始不可合"。② 但到"中山舰事变"后,"西山会议派"便开始提出"清党绝俄"这一激烈的主张,即"驱除党寇""缉拿共产党徒"。③ 所以,在戴季陶和"西山会议派"的思想主张出笼后,中国共产党和中国国民党"左派"立即展开了强烈的批判。

1925年11月29日,《中国国民》自第5期起改为三日刊,专门着力于批判"西山会议派"。于是,柳亚子的《告国民党同志书》一文首次出现了"两个重要政策"的提法。该文着重论述"'联俄'和'容纳共产分子'都是本党总理孙先生的遗训","……对于'西山派'的责难主要指向'联共'与'联俄'两个重要政策"。所以,孙中山的"两个重要政策"的说法曾经在相当广泛的范围内流行。不久,沈雁冰在《中国国民》周刊上所发表的《苏俄十月革命纪念日》一文,概括了孙中山的"民族革命运动政策",基本包含了后来"三大政策"的全部内容。同时,陈独秀在《向导》周报上发表文章分析中国国民党"左、右派",中国国民党中央发表的《对全国及海外全体同志之通告》,也出现了类似说法。

接着,上海"二大"筹开,"中山舰事变"爆发,在纪念孙中山逝世一周年时,施存统首次提出了"三大革命政策"的概念。"西山会议派"召集的上海"二大"于1926年3月29日开幕。3月30日,《中国国民》出版《反对叛党分子之代表大会特刊》,猛烈攻击该次会议,将"两个政策"的提法改为"三个革命的重大政策"。之后,陈独秀将之精练地概括为"孙中山的革命政策",与后来提出的"三大政策"实际内容已经相差无几。黄埔同学会机关刊物《黄埔潮》也同时出现了三篇

---

① 荣孟源:《中国国民党历次代表大会及中央全会资料(上)》,光明日报出版社1985年版,第100、403页。
② 同上书,第357页。
③ 同上书,第419、425页。

提倡"三大政策"的文章。其一为军校学生吴善珍的《我们对总理的"联俄""联共"政策怀疑吗》，文中称："自总理决定'联俄''联共''扶助农工''三大政策'以后，党内新旧的'右派'……如'西山会议''上海伪中央''孙文主义学会'他们的宣言决议案，完全以反对此'三大政策'为骨干……但是，黄埔学生有始终拥护此'三大政策'的精神，并且以此做评判革命与反革命的根据。"[1]

1926年12月，中国共产党召开特别会议，通过了《关于国民党"左派"问题的决议案》。"三个政策"这一概念正式进入中共中央决议，并以之作为区分中国国民党"左、右派"的标准，即"所谓'左右'乃比较之词，并没有固定的界说，社会的'左、右派'和一个政党内的'左、右派'既然不能混同，赞成解决土地问题的中国国民党'左派'，现在又还未成胎，所以只好承认一些赞成继续孙中山、廖仲恺的'联俄''联共'和'辅（扶）助工农'这三个政策的分子是'左派'，反对者便是'右派'……"[2] 至1927年，蒋介石逐渐"向右转"之后，中国共产党和中国国民党"左派"对这一概念的使用愈广，"三个政策"也逐渐被"三大政策"的提法所代替了。

此外，王奇生还指出：在当时"西山会议派"的认知中，"整理党务案"亦是中国国民党内"容共"向"联共"转变的标志。文称："……值得注意的是，当时对'整理党务案'攻击最力的不是中共，而是'西山会议派'。'西山会议派'所看重的正是'整理党务案'所承认的'两党合作'的'名分'。"[3] "西山会议派"也认为，"整理党务案"是广州国民党中央与中国共产党订立的妥协条件，将"容纳共产分子"变为"两党合作"意味着中国国民党从此将变成"国共联合党"。[4] 可见，在关于"三大政策"内容的界定上，"西山会议派"也是发生了一定的影响。

---

[1] 中央档案馆编：《中共中央文件选集（第2册）》，中共中央党校出版社1989年版，第141页。广州《民国日报》，1925年5月25日。
[2] 中央档案馆编：《中共中央文件选集（第2册）》，中共中央党校出版社1989年版，第573页。
[3] 王奇生：《党员、党权与党争：1924—1949 中国国民党的组织形态》，上海书店出版社2003年版，第57页。
[4] 居正：《清党实录》，台北文海出版社1985年版，第293—297、484—485页。

三 "蒋中央"的崛起

自1894年孙中山建立同盟会至1949年蒋介石败退台湾,中国国民党活跃于政治舞台的50多年间,其地位与角色先后发生了变化。1927年中国革命史的转折点[①],也是中国国民党的转折年代——孙中山时代的革命党在"蒋中央"接掌后跃升为中华民国的执政党,并开启了近代中国的党国体制时代。

革命时期,中国国民党的最高领导权始终掌握在孙中山手中。1925年3月,孙中山逝世后,中国国民党权力结构顿失中心,群雄无首,纷争迭起。在争夺孙中山遗留的最高权力斗争之中,汪精卫虽然得到了中国国民党的最高领袖地位,但在积聚已久的国共冲突与国民党内的派系分裂中,很快便败下阵来;与此同时,蒋介石的集团势力迅速膨胀,并扩展为主流派系,在"清党"之后逐渐控制了中国国民党的主要权力系统。"九一八事变"后,蒋介石利用民族危机实行权力整合,终于取得独尊地位。

蒋介石之所以能够逐渐夺得执政党的最高领导地位,纵然有诸多的主客观原因和历史契机,但"西山会议派"在无形中所发挥的关键作用却也是值得关注的。一方面,只有孙中山亲自指定的中国国民党第一届中央委员、资深望重的中国国民党元老自动退出后,蒋介石才会有机会添补中国国民党第二届中央委员的空缺,跻身于中国国民党高层;另一方面,在"西山会议派"反对"联俄""联共"而成为众矢之的时,身为军事将领的蒋介石则成为"联俄""联共"政策的最大受益者(由于苏俄的军事援助和中国共产党的协助,蒋介石在军事上取得了镇压"商团叛乱""两次东征"和"平定杨、刘"的"四连胜",成为当时广东国民政府中最为耀眼的明星)。[②]并且在"西山会议派"分裂"广州中央",对根基未稳的汪精卫造成极大冲击的同时,蒋介石的军政才能无形中得以充分彰显,为其以后的军权膨胀打开了缺口。

孙中山病逝后,中国国民党上层结构出现了很大的波动,广州国民

[①] 王克文:《汪精卫·国民党·南京政权》,台湾"国史馆"2001年版,第69页。
[②] 罗敏:《邹鲁与蒋介石的关系》,未刊稿,中国社会科学院近代史研究所博士学位论文,1999年。

政府的成立算是权力机构重组的阶段性成果。汪精卫在这场权力角逐中,与廖仲恺、许崇智、蒋介石等人联合,将其最大政敌胡汉民挤下最高席位,跃升为中国国民党党政领袖。但是,中国国民党政府的成立并不意味着中国国民党内各派势力对领导权的争夺结束,更不意味着以廖仲恺、汪精卫、许崇智等为主的联合已取得了最后的胜利,相反却激发了更多的矛盾和争端。陈公博曾说到:"后来廖先生的被刺、西山会议的召集,种种恶因都种于国民政府改组的当日了。"①

事实上,"廖仲恺被刺案"的发生、"西山会议派"等中国国民党"右派"的边缘化,对汪精卫与蒋介石来说,可谓是实现了"双赢"。就在汪精卫分化"西山会议派"的斗争中,蒋介石已开始营造其势力集团,且获利颇丰。在政治上,他与汪精卫联手,排挤了胡汉民,使中国国民党的元老派难以在广州立足,为其夺取中国国民党的领袖地位创造了有利条件。在军事上,他成功地瓦解了以许崇智为首的地方实力派粤军集团,排除了自己在争夺军事最高领导权方面的障碍。不久,他便取代许崇智成为东征军的总指挥,恰在此时,陈炯明又给了他一个"奋迹功名"的契机。"第二次东征"的胜利,不仅使蒋介石在中国国民党党内的声望大增,而且还赢得了社会各界的赞誉。结果,这个在1925年初还无足轻重的年轻军官,"在几个月内通过大胆的、有目的的和激烈的行动一步步青云直上,在红色广州成为了汪精卫之外的最了不起的人物"。② 于是,在由汪精卫、胡汉民、廖仲恺、许崇智等组成的党政军集体领导格局解体后,在广州很快形成了汪精卫主党、蒋介石主军的局面。所以,我们可以说,正是在邹鲁、林森等被排后,谢持、居正等消极隐退后,蒋介石才赢得了进入政治权力中枢的机会。

有学者在探讨"西山会议派"对中央权力机构的影响时,也对此一关系有所结论。学者分析说:孙中山在世时,出席"广州中央"执行委员会者有胡汉民、汪精卫、李宗黄、林祖涵、柏文蔚、邵元冲、邹鲁、杨友棠、廖仲恺、王法勤、张继、邓泽如、谭平山、于树德、丁惟芬、于方舟、韩麟符、恩克巴图、白云梯、沈定一、瞿秋白、黄居素、

---

① 汪瑞炯等编注:《苦笑录:陈公博回忆(1925—1936)》,香港大学亚洲研究中心1979年版,第19页。
② 〔德〕郭恒钰著,李逵六译:《共产国际与中国革命:1924—1927年中国共产党和国民党统一战线》,生活·读书·新知三联书店1985年版,第142页。

甘乃光、何香凝、石瑛、刘震寰等人。① 在历次会议中，汪精卫、胡汉民、谭平山、邹鲁担任主席的次数较多。孙中山很少出席中央执行委员会。中央执行委员会则有时讨论"总理交议""总理谕令"事件。依据《中国国民党党章》的规定，孙中山对中央执行委员会的议决，实质是如何研究领会其意旨，且有些决议最终还是得呈请孙中山审核。孙中山逝世后，出席中央执行委员会的主要有沈定一、戴季陶、甘乃光、邵元冲、邓泽如、廖仲恺、汪精卫、何香凝、谭平山、陈扬煊、杨匏安、林森、胡汉民、陈公博、邹鲁等，谢持、许崇智也偶尔出席。② 担任过会议主席的人物有廖仲恺、汪精卫、胡汉民、邹鲁等。"廖仲恺被刺案"发生后，主要出席人员为谭平山、汪精卫、邓泽如、谭延闿、林祖涵、毛泽东、甘乃光、何香凝、詹菊似、陈公博、杨匏安，会议主席由汪精卫担任，谭平山、林祖涵等人也主持过。最后，学者得出结论："从中也折射出国民党'一大'期间党内两次重大事件——"廖仲恺被刺案"与西山会议——对中央权力机构的影响。"③ 影响的关键，或许就是在广州"二大"上，在"西山会议派"被汪精卫完全拒之门外后，蒋介石则以"左倾"的言论、显赫的军功跻入了中国国民党中央执行委员会和国民政府的大门。④ 从此，蒋介石便由中国国民党"一大"时的一个普通党员、"'左派'军人"，一跃成为中国国民党中央的领导核心，正式与汪精卫并列为中国国民党"一文一武"两大首领。

处于政治上升阶段的蒋介石，尚要博取中国国民党党内为数不少的"右派"的支持，故在大会期间曾向"西山会议派"频送秋波，策划代表抵制大会对"西山会议派"的严肃处理⑤，最终使得广州"二大"通过了由蒋介石一手策划的、汪精卫出面建议的从宽处理"西山会议派"的决议案。蒋介石在广州的所为使"西山会议派"大受鼓舞，他们很快就推出了"联蒋倒汪"政策。

西山会议诸人之所以"薄汪厚蒋"，其目的有二：一是等待蒋介石

---

① 广州《民国日报》，1924年7月23日、10月27日。
② 广州《民国日报》，1925年8月21日、9月17日。
③ 崔之清：《国民党政治与社会结构之演变》，社会科学文献出版社2007年版，第375页。
④ 茅家琦：《中国国民党史》，鹭江出版社2005年版，第369页。
⑤ 茅家琦：《中国国民党史》，鹭江出版社2005年版，第366页。

自觉反共。邹鲁后来在《警告蒋介石同志书》中对此解释道:"去岁第四次全体会议,及本年第二次全国代表大会,对于同志仍未有责言者,非于同志有所私怨,意或为人牵制,不能如志以行,共产党覆党之谋,同志未尝深悉。"[1] 二是离间汪清卫、蒋介石关系,分化"左派"阵营。廖仲恺被刺后,汪清卫、蒋介石互相配合,先后排挤了胡汉民和许崇智,成为了广州国民政府中最有实权的人物。但是,"第二次东征"后,蒋介石威望愈隆,地位如日东升,汪精卫对此渐感不安,认为蒋介石是其潜在的威胁。加上汪精卫、蒋介石两人个性迥然不同,彼此间的关系日趋微妙。在这种情形下,"西山会议派""批蒋而不及汪"的做法不能不令汪精卫感到疑惑,从而加深了蒋介石、汪精卫间的不信任感。[2]而真正起到效果也是后者,在他们的挑拨下,蒋介石、汪精卫的矛盾渐出水面。

蒋介石、汪精卫本来就有相互利用的关系,所以会为取得中国国民党最高领导权而结成联盟。但各自在推倒权力上升道路上的障碍,并列成为中国国民党文武两大领袖之后,面对中国国民党内权力集团的争夺,他们的合作也开始破裂。而形势的发展趋向则是蒋介石在逐渐的崛起,汪精卫的权势不断受到挑战,故双方都在暗地酝酿,伺机给对方以打击。至"中山舰事变"爆发,两人分别代表的党权与军权公开对立。正是在"西山会议派"所酿造的"一片大好政治氛围"中,汪精卫背上了要遣送蒋介石去莫斯科的罪名,蒋介石的所为——"中山舰事变",则是以合法的手段先发制人。"中山舰事变"的结局不仅使整个苏俄做出让步,将重心倾蒋,而且还使汪精卫自动退出政坛,只身前往莫斯科。这样,中国国民党以蒋介石为核心的时代拉开序幕。

1926年4月,蒋介石荣升广州国民政府军事委员会主席,7月任国民革命军总司令,在7月4日到6日召开的中国国民党第二届二中临时全会上又当选为中央委员会常务委员会主席(北伐期间由张静江代理)。至此,作为北伐军总司令的蒋介石取得了中国国民党的最高领导权,初步具备了问鼎中国国民党中央的实力。与此同时,经过上海和广

---

[1] 邹鲁:《警告蒋介石同志书》,载《邹鲁文存(第3集)》,北华印刷局1930年版,第117页。

[2] 罗敏:《邹鲁与蒋介石的关系》,未刊稿,中国社会科学院近代史研究所博士学位论文,1999年。王光远:《西山会议派概述》,载《党史研究》1986年第2期。

州两个"二大"之后，中国国民党党内公开分裂后两大派系在近于平行的道路上，继续向前发展着，且在很大程度上决定着中国国民党内"两个系统"的进一步确立。①

虽然说"西山会议派"之"上海中央"对广州政局的发展"并无大碍"，但"'上海中央'对以广州为中心的国民党系统内本来就对'联共'信心不坚定的国民党要人的联络与煽惑，却不可否认地对后者的进一步分裂产生了一定的影响"。② 而且"他们还启开了分裂中央的先河，客观上为蒋介石另立中央提供了一个示范。而国民党中央接二连三的分裂，使得中央的权威一再受到削弱。结果导致了'军长党消'的政治格局，这对蒋介石的迅速崛起是极为有利的"。③

1926年底，广东国民政府在酝酿"迁都"问题时，蒋介石公开与汪精卫分庭抗争。我们知道，"迁都或定都，在中国传统政治中都不单是一个地点择定问题，而是关系到对政治权威的认同"。④ 1926年11月26日，在中国国民党中央政治会议的南昌、武汉之争中，蒋介石没有占得上风，其结果看似与当年"西山会议派"的分裂活动一样。但是，这一"迁都之争"却可看为是蒋介石分裂"广州中央"的一个信号。其后，握有军权的蒋介石便加速了反共的进程，不久在上海就制造了震惊中外的"四一二政变"。1927年4月15日，武汉国民党中央决议开除蒋介石之党籍，撤销其总司令职务；同一天，蒋介石也在南京自行召开了中国国民党中央执监委联席会议，否认武汉国民政府和武汉国民党中央的合法性。1927年4月18日，"蒋中央"的国民政府正式在南京成立。至此，孙中山生前所确立的"以党治国"及党军关系已发生了重大的变化，国民革命运动的走向也从此改变。在孙中山时代，就其重要性而言，首先是党，然后是政府，最后才是军队；而到蒋介石主政时代，这一次序完全颠倒过来，军队变成了压倒一切的力量。"在国民党的中央执行委员会及省政府主席中军人的比例不断攀升。然而，真正能够衡量军队至高无上地位的，还不是这些统计数据，而是一个军人的巨

---

① 崔之清：《国民党政治与社会结构之演变》，社会科学文献出版社2007年版，第477页。
② 同上。
③ 闾小波：《中国近代政治发展史》，高等教育出版社2003年版，第229页。
④ 同上。

大身影，这个军人就是蒋介石——一个将在南京国民政府时期变得日益重要的人物。"① 在"以党治国"的口号下，军事独裁政权正在快速生成。

1927年宁汉分裂，这是蒋介石跃登中国国民党领袖地位的一个关键。王克文认为：

> 其历史意义当然不仅在于汪、蒋权力之争，它更突显了国民革命的路线之争。从这个层面来理解，汪氏和武汉政府所代表的毋宁是国民党与国共联合阵线自广州的正统，亦即孙中山1924年改组中国国民党以来所认可的激进政纲（即"联俄""联共"）。随着北伐的展开和中国国民党同志范围的扩大，此一激进政纲首度获得实行的机会，而其政治经济后果也首度对中国国民党产生冲突，武汉政府在面对蒋介石挑战的同时，还必须应付这些前所未有的冲击——在某种程度上，激进政纲的冲击与蒋氏的挑战彼此助长。作为武汉的最高领导人，汪氏的政治手腕和基本立场，在此都受到严重的考验。他的失败，意味着广州正统和中国国民党激进政纲的失败，国民革命也因而面目全非。汪氏1927年与蒋氏的对决，其影响绝非汪氏一人之起落而已。②

的确，国共合作的破裂，即是持续4年之久的"联俄""联共"时代的结束。从"西山会议派"起家到蒋介石政变，这是中国国民党高层"反对孙中山'联俄''联共'政策的理论与实践的结合"。"西山会议派"的诸多决议、文件及其宣言成为了蒋介石"清党"的理论先导，并在实际的"清党"工作中成为骨干。因为"西山会议派"与蒋介石方面虽非十分默契，但在反汪精卫、反武汉国民政府上却与之保持高度的一致，这在无形中也加速了汪精卫的失败。

国共合作的瓦解使这两个曾经共创革命新局的政党从此走上敌对的道路，也使一度撼动整个中国社会的革命试验，最终仅以不彻底的武力统一收场。一方面，中国国民党所建立的"党国"虽将20世纪的中国

---

① 闫小波：《中国近代政治发展史》，高等教育出版社2003年版，第230页。
② 王克文：《汪精卫·国民党·南京政权》，台湾"国史馆"2001年版，第69页。

政治发展带入了一个新阶段,可是因"分共"而连带放弃"改组"后的新路线,则令"党国"在意识形态上陷于真空。另一方面,蒋介石在北伐中的崛起,不但加速了国共合作的瓦解,而且奠定了此后长时期"枪指挥党"的基础,在某种程度上,20 世纪 30 和 40 年代的"党国"只是"军国"的附庸。"这两项重大的转变,'西山派'都亲身参加,且在其中扮演了决定性的角色。"①

汪精卫的失败还反映了中国国民党党史上的一大趋势,即军权的膨胀与主宰一切②,这一格局的形成自然也是"西山会议派""联蒋倒汪""助蒋清党"的恶果之一。孙中山去世以后,汪精卫成为孙中山的第一个革命接班人,此项资历使汪精卫终其一生,得以与党内其他领袖(主要是蒋介石)争夺中国国民党的领导权,并且被视为足以制衡军权的文人势力代表。尽管汪精卫、蒋介石都是在"联俄""联共"的过程中取"老同志"而代之,成为中国国民党的领导核心,但是汪精卫政治资源的累积根本无法与蒋介石的武力相匹配。中国国民党改组后,蒋介石恃军权为依托迅速崛起的历史,也是对中国国民党制度化建设成效和政党力量的检验。蒋介石通过"中山舰事变"和策划"整理党务案",实现了自己政治地位的迅速提升,最终集党权、政权和军权于一身,乃至"蒋就是中国国民党,蒋就是国民政府"③。蒋介石的集权地位无疑是中国国民党党权向军权妥协的结果。"中山舰事变"发生后,在广东的苏联顾问们(主要指鲍罗廷)为了利用蒋介石对权力和荣誉的欲望,对蒋介石的某些政治要求做出让步,"使他获得比目前享有的权力要大得多的权力"。④ 所以说蒋介石持军权蹂躏了党权,而党权又迎合了他的集权野心,推动蒋介石甚至超越了孙中山的党内独裁地位的形成。⑤

1926 年 7 月,中国国民党迫不及待地开始北伐。军权借助北伐日呈上升之势,最终使蒋介石借"党军"坐大。南昌与武汉"迁都之

---

① 王克文:《汪精卫·国民党·南京政权》,台湾"国史馆"2001 年版,第 115 页。
② 同上书,第 118 页。
③ 中央档案馆编:《中共中央文件选集(第 2 册)》,中共中央党校出版社 1989 年版,第 341 页。
④ 〔德〕郭恒钰著,李逵六译:《共产国际与中国革命:1924—1927 年中国共产党和国民党统一战线》,生活·读书·新知三联书店 1985 年版,第 180 页。
⑤ 中央档案馆编:《中共中央文件选集(第 2 册)》,中共中央党校出版社 1989 年版,第 341 页。

争",实即军权与党权之争,也是军权与党权的首次公开较量。① "提高党权运动"随即应时而起。党权本是至高无上,既要提高,则说明党权已受到军权的侵夺和挑战。在当时一些中国国民党人的认知中,所谓军校与党校之争实等同于武人与文人之争。蒋介石发动"四一二政变"之际,当时尚站在武汉政权一方的宋子文,首先的反应就是觉得文人被武人制裁了。他亲口对一位来华的美国哈佛大学教授说:"国民革命的主旨是以党治军,就是以文人制裁武人。现在都完了!文人制裁武人的局面全被推翻了。"② 1927年4月宁汉分裂后,南京的军权与武汉的党权公开对峙。未几,宁汉合流,中国国民党党权与军权在形式上暂时达成统一,而潜在的对抗依然存在。"蒋氏出主统一后的中国国民党,迅速掌握了国家机器和大部分军事、财政资源,汪氏不能望其项背;此后汪氏以在野地位向蒋氏挑战,其困难自远甚于宁汉对立时期,亦无怪其屡战屡仆。二人之间地位与政治资源的悬殊,终汪氏一生,未尝改变。"③ 此后,直至20世纪30年代初期,党权与军权一度处于分裂、对抗、较量之中。但最终还是蒋介石以军权裹挟党权,建立了一个以"党治为表、军治为里"的独裁政权④,形成如吴稚晖所称的"党亦交给武装同志,权亦交给武装同志,为张作霖由他,为凯末尔亦由他"的局面。⑤

"清党反共"后的中国国民党,经"整理党务"运动,其组织形态发生了显著的变化。但这种变化不是强化,而是弱化。中国国民党的"党力"并未因训政而强健,党权也没有随党治而提高。相反"党统"在各派系激烈的权力斗争中濒于破裂,"党势"亦在派系的内耗中日趋衰微;而"军权"却借"安内攘外"而急剧膨胀。法理上的"以党治

---

① 王奇生:《党员、党权与党争:1924—1949 中国国民党的组织形态》,上海书店出版社2003年版,第168页。
② 胡适:《追念吴稚晖先生》,载《自由中国》,第19卷第1号,1954年1月1日。
③ 王克文:《汪精卫·国民党·南京政权》,台湾"国史馆"2001年版,第120—121页。
④ 王奇生:《党员、党权与党争:1924—1949 中国国民党的组织形态》,上海书店出版社2003年版,第169页。
⑤ 《中央日报》,1928年9月11日。

国、以党治军"演变为"以军治国、以军治党"的局面①——即在"党治之下，党本身的势微"。但中国国民党政权在法理上、形式上仍是一种党治体制，中国国民党的全国代表大会实际为蒋介石的"军治"提供了"合法性"的橡皮图章。②

从上述我们可以看出，自孙中山逝世后，在中国国民党党权更替危机的纠葛中，同为"联俄""联共"受惠者的汪精卫、蒋介石势力则彼此消长。汪精卫分裂中国国民党"右派"后，得以暂时接掌孙中山的领袖地位，但同时也埋下了广州政府分裂的祸根。"西山会议派"另立中央的举动，无形中为蒋介石的崛起创造了历史性的契机。貌合神离的蒋介石、汪精卫合作在"西山会议派"的挑拨下很快便公然对峙，最终蒋介石以"军权"坐大，汪精卫的"党纪、法统"无法与其"枪杆子"相匹敌，最终沦为在野。所以说，在孙中山逝世后的近十年中，蒋介石、汪精卫之间的这一合作与争斗，既支配了各自的政治生涯，也影响了中国国民党的党政格局，这其中却有着"西山会议派"举足轻重的作用。

四 国共间的首次思想交锋

从1925年11月西山会议召开至1926年9月国民革命军北伐，为时不到一年的时间，中国共产党与"西山会议派"间的"反共与反右""分裂与反分裂"论战是中国国民党内"反共"浪潮由暗到明的开端，是中国共产党革命实践中，在思想理论层面与中国国民党发生的首次交锋，是马克思主义传播到中国后，中国共产党首次应对的思想挑战。

为了表明其分裂的合法性，"西山会议派"以《民国日报》《江南晚报》等为喉舌，在宣扬与构建所谓纯粹三民主义的同时，不断抛出"'反共''清党'"的言论，通过夸大三民主义的积极面，强化其对共产主义的排拒性，论证其"信仰不同、革命目标不同的国共两党不宜合作革命"的政治主张。他们反对"联俄""联共"的理论主要有三种：

---

① 王奇生：《党员、党权与党争：1924—1949中国国民党的组织形态》，上海书店出版社2003年版，第150页。
② 同上书，第180页。

1."阶级调和论"

早在西山会议召开以前，邹鲁、张继、林森、谢持等9人在联名致汪精卫、谭延闿、蒋介石等的信中就表示出了对"阶级斗争"的不满，并特意将孙中山及吴稚晖对阶级斗争的态度——摘录。①

西山会议召开后，"西山会议派"发出了《为取消共产派在本党的党籍告同志书》，在他们看来，"孙中山的共产主义与马克思共产主义出发点不同，实现的方法尤其是不同"。②"马克思共产主义认为物质问题是历史的中心，孙中山的共产主义则以民生为历史的中心；唯物史观实现共产主义的方法是阶级斗争、无产阶级专制，民生史观则用一种思想预防的办法，来阻止私人的大资本，防备将来社会贫富不均的毛病"。③ 同时，"西山会议派"还明确表示了反对阶级斗争的主张："孙先生为实现三民主义而革命，当然是全国民众的革命——国民革命，不是阶级革命或其他非全民的革命，那么本党不容许党员有违背本党的主张，鼓吹阶级革命，更不容共产党利用本党的招牌来鼓吹阶级革命，是可断然决定的……如有人在本党力求实现孙先生三民主义的进程中，来鼓吹中国的阶级革命，或其他非全民的革命，我们应当向他劝告以致警告。"④

马叙伦也曾因反对阶级斗争而短暂加入了"西山会议派"的行列。他在1946年的自传中谈到西山会议时，认为"反共"和"反对阶级斗争"是西山会议的主题。"这时北京的中国国民党部已分成两个，一个是'西山派'，是以林森、邹鲁、张继、谢持等一辈为领导的，他们害怕中国国民党被（中国）共产党篡窃了，他们反对阶级斗争，他们主张国共仍旧分开；但是他们是孤立的，我呢？虽然信仰社会主义，却不赞成暴动政策。"⑤

在否定阶级斗争的同时，"西山会议派"则大谈"仁爱"，宣扬阶级调和并以此作为自己全部政治主张的理论基础。他们声称："仁爱为

---

① 居正：《清党实录》，台北文海出版社1985年版，第34页。
② 《为取消共产派在本党的党籍告同志书》，载居正《清党实录》，台北文海出版社1985年版，第21页。
③ 《致蒋介石同志书》，载居正《清党实录》，台北文海出版社1985年版，第102页。
④ 《为取消共产派在本党的党籍告同志书》，载居正《清党实录》，台北文海出版社1985年版，第21页。
⑤ 马叙伦：《我在六十岁以前》，生活书店1947年版，第94页。

吾民族文化之结晶，亦即革命之基念，举人类世界，舍仁爱之外，更无足以为统一中心而立世界大同之基础者，吾人唯一之目的，固在求国家之自由平等，而最终之目的，则在促人群之进化，以人类共同之能力，创造和平世界也。"①"西山会议派"还从根本上否认中国存在阶级，所以他们大肆宣扬"中国革命只能是全民的革命"②，中国只能"以国家规定政策来调和农夫与地主的利益，调和工人与雇主的利益"③的阶级调和论。他们指责说：中国共产党"平地造起阶级"，"拿人家失败破产的政策，要来在工商俱败、举国皆穷的中国实行"，其结果必将"使此被侵略而已垂危的中国商业界一败再败，终至全国同归于尽"。④所以，他们呼吁"在中国现状下做阶级革命的工作，是无病而自灸，并且大大地引起社会的扰乱，阻碍国民革命的前程"⑤，"吾人为统一国民革命阵线之故，势必截断其主张"⑥。

2. "赤色帝国主义论"

对于"联俄"政策，"西山会议派"公开表示："取消'共产派'在本党的党籍是一事，本党在国际地位上要'联俄'与否又是一事"；"如果苏俄以平等待我，便积极的与苏俄联合；若是苏俄采用帝国主义的手段，那当然也是本党的敌人"。但实际上，"西山会议派"是将苏俄视为"帝国主义"和"本党敌人"的。

"西山会议派"曾宣称"不问他由于因袭的或新生的"，"凡为自身谋利益而利用中国，或貌为平等待我而实际相反的，都是帝国主义"。不难看出，在这里，帝国主义的侵略本质被掩盖了，他们这样解释帝国主义，是为把反帝篡改成反苏俄制造舆论。"打倒帝国主义"的口号，

---

① 《中国国民党第二次全国代表大会（"西山会议派"）宣言》，载居正《清党实录》，台北文海出版社1985年版，第202页。
② 《为取消共产派在本党的党籍告同志书》，载居正《清党实录》，台北文海出版社1985年版，第22页。
③ 《中国国民党第二次全国代表大会（"西山会议派"）4月6日会议孙镜亚的发言》，载居正《清党实录》，台北文海出版社1985年版，第181页。
④ 《孙镜亚致海内外同志书》，载居正《清党实录》，台北文海出版社1985年版，第101页。
⑤ 《为取消共产派在本党的党籍告同志书》，载居正《清党实录》，台北文海出版社1985年版，第22页。
⑥ 《中国国民党第二次全国代表大会（"西山会议派"）宣言》，载居正《清党实录》，台北文海出版社1985年版，第204页。

第五章 "西山会议派"之历史痕迹　415

不但变为"打倒一切帝国主义",而且进一步被"打倒任何属性的帝国主义""打倒赤色帝国主义""打倒新帝国主义"所代替。既然篡改了反帝纲领,新三民主义之民族主义的内容也随之起了变化。"西山会议派"认为"民族间之生存竞争,至今犹为不可避免之事实,由生存竞争而形成的两个堡垒,其一为战胜民族,其一为被征服民族",民族主义就是"融合此人类四分之一人口以与战胜民族抗"。[①] "与战胜民族抗",显然抹杀了新三民主义之民族主义的反帝原则。因为战胜民族并不都是帝国主义,战败民族也不都是被压迫民族,否则帝国主义之间的战争胜败就无法解释,苏俄战胜帝国主义的干涉也无法说明。当然,这样解释民族主义,也同样是为变"反帝"为"反苏俄"提供根据。

在之后的发展中,"西山会议派"则不断表示出对苏俄"帝国主义倾向"的质疑和"揭露",最终打出了"绝俄"的旗帜。

除了攻击苏俄的国内政策,把苏俄实行的新经济政策歪曲成共产主义的失败和破产之外,"西山会议派"还指责苏俄的对华政策。主要有两点:一是说苏俄侵略中国。"苏俄犹带有帝俄时代之遗传病"[②],而且"甚于俄皇"[③]。"苏俄最初虽表示过自动地放弃在中国的特殊利益,以平等待我,然不久即处处发现其侵略中国主权的行为"[④],且"已有效法英日之趋势"[⑤]。二是说苏俄在中国搞共产主义。"苏俄欲以中国当作共产主义试验场",故"设法劫夺国民政府,危害本党要人,诱买无智青年,破坏国民革命,以企图消灭本党"。[⑥]

"西山会议派"在攻击苏俄之后便直接宣布:"苏俄既然以帝国主义之行为加我,已不是平等待我的民族,吾党即不得不将'联俄'政策暂时放弃。"[⑦] 他们还表示说,"袁世凯借二万五千万大款,予人以盐

[①]《中国国民党第二次全国代表大会("西山会议派")宣言》,载居正《清党实录》,台北文海出版社1985年版,第201—202页。
[②] 同上书,第203页。
[③]《张继致汪精卫书》,载居正《清党实录》,台北文海出版社1985年版,第34页。
[④]《中国国民党第二次全国代表大会("西山会议派")审查委员桂崇基报告对联俄案之审查结果》,载居正《清党实录》,台北文海出版社1985年版,第172页。
[⑤]《致苏俄大使加拉罕函》,载居正《清党实录》,台北文海出版社1985年版,第79页。
[⑥]《中国国民党第二次全国代表大会("西山会议派")代表关于联俄案问题的提案》,载居正《清党实录》,台北文海出版社1985年版,第165页。
[⑦]《中国国民党第二次全国代表大会("西山会议派")审查委员桂崇基报告对联俄案之审查结果》,载居正《清党实录》,台北文海出版社1985年版,第172页。

务稽核，吾党犹溢之为卖国，今俄之助我至少，所攫至大，没有人以卖国责吾党，吾党其何辞以对，况乎助我者其名，自为者其实耶"，"若必卖党卖国以联俄，则反对白色帝国主义之列强者，今何独厚于赤色帝国主义之苏俄？"①

1926年1月26日，"西山会议派"的中央执行委员会正式致函苏俄驻中国大使加拉罕：

> 加拉罕大使阁下，贵国觉悟民众于列宁先生指导之下，完成革命，以辅助弱小民族、打倒帝国主义昭示世界，并本平等互助之原则，与我国讲信修睦，自动取消帝政时代所攫夺之权力。故本党认贵国为国际间唯一的良友，深愿以至诚相结合，与帝国主义列强奋斗。乃近年以来，经事实之证明，贵国对于敝国所取之政策，已有效法英日之趋势，故敝国民众日滋疑虑……②

在紧接着的中国国民党第二次全国代表大会的宣言中，也有更详细的"揭露和批判"，笔者在此不再引用。

邹鲁还曾对"苏俄欲通过外蒙古进一步侵略新疆"的问题表示质疑：

> 苏俄素以辅助弱小民族号召，故其侵略虽本于国性、民性，毫不变更俄皇政策，但其手段却变强暴而出于阴柔，几如狐之媚人，虽死而不明其奸者。是以在国内而设学校招收各民族、各国家之青年学生，施以麻醉品，使之回国供其使用；对各民族、各国家，则多派人前往，谓为辅助革命，扶助独立，使之扶助之国各权悉归其国供其手，一任其玩弄，归为版图而后已。③

谢幼田根据"西山会议派"的这一反阶级斗争学说，进而推断说：

---

① 《张继致汪精卫书》，载居正《清党实录》，台北文海出版社1985年版，第33—34页。
② 《致苏俄大使加拉罕函》，载居正《清党实录》，台北文海出版社1985年版，第79页。
③ 《苏俄与新疆》，载《邹鲁文存（第3册）》，北华印刷局1930年版，第27页。

西山会议的各项文件所显示的对苏俄——中共的深刻认识，在中国国民党内还有长远的影响。在宁汉分裂以后，只要将蒋介石、吴敬恒在上海清党前后发表过的一些讲话稍微一读，就可以发现在批判苏俄和中共方面，完全是继承西山会议的主张，他们的反共活动是西山会议的继续。①

3. "共产主义文化论"

在谢幼田看来：

"……在中国的历史上，西山会议的文件中是第一个将共产主义作为一种文化对待的，提出这种文化不适宜中国。这样的宏观历史高度，对于批判今天的残破万般的中国的共产主义，仍然有相当的价值。"谢幼田的这一论断基本是根据"上海中央"的《中国国民党第二次全国代表大会宣言》中有关文化部分的主张所言。

> 关于中国文化，何为文化？于互相的道德见之，于经济、政治之发展更显见之。仁爱为吾民族文化之结晶，亦即革命之基念也。举语言、风俗、习惯、信仰、职业、国籍各不相同之人类世界，舍仁爱之外，更无足以为统一中心而立世界大同之基础者。吾人唯一之目的，固在求国家之自由平等，而最终之目的，则在促人群之进化，以人类共同之能力，创造和平世界也……中国即有创造文化之啸力，则毋专事模仿他人。且憎恶一切旧习惯、旧势力之故，视中国文化敝屣，而专奉其模仿者为至高无上之准则。此不规则的快牛破车之倾势，其震荡愈大，则将来恢复力愈强。故吾人之期望于共产党人者，犹之盼望子之归来，于我复兴文化不无裨益也。②

可以看出"西山会议派"的主张为"仁爱是中国文化的结晶，而中共所信奉的苏俄文化，则是以斗争哲学为基本，二者是根本不同的。将苏俄文化作为至高无上的准则极力模仿，必定像快跑的牛拖破车，非

---

① 谢幼田：《"联俄""容共"与西山会议（下册）》，香港集成图书公司2001年版，第524页。
② 《中国国民党第二次全国代表大会宣言》，载居正《清党实录》，台北文海出版社1985年版，第202页。

常危险"。很显然,他们的大多数言论只为表明共产主义在中国行不通,国共合作的国民革命道路无法实现。

"西山会议派"否认孙中山的"联俄""联共"政策。他们解释孙中山的"'联共'只是要共产党员个人加入中国国民党,是要他们信仰中国国民党的主义,遵守中国国民党的党纲,服从中国国民党的纪律,绝对没有与共产党联合的话"。[①] 并表示"联合是平等的",而"本党容许共产党的加入,是使共产党党员附合于本党"[②],"化合于本党"[③],即"舍弃原有之主张,信守本党党纲",维持"主从"关系[④]。在西山会议开始时,他们就指责中国共产党党员加入中国国民党"系图利用本党,发展共产党的党势,且借以维持苏俄"。[⑤] 会议期间,他们又在上海《民国日报》上接连发表《国民党为什么要取消共产派的党籍》《解除国民党和共产党抱合形势之后》等文章,批判说,"共产党员加入中国国民党后,在主义上只作以阶级斗争为中心的宣传与工作";"在农工运动方面,设种种方法排除非'共产派'的中国国民党员之参加";"在组织方面,则利用中国国民党之躯干,以发展共产党之势力,致使依据三民主义的国民革命实际上蒙受大的打击"。[⑥] "西山会议派"在他们的《致苏俄政府及民众书》中,公然批判苏联的对华政策,并攻击中国共产党党员在加入中国国民党以后,竟"反从为主"[⑦],不是"附合、化合",而是"抱合",即所谓"共产党营寄生生活于中国国民党之中","拼命作使本党换骨的活动"[⑧],以"推翻本党"[⑨]。

---

① 漱石:《汪精卫自杀》,载居正《清党实录》,台北文海出版社1985年版,第486页。
② 《联合与附和》,载居正《清党实录》,台北文海出版社1985年版,第420页。
③ 《解除国民党和共产党抱合形势以后》,载居正《清党实录》,台北文海出版社1985年版,第424页。
④ 《中国国民党第二次全国代表大会("西山会议派")宣言》,载居正《清党实录》,台北文海出版社1985年版,第204页。
⑤ 荣孟源主编:《中国国民党历次代表大会及中央全会资料(上)》,光明日报出版社1985年版,第356—357页。上海《民国日报》,1925年12月12日。
⑥ 上海《民国日报》,1925年12月12日。
⑦ 《联合与附合》,载居正《清党实录》,台北文海出版社1985年版,第420页。
⑧ 《解除国民党和共产党抱合形势以后》,载居正《清党实录》,台北文海出版社1985年版,第424页。
⑨ 《为取消共产派在本党的党籍告同志书》,载居正《清党实录》,台北文海出版社1985年版,第23页。

第五章 "西山会议派"之历史痕迹　419

此外,"西山会议派"还一再强调"清党"理由,他们认为中国共产党与苏俄相互合作,有如下目的:

一是"借三民主义的招牌,做共产主义的工作"。① 在"西山会议派"看来,中国共产党党员在中国国民党内"移花接木",其结果便是夺取国民革命的领导权。② 中国共产党党员"冒本党之名在本党政府之下,而宣传推倒政府,宣传农工专政"③,而且,在黄埔军校军事会议讨论北伐问题时,还迫令蒋介石"表示共产,将政权交与农工共治,将国民政府改为农工政府"④,并将陈独秀所言的"只要20年即可在中国实行列宁式的共产主义"⑤视为中国共产党夺权的目标。

二是当"帝国主义的虎伥,军阀的弟子"。⑥ 根据中国共产党作为共产国际支部的事实,他们大肆攻击其为"卖国主义"⑦,指责中国共产党"牺牲国家利益,确与军阀一丘之貉"⑧。他们甚至还将"中国革命是世界革命的一部分"这一论断,视为"中共卖国"的理论根据。⑨

三是"拆本党造共产党"。⑩ "西山会议派"最初反对"联共"就是因中国共产党的党团活动,所以"党中有党"是他们对中国共产党长久以来的指责。⑪ 早在中国国民党"右派"上书孙中山,提出"弹劾共产党案"时就开始强调,中国共产党党员加入中国国民党"本为以

---

① 《解除国民党和共产党抱合形势以后》,载居正《清党实录》,台北文海出版社1985年版,第422页。
② 侣玉:《本党应实现的岂止民生主义吗?》,载居正《清党实录》,台北文海出版社1985年版,第457页。
③ 《张继致汪精卫等书》,载居正《清党实录》,台北文海出版社1985年版,第32页。
④ 《港澳总支部代表之报告》,载居正《清党实录》,台北文海出版社1985年版,第217页。
⑤ 《吴敬恒呈文》,载居正《清党实录》,台北文海出版社1985年版,第385页。
⑥ 靖尘:《过去一年中工作的回顾》,载居正《清党实录》,台北文海出版社1985年版,第468页。
⑦ 靖尘:《救国与卖国的区别》,载居正《清党实录》,台北文海出版社1985年版,第440页。
⑧ 同上。
⑨ 靖尘:《鲍罗廷是什么东西》,载居正《清党实录》,台北文海出版社1985年版,第461页。
⑩ 《为取消共产派在本党的党籍告同志书》,载居正《清党实录》,台北文海出版社1985年版,第23页。
⑪ 《取消共产派在本党中之党籍案》,载居正《清党实录》,台北文海出版社1985年版,第418页。

个人资格加入，非以共产党党团加入"，"乃两年以来，几共产党员之加入本党者，在本党中一切言论工作，皆系受共产党机关决议与指挥，完全为共产党之党团作用"。①

他们以戴季陶的"共信不立，互信不生；互信不生，团结不固"为基调，公开表示"本党对于'共产派'绝对无调和之可能性"②，"合则相拒"③，"合则两伤"④，与中国共产党大有不共戴天之势。所以，他们打出"祛恶必须彻底，与其图蔓，莫如徒薪"的"清党"旗号⑤，并以"裁断共产党的宣传，破坏共产党的组织"为策略⑥，同时训令国民政府"缉拿"中国共产党党员⑦。

从西山会议到"上海中央""二大"，"西山会议派"所制定的宣言、决议，所发出的通电，所发表的评论，其主旨多是表明反对国共合作的立场，历述"联俄""联共"的不利；其"反共""清党"的言论根本是在阐释"反共""清党"的理由。

五 "联俄""联共"的结束

孙中山晚年所"钦定"的"联俄""联共"政策，在蒋介石的"四一二政变"中告以终结。而谈及国共合作的破裂，首倡"清党"的"西山会议派"必然是被"千夫所指"。"西山会议第一个在中国举起了反对共产主义的旗帜，从理论上到行动上，与之进行了针锋相对的斗争"⑧，这可算是其留于时代的最显著影响之一。

---

① 《取消共产派在本党中之党籍案》，载居正《清党实录》，台北文海出版社1985年版，第418页。
② 《谢持致海内外同志书》，载居正《清党实录》，台北文海出版社1985年版，第100页。
③ 《中国国民党第二次全国代表大会（"西山会议派"）宣言》，载居正《清党实录》，台北文海出版社1985年版，第204页。
④ 《告汪精卫和共产派》，载居正《清党实录》，台北文海出版社1985年版，第422页。
⑤ 《训勉广州同志电》，载居正《清党实录》，台北文海出版社1985年版，第145页。
⑥ 《中央执行委员与各部长联席会议（"西山会议派"）第十五会议之决议案》，载居正《清党实录》，台北文海出版社1985年版，第133页。
⑦ 《中国国民党第二次全国代表大会（"西山会议派"）审查委员桂崇基报告对肃清共产分子案之审查结果》，载居正《清党实录》，台北文海出版社1985年版，第173页。
⑧ 谢幼田：《"联俄""容共"与西山会议（下册）》，香港集成图书公司2001年版，第530页。

拆散国共合作，不仅是"西山会议派"发家时的最大政治目标，也是中国国民党与中国共产党的首次政治交锋。"西山会议派"的攻击目标既有广州国民政府主席汪精卫和苏俄顾问鲍罗廷，又有与中国国民党合作的中国共产党。但在其分裂"广州中央"时，却无力扭转汪精卫的国民革命路线，更无法与汪精卫、鲍罗廷、蒋介石的联合力量相抗衡，只能将活动重心转向"清党"——试图以"清除"中国共产党来结束"联俄""联共"。韩剑华在总结西山会议的"贡献"时，称其"实时地对中共非法行为敲响了警钟，使中国国民党党员正视这个问题，对中国共产党的行动提高警觉，方有日后限制共党的'整理党务案'乃至全面'清党'。因此，西山会议对中国国民党的稳定发展是功不可没的"。[1] 反面观之，亦可折射出"西山会议派"的存在对中国共产党革命活动、党务发展所造成的巨大阻碍。

"西山会议派"对"联俄""联共"的破坏主要表现为两点：在舆论上对共产主义理论学说表示了质疑与不满，在组织上与中国国民党"左派"和中国共产党所主导的地方执行部进行势力争夺。

大革命时期，"西山会议派"做出"取消中国共产党的中国国民党党籍的决议"并没有任何实质的效应，但他们从"分共"到"反共"和"清党"的言行，却在历史上造成了很大的负面的影响。在这之前，中国国民党党内先后出现过各种"反共"派别和活动，但基本上属于零星的和局部的，而西山会议召开后却带来了中国政治上的反共高潮，而且这个恶潮一浪高过一浪。如谢幼田所言，"西山会议的主张实际上不仅仅指导上海、南京、武汉的'清党'，还影响着以后中华民国长期的反共斗争，只要看一看蒋介石在'清党'前后的讲话，关于共产党和鲍罗廷的部分，完全是西山会议的继续……"[2] 所以，继"西山会议派"的反对"联俄""联共"，有了蒋介石的"清党"，还有汪精卫的"分共"，而这些反共势力加上帝国主义，最终则形成了一个颇大的"反共""反革命"的逆流。"西山会议派"虽然后来未能掌权，没有争得反共的霸主，但它首先掀起反共高潮这一负面作用是不可低估的。

---

[1] 金永信：《西山会议派之研究（1923—1931）》，未刊稿，台湾政治大学历史研究所博士学位论文，1997年。

[2] 谢幼田：《"联俄""容共"与西山会议（下册）》，香港集成图书公司2001年版，第517页。

西山会议之后，中国国民党"右派"不仅构建了以"信奉孙文主义，实行分共"为主的政党理论体系，而且建立了中央组织系统，影响和带动了一大批地方组织。到"西山会议派"之"上海中央"召开"二大"时，全国已有18个省建立了它的组织机构。出席上海"二大"的代表有中国的江苏、安徽、上海、汉口、四川、直隶、江西、广州、黑龙江，以及国外的南洋、日本、英国等地代表70余人。这说明"西山会议派"实际上已经构筑了一个在国内外有广泛影响的政党，成为中国国民党党内重要一翼，标志着中国国民党政治与结构的严重裂变。中国国民党成为两个系统，一个是主张"联共"的，另一个是主张"清党"的，这种分裂局面在经过广州与上海两个"二大"后，得到了进一步维持。上海、广州两个中国国民党中央在近于平行的道路上，继续向前发展着。①

而以上海为中心的中国国民党系统执意"清党"的动机不外两个方面：一是排除中国共产党对中国国民党党务决策和管理之权力以及国民革命领导权力的参与，使中国国民党权力系统单一化，从而使因反对"联共"而被边缘化的中国国民党人士回到权力中枢。二是清除共产主义思想，突出由他们解释的"孙文主义"的中心地位，从而强化其对中国国民党理论建设的话语权，提高其法统地位。② 而且，"西山会议派"分裂革命统一战线的行径还博得了帝国主义和国内"反动派"的喝彩。日本驻华公使致函邹鲁、林森，对他们表示支持。"国家主义派"的头目曾琦吹捧他们为"真正信仰三民主义者"，表示"吾人对于纯粹中国国民党之清党运动，实不胜其同情"。③ 各地"孙文主义学会"的反动分子，与其遥相呼应。由于"西山会议派"的反动宣传，"全国国民，尤其是以北方及长江各地各界人民，被其迷惑，对于广东真相，完全隔绝。乃至同志之间，亦不免发生疑虑"，"好像广东真的变成了地狱"。④

---

① 崔之清：《国民党政治与社会结构之演变》，社会科学文献出版社2007年版，第451页。
② 同上书，第477页。
③ 曾琦：《国民党之"清党运动"与共产党之"篡党阴谋"（1925年12月5日）》，见《曾慕韩先生原著》，台北文海出版社1985年版，第74—75页。
④ 毛泽东：《〈政治周报〉发刊词》第1期，1925年12月5日。

前文对中国国民党"左、右派"在地方党务中的斗争情况,以江苏、北京为例,已经进行了详细的阐述,李云汉在《上海中央与北伐清党》一文中,也对"上海中央"所辖的江苏、北京、江西、河南、武汉、湖南、湖北、四川等10大省市及海外执行部的反共活动都进行了深入的介绍,金永信在其博士学位论文中亦对"上海中央"在上海"二大"召开前后的各地党务发展情势进行了叙述,在此不一一赘述。总之,中国国民党"右派"与中国共产党在地方以及高层的对抗,尤其是一系列严重阻碍中国共产党进行国民革命的活动,不仅削弱了中国共产党在中国国民党的势力发展,而且还分散出中国共产党大量的人力、物力、财力与之做斗争,严重影响了中国共产党党务的正常运转。在中国国民党广州"二大"上,上海特别市党部代表恽代英提出一项专案——"拨1月份所垫经费及反对西山会议拥护中央所支之广告费案",其缘由则是:"上海各区党部联席会议为应付西山会议的反动势力起见,故努力与上海执行部及《民国日报》对抗。因西山会议的反动分子集中在上海,故不得不有必要之支出,计所费党部经费及《中国国民》印刷费为数甚大,除由中央汇过外,尚欠1520元。而所支之广告费624元,亦无着落,故请中央特此二数一并拨还。"最终大会做出决议:"浙江、上海可在原有上海执行部1月份预算项下各拨500元。至《中国国民》经费,则由2月份宣传费项下提前拨给。"[①]

此外,还有学者指出,"影响中国国民党政治走向的一大遗留因素就是党内在根本观念方面的'一致'问题。西山会议的'反共''清党'言动使'一致'受到了挑战,这也是'联俄''联共'局面结束的根本原因之一"。[②]

鉴于此,继"戴季陶主义"对国共两党在主义方面的对立进行大肆宣扬后,"西山会议派"又另立中央,使国共合作后的中国国民党在内在思想"不一致"的基础上,更存在组织"不一致"的状况,由此,从一开始就为"党内合作"机制潜伏下严重的分裂危机。

[①] 中国第二历史档案馆编:《中国国民党第一、二次全国代表大会会议史料》,江苏古籍出版社1986年版,第462页。

[②] 崔之清主编:《国民党政治与社会结构之演变》,社会科学文献出版社2007年版,第569—570页。

六 "二五减租"的示范

浙江的"二五减租"运动被称为是中国国民党执政以来改善农民生计的种种事实中的"第一件"和"末一件"。① 其发轫、兴盛与"西山会议派"尤其与沈定一对浙江省党务的接掌有着很大的关系。学界关于"二五减租"政策的提出虽尚未有定论,但其中重要一说便是"1922年由沈定一在浙江萧山的衙前组织农会时首先实行的"。②

在1926年10月的国民革命高潮中,中国国民党中央及各省区联席会议做出了关于"减轻佃农田租百分之二十五"的决定。此后,湖南、湖北、江苏等省中国国民党当局虽然于1927年7月、8月、12月分别颁布过《减租实施办法》,但因在推行中遇到了实际的困难,许多省的条例未经施行就相继取消,唯独浙江是个例外。"其条例较他省详密,进行亦较为紧张,以视他省如昙花一现者,唯浙江'二五减租'自实行以来,曲折亦多……实施的历史也较长,可资借鉴与研究之处极多"。③

自蒋介石"清党"后不久,因汪精卫与"桂系""逼宫",1927年8月,他宣布下野。宁沪汉很快实现合流,"西山会议派"以反共先锋的资格站到了前台,喜出望外地掌握了中央特别委员会的大权。④ 蒋介石的下野、张静江的引退,尤其是"西山会议派"对中央政权的控制,不仅对浙江地方政治格局产生了重大影响,而且也为"二五减租"运动在浙江推行创造了新的契机。有学者表示:"……这一阶段主要的进展来自关于地租、佃农与地主关系的条例的颁布。如同1921年一样,1927年9月,沈定一再次扮演了农民的保护者角色。他起草了《减租条例》,并在省党部代表和省政府委员联席会议上通过,公开颁行并付诸实施"。"如果沈定一自己没有领导权,如果中央委员会没有人支持他,这样的条例是根本不可能被通过实施的"。⑤

中央特别委员会成立之前,浙江省政府主席张静江对省党部企图推

---

① 《薛暮桥学术论著自选集》,北京师范大学出版社1992年版,第25、146页。
② 萧铮:《土地改革五十年》,台北"中国地政研究所"1980年版,第7页。
③ 《中国经济年鉴(上)》,上海商务印书馆1935年版,第91页。
④ 郭绪印:《国民党派系斗争史》,上海人民出版社1992版,第28页。
⑤ 〔美〕萧邦齐著,周武彪译:《血路》,江苏人民出版社1999年版,第198页。

行"二五减租"的做法，竭力反对，横加干涉，妄图把"二五减租"运动扼杀在摇篮之中。所以，在浙江的政治舞台上，以萧铮为首的浙江省党部主要成员与以张静江为首的中国国民党"元老派"之间，围绕"二五减租"问题，一直在进行着激烈的冲突和斗争。"西山会议派"掌握中国国民党中央政权后，于1927年10月，委派其领袖人物沈定一以特派员的身份主持浙江党务。在沈定一主持浙江党务不久，就授意蒋剑农等组织浙江省临时党部。蒋剑农则遵照沈定一的意愿，汲取萧山试行的减租经验，联合党政当局计划将《浙江省最近政纲》中关于"减轻佃农田租百分之二十五"的规定，在浙江全省贯彻实施。经过多方努力，1927年11月，浙江省党政联席会议通过了《浙江省本年度佃农缴租实施条例》和《浙江省佃业纠纷仲裁委员会暂行仲裁条例》两项法规，并由省政府以《民字3989号通令》发布，让各县"减轻佃农田租佃百分之二十五"。自此，浙江的"二五减租"运动便有了成文的法律依据。① 减租条例颁布实施后，新法令在推行之初，因业主的刁难、佃农的愚鲁、地方行政势力的观望以及当年租事已终等众多因素的影响，1927年的减租运动"除萧山等几县，素在实行者，尚有相当成绩外，其他的地方基本上未见推行"。② 尽管如此，由于政府法令的震慑力以及地方党部对于减租运动的大力宣传，在当时浙江全省已基本形成了实行"二五减租"运动的良好的政治氛围，无论是实施的范围还是实施的力度都有了较大的进展，因而被称为"浙江减租运动之黄金时代"。③

由于当时的社会背景以及浙江省政府的阻扰，尤其是中国国民党中央权势的转移，沈定一在1927年12月16日便退出了减租运动。在11月初，一则省党部和省政府的《联合声明》（其中提到了新的缴租方法在实际运作中的很多细节），指出了执行条例中遇到的问题："各地有遵行者，有缓办者，参差不齐。其实行此决议案之地方，有因标准办法未定，业主与佃农以此常起冲突，浙江亦然。省党部与省政府考虑不定

---

① 王合群：《国民党派系斗争与浙江"二五减租"运动的兴起》，载《民国档案》2002年第2期。
② 萧铮主编：《民国二十年代中国大陆土地问题资料（第65册）》，成文出版社1977年版，第33966—33967页。
③ 同上书，第33967、33969页。

统一办法"。① 最后一句话，就显然表明了沈定一控制的浙江省党部执行委员会与浙江省政府中更为保守的人物如何应钦、蒋梦麟等之间的紧张关系。实际上，"根本的问题倒不在于计划的细节问题，而在于在中国国民党的领导下，政府第一次拿走地主的收入并把它交给种地的人。历代王朝甚至此前的民国政府都自然要求佃户按照地主规定的数量缴足地租，因为地主常常宣称他们所交的税收（政府维持运转的基础）的多少决定于佃户所交地租的多少"。② 因此，地主对此极为恼火。而且剥夺地主财富的又是沈定一制定的政策。更为糟糕的是，1921 年，地主尚有武力作后盾粉碎抗租运动，现在政府却站到了佃户的一边，而后者曾被地主称作"租鸡""租鹅""米脚"。③

随着地方佃户与地主间冲突甚至是斗争的发展，全国形势也飞速地变化着，靠中国国民党中央特别委员会维系的平衡终于破产了。在 1927 年 12 月初召开的中国国民党第二届四中全会的预备会议上，由于"西山会议派"成员没有参加中国国民党广州"二大"上产生的任何一个委员会，他们实际上已被冻结了权力。④ 因此，沈定一及其网络在浙江继续掌权的日子也就屈指可数了。1927 年 12 月 16 日，浙江省党部和浙江省政府召开联席会议，试图解决佃农和地主的冲突以及中国共产党的革命起义。沈定一参加了 12 月 16 日的会议，但在第二天就提出辞去一切职务。很显然，他对事态的发展和决策动向并不满意。之后不久，沈定一便离开了杭州，从此再也没有重返省级政治舞台。

沈定一为什么会如此深刻地介入浙江"二五减租"运动，且因他的存在而改变了这一历史事件的什么进程？或许，这与他致力于农民运动的志向有关。

沈定一与"西山会议派"诸人有所不同，他对乡村革命十分感兴趣，很早就是一个减租的竭力倡导者。早在 1921 年他就在萧山组织过衙前农民协会。该农民协会成立后，曾以农民协会的名义发布告示，作

---

① 〔美〕萧邦齐著，周武彪译：《血路》，江苏人民出版社 1999 年版，第 81 页。
② 同上书，第 199 页。
③ 同上书，第 199 页。
④ 同上书，第 88 页。

出"三折还租"的决议。① 作为一个地主，沈定一首先执行农会的规定并遭到了母亲的反对，到收租的季节她依然让管账的去收租，而沈定一则以要枪毙管账的人相威胁。北伐刚成功，由农、工、商、妇等组建的群众组织迅速在全国发展。在浙江，开风气之先的又是沈定一的家乡萧山，尤其是衙前。1921 年 5 月初，在当时已改作中山纪念堂的衙前东岳庙，各种农民协会都已相继正式组建起来。② "尽管没有直接资料证明，在这些农民协会的早期发展中沈定一起了什么作用，但他当时正在衙前；而且鉴于他对这些农民协会的支持，以及农民协会一开始就在衙前成立的事实，很可能他在这些农民协会的组建中起到了指导作用，而当减租条例在初秋颁布时，萧山县政府、党部以及农民协会就立即把它贯彻了下去。"③ 也许正是由于这种对农民运动的执着追求，沈定一在"西山会议派"控制中央政权后，踌躇满志，放着党部委员不做（中国国民党中央原任命他为中央党部农民运动委员会委员），"却选了一个中央党部特派员的身份回到浙江，做起了浙江党政当局的太上皇，且到浙江就试图掀起减租运动的高潮"。④

之后，浙江的"二五减租"运动便在朱家骅与 CC 系的主持下继续进行，这其中亦有"西山会议派"的因素。因张静江的关系而得势的朱家骅，于 1927 年 12 月调任浙江省民政厅厅长⑤，充当了张静江与"西山会议派"在浙江争权的砝码。⑥ 朱家骅上任后不久便掌管了浙江的全部民政大权。为了避开与"西山会议派"的正面冲突，素有政治野心的朱家骅决定采取迂回策略，企图通过名正言顺的政治上的革新，以求从行政的角度达到对浙江的控制。出于这种策略的考虑，朱家骅对

---

① 曾林平著：《党领导的全国最早的农民运动》，载《浙江方志》1991 年第 3 期，第 18—19 页。

② 〔美〕萧邦齐著，周武彪译：《血路》，江苏人民出版社 1999 年版，第 79 页。

③ 同上书，第 198 页。

④ 王合群：《国民党派系斗争与浙江"二五减租"运动的兴起》，载《民国档案》2002 年第 2 期。

⑤ 杜伟：《我所知道的朱家骅》，载《浙江文史资料选辑（第 2 辑）》，浙江省政协文史委员会 1962 年版，第 90 页。

⑥ "张静江之所以将朱安插在浙江当民政厅厅长，是别有用心的。一方面他是把朱作为他与沈定一为首的'西山派'斗争的一个重要布局，另一方面朱又可以作为他回任浙江的先行官，真可谓是一箭双雕"。见何祖培《张静江事迹片段》，载《浙江文史资料选辑（第 24 辑）》，浙江人民出版社 1983 年版，第 290 页。

"西山会议派"倡导的"二五减租"运动采取了合作的态度。1927年12月12日,朱家骅到任不久,就参加了有浙江省党部负责人沈定一等人参加的党政联席会议,在会上又被指派与沈定一一起拟定解决佃农纠纷的办法。① 此后不久,浙江省政府就签署命令,要求各县会同党部即日组织佃农纠纷仲裁机关。② 直到1928年1月,蒋介石重返政坛,沈定一所主持的省党部被迫移交,朱家骅才结束了在浙江与"西山会议派"争权的使命。

正如王合群所言:"派系斗争往往是与权力的转移相伴随,而在权力转移的过程中,某些政策推行无疑会受到影响。大革命失败后,'二五减租'运动在浙江的独自兴起,便是一个很好的证明。""南京国民政府建立初期的派系斗争,无形中为大革命失败后'二五减租'运动在浙江的兴起,营造了一个良好的政治氛围,提供了发展的契机,甚至可以说是促进了减租运动的发展。"③ 的确,"西山会议派"对中央特别委员会的主导促成了沈定一对浙江省党务的接管,使得"二五减租"运动得以推行,并出现鼎盛时期。为了避免与"西山会议派"的冲突,独掌民政大权的朱家骅在"二五减租"上采取了合作的态度,使运动得以持续。殆至蒋介石卷土重来时,沈定一集团势力完全被冻结,无奈退出杭州。之后,由CC系控制的浙江省党部继续了"二五减租"运动,朱家骅继续保持了先前的合作态度。直到张静江重返浙江,这一持续时间最长、范围最广的中国国民党的土改典范——"二五减租"运动才于1932年中断。

七 "制度权威"的弱化

李剑农曾指出,中国国民党的改组是中国政治新局面的开始。"因为此后政治中所争的将由'法'的问题变为'党'的问题了;从前是'约法'无上,此后将为'党权'无上;从前谈'法理',此后将谈'党纪';从前谈'护法',此后将谈'护党';从前争'法统',此后

---

① 《浙江省政府公报(1928年12月15日)》,载《第181期会议录》,第32—33页。
② 《浙江省政府公报(1928年1月)》,载《第207期命令》,第6页。
③ 王合群:《国民党派系斗争与浙江"二五减租"运动的兴起》,载《民国档案》2002年第2期。

将争'党统'了。"① 所谓合法性，最直观的意义，是指一个集体的大多数人认为一种权力、一种权威、一种等级制是合情合理的，即是符合价值体系的。② 自1924年孙中山改组中国国民党，仿效苏俄实行委员制以后，中国国民党持有的"合法性"即为中国国民党"一大"所制定的《中国国民党总章》。这既是中国国民党党员的行动准则和衡量执政中央合法与否的标准，更是中国国民党制度权威的凭借。《中国国民党总章》规定，中国国民党的最高权力机关为全国代表大会，大会闭会期间为中央执行委员会。依此，中央委员在法理上成为全党的最高权力精英，尤其是在中国国民党执掌全国政权后，在一党专政体制下，党的中央委员亦顺理成为政界核心人物，故中央委员的尊崇地位势必成为党内各派觊觎的目标。同时，由于全国代表大会具有党统象征意义，所以开全国代表大会也一度成了中国国民党党内各派争夺党统的一大要点。

所以，"西山会议派"出现后最为致命的弱点，即是以党统自居的广州政府对其"合法"性的攻击。无论"西山会议派"如何切中要害地指责汪精卫、鲍罗廷及中国共产党的"滔天罪行"，但都因"违反党纪"而被视为"分裂中央的叛党集团"。鉴于此，"西山会议派"与"广州中央"的路线之争很快便转向为"法理"之争，"党统、党纪"则史无前例地提升为各派问鼎中央的合法性依据。然而，"西山会议派"重构中国国民党制度权威的尝试非但没有实现，反而使各方集团势力步其后尘，将"党国"制度视为自身权势运转的工具，肆意修改或是曲解。笔者仅以"西山会议派"所引发的党统之争、国民党中央政治会议职权的变化、"开除党籍"等派系政治现象对中国国民党中央制度权威的弱化稍作阐释。

1. 党统之争

继西山会议之后，在中国国民党党内派系纠葛中，党统之争成为一大特色。党统之争的直接后果则是对中国国民党制度权威的异化与嬗蜕。

唐德刚曾论及："在西山会议中所通过的七条议案，除'驱鲍'

---

① 李剑农：《最近三十年中国政治史》，上海太平洋书店1932年版，第531页。
② 〔法〕莫力斯·迪违背尔热著，杨祖功、王大东译：《政治社会学》，华夏出版社1987年版，第92页。

'分共'之外,还有'开除汪精卫党籍'和'取消(中央)政治委员会'。事实上'西山会议派'活动的主旨不在前者而在后者。他们反对的不只是'广州中央''联共'的政策;主要还是反对'民主集权'制的中央政治委员会这一制度,并运用这一机构而挤掉……身兼国民政府、'中政会'和'军委会'三个主席的独裁汪精卫。如果汪精卫被赶下台,'中政会'被取消,中央执行委员会恢复了党章上所给予的权力,则'分共'也好,'联共'也好,都不成其为问题。"① 这一分析有着一定的道理:由于中国国民党制度权威的先天不足,中央政治委员会才得以越权,中央执行委员会才被边缘化,而"西山会议派"才会以决议案的方式争夺党统。"孙去世后,主张'分共'不免有'违教'之嫌,非不得已不敢贸然行事。'西山派''分共'举动的失败,在一定意义上即是违背'遗教'而导致丧失党统'合法性'所致。"② 西山会议的召集使"西山会议派"开创了中国国民党内党统之争的先例,然而,在这之后的派系党统之争中,又将先天不足的党政制度几度异化。

中国国民党派系纷争基本上是后孙中山时代的产物。大体言之,1925—1931年为第一个阶段,其斗争的焦点主要为继承权之争与党统之争,同时亦夹杂着国共之争和路线之争。1927年7月以前,中国国民党各派围绕如何对付中国共产党,而有"联共""容共"和"分共""反共"之别。在这之后,各派在反共问题上虽然取得一致,但随之而起的党统之争又将派系斗争推向极致。北伐时期,胡汉民曾提出"党外无党,党内无派"的主张。在这一理念宣导下,中国国民党的派系政治朝着两个方向发展:一是公开争夺党的正统;二是将派系斗争隐蔽化。"党外无党"不仅意味着其他政党不能合法存在,也表明党内持不同政见者和派系势力不能脱离原党而另立新党,否则就会丧失党统的合法性依据。在这种情况下,党内的不同派系为了合法性的存在,必须首先在党内制胜对手,争夺党统,然后以"中央"的名义号令全党,宣布对手为非法的"伪"组织,或取消对方成员的党籍。③

基于"西山会议派"首创另立中央的先例,中国国民党党内继西山

---

① 唐德刚:《论西山会议派》,载《传记文学》第32卷第3期,1978年3月。
② 王奇生:《党员、党权与党争:1924—1949中国国民党的组织形态》,上海书店出版社2003年版,第90页。
③ 同上书,第213页。

会议之后相继出笼了"改组会议""扩大会议""非常会议""粤二大""沪二大""粤四大""沪四大"等。全国代表大会的重复召开势必产生多个中央委员会，而在中国国民党派系竞逐的过程中，中国国民党中央委员的权力出现嬗蜕，中国国民党全国代表大会和中央执行委员会的法理地位和实际职能呈现离异趋势。全党法理上的最高权力机关实际衍化为党内各派争夺党统、角逐权力和较量实力的大舞台。随着派系斗争的推衍，中央委员"名额逐届递升，衍为"中央执行委员愈多，则党的纠纷愈增加；党的纠纷愈增加，则中央执行委员愈多"的循环局面。[①]中央委员这个职位成为各派政治分赃与讨价还价的筹码。《中国国民党总章》最初规定，全国代表大会每年举行一次，后修改为两年举行一次，但实际上，在1927—1949年间，中国国民党总共只召开过4次正式的全国代表大会和1次临时全国代表大会，大会之间最短间隔2年，最长间隔10年。随着蒋介石个人权威的日益强化，全国代表大会召开的时间间隔越来越长，其实际地位也愈益虚化。

2. 对中央政治委员会的关注

孙中山逝世后，假借"左倾"的汪精卫通过对中央政治会议的操作，将第一届中央委员的权力架空，由此催化了中国国民党改组后的首次裂变——西山会议的召开。"西山会议派"试图以取消中央政治委员会的方式来重构中央执行委员会的权威，但是会议的不合"法理"，使得此一举动类似于"以军阀讨伐军国主义"。但此后，中央政治委员会开始备受关注，在"西山会议派"两度欲废之的失败中，汪精卫、蒋介石集团却使之地位骤然上升，最终成为与中央执行委员会并驾齐驱的最高权力机关，中国国民党的制度权威则随之转移。

中央政治委员会设立之初，因孙中山有意缩减中央执行委员会内一批保守的中国国民党"老同志"的掣肘[②]，乃提出"军政、党务须分工办理"。[③] 中国国民党"一大"后，在中央执行委员会的基础上，出现了三个中枢机构，即中央委员会常务委员会、中央政治委员会、中央军

[①] 程瑞霖：《再论党的领袖问题》，载常乃德编《文武之时代性》，人民评论社印行，出版时间不详，第61页。

[②] 王奇生：《党员、党权与党争：1924—1949 中国国民党的组织形态》，上海书店出版社2003年版，第154页。

[③] 《中央周报（第42—43合期）》，中国第二历史档案馆藏，档号七一一（五）—22。

事委员会。中央政治委员会和中央军事委员会在法理上均是中国国民党中央执行委员会的下属机构。其中中央政治委员会只是政治上的咨询、建议机关,原则上不过问党务。① 孙中山在世时,以总理身份一人统掌党政军大权,三个机构均听命于他,实际上是党魁独裁制。所以,中央政治委员会之上实际有两个节制和领导者:一是中央执行委员会,二是孙总理,故其权力尚有限。孙中山逝世后,汪精卫鉴于夺权的需要,于1925年6月14日召开中央政治委员会第十四次会议。通过的决议除预备建立国民政府外,还确定中央政治委员会为最高政治指导机关,其所议决的议案即为最终的决定。② 由此,中央政治委员会开始对政府工作产生影响,地位有了明显提高。在此过程中,汪精卫又为占据国民政府主席职位,使中央政治委员会一度出现了越权。"近来(中央)政治委员会……甚至关于党部之事亦擅自决议,从而使得一届中央的'右派'委员权力被架空,完全(被)拒绝于国民政府大门之外,而其正当职责只能讨论党中关于政治的事件,不能过问党事"。③ 由此,被排斥的第一届中央"右派"委员便以最高权力机关——中央执行委员的身份自行召开第一届四中全会(西山会议),试图通过"取消(中央)政治委员会""解雇鲍罗廷""开除汪精卫党籍6个月"等决议案,以恢复中央执行委员会的权威,但因先被"广州中央"指责其开会的地点、人数不合所谓"法定",决议无效,而且中央政治委员会非但没有被取消,反而被加强。

1926年1月16日,因"西山会议派"对中央政治委员会操纵党权的揭露,广州国民政府迅速在广州"二大"上修改了《中国国民党总章》,规定"中央执行委员会遇必要时,得设特种委员会(如中央政治委员会等)"④,首次从组织章程上确认了中央政治委员会的地位和存在

---

① 荣孟源:《中国国民党历次代表大会及中央全会资料(上)》,光明日报出版社1985年版,第75页。
② 林桂圃:《中国国民党的中央政治会议》,载《国衡半月刊》(南京)第1卷第12—13期,1935年。
③ 荣孟源:《中国国民党历次代表大会及中央全会资料(上)》,光明日报出版社1985年版,第361—385页。
④ 《国民党全国代表大会会议录》,中国第二历史档案馆藏,档号七一一(五)—140。荣孟源:《中国国民党历次代表大会及中央全会资料(上)》,光明日报出版社1985年版,第159页。

的必要性。接着在第二届一中全会上对其职责范围及组织条例做出正式规定,"(中央)政治委员会,为中央执行委员会特设的政治指导机关,对中央执行委员会负责。(中央)政治委员会委员由中央执行委员会推选产生,并选举一人担任主席"。① 这次会议对中央政治委员会地位的重视超过以往任何时候。上述决议案表明,中央政治委员会已成为中国国民党内各派系权力斗争的一个焦点。而且第二届一中全会所推选的汪精卫、胡汉民、蒋介石等9位中央政治委员大多都兼任中央执行委员会委员,故中央政治委员会的实际地位亦俨然与中央委员会常务委员会不相上下。据此,汪精卫不仅弥补了自己先前的"违法"缺陷,而且开始理直气壮地讨伐西山会议的不合法。

此外,根据中国国民党"二大"关于"除国民政府所在地设置(中央)政治委员会外,各重要地点必要时,经中央执行委员会常务委员会之核准,得分设政治指导机关"的精神,② 从1926年3月起,北京、太原、武汉、广州的各政治分会相继成立。政治分会作为中央政治委员会的派出机构,负有指导监督当地政府政务之责,"但后来由于各政治分会分别为不同的地方军事集团所掌握,他们利用政治分会同中央抗衡,成为日后中国国民党新军阀混战的隐患之一"。③ 而汪精卫以武汉政治分会为支持,攻击中央特别委员会不合法的依据便是此一决议。

1927年3月10日,中国国民党第二届三中全会因中央政治委员会有受蒋介石挟持之嫌,又对其职权做出限制,规定"'中常会'对党政军行使最终议决权;(中央)政治委员会和(中央)军事委员会均置于中央执行委员会之下;(中央)政治委员会对于政治问题议决后,不能直接交由国民政府执行,而必须交由中央执行委员会指导国民政府执行"。④

---

① 《国民党全国代表大会会议录》,中国第二历史档案馆藏,档号七一一(五)—140。荣孟源:《中国国民党历次代表大会及中央全会资料(上)》,光明日报出版社1985年版,第225—226页。
② 同上书,第115页。
③ 关志岗:《国民党中政会述评》,载《深圳大学学报(人文社会科学版)》1995年第2期。
④ 荣孟源:《中国国民党历次代表大会及中央全会资料(上)》,光明日报出版社1985年版,第317页。

从上述看出，在大革命时期，原先仅是政治咨询机构的中央政治委员会，因汪精卫与蒋介石的利益需求，其权力地位明显被提高；但"西山会议派"对之却是痛恨万分。所以，在"西山会议派"与"桂系"主导中央特别委员会时，他们强烈建议并最终通过"（中央）政治委员会或称（中央）政治会议及其他政治分会一律取消"。① 这样，"西山会议派"一度如愿以偿地废弃曾将自己置于"边缘"与"非法"之地的中央政治委员会。然而好景不长，中央特别委员会在"一一二二惨案"之后很快流产，于是在1928年2月，由蒋介石掌控的中国国民党第二届四中全会上又恢复了中央政治委员会，并使之逐渐上升为中国国民党最高政治指导机关——即监督指导国民政府的施政。中国国民党宣布实施训政后，中央政治委员会的组织与职权又经几度变迁。

根据《中国国民党总章》中规定，全国代表大会为最高权力机关，闭会期间则是中央执行委员会。所以，从中国国民党的权力结构来分析，中央政治委员会只能算是中央执行委员会的下属机构，充其量是党和政府之间的连锁机关。② 中国国民党的真正权力中心应在中央执行委员会（全国代表大会休会期间），这是《中国国民党总章》所赋予的权力。但自从"西山会议派"攻击中央政治委员会越权后，作为中国国民党法理上的最高政治指导机关，其职能和地位便开始了一个由实变虚的过程。"西山会议派"原本想重树中央执行委员会的权威，但广州—武汉时期的党政体制中却出现了二个中心或称"三头政治"：一个是中央政治委员会；一个是国民政府；一个是中央军事委员会。虽然所有机构都归中国国民党领导，国民政府及平行的中央军事委员会都接受中央执行委员会的政策指导，但实际上却是接受法令规定之外的中央政治委员会的指导。③ 中央政治委员会与中央军事委员会在《中国国民党总章》上的平行关系又变成实际中的上下级关系。混杂的党政体制为日后中国国民党的分裂埋下了体制上的隐患。④ 终经中央执政者的肆意篡改，"训政会"后

---

① 荣孟源：《中国国民党历次代表大会及中央全会资料（上）》，光明日报出版社1985年版，第503页。
② 张其昀：《党史概要》，台湾"中央"文物供应社1979年版，第209页。
③ 费正清等编：《剑桥中华民国史（上）》，中国社会科学出版社1998年版，第620—621页。
④ 田湘波：《中国国民党党政体制剖析（1927—1937）》，湖南人民出版社2006年版，第78页。

的"中政会"实"集国家立法、最高决策和人事大权"于一体。胡汉民称:"(中央)政治会议实际上总握训政时期一切根本方针之抉择权,为党与政府唯一之连锁机关。"① 当时政治学者评曰:"'中政会'地位之崇高,实为中国现在的最高指导机关,是政治发动的枢纽,是全国命脉之所寄。"② 中央政治委员会的所有议案均直接交国民政府执行,故中央政治委员会又有"太上政府"之称。③

3. "开除党籍"之怪状

中国国民党从1924年改组到1949年败走台湾,其在大陆执政的二十九年间,"开除党籍"事件频繁发生,诸多的中国国民党党员都被开除过党籍,许多人还不止一次被开除过。如在中国国民党"一大"51名中央委员中,先后曾被"开除党籍"者达38人,这一"开除党籍"之怪状在中外政党史上都十分罕见。此举仍为"西山会议派"开创之先例,其本身亦多次遭受"开除党籍"之命运,而且在20世纪20年代后半期的"开除党籍"事件中扮演了重要的角色。

刘义生在其《国民党开除党籍现象述论》一文中,对中国国民党党内频繁发生的"开除党籍"历史现象进行了较为系统的探讨。④ 孙中山逝世后,"右派"分子加紧了反共步伐。当时"左派"尚占优势的中国国民党中央对此进行了还击,由此拉开了中国国民党"开除党籍"事件的序幕。1925年3月,冯自由、张继等在北京组织"国民党同志俱乐部",极力反对国共合作。为此,中国国民党中央在4月开除冯自由的党籍。11月,邹鲁、谢持、林森等在西山会议上通过《取消共产派在本党之党籍案》,宣布开除中国共产党在中国国民党的党籍。会议还决定开除汪精卫党籍6个月。针对"西山会议派"的分裂行为,1926年1月,中国国民党广州"二大"通过了"弹劾西山会议决议案",指斥西山会议"危害本党之基础,阻碍国民革命之

---

① 胡汉民:《训政大纲提案说明书》,载《胡汉民言论集》(第2集),三民公司1928年版,第6—7页。
② 陈之迈:《国民党的政治委员会》,载《社会科学》第1卷第4期,清华大学出版1937年版,第610页。
③ 林桂圃:《中国国民党的中央政治会议》,载《国衡半月刊(南京)》第1卷第10—11期,1935年。
④ 刘义生:《国民党开除党籍现象述论》,载《史学月刊》1997年第5期。

前途"。① 会议决定永远开除谢持、邹鲁党籍；将居正、覃振等12人从中国国民党中除名。戴季陶则被大会"促其猛省，不可再误"。另外，这次大会还通过"追认开除反动分子邓家彦、杨希闵、刘震寰等三人党籍案"。上述列名被"开除党籍"诸人皆为中国国民党第一届中央委员。中国国民党"老右派"被清除后，蒋介石、汪精卫等"左派"急速"向右转"。1927年3月28日，蒋介石指使"老右派"吴稚晖、张静江等5人在沪召开"中国国民党中监委常委会议"，通过《纠察共产党谋叛党国案》，取消中国共产党在中国国民党的党籍，并称此为"护党救国运动"。4月18日，蒋介石的南京政府成立，发布"第一号通令"，通缉中国共产党党员及中国国民党"左派"人士190多人。针对蒋介石的行径，从广州迁往武汉的中国国民党中央在中国共产党党员及中国国民党"左派"的推动下，于4月15日议决开除蒋介石党籍并明令通缉。这时，"新老右派"已逐渐接近。6月10日，南京国民党中央通过张静江提议，恢复了"西山会议派"邹鲁、张继等14人党籍。7月15日，汪精卫召开武汉国民党中常会"扩大会议"，通过"取缔共产党案"，开除中国共产党党员在中国国民党的党籍。这样，中国共产党党员的中国国民党党籍先后被"西山会议派"中央、"蒋中央"和"汪中央"开除了三次。

中国国民党"左派"也为"右派"所不容。1927年9月16日，宁沪汉三方合流后成立中央特别委员会：中国国民党第二届中央委员彭泽民、邓演达，"附逆有据，均开除党籍"，并审查中央委员徐谦、陈其瑗和詹大悲。② 1928年2月，确立南京政府统治格局的中国国民党第二届四中全会认定"所有共产党之理论、方法、机关、运动均应积极铲除"，"因反共关系开除党籍者一律无效"。此后，中国共产党的活动被迫转入地下，而原被开除的"新老右派"又恢复党籍。1929年11月，许崇智旧部在福建发动"反蒋兵变"。12月南京国民党中

---

① 《国民党全国代表大会会议录》，中国第二历史档案馆藏，档号七一一（五）—140。荣孟源：《中国国民党历次代表大会及中央全会资料（上）》，光明日报出版社1985年版，第152页。

② 荣孟源：《中国国民党历次代表大会及中央全会资料（上）》，光明日报出版社1985年版，第502页。

常会再次议决:"许崇智、邹鲁、居正、谢持阴谋反动,危害党国","开除党籍,交国府通缉"。①

我们可以看出:20世纪20年代后期中国国民党内发生的"开除党籍"现象,多发生于以"西山会议派"为首的中国国民党"右派"人员以及汪精卫、蒋介石两大势力。鉴于"西山会议派"公然打出反对"联俄""联共"的旗号,国共关系成为各派势力获取党统的关节点之一。"开除党籍"的多为"左、右派"两方,"西山会议派"党籍的开除或恢复则取决于汪精卫、蒋介石左右立场的变化。大革命结束后,"开除党籍"又成为"蒋中央"遏制反蒋势力的手段之一,"西山会议派"是坚定的"反蒋派",亦在被开除之列。

中国国民党内"开除党籍"这一特殊历史现象,具有发生频繁、范围广、级别高、数量大、被开除者不承认被开除之处分、开除党籍的无原则性等特点。有学者具体阐释如下:

第一,"开除党籍"事件发生的频繁性。几乎在中国国民党党内能成为一个派系首领的人都曾被开除过。1931年一次被恢复党籍的"反蒋派"首领就有348名。大规模"开除党籍"事件的发生,清晰地展现了中国国民党20多年的发展脉络和各方力量的消长过程。

第二,"开除党籍"的无原则性。"蒋中央"处置党员,根本不问是否违反了中国国民党的主义和纪律,而是看是否违反了蒋介石的旨意。蒋介石奉行的是"朕即党""朕即国家"信条,反蒋就被认为是叛党祸国。而一旦形势需要,则又很容易恢复党籍。

第三,被开除的党员们大都不承认被开除处分,并另立中央。曾先后出现过"西山会议派"中央、"蒋中央""改组派"中央、"扩大会议"中央、"非常会议"中央、南京汪伪中央等。它们独树一帜,声势颇大,且皆以正统自居。②

总而言之,无钱、无权、无枪的"西山会议派"在与广州国民政府的路线之争中,重构中国国民党制度权威的尝试非但没有成功,反而引发了诸多的现实问题。中国国民党在孙中山逝世后始终没有一个

---

① 张同新:《国民党新军阀混战史略》,黑龙江人民出版社1982年版,第333页。
② 刘义生:《国民党开除党籍现象述论》,载《史学月刊》1997年第5期。

统一的建党思想和宗旨,也没有树立起有威信的领袖人物和领袖集团。所以在中国国民党权力真空时期,各方势力乘机将原本先天不足的制度权威为我所用,肆意修订,无主义、无原则,自立党统,但却都裹胁着孙中山的中国国民党"一大"之《中国国民党总章》——即"合法性",以此为自我立足、攻击他人的招牌。在此过程中,中国国民党的制度权威在多次的演变中,非但没有强化反而被削弱,流于形式,这也是"蒋中央"执政后得不到各派认同的原因之一,更是民国派系分裂的根本所在。如学者言:"从五院制国民政府的建立到全面抗战爆发前夕,国民政府的组织法经历了4次剧烈变化。中国国民党上层同志集团内部争夺的结果,决定了国民政府中枢制度的面貌和政府组织法的内容,因之使得组织法的炮制者未着力于理论、制度上的探讨,使得依据组织法建立的中枢机构在制度上矛盾、混乱,使得组织法变成一个花样不断翻新的政治装饰品和不断安插人员的庞大政府组织法。"①

对于大革命失败之后,"西山会议派"附着阎锡山、冯玉祥以及陈济棠等地方军阀势力所掀起的反蒋运动,多将之归于地方派系与中央的对抗来看待。而派系纷争是民国政治的一大特色,学者对其所产生的影响研究较多。② 其中笔者对田湘波的新论颇为赞同③,也算是"西山会议派"与其他派系在影响上的共性之一,简单介绍如下:

第一,派系存在,在一定程度上自然形成制衡机制。任何一个派

---

① 张皓:《派系斗争与国民党政府运转关系研究》,商务印书馆2006年版,第38页。
② 郭绪印:《国民党派系斗争史·前言》,上海人民出版社1992年版,第15—18页。王贤知从"党治"存在本身来理解,认为:其一对中国国民党中央和基层组织起破坏作用;其二它阻碍或延误了中国国民党政权建立一个制度化的决策机构;其三阻碍了民众的动员工作。参见王贤知《试论抗战前国民党组织发展的几个基本特点》,载《民国档案》1990年第3期;费正清等编《剑桥中华民国史(下册)》,中国社会科学出版社1998年版,第133页;〔美〕易劳逸《流产的革命——1927—1937年国民党统治下的中国》,第43页;李国忠《民国时期中央与地方关系》,天津人民出版社2004年版;储伊宁、史也夫《国民党派系斗争正负作用探析》,载《理论探讨》1998年第5期。
③ 田湘波:《中国国民党党政体制剖析1927—1937》,湖南人民出版社2006年版,第162—165页。

系无力单独控制整个中国国民党，从而使中国国民党党内形成以蒋介石集团为主的、联合几个派系成为主流派联合执政的"在朝"局面，另几个派系联合而成为反主流派的"在野"局面。这就是有些西方学者所称的党内言论自由。换句话说，"在一党之内，可容纳西方民主政体下的缓和的党派发生；因为在两党共同承认的政体之下，两个竞争派别的存在是政治自由的要素，实际上说来，就是个人自由的要素。"① 这在中国国民党一党专政的党治之下自然形成一个制衡机制。亚里士多德说："当一人或若干人所组成的一个团体势力增长过大，以至于凌驾整个公民团体，这种人或团体因此占取了某些形式的特权，这也给人以起哄的机会。"② 主流派推行某项政策，不仅要考虑民众的压力，同时还必须照顾、平衡各派系之间的利益，从而有利于抑制中国国民党党内个人专断或独裁；有利于中国国民党党内生活"民主"化；有利于中国国民党开展多层次、多方位的政策研究和设计以发挥中国国民党的立体功能作用，从而使决策在一定程度上趋向于缜密全面。如1927年产生的中央特别委员会就是以"西山会议派"和"桂系"为主体，联合"蒋系""汪系""宁汉沪三方"，合为一炉的产物，其他派系处于"在野"地位，进行监督（实际上未掌实权的"汪系"和"蒋系"也在监督）。之后，直至1931年12月，形成了以"蒋系"为主体联合胡汉民集团主政南京对抗"汪系"的格局。但每一派都有人在内。如第二届四中全会选举之政治、军事两委员会的委员中"蒋派人物，如张群、朱绍良、何成濬、黄郛等皆一致加入，可为注目"，但"自表面观之，'西山会议派'及称与'共产派'有联络之粤派人物，皆一律加入，所谓网罗中国国民党各派，而有大同团结之观"。③

就拿五院院长人选来说，由于各派竞争激烈而处于难产之中。最终选任蒋介石为国府主席，行政院正副院长由覃振、冯玉祥担任，立法院

---

① 〔英〕Coiwn. S. Edward著，王赣、颜愚译：《对于国民政府组织法的观察》，载《国闻周报》第6卷第3期，1929年1月13日。
② 〔古希腊〕亚里士多德：《政治学》，延边人民出版社1999年版，第238页。
③ 《宁大会结果蒋之地位已臻于安固》，载季啸风、沈友益主编《中华民国史史料外编（第28册）》，广西师范大学出版社1996年版，第214页。

正院长由胡汉民、林森担任，司法院正副院长由王宠惠、张继担任，考试院正副院长由戴季陶、孙科担任，监察院正副院长由蔡元培、陈果夫担任。① 这个五院政府是一个大拼盘，它由"蒋系""冯系""粤系""政学系""西山系""再造系"及"超然派"等组合而成。1929 年 3 月 18 日，中国国民党"三大"正式召开时，"到会代表计 280 名，其色彩大要如下：胡汉民派 80 名，蒋介石派 70 名，汪精卫派 35 名，其他 90 名。"② 自 1931 年 12 月以后，是蒋介石、汪精卫联袂执政对抗胡汉民的时期，但也照顾其他派系，在这种情况下，"超然派"林森当上了国民政府主席，"西山会议派"首领之一居正当上了司法院长，"再造派"首领孙科当上了立法院长，与蒋介石关系甚好的中国国民党元老戴季陶和于右任则分别当上了考试院长和监察院长。中国国民党"五大"，"出席代表之盛，实包罗过去各派、现今各省，阎百川、冯焕章、西南代表多数都光临"。此外，派系存在还有利于决策科学，如抗日民族统一战线政策的形成，是以"蒋系"为旨的"主流派"在中国国民党内部"主战派"的要求下，在"粤系""桂系"军阀的抨击下，在张学良、杨虎城等地方实力派的"兵谏"胁迫下，慎重全面审查时势所做出的正确决策。

第二，有利于中国国民党迷惑国民长期执政，使党治长久存在下去。当中国国民党因推行反动、错误政策而大失民心时，它可以通过中国国民党内部的"换马"、政策转换来重新获得民心。

第二节　影响于个人

1925 年 11 月 23 日，中国国民党第一届四中全会——即西山会议在北京召开，至 1931 年 12 月 15 日第四届一中全会——即宁粤合流会议在南京召开，"西山会议派"颠沛流离的派系分裂生涯终告结束。在与中国国民党中央对抗的 6 年历程中，穷途末路的"西山会议派"背负着

---

① 孔庆泰：《国民党政府政治制度史》，安徽教育出版社 1998 年版，第 135 页。
② 季啸风、沈友益主编：《中华民国史史料外编（第 45 册）》，广西师范大学出版社 1996 年版，第 280 页。

叛党的罪名,两度被开除党籍,多次被捕、通缉,逃匿租界、流亡海外,更有甚者被重金悬赏,以致拘禁,加之中国共产党在大革命时期的反攻,他们的自身力量必然有一个消长。

"联俄""联共"时代,反攻"西山会议派"的斗争主要是以汪精卫的"广州中央"为核心,在军权最高代表蒋介石的大力支持与合作方中国共产党的积极配合下展开。根据上文的阐述,我们知道,从西山会议发起至"上海中央""二大"的召开,国共双方都已将反攻"西山会议派"作为当时重中之重的任务来对待,使得"西山会议派""不革命"的空气弥漫全国。但面对如此强大的夹攻之势,"西山会议派"的"上海中央"却能与"广州中央"平行发展,而地方的党务运动也依旧继续运行。

当西山会议召开时,各地原本就存在着激烈的国共冲突和"左、右派"的斗争(但这主要是思想上的分歧);"上海中央"虽有派出指导员及筹备员重建地方党部,却因地理等因素而无法执行"右派"的"改组"工作。[1] 之后,在"孙文主义学会"的不断筹建中,尤其是"西山会议派"之"上海中央"派遣代表到地方指导党务后,"上海中央"在各地的声势逐渐壮大起来。随之,各地"左、右派"在组织上立刻分裂,以"西山会议派"为领袖的"右派"与国共合作的中国国民党"左派"展开了激烈的斗争。

根据李云汉与金永信对各地方党务与反共运动的研究,"西山会议派"的主要势力与中国国民党"左派"进行斗争的为以下几地:浙江、江苏、南京、湖南、安徽、湖北、汉口、四川、北京、上海、江西、驻日总支部等。两人得出的结论为:

> 从"上海中央"建立到第二次全国代表大会时期党务的进行,国内则长江流域最有成就,特别是江苏、浙江、南京等地党务,因当地党部与"孙文主义学会"密切结合,声势颇为壮大。国外则以驻日总支部最有成就;驻法总支部原本组织并不严密,所辖各党部

---

[1] 金永信:《西山会议派之研究(1923—1931)》,未刊稿,台湾政治大学历史研究所博士学位论文,1997年。

多有"共产派"渗透其内，清理党籍相当困难。其他国内外各地党务，虽有热心党员服务，谈不上扩展党务，只能勉强维持命脉。"上海中央"经营党务振奋不起来……①

再来看当时"广州中央"的党务发展情形：

各地党部正式成立后有报告来的，有直隶、湖北、浙江、江苏、湖南、山东、河南、广东8省。正式特别市党部成立的有北京、广州2处，上海特别市党部职务由上海执行部监理，汉口、厦门两市党部成立了筹备处。省党部成立筹备处的有9处：江西、福建、广西、四川、安徽、奉天、察哈尔、绥远、蒙古。全国除新疆、云南、甘肃、贵州4处外，即使未有筹备处成立，但均有同志在那里活动。以前的党只限于南方，尤其限广东，自第一次全国代表大会后，党的组织即向北发展，我们的力量也渐渐及于全国了。海外党部组织与国内的组织多少有些不同，它只有总支部、支部、分部、区分部四级，计成立的总支部总有10处，支部有61处，分部有320处，区分部有264处，出版物有24种，所办学校有59间，宣传机关有75个。②

相比较来说，"西山会议派"之"上海中央"的势力远不如"广州中央"的强大，但却仍在努力扩展党务，与中国国民党"左派"抗争。只是在中国国民党"左派"与中国共产党的强烈抵制下，有的地方活动渐趋没落——如北京；有的则不断壮大，甚至将"左派"执行部完全控制——如江苏。凡是有两个执行部同时存在的地区，双方便呈激烈的对抗之势，"西山会议派"没有丝毫的主动退出或是妥协之举。总而言之，尽管中国国民党"左、右派""纠纷不断，殴斗不

---

① 李云汉：《上海中央与北伐清党》，《近代中国》第66期，1988年8月31日。金永信：《西山会议派之研究（1923—1931）》，未刊稿，台湾政治大学历史研究所博士学位论文，1997年。

② 《政治周报（第3期）》，1925年12月20日。

止",“西山会议派"之"上海中央"与地方党务却在夹攻中依旧存在，持续发展。

蒋介石掌权时期，"中山舰事变"开启了中国国民党以蒋介石为核心的时代。此后，"西山会议派"与中国国民党中央的抗争主要表现为与蒋介石的较量。

在得知"上海中央"召开"二大"的启事后，"广州中央"立即"授权国民政府以制止其会议，并下令通缉分子归案严办"①，并连续发出通电：《国民政府制止西山会议派在北京上海等处召集代表会议令》《国民党"中执会"秘书处等严令缉拿西山会议派来粤人员函令》《国民政府令稿》《"中执会"秘书处函》以及《国民政府令稿》等②，但"西山会议派"的上海"二大"却如期召开并"圆满结束"。之后还对蒋介石的"北伐、与粤方的迁都之争、清党"等事务"指手划脚"，且各地党务也仍在运作之中。尽管金永信记载："'上海中央'第二次全国代表大会的召开，给'上海中央'新的党统，却地方党务之进行，每况愈下，远不如代表大会之前……就中央与地方党务进行的情形看，已不再有初建时期的盛况，几至无力做新的发展"。③ 但却从中可以肯定，"上海中央"党务在发展很困难的情况下仍继续存在。北伐后，许多地方的"右派"执行部才被迫解散，而待到"西山会议派"主动将"上海中央"上交中央特别委员会后，其地方势力才完全消散。

"上海中央"移交后，"西山会议派"的地方党部组织自动解除，其核心人物，即发起西山会议的第一届中央"右派"委员却仍旧聚集在一起，继续以"西山会议派"的身份与"蒋中央"斗争。这一群体几经分化：先是叶楚伧、孙科、邵元冲、戴季陶等人被"广州中

---

① 《二届中央执行委员会常务委员会（广州）第十二次会议记录（民国十五、三、十六年）》，台湾中国国民党党史馆藏。
② 中国第二历史档案馆编：《中华民国史档案资料汇编（第四辑之一）》，江苏古籍出版社1991年版，第362—366页。
③ 金永信：《西山会议派之研究（1923—1931）》，未刊稿，台湾政治大学历史研究所博士学位论文，1997年。

央"拉拢①，与此同时，"上海中央"则有许崇智、黄季陆、桂崇基、张知本等新生力量的加入。而后，蒋介石拆散中央特别委员会，继续对"西山会议派"进行分化瓦解。在第二届四中全会上，南京国民政府实行改组，选举了林森、张继任国府委员②，张知本任湖北省政府主席，石瑛任湖北省建设厅长。1928年10月，又任命林森为立法院副院长，张继为司法院副院长，后又任北京政治分会主席。1929年3月，在中国国民党"三大"上，林森、张继又被选为中央监察委员。这样林森自成"超然派"，张继则成为"蒋介石派"的核心人物。但是"西山会议派""上海中央"所领导之部分省市党部组织，在中央特别委员会瓦解后仍有基础，部分干部在上海组织了"中国国民党干部大同盟"，以为"西山会议派"的总行动机关；谢持等亦成立"中央临时干部委员会"，以为总领导机关。③"在中国国民党第三次全国代表大会高涨一时的反中央运动中，邹鲁、谢持为领导此一运动之'西山会议派'领袖。邹鲁主要活动在北方；谢持则在南方策动'桂系'。1929年秋，谢持到天津，'西山会议派'反中央的运动中心移至北方，其成果亦相当丰硕"。及至在阎锡山决议发动反中央的战争后，北京、天津一带的"西山会议派"则以"孙文主义同志会"为旗号，更趋积极。④

从1928年至1931年底，近4年的时间中，"西山会议派"主要以邹鲁、谢持、覃振、居正、茅祖权、傅汝霖、许崇智等人为力量活

---

① 孙科在与汪精卫、蒋介石达成协议后于1926年1月9日返回广州（《申报》，1926年1月15日），邵元冲于1926年5月15日返回广州参加"粤中央"执行委员会（《申报》，1926年5月14日），戴季陶被"国民党同志俱乐部"殴打后，会议未开便离开北京，并刊出《西山会议之两封信》（广州《民国日报》，1925年12月16日）。关于蒋介石对叶楚伧、邵元冲、戴季陶的拉拢，具体过程详见郭绪印《国民党派系斗争史》，上海人民出版社1992年版，第16—18、20—23页。最终，叶楚伧担任广州国民党政府的秘书长，邵元冲担任青年部长。见《申报》，1926年6月5日。
② 《国民党二届四中会议记录》，载中国第二历史档案馆编《中华民国史档案资料汇编（第五辑，第一编政治之二）》，江苏古籍出版社1991年版，第48页。
③ 沈云龙：《扩大会议之由来及经过》《民国史事与人物论丛》，载《传记文集》丛刊1981年，第266页。存萃学社：《1927年—1934年的反蒋战争（上册）》，香港东大图书公司1978年版，第130页。
④ 金永信：《西山会议派之研究（1923—1931）》，未刊稿，台湾政治大学历史研究所博士学位论文，1997年。

跃于各次的反蒋斗争。而在与蒋介石的较量中，他们的确也"饱尝艰辛"。中央特别委员会被迫结束后，邹鲁、居正、许崇智、程天固等联袂出洋，谢持、覃振、傅汝霖等留在国内，分散南北各地。邹鲁等在日本短暂停留，经檀香山去美国。与邹鲁、许崇智等一起出洋的居正，在日本访问朝野之旧友后，独自回国蛰居上海近郊宝山杨行。谢持在"一一二二惨案"发生后即离南京赴上海，继续对蒋介石表示不满。蒋介石为拉拢谢持，托人向谢持致意，又给予经济上的援助，但谢持仍不为所动。"扩大会议"失败后，因东北军已和平接收天津各机关及晋军驻防地，使得避居天津的邹鲁、谢持、傅汝霖、覃振等不能公开活动，只能改名换姓在日租界里活动，并建立了秘密的反蒋联络站。

就在"西山会议派"被迫流亡出洋，或是逃匿租界的状态中，蒋介石仍倾其全力地剿杀，以致居正被诱捕拘禁，邹鲁被重金悬赏。

曾参与营救居正的桂崇基，对扣留事件进行了详细的记载：

> 自国民政府在南京成立后，居正以国民党元老及反共先觉，而竟被排斥于国民党之外，心有未甘。乃在上海办《江南日报》，攻讦国民政府与蒋氏不遗余力。蒋电令上海市长张群、上海警备司令熊式辉封闭《江南日报》馆，但以该报系以日本人为发行人，且馆址设在虹口，为日人势力范围，无法取缔。张群认为市政府与警备司令处均不便出面干涉，只可交由市党部办理。当时市党部常务委员为范争波，乃别出心裁，另办一《江南日报》，其版面、字体均与原江南日报一摸一样，下午二时即已出报。等到原《江南日报》四时出版，已失时效。同时又运用帮会组织，使送报人不叫卖原《江南日报》。所以不到一星期原《江南日报》便不得不停刊了。居正又运动熊式辉两营叛变（按熊式辉所部第五师为赖世琪旧部，是否为居正所运动，待考）。熊式辉心生一计，乃向居正表示亦愿参加反蒋行列。其时国内情势颇不稳定，反蒋军事又此起彼伏，熊式辉亦想脚踩两只船，居正以熊式辉之为人，本善于投机取巧，乃深信不疑。熊式辉见反蒋情势逆转，乃谏请居正来其寓所餐叙。当

时居正之友人，以熊式辉设宴于华界，必不怀好意，劝阻之。居正答：不入虎穴，焉得虎子。餐毕，熊式辉表示愿与居正另一处长谈，即令车夫开至陆军俱乐部，将居正扣留。在居正被扣期中，范争波时往省视。居正乃亲笔致蒋介石一函，大意承认自己错了，如允其来京面见，愿承受处罚云云。此信并未封口，托范争波面呈蒋介石。时正值阎锡山、冯玉祥叛乱，蒋介石在前线督战。上海各租界组织前线慰劳团，范争波亦参加。慰劳团见蒋介石后退出，范争波请求单独见蒋介石数分钟，即面呈居正函。蒋介石阅后，即谓居先生为老同志，只是政治上立场不同，为什么写这样一封信，乃当即撕毁，掷入纸篓中，使其不留痕迹。以上为范争波所言，蒋介石在此等地方，可谓识大体而有大度者。蒋介石又令熊式辉释放居正，由其迁居南京。居到南京，住于中央大学对面巷中一小住宅中，编者曾往省问。此宅系居正自赁，仰政府代为安置，则不得而知。①

尽管南京政府极力封锁，但居正被捕的消息一经传出，立时在上海市引起轰动，各家报纸记者纷纷来龙华看守所采访居正被捕新闻。淞沪警备司令部抢先发布消息，宣布居正罪状。1929年12月23日报载消息说："西山会议派居正等潜居租界，闻谋反动，煽惑军队，滥发军长、旅长、司令等委状，多至数百。甚至浴室擦背者，亦被委任军长。近复勾结退职军官刘士毅、钱子壮等，诱惑启东部队捣乱。淞沪警备司令兼第五师师长熊式辉据所部军官密报前情，非常愤恨。为维持淞沪地区秩序，以尽职责起见，已于昨日设法擒获伪中央干部之重要分子居正，及许崇智之伪参谋长耿毅等三人。并在耿毅身上，搜获煽惑军队之证据多件。"消息还说："并闻该派干部在沪主持者，仅有4人，今已拘获3人，已失却活动能力。"②淞沪警备司令部欲以居正等人的生命安全作条件，警告反蒋的"中国国民党干部大同盟"停止反蒋活动。同日，《申报》记者采访熊式辉，熊式辉对记者说："居

---

① 桂崇基：《中国现代史料拾遗》，台湾中华书局1989年版，第277—278页。
② 《申报》，1929年12月23日。

第五章 "西山会议派"之历史痕迹　447

正等煽动军队，近且觊觎余所辖之第五师队伍，并说余倒戈，余当谓彼以老党员之资格，有所规劝则可，教余倒戈则大不可，现居正等仍拘留于司令郁，生活颇优待。"① 与此同时，"淞沪警备司令部传出消息，如此后该派无捣乱行为，3 人性命可保无虞"。②

直到"非常会议"与南京协商统一办法时，提出以释放胡汉民、居正、李济深等作为和谈前提条件，营救居正的努力才有了转机。1931 年 10 月 20 日，汪精卫等在致蒋介石信中再次提到释放居正问题，信中说："至于居觉生、方叔平诸同志之恢复自由，及邮电新闻之免除检查，俾自由意志得以从容展布，既承面允，尤盼早赐施行。"③ 鉴于粤方的一再催促，居正最终得以从蒋介石处获释。

邹鲁在回忆中有谈及蒋介石对他的通缉，"……我到了沈阳后，旋往见张学良，表示此来系因'中东路事件'，愿往前线视察对敌战事。张氏坚决拒绝，并说他人可去，独你不可去。我明白他的用意。回旅馆后，罗文干先生来访，我便问他原因。他解释到，'传闻秘密有赏格拿你……'"④ 秘密拿赏邹鲁的人非蒋介石莫属了。

此外，谢持也曾自述，其因"反对中央"而遭至"颠沛流离"的境地。

> 遂于 6 月至广州，与张溥泉、邓泽如两委员提出弹劾共产党之案，到广州数日即病，几临于死，及入医院，始知为糖尿病之已剧也，耗党金数千，住院数月，返沪犹借孙哲生千元以行也。⑤

> 退居上海，所不能忘者党之事耳，而南京大张标语，打倒谢持，提案中央组织惨案委员会，各种印刷物，风起云涌，沪居不易，生计迫人，赖程鸿轩、徐可亭、邹海滨、许汝为诸公之接济。十八年赴北平，因时事之关系也。十九年阎百川、冯焕章两同志举兵与南京战于豫鲁，党之组织扩大委员会议于北平，余被推举为中央扩大委员会委

---

① 《申报》，1929 年 12 月 24 日。
② 《申报》，1929 年 12 月 23 日。
③ 《1931 年宁粤和平会议》，载《历史档案》1982 年第 1 期。
④ 邹鲁：《回顾录》，岳麓书社 2000 年版，第 262 页。
⑤ 谢持：《天风瀚涛馆六十自述》，载《谢持文集》，台北市四川同乡会印行 1977 年版。

员，又被推举为国民政府委员。及入太原，议定"约法"而退，退居天津。①

尽管如此"落魄"，"西山会议派"却还是游移在中央政权之外，借助"扩大会议"与"非常会议"这些反蒋联盟的力量公开与蒋斗争；而在失败后，他们便以地下活动的形式继续。所幸的是，"西山会议派"最终都没有倒在蒋介石的枪口下，这或许是鉴于其自身的威望与信誉，或是蒋介石无可奈何，或者是蒋介石刺杀"改组派"王乐平之后的教训所致。而唯一被刺杀的沈定一，至今仍是个谜，更没有确凿的证据来说明是蒋介石所为。②

值得注意的是，在"西山会议派"所面临的夹攻困境中，先后出现了两大转机使之得以喘息。一是宁沪汉的合流，他们将"财政极度匮乏"的"上海中央"体面地交于中央特别委员会，表示回归正统中央。这是他们卸下的第一包袱，随之各地方的"右派"执行部也得以解散——其实好多已经名存实亡。第二次转机便是"九一八事变"的爆发，使得这些穷途末路、反蒋斗争频频失败的"西山会议派"全部跻身南京政府，再次获得了中国国民党执政中央的政治身份。其实，从他们积极发起中央特别委员会，蛊惑各方筹措"扩大会议"，到响应号召凑集"非常会议"的角色变换，我们就可窥见其反蒋声势的逐渐减弱。这其中虽有自身实力短缺的原因，但却不能避免"西山会议派"有"放弃反蒋"之嫌，只是如何放弃反蒋、是否被蒋介石接受都是未知的。所以，至"九一八事变"，联合抗日运动出现了高潮，将之以"合作的方式"纳入到南京政府，这是"西山会议派"长久以来反蒋的"最大成果"——"名正言顺"地回归到蒋介石的"南京中央"。这也是"西山会议派"反蒋的终结。

与其自身力量消长的同时，这一跟随孙中山多年的革命党精英在气节上也发生了蜕变。他们在与"汪中央"因革命路线之争分裂后，进而又为个人恩怨与"蒋中央"展开了殊死搏斗，且不说对国家社会的消极影

---

① 《谢持文集》，台北市四川同乡会印行1977年版，第48—49页。
② 〔美〕萧邦齐著，周武彪译：《血路》，江苏人民出版社1999年版，第188页。

响，仅是其先前创建中华民国的革命者气节也早被抛于九霄云外。鉴于"在野叛党派系"的历史，"西山会议派"此后几乎再没有大展抱负的机会，豪情万丈的革命党精英就此陨落于民国政坛。如学者言："西山事件的遗产成了沈定一最终无法摆脱的烙印。而沈尔乔的住宅——即1927年秋天沈定一及其他中国国民党省党部成员经常聚会的地方，从此也以'西山浙江堡垒'而著称于世，从这里足可看出这一烙印对省内政治的深远影响。"① 在这，我们仍以发起西山会议的核心人物来分析，外加"后起之秀"许崇智（见表13）。

表13　　　　　　　　"西山会议派"政治生涯履历

委员名单	政治活动		
	1912—1924年	1925—1927年	1928—1949年
张继 （1882—1947年）	1912年当选为临时参议院议员，任中国国民党参议。1913年当选为第一届参议院议长。"二次革命"失败后，逃亡日本，继续反袁。1917年任护法军政府驻日代表。1920年任广州军政府顾问、中国国民党北方执行部主持人。次年任广州特设办事处干事长、中国国民党中央宣传部长和北京支部长。1922年与苏俄代表越飞会谈。1924当选为中央监察委员，提出"弹劾共产党案"	发起西山会议，任职"上海中央"执行委员会 1927年9月，宁汉沪三派合流，任中国国民党中央特别委员会委员	1928年"附蒋"。历任中国国民党中央政治会议委员、南京国民政府司法院副院长、北京政治分会主席、国民政府委员。中国国民党第三、第四、第五、第六届中央监察委员。还任有蒙藏委员会委员、西京筹备委员会委员长、中国国民党华北办事处主任、宪政实施促进会副会长、"国史馆"馆长等职。1947年12月15日在南京病逝。
林森 （1867—1943年）	1912—1913年先后任南京临时及北京参议院议长。"二次革命"失败后赴美，任中国国民党美洲总支部为筹饷讨袁组织的民国维持会会长。1916年离美赴北京参加国会，次年任护法军政府外交部长。1918年当选为护法国会参议院议长。1922年任福建省长，次年任大本营建设部长兼治河督办。1924年当选一届中央执行委员	发起西山会议，任职"上海中央"执行委员会 1927年9月，宁汉沪三派合流，任中国国民党中央特别委员会委员	1928年"附蒋"，之后任国民政府委员、立法院副院长、第三届中央监察委员、立法院院长、代理国民政府主席。1932—1943任国民政府主席。1943年5月因车祸受伤

① 〔美〕萧邦齐著，周武彪译：《血路》，江苏人民出版社1999年版，第202页。

续表

委员名单	政治活动		
	1912—1924 年	1925—1927 年	1928—1949 年
邵元冲（1890—1936 年）	1912 年任上海《民国新闻》总编辑。1914—1916 年加入中华革命，发动军事讨袁。1917 年任大元帅府机要秘书，兼秘书长职务。1919—1923 游历美、英、法等国，视察海外中国国民党工作。1924 年被选为"一大"中央执行委员和中央执行委员会常委、中央政治委员会委员	参加西山会议，以"上海中央"执行委员的身份开展党务。1926 年任中国国民党中央青年部部长。1927 年任浙江省政治分会委员兼杭州市市长	1928 年任广州政治分会秘书长。1929 年当选为第三届中央执行委员、中央政治会议委员。1930 年兼任国民政府考试院考选委员会委员。1931 年以后，任国民政府委员、立法院副院长、代理院长及中国国民党中央宣传委员会主任委员。1935 年辞去宣传委员会主任委员职务。1936 年"西安事变"中枪而亡
叶楚伧（1887—1946 年）	1912—1916 年，先后创办《太平洋报》《生活日报》，并在《民立报》操笔，任《民国日报》总编辑。1924 年任一届中央执行委员，兼中国国民党上海执行部常务委员兼青年妇女部长	1925 年任西山会议中央常务委员。北伐开始后投蒋。1927 年任南京政府国府委员、中央特别委员会候补委员	1929 年后被选为中国国民党第三、第四、第五届中央执行委员、常务委员和中央政治委员会委员，并先后兼任中央党部宣传部长、秘书长。1935—1946 年任国民政府立法院副院长
戴季陶（1891—1949 年）	1912 年奉孙中山之命督办全国铁路。"二次革命"失败后，东逃日本。1914 年加入中华革命党。1917 年任军政府法制委员会委员长。1918 年兼任大元帅府秘书长。"五四"期间与沈定一创办《星期评论》。1924 年任第一届中央委员	参加西山会议，但不久后发出声明退出。1926 年 7 月任广东大学校长。翌年被蒋介石派往日本	1928 年被选为中央执行委员、常务委员兼宣传部长。中国国民党第四届、第五届、第六届中央执行委员。后来又任国防最高委员会委员。1928—1948 任考试院长。1948 年改任为过"国史馆"馆长。1949 年 2 月于广州自杀
石瑛（1879—1943 年）	1912 年主持同盟会湖北支部，当选为众议院议员。1913—1921 就学于英国伯明翰大学，1922 年任北大教授。1924 年当选为第一届中央执行委员	1925 年参加西山会议。1926 年赴广州任石井兵工厂工程师。后任上海龙华兵工厂厂长	1927—1937 年先后任湖北省、浙江省政府建设厅长、南京市长。1939 年任湖北省参议会议长。1943 年病逝于重庆
石青阳（1879—1935 年）	1911 年参加四川保路运动。"二次革命"后流亡日本。1914 年参加中华革命党。1915—1916 参加讨袁战争。1918 年任川黔靖国联军援陕第一路军总司令。1921 年任广东大本营参议。1922 年任四川讨贼联军第一路军总司令，兼任川东防军总司令	1925 年参加西山会议	1929 年任滇康藏殖特派员。1932 年任蒙藏委员会委员长。1935 年去世

第五章 "西山会议派"之历史痕迹　451

续表

委员名单	政治活动		
	1912—1924 年	1925—1927 年	1928—1949 年
邹鲁 (1885—1954 年)	1912 年选为众议院议员。1914 年任《民国》杂志编辑，进行倒袁活动。1916 年入京复任议员。1917 年任护法军政府财政次长，兼任两广盐运使。1922 年策动桂军讨伐陈炯明。1923 年任广东省财政厅长，兼广东高等师范校长。1924 年当选为第一届中央委员，兼任青年部长、广东大学校长	发起西山会议，任职"上海中央"执行委员会。1927 年 9 月，宁汉沪三派合流，任中国国民党中央特别委员会委员	1930—1931 年参与反蒋的"扩大会议"与"非常会议"。1932 年任西南执行部委员和西南政务委员会委员，兼任中山大学校长。1935 年当选为第五届中常委和国民政府委员。1939 年任国防最高委员会常委。1945 年为第六届中常委
谢持 (1876—1939 年)	1912 年任四川军政府总务处副处长和参赞。1913 年当选为参议院议员。"二次革命"失败后东渡日本。1914 年任中华革命党总务部副部长及四川省主盟人。1916 年任参议院议员。1917 年任元帅府参议、代理秘书长。1918 年任广州军政府司法部次长。1919 年任中国国民党党务部长。1920 年任广州军政府内政部次长。1921 年任总统府秘书长。次年任中国国民党参议及党务部长。1923 年 3 月全权代表执行中国国民党党务事宜。1924 年当选为第一届中央监察委员	发起西山会议，并成为骨干，任职于"上海中央"执行委员会。1927 年 9 月，宁汉沪三派合流，任中国国民党中央特别委员会委员	1930—1931 年参与反蒋的"扩大会议"与广州"非常会议"。1932 年后当选为中国国民党第四、第五届中央监察委员。抗日战争爆发后迁居四川。1939 年 4 月 16 日在成都去世
居正 (1876—1951 年)	1912 年任南京临时政府内务部次长，参议院议员，中国国民党上海联络处主任。1914 年任中华革命党党务部长。1916 年任中华革命军东北总司令，翌年南下参加护法运动。1919 年任中国国民党总务部主任。1921 年任总统府参议兼中国国民党本部事务。次年任总统府内务部长。1923 年任参议，参与中国国民党改组工作。1924 年当选为第一届中央执行委员。后因反对国共合作闲居上海	1925 年参加西山会议，任中央党部执行委员、组织部长。1927 年任中国国民党中央特别委员会委员	1929—1931 年被蒋介石拘禁，年底释放后被选为第四届中央执行委员，任南京国民政府司法院副院长。1932—1948 年任司法院院长，最高法院院长。1945 年被选为第六届中常委

续表

委员名单	政治活动 1912—1924 年	政治活动 1925—1927 年	政治活动 1928—1949 年
覃振（1885—1947 年）	1912 年任临时参议院参议员、国会众议院议员。"二次革命"失败后去日本，任湘支部长。之后参加护法运动，任湖南检阅使、总统府参议兼法制委员。1924 年当选为第一届中央执行委员	参加西山会议，并积极运作"上海中央"党务	1928—1931 年参与反蒋的"扩大会议"与"非常会议"。1932 年任立法院副院长、司法院副院长兼中央公务员惩戒委员会委员长。抗日战争胜利后，辞司法院副院长职，避居上海。1947 年春，进入解放区
许崇智（1887—1965 年）	1913 年为福建讨袁军总司令。1914 年任中华革命党军务部长兼中华革命军福建司令。1915 年参加反袁斗争，任中华革命党东北军参谋长。1917 年参加护法运动，任大元帅参军长，次年任粤军第二支队司令、第二军军长。1922 年任东路讨贼军总司令，次年任建国军总司令。1924 年为"一大"中央监察委员，兼中国国民党中央军事部长。1925 年任广州国民政府常务委员、军政部长、广东省政府主席等职	因受蒋介石逼迫退居上海，参加"西山会议派"活动	1931 年参加"反蒋派"的广州国民党中央"非常会议"，后任第四届中央监察委员会委员。1935 年任国民政府监察院副院长。1939 年离沪赴香港。抗日战争胜利后，由澳门返广州。1946 年寓居香港，后被蒋介石聘为台湾国民党"资政"
沈定一（1883—1928 年）	1912 年为浙江省第一届省议员。"二次革命"失败后，开始研究社会主义。1916 年任浙江省议长。1919 年主编《星期评论》。1920 年参加上海共产党早期组织。1921 年主编《劳动与妇女》，开展衙前农民运动。1923 年 8 月参加"孙逸仙博士代表团"赴苏俄考察，加入中国国民党。1924 年当选为候补中央执行委员	1925 年退出中国共产党，参加西山会议，当选"上海中央"执行委员。1927 年任中国国民党浙江省党部改组委员，"清党"委员会常务委员，"反省院"院长，积极参与"清党"反共活动。1928 年被刺身亡	

第五章 "西山会议派"之历史痕迹　453

续表

委员名单	政治活动		
	1912—1924 年	1925—1927 年	1928—1949 年
茅祖权（1883—1952 年）	早年留学日本，加入同盟会。中国国民党改组时被分配为上海执行部候补执行委员。1924 年任中国国民党中央调查部部长、中国国民党第一届候补执行委员	参加西山会议，当选为"上海中央"第二届中央执行委员及中央常务委员	1927 年任中央特别委员会候补执行委员，1927—1928 年任江苏省政府委员兼民政厅厅长。1930 年任"扩大会议""约法"起草委员。1933 年任行政法院院长，1943 年 2 月辞职，1947 年再任。1941 年 12 月当选为第四届候补中央执行委员。1945 年当选为第六届中央执行委员。1947 年当选为党团后并后的中国国民党第六届中央执行委员
傅汝霖（1895—1985 年）	"五四"时期就已参加革命行列，从事反帝国主义、反军阀的秘密工作。1924 年当选为中国国民党第一届候补中央执行委员。	参加西山会议，1926 年当选为"上海中央"执行委员，1927 年当选为中央特别委员会候补委员、青年部部长	1930 年当选为"扩大会议"宣传部委员，1931 年 5 月任广州"非常会议"国民政府政务委员会委员，同年 12 月当选为四届候补中央执行委员。1932 年任立法院立法委员。1934 年任内政部常务次长。1935 年任第五届候补中央执行委员。1941 年任行政院水利委员会常务委员。1945 年当选为第六届中央执行委员。1946 年当选为国民大会代表。1947 年当选为第一届立法院立法委员，并被聘为全国经济委员会委员。1949 年后在香港主持中国实业银行，后寓居美国。1985 年 3 月 7 日病逝

资料来源：中国国民党党史史料编撰委员会：《革命人物志》，台湾"中央"文物供应社 1969 年版。宗志华、朱信泉：《民国人物传》，中华书局出版 1985 年版。余克礼、朱显龙：《中国国民党全书》，陕西人民出版社 2001 年版。陈旭麓、李华兴：《中华民国史辞典》，上海人民出版社 1991 年版。

对上述表中人物在西山会议前后的政治活动略做一比较，我们就会发现，"西山会议派"清一色是早年加入同盟会的中国国民党元老，积极响应并投身辛亥革命；"二次革命"失败后大多留洋学习，或开展海外党部工作；1914—1917年，在孙中山的领导下掀起了军事讨袁运动的高潮，且多被护法军政府委以重任，成为孙中山最亲信的核心分子；1918—1924年打倒北洋军阀期间，追随孙中山进行推翻北洋政府的革命事业。中国国民党"一大"上均被孙中山亲自指定为第一届中央执行委员，这既是对他们革命年代立下汗马功劳的肯定，也是对他们在中国国民党上层领导地位的确立。可以看出，从1905同盟会成立前后至中国国民党"一大"召开期间，这批颇受孙中山重视的"西山会议派"人物多是战斗在创建中华民国、推翻清政府和北洋政府的第一线革命党精英。然而，孙中山逝世后，因"联俄""联共"政策上的分歧，这批元老在被汪精卫的"左倾""广州中央"所排挤后，抱着"坚守三民主义"的信念，走上了与中央分裂的道路。1925—1927年，"西山会议派"还貌似以三民主义为原则，以合乎法理的决议案方式进行分裂活动。至1928—1932年，他们就开始如同"政客"一样投机，附着于地方军阀，不顾党性、原则，更没有令人信服的理论旗号，只是一味地煽动、怂恿并推动地方上的"倒蒋潮流"；"九一八事变"后，反蒋的浪潮终于在一致抗日的呼声中暂得平息，作为广州"非常会议"的参与分子，"西山会议派"在"谋得"一官半职后也归附"南京中央"。但是，一直到1949年，他们的政治活动都很简单，在20世纪30—40年代的政坛上并没有留下太多的痕迹；且对于蒋介石的一党独裁，也没有再发出任何反抗的声音，似乎已被高官的头衔所安抚。这与西山会议前他们肩负各种要职，积极投身革命的资历形成鲜明的对比。当然，"西山会议派"从"革命党精英"—"核心领导"—"变节政客"—"赋闲的高官"这一转变中，除了自身"堕落"外，蒋介石亦是重要因素之一。

"西山会议派"虽是世人公认的"反共派"，但事实上其"反蒋"的色彩同样浓厚。我们仅从其存在时间看：从1925年11月23日"分共"派系成立至1927年4月12日蒋介石政变，时长共计1年7个月，这是所谓的"反共"阶段。自1926年4月"西山会议派"拟定《警告蒋介石》一文开始对蒋介石表示不满起，至1931年12月15日跻身南京政府，期间也有短暂的合作"清党"，共计5年零7个月，这是反蒋阶段。即使从"西山会议派"与"蒋中央"正式处于对峙，即中央特别委员会结束开始算，自1928年1月至1931年12月，也有近4年的时间。如此看来，除"西山会议派"与汪精卫、鲍罗廷进行短暂的"反共路线之争"外，其大量时间都耗费于反蒋。而且，正是在与"蒋中央"的斗争中他们才从先前声势显赫的"沪二届"沦为声名狼藉的在野政客。或许，"西山会议派"自身也并未想到会走上反蒋的道路，因为蒋介石的崛起原本就是出人意料之外。但是，对于蒋介石一方来说，"西山会议派"的存在始终是南京政权的一种阻碍。蒋介石争夺权力的不择手段使他与"西山会议派"的恩怨始终未能化解。所以"西山会议派"在"附蒋"后，虽位居高官，但都名不副实，因蒋介石之怀疑、敌视而被闲置。下面仅以五院院长林森、居正的经历来看：

　　五院制国民政府是在激烈的派系斗争背景下成立的。① 在各方权力的衡量之后，因"团结"所需，林森以"耆年硕德，天与人归"而"晋主国府"。② 1932—1943年间，国民政府实行虚位主席制，所以林森出任的主席"权力空白"，他不但要独立于权力斗争之外，对各派利益不能有损一毫，同时还必须作为各派的象征。林森在位期间所主持的虽是一些形式上的政务活动，但却为中国国民党政府的运转起到了黏合剂的作用，以致中国国民党内部未发生任何分裂和混战。而在这之前，谭延闿担任主席时（1928年2月—8月）出现了中国国民党新军阀与张作霖集团的作战；蒋介石任职时（1928年10月—1931年12月）爆发了新军阀大战和蒋介石、胡汉民之争③，这在很大程度上当归之于林森的"无为而治"——名为国家元首，而无任何实权。事实上，林森之所以能任职至天年也与其"超然处世"的作风有关：第一，上任后几乎不损害各派利益；第二，充分发挥了黏合剂的作用；第三，年事很高，蒋介石可以待之于死亡。在林森于1943年8月1日去世后，蒋介石以中国国民党总裁身份与中国国民党中央一道所写的祭文中的几句话，可以说是对林森在元首任上的盖棺论定："林公处艰难之际，而整暇逾恒。

---

① 张皓：《派系斗争与国民党政府运转关系研究》，商务印书馆2006年版，第9页。
② 《中央各同志祭文》，载重庆《中央日报》1943年8月7日。
③ 张皓：《派系斗争与国民党政府运转关系研究》，商务印书馆2006年版，第85页。

以元首之尊，而简雅如醇。禀一贯之主义，涵万象以通明。是所以得于天者至大，所守于己者至诚"。①

1931年12月，中国国民党第四届一中全会在蒋介石声称"力谋团结"的情况下，推选居正为中央委员会常务委员会委员、司法院副院长。与此同时，"西山会议派"另一名骨干分子覃振担任司法院副院长兼公务员惩戒委员会委员。接着还有一名骨干分子茅祖权任行政院长。从这个角度说，蒋介石将司法院系统分给了"西山会议派"。② 司法院在五院制国民政府中的实际地位虽然低于行政院长和立法院，但高于监察院和考试院。居正任司法院长长达16年，从1932年1月11日至1948年6月24日。尽管他竭尽心力建设司法系统，但终究是"司法院空空荡荡，审判权被剥夺"，"号称司法权独立，实际上却并无什么权力"③，因为他不可能摆脱军权和行政权的控制。居正在1948年5月13日正式向蒋介石提出辞去司法院长之职后，吟诗道："……尽管力锄经汗滴，依然无粒给盘食"。这算是他对自己"掌全国最高司法机关，16年又6个月"情况的真实写照。④

蒋介石之所以剥夺司法权，这与"西山会议派"的反蒋历史是分不开的。试想，依照蒋介石的政治作为，他怎么能将整个司法行政权和司法审判权完全交给一个曾经激烈反对他的中国国民党元老居正来行使，他怎能将整个司法系统交给"西山会议派"呢？始终抓住军权不放的蒋介石之所以让"西山会议派"担任一些职务，自有用心良苦之处。正所谓："在危机来临时，国民政府可以分权。但是分权的一方必须做到在将来危机过去后，蒋能以合法的方式恢复他的权力，这就是他让其他派系分权——即在附有特定条件和将来收回权力的条件下，将权力分给其他派的巨大技术优势所在。中央政治委员会在议决任用这些政府大员时，不是考虑他们是否对中国国民党政治体制的忠诚和对施政纲领的了解，也不是由于他们的行政管理才能，而是他们在党内拥有一席之

---

① 《总裁及中委祭文》，载重庆《中央日报》1943年8月7日。
② 张皓：《派系斗争与国民党政府运转关系研究》，商务印书馆2006年版，第219页。
③ 同上书，第185—218页。
④ 居正：《梅川谱偈》，载罗福惠等编《居正文集（下册）》，华中师范大学出版社1989年版，第573页。

地，有一批政治追随者"。① 而"不明大义"的居正却还"理想化"地呼吁："要建立一个三民主义法治的国家，必须注重合作精神，即无权制度，旨在分工合作，凡一政令之发布，动关数单位之职权，必有密切联系，方能运用自如。国府谓整个政府宛同全部机器，如一部失灵，他部机器即受牵制。故欲完成法制，必须全面推行，绝非畸形发展，尤非司法一部分之努力所可收效者也。"②

由上述可知，因反蒋的这段历史，"西山会议派"人物几乎丧失了在政坛大展宏图的机遇，也放弃了曾为革命党精英时的政治抱负和革命原则，他们对孙中山建国蓝图的尝试与构建也随之被中断。因固守三民主义，执着地反对"联俄""联共"；因为个人恩怨，毫无原则地"反蒋"；因对现实的无奈，最终苟存于"蒋中央"异化的"党国体制"之中。从开国元勋沦为在野政客，而后被中央闲置。如果说"西山会议"是他们郁郁不得志的政治生涯的转折点，那么"扩大会议"的凑集煽动可谓是其"政客化"的转折点。

---

① 张皓：《派系斗争与国民党政府运转关系研究》，商务印书馆2006年版，第362页。
② 居正：《法制前途之瞻望》，载罗福惠等编《居正文集（下册）》，华中师范大学出版社1989年版，第681页。

结语 "西山会议派"之历史反思

西山会议是中国国民党内第一个因革命路线之争而与中央分裂的会议,因召开这一会议而被冠名的"西山会议派"则是中国国民党改组后第一个反对"联俄""联共"的分裂派系。从1925年11月至1931年12月的6年时间中,"西山会议派"的存在是革命党精英在中国国民党改组后发生蜕变的一个特例。它的蜕变是一个循序渐进的量变过程:随着时局的变化,其政治主张、活动轨迹亦随之变化,而群体构成也呈现出消长;最终使得"西山会议派"人物的政治身份发生了质的改变——由满腔热血的革命者沦为变节的在野政客(见表14)。

表14　　　　　　　　"西山会议派"活动轨迹

时间	1925年11月—1926年1月	1925年12月—1927年8月	1927年9月—1928年1月	1928年2月—1931年12月	
政治主张	反对"联俄""联共"		与宁汉合流	"反蒋"	
	"分共""反汪"	"清党""绝俄"			
政治活动	西山会议	"上海中央"	中央特别委员会	"扩大会议"	"非常会议"
地点转移	北京	上海	南京	太原、北京	广州
人物分化	叶楚伧、邵元冲、戴季陶、吴稚晖、孙科投身广州	"孙文主义学会"、广东大学38辞职教授加盟	林森、张继"附蒋",沈定一被暗杀	居正被蒋介石拘禁	
身份演变	中央执行委员	叛党集团	执政中央	在野派系(变节政客)	

孙中山逝世后，因领袖权威的缺失，大批的革命党精英在继承权的争夺中开始网罗自己的政治力量，以形成势力集团，最终纷纷以派系面目出现，诸如胡汉民"再造派"、孙科"太子派"、汪精卫"改组派"等。而在中国国民党成为执政党，由革命到复辟的衰退中，他们亦随之"恶性循环"，公然展开了激烈的派系斗争。同样，"西山会议派"的发展也充分体现了这一时代特色，从西山会议的召开到"九一八事变"的爆发，期间所突发的诸多足以影响时局的政治事件，使得"西山会议派""一分而不可收"，从而在中国国民党史上的四次大分裂中扮演了重要的角色。

在汪精卫、蒋介石、许崇智所把持的中央特别委员会中，"右派""被排北上"，其核心领导胡汉民被迫出洋。所以，难以在中国国民党中央立足的元老们——那些资深望重的"右派"委员，只好四处串联自行召集第一届四中全会（西山会议），以与汪精卫控制的广州国民政府对抗；并试图以此解除汪所倚重的鲍罗廷的政治顾问身份，同时取消由其操控的中央政治委员会，从而恢复中央执行委员会最高权力机关的权威。汪精卫在广州"二大"上出台《弹劾西山会议决议案》进行制裁，其直接后果便是"上海中央""清党""绝俄"的激烈举措。而后蒋介石凭借"中山舰事变"崛起，加之前后对"西山会议派"态度的反复无常，使得被"愚弄"的"西山会议派"又开始对蒋介石"指手划脚"，对其所发动的"整理党务案""北伐""迁都"等都表示了不同程度的谴责。于是，与汪精卫、鲍罗廷之怨未解的"西山会议派"又与蒋介石结怨，可谓是"一波未平一波又起"，而这也为之后"西山会议派"的重头戏——开展反蒋活动埋下了伏笔。

蒋介石操控的"四一二政变"、汪精卫主掌的"七一五反革命政变"先后发生，"西山会议派"为之"奔走呼号"一年多的"清党大业"骤然被汪精卫、蒋介石的武力实现。然而，意想不到的是，"西山会议派"竟然也成为了蒋介石清除的对象，在"四一二政变"的同一天，"清党"总司令白崇禧一并查封了"西山会议派""上海中央"党部所在地——环龙路44号。"西山会议派"虽屡次发电表示反对，但终无济于事，无可奈何之下，只能打出"党务统一运动"的旗号，以求化解与蒋介石的矛盾。因利益所需，此时的蒋介石也顺势做出了让步，先后恢复了"西山会议派"诸人被开除的党籍，取消了打倒"西山会议派"的口号。于是,"西山会议派"很快就心满意足地加入了南京国民政府的"清党"委员会,"上海中央"亦由"清党"而"合流"于"南京中央"。这是"西山会议派"与蒋介石的首度合作,也是唯一的一次合作——虽然时间不到60天。

值得注意的是,此时的蒋介石所代表是自立门户的南京国民政府。早在进行北伐时,汪精卫、蒋介石便上演了"迁都"之争。鉴于对苏俄援助需求,以及宋子文对财政的控制,蒋介石暂时向汪精卫的武汉国民政府做出了让步。但是,在北伐完成之后,羽翼渐丰的蒋介石赫然与汪精卫划疆而治,于1927年4月建立了中国国民党南京政府。宁汉分裂成为蒋介石跃登中国国民党领袖地位的一个关节点。蒋介石在北伐中的崛起,不但加速了国共合作的结束,而且他顺理成章地从汪精卫手中接掌了孙中山所遗留的中国国民党党统之位,成为中国的执政者,奠定了此后长时期"枪指挥党"的基础。在某种程度上,20世纪30年代和40年代的"党国"只是"军国"的附庸。正如王克文所言:"汪氏1927年与蒋氏的对决,其影响绝非汪氏一人之起落而已。1927年宁汉分裂,是中国革命史上的一个转折点。国共两党联合组成的革命阵营,在北伐途中因内部倾轧而几近瘫痪;长江流域出现了两个国民党中央和国民政府,彼此对抗长达数月,终于导致第一次国共合作的瓦解。此一发展使国民革命的方向与性质发生了极大的变化,余波直到30年代仍荡漾不止。"① 在这一重大的转变中,汪精卫、蒋介石分分合合斗争了近20年,他们的权力之争既支配了当时政局的发展,也决定了"西山会议派"的存在状态。

1927年9月至1928年1月,因左右中国国民党中央的"文武二将"——汪精卫、蒋介石先后退出政坛,"西山会议派"乘势执政中国国民党中央,此为"西山会议派"最得意之时。国共合作的结束,虽然结束了中国国民党内长达3年之久的革命路线之争,但并未使"一个党、两个政府、三个中央"的分裂局面结束。作为新起之秀的"南京中央"在"清党"之后亟谋中国国民党的统一大业。在先前合作"清党"的基础上,宁沪和谈顺利进行;出乎意料的是,在宁汉酝酿合作中,因汪精卫的强烈要求,"桂系"李宗仁乘机"逼宫",蒋介石被迫

---

① 王克文:《汪精卫·国民党·南京政权》,台湾"国史馆"2001年版,第69页。

下野。"西山会议派"在与蒋介石的合作中途夭折后，转而与暂时得利的汪精卫冰释前嫌。不久，汪精卫的汉方、"桂系"主导的宁方、"西山会议派"的沪方很快达成协议，宁汉沪合流于中央特别委员会这一统掌中国国民党党政军大权的特殊组织。但好景不长、自视为中国国民党领袖的汪精卫便对中央特别委员会的"三方平分秋色"大为不满。党统地位再次被"西山会议派"与"桂系"主导的事实，更使汪精卫觉得"是可忍孰不可忍"，随即便展开反对中央特别委员会的抗争行动。此举与伺机返回政坛的蒋介石不谋而合，于是势同水火的汪精卫、蒋介石开始联手讨伐其共同的权力障碍——中央特别委员会。汪精卫充分发挥了文人的特长，大肆攻击"中史特别委员会非法"；蒋介石则再次彰显了武人的力量，暗中制造了"一一二二惨案"。中央特别委员会昙花一现，"西山会议派"则在一片"打倒腐化分子"的呼声中，再次逃匿租界，或是被放逐。

汪精卫虽然与蒋介石联手逼倒中央特别委员会，但却因广州一连串的变乱而无法享受胜利的果实。"广州事件"之后，汪精卫再度出洋，新的南京政府及中国国民党党中央又落入蒋介石一派之手。接着，"西山会议派"、汪精卫、蒋介石三方再次陷入冷战状态，"西山会议派"与汪精卫最终同被排除于权力核心之外，"殊途同归"沦为在野。由此，"西山会议派"开始将中央特别委员会时所受"屈辱"全部归咎蒋介石一人，加之先前的恩怨，掀起了全面的反蒋运动。

中央特别委员会瓦解后，"西山会议派""上海中央"所领导之部分省市党部组织仍有基础，部分干部便在上海组织了"中国国民党干部大同盟"，以为"西山会议派"反蒋的总行动机关；谢持等亦成立"中央临时干部委员会"作总领导机关。1929年初，"编遣会议"及中国国民党第三次全国代表大会的召开使整个国内政治、军事环境动荡不安，中国国民党内各政治派系与各地拥兵军人相继反抗"南京中央"。冯玉祥、唐生智、张发奎、李宗仁等纷纷打起"护党救国"的旗号，与南京兵戎相见。① "西山会议派"乘机利用此种形势运动军人，特别以与之有过合

---

① 中国青年军人社编：《反蒋运动史（上册）》，香港东大图书公司印行1978年版，第30—115页。查建瑜：《国民党改组派资料选编》，湖南人民出版社1986年版，第200—253页。

作经历的"桂系"为目标。分散南北各地、蛰居了一段时间的"西山会议派"诸人再次公开活动起来。

　　与此同时，失去党统的汪精卫也已开始将重心转移至"护党运动"和反蒋斗争。从1929年夏到1930年夏，汪精卫联合各式各样之"忠实武装同志"（甚至包括原来的头号敌人"桂系"），发动了至少8次主要的反蒋斗争，最后均告失败。于是，面对共同的政敌——"蒋中央"的南京政府，加之多次反蒋失败的经历，"西山会议派"与汪精卫有了合作的倾向。1930年9月，"西山会议派"不但和所有反蒋军人结成大联盟，而且一反当初"右派"立场，与"左倾"的汪精卫"改组派"合作，共组"扩大会议"与北京政府，再次企图推翻南京政府。中原大战的失败决定了这一空前反蒋运动的流产，"西山会议派"穷途末路，暂时消沉。然而，此一反蒋行动却有一意外的收获，即"西山会议派"与汪精卫的"改组派"成了莫逆之交。之后，"汤山事件"的发生又为伺机反蒋的"西山会议派"制造了时机，他们再次与汪精卫等五大派精诚合作于广州"非常会议"，"扩大会议"上的党统之争不复重演。"九一八事变"爆发，反蒋的"非常会议"无形中为"团结抗日"酝酿了组织力量。基于"攘外"的前提，反蒋方面与"南京中央"达成妥协，出现了第四届一中全会的"三胞"会，蒋介石、汪精卫密切合作于南京政府，"西山会议派"则以第一届中央执行委员的身份全部体面地回归中国国民党中央。

　　综上所述，"西山会议派"的发轫、发展与主导民国政局的蒋介石、汪精卫两人的势力消长极为密切。在汪精卫执掌中国国民党大权时，因苏俄援助的维系，汪精卫、鲍罗廷与中国共产党顺利地实现了孙中山的"联俄""联共"政策，并共同投身于国民革命。"西山会议派"因不满于此一革命路线而被"广州中央"分化，其中发生关键作用的人物则是将汪精卫扶上最高领袖宝座的鲍罗廷。而且，也正是在鲍罗廷的指导下，中国共产党与中国国民党"左派"对"西山会议派"发起了猛烈的夹攻，使得"西山会议派""叛党违教"的行为妇孺皆知。"中山舰事变"的爆发打破了这一国共间的和谐局面，由此拉开了蒋介石军权时代的序幕。蒋介石在与俄、共产国际和中国共产党的妥协中，顺利地将汪精卫挤出中国国民党"广州中央"，并通过"整理党务案"极大地限制了中国共产党在中国国民党党内的地位。在汪精卫、蒋介石争权的这一重要时期,"西山会议派"的"上海中央"得以与"广州中央"平行发展,并自行召开中国国民党上海"二大",其各地党务运动亦如火如荼地展开,在一定程度上还排挤了中国国民党"左派"的势力。然而,在蒋介石军权一步步坐大,汪精卫渐渐淡出政坛后,"西山会议派"开始与蒋介石结怨,由"反汪"转向"反蒋";且还与同为在野的汪精卫紧密合作。由此,我们可以看出,汪精卫、蒋介石两大势力集团,在任何一方执政时,"西山会议派"都会不自然地与之为敌——或与另一方合作,或与其他各种反中央的势力联合,甚至附着于地方军阀进行反对活动。而等到"西山会议派"暂主大局时,汪精卫、蒋介石自然也会联手以攻之。

如此看来,鉴于制度权威的缺失,在中国国民党党内尚未出现能够被真正认同的领袖时,各方集团对权力的争夺便成为"西山会议派"生存的温床;而在蒋介石、汪精卫之间的相互制衡与消长中,"西山会议派"则获得继续生存的空隙。这也是当时派系政治的一大特色。正如田宏茂在《1928—1937年国民党派系政治阐释》一文中所讨论的:

> 国民党的活动背景促使该党权力结构中,派系政治的持续存在。孙中山这位无可争辩的领袖之死,引起了尖锐的继承问题。结果,党的权力分散到一些互相竞争的集团中去,这些集团以几个很有势力的人物为中心,他们拒不服从自己的同志。国民党在设置决策与执行的官僚组织机构方面的缺陷,则是其领导危机的征兆。这个缺陷削弱了党治的制度基础。继承危机连同制度上的弱点导致国民党政权连年不稳定和令人厌烦的正统性问题的出现。而全国范围内宏观的政治权力封建化则进一步加剧了派别联盟。[①]

此外,"西山会议派"这一群体自身还有着一定的特殊性,它的派系构成,政治抱负及其派系终结后的个人价值趋向都有着鲜明的特色,

---

① 〔日〕田宏茂著,朱华译:《1928—1937年国民党派系政治阐释》,转译自陈福霖编《处在十字路口的中国:1927—1949年的国民党与共产党》,西方观点出版社1980年版。

与"九一八事变"之前的中国国民党其他派系区别很大。

"西山会议派"的聚集源泉多是出自"志同道合"及革命时期的情谊。这一核心群体全部是追随孙中山多年，颇受其重视的革命党精英，他们在推翻清朝、创建民国、打倒北洋政府的革命中立下了汗马功劳。中国国民党改组时，他们又一致对孙中山的"联俄""联共"政策表示质疑或是反对，或多或少地与孙中山发生过争执，但最终还是被孙中山在中国国民党"一大"上亲自指定为执掌中国国民党中央最高权力机关的中央执监委员会委员或是候补委员——其中既有曾为中国共产党党员的戴季陶、沈定一，又有最先介绍中国共产党加入中国国民党的张继，还有自始就坚决拒绝中国共产党的邹鲁、石瑛、傅汝霖等。这一派系在构成上也没有明显的"地缘、业缘、血缘"等因素——核心的12人分别来自福建、广东、四川、浙江、江苏、河北、黑龙江等不同省份，目前尚未发现有血缘关系存在；个人受教育的背景极不相同，年龄也有着一定的差距。所以，这与胡汉民以地域为纽带的粤籍"元老派"、以年轻党员为骨干的"改组派"和"太子派"，以地方势力为据点的"阎系"和"冯系"明显不同。

然而"西山会议派"这一中央派系却在中国国民党内持续长达6年，而且是横跨了大革命时期。有学者论，"派系极少能维持长久。它们缺乏政党、亲属、氏族和其他法人团体得以维持下去的因素。它们的基本组织特征是建立在受利益、友谊或保护人—被保护人关系支配的双重关系上。尽管某些派系在政坛上可以维持相当长的时间，但其派系结构经常发生变化，其成员的政治忠诚也经常发生转移"。① 的确，20世纪20年代后期的中国国民党很多派系，有的在利益满足后便很快解散——如孙科的"再造派"；有的是四处碰壁后急转方向——如汪精卫的"改组派"；还有的则是附着到某一更强大的势力方，这主要是各地军阀。这些派系出现的根本是为着"争权夺利"的目的，其成员的忠诚自然是难以保持长久。

虽然，"西山会议派"的组成先后发生了两次大的分化，在地方的组

---

① 〔日〕田宏茂著，朱华译：《1928—1937年国民党派系政治阐释》，转译自陈福霖编《处在十字路口的中国：1927—1949年的国民党与共产党》，西方观点出版社1980年版。

织力量也有所变化，但却不全是为名利和权势。在国共双方、蒋介石、汪精卫两大集团的围攻中，他们一直不为权力、金钱所诱；在"清党"时，蒋介石就拿出五院的位子，任其自选一院，被拒；在"扩大会议"前，蒋介石又多次用重金收买林森、谢持，无功。无奈之下，蒋介石采取了通缉、暗杀、拘禁、驱除、开除党籍等种种手段，"西山会议派"却仍然活跃于反蒋前线。事实上，在他们高举分裂旗帜之前，各位已经是居于中国国民党中央的领导核心，若像汪精卫、蒋介石之流，反复无常地随形势变化而"左转"或"右倾"，且不说职位的高低，至少也不会历经6年的在野生涯。

以反共起家的"西山会议派"之"上海中央"，其国内外党务中的反共活动也是多因"孙文主义学会"的参与而发生；合流南京"清党"时，竟创办出"反省院"这一特殊的"清党"洗脑机构；大革命结束后，不复再对中国共产党有过多的指责或是"剿灭"活动，而是将矛头转向真正用武力大肆屠杀中国共产党的蒋介石、汪精卫集团。手无寸铁的他们并没有屈服于"军权在握"的"蒋中央"，因其反蒋的力度又远远大于之前的"分共、清党、绝俄"，以致被先前的"右派"精神领袖胡汉民视为"变节的政客"。

"西山会议派"发生了"蜕变"，从"夹攻中奋斗"到"安逸于蒋介石的闲置"。"西山会议派"的革命豪情从同盟会时期的"反清"到民国初期的"讨袁"，再到革命党时期的"护法"发挥得是淋漓尽致。然而在"联俄""联共"时代，他们的政治生涯出现了变化：先是对国共合作的拒绝，严重阻碍了国民革命的前进，为一己理想革命路线的追求，不惜背负"叛党违教"的罪名，公然与孙中山所遗留的广州国民政府对峙。之后，鉴于由其所主导的中央特别委员会被蒋介石暗中拆散，自此与之结怨，更走上了"无主义、无原则"的"投机政客"式的反蒋道路。所幸的是，此一时期从革命者沦为政客的"西山会议派"，虽处于国共（包括共产国际）双方、中国国民党党内蒋介石、汪精卫两大势力集团的围攻，但他们还是保持着"百折不挠的革命精神"在困境中突围、求生，坚持奋斗。"九一八事变"后，"西山会议派"因团结抗日而"附蒋"。曾发起西山会议的12人（除沈定一）都分得一官半职，却受蒋介石之排斥而被闲置，尤其是居于中央层的领导，竟"沉默"地安逸于高官，从此再没有听到他们反蒋独裁的声音。所以说，这一革命党精英的蜕变彻底是革命理想、奋斗精神的衰减，之后始终对中国共产党抱持排拒态度更凸显了他们保守残缺，排斥先进革命思潮的老朽之气。①

---

① 王奇生曾指出："事实上，中国国民党人里面最早反对国共合作的主要是一批老同志，从冯自由到'西山派'诸人均是。这其间亦不无代际冲突的因素……""在国民党内部，老同志和少壮派之间亦不无冲突。国共之争和国民党内部的左右之争最初几乎都表现为老少之争。如'西山会议派'的邹鲁即指责中共将孙中山称为老革命家是别有用心，不怀善意"。见王奇生《党员、党权与党争：1924—1949 中国国民党的组织形态》，上海书店出版社 2003 年版，第 61—63 页。

附录 "西山会议派"大事记
(1925年11月—1931年12月)

1925年

11月23日　西山会议在北京正式召开，发出通电令"广州中央"执行委员立即停止职权。

11月24日　西山会议又发通电，声称：集会"不受'广州中央'执行部拘束"；"广州中央""限制本会议开会地点等议决"为无效，并提出：中国国民党第二次全国代表大会开会日期，"应由本会决定"。

11月27日　汪精卫等致电各级党部，严驳"西山会议派"。

11月28日　西山会议通过反对"联共"政策的决议：第一，驱逐鲍罗廷。第二，取消陈独秀、李大钊、谭平山中国国民党党籍。第三，不准中国共产党党员在中国国民党势力范围内主持教育行政。第四，不准中国共产党党员在中国国民党势力范围内做官。第五，不准中国共产党党员参加群众运动，如青年运动、农工运动等。中国国民党江苏临时省党部及中国国民党南京市党部在上海《民国日报》上分别刊载《启事》和《紧急启事》；中国国民党江苏省党部声明反对西山会议，视其为"非法组织"。

11月29日　中国国民党南京特别市党部致电拥护西山会议，并声称"先除内奸，后攘外敌"。

12月1日　国民政府免邹鲁广东大学校长本职，以顾孟于继任。

12月2日	西山会议通电宣布下列议决案：第一，取消中央政治委员会。第二，解除鲍罗廷顾问职。第三，修正《第二次全国代表大会选举法》。第四，中国国民党第二次全国代表大会日期定于1926年3月29日在上海或北京、广州举行。广东"孙文主义学会"通电拥护西山会议，反对广州开"二大"。"广州中央"执行委员会宣言，谓邹鲁之"共产"攻击为离间策略，勿为所惑。
12月5日	毛泽东主编之《政治周刊》在广州创刊。
12月6日	上海"孙文主义学会"成立，拒绝"共产派"参加。
12月11日	"广州中央"发表召集"二大"宣言，要求全党识破谢持、邹鲁企图破坏孙中山根本方针之反动计划。
12月12日	北京"孙文主义学会"成立，沈定一、邹鲁在会上发表学演说。"广州中央"的中国国民党执行委员会发出通电，以邹鲁在南京召集违法会议，议决给予查办。
12月13日	西山会议决议，是日，要求接管上海执行部，并将中央执行部移至上海。
12月14日	"西山会议派"之"上海中央"正式成立。
12月15日	"上海中央"发表宣言：声明此后凡汪精卫在广州用中央执行委员会名义所发布之文字，皆不足以代表本党。中国国民党江苏省党部发表宣告誓不承认"上海中央"。
12月25日	蒋介石发表《告海内外各党部同志书》，指责"西山会议派"，"迹其言动，无一不悖于本党之纪律和总理之意旨"。
12月29日	"上海中央"执行部发表声明，反对"广州中央"执行委员会关于在广州召开中国国民党第二次全国代表大会之议决案。
12月31日	蒋介石抵黄埔。晚上黄埔军校党员召开欢迎会，蒋介石发表演说声称："'左派''右派'都是我们的同志"，反对党内有"左、右派"之分。

1926 年

1月1日　中国国民党第二次全国代表大会在广州开幕,至19日闭幕。

1月6日　"西山会议派"以"中央执行委员会"名义在上海《民国日报》登载启事。

1月8日　广州"二大"通电宣布"上海中央"执行委员所发出命令当然无效。

1月9日　孙科、吴铁城由沪返穗。汪精卫、蒋介石同意其请求:第一,拨还孙科垫付之西山会议各项经费;第二,孙科得第二届中央执行委员一席;第三,取消"查办吴铁城案",恢复其广州市公安局局长职务。

1月13日　广州"二大"审查通过《弹劾西山会议决议案》。

2月2日　蒋介石在黄埔军校召开"中国青年军人联合会"和"孙文主义学会"负责人干部联席会议,协调两组织之关系。

2月26日　"西山会议派"以在上海《申报》发布通告:定于3月29日在北京总理灵前召开"二大"。

3月1日　黄埔陆军军官学校改名为中央军事政治学校,校长为蒋介石,党代表为汪精卫。

3月12日　南京纪念孙中山逝世一周年,中山陵墓奠基。

3月18日　国民政府发布宣言,禁止"西山会议派"召开中国国民党代表大会。

3月20日　蒋介石发动"中山舰事变","西山会议派"意欲将上海"二大"移至广州。

3月29日　"西山会议派"在上海召开中国国民党第二次全国代表大会,至4月10日闭幕。

4月3日　蒋介石通电指责"西山会议派"在上海召开"上海中央""二大",假借拥赞蒋介石"镇压中山舰案"之名通电制造谣言。

4月10日　中国国民党上海特别市党部在《申报》刊登通告,揭发"上海中央"召开大会的"黑幕"。

4月13日　"上海中央"第二届一中全会召开，选定各部长，并决定以《江南晚报》为机关报。

5月9日　汪精卫自"中山舰事变"称病匿居，于是日离粤赴港，转去法国治病。

5月15日　广州召开第二届二中全会，蒋介石提出"整理党务案"，邹鲁痛批其效等于零。

5月22日　蒋介石发表演说称，"中国青年军人联合会"和"孙文主义学会"均须根本消灭。

6月4日　陈独秀表示"中山舰事变"绝非中国共产党阴谋，而是"孙文主义学会"的反革命勾当。

9月29日　"广州中央"党部通电否认"西山会议派"在"上海中央"设立党部。

10月28日　"广州中央"联席会议议决肃清"西山会议派"和"孙文主义学会"分子，并认定其职权亚于全国代表大会，而高于中央执监委员会。

12月7日　"广州中央"通电宣布党部及国民政府北迁武昌，国民革命军总司令部仍留广州。

1927年

1月1日　国民政府明令定都武汉，以武昌、汉口、汉阳合组为"京兆区"。

1月3日　蒋介石在南昌召集中央政治会议临时会议，决定中央党部和国民政府暂住南昌。

2月8日　南昌国民党中央决定迁都武汉。

2月15日　中国国民党宣传委员会表示："以打倒'西山派'的精神，对付党内昏庸老朽分子。"

2月27日　蒋介石要南昌中央政治会议致电共产国际，要求撤回代表鲍罗廷。

3月28日　蒋介石指使吴稚晖等举行监察委员会常委会议，通过"纠察共产党行为案"提议。

4月3日	汪精卫由欧洲回国与蒋介石在上海秘密会议,蒋介石发表支持汪精卫复职的通电。
4月5日	汪精卫与陈独秀在沪发表《联合宣言》,因吴稚晖的斥责,汪精卫当晚离沪。
4月7日	武汉中央决定中央党部以及国民政府迁至南京。
4月12日	蒋介石发动政变,"反共""清党","上海中央"被查封。
4月16日	汪精卫在武汉斥责蒋介石违背中央命令,谋开西山会议式之会议,反抗中央。
4月18日	蒋介石在南京成立国民政府,武汉政府下令免蒋介石本兼各职。
5月21日	许克祥在叶琪、何健指挥下发动"马日事变"。
6月6日	"南京中央"取消"打倒西山会议派"等口号。
6月9日	"南京中央""清党"委员会议决沈定一等为浙江省"清党"委员会委员。
6月10日	"南京中央"执行委员会通过张静江提议:恢复"西山会议派"张继、谢持、林森、覃振、邹鲁、居正、石青阳、傅汝霖、何世桢等中国国民党党籍。
7月14日	武汉中央政治委员会主席团秘密召开"分共会议"。
7月15日	汪精卫发动"七一五反革命政变",报告《容共政策之最近经过》,正式和中国共产党分裂。
8月4日	汪精卫致书"西山会议派"许崇智,对"联共"表示认错。
8月21日	"西山会议派"张继就宁汉合作问题致电南京李宗仁等人。
9月11日	宁汉沪三方中央要员在上海开谈话会,商统一党务及宁汉政府合并改组办法。
9月15日	宁汉沪三方代表出席中国国民党中央执监委员会临时联席会议。
9月16日	中国国民党中央特别委员会在南京成立,并召开第一次大会,决议要案多件。
9月21日	汪精卫等于是日成立中央政治委员会武汉分会,与南

京对峙。

9月28日　武汉政治分会通电全国，否认"南京中央"特别委员会与中央执行委员会有同等权力。

11月7日　中央特别委员会依李济深之调停办法，决定在四中全会开会以前暂停职权。

11月16日　蒋介石在上海发表演说，声称与汪精卫合作不成问题，但不赞成排斥"西山会议派"。

11月19日　汪精卫与蒋介石、谭延闿在上海晤谈，提出粤方"中委"关于"宁沪汉合作之提案"。

11月22日　中央党务学校学生制造"一一二二惨案"。

11月25日　国民政府会议，讨论谢持、邹鲁等对"一一二二惨案"之提案。

11月28日　国民政府常务委员蔡元培、谭延闿、李烈钧等就被下令引咎辞职。

11月29日　"西山会议派"发表《告同志书》，反对召开四中全会。李宗仁等通电，四中全会开会时，中央特别委员会可以停止行使职权。

12月3日　宁粤两方中央执监委员在上海开谈话会，议决针对"一一二二惨案"，组织特别法庭审判，对该案被指控之邹鲁、谢持、居正、傅汝霖等14人即行停职监视。

12月6日　谢持、居正等联名发表《再告同志书》，详述中央特别委员会成立之经过，尤重汪精卫与中央特别委员会之关系。

12月7日　国民政府明令组织"一一二二惨案"特别法庭，以11人组成。

12月14日　"南京中央"特别委员会开谈话会，议决党务继续维持，第四次全会正式召开时停止职权。

12月16日　汪精卫因受南京制裁，出国去马赛，发出"隐退"通电。

12月28日　中央特别委员会结束，南京欢迎蒋介石前往筹备四中全会。

1928 年

1月3日　　国民政府第二十九次会议议决蒋介石、孙科、林森为国民政府常务委员。

1月8日　　国民政府任命蒋介石为国民革命军总司令。

2月6日　　中国国民党第二届四中全会第三次大会决议：凡因反共关系被开除党籍者，一律无效。

6月　　　　以汪精卫为精神领袖的中国国民党"改组派"成立。

9月15日　　"一一二二惨案"法庭开结束会议，议决呈请中央迅速通缉本案被告人等，依法惩办。

11月26日　邹鲁环游欧美29国，返国抵沪，对来访者谈最近政见，略谓"今日之裁兵，皆非切实之图"。

1929 年

3月15日　　"南京中央"政府召开中国国民党"三大"，张继、林森当选为中央监察委员，至28日闭幕。

5月下旬　　"改组派"组织"中国国民党护党革命大同盟"，发表成立宣言。

12月22日　"西山会议派"分子居正、许崇智之参谋长耿毅，在上海因运动第五师反蒋，是晚，被熊式辉诱捕，送至淞沪警备司令部拘禁。

1930 年

4月1日　　阎锡山通电在太原就陆海空军总司令职，宣布率军讨蒋。

4月3日　　谢持、覃振、许崇智、邹鲁等电贺阎锡山、冯玉祥、李宗仁就任陆海空军总司令职。

4月7日　　"西山会议派"邹鲁著《对党事国事之意见》反对王法勤等所谓"粤二届"为正统之说。

4月12日	"西山会议派"邹鲁、谢持、应阎锡山之邀抵太原，与阎锡山、陈公博等会商党务。
4月15日	阎锡山访邹鲁、谢持劝其对党务问题化除成见，与汪精卫"改组派"共同负责。
4月16日	陈公博、邹鲁在太原因"粤、沪二届"党统争论激烈。讨论延至21日，终未结果。
4月18日	阎锡山派人迎接覃振调停陈公博、邹鲁"粤、沪二届""中委"问题争执。
4月24日	邹鲁致电冯玉祥，攻击"改组派""不配再言党统"。
5月4日	覃振、张知本、茅祖权、傅汝霖等9人召开天津会议，决定撇开"党统"不谈，而从"非常"二字着眼，重开中国国民党"三大"，召开国民会议，制定"约法"。
5月27日	北方党务争执经赵丕廉斡旋，陈公博、邹鲁、谢持等31人联名发表宣言。
6月1日	汪精卫发出"东电"，仍坚持"粤二届"为合法党统，再次引起"西山会议派"不满。
6月5日	谢持、邹鲁通电对汪精卫"东电"有所指摘，主张打破党统。
6月14日	谢持、邹鲁发表声明，认汪精卫"东电"以"粤二届"为主体成立"扩大会议"不当。
7月13日	北京"扩大会议"预备会议在怀仁堂召开，并成立中央党部"扩大会议"。
7月19日	中国国民党南京市党部通电攻击北京"扩大会议"同与袁世凯之"筹安会"、段祺瑞之"善后会议"。
7月25日	汪精卫与"西山会议派"等"扩大会议"各委员拟定基础条件7项。
7月28日	"扩大会议"开第一次谈话会，通过并正式公布党政7项基础条件。
8月7日	"扩大会议"第一次会议召开，通过《扩大会议组织大纲》《中央政治会议规则》。
8月29日	"扩大会议"为促阎锡山早日组织政府，派覃振、傅

汝霖、赵丕廉等赴太原。

9月1日　"扩大会议"通电公布《国民政府组织大纲》，并推定阎锡山、汪精卫、谢持等7人为国民政府委员，阎锡山为主席。

9月2日　阎锡山至电"扩大会议"表示接受政府委员及主席职。"扩大会议"推汪精卫、张知本、茅祖权、邹鲁等为"约法"起草委员。

9月8日　北京中央党部"扩大会议"通过《约法起草委员会组织条例》《第三次全国代表大会组织法》及《第三次全国代表大会筹备委员会组织条例》。

9月18日　张学良发出呼吁各方停战，静候中央措置的"巧电"。

10月4日　汪精卫、阎锡山促冯玉祥共同发表停战通电。阎锡山电张学良，谓"关于军事主张善后问题，完全唯执事主张是从"。

10月27日　"扩大会议"在太原通过邹鲁等所起草的《约法草案》，并向全国征求对该《约法草案》之意见。

10月28日　蒋介石连日在晋南投弹，"限阎、冯于两星期内离，否则用飞机催行"。汪精卫离太原南下，"扩大会议"其他要员相继离太原，"扩大会议"随之被消灭。

1931 年

2月28日　蒋介石囚禁胡汉民于汤山。

4月30日　中国国民党中央监察委员邓泽如、林森、萧佛成、古应芬因胡汉民一事联名通电蒋介石。

5月25日　唐绍仪、古应芬、林森、孙科、许崇智、陈济棠、李宗仁、陈友仁、陈策、李文范等40人在广州联名通电全国，要求蒋介石在48小时内下野。

5月27日　中国国民党第一、第二、第三届中央执监委员会委员汪精卫、邹鲁、许崇智、李文范、傅汝霖、覃振、林森、谢持、李宗仁等在广州成立"国民党中央执监委员会'非常会议'"。并于广州"非常会议"第一次会

	议决议，在广州成立"国民政府"。
5月29日	吴稚晖发表谈话，略谓粤之"非常会议"是在"扩大会议"后又垒起的一大堆垃圾，包括"西山会议派"的孙科、许崇智、邹鲁等人。
6月11日	广州"非常会议"招待新闻界，邹鲁发表谈话，表示大家均主张"分共""反蒋"，当能团结一致。
6月18日	广州"非常会议"决议，"双十节"召开中国国民党第四次全国代表大会，制定"约法"。
10月19日	中国国民党中央委员会常务委员会决议："凡本党同志自第二届第四次全体会议以后，因政治关系而开除党籍者一律恢复党籍，俟第四次全国代表大会开会时提请追认。"
10月27日	宁粤双方在召开第一次预备会议，称为"京粤代表预备会议"，会议讨论粤方提出的7项议案。
11月7日	"京粤代表预备会议"结束。双方以合作精神于所在各地按期召开中国国民党"四大"。
11月12日	宁方中国国民党"四大"召开，至11月23日闭幕。
11月18日	粤方中国国民党"四大"开幕，孙科主持。
12月5日	广州"非常会议"宣告结束。
12月28日	宁粤合流之中国国民党第四届一中全会决议：叶楚伧、居正、孙科等为中央执行委员会常委。林森为国民政府主席，邓泽如、谢持、许崇智、邹鲁、邵元冲、叶楚伧等13人为国民政府委员。推选蒋介石、汪精卫、胡汉民三人为中央政治委员会常委，轮流当主席。孙科为行政院长，覃振为立法院副院长，张继为正院长，居正为司法院副院长。
12月30日	"广州中央"党部、国民政府于元旦撤销。
12月31日	广州国民政府临时会议决议：统一政府于1932年1月1日成立。设立中央执行委员会西南执行部；广州国民政府结束后，成立西南政务委员会；军事方面成立西南军事委员会；财政方面设立西南财政委员会。

参考文献

一 档案

台湾中国国民党党史馆馆藏档案：

1. 《一届四中全会第四次会议记录（民国十四、十二、二年）》。
2. 《中央执行委员会各部长联席会议第二次会议记录（民国十四、十一、二十一年）》。
3. 《中央干事处第一次会议记录（民国十四、十二、十七年）》。
4. 《中央执行委员及各部长联席会议第五次会议记录（民国十五、一、四年）》。
6. 《上海中央第一届中央执行委员会第十四次会议记录（民国十五、三、二十七年）》。
7. 《上海中央第一届中央执行委员会第十五次会议录（民国十五、三、二十八年）》。
8. 《上海中央中国国民党第二次全国代表大会（民国十五、三、三十一年）》。
9. 《上海中央第二届中央执行委员会第一次会议记录（民国十五、四、十三年）》。
10. 《上海中央第二届中央执行委员会第二次会议记录（民国十五、七、十年）》。
11. 《上海中央第二届中央执行委员会第八次会议记录（民国十五、四、二十九）年》。
12. 《上海中央第二届中央执行委员会第九次会议记录（民国十五、五、三年）》。
13. 《上海中央二届中央执行委员会第十二次会议记录（民国十五、五、

14. 《上海中央二届中央执行委员会第十三次会议记录（民国十五、五、十七年）》。
15. 《上海中央二届中央执行委员会第二十一次会议记录（民国十五、六、二十四年）》。
16. 《上海中央第二界中央执行委员会第二十二次会议（民国十五、六、二十八年）》。
17. 《民生》周刊《民生周刊社组织大纲》，上海环龙路，档号9152。
18. 《上海中央第二届中央执行委员会第二十二次会议（民国十五、七、十二年）》。
19. 《上海中央第二届中央执行委员会第三十四次会议记录（民国十五、九、二十九年）》。
20. 《中国国民党中央执行委员会第七十三次政治会议记录南京（民国十六、四、十七年）》。
21. 《中央执行委员会常务委员会各部长第九十七次联席会议记录南京（民国十六、六、七年）》。
22. 《上海二届中央执行委员会第四次临时会议录（民国十六、七、七年）》。
23. 《中国国民党中央特别委员会第一次会议议事记录（民国十六、九、十六年）》。

台湾"国史馆"馆藏档案：

1. 《阎锡山致蒋中正电（1930年2月10日）》《蒋中正致阎锡山电（1930年2月12日）》，《蒋档·革命文献（统一时期）》第7册，台湾"国史馆"。
2. 《谢持致曹叔"季电"（1930年4月3日）》《王法勤陈公博致陶冶公卢蔚"乾电"（1930年4月5日）》，《阎档·杂派往来电文（1930）》。
3. 《谢持致曹叔"季电"（1930年4月3日）》，《阎档·杂派往来电文（1930）》。
4. 《邹鲁致冯玉祥电（1930年4月9日）》，《阎档·杂派往来电文（1930）》。

5. 《危道丰致张学良电（1930年4月9日）》，《阎档·杂派往来电文（1930）》。
6. 《张笃伦致刘文辉电（1930年6月18日）》《危道丰致张学良电（1930年6月24日）》，《阎档·杂派往来电文（1930）》。
7. 《覃振致傅汝霖电（1930年6月26日）》《危道丰致王树翰电（1930年7月1日）》，《阎档·杂派往来电文（1930）》。
8. 《广州汪精卫致石汉章"敬电"（1931年7月24日）》《广州汪精卫致天津胡宗铎、王懋功等"俭电"（1931年7月28日）》，《阎锡山档案》缩微第48卷。
9. 《天津邹鲁致太原徐永昌、宋哲元等"支电"（1931年8月4日）》，《阎锡山档案》缩微第48卷。
10. 《天津王懋功致广州汪精卫"佳电"》，《阎锡山档案》缩微第48卷。
11. 《天津贾秘书长致太原阎锡山电"条电"（1931年9月18日）》，《阎锡山档案》缩微第21卷。

中国第二历史档案馆藏档案：

1. 《伪国民党胡蒋内斗资料》，档号1—134。
2. 《书汪精卫最近言论》，载《中央半月刊》22期，档号七一一（五）—274。
3. 蒋中正：《对于第二期清党之意见》，载《中央半月刊》第1期，档号1—272。
4. 《中央半月刊》第2期，档号七一一（五）—272。
5. 《黄埔同学对时局宣言》，载《护党旬刊》2期1929年6月，档号七一一（五）—309。
6. 《因反共恢复西山会议派党籍》，载《中央党务月刊》11期，档号七一一（四）—3。
7. 《中央党务月刊》，第1—41期，档号七一一（四）—（1—10）。
8. 《中央半月刊》，合编第一、二、三卷，档号七一一（五）—272、275、276。
9. 《南京党务》，1—16期，档号七一一（五）—310。
10. 《中央周报》，2—152期，档号七一一（五）—（20—27）。

11. 《匪国民党中央特别委员会第一次会议记录》，档号七一一（五）—107。
12. 《国民党历次会议宣言及重要决议案特别委员会记录》，档号七一一（四）—415。
13. 《蒋、冯、阎编遣会议通电》，载《中央周刊》29期，档号1—20。
14. 《编遣专刊》，《中央周刊》30期，档号1—20。
15. 《国民党全国代表大会会议录》，档号七一一（五）—140。
16. 《国民党第一次全国代表大会宣言》，档号七一一（五）—141。
17. 《国民党第二次全国代表大会宣言》，档号七一一（五）—142。
18. 《国民党第一、二、三次全国代表大会宣言议决案》，档号七一一（五）—143。
19. 《国民党第二次全国代表大会宣言，附一、二次全国代表大会宣言、经过、概略》，档号七一一（五）—145。
20. 《国民党第三次全国代表大会宣言、决议、宣传大纲》，档号七一一（五）—146。
21. 《国民党历次宣言及重要决议案》分编（六本），档号号七一一（四）—415。
22. 《查办西山会议派》，档号十九（二）—110。
23. 《国民党第二、五次全国代表大会有关文件》，档号七一一（六）—7。
24. 《中央特别委员会第五次会议议程及有关文件》，档号七一一（六）—10。
25. 《张继、叶楚伧等人事略》，档号九—1810—16J2316缩微胶卷。
26. 《中央执行委员会第32—47次会议速记录》，档号七一一（四）—271。
27. 邹鲁：《国民党概史》，档号七一一（六）—15。
28. 《国民党中央执行委员会历次会议宣言及重要决策汇编》，档号七一一（五）—50。

华东师范大学冷战史研究中心藏：俄文档案
1. 沈志华提供，肖瑜、王洋协助整理：《俄国档案未编散件（苏联史）》（1922—1928）（第2卷）。

2. 《中央政治局委员会会议记录，关于给外国共产党的资助金及境外出版工作情况》22.12.06　SD12959。

3. 《中央政治局会议记录，关于俄共（布）在各地方的任务》20.10.14　SD12705。

4. 《中央政治局联合委员会会议记录，关于给各国共产党拨出活动经费问题》22.03.14　SD12822。

5. 《中央政治局会议记录，关于共产国际的活动经费问题》22.04.26　SD12820。

6. 《关于给共产国际活动拨款问题致俄（共）布中央政治局的信》22.04.28　SD12821。

7. 《中央政治局委员会会议记录，关于共产国际资金预算问题》24.11.14　SD12960。

二　资料汇编、文集、日记、年谱、忆述资料

1. 荣孟源主编：《中国国民党历次代表大会及中央全会资料》，光明日报出版社1985年版。

2. 中央第二历史档案馆编：《中国国民党第一、二次全国代表大会会议史料》，江苏古籍出版社1986年版。

3. 罗家伦主编：《革命文献》，台湾"中央"文物供应社1953—1976年版。

4. 中共中央马恩列斯著作编译局译：《苏联共产党代表大会、代表会议和中央全会决议汇编》，人民出版社1964年版。

5. 中央档案馆编：《中共中央文件选集》，中共中央党校出版社1989年版。

6. 中央档案馆编：《中共中央第一次国内革命战争时期统一战线文件选编》，中国档案出版社1990年版。

7. 蒋永敬：《北伐时期的政治史料——1927年的中国》，台北正中书局1981年版。

8. 查建瑜：《国民党改组派资料选编》，湖南人民出版社1986年版。

9. 《共产国际有关中国革命的文献资料》，中国社会科学出版社1981年版。

10. 中央第二历史档案馆编：《"中华民国"史档案资料汇编》，江苏古

籍出版社 1994 年版。
11. 中国科学院历史研究所第三所南京史料整理处编：《中国现代政治史资料汇编年 1927—1937 年）》，1957 年（内部打印本）。
12. 季啸风、沈友益主编：《"中华民国"史史料外编——前日本末次研究所情报资料》，广西师范大学出版社 1993 年版。
13. 《上海革命历史文件汇集》，上海档案馆 1986 年版。
14. 《四一二反革命政变资料汇编》，人民出版社 1987 年版。
15. 沈云龙主编：《近代中国史料丛刊（三编）》，台北文海出版公司 1985 年版。
16. "中华民国"史事纪要编辑委员会：《"中华民国"史事纪要》，台湾"中央"文物供应社 1975 年版。
17. 《"中华民国"纪事本末》，"中华民国"史料研究中心出版 1979 年版。
18. 《"中华民国"实录》，吉林人民出版社 1997 年版。
19. 王国华：《北京档案史料》，北京档案史料编辑部 1986 年第 2 期。
20. 《共产国际与中国革命资料选辑 1919—1924 年》，人民出版社 1985 年版。
21. 中共中央党史研究室第一研究部编《共产国际、联共（布）与中国革命档案资料丛书（1—6 册）》，北京图书馆出版社 1997、1998 年版。
22. 中共北京市委党史研究室编：《第一次国共合作在北京》，北京出版社 1989 年版。
23. 中共四川省委党史研究室：《第一次国共合作在四川》，四川大学出版社 1996 年版。
24. 全国委员会文史资料研究委员会编：《第一次国共合作时期的黄埔军校》，中国文史出版社 1984 年版。
25. 铁岩主编：《绝密档案：第一次国共合作内幕》，福建人民出版社 2002 年版。
26. 李玉贞主编：《马林与第一次国共合作》，光明日报出版社 1989 年版。
27. 中共江苏省委党史研究室：《第一次国共合作在江苏：1923—1927》，1995 年。

28. 〔德〕郭恒钰：《共产国际与中国革命——第一次国共合作》，香港东大图书公司1989年版。
29. 秦孝仪主编：《"中华民国"重要史料初编》，中国国民党中央委员会党史委员会1981年版。
30. 《"中华民国"史资料丛稿电稿》，中华书局1986年版。
31. 郭廷以：《"中华民国"史事日志》，台湾"中央"研究院近代史研究所1984年版。
32. 彭明主编：《中国现代史资料选辑》，中国人民大学出版社1988年版。
33. 革命史资料编辑部：《革命史资料》，中国文史出版社1986年版。
34. 李玉贞：《孙中山与共产国际》，台湾"中央"研究院近代史研究所1996年版。
35. 〔德〕郭恒钰：《共产国际与中国革命》，香港东大图书公司1989年版。
36. 广东革命历史博物馆：《黄埔军校史料（1924—1927）》，广东人民出版社1991年版。
37. 中国人民政治协商会议文史资料委员会：《文史资料丛稿选编》，中国文史出版社2002年版。
38. "中华民国"史资料研究中心编辑印行：《中国现代专题报告专题研究》，1982年版。
39. 中国国民党中央委员会党史委员会编：《革命人物志》，台湾"中央"文物供应社1972年版。
40. 吴湘相：《民国百人传》，《传记文学》丛刊1979年版。
41. 沈云龙：《民国史事与人物论丛》，《传记文学》丛刊1981年版。
42. 李云汉：《中国现代史论和史料》，台湾商务印书馆印，1971年版。
43. 司马璐：《中共党史暨文献选粹》，上海太平洋书店1928年版。
44. 存萃学社编：《1927年—1934年的反蒋战争》，香港东大图书公司1978年版。
45. 蒋永敬：《近代人物史事》，台湾商务印书馆印1971年版。
46. 沈云龙主编：《联俄与仇俄问题讨论集》，台北文海出版社1926年版。
47. 毛思诚：《民国十五年以前之蒋介石先生》，香港龙门书局1965

年版。

48. 桂崇基：《中国现代史料拾遗》，台湾中华书局印行1989年版。

49. 《维经斯基在中国的资料》，中国社会科学出版社1982年版。

50. 中国社会科学院近代史研究所：《马林在中国的有关资料》，人民出版社1984年版。

51. 卡尔图诺瓦：《加仑在中国》，中国社会科学出版社1983年版。

52. 中国社会科学院编：《鲍罗廷在中国的有关资料》，中国社会科学出版社1985年版。

53. 〔俄〕达林：《中国回忆录》，中国社会科学出版社1981年版。

54. 贾比才：《中国革命与苏联顾问：1920—1935年》，中国社会科学出版社1981年版。

55. 《孙中山全集》，中华书局1985年版。

56. 《孙中山集外集续编》，上海人民出版社1994年版。

57. 秦孝仪主编：《国父全集》，台北近代中国出版社1989年版。

58. 《孙中山集外集》，上海人民出版社1990年版版。

59. 〔俄〕亚·伊·切列潘诺夫著、王启中译：《中国国民党初期战史回忆（1924—1927年）》，台湾"中华民国""国防部情报局"1975年版。

60. 罗家伦主编：《国父年谱（增订本下册）》，台北中国国民党党史编撰委员会1994年版。

61. 《蒋介石言论集》，中华书局1965年版。

62. 张其昀：《"先总统"蒋公全集》，"中国文化大学"出版部1984年版。

63. 张其昀：《党史概要》，台湾"中央"文物供应社1979年版。

64. 秦孝仪主编：《"先总统"蒋公思想言论总集》，台北中国国民党党史编撰委员会1984年版。

65. 中国第二历史档案馆编：《蒋介石年谱初稿》，档案出版社1992年版。

66. 《胡汉民言论集》，台湾三民公司1928年版。

67. 陈天锡：《戴季陶先生的生平》，台湾商务印书馆1968年版。

68. 陈天锡：《戴季陶先生文存（三续编）》，台北中国国民党党史编撰委员会1971年版。

69. 《戴季陶先生文存》，台北中国国民党党史编撰委员会1965年版。
70. 邹鲁：《回顾录》，岳麓书社2000年版。
71. 邹鲁：《中国国民党党史纪要》，青年书店1940年版。
72. 邹鲁：《扩大会议》，出版社不详，1931年版。
73. 邹鲁：《回顾录》，独立出版社1955年版。
74. 中国国民党中央党史会：《邹鲁先生文集》，台湾"中央"文物供应社1984年版。
75. 《邹鲁全集》，中山大学出版1976年版。
76. 《邹鲁文存》，北华印刷局1930年版。
77. 中国国民党党史编撰委员会：《林公子超遗集》，1961年版。
78. 朱西宁：《表率群伦的林子超先生：林森传》，台北近代中国出版社1982年版。
79. 《林森传记资料》，天一出版社影印本。
80. 《民国青芝老人林子超先生年谱》，台湾商务印书馆1985年版。
81. 张溥泉：《张溥泉先生全集》，台北国民党党史会编撰委员会1982年版。
82. 居正：《清党实录》，台北文海出版社1985年版。
83. 谢幼田：《居正日记书信未刊稿》，广西师范大学出版社2004年版。
84. 于右任：《居觉生先生哀思录》，1951年版。
85. 罗福惠、萧怡编：《居正文集》，华中师范大学出版社1989年版。
86. 叶楚伧：《叶楚伧先生文集》，中国国民党党史编撰委员会1987年版。
87. 邵元冲：《邵元冲先生文集》，台北中国国民党党史编撰委员会1983年版。
88. 邵元冲：《邵元冲先生演讲集》，商务印书馆1928年版。
89. 王仰清、许映湖标注：《邵元冲日记（1924—1936年）》，上海人民出版社1990年版。
90. 邓泽如：《孙中山先生》，台北文海出版社1968年版。
91. 谢幼田：《谢慧生先生事迹纪传》，台北近代中国出版社1994年版。
92. 《谢持文集》，高雄四川同乡会1985年版。
93. 吴稚晖：《吴稚晖先生全集》，中国国民党中央党史会1987年版。
94. 《廖仲恺全集》，三民公司1929年版。

95. 李宗仁：《李宗仁回忆录》，广西人民出版社1988年版。
96. 《胡汉民自传》，台北传记文学出版社1981年版。
97. 蒋永敬：《胡汉民先生年谱》，台北中国国民党党史编撰委员会1978年版。
98. 党史会：《胡汉民先生文集（第4册）》，台北中国国民党党史编撰委员会1978年版。
99. 李大钊：《李大钊文集（下）》，人民出版社1991年版。
100. 《广东革命历史文件汇集（甲4）》，中央档案馆1982年版。
101. 浙江省文史资料委员会：《浙江百年大事记：1840—1945》，浙江人民出版社1985年版。
102. 《蔡元培先生年谱传记》，台湾"国史馆"印行1986年版。
103. 毕万闻主编：《张学良文集》，新华出版社1992年版。
104. 黄季陆：《黄季陆先生往怀文集》，传记文学出版社1986年版。
105. 周开庆：《民国川事纪要》，台北四川文献研究社1974年版。
106. 蒋中正：《自反录（第2集卷50）》，出版社不详，1931年版。
107. 中国第二历史档案馆编：《冯玉祥日记》，江苏古籍出版社1992年版。
108. 刘心皇辑注、王铁汉校订：《张学良进关密录》，台北传记文学出版社1990年版。
109. 任建树、张统模、吴信中：《陈独秀著作选读》，上海人民出版社1993年版。
110. 恽代英：《致柳亚子（二）》，见《来鸿去燕录》，北京出版社1981年版。
111. 《周恩来选集（上）》，人民出版社1984年版。
112. 陈公博：《寒风集》，地方行政社1945年版。
113. 广东省委党史资料委员编：《第一次国共合作研究资料》，1984年版。
114. 居蜜、陈三井：《居正先生全集》，台湾"中央"研究院近代史研究所1999年版。
115. 王云五：《民国张静江先生人杰年谱》，商务印书馆1981年版。
116. 吴任华：《孙哲生先生年谱》，台北正中书局1990年版。
117. 吴铁城：《吴铁城回忆录》，三民书局1969年版。

118. 台湾党史委员会编：《张静江文集》，台湾"中央"文物供应社1982年版。

三 专书、论著

1. 杨奎松：《国民党的"联共"与"反共"》，社会科学文献出版社2008年版。
2. 谢幼田：《"联俄""容共"与西山会议》，香港集成图书公司2001年版。
3. 郭绪印主编：《国民党派系斗争史》，上海人民出版社1995年版。
4. 魏萼、谢幼田：《中国政治文化史论》（1919—1949年），五南图书出版公司1996年版。
5. 李云汉：《中国国民党史述》，台北中国国民党党史编撰委员会1994年版。
6. 李云汉：《从"容共"到清党》，台北及人书局1987年版。
7. 李云汉：《中国国民党的历史精神》，台北正中书局1976年版。
8. 王奇生：《党员、党权与党争：1924—1949中国国民党的组织形态》，上海书店出版社2003年版。
9. 蒋介石：《苏俄在中国》，台湾"中央"文物供应社1956年版。
10. 李剑农：《最近三十年中国政治史》，上海太平洋书店1932年版。
11. 雷啸岑：《三十年动乱中国》，香港亚洲出版社有限公司1955年版。
12. 冯自由：《革命逸史》，中华书局1981年版。
13. 蒋永敬：《鲍罗廷与武汉政权》，台北传记文学出版社1972年版。
14. 陈希豪：《过去三十年之中国国民党》，上海商务印书馆1929年版。
15. 黄季陆：《中国国民党的组织问题》，中国国民党广东省部宣传部印1928年版。
16. 汪精卫等著：《革命言论》，1930年版。
17. 刘健清：《中国国民党史》，江苏古籍出版社1992年版。
18. 杨奎松：《中国共产党与莫斯科的关系（1920—1960）》，香港东大图书公司1997年版。
19. 杨奎松：《中间地带的革命——中国革命的策略在国际背景下的演变》，中共中央党校出版社1992年版。
20. 杨奎松、杨云若：《共产国际和中国革命》，上海人民出版社1988

年版。

21. 杨奎松、蒋永敬：《中山先生与俄国》，台北中山基金会2001年版。
22. 杨奎松：《走近真实——中国革命的透视》，湖北教育出版社2001年版。
23. 朱信泉主编：《民国人物传》，中国青年出版社1997年版。
24. 李国祁：《民国史论集》，台北南天书局有限公司1990年版。
25. 郭廷以：《近代中国史纲》，香港中文大学出版社1980年版。
26. 〔日〕山田辰雄：《中国国民党左派的研究》，东京庆应通信1980年版。
27. 黄美真：《"中华民国"史事件人物录》，上海人民出版社1987年版。
28. 韩信夫：《"中华民国"大事记》，中国文史出版社1997年版。
29. 秦孝仪：《"中华民国"名人传》，台北近代中国出版社1984—1985年版。
30. 丁言模：《鲍罗廷与中国大革命》，宁夏人民出版社1993年版。
31. 林济：《居正传》，湖北人民出版社1993年版。
32. 林友华：《林森评传》，华文出版社2001年版。
33. 陈哲三：《邹鲁研究初集》，台北华世出版社1980年版。
34. 丁言模：《鲍罗廷与中国大革命》，宁夏人民出版社1993年版。
35. 许继峰：《邹鲁与中国革命1885—1925》，台北正中书局1981年版。
36. 刘晓宁：《"无为而治"的国家元首：林森传》，中国文史出版社2002年版。
37. 邓泽如：《中国国民党二十年史迹》，台北正中书局1948年版。
38. 张小林：《覃振传》，中华书局2005年版。
39. 〔美〕萧邦齐：《血路——革命中国中的沈定一（玄庐）传奇》，江苏人民出版社1999年版。
40. 董显光：《蒋"总统"传》，台北中华大典编印会1967年版。
41. 张国焘：《我的回忆》，北京东方出版社1998年版。
42. 汪瑞炯等：《苦笑录：陈公博回忆（1925—1936）》，香港大学亚洲研究中心1979年版。
43. 黎东方：《平凡的我》，台北文星书店1963年版。
44. 冯友兰：《冯友兰自传》，中国人民大学出版社2004年版。

45. 瞿韶华：《李烈钧评传》，台湾"国史馆"1994年版。
46. 马超俊口述，郭廷以、王聿均访问：《马超俊先生访问记录》，台湾"中央"研究院近代史研究所1992年版。
47. 司马桑敦：《张学良评传》，台北传记文学出版社1989年版。
48. 蔡德金：《汪精卫评传》，四川人民出版社1988年版。
49. 黄修荣：《苏联、共产国际与中国革命的关系新探》，中共党史出版社1995年版。
50. 郭德宏：《苏联、共产国际与中国革命的关系研究述评》，中共党史出版社1996年版。
51. 姚金果：《联共（布）、共产国际与中国革命》，福建人民出版社2002年版。
52. 姚金果：《共产国际联共（布）秘档与中国革命史新论》，中共党史出版社2004年版。
53. 林家有、李明主编：《看清世界与正视中国："孙中山与世界"国际学术研讨会论文集》，天津古籍出版社2005年版。
54. 刘志强：《国共交恶——中国1927年纪实》，河北人民出版社1996年版。
55. 李文能：《吴敬恒对中国现代政治的影响》，台北正中书局1977年版。
56. 谢彬：《民国政党史》，学术研究会丛书部1926年版。
57. 姜义华：《大道之行——孙中山思想发微》，广东人民出版社1996年版。
58. 徐万民主编：《孙中山与辛亥革命》，北京图书馆出版社2002年版。
59. 姜义华：《国民党左派的旗帜——廖仲恺》，上海人民出版社1985年版。
60. 谢俊美：《政治制度与近代中国》，上海人民出版社1995年版。
61. 〔日〕深町英夫：《近代广东的政党、社会、国家》，社会科学文献出版社2003年版。
62. 章清：《胡适派学人群与现代中国自由主义》，上海古籍出版社2004年版。
63. 罗志田：《乱世潜流：民族主义与民国政治》，上海古籍出版社2001年版。

64. 罗志田：《权势转移：近代中国的思想、社会与学术》，湖北人民出版社1999年版。
65. 〔美〕杜赞奇：《文化、权力与国家》，江苏人民出版社1994年版。
66. 〔美〕汤森、〔美〕沃马克：《中国政治》，江苏人民出版社2003年版。
67. 费约翰：《唤醒中国——国民革命中的政治、文化与阶级》，生活·读书·新知三联书店2004年版。
68. 张玉法：《民国初年的政党》，岳麓书社2004年版。
69. 张军民：《对接与冲突——三民主义在孙中山身后的流变》，天津古籍出版社2005年版。
70. 田湘波：《中国国民党党政体制剖析1927—1937》，湖南人民出版社2006年版。
71. 李国忠：《民国时期中央与地方关系》，天津人民出版社2004年版。
72. 杨天石：《国民党与前"中华民国"》，中国人民大学出版社2007年版。
73. 〔美〕白修德·贾安娜著，〔英〕瑞纳译：《中国的惊雷》，新华出版社1988年版。
74. 刘德军：《中国革命史重点问题评析》，山东大学出版社1993年版。
75. 吴祖明：《中国大革命与亚洲》，中国档案出版社1997年版。
76. 林家有：《国共合作史》，重庆出版社1987年版。
77. 中共中央党史研究室：《1921—1949年中国共产党历史》，中共党史出版社2002年版。
78. 王宗华：《中国大革命史：1924—1927》，人民出版社1990年版。
79. 萧超然、沙健孙：《中国革命史稿》，北京大学出版社1984年版。
80. 薛谋成：《国民党新军阀史略》，厦门出版社1991年版。
81. 张宪文：《"中华民国"史》，南京大学出版社2006年版。
82. 茅家琦：《百年沧桑：中国国民党史》，鹭江出版社2005年版。
83. 苗建寅：《中国国民党史：1894—1988》，西安交通大学出版社1990年版。
84. 宋春：《中国国民党史》，吉林文史出版社1990年版。
85. 肖效钦：《中国国民党史》，安徽人民出版社1989年版。
86. 李友仁、郭传玺：《中国国民党简史：1894—1949》，档案出版社

1988 年版。

87. 高军、王桧林、杨树标:《中国现代政治思想评要》,华夏出版社 1990 年版。
88. 王奇生:《中国近代通史(第 7 卷)》,江苏人民出版社 2006 年版。
89. 张玉法:《中国现代史》,台湾东华书局 1977 年版。
90. 曹伯一:《"中华民国"政治发展史》,台湾"中央"文物供应社 1985 年版。
91. 史振鼎:《国父外交政策》,台北幼狮书局 1965 年版。
92. 向青:《苏联与中国革命:1917—1949 年》,中央编译出版社 1994 年版。
93. 郑学稼:《中共兴亡史》,台湾中华杂志社 1979 年版。
94. 徐矛:《"中华民国"政治制度史》,上海人民出版社 1992 年版。
95. 《列宁斯大林论中国》,人民出版社 1954 年版。
96. 王辉强主编:《黄埔军校秘史》,青海人民出版社 1995 年版。
97. 吴定宇主编:《中山大学校史 1924—2004》,中山大学出版社 2004 年版。
98. 崔之清:《国民党政治与社会结构之演变 1905—1945》,社会科学文献出版社 2007 年版。
99. 张瑛:《蒋介石清党内幕》,国防大学出版社 1992 年版。
100. 林代昭主编:《中国近现代人事制度》,北京劳动人事出版社 1989 年版。
101. 〔美〕易劳逸著、陈谦平译:《流产的革命》,中国青年出版社 1992 年版。
102. 山西文史资料编辑部编:《中原大战内幕》,山西人民出版社 1994 年版。
103. 张同新:《国民党新军阀混战史略》,黑龙江人民出版社 1982 年版。
104. 陈少校:《阎锡山之兴灭》,香港至诚出版社 1972 年版。
105. 陈茹玄:《中国宪法史》,台北文海出版社 1977 年版。
106. 《少年中国晨报六十周年专刊》,《少年中国晨报》1971 年版。
107. 方汉奇:《中国新闻事业通史(第 2 卷)》,中国人民大学出版社 2004 年版。

108. 曾庆榴：《共产党人与黄埔军校》，广东人民出版社2004年版。
109. 王克文：《汪精卫·国民党·南京政权》，台湾"国史馆"2001年版。
110. 广州平社编：《广州事变与上海会议》，台北文海出版社1984年版。
111. 〔俄〕孟·伏·岳列夫著，王启中、周祉合译：《北伐前后中国革命情势（1925—1927）》，台湾"中华民国""国防部情报局"1980年版。
112. 闾小波：《中国近代政治发展史》，高等教育出版社2003年版。
113. 〔美〕杰克. 普拉诺等著、胡杰译：《政治学分析辞典》，中国社会科学出版社1986年版。
114. 《薛暮桥学术论著自选集》，北京师范大学出版社1992年版。
115. 《中国经济年鉴（上）》，上海商务印书馆1935年版。
116. 萧铮主编：《民国二十年代中国大陆土地问题资料（第65册）》，成文出版社1977年版。
117. 〔法〕莫力斯·迪违背尔热：《政治社会学》，华夏出版社1987年版。
118. 费正清等编：《剑桥"中华民国"史（上）》，中国社会科学出版社1998年版。
119. 〔古希腊〕亚里斯多德：《政治学》，延边人民出版社1999年版。
120. 〔日〕田宏茂著、朱华译：《1928—1937年国民党派政治阐释》，译自陈福霖编：《处在十字路口的中国：1927—1949年的国民党与共产党》，西方观点出版社1980年版。
121. 孔庆泰：《国民党政府政治制度史》，安徽教育出版社1998年版。

四 论文、言论

1. 金泳信：《西山会议派之研究（1923—1931）》，未刊稿，台湾政治大学历史研究所博士学位论文，1997年。
2. 罗敏：《邹鲁与蒋介石的关系1923—1931年》，未刊稿，中国社会科学院博士学位论文，1999年。
3. 孙承希：《醒狮派的国家主义思想之演变》，未刊稿，复旦大学历史系博士学位论文，2002年。

4. 田守业：《国民党改组派》，未刊稿，中国社会科学院博士学位论文，2003年。
5. 韩剑华：《西山会议之研究》，未刊稿，台湾政治大学东亚研究所硕士学位论文，1980年。
6. 胡云霞：《共产国际、苏俄在华政治盟友的选择与第一次国共合作的建立》，未刊稿，西南师大硕士学位论文，2004年。
7. 井泓莹：《张继早年革命事业之研究（1882—1927）》，未刊稿，台湾政治大学历史研究所硕士学位论文，1981年。
8. 陈均：《试论西山会议派与新右派对"联俄容共"的态度演变》，未刊稿，东北师范大学硕士学位论文，2006年。
9. 杨奎松：《1927年南京国民党"清党"运动之研究》，载《历史研究》2005年第6期。
10. 杨奎松：《"容共"还是"分共"》，载《近代史研究》2002年第4期。
11. 杨奎松：《孙中山与共产党——基于俄国因素的历史考察》，载《近代史研究》2001年第3期。
12. 杨奎松：《走向"三二〇"之路》，载《历史研究》2002年第6期。
13. 杨奎松：《蒋介石从"三二〇"到"四一二"的心路历程》，载《历史教学》2003年第1期。
14. 杨奎松：《莫斯科决定联合孙中山之经历》，载《近代中国》2001年第142期。
15. 杨奎松：《关于苏联、共产国际与中国大革命关系的几个问题》，载《近代史研究》1992年第2期。
16. 杨奎松：《大革命前期的国共关系与共产国际》，载《文史哲》1990年第6期。
17. 杨天石：《关于孙中山"三大政策"概念的形成及提出》，载《近代史研究》2000年第1期。
18. 王奇生：《"革命"与"反革命"》，载《历史研究》2004年第5期。
19. 李云汉：《介绍孙文主义学会及其有关文件》，载《中央研究院近代史研究所集刊》1973年第4期。
20. 李云汉：《淡泊明志宁静志远的学人——桂崇基先生访问录》，载

《近代中国》第 95 期。
21. 李云汉：《清党运动的再评价》，载《中国国民党党史论文选集》第 4 册，台北近代中国出版社 1994 年版。
22. 王章陵：《孙文主义学会成立经过及其影响》，载"中华民国"史料研究中心《中国现代史专题研究报告（第 3 辑）》1982 年。
23. 黄金麟：《革命与反革命——"清党"再思考》，载《新史学》第 11 卷第 1 期。
24. 韦慕庭：《孙中山的苏俄顾问》，载《中央研究院近代史研究所集刊》，第 16 期。
25. 李云汉：《上海中央与北伐清党》，载《近代中国》第 66 期。
26. 林玲玲：《廖仲恺同"联俄""容共"政策之探讨》，载《近代中国》第 90 期。
27. 蒋永敬：《孙中山先生与越飞联合声明前的谈判》，载《近代中国》第 103 期。
28. 蒋永敬：《〈鲍罗廷与中国大革命〉评介》，载《近代中国》第 12 期。
29. 蒋永敬：《三月二十日事件之研究》，载《"中华民国"初期历史研讨论文集（1912—1927）（上册）》，台湾"中央"研究院近代史研究所 1984 年版。
30. 唐德刚：《论西山会议派》，载《传记文学》第 32 卷第 3 期。
31. 田雨时：《最后逝世的国民党一届中委傅汝霖》，载《传记文学》第 46 卷 6 期。
32. 桂崇基：《西山会议之形成与经过》，载《传记文学》第 32 卷第 3 期。
33. 黄季陆：《访黄季陆先生谈西山会议》，载《传记文学》第 32 卷第 3 期。
34. 蒋君章：《西山会议与戴季陶先生》，载《传记文学》第 32 卷第 3 期。
35. 胡耐安：《谈西山会议派与改组派》，载《传记文学》第 10 卷 6 期。
36. 刘绍唐：《〈陈炯明叛变与"联俄""容共"的由来〉主题说明》，载《传记文学》第 32 卷第 2 期。

37. 桂崇基：《中山先生为什么"联俄""容共"》，载《传记文学》第 32 卷第 2 期。
38. 杨维真：《"容共"？分共？西山会议派与国民党中央的分合》，载《历史月刊》第 67 期。
39. 陆祥云：《清党与夺权——宁汉分裂始末》，载《历史月刊》第 67 期。
40. 胡平生：《反蒋派大联合——扩大会议的成因与反思》，载《历史月刊》第 67 期。
41. 林能士：《约法之争与派系纠葛：宁粤的分裂与影响》，载《历史月刊》第 67 期。
42. 李国祁：《邹鲁与西山会议》，载《"中华民国"建国八十周年学术讨论集（第 1 册）》，台北近代中国出版社 1991 年版。
43. 苏维初：《国民革命时期的西山会议派》，载《中国大革命与亚洲》，档案出版社 1997 年版。
44. 周一志：《关于西山会议的一鳞半爪》，载《文史资料选辑（全国第 12 辑）》，中国文史出版社 2002 年版。
45. 周一志：《关于孙文主义学会》，载《文史资料存稿选编》，中国文史出版社 2002 年版。
46. 周一志：《我对许崇智了解的片断》，载《文史资料选辑》第 13 辑。
47. 冀贡泉：《阎锡山与"扩大会议"》，载《文史资料选辑》第 16 辑。
48. 李俊龙：《汪精卫与"扩大会议"》，载《文史资料选辑》第 16 辑。
49. 何汉文：《改组派在北平出演的"扩大会议"》，载《文史资料选辑》第 16 辑。
50. 薛笃弼：《"扩大会议"始末》，载《文史资料选辑》第 17 辑。
51. 武和轩：《"改组派"与"扩大会议"》，载《文史资料选辑》第 16 辑。
52. 罗方中：《中原大战与"扩大会议"》，载《文史资料选辑》第 1 辑。
53. 罗方中：《国共合作后国民党在北京的活动》，载《文史资料选辑》第 60 辑。
54. 高德福：《反对西山会议派的斗争》，载《河北大学学报》1986 年第 2 期。

55. 董江爱：《西山会议派反共纪实》，载《历史教学》1999 年第 4 期。

56. 赵德教：《西山会议派的政治思想》，载《中州学刊》1985 年第 6 期。

57. 李正华：《西山会议派》，载《历史教学》1990 年第 4 期。

58. 周自新：《西山会议召开的两次反动会议》，载《党史研究资料（成都）卷6》1985 年。

59. 王光远：《国民党老右派——西山会议派》，载《文史精华》1996 年第 3 期。

60. 王光远：《蒋介石和西山会议派》，载《民国春秋》1996 年第 1 期。

61. 王光远：《西山会议派概述》，载《党史研究》1986 年第 2 期。

62. 林友华：《林森在西山会议派中的地位》，载《闽江职业大学学报》2000 年第 2 期。

63. 姚金果：《"容共"与"防共"——孙中山对共产党的真实态度》，载《湖北行政学院学报》2005 年第 3 期。

64. 欧阳军喜：《苏俄及共产国际对孙中山革命思想的影响》，载《清华大学学报》2002 年第 5 期。

65. 〔荷〕安冬尼·塞奇：《斯内夫利特和第一次国共统一战线的由来（1921—1923）》，载《国外中国近代史研究》第 14 期。

66. 〔俄〕B. 格卢宁：《共产国际对华政策》（1921 年—1927 年），载《国外中国近代史研究》第 4 期。

67. 〔俄〕杰柳辛·科斯佳耶娃：《大革命时期的中国共产党与国民党》，载《国外中国近代史研究》第 16 期。

68. 苏维初：《国民党左派历史之研究》，载《华东理工大学学报》1994 年第 2—3 期。

69. 杨乃良：《大革命时期我党如何区分对待国民党中的左中右派别》，载《广西社会科学》1996 年第 6 期。

70. 高维良：《1927 年国民党中央特别委员会剖析》，载《近代史研究》1988 年第 3 期。

71. 闻少华、孙彩霞：《"非常会议"中的几个问题》，载《近代史研究》1985 年第 3 期。

72. 陈进金：《另立中央：1930 年的"扩大会议"》，载《近代史研究》2001 年第 2 期。

73. 《邹鲁致蒋介石张静江书》1926 年 5 月 9 日；《西山会议关于清党问题致蒋介石、吴稚晖等人的四封函》，载《档案与历史》1987 年第 3 期。

74. 《邹鲁致吴敬恒书》，载《档案与历史》1987 年第 3 期。

75. 史全生：《国民党中央特别委员会述评》，载《历史档案》2002 年第 3 期。

76. 孔庆泰：《蒋介石抵制胡汉民孙科在欧活动函电选》，载《历史档案》1984 年第 2 期。

77. 《汪精卫之王懋功函（1929 年 7 月 21 日）》，载《历史档案》1984 年 4 期。

78. 韩信夫：《阎锡山的党统主张与北平"扩大会议"》，载《民国档案》1994 年第 2 期。

79. 王合群：《国民党派系斗争与浙江"二五减租"运动的兴起》，载《民国档案》2002 年第 2 期。

80. 胡适：《追念吴稚晖先生》，载《自由中国》第 19 卷第 1 号，1954 年 1 月 1 日。

81. 何祖培：《张静江事迹片段》，载《浙江文史资料选辑》第 24 辑。

82. 《浙江省政府公报》1928 年 12 月 15 日第 181 期会议录。

83. 关志岗：《国民党中政会述评》，载《深圳大学学报（人文社会科学版）》1995 年第 2 期。

84. 刘义生：《国民党开除党籍现象述论》，载《史学月刊》1997 年第 5 期。

85. 《中国军人》第 3、4、7 期。

86. 程瑞霖：《再论党的领袖问题》，载常乃德编《文武之时代性》，人民评论社印，出版时间不详。

87. 陈之迈：《国民党的政治委员会》，载《社会科学》第 1 卷第 4 期，清华大学出版 1937 年版。

88. 林桂圃：《中国国民党的中央政治会议》，载《国衡半月刊（南京）》第 1 卷第 12—13 期，1935 年 10—11 期。

89. 《黄埔创始之回忆》，载《黄埔季刊》第 1 卷第 3 期。

90. 《西山会议黑幕专号——中国国民党中央党部职工一一二二惨案后援会特刊》1928 年。

91. 文化研究社编:《中国五大伟人手札》,上海文化研究社1939年版。
92. 中央军事政治学校政治部所编:《蒋校长演讲集(第1卷)》,广州光东书局1927年。
93. 上海大学孟超:《反对西山会议》,中国国民党上海市第一区党部第五十三区分部出版。
94. 《汪精卫"东电"(1930年6月1日)》,载《革命战线》第8期,1930年6月5日。
95. 陈功懋:《沈定一其人》,载《浙江文史资料选辑(第12卷)》,浙江人民出版社1982年版。
96. 高乐天:《沈定一先生的一生》,载《浙江月刊》第4卷第4期,1972年4月。
97. 《中国国民党中央执行委员会训令第四号》,载《中国国民党周刊("双十节"特刊)》,1926年10月10日。
98. 《陆海军大元帅大本营公报》第19号。
99. 《大本营公报》,大元帅训令第二十号,第347号。
100. 上海档案馆编,《国民党上海执行部第一至第四次执行委员会会议记录》,载《党史研究资料》1983年第2期。
101. 包惠僧:《中山舰事变前后》,载《文史资料选辑》第2辑。
102. 孔庆泰:《1927年蒋介石等联汪制桂函电选》,载《历史档案》1984年第1期。
103. 李云汉:《清党绝俄的一段经过》,载《传记文学》第33卷第6期,1978年12月。

五 报刊

中国大陆:

  上海《民国日报》

  广州《民国日报》

  汉口《民国日报》

  杭州《民国日报》

  《大公报》

  《江南晚报》

  《民生周报》

《晨报》

《向导》周报

《政治生活》

《新青年》

《政治周报》

《中国国民党周刊》

《国闻周报》

《益世报》

《京报》

《盛京时报》

《上海新闻报》

《上海时报》

《中央日报》

《黄埔潮》

《黄埔季刊》

《革命导报》

《东方杂志》

《教育杂志》

《中国国民》

《国外中国近代史研究》

《中央半月刊》

中国港台地区：

《传记文学》，台北传记文学出版社。

《近代中国》，近代中国杂志社出版。

《台湾中央研究院近代史研究所集刊》。

《历史月刊》

六 英文资料

1. Mary C. Wright, From Revolution to Restoration; the Transformation of Kuomintang Ideology, *Far Eastern Quarterly*, Vol. 14, No. 4 (1955).
2. C. Martin. Wilbur, *Sun Yat - sen: Frusted Patriot*, Columbia University

Press, 1967.

3. C. Martin Wilbur & Julie Lien-Ying How, *Documents on Communism, Nationalism and soviet Advisers in China, 1918 – 1927*, New York: Columbia University Press, 1956.

4. Xenia J. Eudin and Robert C. North, *Soviet Russia and the East, 1920 – 1927*, California: Stanford University Press, 1957.

5. Lydia Holubnychy, *Michael Borodin and the Chinese Revolution, 1923 – 1925*, East Asian Institute: Columbia University Press, 1979.

6. Eugene W. Wu, Coping with dissent, Early Anti-Communism in the Reorganized Kuomintang, in Centennial Symposium on *Sun Yat-sen's Founding on the Kuomintang for Revolution*, Taibei, and November, 1994.

7. Dan N. Jacobs, *Borodin, Stalin's man in china*, Harvard University Press, 1981.

8. SoWai-Chor, *The Kuomintang Left in the National Revolution 1924 – 1931*, New York: Oxford University Press, 1991.

9. Wang Ke-wen, *The Kuomintang in Transition: Ideology and Factionalism in the National Revolution, 1924 – 1932*, Unpublished doctoral dissertation: Stanford University, 1985.

10. T'ang Leang-li, *The Inner History of The Chinese Revolution*, Reprint edition, Westport, Conn: Hyperion Press, 1977.

11. James. Shirley, Control of the Kuomintang after Sun Yat-sen's Death, *The Journal of Asina Studies*, Vol. XXV: 1 (1965).

后　记

本书是在笔者的博士学位论文基础上修改而成的。

从遥远的新疆来到繁华的上海，进入复旦大学攻读博士学位，这痛并快乐的3年，在有生之年的记忆中恐怕是挥之不去了，这或许也是我人生旅途的一大转折。所以本书后记，对那些在我攻读博士学位生涯中、在论文的撰写中留有记忆之痕的人们表示最由衷的谢意。

首先要感谢的是我尊敬的导师——姜义华先生。是姜先生给了我入复旦大学读博的机会；是姜先生给了我认识这些可爱的同门的机会；是姜先生给了我用3年时间来感受复旦大学博大精深的机会，也是姜先生给了我领悟南北间天壤之别的机会……最难忘的，是2008年5月2日那一场庆祝姜先生70寿辰的学术讨论会——为着发自肺腑的谢意，许多同门不远千里从海内外会集一堂，仅仅5分钟的发言，每个人却都将语言的功能发挥到了极致。或许这要算是人世间师生情中最感人的一幕，也是最真诚的一幕。

攻读博士学位的3年中，在学习上——从论文选题到今天书稿的出版，先生耗费了大量的精力，倾注了大量的心血；在生活上——先生更是竭尽可能的给予了最大的帮助，更包括我们可亲可爱的师母。或许用3年的时间，来领悟先生的大师风范和渊博学识是远远不够的，但仅就这3年所感受到的，会让我受益终生。

其次要感谢在论文写作过程中，在论文选题、研究框架、资料搜集等各方面给予我帮助的戴鞍钢教授、章清教授、金光耀教授、傅德华教授、汪朝光教授、胡春惠教授、刘维开教授以及乐敏老师等。衷心地感谢他们所给予的热忱帮助，感谢他们多次提出的宝贵意见，使得我的论文能够如期完成，并顺利进入答辩。

感谢在论文评审过程中，张宪文教授、熊月之研究员以及匿名评审专家，感谢这些评审委员的提出的宝贵意见。感谢论文答辩过程中，答辩主席熊月之研究员、答辩委员戴鞍钢教授、苏志良教授、章清教授、忻平教授对论文提出了许多中肯的意见，感谢他们让我顺利通过答辩。

感谢论文修改过程中，上海文史馆的沈斐德研究员、上海市民革马铭德部长给予我的帮助。他们不仅提供了宝贵的材料，而且在百忙中专门帮我安排拜见了邹鲁的后人——邹达先生。感谢博士后导师桑玉成教授及田卫平主编、谢维主编对论文提出的建议和看法。

此外，还要感谢在3年学习中，带给我快乐、让我感受家人般温暖的潘健、唐艳香、马若兰、何方昱、廖庭均、张秀莉、张一平等同学。感谢在严寒酷暑中那些论文撰写的日子里你们给予的关心与帮助，谢谢你们陪我走过这一段难忘的时光。尤其是要感谢潘健、唐艳香在生活上像大姐姐一样对我的呵护和宽容，难以忘记病床前她们对我无微不至的照料。同时，还要感谢在我国台湾不厌其烦地帮我查找档案及相关资料的廖庭均博士，在美国密歇根大学帮我查找未刊博士学位论文的侯艳兴博士，在国家图书馆帮我查找遗漏资料的郑峰师兄。更要感谢的，还有张一平师兄，谢谢他在论文的整个写作中所提供的最无私的精神支持，谢谢他带给我"吃苦的幸福"。感谢大学时代的好友盛岚、黄冬敏一直给予我的最真诚的友谊与默默的祝福。

最后，我要感谢我的家人，感谢世界最最疼我的妈妈、哥哥和姐姐。感谢他们对我学业的一路支持，我也将会在他们的牵挂与祝福中继续今后的人生之路！

与论文有关的要感谢的，远远不止这些，难忘的更是很多，只能深深地说一声"谢谢"！祝所有给予我鼓励和帮助的人们平安快乐！

离开了复旦大学，20多年的求学生涯也画上了句号。这本书的问世是终点，也是起点，但愿是一切好的开始。

尚红娟

2016年12月24日